探寻宋型国家的历史

——李华瑞学术论文集

李华瑞　著

人民出版社

自　序

感谢《首都师范大学燕京学者文库（哲社类）》出版计划，将我三十年来从事宋史教学与研究方面二百余篇论文中选编 25 篇出版，这既是对我过去三十年研究宋史的一个阶段性总结，也是对我年过花甲的一个最好纪念。

2010 年中国人民大学出版社将我的《宋夏关系史》收入"当代中国人文大系"丛书时，曾按出版社的要求写过一个学术"自述"，作为附录四收入新版的《宋夏关系史》。"自述"大致回顾了我在母校西北师范大学历史系初学历史和其后跟随陈守忠、漆侠先生读宋史的经历以及一些学史的感悟，并从"宋代经济史研究""宋夏关系及西夏史研究""王安石变法研究史""宋代政治史研究""唐宋变革问题研究""宋代自然灾害与社会研究""其他方面的研究"等七个方面，对当时已完成和正在进行的课题作了简要梳理。现又过去了八年时间，虽然出版了《唐宋变革论的由来与发展》（主编）、《宋代救荒史稿》和两本论文集，但是在研究领域并没有太多的更新。这次选编的论文集除了《李焘笔下的王安石变法》《王安石历史地位沉浮与南宋以后中国社会历史变迁》《唐宋史研究应当走出"宋代近世说（唐宋变革论）"》《西方学人眼中的宋代历史》4 篇文章是新选的外，其他 21 篇都选录于已出版的四部论文集：《宋史论集》《宋夏史研究》《视野、社会与人物——宋史、西夏史研究论文稿》《宋夏史探研集》。其所以还要出版这本论文集，主要是各论文集印数甚少，从希望聆听到更多读者批评的角度，再增加一些印数也不为过，所以考虑再三就选录了21篇文章收入这本《探寻宋型国家的历史》中来。

已出版的四部论文集都有出版前言、自序或说明，对于结集都有简略交代。2017年应甘肃文化出版社的邀约，出版了《西夏史探赜》，为此而写的"我与西夏史研究"前言，是回望我过去三十年对西夏史研究的又一次"自述"。也是因为这个原因，本论文集除了选择适合"华夷区隔"主旨相关的论文外，没有再选西夏史研究方面的论文。故已讲过的就不再重复。

这里主要是讲一下近几年我对宋史研究的一些不成熟的新想法。

本论文集选择《探寻宋型国家的历史》为书名，就是蕴含着我对研究宋史方法论的一些思考。众所周知，20世纪初以来对于宋代历史地位的毁誉参半式评价是秦汉以降中国古代史各断代史评价中落差之大所仅见。以往按五个社会形态说把宋代列入封建社会的下行阶段，一度政治上腐朽、经济上积贫、军事上积弱、学术上反动，几乎成为评价宋代历史的代名词，进入21世纪以来，"宋代近世说（唐宋变革论）"甚嚣尘上，宋代一跃成为中国近世的开端。这种毁誉参半的评价从方法论上讲都是拜西方社会科学方法和史学理论的影响所赐，都是把宋代历史附着在西方历史卵翼之下的一种反映。故我想从宋代历史的实际重新探讨宋代历史的特点。当然在国人从20世纪初以来就用西方的学术规范、问题意识、理论框架甚至叙述话语来研究、描述宋代历史的大背景下，我对宋代历史的学习和研究无不打着我所生活的时代深深的烙印。我现在的新想法只是对自己过去研究的一些新反思而已。

在中国古代，宋朝至少在以下几方面是中国古代史上独一无二的。

首先，宋代自始至终是一个不与游牧渔猎民族一争雄长的时代，以往认为宋朝的积弱很大原因是强调契丹族、女真族、蒙古族过于强大，其实不仅如此，而是有着非常深刻的社会历史文化原因。汉、唐帝国强盛时，还追求运用武力手段开疆拓土，将边防线推进到塞外，以积极防御的态势压制主要对手——北方游牧渔猎民族政权势力，削弱其军事威胁。唐中叶以后经三教合流而形成的新儒家思想对外部世界有了与此前很大不同的认识，华夷之分在汉族政权内知识阶层的认知世界有了新的界定。宋真宗景德年间与辽朝签订的"澶渊之盟"，是汉族所建中原王朝放弃与游牧民族一争雄长国策的标志。"澶渊之盟"的历史意义讨论目前多限于辽宋关系史，但这是中国历史上农耕民族与游牧渔猎民族关系分水岭的重大历史事件，关乎着中国历史的走向，却未引起学界的足够重视。过去认为宋朝的积弱与宋朝的"守内虚外"国策分不开。但是这多是从内政外交政策的"内外"角度去考量，其实若从宋朝对西、北、南边疆守土来讲，从太祖开始就只守唐中期以后形成的农耕"内地"——以汉族聚居区为主，并无恢复汉唐"内地"以外旧疆的举措。即使到宋神宗支持王安石变法，欲恢复汉唐旧疆，也是汉唐时所谓的王化之地——燕云十六州和河西、河套、河湟。但是这种做法并没有得到大多数知识阶层的认同，北宋灭亡后南宋人总结亡国原因时几乎一致认为王安石变法变乱祖宗法度，开边生事是首要原因。可见太祖以来形成的守内虚外是经唐后期五代至宋人形成的既定方针。对于宋人来说"欲寇不能，欲臣不得，最得御戎之上策"（李心传：《建炎以来系年要录》卷一〇五，绍兴六年九月癸巳）。这个"最得御戎之上策"，实则是汉族政权主动的战略退却，为一争雄长的游牧渔猎民族进入中原共生共存提供了可能和机会。"树欲静而风不止"，不进则退。由此看10至13世纪的多民族政治对峙下的文化认同，再由此看宋朝之后民族政权的更迭，中华文明和疆界的形成，细究于心都会得出不同于现今的许多有益认识。

其次，宋朝奉行养兵政策，豢养一支以募兵为主的庞大军队也是中国古代史上独一无二的，尽管明清中后期也实施募兵制。中唐以后，随着均田制和府兵制的相继瓦解，募兵制日渐代替征兵制，养活一支以流民为主的军队，使得养兵费用在国家财税收支上占据越来越大的份额，到北宋中期养兵费用已达五千万贯之巨，占国家财税收入的 70—80%，帝制国家为了满足这笔巨大的军费开支，自真宗咸平年开始"度茶、盐、酒、税以充岁用，勿得增加赋敛"（《长编》卷四三，咸平元年八月丁亥朔）。将人民生活的主要商品：盐、茶、酒、矾、醋、矿冶、香料等统统专卖经营。这种以工商税收为主的财政政策，大致也为中国古代各朝所仅见。五代至宋初，政府主要靠严酷的法律禁榷，由各级官府直接经营，即最大限度地控制生产、销售环节，但是官营成本高，效率低，国家只得向民众主要是商人开放销售（流通）领域，诸如在经济领域广泛实行买扑招标制，并逐渐开放部分生产领域，这就使得宋代的商业市场、城市城镇发展，呈现出与前代甚至与后代不同的面貌，从而造成空前的繁荣，并由此也促成经济的大发展。但是过去我们囿于西方社会科学和经济史理论的范式，对此轻描淡写，未给以足够的重视，或者多从国家干预经济的负面作用及其导致历史进程因果颠倒的关系加以批判。我个人以为这是偏离宋代社会经济发展本相的一种认知，实际上对宋代经济史研究有必要重新认识帝制国家财经政策亦即国家对经济发展的主导作用，以及市场繁荣背后的国家财经供需因素，庶几方可道升堂奥，更接近宋代历史发展的实际。

第三，宋朝科举取士之多，文官地位之高，整个文治氛围居于秦汉以降各代之冠，已是学界的共识。遗憾的是，迄今并未见较为全面深刻剖析贯通宋代文官政治论著的问世。

至于宋学与汉学成为中国古代经学分野最具代表性的两大类型，也已是常识。从汉武帝"罢黜百家"、汉宣帝"独尊儒术"到唐朝《五经正义》的颁行，是为汉学的第一个岭头，从唐中叶开始的儒学复兴至宋代，在北宋有《三经新义》，到南宋则有《四书章句集注》，构成宋学的完整体系，到明清继承汉宋方有《四书五经》。经学学风和释经方法的转变实不仅仅是思想文化内在理路的转变，更折射着社会历史内容和观念的变动。北宋的荆公新学力图通过建立刚健政府、完善社会制度来实现儒家的政治理想，结果是导致权力膨胀、腐败公行；南宋由朱熹完成的道学或理学反其意而行之，欲从正君心、重塑君主"圣人"形象来实现先王的社会秩序，结果是君心不仅没有被"正"，反而使整个社会呈现在"万马齐暗究可哀"之中。从目前的研究看，经学学风和释经方法的转变对中国古代社会特别是对宋代社会历史影响的估价，还远远不够。

而傅乐焕先生对宋型文化已有论述（当然还需新的补充），不赘。

以上不是为了重复叙说中国古代各王朝之间的简单比赛（杨联陞《国史诸朝兴衰论》附录：朝代间的比赛），而是要充分说明宋代是中国历史上具有鲜明特色类型的时期。因而从宋代历史的实际出发，扬弃西方汉学的范式、模式，探讨宋代历史本身具有的独特内涵及其意义，我深切感到这应当是今后研究和教学努力的方向。

目　录

第一辑　立国方略

第二辑　"华夷"区隔

第三辑　社会变革

第 一 辑

立国方略

论宋初的统治思想

宋初太祖、太宗和真宗三朝是赵宋政权确立和巩固的重要时期，也是安史乱后中国历史由动乱重新走向大治的时期。在这个重要的时期内，封建统治者采取何种统治思想来指导重建封建专制主义中央集权，并达到长治久安的目的呢？就目前学界对这一问题的讨论状况而言，几乎一致认为是把黄老思想作为宋初在政治上的指导思想，并由此形成黄老之治的局面，以及导致宋初保守政风的形成。[①] 笔者以为，这种观点与宋初政治思想的发展实际多有不合，在某种程度上夸大了黄老思想在宋初政治上的作用。实际上，宋初占主导地位的统治思想仍是儒家的政治思想。本文就这个问题，略陈管见，不妥之处，敬请批评。

一、宋初黄老思想的发展及其与 汉初黄老思想之比较

黄老政治思想在宋初受到一定重视，这是事实。但，统治者有黄老

---

① 唐兆梅：《论宋初的黄老思想》，载《中州学刊》1991 年第 1 期；刘复生：《北宋中期的政风之变》，载《文史知识》1992 年第 2 期；张其凡：《试论宋代政治思想的发展》，载《中国史研究》1993 年第 1 期；周湘斌、赵海琦：《中国宋辽金夏思想史》，人民出版社 1994 年版，第 19—22 页。

思想与统治者把黄老思想作为政治上占支配地位的统治思想是两个不能混淆的概念。自两晋南北朝以降，儒佛道三教互相排斥、互相吸收，迄唐宋之际逐渐融会贯通，实乃中国思想文化发展的基本趋势。因而唐宋之际的政治家或思想家，在信奉孔孟学说之外，又笃信佛道，并不足为奇，此乃当时的一大时代特征。所以说，宋初最高统治者有一些黄老思想，并不意味着黄老思想在宋初政治上就成为占据支配地位的统治思想，事实上黄老思想也不是宋初的治国总纲领或占支配地位的统治思想。

首先，看一下黄老思想在宋初的发展。从现存史载和今人的论述来看，宋初黄老思想的流行主要是在太宗和真宗两朝。而太宗大力提倡黄老思想又集中在太宗晚年，亦即在距太宗去世仅五六年的淳化年间。[①]太宗其所以在晚年大力提倡黄老思想，是有着深刻的政治和心理因素。我们知道，太宗继位的问题是一千古之谜，直到今天人们仍然争论不休。不论太宗是弑兄篡位，还是合法继位，这里不妄作评论，但太宗为了确保皇位，数起大狱，采取了诸多非常手段却是事实。如"太祖之崩不逾年而改元，涪陵县公之贬死，武功王之自杀，宋后之不成丧，则后世不能无议焉"[②]。对此，朝廷内外"远近腾口，咸以为非"[③]，以致太宗对来自朝廷内部的"奸邪"可能危及皇位的"内患"，耿耿于怀，深惧于心。[④] 太宗又急于建功立业，想以收复燕云，借以提高自己的威望，然心有余而力不足。因军事指挥上的无能，又导致两次北征契丹惨败。辽朝军事上的强大使太宗欲有为而不能为，就是号为小蕃的党项族崛起于西部，虽几番调兵遣将剿杀，极想以武力使之俯首帖耳，但事与愿违，愈剿杀其势愈壮，太宗终无所获。军事上的一再失败，使太宗对

---

① 李焘《续资治通鉴长编》（以下简称《长编》）卷三四，淳化四年闰十月丙午，第758页；淳化四年十一月甲寅朔，第759页。
② 《宋史》卷五《太宗二》，第101页。
③ 《长编》卷三八，至道元年十二月丙辰，第824页。
④ 江少虞《宋朝事实类苑》卷第二，《祖宗圣训》，第16页。

建功立业心灰意冷，遂产生"厌兵"情绪。他曾对臣下说："朕自即位以来，用师讨伐，盖救民于涂炭，若好张皇夸耀，穷极威武，则天下之民几乎磨灭矣。""朕每议兴兵，皆不得已，古所谓王师如时雨。盖其义也。今亭障无事，但常修德以怀远，此则清静致治之道也。"① 并多次引用老子的话"夫佳兵者，不祥之器"。显然由这些事实来看，太宗提倡黄老思想的动机，在很大程度上是对自己自继位以来欲有所为而不能为的一种反动，其实质是为苟且偷安的对外政策张目，此与有的人认为太宗"以老子《道德经》五千言为修身治国的总纲领"的观点相去甚远。

有论者以为真宗时期乃黄老思想甚为流行的时期，也是黄老思想对当时政治甚具影响的时期，然具有讽刺意味的是，这位生性"聪明必多作为"的皇帝，在北宋九位君主中，是最好"兴作"的二位皇帝之一（另一位是宋徽宗）。真宗喜好兴作，系指大中祥符以后所搞的"天书封祀"闹剧。此闹剧从大中祥符元年导演天书下降之后，至乾兴元年真宗死去，垂帘听政的刘太后将天书殉葬为止，十五年间，东封泰山，西祀汾阴，营建玉清昭应宫，全国各地，大兴土木，宫观迭起。这场闹剧旷日持久，规模宏大，劳民伤财。据《宋史·食货志》载"景德郊祀七百余万，东封八百余万，祀汾阴，上宝册又增二十万"。大中祥符以前宋财政尚宽裕，三司使丁谓说"大计固有余"，然仅过了三年多时间，大中祥符四年丁谓则说"东封及汾阴，赏赐亿万"，"恐有司经费不给"②。再看营建玉清昭应宫"凡役工日三四万，发京东、西、河北、淮南州军禁军，调诸州工匠，每季代之，兵卒岁　代，并优其口粮、资值"，③ "宫凡三千六百一十楹"。④ "耗费国帑，不可胜计"，⑤

---

① 《长编》卷三四，淳化四年十一月甲寅朔，第758、759页。
② 《长编》卷七六，大中祥符四年八月丙辰，第1733页。
③ 李攸《宋朝事类》卷七，第107页。
④ 《长编》卷一〇八，天圣七年六月丁未，第2515页。
⑤ 魏泰《东轩笔录》卷二，第15页。

至于"斋醮糜费甚众，京城之内，一夕数处"。① 越演越烈的宫廷奢靡之风，其耗费也是惊人的。这些活动所造成的直接的经济后果，就是"海内虚竭"。② 显然，这场闹剧所表现出的大事兴作与黄老清静政治的思想是背道而驰的，也与汉初黄老之治大相径庭。③

再从时代背景看，论者以为以清静无为为特征的黄老政治思想特别适应大动乱后的统一政权，能够迅速将社会导向安定，西汉初年如此，宋初七十年亦如此。也就是说时代需要决定了宋初统治者对黄老思想的选择。若单就赵宋政权建立在晚唐五代大动乱之后，与汉朝建立在秦末大动乱之后的"乱"的形势而言，两者有其相似之处，但宋初政治绝不是汉初政治的简单重复。换言之，汉初和宋初治"乱"的内容是不尽相同的。

众所周知，秦王朝是我国古代第一个封建专制主义中央集权的国家，但它昙花一现，仅传及二世便在秦末农民战争的打击下灭亡了。汉高祖命陆贾著书论说秦失天下的原因，陆贾在他所著《新语》一书的《无为》篇中指出：秦代"事逾烦天下逾乱，法逾滋而奸逾炽，兵马益设而敌人逾多。秦非不欲为治，然失之者乃举措暴众而用刑太极故也"。从陆贾所揭示的历史教训中，汉初统治者认识到，在当时的条件下，只有轻徭薄赋缓刑，才能缓和农民的反抗，以巩固自己的统治，实现地主阶级政权的长治久安。这样就形成汉初统治者的所谓"黄老无为"的政治思想。汉高祖以及文景时期"与民休息"的各项措施，正是这种无为思想的体现。④ 但黄老思想总归只适合汉初休养生息的特定历史时期的特定需要。黄老思想的反人文主义的实质，它的崇尚自然俭朴而反对文教、文化、生活享受和社会物质文明进步的思想，终归是和

---

① 《宋史》卷一七九，《食货志》，第 4350 页。
② 《宋史》卷四四二《苏舜钦传》，第 13074 页。
③ 参阅《胡适文存三集》卷七《汉初儒道之争》，北京大学出版社 1998 年版。
④ 《中国史纲要》，人民出版社 1983 年版，第 113—114 页。

社会发展的需求背道而驰的，所以一当经济恢复，政治安定以后，吸收黄老和各家思想而又高于黄老和各家思想，适应巩固大一统的封建政治需要的新儒术，便很快取代了黄老的地位，而成为社会和政治的指导思想。

宋初政治虽是建立在大动乱之后，但它与汉初政治所要解决的问题却大不相同。其一，中唐以后随着均田制和府兵制的瓦解，唐中央制约地方的政治经济权力被大大削弱，经安史之乱，形成藩镇跋扈，尾大不掉之势，五代则是这一势态的继续和发展。五代时期，王朝急遽更迭，五十余年间，易五姓十三君，而亡国被弑者八，伦理纲常，特别是君臣一纲遭到严重破坏。加之，宋的建立未经过农民战争的冲击，所谓"受命之日，市不易肆"，[①] 因而，重新确立和调整农民阶级与地主阶级的关系，对宋初统治者来说不如汉初那样紧迫。他们首先考虑的问题，一是如何重建中央集权的专制统治，使唐末以来长期存在的藩镇跋扈，分裂割据局面不再继续出现，二是如何使赵宋王朝长期巩固下去，不再成为五代之后的第六个短命王朝。

其二，宋建国之时，天下尚处在分裂割据状态，"一榻之外，皆他人家也"，[②] 因而实现其"卧榻之侧，岂容他人鼾睡"的大一统政治目的，是宋初统治者在政治上的主要活动之一。

其三，五代总的来说，战争频仍，暴政迭出，社会经济遭到很大破坏，但中原地区自一代英主周世宗继位，采取了一些诸如奖励耕植，招抚流亡，平均赋役；限制寺院，减少浮食，崇本抑末；兴修水利，治理黄河，疏通漕路；发展工商、整顿钱币等恢复社会生产的措施，其社会经济已得到一定的恢复和发展。[③] 而南方在中原战争四起之时，多能保境发展经济，特别是荆楚、吴越、南唐和后蜀的经济取得较显著的进

① 《河南程氏遗书》卷一五，《伊川先生语一·入关语录》。《二程集》，第159页。
② 《长编》卷九，开宝元年七月丙午，第205页。
③ 参见陶懋炳《五代史略》，人民出版社1985年版，第299—313页。

步。故当时太祖制定先南后北统一方略时，很大程度上是看中了南方殷实的财富。及太宗灭北汉基本上结束五代十国割据局面之时，宋的经济已有长足的发展，李心传说"国朝混一之初，天下岁入缗钱千六百余万，太宗皇帝以为极盛，两倍唐室矣"。① 这与汉初在经历了动乱之后的那种"自天子不能具钧驷，而将相或乘牛车，齐民无藏盖"② 的窘境不可相提并论。

由这三点而论，汉初与宋初所处的时代背景在很多方面都有重大区别，因而宋初不可能重蹈汉初无为政治的旧辙。

二、从宋初经济政策看宋初的黄老思想

政治是经济的集中表现。宋初经济政策如何，这是检验黄老思想在宋初是否居于主导地位的关键所在。有的论者以为黄老思想的中心内容是与民休息、静以致治，因此在汉初得以盛行六十年，同样在宋初也得以盛行数十年。还有的论者认为，宋初数十年实行黄老无为政治的核心，是与民休息，不过多地扰民，让农民有休养生息的机会。事实果真如此吗？

在讨论之前首先应澄清一个误解，即与民休息政策的理论依据是黄老的无为思想，其实这是一种不够全面的认识。因为在历史上轻徭薄赋、与民休息，并不是只有在黄老无为思想下才得以实行，作为一种统治手段，轻徭薄赋，与民休息也是儒家民本、仁政、爱民思想的具体体现。历史上每一盛大王朝初期，出于巩固和稳定其统治需要，统治者都多少要实行一些减免租税，鼓励垦荒，安定社会秩序、发展生产等一些与民休息的政策，如隋开皇之治，唐贞观之治，明洪武之治等，而这些

---

① 李心传：《建炎以来朝野杂记》甲集卷一四《国初至绍熙天下岁收数》，第289页。
② 《史记》卷三〇《平准书第八》，第1417页。

"治世"的出现并不是在什么黄老思想指导下出现的。所以，与民休息的理论依据不可以黄老思想一言以蔽之。

毋庸讳言，宋太祖、太宗时期在某种程度上实行过一些与民休息的政策，但它绝不能与汉初的与民休息政策相提并论，其经济政策更谈不到"清静无为"和"不过多地扰民"。

宋初加强中央集权，对维护和运转中央集权制的两个重要工具：军队和官僚尤下功夫。由于优待文武官僚和实行养兵政策，因而随着中央集权的逐步发展，官僚队伍和军员数便不断膨胀，譬如，军队总数从太祖开宝时 37 万余人到真宗天禧年间增加到 90 余万人。① 而庞大的官僚队伍和军队皆"仰天子之食"②。这是一方面，另一方面宋初"克服天下在即位后"③，在长达二三十年的统一战争过程中，战争开支当是一笔沉重的财政负担。"太宗初即位，幸左藏库，视其储积，语宰相曰：'此金帛如山，用何能尽？先皇居常焦心劳虑，以经费为念，何其过也？'薛居正等闻上言，皆喜。其后征晋阳，讨幽蓟，岁遣戍边，用度浸广，盐铁榷酤，关市矾茗之禁弥峻。太宗尝语近臣曰：'俟天下无事，当尽蠲百姓租税。'终以多故，不果"。④ 在这样的政治条件下，经济政策还能够反其"无所不为"而行"静以致治""不过多地扰民"的无为吗？显然是不可能的。事实上，宋朝自建国开始，便在强化国家机器的同时，一面采取措施积极恢复和发展社会生产，一面以强有力的国家权力直接干预社会经济。且不说为了削夺地方藩镇的财权，以设置诸路转运使和以低级使臣、京官、选人充任各地监当官等手段"制其钱谷"，就社会经济生活诸方面而言，宋初统治者也是"网利太密"，与汉初"轻徭薄赋""开关梁、弛山泽之禁"，"与民无禁""从民之

---

① 马端临《文献通考》卷一五二《兵考四》，第 4558 页。
② 蔡襄《端明集》卷二二《国论要目·强兵》，第 1090 册，第 510 页。
③ 邵伯温《邵氏闻见录》卷一八，第 196 页。
④ 《杨文公谈苑》，第 50 页。

欲，而不扰乱……风流笃厚，禁网疏阔"① 形成鲜明对照，请看下面的事实。

《续资治通鉴长编》卷一一三，仁宗明道二年十月壬戌条载：

> 自唐以来，民计田输赋外，增取他物，复折为赋，所谓杂变之赋者也，亦谓之沿纳。而名品烦细，其类不一，官司岁附帐籍，并缘侵扰，民以为患。帝躬耕籍田，因诏三司沿纳物以类并合。于是，三司请悉除诸名品，并为一物，夏秋岁入，第分粗、细二色。

可见，唐五代时期在征税之外，增添的不同名目的苛捐杂税，宋朝大都继承下来。谓之"杂变之赋"或"沿纳"。其征敛，某些方面比五代更为苛刻。"杂变之赋"的名品烦细，真宗时单是原南唐统治地区中就有17项，除农具税一度废除之外，有"盐博䌷绢、加耗丝绵、户口盐钱、耗脚、斗面、盐博斛斗、酤酒麹钱、率分纸笔钱、析生望户钱、甲料丝、盐博绵、公用钱米、铺衬芦蒨、米面脚钱等"②，在其他地方还可看到买卖牛羊有税，买卖粮食也有税，买卖田宅有税（田契钱等），修房盖屋也要纳税（木税钱），牛活着有税，牛死了还纳税（牛皮钱），丁口多要承担重差，而析烟分居则出罚钱。至于蒿钱、鞋钱、脚钱、见钱等等之类，更是不一而足。③

在四川地区，宋灭蜀后，几年内把后蜀仓储财物全部运到京师，除向蜀地人民征收两税等"常赋"外，还在成都设置"博买务"，征调各州农民织作一些精美的丝织品，禁止民间交易，使广大农民和手工业者更加贫困。对于川峡盛产的茶叶，宋政府"搉取茶利"，使川人民的生

---

① 《史记》卷一二九《货殖列传》，3261 页；《汉书》卷一〇〇《叙传上》，第 4197 页；《汉书》卷二三《刑法志》，第 1097 页。
② 陈靖《上真宗论江南二税外沿征钱物》，《宋朝诸臣奏议》卷一〇四，第 1111 页。
③ 参见漆侠《宋代经济史》，《漆侠全集》第 3 卷，河北大学出版社 2008 年版。

路几致断绝。这些都加速了当地阶级矛盾的急剧发展，到淳化四年二月爆发了王小波、李顺领导的农民起义。

禁榷制度是帝制国家干预经济的主要手段之一。这种制度自汉武帝确立以降，为历代王朝所奉行。宋初不仅继承前代的禁榷制度，而且较前代扩大了。如宋代禁榷制度中的盐、茶、酒、矾都是前代继承下来，而香料、醋的禁榷则是前代所没有，为宋代创始的。宋代征榷的方法也比过去严格多了。如盐，建隆二年，宋太祖下诏"私炼盐者三斤死，擅货官盐入禁法地分者十斤死，以蚕盐贸易及入城市者二十斤已上杖脊二十，配役一年"①。宋太宗太平兴国二年盐禁虽有所放宽，但自煎盐一两即决杖十五；二十斤至三十斤即予杖脊的同时还配役一年至一年半；一百斤以上，就要"刺面押赴阙"。② 又如酒榷，太祖建隆二年四月诏：应百姓私造曲十五斤者死；酤酒入城市者，三斗死；不及者等第罪之。买者减卖人罪之半。③ 宋代榷茶始于太祖乾德二年，"令民茶折税外，悉官买，民敢藏匿而不送官及贩鬻者，没入之"，并根据茶值多少定杖罪和流罪；主管官吏以官茶私自贸易者，五百文及流二千里；过一贯五百，以及持杖贩卖私茶而被官司擒捕，即处以死刑。④ 又如榷矾，开宝三年二月，"先是，禁商人私贩幽州矾，犯者没入之。其后定令，私贩河东及幽州矾一两以上，私煮矾三斤，及盗官矾至十斤者，弃市。"⑤ 由这几个例证，可知宋代不仅把一切有利的商业经营都收归政府垄断，而且是以严刑峻法来保证这种垄断。至于帝制国家是如何通过禁榷制度来垄断干预商品经济的具体内容，现早有诸多论著论其详，⑥不需多言，这里只看一下田锡和王禹称的议论即可略见一斑。

---

① 《宋会要辑稿》食货二三之一八，第5183页。
② 《宋会要辑稿》食货二三之一九，第5184页。
③ 《宋会要辑稿》食货二〇之一，第5133页。
④ 《长编》卷五，乾德二年八月辛酉，第131页。
⑤ 《长编》卷一一，开宝三年二月己卯，第242页。
⑥ 参见漆侠《宋代经济史》，《漆侠全集》第3卷，河北大学出版社2008年版。

太平兴国七年，田锡上太宗皇帝条奏事宜云："筦榷货财，网利太密……网利太密者，酒曲之利，但要增盈，商税之利，但求出剩。或偶有出剩，不询出剩之由，或有亏欠，必责亏欠之过。递年比扑只管增加，递月较量不管欠折。然国家兵数广支用处多，课利不得不如此征收，筦榷不得不如此比较。穷尽取材之路，莫甚于兹，疏通殖货之源，未闻适变，……"①

至道三年五月，王禹称应诏上疏初继位的真宗：夫山泽之利与民共之，自汉以来，取为国用，不可弃也，然亦不可尽矣，方今可谓尽矣。何以知之，只如茶法从古无税，唐元和中，以用兵齐蔡，宰相王涯始建税茶之法，《唐史》称是岁得钱四十万贯，东师以济。今则钱数百万矣，民何以堪之。②

面对上述事实，很难令人想象，奉黄老清静无为思想为治世圭臬的统治者，会制定出如此汲汲于财利的大有为的经济政策的。所以称宋初政治为黄老之治似与其经济政策的实际内容不符。

三、宋初保守政风形成的社会原因

宋初政治自太宗朝起因循苟且、墨守成规的保守政风很浓厚。当时的宰相从赵普到李沆、王旦等，都以不生事为原则，《邵氏闻见录》载赵普于厅事坐屏后置二大瓮，"凡人投利害文字，皆置其中，满即焚于通衢"，宋琪"在相位日，百执事有所求请，多面折之"。③ 李昉"在

---

① 田锡：《咸平集》卷一《上太宗条奏事宜》，第1085册，第368页。
② 徐规：《王禹称事迹著作编年》，中国社会科学出版社1982年版，第139页。
③ 《宋史》卷二六四《宋琪传》，第9131页。

位小心循谨，无赫赫称"，① 贾黄中"及知政事，卒无所建明，时论不之许"，② 真宗时绰号"没口匏"的李沆自言，"居重位实无补，惟中外所陈利害，一切报罢之，此少以报国尔。朝廷防制，纤悉备具，或徇所陈请，施行一事，即所伤多矣"。③ 王旦"为相，务行故事，慎所改作"，④ 真宗本人"惟宜谨审""先朝皆有成宪，但与卿等遵守"。⑤ 上层统治集团的这一政治倾向正如欧阳修所指出的"国家自数十年来，士君子务以恭谨静慎为贤。及其弊也，循默苟且，偷堕宽弛，习成风俗，不以为非，至于百职不修，纪纲废坏"。⑥

那么，宋初保守政风是如何形成的呢？如果说黄老无为思想在某种程度上助长了宋初保守政风的蔓延，此与史实不悖。但若说宋初保守政风是太宗、真宗奉行黄老之术为治乱指导思想所导致的结果，即所谓数十年黄老之风的熏染，使因循守旧习成风气，日趋严重，则是流于表面的认识。实际上，宋初保守政风的形成是有着深刻的社会原因。

首先，宋初保守政风是其防弊之政发展的结果。邓广铭先生认为，赵匡胤即位之后，出于加强专制主义中央集权的需要，针对晚唐以来皇权衰落的诸多弊端，故在政治、军事和财政经济诸方面的立法都贯穿着一个总的原则：以防弊之政，为立国之法。⑦ 太宗即位第二天所下的一道诏令中说："先皇帝创业垂二十年，事为之防，曲为之制，纪律已定，物有其常，仅当遵承，不敢逾越"。⑧ 此处的"事为之防，曲为之制"，即是防弊之政的精神要旨。宋初把这一精神要旨贯彻到具体的施

① 《宋史》卷二六五《李昉传》，第9138页。
② 《宋史》卷二六五《贾黄中传》，第9162页。
③ 《宋史》卷二八二《李沆传》，第9540页。
④ 《欧阳修全集》居士集卷二二《太尉文正公神道碑铭》，第157页。
⑤ 《长编》卷四三，咸平元年冬十月乙未，第918页。
⑥ 《长编》卷一八九，嘉祐四年闰十二月己未，第4556页。
⑦ 邓广铭、漆侠：《两宋政治经济问题》，知识出版社1988年版，第16页。
⑧ 《长编》卷一七，开宝九年十月乙卯，第382页。

政方针中。

其具体做法概言之有二：一是相互制衡，分化事权，借以削弱各个官僚机构和各级官员的权力，从而相对地扩大皇帝的权力。如以枢密使、三司使分割宰相的军权和财权，用设置三衙与枢密院分掌兵权，又如分地方长吏之权的通判，常以监郡自居，声称"我是监郡，朝廷使我监汝"①。由于事权的分割和官僚机构或官员间的互相牵制，各项事务即使事关整个国家的重大事务，亦不能步调一致，取得应有的处理，如仁宗时，范镇上疏指出军、政、财各不相知的弊端："今中书主民，枢密院主兵，三司主财，各不相知。故财已匮而枢密院益兵不已，民已困而三司取财不已。中书视民之困，而不知使枢密减兵，三司宽财以救民困者，制国用之职不在中书也。"② 分化事权的必然结果是叠床架屋的官僚机构的建立，像尚书省各部"吏部闲了，事却归审官院及流内铨；户部闲了，事却归三司；礼部闲了，事却归礼院；刑部闲了，事归审刑院；兵部闲了，事归枢密院。六部名存实亡"③。九寺五监亦都是无甚职掌的冗散机构。但在这些冗滥机构中"人即加倍添人""事即依旧公事"。④ 为冗官的增加创造了条件，也为保守主义铺平了道路。

二是将"以矫失为得"的防范措施"悉为之法"，而且日趋严密，以致"摇手举足，辄有法禁"。杨万里曾举过一个典型的事例："太祖皇帝尝令后苑造一薰笼，数日不至，帝怒，责左右。对以事下尚书省，尚书省下本部，本部下本寺，本寺下本局，覆奏又得旨依，方下制造乃进御，以经历诸处故也。帝怒问宰相赵晋（普）曰：我在民间时用数十钱可买一薰笼，今为天子乃数日不得，何也？普曰，此是自来条贯，不为陛下设，乃为陛下子孙设，使后代子孙若非理制造奢侈之物，破坏

① 欧阳修：《归田录》卷二，第 31 页。
② 范镇：《上仁宗乞中书枢密院通知兵民财利》，赵汝愚《宋朝诸臣奏议》卷四六，第 493 页。
③ 吕祖谦《丽泽论说集》卷九，第 703 册，第 440 页。
④ 柳开《河东集》卷一五《上言时政策》，第 1085 册，第 311 页。

钱物，以经诸处行遣，须有台谏理会，此条贯深意也。太祖大喜曰：此条贯极好。"① 太平兴国八年十月，太宗对宰臣说："近者内外政事，渐成条贯，远近官吏，无不畏谨，朕思之，不觉自喜"。② 宋统治者这种"禁防纤悉""悉为之法"的结果，虽然达到了"政出于一"③"权归于上"，"威柄最为不分"④ 的目的，但随着历史的发展，愈益成为培植政治庸人的极好土壤，景祐年间，吕夷简在中书，"奏令参知政事宋绶编次《中书总例》，谓人曰：自吾有此例，使一庸夫执之，皆可以为相矣。"⑤ 此正是庸人政治的真实写照。在"摇手举足，辄有法禁"的束缚中，百官不过"奉法遵职"，⑥ 维持现状而已，他们不知道通融变革"因循懦默者为得计，志士仁人终无以为也"。⑦

其次，循资转官的磨勘制度为宋初的保守政风推波助澜。"国之致治，在于审官"，⑧ 宋初以"循名责实"为指导思想，着手整顿吏治，尤注重百官的考课。宋太宗时，曾设立京朝官，幕职州县官磨勘院，负责考课，黜陟官员，后又改为审官院、考课院。磨勘院的名称虽改，但磨勘百官之实却未变，太宗晚年考课制度日益程式化、公文化，及至真宗继位便正式产生了磨勘法。磨勘制度形成后囊括了对官吏考绩、资格的全部检覆工作，并与转官结下不解之缘，逐渐变成晋升官秩的主要途径。这一制度是适应宋代统治者防范攀援朋比，加强集权的政治需要而产生。但随着时间的推移，这一制度的弊端愈来愈明显，"资历至上"

① 本条材料原出于刘安世《元城语录》。引自杨万里《诚斋集》卷六九《轮对札子》，第1160册，第677页。
② 《长编》卷二四，太平兴国八年十月甲申，第555页。
③ 曾肇《上哲宗论君道在立己知人》，《宋朝诸臣奏议》卷三，第30页。
④ 《水心别集》卷一〇《始议二》，《叶适集》第三册，第759页。
⑤ 司马光《涑水记闻》卷三，第61页。
⑥ 曾肇《上哲宗论君道在立己知人》，《宋朝诸臣奏议》卷三，第30页。
⑦ 《长编》卷一七二，皇祐四年三月丁未，第4134页。
⑧ 司马光：《司马光奏议》卷三〇《论风俗札子》，第329页。

的原则使各级官员"居官三周、例迁一级",① 成为保守主义发展的温床。范仲淹在庆历新政十大纲领中首议"明黜陟",对真宗以来的磨勘制度抨击曰:

> 今文资三年一迁,武职五年一迁,谓之磨勘。不限内外,不问劳逸,贤不肖并进,此岂黜陟幽明之意耶?假如庶僚中有一贤于众者,理一郡县,领一务局,思兴利去害而有为也,众皆指为生事,必嫉之、沮之,非之、笑之,稍有差失,随而挤陷,故不肖者素飧尸禄,安然而莫有为也。虽愚暗鄙猥,人莫齿之,而三年一迁,坐至卿监、丞郎者,历历皆是。谁肯为陛下兴公家之利,救生民之病,去政事之弊,葺纲纪之坏哉?②

由此可见,这个奉"资历至上"为原则的制度,"对于造成宋代吏治之因循保守,显得奄奄无生气,不能不是一个重要原因。"③

其三,上层集团所表现出的"率由旧章"的保守政风,实质上是在维护豪强兼并和特权阶层的既得利益。宋初奉行不抑兼并的土地政策:"不抑兼并,富室连我阡陌,为国守财尔。缓急盗贼窃发,边境扰动,兼并之财,乐于输纳,皆我之物"。④ 正是在这个温床上,兼并势力便日益严重地滋长起来。宋初文武官僚无不广占田产,而且这些田产都是"便好田宅""择肥而噬",至仁宗即位之时,品官形势之家占田达"天下田畴"之半。⑤ 各地豪强、富商大贾也是兼并土地的重要力

---

① 《长编》卷一三二,庆历元年五月壬戌,第3124页。
② 《长编》卷一四三,庆历三年九月丁卯,第3431—3432页。
③ 邓广铭《邓小南〈宋代文官选任制度诸层面〉序言》,《邓广铭治史丛稿》,北京大学出版社2000年版,第52页。
④ 王明清:《挥麈录余话》卷一,第24页。
⑤ 《宋会要辑稿》食货一之二〇,第4811页。

量，他们通过各种手段肆意兼并，拥有无数的"田畴邸第"。① 土地兼并发展的结果，使由各地品官、富豪、形势户组成的大地主阶层日益地强壮起来。如果按《文献通考》所说十分之六七的田亩都被豪强地主隐蔽下来，而不纳田赋来推算，至少百分之六七十的土地集中到这个阶层来了。在帝制国家土地所有制趋于崩溃，地主土地所有制占据首要地位的时代里，经济力量如此雄厚的大地主阶层，其社会地位自然会得到相应的提高。随着大地主阶层经济力量的强大和社会地位的提高，赵宋封建政权愈来愈甚地成为维护这个阶层利益的工具。

从赵宋建立之初，在其所制定的政策、法令当中，就赋予这个阶层许多政治特权，如官户享有免除差役及夫役的特权，赋税和名目繁多的摊派科敛都在这样和那样名义之下大部以至全部免除。还有宋代的各级官员还享有根据自己官职的高低而授给其子弟或亲属以官衔、差遣的特权，即所谓的恩荫。自景德、祥符年"每遇南郊"或"逐年圣节"即许可官阶较高的文武官员"奏荫子孙弟侄"，尤其是"臣僚之家及皇亲、母后外族皆奏荐，略无定数，多至一二十人，少不下五七人，不限才愚，尽居禄位，未离襁褓，已列簪绅"②。显然，豪强兼并和品官特权阶层是宋初政治经济政策的最大受益者，因而他们支持宋专制政权，在现状不加任何变更的条件下，他们不仅可以保持而且可以进一步地扩大自己的利益，他们的政治要求和愿望便是维持现状，只要对自己稍有不利，任何的改作和变更，就必然遭到他们的反对。庆历新政，王安石变法的命运，不都是因为变革触动了这个阶层的既得利益（如范仲淹提出的"明黜陟""抑侥幸"，王安石提出的"摧抑兼并"等改革主张），而遭到他们的重重非难和严酷打击后走向失败的吗？所以说"率由旧章"的保守政风实质上是上层集团为维护其特权和既得利益，在

---

① 秦观：《淮海集》卷一五《财用上》，第1115册，第503页。
② 《长编》一三二，庆历元年五月壬戌，第3125页。

政治上要求保持现状的一种反映。

四、宋初对儒佛道的政策

以上仅就黄老思想是宋初政治上占支配地位的统治思想，提出了几点不同看法。那么，在宋初政治上何种思想居于支配地位？下面先从宋初对儒佛道的政策谈起。

自两晋南北朝以降，儒佛道三教互相排斥，互相吸收，迄唐宋之际逐渐融会贯通，实乃中国思想文化发展的基本趋势。就宋初最高统治者所奉行的统治思想而言，儒佛道三家思想均得到了高度重视和大力提倡。先说儒家思想。

首先，宋初统治者把儒家政治思想作为"教化之本"，"治乱之源"。"太祖初定天下，扫五代之失，日不暇给，然犹命汪彻定宗庙，窦俨典礼仪，聂崇义正礼器，和岘修雅乐，揽访儒术，畴溶治道"①。太宗说："丧乱以来，经籍散失，周孔之教将坠于地。朕即位之后，多方收拾，抄写购募，今方及数万卷，千古治乱之道并在其中矣。"② 真宗于大中祥符二年亲撰《崇儒术论》云："儒术污隆，其应实大，国家崇替，何莫由斯。故秦衰则经籍道息，汉盛则学校兴行。其后命历迭改，而风教一揆。有唐文物最盛，朱梁而下，王风寝微，太祖、太宗丕变弊俗，崇尚斯文。朕获绍先业，谨尊圣训，礼乐交举，儒术化成。"③

其次，宋初统治者大力提倡遵孔读经，史称太祖"幸国子监，因诏修饰祠宇及塑绘先圣、先贤、先儒之像，帝亲撰文宣王、兖国公二

---

① 罗从彦：《遵尧录一·太祖》，《全宋笔记》第二编第9册，第112页。
② 程俱：《麟台故事》卷一《储藏》，《全宋笔记》第二编第9册，第226页。
③ 《长编》卷七九，大中祥符五年十月辛酉，第1798页。

赞"①。建隆二年太祖下令贡举人到国子监谒孔子，并著为定例。大中祥符元年十月，真宗在东封泰山时专门拜谒曲阜孔庙，诏追谥孔子为玄圣文宣王，并自撰《元圣文宣王赞》。

宋初最高统治者尊崇孔子的同时，还不遗余力地倡导攻读圣贤经籍。建隆三年，太祖对侍臣说："今武臣欲尽令读书，贵知为治之道。"② 太祖尝谓秦王侍讲曰："帝王之子，当务读经书，知治乱之大体。"③ 端拱元年，太宗命孔维等人分校孔颖达《五经正义》。至道二年，又命判国子监李至等人校定《周礼》、《仪礼》、春秋公羊、谷梁二传，《孝经》、《论语》、《尔雅》等七经旧疏。景德二年夏，真宗幸国子监阅库书，问邢昺经版有多少，邢昺回答说：

> "国初不及四千，今十余万，经、传、正义皆具。臣少从师业儒时，经具有疏者百无一二，盖力不能传写。今板本大备，士庶家皆有之，斯乃儒者逢辰之幸也。"④

宋初统治者不仅让臣下读圣贤经籍，而且身体力行，亦是"万机之暇，不废观书"。太宗说："王者虽以武功克受，终须用文德致治，朕每日退朝，不废观书，意欲酌先王成败而行之，以尽损益也。"⑤ 真宗也说："勤学有益，最胜它事，且深知政理，无如经书。朕听政之暇，惟文史是乐，讲论经艺，以日系时，宁有倦耶。"⑥ 王旦说真宗读书的目的在于"谈经典必稽其道，语史籍必穷其事，论为君必究其治

---

① 罗从彦：《遵尧录一·太祖》，第 112 页。
② 《长编》卷三，建隆三年二月壬寅，第 62 页。
③ 司马光：《涑水记闻》卷一，第 20 页。
④ 《宋史》卷四三一《邢昺传》，第 12798 页。
⑤ 《宋朝事实类苑》卷二，《祖宗圣训》，第 20 页。
⑥ 《宋朝事实类苑》卷三，《祖宗圣训》，第 25 页。

乱，言为臣必志其邪正"。① 对此，朱熹说："国初人便已崇礼义，尊经术，欲复二帝三代，已自胜如唐人。"②

再看道教。宋初对道教的崇信表现在三个方面，一是营修宫观，征召道士。太祖登极以后，遂"遣使诣真源祠老子，于京城修建隆观"③。为使道教更好地服务于北宋政治，太祖对唐末五代以来"道流庸杂"的情况做了整顿。开宝五年闰二月，太祖下诏说："冲妙之门，清静为本，逮于末俗，颇砧真风，或窃服冠裳，寓家宫观，所宜惩革，以副钦崇。"④ 太祖还召见道士问以治道。太祖一朝虽也"钦崇"道教，但远不如对儒学和佛教那样重视。对道教崇信的高涨，是从太宗利用道教为其政治斗争服务之时开始的⑤，太宗继位不到半年，便修建上清太平宫"祀奉天神"。其后又陆续修建太一宫、上清宫等。上清宫总一千二百四十二区，"殿塔排空，金碧照耀"⑥。真宗时期宫观修建规模远过乃父。如大中祥符元年，玉清昭应宫竣工，"凡三千六百一十楹"⑦。大中祥符八年始建的景灵宫"凡楼殿斋宫廊舍总千三百六十二区"⑧。二是收集和编撰道教典籍。从端拱二年到淳化二年的三年间，太宗收集道书得七千余卷，命徐铉等雠校，去其重复，裁得三千七百三十七卷⑨。这是真宗编纂"道藏"的先声。从大中祥符年间到天禧年间，真宗命王钦若总领编纂事宜。编成的《道藏经》"凡三洞、四（辅）部，共四千三百五十九卷"⑩。同时，真宗听从王钦若的建议，于《道藏》中选出

---

① 《长编》卷八五，大中祥符八年十二月己亥，第1960页。
② 黎靖德：《朱子语类》卷一二九《本朝自国初至熙宁人物》，第3085页。
③ 《宋朝事实》卷七《道释》，第107页。
④ 《宋朝事实》卷七《道释》，第107页。
⑤ 有关太宗利用道教支持其登极的故事，参见《长编》卷一七，开宝九年十月庚子，李焘注引《杨公谈苑》，第378页。
⑥ 田况《儒林公议》，第93页。
⑦ 《长编》卷一〇八，天圣七年六月丁未，第2515页。
⑧ 《宋会要辑稿》礼五之一一，第470页。
⑨ 《文献通考》卷二二四，经籍考五一，第6174页。
⑩ 《隆平集校正》卷一《馆阁》，第32页。

十二经:《九天生神章》、《玉京》、《通神》、《消灾》、《救苦》、《五星》、《祕授》、《延寿》、《定观》、《内保命》、《六斋》、《十直》。以为此十二经"博济于民,因摹印颁行之"①。三是太宗自晚年起全力倡导清静无为的黄老思想,这方面论者甚多。不赘。真宗时期是宋朝道教大发展时期。早在景德三年,真宗即下诏崇道:"老氏立言,实宗于妙,能仁垂教,盖诱夫群迷。用广化枢,式资善利。"② 真宗还为《道德经集注》撰序,以为"《道》《德》二经,治世之要道"。

宋初对佛教的扶持和提倡与尊崇儒道略不相同,这主要是由于佛教在周世宗统治时期遭到了废斥,被称为佛教史上的"三武一宗"的法难之一。赵匡胤对世宗的废佛政策是不赞成的,"对以三武废教之祸,帝深然之",故赵匡胤登极以后,对佛教的政策是朝着缓和周世宗废佛政策的方向前进的。如平定李重进后即在扬州"造寺赐额建隆,赐田四顷,命僧道晖主之"③。据史载太祖还经常参拜大相国寺、紫岩寺等佛教名刹大寺,并且对僧行勤等150人游学西域的请求给以支持④。另外,中国佛教史上第一部官刻的大藏经《开宝藏》亦是在太祖开宝四年起开刻的。太宗时期的政策更加宽松。这首先表现在僧侣数量有了明显的增长,赞宁《僧史略》卷下《临坛法》载:"我大宋太平兴国元年及七年,度僧一十七万有余,自古无比。缁徒之炽在兹矣。"对于普度僧侣,太宗自己曾很明确地表明他的政治目的,诏曰:"朕方隆教法,用福邦家。眷言求度之人,颇限有司之制,俾申素愿,式表殊恩。"⑤ 翌年,太平兴国八年,太宗以新译经五卷示宰相,并对他们说:"浮屠氏之教有裨政治……朕于此道,微究宗旨。"⑥ 宋廷普度僧侣的同时,

---

① 《长编》卷八六,大中祥符九年三月己酉,第1976页。
② 《宋朝事实》卷七《道释》,第123页。
③ 元·念常撰:《历代佛祖通载》卷一八,中州古籍出版社2015年版。
④ 《长编》卷七,乾德四年三月癸未,第168页。
⑤ 《长编》卷二三,太平兴国七年九月己丑,第527页。
⑥ 《长编》卷二四,太平兴国八年十月甲申,第554页。

亦大力营建寺院，"太宗志奉释老，崇饰宫庙。建开宝寺灵感塔以藏佛舍利，临瘗为之悲涕。兴国寺构二阁，高于塔偁，以安大象。远都城数十里已在望，登六七级方见佛腰腹，佛指大皆合抱，观者无不骇愕"①。此外，太宗还建立了译经院，派遣权贵充任译经使、润文官，组织印度、西域来宋的僧人和一些宋僧，从事佛教经典的翻译。真宗继位更加崇奉佛教，他学乃父著《圣教序》的样子，又著《续圣教序》给佛教以极高的评价。

以上所述，只是宋初最高统治者尊崇儒佛道及大力提倡三家思想的片断事实，但亦足窥其全貌。

五、宋初儒家政治思想的地位

虽然宋廷对儒佛道三家思想采取了并重的政策，但作为封建国家占主导地位的统治思想是儒家的政治思想，而佛道政治思想，则是以"有补世教"的面目出现的。这是因为，自汉武帝独尊儒术以来，吸收历史上法家、阴阳家、黄老等各家思想而又高于各家思想，适应巩固大一统的封建政治需要的新儒术，成为社会和政治的指导思想，为历代统治者奉为圭臬，是为官方的统治思想。史学大师陈寅恪先生说得好："自晋至今言中国之思想，可以儒释道三教为代表之。此虽通俗之谈，然稽之旧史之事实，验之今世之人情，则三教之说，要为不易之论。儒者在古代本为典章学术所寄托之专家，李斯受荀卿之学佐成秦治，秦之法制实儒学一派学说之所附系。中庸之'车同轨，行同伦'（即太史公所谓'至始皇乃能并冠带之伦'之'伦'）为儒家理想之制度，而于秦始皇之身，而得以实现之也。汉承秦业，其官制法律亦袭用前，遗传

---

① 《儒林公议》，第93页。

至晋以后，法律与礼经并称，儒家周官之学说悉入法典。夫政治社会一切公私行动，莫不与法典相关，而法典为儒家学说具体之实现。故二千年来，华夏民族所受儒家学说之影响，最深最巨者，实在制度法律公私生活之方面。而关于学说思想之方面，或转有不如佛道二教者。"① 在这里陈先生所谓的政治体制、政治生活行为和日常观念等实则是政治思想的集中体现。故自魏晋以降，即使释、道两教极盛，也未能取代儒家在政治上的主导地位和支配作用。但是在学说思想特别是在哲学理论上，释道风靡数百年，汉儒之章句之学相形见绌。入宋以后以复兴儒学至尊地位为己任的宋儒，正是在吸收、改造和批判释道的宇宙论、认识论的理论成果的基础上，再建孔孟传统的。换言之，佛、道二教在其宇宙论、认识论、思辨理论体系等方面比宋明理学产生之前的儒家学说高明，但在体现政治体制、政治机构、制度、法律、生活行为和日常观念的政治思想方面，佛道两教的影响和作用则不能与儒家学说相提并论。关于这个问题，李纲在《三教论》中有更具体的议论。他认为帝制国家选择统治思想，应当"从儒。彼道、释之教，可以为辅，而不可以为主"②。纵观宋初六七十年间统治思想的发展和实践也正是如此。

至于有人以为理学产生于宋仁宗之时，既然宋初七八十年间理学尚未诞生，又何谈儒家政治思想的统治地位呢？这个论点看上去似有道理，实际上却经不起逻辑和历史的推敲。这是因为：一，理学自诞生之日起不仅不占统治地位，而且在北宋后期80年也不是官方哲学，那么是否可说北宋中后期的官方政治思想——荆公新学也不占统治地位呢？显然是不可以的。二，理学只是儒学发展过程中，在探索古代儒家经典的方法、思路和学风上不同于汉学的一个学派。虽然自唐中叶至北宋中期汉学治经的方法有了很大变化，正如王应麟所说："自汉儒至于庆历间，谈经者守训故而不凿，《七经小传》（刘敞撰）出而稍尚新奇矣，

① 《金明馆丛稿二编》，上海古籍出版社1980年版，第251页。
② 王瑞明点校《李纲全集》卷一四三，第1361页。

至三经义（王安石主导）行，视汉儒之学若土梗。"① 但是理学，更准确地应该说是宋学之代替汉学，是儒学发展史上两种风格、两种方法的不同学派间的更替，而不是汉初那种以儒家思想代替黄老思想，属于两种不同思想的更替。换言之，汉学和宋学（包括理学）在治经方法上是对立的，但它们在宣扬儒家经典的微言大义的根本点上，则并无二致。因此，宋初七八十年间，理学未诞生，并不表明其他思想就可取代汉武帝以来在政治上独尊的儒家思想。下面就看看儒家政治思想在宋初是如何实践的。

六、儒家政治思想在宋初的实践

中央集权的思想原是先秦法家的政治主张，由秦始皇最先采用而建立了中国历史上第一个中央集权的帝制国家。及至汉武帝时期为适应巩固中央集权制国家的政治需要，汉儒在改铸儒学的过程中，吸收法家集权的思想，将孔子修《春秋》时正名分、寓褒贬以达到建立一套自天子、诸侯、大夫到庶人，尊卑有序的分封等级制度的政治理想，发展成为体现中央集权专制主义的"大一统"和三纲五常理论，这一理论即是汉武帝罢黜百家后，被奉为独尊的儒术的核心内容，在此后中国帝制时代的发展和国家的统一中起了重大的维系作用。

宋太祖出身行伍，通过兵变代周建宋。但作为他夺得政权的标志却是一件预先制好，在陈桥兵变当天由别人披到他身上的黄袍。而后来促使他下决心夺去旧日结社兄弟兵权的原因，也是害怕他们故技重演，"一旦以黄袍加汝之身，汝虽欲不为，不可得也"②。黄袍作为帝王专用

① 王应麟《困学纪闻》卷八《经说》，第1094页。
② 司马光：《涑水记闻》卷一，第11页。

服饰，代表着唯我独尊的政权的归依。正是制定并维护了以尊尊亲亲为精髓的帝制等级制的儒家传统文化之象征。由此可见，从宋太祖立国的第一刻起，便离不开这千百年来所积淀着的维系着华夏民族精神生活的文化传统。明白这一点，即可明了前面所述宋初统治者其所以尊崇儒术的原因所在。

赵宋政权直承晚唐五代之后，最高统治者尤其是太祖、太宗兄弟，对藩镇跋扈、国家分裂所造成的灾祸，有着特别的感触和认识。建隆元年，平定盘踞潞州的昭义节度使李筠及在扬州的淮南节度使李重进的反抗，准备统一南北之前，宋太祖即认识到加强中央集权的重要性和迫切性，重建了中央集权的三大施政纲领，将地方上的政权、财权、兵权，悉归中央，逐步付诸实施。由后来实行的加强禁军制度，以文臣知州，建立通判制度和转运使制度等设施看，北宋继任的皇帝，都忠实地执行了这一决策，并有所发展。

以儒臣知州事，是赵匡胤加强中央集权的重要措施。这一策略，从消极方面讲，是基于防止唐末以来强藩割据、武夫横行的局面再度出现的需要，从积极方面讲，正是试图通过重用儒生振兴传统文化，恢复三纲五常为律条的儒家伦理道德，以重整和安定社会秩序。综观其后来在北宋政治生活中所发生的客观社会效果，尤其如此①。太平兴国八年十二月，太宗对宰臣说："迩来场屋混淆，颇闻僧道还俗赴举者。此辈不能专一科教，可验操履，他日在官，必非廉洁之士。进士须先通经，尊周孔之教。或止司浮浅文章，殊非务本之道，当下诏切诫之。"② 可见在太宗看来，只有通经、遵周孔之教的儒生才是管理国家的务本之道的合适人选。在这里宋初统治者以儒家学说为治国的指导思想不是昭然若揭吗？

阶级法是宋初矫治中唐五代以降藩镇威侮朝廷，士卒侵逼主帅之积

① 参见陈植锷《北宋文化史述论》，中国社会科学出版社 1991 年版，第 28—34 页。
② 《长编》卷二四，太平兴国八年十二月癸卯，第 560 页。

弊最重要的军法。而这个军法的主导精神即是儒家宣扬的礼治思想。司马光说："治军无礼，则威严不行。礼者，上下之分是也。唐自肃代以降，务行姑息之政。是以藩镇跋扈，威侮朝廷，士卒骄横，侵逼主帅。下陵上替，无复纲纪。以至五代，天下大乱，运祚迫蹙，生民涂炭。祖宗受天景命，圣德聪明，知天下之乱生于无礼也，乃立军中之制曰：'一阶一级，全归伏事之仪。敢有违犯，罪至于死'。于是上至都指挥使，下至押官、长行，等衰相承，灿然有叙。若身之使臂，臂之使指，莫敢不从。故能东征西伐，削平海内，为子孙建久大之业。至今百有余年天下太平者，皆由此道也。"① 司马光所讲虽不免有溢美之嫌，但与事实基本相符。正因为此法对维护中央集权有重大作用，故终宋一代，奉为不易之典。

我们知道，儒家的政治思想有一显著特点，就是在严格区分尊卑等级有序的同时，也注重尊卑等级间的和睦谐调，前者是由礼法制度作为不同等级者之间关系必须遵奉的社会规范，后者是由"仁义忠孝慈恕"作为调节和处理等级关系的伦理观念，两者相辅相成。宋初统治者在消除"内乱"的措施上就体现了儒家政治思想的这一特点。由外戚、宗室、女后、宦官构成的"内朝"，是中国帝制政治中的特殊而重要的组成部分，汉唐五代时期的政治动乱，无不与为史家诟病的宫闱女祸，宦官阉祸，宗室祸，外戚祸——统称为"内乱"紧密相连。内乱虽有多种表现形式，但其共同的特征是，内乱期间君权旁落。是故吸取唐五代弊政的历史教训，消除威胁皇权的内乱，就成为宋初加强专制主义中央集权的另一重要内容。宋初消除威胁皇权的内乱，所采取的措施主要有两条，一是制订一套体现"正名分"、"忠厚廉耻为之纲纪"②的礼法制度，亦即"祖宗家法"。宋朝祖宗家法是一个很宽泛的概念，它可包括一切规章制度和法令。宋哲宗朝宰相吕大防把祖宗家法区分为八大

---

① 《司马光奏议》卷一六《阶级札子》，山西人民出版社 1986 年版，第 175 页。
② 《河南程氏遗书》卷一五《伊川先生语·人关语录》，《二程集》，第 159 页。

类："事亲之法"、"事长之法"、"治内之法"、"待外戚之法"、"尚俭之法"、"勤身之法"、"尚礼之法"、"宽仁之法"等。二是自建国伊始就特别提倡忠孝伦理道德，强调"行莫先于孝，书莫先于《孝经》"，《孝经》被抬高到了群经之首、万行之宗的地步①，被列为皇亲国戚尤其是宗室子弟的必读书。由于宋后世统治者持守家法最谨，更由于祖宗家法与帝制伦理道德观念相结合，从而形成了一股巨大的约束力量。于是某些皇亲国戚习惯成自然，帝制道德久而久之在他们身上变为道德习惯②。因此宋朝基本上消除了威胁皇权的"内乱"。"惟宋无女主、外戚、宗王、强藩之祸，宦寺虽为祸而亦不多"③。

要之，在儒家政治思想的指导下，经过宋初统治者几十年的惨淡经营，宋中央对地方的集权控制达到前所未有的高度。它不仅使宋王朝免于成为第六个短命王朝，而且结束了唐末以来的分裂割据局面，并且从此不再继续出现，对元明清大一统的政治局面的形成产生了深远的影响。同时，统一局面的形成，为经济文化的高度发展开辟了道路。

七、赘　语

我们说儒家思想是宋初占主导地位的统治思想，但并不否认佛道二家政治思想在宋初统治思想中的重要地位。正如宋真宗所言："道释二门，有助世教。"④不过，有关佛道与宋初政治，日本学者竺沙雅章先生已有高论⑤，在这里只是要着重申明两点：一是宋初对佛道的崇信，

① 范祖禹：《范太史集》卷一四，《进古文孝经说札子》，第 1100 册，第 205 页。
② 参见张邦炜《宋代皇亲与政治》，四川人民出版社 1993 年版，第 336—312 页。
③ 柳诒徵《中国文化史》，上海三联书店 2007 年版，第 521 页。
④ 《长编》卷六三，景德三年八月乙酉，第 1419 页。
⑤ 《宋初政治与宗教》，译文载《历史文献与传统文化》第三集，广东人民出版社 1991 年版。

与太祖、太宗、真宗的登极密切关联，众所周知，太祖太宗的皇帝位都是通过非常手段夺得的，故他们或利用佛教，或利用道教的神授思想来设法使自己的统治合法化。从这个角度说，佛道二家思想对宋初上层统治集团的稳定起到了一定的作用。二是太宗以后宋朝政治趋于保守，关于宋初保守政治形成的根本原因，前面已有专门讨论。但不可否认，黄老无为思想对宋初保守政治的形成，起了推波助澜的作用。

本文原分两部分分刊于《河北大学学报》1995 年第 3 期、《西北师大学报》第 32 卷第 6 期（1995 年）。后收入"河北大学博导书系"：《宋史论集》，河北大学出版社 2001 年版

关于宋初先南后北统一方针
讨论中的几个问题

自南宋初以降，数百年来，历代学者对宋初君臣制定的先南后北统一策略，褒贬不一，论争纷坛，大致形成了两种对立的意见。一种意见认为先南后北策略是一个失策，它改变了周世宗的先北后南策略，致使宋初错过了收复燕云地区的时机。另一种意见则认为先南后北策略符合当时宋与契丹综合国力强弱的客观实际，因而是正确的。前一种观点在（上世纪）八十年代以前比较流行。自（上世纪）八十年代以来，后一种观点则多为专治宋史的学者所持有。就过去的研究而言，无疑是取得了相当大的进展和成绩。但笔者以为仍有一些问题需要拓展。特别是一些基本材料还有重新认识的必要，故提出几点个人的看法，以就教于方家。

——

首先讨论一下有关先易后难的问题，论者在评议宋初君臣所以选择先南后北，是因为北方辽、北汉较北宋强大，不易攻取，而南方诸国相对较弱小易于制胜，故先易后难是先南后北的理论根据，而且这个根据直接承袭周世宗时期王朴所上的"平边策"。然而仔细阅读有关史实，周世宗时期王朴的"平边策"并无以上意义的"先易后难"之说，为了便于讨论，现将王朴《平边策》原文录下：

中国之失吴、蜀、幽、并，皆由失道。今必先观所以失之之原，然后知所以取之之术。其始失之也，莫不以君暗臣邪，兵骄民困，奸党内炽，武夫外横，因小致大，积微成著。今欲取之，莫若反其所为而已。夫进贤退不肖，所以收其才也；恩隐诚信，所以结其心也；赏功罚罪，所以尽其力也；去奢节用，所以丰其财也；时使薄敛，所以阜其民也。俟群才既集，政事既治，财用既充，士民既附，然后举而用之，功无不成矣！彼之人观我有必取之势，则知其情状者愿为间谍，知其山川者愿为乡导，民心既归，天意必从矣。

凡攻取之道，必先其易者。唐与吾接境几二千里，其势易扰也。扰之当以无备之处为始，备东则扰西，备西则扰东，彼必奔走而救之。奔走之间，可以知其虚实强弱，然后避实击虚，避强击弱。未须大举，且以轻兵扰之。南人懦怯，闻小有警，必悉师以救之。师数动则民疲而财竭，不悉师则我可以乘虚取之。如此，江北诸州将悉为我有。既得江北，则用彼之民，行我之法，江南亦易取也。得江南则岭南、巴蜀可传檄而定。南方既定，则燕地必望风内附。若其不至，移兵攻之，席卷可平矣。惟河东必死之寇，不可以恩信诱，当以强兵制之。然彼自高平之败，力竭气沮，必未能为边患。宜且以为后图，俟天下既平，然后伺间，一举可擒也。今士卒精练，甲兵有备，群下畏法，诸将效力，期年之后可以出师，宜自夏秋蓄积实边矣。①

王朴此策有四层含义：一、周欲取吴蜀幽并，须先改革内政，增强

① 司马光：《资治通鉴》卷二九二，显德二年四月丙辰，第9525—9526页。

自身的实力，"民心既归"，则攻无不破。二、如果仅从"凡攻取之道，必先易者"来看，势必只能得出先攻击易于制取者，而后再及不易制取者的"先易后难"的结论来。但是与后文连起细读，即不难发现"易者"之易是指南唐与后周接境二千里，易于寻找到薄弱之处，这与许多论者以为的"易者"为易于制取的对手是大相径庭的。也就是说，王朴所言的"易者"是指攻击对手的薄弱环节，而非指在诸多对手中易于制取的对手。三、攻占江北是完成统一战争的关键所在，只有得江北之后，才可易取江南，传檄岭南、巴蜀，席卷燕地。显然在王朴看来南唐是后周首先应当攻击的重点对象，而且比江南、巴蜀、燕地等难以攻取的对手，只有运用适当的战略战术，避实就虚，避强就弱，使南唐自身民疲而财竭时方可取胜。四、河东是后周的世仇，必然要负隅顽抗，但自高平之战后，力竭气沮，已不足为边患，故可放在统一之后"一举可擒"。注意在这里，王朴始终未提及契丹的威胁，显然后周君臣对契丹的态度是与后来北宋君臣畏惧契丹的心态是大不相同的。

通过上述的分析，可以说在王朴的统一方略中，既没有先攻击弱者（"易者"），然后再攻击强者的所谓"先易后难"的意思，更没有视南方弱而视北敌强的含义。即使后周分视强弱对手，也是把南唐视作主要的对手，并没有把燕地和北汉放在真正对手的行列。

论者又以为周世宗攻克江北后，其所以没有继续南下而北上，原因在于契丹南侵迫使世宗改变了原来的部署，但考显德四年至五年后周与契丹的关系，说契丹有骚扰行动是事实，若说在后周的北部边境造成了严重威胁则不符合事实。显德四年（契丹应历七年）十一月"契丹遣其大同节度使、侍中崔勋将兵来会北汉，欲同入寇。北汉主遣其忠武节度使、同平章事李存瓌将兵会之，南侵潞州，至其城下而还。北汉主知契丹不足恃而不敢遽与之绝，赠送勋甚厚"①。是一次未遂的进攻。

---

① 《资治通鉴》卷二九三，显德四年十一月，第9574页。

显德五年（应历八年）二月，"（北汉主）刘钧闻帝南征，发兵围隰州，巡检使李谦溥以州兵拒之而退"①。四月，契丹南京留守萧思温攻周沿边州县"惮暑不敢进，拔缘边数城而还"②。五月，周"成德节度使郭崇攻契丹束城，拔之，以报其入寇也"③。六月，萧思温请益兵，乞驾幸燕。秋七月，（契丹穆宗）猎于拽剌山，迄于九月，射鹿诸山，不视朝。冬十一月，（北）汉遣使来告周复来侵。乙丑，使再至。十二月庚辰，又至，（应历）九年春正月戊辰，驻跸潢河。④

上述事实说明：1. 契丹没有大规模南下的计划和行动；2. 契丹的扰边活动软弱无力构不成对后周的威胁；3. 契丹最高统治者"不仅不致力于南侵，而且对治理契丹草原也全然没有兴趣"⑤。显德五年（应历八年）五月以后，契丹不仅没有南下行动，而且对北汉的频频告急，漫不经心。另外，早在进攻南唐之前，世宗已在冀州北百里、深州南三十里的李晏口夹胡卢河为垒，以防御契丹和北汉，垒成颇扼要害，自是敌骑虽至，不敢涉河，边民稍得耕牧焉。⑥ 显德五年四月又遣张永德，"契丹扰边，命永德率步骑二万拒之"⑦。显然周世宗对北鄙的防御，足以抵挡契丹和北汉没有力度的进攻。实际上，周也成功地回击了契丹北汉的进犯。如果他要继续向南用兵并无后顾之忧。所以，那种认为周世宗"之所以匆匆北返，征伐南唐事业半途而止，是由于契丹兵的不时骚扰边事，打乱了他的既定的战略部署"的观点，似缺乏令人信服的事实根据。

---

① 《旧五代史》卷一一八，《周世宗纪》，第 1568 页。

② 《辽史》卷七八，《肖思温传》，第 1397 页。

③ 《资治通鉴》卷二九四，显德五年五月辛卯，第 9583 页。

④ 以上诸条均见《辽史》卷六《穆宗纪》。

⑤ 李锡厚《契丹"草原本位政策"说质疑》，载《宋史论文集》，河南人民出版社 1984 年版，第 508 页。

⑥ 《旧五代史》卷一一五，《周世宗纪二》，第 1526 页。

⑦ 《宋史》卷二五五《张永德传》，第 8916 页。

二

太祖是否把燕云地区作为统一对象，过去有一种观点认为"宋初置燕云于不顾"，现经讨论已被基本否定，但是笔者在读有关史实时，感觉到太祖虽然念怀幽蓟失地，自始至终却没有收复的成算和行动。也就是说周世宗进行统一战争时是把吴、蜀、幽、并，并列为统一对象，而宋太祖则是把北敌分成两个明确的概念，即河东是卧榻之侧必欲消除的"他人家"，而燕云则属于如何处置的边患问题，下面试从四个方面进行讨论。

首先，从记述宋初制定南北统一方略和宋初对外政策的诸材料来看，并没有收复燕云的内容：

a.《续资治通鉴长编》卷一，建隆元年八月甲戌条云：时上将有事于北汉，因密访策略，（张）永德曰："太原兵少而悍，加以契丹为援，未可仓卒取也，臣愚以为每岁多设游兵，扰其田事，仍发间使谍契丹，先绝其援，然后可图。"上曰"善"。①

b.《续资治通鉴长编》卷九，开宝元年七月丙午纪事云：赵匡胤、赵光义兄弟二人夜访赵普，"普从容问曰：'夜久寒甚，陛下何以出？'上曰：'吾睡不能著，一榻之外，皆他人家也，故来见卿。'普曰：'陛下小天下耶？南征北伐，今其时也，愿闻成算所向。'上曰：'吾欲收太原。'普嘿然良久，口：'非臣所知也'。上问其故，普口：'太原当西北二边，使一举而下，则边患我独当之，何不姑留以俟削平诸国。彼弹丸黑子之地，将何所逃。'上笑曰，'吾意正尔，姑试卿耳。'于是用师荆湖，继取西川。"②

---

① 《长编》卷一，建隆元年八月甲戌，第20页。
② 《长编》卷九，开宝元年七月丙午，第205页。

C. "中国自五代以来，兵连祸结，帑廪虚竭，必先取西川，次及荆、广、江南，则国富饶矣。今之劲敌，正在契丹，自开运已后，益轻中国，河东正扼两蕃，若遽取河东，便与两蕃接境。莫若且存继元，为我屏翰，俟我完实，取之未晚。"①

以上三条材料所记宋初君臣言及南北用兵时，均只言北汉，而未及燕云。即使提及契丹也是在考虑其可能为河东之援，或为边患时才提及。据此可以肯定地说，太祖在初定统一方略时，并无用兵燕云的成算。再者第二条材料中"一榻之外，皆他人家"，表明太祖容不得天有二日、民有二主的局势继续下去，他南征北战的着眼点是削平不臣的割据势力，这是太祖制定南北统一战争方略的基本思路，而燕云地区已归属契丹几二十年，是劲敌"北戎"治理下的边区，与一榻之侧的他人家不尽相同。因而赵普和太祖均把河东之地作为屏翰契丹边患来姑存之的。从这个角度来说，宋初的统一方针不包括燕云，应是符合宋初君臣原意的。

其次，从宋初的统一实践来看，也是与上述策略一致。太祖在位期间两次出兵北伐太原，却未曾兵向燕云，这是不争的事实。对此论者以为太祖虽然没有用兵燕云，可是有用兵的计划，其主要依据是王辟之《渑水燕谈录》卷一所载"太祖讨平诸国，收其府藏贮之别府，曰'封桩库'，每岁国用之余，皆入焉。尝语近臣，'石晋割幽、燕诸郡以归契丹。朕悯八州之民，久陷夷虏，俟所蓄满五百万缗，遣使赠北虏，以赎山后诸郡，如不我从，即散府财募战士，以图攻取'，会上即位乃寝"，② 对这条材料笔者有三个疑点，一是此段材料明说太祖置封桩库的目的在于贮钱帛以赎山后之地，然《续资治通鉴长编》卷六将"封桩库"设置附于乾德三年三月，《文献通考·国用一》则系于乾德六年

---

① 魏泰：《东轩笔录》卷一，第1页。
② 王辟之：《渑水燕谈录》卷一，第3页。又见王称《东都事略》卷二三，《孟昶传论》有类似记载。

（是年十一月改元开宝），均未提及此说，而是"上顾左右"或"尝曰"："军旅饥馑，当预为之备，不可临事厚敛于民。"二是前引《渑水燕谈录》和《东都事略》在谈及先取南方诸国"俟富实"或"完实"后都明言取太原而未言及燕云。而且太平兴国三年宋太宗初实内帑，亦云"河东敌境甚迩，吾必取之，至时不免扰民。今内帑所积，以备调发"。① 三是，既然太祖开列出五百万缗为赎买价格，就应有目的，有计划地积极筹措，使之具有稳定的积累。但实际上太祖时期封桩库无固定收入，且催督亦不甚严格，"止斋陈氏曰：国初平僭伪，尽得诸国所藏之赋入内藏，是后，时时以州县上供拨入库，而不齐集，守藏之臣每以为言，上亦不察察也。盖祖宗盛时，内藏库止是收簇给费之余或坊场课利，不以多寡，初无定额。"② 显然太祖并不着意为谋取燕云而经营内库，因此所谓"会上晏驾乃寝"之语乃系不实之词，由这三个疑点而论，王辟之等人的赎买说并无多少实际意义，充其量只能说明太祖念念不忘燕云，要使之证明太祖君臣制定的南北统一方针含有兵取燕云的内容，则不免有些牵强。

　　第三，从太祖开宝七年以后的宋辽关系来看，说太祖平定南方后将兵取燕云，亦缺乏事实根据。据研究，开宝七年初契丹涿州刺史耶律琮致宋权知雄州内园使孙全兴书，首先表达了愿意和解的意向，而许多迹象也表明宋对契丹亦颇有修好之意，于是自此开始双方关系趋于和解③。辽保宁六年（宋开宝七年）三月，"宋遣使请和，以涿州刺史耶律曷尤加侍中，与宋议和"④。同年十一月甲午，"契丹涿州刺史耶律琮致书于权知雄州、内园使孙全兴"，辛丑"（孙）全兴以琮书来上，上命全兴答书，并修好焉"⑤，并遣使贺契丹次年正旦。开宝八年（辽保

① 《长编》卷一二四，宝元二年九月丁巳（富弼言），第2930页。
② 引自《文献通考》卷二三《国用考一》，第690页。
③ 参见陶晋生《宋辽关系史研究》，中华书局2008年版，第13—15页。
④ 《辽史》卷八《景宗纪上》，第102页。
⑤ 《长编》卷一五，开宝七年十一月，第328页。

宁七年）三月契丹遣使克妙骨慎思奉书来聘，太祖遣官迎接，召见、赐宴，并且请辽使观骑射。太祖对宰臣说："自五代以来，北敌强盛，盖由中原衰弱，遂至晋帝蒙尘，亦否之极也。今景慕而至，乃时运使然，非凉德能致。"① 同年七月遣西上阁门使郝崇信，太常丞吕端出使契丹。自此建立贺正旦和贺生辰的礼节。太祖崩，太宗立，宋遣使告契丹，契丹亦遣使吊慰，契丹又遣使贺登极。次年正旦，宋并遣使"致其先帝遗物"。在双方聘使往来过程中，两边互不攻扰，出现了一派和平的景象。由此可见太祖不仅不向契丹用兵，而且与契丹搞起了睦邻关系。另外，张方平曾说："昔太祖但以丰财练兵保边为事。尝积帛内府，谓左右曰：'北虏若敢似昔时犯边，我以二十匹绢购一胡人首，料其精兵不过十万，我用绢二百万匹，北虏尽矣。"② 此段话值得思考的有两点，一是太祖"积帛内库"是为防边与王辟之所言积五百万缗赎买燕云和"以图攻取"之说相异，二是表明只要契丹不犯边，太祖是愿意与契丹维持边境的安宁，这与后来太祖实施与契丹通好的外交政策是相吻合的。

第四，从赵普的反战思想来看，宋初先南后北的统一方略亦不包括兵取燕云。《春明退朝录》卷上云："孙之翰言，太祖一日召对赵中令，出取幽州图以视之。赵令详观称叹曰：'是必曹翰所为也。'帝（太祖）曰'何以知之'。（赵）普对：'方今将帅材谋，无出于翰，此图非翰，他人不可为也。翰往，必可得幽州。然既得幽州，陛下遣何人代翰?'帝默然，持图归内。"此条材料是说赵普反对用武力收复燕云，但是此

---

① 《长编》卷一六，开宝八年三月己亥，第337页。

② 《乐全先生文集》卷一八《对诏策》，《宋集珍本丛刊》第5册，第755页。又见《长编》卷一一，开宝二年十一月甲寅，第252页。《太平治绩统类》卷二《太祖经略幽燕》作"以三十匹绢购一胡人之首……费我三百万绢"。江苏广陵古籍刻印社1990年版，第29页。

材料经论者考辨后认为是附会之说不可信。① 不过，笔者以为此条材料所记事可能有附会之嫌，然所反映出赵普不赞成用武力攻取燕云的反战思想则有事实根据。前揭雪夜访赵普的故事中，赵普就以为"太原当西北二边，使一举而下，则边患我独当之"，表现出对和契丹正面交锋的忧虑，而在他的《御戎策》中则明确反对用武力与契丹争锋，他说："夫御戎之道，有三策焉，前代圣人论之详矣。缮修城垒，依凭险阻，训戎聚谷，分屯塞下，来则备戎，去则勿追，策之上也。偃革囊马，卑辞厚礼，降王姬而通其好，输国货以结其心，虽屈万乘之尊，暂息三边之戎，策之次也。练兵选将，长垒深入，拥戈铤而肆战，决战负于一时，策之下也。……国家素失蓟北关塞之险，亡控守之处，是上策不能举也。顿兵草野，与匈奴转战，劳弊已甚，胜负未分，是下策不足恃也。审观天下形势，忧患未已，唯与之通好，或可解纷。"② 按：《全宋文》收录此篇，时间作太祖时期，但通览全文，其中有"今契丹嬖臣擅轴，牝鸡司晨，单于幼屏，权移于母"之语，当是指辽景宗死后，萧太后摄政，韩德让专权，由此可知《御戎策》应作于辽圣宗统和元年（宋太宗太平兴国八年）以后，它与赵普于雍熙三年五月所上的另一名篇《谏太宗伐燕疏》及《札子》一道的中心意义是相同的："至于平收浙右，力取河东，垂后代之英奇，雪前朝之愤气，四海咸归于掌握，十年时致于雍熙。唯彼蕃戎，岂为敌对？迁徙鸟举，自古难得制之。前代圣帝明王，无不置于化外，任其追逐水草，皆以禽兽畜之。此际官家何须挂意。"其《札子》曰："假令收下幽州，边境转广，干戈未息，忽然生事。未见理长……殊不知蕃戎上下幽州，各致其生涯，土宿照临外处，不可以征讨。"③ 由此不难看出，赵普自制定先南后北策

---

① 王煦华、金永高：《宋辽和战关系中的几个问题》，载历史研究编辑部编《辽金史论文集》，辽宁人民出版社1985年版，第227—283页。
② （明）黄淮、杨士奇等：《历代名臣奏议》卷三四二，第4440页。
③. 邵伯温《邵氏闻见录》卷六，第48、51页。

略到雍熙年间，其忧惧契丹和"和戎"的思想，乃是前后一致的。

要之，以往武断地说"宋初置燕云于不顾"，固然是有悖于历史事实的，但若说宋太祖君臣制定的先南后北统一战略方针包括兵取燕云也是缺乏事实基础的。实际上宋初的先南后北只是针对太祖不满"小天下"而言，太祖其所以汲汲于南北用兵，主要是削平割据，而不能容忍一榻之侧有他人鼾睡。这与他对内实行一系列政治、军事改革措施、借以强化皇权，强化唯我独尊的专制主义是内外照应、一脉相承的。而幽燕之地则不能与之同日而语，太祖其所以念念不忘幽燕，主要是看重幽燕的军事地理，幽燕之失，北部门户洞开，来自契丹的威胁成为心头之患。但是幽燕归属契丹已近二十年，收复幽燕之举牵一发而动全身，故幽燕问题实质上是如何对待蛮夷之国造成的边患的问题，因而解决边患的办法，诚如赵普所言自古有上中下三策：据险而守、和戎和以兵锋相见一争雄长。从宋初太祖和赵普的看法，显然倾向于"和戎"之策，而上述事实也是如此。所谓"赎买之说"，那只不过是太祖对契丹怀有畏葸情绪，而又无奈的心境的一种反映。

三

论者在讨论赵匡胤其所以选择先取南方，后复河东燕云这一决策时，大都以为是在权衡了辽强宋弱这一客观形势后确定的。诚然，自后晋以来，契丹得幽燕地区后，"北戎强盛"，其军事力量，尤其是骑兵强于立国之初的北宋。但是当时契丹的经济力量是否如有的论者所说亦超越北宋呢！笔者以为有必要重新认识。

首先论者以经济重心南移之说来论证宋初黄河流域经济衰落，甚至于不抵塞北的契丹，是与史实不符的，因为即使说中唐至五代时期长江流域的经济发展迅速，而北方黄河流域的发展速度渐缓，但就经济重心南移的总过程而言，在五代宋初并没有完成。以经济重心南移之说名家的张家驹先生和著名宋代经济史专家漆侠先生均把中国古代经济重心南移过程完成的下限置于北宋末到南宋时期①。这就足以说明此前南方经济虽然得到迅速发展，但并未超过厚重的北方经济，黄河流域中下游仍是经济的重心区。

其次，黄河流域中下游自唐末以来虽遭受战祸的破坏，但自后周时期，由于采取了一些诸如奖励耕植、招抚流亡、平均赋役、限制寺院、减少浮食、崇本抑末、兴修水利、治理黄河、疏通漕路、发展工商业、整顿钱币等多项恢复社会生产的措施，经济已开始复苏。② 加之周世宗时已将富庶的淮河流域和长江以北土地并入版图，故宋初的社会经济发展水平及其综合国力绝不可能低于尚以畜牧为主兼及农业的契丹国。

其三，契丹国固然幅员广大，其辖境面积数倍于北宋初年，但境内大部分地区尚处在"以渔猎游牧为主"的经济形态，且人烟稀少、环境恶劣，只有燕南和辽海地区是农业区，而素称发达的燕南地区也只相当于太祖乾德时期十三道中的一道。至于有的论者所引"城郭相望，田野益辟"，这是《辽史》的作者用来形容辽建国二百年后辽东地区的社会景象，显然以此类材料来说明契丹建国前期的经济状况，是不合时宜的。就是这个在建国二百年左右取得较大进展的辽海地区"出榆关以东，山川风物，与中原殊异。所谓州者，当契丹全盛时，但土城数十里，民居百家及官舍三数椽，不及中朝一小镇"。③ 其整体发展水平在全盛时期依然属于待开发区，无法与中原地区相比。所以不能为了论证辽国的强大而不顾事实地拔高辽国的社会经济水平，肆意地贬低宋初的

---

① 详见《两宋经济重心南移》，帛书出版社 1985 年版；《宋代经济史》上册，上海人民出版社 1988 年版。

② 陶懋炳：《五代史略》，人民出版社 1985 年版，第 299—313 页；参见郑学檬《五代十国史研究》，上海人民出版社 1991 年版，第 114—203 页。

③ 《许亢宗行程录》，贾敬颜《五代宋金元人边疆行记十三种疏证稿》，第 235 页。

国力。别的不说，单就能够作为衡量帝制时代生产发展重要标志的人口而言，契丹国与北宋也是不能相提并论的。有关契丹前期的人口数今传史无征，就以契丹后期约76万余户①的统计数作参照系，而北宋建隆元年有户数96万余户②，契丹全境建国一二百年后的人口尚不及此前北宋仅得后周的户数多，两国的经济势力孰强孰弱是不言自明的。若再从生产关系、生产力以及工商业的实际发展水平来衡量契丹与北宋的综合国力，其辽国不能与宋匹敌也是不言自明的③。仅从宋初的军工生产即可略见其综合国力的大概：

> 将平江南，颇以简稽军实为务，京师所造兵器，十日一进，谓之旬课。上亲阅之，制作精绝，尤为犀利。其国工之署有南北二作坊、弓弩院，诸州有作院，皆役工徒，限其常课。南、北作坊，岁造涂金脊铁甲、素甲、浑铜甲、墨漆皮甲、铁身皮副甲、锁襜兜鍪、金钱朱漆皮马具装、铁钢朱漆皮马具装、钱剑、大剑、手剑、金枪、根枪、梼木枪、掉刀锯、银花皮器械箭鞲、弩箭葫簏、弓箭袋、皮立弩、桩床子弩，凡三万二千。弓弩院岁造角色弓、白桦弓、虎翼弩、马黄弩、床子弩、白皮器械、水獭皮器械、旗帜弩、桩铠弓、弩箭、弦镞等凡千六百五十余万。诸州岁造黄桦黑漆弓弩、麻背弓、素皮器械、环子背枪、素木枪、黑漆木枪、朱红木枪、金漆竹枪，银装、铜装等剑、竹笴箭、木笴箭、皮甲、兜鍪、铁甲叶、箭镞等凡六百十余万。又南、北作坊及诸州别造兵幕、甲袋、椶衫、钲鼓、炮砂、锅铡、行槽、锹、钁、镰、斧等，谓之什物，以备军行之用。凡诸兵器置五库以贮之。尝令试床子弩于近郊外，矢及七百步。又令别造千步弩试之，

---

① 引自梁方仲《中国历代户口、田地、田赋统计》，上海人民出版社1980年版，第119页。
② 《长编》卷一，建隆元年十月壬申，第26页。
③ 参见漆侠、乔幼梅《辽夏金经济史》，河北大学出版社1993年版。

矢及三里，戎具精劲，近古未有。①

当然，我们说北宋立国之初的经济力量强于辽国的经济力量，并不就等于说宋强辽弱，辽比宋在军事上强大是毋庸置疑的，不过需要指出的是，辽朝的军事强大与否既依托于一定的经济发展水平，而又不完全决定于经济力量，这正如本师漆侠先生纵论辽宋国势时所指出的，纵观我国古代历史"长城天险对中原王朝的立国，确实具有亟其重要的意义和作用。一些强大的王朝如汉唐，其所以能够同草原民族一争雄长，一是以长城天险为依托阻御草原民族牧骑南下，以保障中原地区的安全。二是据有一片草原，繁衍马匹，编组为骑兵，主动出击，以机动对机动，以能够支持长期战争的国力为基础，终于战胜对手，成为国势强大之王朝。宋代立国不仅没有象汉唐那样具备上述两个条件，而且长城天险又被契丹占有，国都汴京地处平野，直接暴露在契丹牧骑威胁之下。因此，在议论历代王朝国势的时候，不能忽视它们所获得的历史条件"②。

笔者认为，讨论北宋初期与契丹的国势强弱，主要应从上述历史条件去衡量，而不应以贬低宋初的经济实力去衡量，更不应为了说明辽的社会经济水平高于宋初的中原地区，只拿辽发展一百多年后全盛的经济状况与之相比较。

原刊于《河北大学学报》1997 年第 4 期

---

① 马端临《文献通考》卷一六一《兵考十三》，第 4825 页；参见《元丰类稿》卷四九《兵器》，第 1098 册，第 758 页。
② 《宋太宗第一次伐辽——高梁河之战》，载《河北大学学报》1991 年第 3 期。

宋代建元与政治

自汉武帝始建年号以降，年号作为中国历史传统的纪年法和某一世袭系统中帝王个人统治的标志，一直沿用至清末。统览历朝历代年号的发展变化，可以说两宋时期的改元建号与政治发展最为密切，透过改元建号可以从一个侧面折射出两宋政治发展的运行轨迹。这个问题迄今似无人论及，故笔者不揣谫陋试作探讨，以就教于方家。

一、改元建号与政治

两宋改元建号自太祖赵匡胤代周改元建隆，迄南宋末卫王赵昺改元祥兴，共改元建号 57 个。这 57 个年号依次是，太祖 3 个：建隆、乾德、开宝。太宗 5 个：太平兴国、雍熙、端拱、淳化、至道。真宗 5 个：咸平、景德、大中祥符、天禧、乾兴。仁宗 9 个：天圣、明道、景祐、宝元、康定、庆历、皇祐、至和、嘉祐。英宗 1 个：治平。神宗 2 个：熙宁、元丰。哲宗 3 个：元祐、绍圣、元符。徽宗 6 个：建中靖国、崇宁、大观、政和、重和、宣和。钦宗 1 个：靖康。高宗 2 个：建炎、绍兴。孝宗 3 个：隆兴、乾道、淳熙。光宗 1 个：绍熙。宁宗 4 个：庆元、嘉泰、开禧、嘉定。理宗 8 个：宝庆、绍定、端平、嘉熙、

淳祐、宝祐、开庆、景定。度宗 1 个：咸淳。恭帝 1 个：德祐。端宗 1
个：景炎。卫王 1 个：祥兴。以上北宋自太祖至钦宗九帝 167 年（建隆
元年——靖康元年），南渡九帝 152 年（建炎元年——祥兴二年），共
319 年。

虽说两宋有 57 个年号，表明有 57 次改元，然就其改元的情况来
看，可分为新君即位改元和中途改元。先说新君即位改元。

在帝制专制主义时代，皇权至高无上，每一新皇帝继位，不仅标志
着新纪元的开始，而且预示着一朝政治发展的新动向。后周显德七年正
月，赵匡胤发动陈桥兵变，夺取后周政权。赵匡胤在登极诏书中说：
"昔汤武革命，发大号以顺人。唐汉开基，因始封而建国，宜国号大
宋。改周显德七年为建隆元年。"① 在这里，"建隆"年号显然与大宋国
号一道作为赵宋政权开国的主要标志，具有特定的政治意义

按照历史上的惯例，新君即位改元一般都是"竴踰年"，然宋太宗
于开宝九年十月二十一日继位，是年十二月二十二日便匆忙改元为太平
兴国。"上御乾元殿受朝，悬而不乐。大赦，改元。……群臣上寿大明
殿，上以亲政踰月，特与天下更始，非故事也。"② 太宗为何要一反常
规而匆忙改元呢？我们知道，太宗继位，史家一向以为得位不正，有弑
乃兄太祖篡夺之嫌。近有人对此成说，力辩太宗继位不正之诬，但观其
依据的事实，并不能令人完全信服，而太宗欲借改元太平来尽早消除太
祖的影响，是显而易见的。对此，后世议论纷纷，明代刘定之的《宋
史笔断》认为，这正是太宗诛兄篡位的不打自招，而把年号称为"兴
国太平之世"，等于明确宣布自己是创业主，远远超过太祖。在这里，
改元成为太宗稳定政治的手段之一。

真宗死于乾兴元年二月，年仅 12 岁的赵祯继位，是为宋仁宗。其
养母刘太后摄政，翌年，太后诏改元天圣，据欧阳修说："仁宗即位，

---

① 《宋朝事实》卷二《登基赦》，第 19 页。
② 李焘：《长编》卷一七，太平兴国元年十二月甲寅，第 387 页。

改元天圣，时章献明肃太后临朝称制，议者谓撰号者取天字，于文为'二人'，以为'二人圣'者，悦太后尔。至九年，改元明道，又以为明字于文'日月并'也，与'二人'旨同。"① 虽说刘太后在垂帘之初，说："候皇帝春秋长，即当还政"②，但透过改元建号，却可看出刘太后称制以后，"恩威加天下"③ 之一斑，以至于小皇帝"读诏，号泣者久之，谓左右，朕不忍遽更先帝之号也"④。

神宗是两宋时期颇有作为的一位皇帝，在位前期重用王安石变祖宗之法，掀起一场自上而下的社会变革运动。熙宁九年王安石第二次罢相，神宗继续主持变法，直至元丰八年逝世。

但变法遭到以司马光为首的一班文武朝臣和以英宗高皇后为首的皇亲国戚组成的旧党的激烈反对，及神宗故去，八岁小皇帝哲宗继位，高皇后以太皇太后身份临朝称制，她起用司马光一批旧党，对神宗时期的新法进行所谓的"以母改子"，翌年春正月庚寅朔改元，所建年号"元祐"取意，据吕陶纪闻言，是变法与反变法斗争的直接产物，"元祐之政，谓元丰之法不便，即复嘉祐之法以救之，然不可尽变，大率新、旧二法并用，贵其便于民也。议者乃云'对钩行法'，朝士善谑乃云，'岂独法令然，至于年号，亦对钩矣'"，李焘在引了这段文字后说："然谑戏之谈亦有味，此可见当时改元意，姑附注此。"⑤ 元祐八年九月，高太后病故，哲宗亲政，慨然以继承先父之遗志为己任，不满高太后主持的元祐更化，欲以再度行新法，因而元祐九年四月诏改元，以绍圣为年号，其意即在绍述先帝之圣政，在这里"元祐"、"绍圣"成了当时政治动向的标志和旗帜。

与元祐、绍圣建号相类的情况，此后还时有发生。哲宗于元符三年

---

① 欧阳修：《归田录》卷上，第6页。
② 《宋会要辑稿》后妃一之一。
③ 《宋史》卷二四二《后妃传》，第8614页。
④ 《长编》卷一〇〇，天圣元年春正月丙寅朔，第2310页。
⑤ 《长编》卷三六四，元祐元年春正月庚寅朔（注），第8697页。

正月故去。因无子嗣，神宗向皇后主立端王（徽宗）继位。徽宗力请向太后临朝称制，向太后摄政仅六月"凡绍圣、元符以还，（章）惇所斥逐贤大夫士，稍稍收用之"①。宋徽宗即位之初也想有一番作为，他有感于元祐党人和绍圣党人之间的政争，极大地影响了宋朝政治的发展，欲改变和结束党争的局面，遂取不偏不倚的态度，于第二年改元建中靖国。其意在于朝廷上下，同心协力，靖国安民。不过，当时也有人说取建中靖国之号，与太宗继位建号相类，"太上（指徽宗）即位之明年改元建中靖国者，盖垂帘之际，患熙丰、元祐之臣为党，故曰建中靖国。实兄弟为继，故踵太平兴国之故事也"②。然时隔不久，由邓洵武、蔡京等人挑唆，又决定绍述神宗遗志，重新起用新党，于是改元为"崇宁"，"崇熙宁也"③。

南宋初期，宋廷内部在反省北宋亡国的原因时，为了开脱宋徽宗的亡国罪责，由蔡京追溯到王安石，对神宗时期的变法运动作了全盘否定，而力倡祖宗法度和肯定熙丰新法前后的政治，即仁宗朝和元祐更化。这一盖棺论定也影响到南宋时期的改元建号。南宋政治继续了北宋后期的腐朽，且积弊日益深重，南宋君主无力革新政治，可又向往北宋时期所谓的圣政。因此，不论新君即位改元，还是中途改元，都纷纷打着尊崇圣政、效法祖宗的旗号，使年号具有特定的政治含义。如孝宗隆兴年号，一说"以为务隆绍兴之政"④，一说"若隆兴则取建隆、绍兴各一字"⑤。又淳熙年号一说取太宗淳化雍熙各一字，李心传在《淳熙改元本用纯字》小考中说："乾道癸巳冬至日，上祀南郊，肆赦，改明年元为纯熙。既宣制矣，后六日甲辰，中书门下省言，'若合淳化、雍熙言之，当用淳熙字，庶几仰体主上取法祖宗之意'，从之。是时，先

① 《宋史》卷二四二《后妃传下》，第8630页。
② 蔡絛《铁围山丛谈》卷第一，第12页。
③ 《铁围山丛谈》卷第一，第12页。
④ 李心传：《建炎以来朝野杂记》，第92页。
⑤ 洪迈：《容斋续笔》卷一三《纪年兆祥》，第381页。

人在虞雍公宣威幕府，敕制初下，众未有言，先人语雍公曰，'以周颂考之，时纯熙矣，是用大介，此武王克商事也，岂今日所当用，宜密以奏'，雍公从之。奏未达闻，而朝廷已更之矣。"① 岳珂《愧郯录》则云："淳熙之用淳化、熙宁"②，恐误。前面提到高宗时已将北宋亡国之罪衍及王安石变法，在"朕最爱元祐"的太上皇赵构仍在世，且对孝宗朝还有一定影响之时，孝宗效法祖宗，当不会以熙宁为法，故淳熙之意当以取淳化雍熙为是。淳熙"十六年，光宗即位，将绍淳熙之政，遂以绍熙纪元，犹隆兴意尔。而学士草制，则又合绍兴、淳熙为义，亦非初意也。五年，上（宁宗）继统，赵子直为相，锐意庆历、元祐故事，乃改庆元"③。改元庆元又见绍熙五年诏："亲君子，远小人，庆历元祐所以尊朝廷也；省刑罚，薄税敛，庆历元祐所以惠天下也。朕掇取美号因以改元"④。宁宗开禧取"开宝、天禧，端平则端拱，太平（兴国）"⑤。

中途改元的原因一般与下述几种情况有关。第一郊祀改元。郊祀是儒家礼乐政治的重要内容，最重要的郊祀大礼是祭天地，自宋初以来，"南郊四祭及感生帝、皇地祇、神州凡七祭，并以四祖迭配。"⑥ 郊祀与其他祭祀活动构成维系文饰政治法统的手段，按儒家的说法帝王之作"必膺箓受图，改正易号，定制度以大一统，推历数以叙五运。所以应天休命，与民更始"⑦。故郊祀改元是当时政治生活中的一件大事，据王应麟的统计，宋朝郊祀改元共有 11 次，即"建隆四年十一月甲子郊祀改元乾德，六年十一月二十四日郊陈告谢之仪改开宝，兴国九年十一

① 《建炎以来朝野杂记》乙集卷七，第 613 页。又见《容斋续笔》卷一三，第 381 页。
② 岳珂：《愧郯录》，卷八《年号阁名》，第 865 册，第 143 页。
③ 李心传：《建炎以来朝野杂记》甲集卷三《年号》，第 92 页。
④ 《翰苑新书》后集上卷六《改元》，第 949 册，第 558 页。
⑤ 陈郁：《藏一话腴》内编卷下，第 865 册，第 549 页。
⑥ 《宋史》卷九九《礼志二·吉礼二·南郊》，第 2438 页。
⑦ 张方平：《乐全先生文集》卷一七《南北正闰论》。《宋集珍本丛刊》第 5 册，第 11 页。

月二十一日郊改雍熙，五年正月十七日藉田改端拱，景祐五年十一月十八日郊改宝元，康定二年十一月二十日郊改庆历，至和三年九月十二日恭谢改嘉祐，靖国元年十一月二十三日郊改崇宁，乾道元年正月一日郊祀改元（法乾德改元之义），九年十一月九日郊改淳熙"①。

其次是因灾异改元，明道元年十二月"诏明年改元曰景祐"，"是时，连岁天下旱改元，诏意，冀以迎和气"。庆历"至九年，大旱，河北尤甚，民死者十八九，于是又改元曰皇祐，犹景祐也"②。"熙宁末年旱，诏议改元"③。翌年改曰元丰。崇宁五年正月彗出，乃改明年为大观④。

其三是因避讳、避忌等改元。欧阳修说，仁宗改元明道，"无何，以犯契丹讳，明年遽改曰景祐"。李焘对此考曰："欧阳修《归田录》云，明道犯契丹讳，故遽改，恐误。契丹主隆绪者明记之，虽讳明，然不应二年始改，要是契丹初不问年号。但赵元昊以明字犯其父（李德明）名，故辄称显道，契丹事则未闻。"⑤ 景祐"五年因郊又改曰宝元，自景祐初群臣慕唐玄宗以开元加尊号，遂请加景祐于尊号之上，至宝元亦然。是岁赵元昊以河西叛，改姓元氏，朝廷恶之，遽改元曰康定，而不复加于尊号，而好事者又曰康定乃谥尔，明年又改曰庆历……（皇祐）六年日蚀四月朔以谓正阳之月自古所忌，又改元曰至和"。徽宗"重和者，谓'和之又和也'。改号未几，会左丞范致虚犯北朝年号，盖北先有重熙年号，时后主名禧，其国中因避'重熙'，凡称'重熙'则为'重和'，朝廷不乐。是年三月遽改重和二年为宣和元年"⑥。高宗

① 王应麟：《玉海》卷一三《律历·改元》，第237页。
② 欧阳修：《归田录》卷一，第6页。《长编》卷一一三，明道二年十二月丁巳，第2654页。
③ 叶梦得：《石林燕语》卷一，第5页。
④ 蔡絛：《铁围山丛谈》卷第一，第13页。
⑤ 《长编》卷一一三，明道二年十二月丁巳注，第2654页。
⑥ 蔡絛：《铁围山丛谈》卷一，第13页。

南渡不久，发生"苗、刘之乱，以为（建）炎字乃两炎，故多盗。明年还自海上，改五年为绍兴"①。宋孝宗即位改元隆兴"已而嫌与（完）颜亮正隆相近，故二年即改乾道"②。李心传说隆兴改元另有因，"孝宗即位踰年改隆兴……二年王瞻叔为参知政事，言赵谂谋逆，尝欲以隆兴纪元，令太常压曾逮检事实以进，上愕然，明年正月，郊，改元乾道"③。

其四是因"天书"或图吉利改元。宋真宗自"澶渊之盟"以后，与一班文武大臣搞了一场持续十数年的"天书封祀"的闹剧，竟以"天书"大中祥符为年号，史载大中祥符改元的经过是，真宗景德五年正月三日乙丑，"天书降。丙寅，上谓宰相王旦等，议降德音，改年号。丁卯，王旦以德音条目上进。上曰：朕再思之，奉承天意，当大赦天下。冯拯进曰，适中书枢密院，共议改元，莫若取神人所告大中祥符之言，以为年号。上悦曰：美名也……至是以纪元"④。此后，天书封祀的闹剧便大张旗鼓地展开，直到祥符九年，仍以奉天书为名又改元天禧。祥符九年十一月乙卯诏曰："朕奄受元符，克绍骏命……诣真君而钦洁，奉恭册以陈仪，将刊荐信之辞，式举建元之典……来年正月一日宜改元为天禧。"⑤ 对于真宗一朝君臣大搞"天书封祀"的闹剧，《宋史》的作者曾辛辣批评道："及澶渊既盟，封禅事作，祥瑞沓臻，天书屡降，导迎奠安，一国君臣如病狂然，吁，可怪也。"⑥ 改元又是帝王祈求吉祥的一种形式，至和三年，仁宗不豫久之，康复又改元曰"嘉祐"⑦。徽宗"政和尽八年，时方士援汉武故事，谓黄帝得宝鼎神策，

---

① 李心传《建炎以来朝野杂记》甲集卷三《年号》，第92页。
② 洪迈：《容斋续笔》卷一三《纪年兆祥》，第381页。
③ 《建炎以来朝野杂记》甲集卷三《年号》，第92页。
④ 《宋朝事实》卷二《纪元》，第27页。
⑤ 《宋大诏令集》卷二《改天禧元年诏》，第6页。
⑥ 《宋史》卷八《真宗三》，第172页。
⑦ 欧阳修：《归田录》卷一，第6页。

是岁己酉朔旦冬至，为得天地之纪，而汉武但辛巳朔旦冬至，然今岁乃己酉朔旦冬至，真得天之纪矣。又太宗皇帝以在位二十年，因大赦天下，是时上在位已有十有九年，明年当二十年。举是二者，乃下敕改十一月冬至朔旦为重和元年"①。宋宁宗庆元六年"而上皇及太后继崩，中宫去世，二皇子不育，朝廷嫌之，因改明年为嘉泰云"②。

两宋改元，不论是新君即位改元还是中途改元，所建年号除上所述具有特定的政治含义外，年号的命名也遵循历史上的常规，多以吉祥庆颂的字眼，如建隆、乾德、咸平、景德、景祐、皇祐、至和、治平、熙宁、元丰、咸淳、祥兴等，以期在位皇帝的统治昌盛、顺利和稳定。有的年号的命名，颇有一段掌故，如真宗景德年号，据说"咸平六年议改元，中书上三号，上曰：'朕不欲过取美名，惟景德之号可也。'所议未决，因以三号纳器中，以此决疑，复得景德二字，岂非神灵感召乎？"③ 又如元丰纪年"熙宁末年旱，诏议改元，执政初拟'美成'，上曰：'羊大带戈，不可。'又拟'丰亨'，上曰：'亨字为子不成，惟丰字可用。'改元元丰"④。叶梦得所说又不同："执政初拟大成，神宗曰'不可，成字于文，一人负戈'。"⑤ 哲宗绍圣五年"诏以六月朔，改为元符。初议改元，上谓辅臣曰：'前代元鼎之类皆明白，如何？'章惇曰：'元符最好，其次有真符、宝符，皆不及，兼宝字皆年世末岁所称，如天宝皆是'，上曰：'如此，即且作元符。'"⑥ 徽宗时"大观者，取《易》：'大观在上'，但美名也"，"政和者，取'庶政惟和'之义也。"⑦

① 蔡絛：《铁围山丛谈》卷一，第13页。
② 李心传《建炎以来朝野杂记》甲集卷三《年号》，第92页。
③ 《翰苑新书》后集上卷六《改元》，第949册，第558页。
④ 《藏一话腴》外篇卷上，第865册，第562页。
⑤ 叶梦得《石林燕语》卷一，第5页。
⑥ 《长编》卷四九八，元符元年五月丙寅，第11855页。
⑦ 《铁围山丛谈》卷第一，第13页。

一般地说，改元建号应不同于前代旧号，或前世谥号陵名，然尽管统治者颇费周折寻觅推敲年号的命名，但仍有少数年号与前代旧号重和，或犯前世陵名之忌，如太祖乾德曾是五代时期前蜀王衍的年号，熙宁和崇宁则是南朝刘宋章皇太后和明宣太后的陵名。[①] 对此，南宋士人颇有微词，"亦当时文臣不学之过"[②]。不过，年号命名犯忌除"文臣不学之过"外，当另有原因，即如朱翌新评论崇宁年号时所说："当时一朝士大夫，岂尽不知之耶，抑知之而不敢言也。"[③]

二、政治与改元建号

帝制时代帝王以个人为中心的改元建号，是帝制专制主义家天下思想在纪年方面的反映，也是帝制帝王宣扬正统思想的一种表示。自两晋以降，正闰之争一直是历朝统治者鼓吹万世一系家天下的专制主义政治思想的重要组成部分。宋朝是历史上正统之辨最为兴盛的一个朝代，从宋真宗朝起，王钦若、尹洙、欧阳修、苏轼、章望之、毕仲游、陈师道、章粢、司马光、刘恕、廖行之、张轼、李焘、朱熹、叶适、周密、郑思肖等有影响的人物都对正统问题作过专门论述。所谓正统，用欧阳修的话来说"正者所以正天之不正也，统者所以合天下之不一也"，"王者所以一民而临天下"[④]。也就是指一统天下、一系相承的政权称正统，反之则称作闰统或僭伪、贼逆等。在中国帝制时代里，按照帝王年号纪年是"奉正朔"，正是年始，朔为月初，奉正朔是正统学说在专制主义时代政治生活中的具体表现之一。

---

① 《宋书》卷四一《后妃传》，第 1283、1294 页。
② 《瓮牖闲评》卷三，第 159 页。
③ 朱翌新：《猗觉寮杂记》卷下，第 84 页。
④ 《欧阳修文忠公文集》卷一六《正统论》上、《正统论二首·序》。

后周显德七年正月，宋太祖赵匡胤代周建宋，改元建隆，当时与北宋鼎立的南北诸割据政权只有吴越、南唐和荆楚奉正朔，即以建隆为纪年年号，而后蜀、南汉、北汉等仍建有自己的纪年年号，这意味着不承认宋的正统地位和不愿臣服。即使是奉正朔的割据政权也并不是心悦诚服，而是迫于中原政权的强大政治压力而为之。宋人高晦叟曾说："五代僭乱之国十，窃帝号而不奉正朔者七。江南杨溥、李昇，蜀王建、孟知祥，南汉刘陟，闽中王延钧，河东刘崇耳。宋元宪、欧文忠皆言得钱镠时封落星石为宝应山制，称宝正六年，疑钱氏亦尝改元称帝而后讳之也。欧公又云'阅吴越与诸国往来书多，皆无称帝事'。窃意当时称帝改元独施于境内，不见于四方焉，不然，则安得全无旁见之迹也。"①

据清人钟渊映《历代建元考》统计，自唐至明有关纪年年号的书目18种，其中宋人占9种，这9种书尤值得注意的有二点，一是或从尧舜考起，或从汉武建元始记一直延续到编著者所处时代的年号为止，表明宋是一系相承的正统王朝。二是把历朝历代所建年号分成五类："曰正、曰闰、曰伪、曰贼、曰蛮夷"②。这无疑是宋真宗以后，正统之辨颇为兴盛的一种反映。提起年号的正闰问题，宋人文献中有关乾德年号的记载颇有一些疑窦。乾德是宋太祖的第二个年号，前蜀王衍亦曾使用，"正明五年十二月改明年为乾德，尽六年"。从现存宋人文献的记载来看，宋太祖改元乾德似不知前蜀曾使用。欧阳修《归田录》最早记太祖建隆四年改元事："语宰相勿用前世旧号，于是改元乾德。其后因于禁中见内鉴背乾德之号，以问学士陶谷，谷曰：'此伪蜀时年号耳'，因问内人果是故蜀王侍人，太祖由是益重儒士，而叹宰相寡闻也。"此事又见李攸《宋朝事实》，而李焘《续资治通鉴长编》卷七、江少虞《宋朝事实类苑》和《宋史·本纪》所载略同，只是文字稍异。"太祖将改年号，谓宰臣等曰：'须求古来未尝有者'，宰臣以乾德为

① 高晦叟《珍席放谈》卷下，第196页。
② 《历代建元考》卷一，《书目》。

请。三年正月平蜀，宫人有入掖庭者，太祖因阅奁具，得鉴，背字云：'乾德四年铸'，大惊曰：'安得四年铸字（明抄本作此）鉴'？以出示宰相，皆不能对。乃召学士陶谷、窦仪问之。仪曰：'蜀主曾有此号，必蜀中所得'，太祖大喜曰：'作宰相须是（明抄本作必用）读书人'，自是大重儒臣矣。"① 统览这些记载，笔者有如下几点疑问。

其一，太祖改元，明言宰臣"须求古来未尝有者"，而宰相却以前蜀年号为请，显然此处意指宰相无知，这恐与事实不符。建隆四年十一月时后周三相范质、王溥、魏仁浦尚未罢政事，赵普任枢密使。固然赵普和魏仁浦出身小吏，于文史知晓不多，然据《宋史》本传可知范质"力学强记，性明悟"，"又述朱梁至周五代为《通录》六十五卷，行于世"②，乾德改元时范质为南郊大礼使，卒于乾德二年九月。王溥"好学，手不释卷，尝集苏冕《会要》及崔铉《续会要》补其阙漏为百卷，曰《唐会要》，又采朱梁至周为三十卷，曰《五代会要》"③，说谙熟五代历史的宰臣寡闻显然是不确当的。

其二，太祖改元乾德之时，窦仪和陶谷均为翰林学士，既然他们知道乾德为"伪蜀旧号"，何以要待太祖改元三年之后才指出，显然于理不通。且据《宋史》本传知"窦仪刚直"，曾多次直言谏净，为太祖所敬重，此人若知，大抵是不会隐而不谏的。

其三，乾德三年既已知"乾德"为"伪蜀旧号"，何以直到乾德六年才改元开宝，这也不符合年号犯忌或避讳即改元的通例。李焘在反驳欧阳修说仁宗明道改元原因系避讳辽帝耶律隆绪小字明记一事时就曾辨证道："虽讳明，然不应二年始改，恐误。"④

由以上三点而论，上述记载似不可信。从两宋正统之辨的发展来

---

① 《宋朝事实类苑》卷第一《祖宗圣训》，第 10 页。
② 《宋史》卷二四九《范质传》，第 8795、8796 页。
③ 《宋史》卷二四九《王溥传》，第 8801 页。
④ 《长编》卷一一三，明道二年十二月丁巳注，第 2654 页。

看，太祖朝尚无正统之辨，太宗朝布衣赵垂庆就官府定宋为火德王而首发异议，由此引出长期的论争，真宗朝时有关正统之辨日渐高涨，故笔者以为太祖改元乾德抑或是知之为前蜀旧号，但当时为求美名，并不避忌，及至后来正统论高涨，正统王朝用僭伪王朝之年号不利于鼓吹正统观点，大致才附会出相关的故事来。实际上宋太祖以前并不乏年号被重复使用的事例，如大定、上元、天正、天兴、元兴、太和、永平、正始、延和、建武等都是至少被重复或多次使用过①。而太宗的第一个年号太平兴国的太平二字，在太宗之前亦曾被使用过七八次，太宗也并未因此而避忌。徽宗曾说："梁末禅位年号太平，太宗不以为嫌。"② 尤值得注意的是，李焘在记此改元事条下注曰："此事不知果何时，既无所系，因附见收伪蜀图书法物之后"③。此条注似道出了附会的痕迹。

五德始终是正统论的又一重要理论根据。所谓五德，即五行，是指金木水火土五种物质相生相克所代表的神力。五德始终原是阴阳家的理论，后来被儒家所吸收，成为解释历史运行的一种重要观念。宋朝建国后，于建隆元年三月"定国运以火德王，色尚赤，腊用戌"。其依据是："国家受禅于周，周木德，木生火，合以火德王"④。虽然这一决定后来遭到朝野一些人的异议，但宋朝官方始终认定火德为国家的德运。国家每遇危机，往往重申火运，显示大宋王朝延绵不绝，以增加王朝的自信心和天下的向心力。北宋灭亡，高宗继统，建元建炎即是重振火德，延续宋祚之意。据汪伯彦《中兴日历》云：靖康二年"初议改元，命幕府官属聚议，耿南仲等议曰：王者即位，求端于天探一元之意，以止本始，故必建元，后汉光武中兴改元建武，大王再造王室，宜用光武故事纪元。……丁亥天元属火，宋以火德王，艺祖开基改元建隆，累圣

---

① 李崇智：《中国历代年号考》，中华书局 1985 年版。
② 王应麟：《玉海》卷一三《律历·改元》，第 240 页。
③ 《长编》卷七，乾德四年五月乙亥注，第 171 页。
④ 《宋会要辑稿》运历一之一，第 2128 页。

相授，逮至靖康，乃遭中微。殿下绍隆，益光前烈，南仲等请以改元为建炎"①。高宗遂决定以建炎为纪年，"靖康二年五月一日赦，朕惟火德中微，天命未改，考光武纪元之制，绍建隆开国之基，用赫丕图，益光前烈，可以靖康二年五月一日，改为建炎元年。"②

既然帝制时代帝王可以改元建号作为确立自身正统地位的一种手段，那么作为帝制帝王对立面的政治势力，如农民起义政权和士兵起义则以改元建号作为同帝制王朝斗争的政治武器，据《宋史》《玉海》和近人的考订，两宋时期农民起义政权使用的年号大致有：太宗淳化五年（公元994年）李顺大蜀政权改元应运③。真宗咸平三年（公元1000年）王均率益州士兵起义，号大蜀改元化顺④。仁宗庆历七年（公元1047年）王则自河北起义，号东平郡王，国号安阳，改元得圣⑤。仁宗庆历元年侬智高据傥犹州，建国曰大历，皇祐元年徙安德州，建南天国，年号景瑞⑥，皇祐四年起兵又破邕州自称仁惠皇帝，改元启历⑦。徽宗宣和二年（公元1120年），方腊自号圣公，建元永乐⑧。高宗建炎四年（公元1130年）二月，钟相率洞庭湖地区农民起义自称楚王，改元天战⑨，杨幺建元庚戌、大天圣王⑩。以上均为有年代可考的改元，其他还有一些只知年号而难考其详的改元建号，不赘述⑪。

虽然帝制统治者借各种事项假称祥瑞，任意改元建号，并把它说成

---

① 《三朝北盟会编》卷一〇一，炎兴下帙一，"改元建炎元年"，第741页。
② 《宋朝事实》卷二《纪元》，第32页。
③ 王应麟《玉海》卷一三《历代年号》，第256页。
④ 《宋史》卷二七八《雷德骧传附子有终传》，第9461页。
⑤ 《宋史》卷二九二《明镐传附王则传》，第9771页。
⑥ 《宋史》卷四九五《蛮夷传三·广源州传》，第14215页。
⑦ 《宋史》卷四九五《蛮夷传三·广源州传》，第14216页。《玉海》卷一三《律历·改元》、《正闰考》均云还有端懿年号。但具体时间不详。
⑧ 《宋史》卷四六八《宦者传三·童贯传附方腊传》，第13659页。
⑨ 熊克：《皇朝中兴纪事本末》卷一二，建炎四年二月庚寅，第6页。
⑩ 王应麟：《玉海》卷一三《历代年号》，第249页。
⑪ 李崇智：《中国历代年号考》，中华书局1985年版。

是为了顺天道，这完全是一种欺骗人民和维护其统治的手段。如乾兴元年改元御札所言："朕祇荷庆灵，嗣守洪业，顾涉道之犹浅，念守文之惟难，曷尝不未明求衣，既昃忘食，兢兢业业，罔敢怠荒。而天地储休，宗社垂祐，嘉祥屡降，庶政允厘，民俗阜康，边垂靖谧，臻于至治。益用愧怀，属岁律之肇新，庆春祺之纷委，式改纪年之号，并伸及物之恩，宜自正月一日改元天禧六年为乾兴元年。"① 但另一面也不可否认统治者欲借改元之际而维新政治的意图。如绍兴元年改元诏书："……朕遭时艰难，涉道寡昧，熟视斯民之荼毒，莫当强敌之侵陵。负此百忧，于今五载，曷尝不未明求治。当馈思贤……共图休息之期，绍奕世之宏休，兴百年之丕绪。爰因正岁，肇易嘉名，发涣号于治朝，霈鸿恩于寰宇，其建炎五年可改为绍兴元年……"② 从此诏书不难看出高宗迫于政治压力、借改元力图革新政治的愿望。当然，愿望和实践不一定相符。不过，有一点可以肯定，宋王朝在改元之际一般都要大赦天下，减免刑狱，蠲除部分租税或债务，给各级官吏晋升官爵。如乾德元年十一月"大赦，改元，抵法人及没配所者，许归葬，蠲建隆三年以前逋欠官物"③。开宝元年十一月"大赦，改元，蠲乾德五年以前逋租"④。明道元年十一月"大赦，改元，优赏诸军，百官皆进官一等，不隔磨勘，选人及十二考历任无赃罪并许磨勘引见"⑤。庆历元年十一月"大赦，改元，诏蠲陕西来年夏租十之二、麟府州今年夏秋租及来年夏租、保安军今年秋租尽蠲之"⑥。绍兴元年春正月己亥朔，"是日，改元绍兴。德音降诸路，'杂犯死罪以下囚，释流以下，群盗限一月出首自新，仍官其首领。令州具存恤阵亡、战伤将士，及奉使金国，与取

---

① 《宋朝事实》卷二《纪元》，第27页。
② 徐梦莘：《三朝北盟会编》卷一四四，炎兴下帙四十四，第1045页。
③ 《长编》卷四，乾德元年十一月甲子，第108页。
④ 《长编》卷九，开宝元年十一月癸卯，第212页。
⑤ 《长编》卷一一一，明道元年十一月甲戌，第2591页。
⑥ 《长编》卷一三四，庆历元年十一月丙寅，第3198页。

过军前未还之家民户，今日已前倚阁税租，一切除放"①。这些措施虽不能大补于弊政的救治，但小惠于当朝吏民却也是事实。如果说改元建号为宣扬帝王正统思想起到了推波助澜的作用，那么利用改元建号粉饰太平维新政治则可说是它的又一政治功能。

张端义说："本朝年号或者皆曰有谶纬于其间。"② 谶纬是汉代流行的一种宗教迷信活动。

《四库提要》说："谶者诡为隐语，预决吉凶。纬者，经之支流，衍及旁矣，非一类也"。谶纬预示的多是国家兴亡和君主的吉凶祸福，成为帝制统治者政治斗争的一种手段，后经隋炀帝正式禁毁，虽然不再流行，但是借谶纬之说来解释一些社会现象的做法，还大有市场，所谓年号有谶纬即是一种表现。

《杨文公谈苑》云："江南保大中，浚秦淮，得石志。案其刻，有'大宋乾德四年'凡六字，他皆磨灭不可识。令诸儒参验，乃辅公祏反江东时年号。后太祖受命，国号宋，改元乾德，江左始衰弱，岂非威灵先及，而符谶将著也?"③ 按：辅公祏，江淮地区农民起义领袖，新旧唐书有传，钱大昕《二十二史考异》卷五二："唐初群雄割据，自立年号皆书于本传。惟《公祏传》不言年号，盖史之阙也。《杨文公谈苑》记江南保大中浚秦淮得石志，案其刻有'大宋乾德四年'字，令诸儒参验，乃辅公祏反江东时年号。然新旧书、《通鉴》皆未及载。万斯同《纪元汇考》谓公祏纪元天明，与杨氏《谈苑》又异。"清人钟渊映《历代建元考》云："宋小说载宋乾德初元，丹阳人掘地获古铜钱，文曰：'大宋乾德通宝'。识者知为辅公祏所铸，今考诸史，公祏号天明，非乾德也。"④ 据上述可以断定，杨氏所记乾德"符谶将著也"，显系附

① 《建炎以来系年要录》卷四一，绍兴元年正月己亥朔，第889页。
② 张端义：《贵耳集》卷中，第309页。
③ 杨亿：《杨文公谈苑》卷六《秦淮石志》，第113页。
④ 李崇智：《中国历代年号考》，中华书局1985年版。

会，为大宋是天命所归而张目。

《宋朝事实》又云：太宗"即位。改元太平兴国，议者窃谓太平字，一人六十也。至道三年帝升遐，寿五十九岁，亦计其数。舒州民有献瑞石，志公记其文曰：'吾观四五朝后次丙子，赵号太平二十一年帝王，国家启运，在五代后。太宗丙子岁即位，四五百年之前，天命在国家久矣'"①。

张端义又说，徽宗"崇宁钱上字，蔡京书'崇'字。自山字一笔下，'宁'字去心，当时有云，'有意破宗，无心宁国。''靖康'曰'十二月立康王'，'嘉泰'曰士大夫皆小人，有力者喜"②。王应麟说："夫历世无穷而美名有尽，于是有离合之谶，有重复之嫌……咸（平）字人口有戈，宣和为一家有二日，靖康为立十二月康，建炎为两火，此离合之谶……治平或谓火德不宜用水，康定、靖康或谓如谥法……我朝有重火之谶，是亦有数存焉。"③ 袁文说："徽宗初践阼，诏以建中靖国改元，是时群臣或有言建中乃唐德宗时年号，徽宗竟不之从，此已兆播迁之祸矣。"④

要之，历史的运行自有其不以人的意志为转移的客观法则，不论是帝王的生老病死，还是宋王朝的兴盛衰亡，都是历史的自然过程，用谶纬的方式解释年号的寓意，除了平添几分宗教的色彩或发出几声无奈的呻吟外，并没有多少实际意义。

原刊于《中国史研究》1996 年第 4 期

---

① 《宋朝事实》卷二《纪元》，第 26 页。
② 张端义《贵耳集》卷中，第 309 页。
③ 王应麟《玉海》卷一三《总论改元》，第 240 页。
④ 袁文《瓮牖闲评》卷三，《全宋笔记》第四编第七册，第 159 页。

宋朝"积弱"说再认识

"积贫积弱"是 20 世纪初以来对宋朝历史的一个基本评价,近一二十年来学界对此提出了不同的看法,笔者亦有所回应。① 对于积贫,笔者以为不能简单地把"由国家政策和政治体制导致的积贫问题与衡量经济文化发展简单的等同起来"。也就是说"积贫"实质上是财政入不敷出的表现,虽然宋人未有直言"积贫",但是宋人所言的"财匮"、"财困"与"积贫"可以看作是同义词。对此学界已做了较为深入的探索,② 无须多言,下面仅就"积弱"问题再谈几点看法。

一、宋代"积弱"说的源流

有学者以为"积贫积弱"成说的出现与晚清以来中国备受帝国主义欺凌之时代背景有关。③ 其实这种说法并不确切,因为"积弱"一说

---

① 有关讨论情况参见李华瑞《改革开放以来宋史研究若干热点问题述评》,《史学月刊》2010 年第 3 期。

② 详见汪圣铎《两宋财政史》,中华书局 1995 年版;包伟民:《宋代地方财政史研究》,上海古籍出版社 2001 年版。

③ 李裕民:《宋代"积贫积弱"说商榷》,《陕西师范大学学报》2004 年第 5 期,《破除偏见,还宋代历史以本来面目》,《求是学刊》2009 年 9 月,第 36 卷第 5 期;葛金芳:《两宋历史地位的重新审视(笔谈)》,《求是学刊》2009 年第 9 期,第 36 卷第 5 期;曾瑞龙:《经略幽燕——宋辽战争军事灾难的战略分析》,第 3—6 页,香港中文大学出版社 2003 年版;邓小南:《宋朝历史再认识》,《河北学刊》2008 年第 4 期。

本自宋人,宋人所言的"积弱"又往往包含着现今指称"积贫积弱"的意义(详见后论),而且"积弱"也是元明清人对宋朝的基本看法。宋人的说法可以从两个层面来理解,一是始于南宋人对北宋历史的反思。吕中说:"元昊所以敢于凭陵者,人皆以为宝元、康定积弱之故。"① 方凤说"国家惩鉴五季,一意儒臣,尾大之弊虽除,然酿成积弱"。② 林駉亦有相似说法:"国朝立国之势,自建隆立极以来,臣民习于宽厚风俗,狃于治安,天下之势近于委靡而不振,朝廷之制几于废弛而不举。兵骄士弛,吏玩财困,积弱之弊识者痛之。"③ "嘉祐以来失因循,嘉祐、治平以来积宽之弊,转为舒缓积弱之弊,流为安靡,天下之务几于柔软而不振,朝廷之制几于废弛而不举,皆因循之过也。"④

二是南宋人对自身所处时代的认知。王炎在与信中论及南宋的国势说:"炎以为天下之事,强则易振,弱则难立,积弱则难立也滋甚,何者?势不便而气先索也。"⑤ 魏了翁说,南宋以来由于权臣以和戎之名"操持国柄,士大夫靡然从之,堕党崇雠,损威纳侮,卒之国势积弱,士气剥丧"⑥。真德秀在理宗初期上奏疏强武备时说:"圣明在上,躬履节俭,无横恩,无滥予,独不可举之以修武备乎?况以国势积弱之余,不若是,无以奋张而兴起之。"⑦

另外,宋人虽然并不一定使用积弱一词,但在与辽夏金(蒙)元相比较中体认宋朝处于弱势。宋仁宗时期,韩琦慨叹宋军"屯二十万重兵,只守界壕,不敢与敌。中夏之弱,自古未有"⑧。富弼在向宋仁

① 吕中:《类编皇朝大事记讲义》卷一二,2014年,第248页。
② 方凤:《存雅堂遗稿》卷三,《上陈丞相书》,第1189册,第542页。
③ 林駉:《古今源流至论》后集卷四,《国势》,第942册,第216页。
④ (不著撰人)《群书会元截江网》卷一九,《法度》,第934册,第260页。
⑤ 王炎:《双溪类稿》卷一九,《见洪宰》,第1155册,第641页。
⑥ 魏了翁:《鹤山集》卷三三,《代南叔兄上费参政〈壬寅〉》,第1172册,第382页。
⑦ 真德秀《西山文集》卷一四,《对越乙稿奏札·十一月癸亥后殿奏己见·札子二》,第1174册,第216页。
⑧ 《长编》卷一三一,庆历元年二月丙戌,第3099页。

宗《条上河北守御十二策》中比较了辽与宋的国势后痛心地说："北敌之强既如此，中国之弱又如此。"① 宋神宗时期欲变法有为，王安石虽然一再用"四夷皆衰弱"② 来安慰宋神宗，但他也体认到"累世以来，夷狄人众地大，未有如今契丹"③。北宋末期金灭辽、进攻宋之后，大多数士大夫都切身感到宋的兵弱，有的大臣对金军产生了极大的畏惧，"靖康前录曰……又曰李邺归自贼垒，盛谈贼强我弱，以济和议，谓贼人如虎，马如龙，上山如猿，入水如獭，其势如泰山，中国如累卵，时人号为六如给事。"④ 宋钦宗"遣宇文虚中往敌营报书"则直陈："彼此强弱之势，则本朝兵力寡薄，难以迎敌。"⑤ 建炎三年，大臣慨叹"今夷虏日以盛强，中国渐致衰弱"。⑥ 南宋中后期宋的弱势更是士大夫们的共识，黄震参加修撰宁宗、理宗两朝国史、实录时，指出当时的四大弊政"曰民穷、曰兵弱、曰财匮、曰士大夫无耻"。⑦ 开庆元年（1259），忽必烈"南伐"，召见宋降将杜瑛"问计，瑛从容对曰：'汉唐以还，人君所恃以为国者，法与兵、食三事而已。国无法不立，人无食不生，乱无兵不守。今宋皆蔑之，殆将亡矣'"⑧。文天祥《御试策》中分析南宋国势时指出："闻古今天下能免于弱者，必不能免于贫；能免于贫者，必不能免于弱，一利之兴，一害之伏，未有交受其害者，今之兵、财则交受其害矣"。⑨

---

① 《长编》卷一五〇，庆历四年六月戊午，第3655页。
② 《长编》卷二三二，熙宁五年夏四月壬子，第5628页。
③ 《长编，卷二三六，熙宁五年闰七月戊申朔，第5726页。
④ 徐梦莘：《三朝北盟会编》卷二八，"靖康中帙三·起靖康元年正月六日壬辰尽七日癸酉"，第209页。
⑤ 徐梦莘：《三朝北盟会编》卷三三，"靖康中帙八·起靖康元年二月一日丁酉尽四日庚子，朝廷报书"，第245页。
⑥ 徐梦莘：《三朝北盟会编》卷一二四，"炎兴下帙二四·起建炎三年三月二日庚辰尽其日，周紫芝上书"，第910页。
⑦ 《宋史》卷四三八《黄震传》，第12992页。
⑧ 《元史》卷一九九，《杜瑛传》，第4474页。
⑨ 文天祥《文山集》卷三，第1184—405页。

金元明清人对宋的看法。金朝在与宋共谋海上之盟的过程中，已深知宋朝"兵弱"①。金哀宗在其临灭亡之时还轻蔑地说："北兵（指蒙古）所以常取金胜者，恃北方之马力，就中国之技巧耳，我实难与之敌。至于宋人，何足道哉。朕得甲士三千，纵横江淮间有余力矣。"②

元朝刘岳申说："宋视汉唐，内无女色、阉寺之祸，外无强藩、外戚之变，经学不为无功，而国势不免积弱。"③

元史臣《进宋史表》云："大概声容盛而武备衰，论建多而成效少。"④ 对此评价，明人陆深以为"宋之国是，实符斯言"⑤。

明朝人唐顺之在《宋神宗皇帝九军新阵辩》 "神宗为九军似矣，……可知操纵开阖，进退出入，决善政也，积弱累败，至于丧亡，宜哉。"⑥ 明万历年间魏学曾在接受总督陕西三边军务时向执政上书说："虏自欸贡来，疆吏相袭苟安，惧开边衅，而武备日不竞，此宋人积弱之渐也。"⑦

明清之际，王夫之在《宋论》中批评宋的军政时说："岐沟一蹶，终宋不振，吾未知其教之与否，藉其教之，亦士戏于伍，将戏于幕，主戏于国，相率以嬉而已。呜呼！斯其所以为弱宋也欤！""若夫仁宗之过于弛而积弱也，实不在贫也。"⑧

清朝乾隆时期君臣对宋的积弱有较多评议。编纂《续文献通考》的大臣云："马端临作刑考其序，略曰：'苟慕轻刑之名，而不恤惠奸

---

① 徐梦莘：《三朝北盟会编》卷一六，"政宣上帙十六·起宣和五年四月十七日庚子尽二十八日辛亥"，引《秀水闲居录》，第116页。

② 《金史》卷一一九，《完颜娄室三人传》，中华书局1997年版，第2599页。

③ （元）刘岳申：《申斋集》卷一五，《杂著·策问三史》，第1204册，第356页。

④ 《宋史》附录《进〈宋史〉表》，第14225页。

⑤ （明）陆深：《俨山外集》卷二六，《史通会要》下，第885册，第152页。

⑥ （明）唐顺之：《武编》前集卷四，《宋神宗皇帝九军新阵辩》，第772册，第380页。

⑦ 沈鲤：《亦玉堂稿》卷一〇，《明太子少保兵部尚书兼都察院右副都御史确庵魏公墓志铭》，第1288—336页。

⑧ 王夫之：《宋论》卷二《太宗》、卷六《神宗》，第35、118—119页。

之患，则非圣人明刑弼教之本意。'盖见宋承积弱之余，法不振而人多玩，故为此论也。"① 其后四库馆臣在为宋人数部著作的提要中使用积弱来形容宋的国势，如为王安石《周官新义》："安石之意，本以宋当积弱之后，而欲济之以富强。"② 《何博士〈备论〉》提要云："夫宋之衅，由于用兵，而致衅之由，则起于狃习晏安，废弛武备，驱不可用之兵而战之，故一试而败，再试而亡。南渡以后，卒积弱以至不振。"③ 岳珂《宝真斋法书赞》提要云："珂处南渡积弱之余，又当家难流离之后。"④ 乾隆皇帝更是多次评议宋的积弱。乾隆对宋仁宗庆历年间富弼出使契丹议岁币事件"富弼至契丹议增币，拒称献纳二字，契丹遣使与弼偕来，帝用晏殊议，以纳字许之目"有如下一段评议：

> 贡献义同，纳亦贡献之谓。富弼争执再三，稍有丈夫气，而其时宰相畏懦，务为苟安，仁宗又急图了事，遂至名实俱亏。积弱之势既成，益见其恹恹不振，诚可笑耳。⑤

乾隆在《南城》一诗中评议宋金海上之盟时写道：

> 道旁古南城，城废存土阜。云米（宋）拒契丹，筑此夹河守。和金计灭辽，唇齿患互受，外夷尚知此（谓高丽对宋使言），小利目前取。讵惟失河北，汴亦不能有。国势成积弱，况复政多咎。方士及权奸，岂堪偻指数（叶）。虚内乃贪外，屋丰闻家蔀。五国固其宜，炯戒传不朽。⑥

---

① 《钦定续文献通考》卷一三五《刑考》，第629册，第710页。
② 永瑢等：《四库全书总目·周官新义》，第149页。
③ 《四库全书总目·何博士备论》，第838页。
④ 《四库全书总目·宝真斋法书赞》，第960页。
⑤ 刘统勋等：《评鉴阐要》卷七，第694册，第516页。
⑥ 《御制诗二集》卷二一，第1303册，第468页。

近代以来，钱穆先生在《国史大纲》第六编两宋之部第 31 章标题即为"贫弱的新中央"，其下之细目则为"宋代对外之积弱不振"，"宋室内部之积贫难疗"，其结论是"始终摆脱不掉贫弱的命运"。① 漆侠先生对积弱是这样界定的："这就是封建统治对内日益不能控制农民的暴动，对外日益无力抗拒辽夏的侵扰，从这两者所包含的实际内容中，可以看到它们之间的联系。因之，积贫、积弱不仅是封建国家的外部标记，而且透过积贫、积弱的现象，还可以看到整个政治经济当中的复杂关系"。② 1963 年翦伯赞《中国史纲要》第三册（邓广铭先生执笔）在叙述宋神宗起用王安石变法内容时亦云："富国强兵，改变积贫积弱的现状"。

港台学者也有论列，1989 年，林瑞翰在《宋代政治史》的结论中说："世或以宋代先则见欺于辽，继则见欺于金，终为蒙古所灭，而谓宋代兵力之积弱不振，盖肇自集权政策之弊。"③

当然对于宋朝的整体估价，从北宋中期以降也多有赞誉，如程颢所言："尝观自三代而后，本朝有超越古今者五事：如百年无内乱。四圣百年。受命之日，市不易肆。百年未尝诛杀大臣。至诚以待夷狄。此皆大抵以忠厚廉耻为之纲纪，故能如此。盖睿主开基，规模自别。"④ 就比较有代表性。明人陈邦瞻在《宋史纪事本末》序中盛赞两宋文治超过汉唐，"大抵宋三百年间，其家法严，故吕、武之变，不生于肘腋；其国体顺，故莽、卓之祸，不作于朝廷。吏以仁为治，而苍鹰乳虎之暴，无所施于郡国；人以法相守，而椎埋结驷之侠，无所容于闾巷。其制世定俗，盖有汉、唐之所不能臻者。独其弱势宜矫，而烦议当黜，事

---

① 李裕民：《宋代"积贫积弱"说商榷》，《陕西师范大学学报》2004 年第 5 期。
② 漆侠：《王安石变法》第一章《宋封建专制主义中央集权的政治体系》第一节《积贫积弱局面的形成》，上海人民出版社 1959 年版，第 14、25 页。
③ 林瑞翰：《宋代政治史》，正中书局 1992 年版，第 520 页。
④ 《河南程氏遗书》卷第一五，《二程集》，中华书局 2004 年版，第 159 页。

权恶其过夺，而文法恶其太拘。"① 则是旧史家较为客观的评价，20 世纪初以来学界颇推重宋代研究，"以宋为制高点研治整个中国历史文化提出的各项重大问题，如'宋学'渊源、宋代史学和新宋学等，引起各科学人的长期讨论。"② 而日美学者从宋代是中国近世开始的角度对宋代经济文化给以高度评价。③

但是宋朝积弱，正如前揭，20 世纪三四十年代以来讨论宋代积弱，是从北宋中期至清历代对宋的评价，并不完全与晚清以来中国备受帝国主义欺凌之时代背景有关。也就是说宋朝积弱和宋朝经济文化发达是评价宋朝历史地位的两个方面，笔者曾说过"不论从哪个角度讨论宋代的历史地位，都不应以一个方面掩盖另一个方面，也就是说既不能以'积贫积弱'来概括宋代的全部历史特征，也不能仅从宋代社会经济、文化取得巨大进步而忽略宋代历史存在的'民穷''财匮'和积弱不振的基本事实，偏废任何一面都不是对历史的客观评价，更不是对历史负责的态度"。④

二、宋与辽、西夏、金、蒙元的攻防战

根据上述，对于宋朝的积弱，一般有两种认知，一种是指宋朝在军事能力上的积弱，一种则是指宋朝国势的积弱。目前讨论宋朝积弱问题，对这两种看法都提出质疑，特别是否定宋朝国势积弱的说法，道理很简单，宋朝的经济、科技整体发展水平远不是辽西夏金蒙元所能比拟。至于对宋朝军事能力的积弱，过去人们往往叹惋其不武，而近年有

① 陈邦瞻：《宋史纪事本末·叙》，中华书局 1977 年版，第 1191 页。
② 桑兵：《民国学人宋代研究的取向及纠结》，《近代史研究》2011 年第 6 期。
③ 参见李华瑞《"唐宋变革"论的由来与发展》，《河北学刊》2010 年第 4、5 期。
④ 李华瑞：《改革开放以来宋史研究若干热点问题述评》，《史学月刊》2010 年第 3 期。

学者以为就国防而言，宋代不见得"积弱"，但似未有专题的讨论。

其实宋人不是不能打仗，过去论者在论及宋与辽、西夏、金、蒙元战争时，往往多注意双方的进攻战，而对双方的防御战，特别是在辽金蒙古深入南北宋境内后宋军反击侵略的防御战则没有给以足够的重视。纵观两宋与辽、西夏、金、蒙元战争的重要战役，若以进攻和防守这两种战争基本形式和双方进行战争的目的来衡量，宋的军事失败基本上都发生在宋发动的进攻战役方面，而宋在境内抵抗来自辽、西夏、金、蒙元进攻的防御战，则宋军多能取得不俗的战绩。

先看宋辽战争。① 从 979 年宋发动收复燕云地区高梁河战役到 1004 年辽进攻宋，在澶渊城下订立和约，长达 25 年，其间北宋主动进攻的高梁河之战（979 年）、雍熙北伐（986 年）包括岐沟关之战、陈家谷之战、君子馆之战三大战役均以宋方大败告终。②

防御性战役有：满城会战（979 年）辽大败，瓦桥关—雄州之战（980 年）辽军小胜但未攻破宋军雄州城，辽军亦受创。辽在河北、河东先后三路南侵（981 年），皆败。徐河之战（989 年）辽败、裴村等之战（999—1000 年）宋败，遂城之战（1001 年）宋胜、望都之战（1003 年）宋败。③

澶渊之役（1004 年），辽深入宋境，宋在军事有利局面下与辽签订"澶渊之盟"。其后直到宣和二年（1120 年）宋徽宗欲谋复燕云之地与金订立海上之盟，宋辽间未发生直接战役。宣和四年，宋两度由南向北

---

① 这里所讲宋与辽西夏金蒙元战争攻防战，主要是指具有较大规模或具有战略性质的战争，一般边区之间较小规模，或扰边性质的战争不包括在内。以下同。

② 详见曾瑞龙《经略幽燕——宋辽战争军事灾难的战略分析》，香港中文大学出版社 2003 年。《中国历代战争史》认为"君子馆之战"是辽南侵，曾瑞龙据当时的战略形势分析认为是宋方主动进攻，今从之。

③ 《中国历代战争史》第 11 册，第十四卷，《宋、辽、夏、金》（上），军事译文出版社 1983 年版。

进攻辽军把守的幽州城，大败而归。[1]

其次，宋与西夏战争。自公元 982 年李继迁反宋至北宋灭亡、金占领宋陕西诸路、宋夏脱离直接联系为止，在近 150 年的时间里，双方处在交战和敌对状态的时间约占四分之三以上。但李继迁时期对宋的进攻，因其自身战争力量很有限，宋夏之间的战争尚没有明显的战略意义上的进攻和防御。及至元昊反宋，宋夏战争全面爆发，宋夏三次大的战役：三川口之战（1040 年）、好水川之战（1040 年）、定川寨之战（1042 年），虽都因西夏侵宋而爆发，但具体战役则是宋军主动出击迎战西夏，元昊则采取诱敌深入的战术各个击破，宋军惨败。

宋神宗时期实施以富国强兵为目的的变法运动，对西夏展开积极进攻。绥州啰兀城之战（1070—1071 年）、灵州之战（1081 年）、永乐城之战（1082 年）均以宋军失败而告终。其后西夏挟永乐城大胜的余威，数次围攻北宋边城兰州，兰州城坚，西夏不能克。宋哲宗绍圣至徽宗政和时期对西夏依然采取进攻的态势，但不是采取大规模征伐主动进攻的形式，而是采取在宋夏边境西夏一侧进筑堡寨，步步为营，蚕食西夏。西夏力图阻挠宋的蚕食，遂爆发具有战略决战性质的争夺平夏城战役（1098 年），西夏是主动进攻一方，宋取得平夏城保卫战大捷。[2]

再次，宋金战争。从靖康元年（1126 年）金发动第一次灭北宋战争至 1234 年金灭亡，在近 110 年间，可以 1141 年订立绍兴和议为中轴划分为前后两个阶段。前一阶段，宋金战争经历了一个由宋军全面溃败望风而逃到逐渐砥砺抗衡金军的过程。"自金虏入中原，将帅望风奔溃，未尝有敢抗之者"。[3]"挟劲骑，直越燕赵，蹴齐鲁，遂至句吴以观

---

[1] 陈乐素：《宋徽宗谋复燕云之失败》，《辅仁学志》4 卷 1 期，1933 年。后收入氏著《求是集》第一集，广东人民出版社 1986 年版。

[2] 详见李华瑞《宋夏关系史》第六章《宋夏战争论（中）——宋夏战争重要战役概述》，中国人民大学出版社 2010 年版。

[3] 李心传：《建炎以来朝野杂记》甲集卷一九，《十三处战功》，第 449 页。

南海。中有大河、江流、孟门、太行之险而不能为之限，所过城邑，无不开门迎劳，行留自恣，莫敢袭逐。"① 其间金两次南下攻取东京、和南宋建炎年间两次侵宋以及富平之战（1126 年），是两宋遭遇击溃战的典型战役。建炎以后南宋军抗击金军可以值得一提的战役，据宋孝宗乾道二年八月甲午，立中兴以来十三处战功格目，② 其中绍兴和议前被列为战功的有五处："张俊明州城下（1129—1130 年）、韩世忠大仪镇（1134 年）、吴玠杀金平、和尚原（1130、1133 年）、刘锜顺昌府（1140 年）五处，依绍兴十年九月二十二日指挥。"③ 由于绍兴十年九月秦桧当政，这五处战功没有包括已被关押的岳飞指挥的郾城之战、颍昌之战（1040 年）两次战役。有研究者以为"南宋绍兴时，宋军五次大捷，即和尚原之战、仙人关之战、绍兴十年（1140 年）刘锜指挥的顺昌之战、岳家军进行的郾城之战和颍昌之战。都是大败完颜兀术亲率的金军主力，而吴玠指挥的则属前两次"④。前一阶段除了宋军防御反击取胜战役外，靖康元年宋金太原之战异常惨烈，宋军在王禀率领下阻击金军西路军于太原城下 250 多天。⑤

后一阶段，绍兴三十一年至隆兴二年，爆发第二次金宋战争。此次战争有四次重要战役，即胶西海战（1161 年）、采石之战（1161 年）、德顺之战（1162 年）和符离之战（1164 年）。前两战是完颜亮打着混一天下的旗号进攻南宋，以金军的失败而告终，后两战是宋孝宗欲恢复故土北上攻金，以宋军的失败而告终。双方签订隆兴和议。⑥ 其后宋宁

---

① 叶适：《水心别集》卷一，《治势下》，《叶适集》，第 641 页。
② 《宋史》卷三三，《孝宗纪》，第 635 页。
③ 王应麟：《玉海》卷一三五，《乾道定十三战功》；又见《宋会要辑稿》兵一九之一七。
④ 王曾瑜：《和尚原和仙人关之战述评》，《西南师范学院学报》1983 年第 2 期。收入氏著《凝意斋集》，兰州大学出版社 2003 年版，第 142 页。
⑤ 李华瑞：《宋金太原之战》，《西北师大学报》1993 年第 6 期，收入氏著《宋史论集》，河北大学出版社 2001 年版。
⑥ 王曾瑜：《南宋对金第二次战争的重要战役述评》，《纪念陈寅恪先生诞辰百年学术论文集》，北京大学出版社 1989 年版。收入氏著《点滴编》，河北大学出版社 2010 年版。

宗时韩侂胄主政，积极北伐，开禧二年（1206 年）南宋在宿州和唐、邓一带向金发动进攻，金亦分兵六路侵宋，宋军惨败。宋理宗绍定六年至端平元年（1233—1234 年），南宋与蒙古联手灭金。

最后看宋与蒙元战争。从金朝灭亡的第二年 1235 年，蒙古军以宋军收复三京，破坏宋蒙同盟关系为导火索，向南宋大举进攻，至 1279 年南宋灭亡，在长达 45 年的宋蒙战争期间，可以元世祖忽必烈即位（1260 年）和宋理宗赵昀病逝（1264 年）为标志分作前后两个阶段。前一阶段虽然蒙古军向南宋发动一波又一波的进攻，开辟了全面对宋作战的战场，摧残了长江中上游地区若干大中城市，但总的说来，蒙军建树不大，南宋军队在巴蜀、荆襄、江淮三大战场有效地阻击和重创了蒙古军的进攻，其中孟珙指挥的江陵之战（1236 年）、邓穰之战（1240年）、黄州保卫战（1237—1238 年），杜杲杜庶父子死守安丰之役（1237 年），王安指挥的寿春争夺战（1244 年）、余玠领导的嘉定会战（1252 年）都是宋军取胜的重要战役，特别是 1259 年王坚和张珏指挥的钓鱼城之战大捷，重创蒙古军，蒙哥汗死于是役。

1260 年忽必烈即大汗位以后经过几年的准备，又开始进攻南宋，1269—1273 年的襄樊战役宋军战败，同时宋金对峙以来，南宋借以为国的巴蜀、荆襄、江淮三边守备也被蒙元军切割，至此南宋的防御体系溃乱不堪。1273 年，元军发动全面灭宋战争，在两淮郢州、沙洋之役，湖北阳逻堡之役，江淮芜湖丁家洲之役，荆湖南北之役等重要战役中以摧枯拉朽之势击败宋军，1275 年迫近临安，宋军又在焦山之战中大败于元。"宋军大溃，数十万众，死亡几尽"。① "自是宋人不复能军矣"。② 翌年二月，宋帝出降。其后，虽有一二忠良起兵勤王，为宋坚守，但犹如大厦将倾，已非一木所能支撑的了。③

---

① 《元史》卷一百二十七，《伯颜传》，第 3103 页。
② 《元史》卷一百二十八，《阿术传》，第 3123 页。
③ 详见陈世松等《宋元战史》，内蒙古人民出版社 2010 年版，第 328—368 页。

从以上史实来说，宋朝在战争进攻和防御两个战略方面，其防御战在大多数情况下具有相当强的作战能力，因而在观察宋朝"积弱"问题时，应当充分估计宋朝在防御战策略中取得的不俗战绩。

三、宋与辽西夏金元攻防战优劣析

以上简要叙述有三点值得注意：

第一，宋与辽西夏金元的战争总体上说，宋大多处于守势，但也有多次积极进攻的情况发生：北宋太宗、徽宗对于燕云地区的经略，北宋仁宗、神宗对西夏的战略进攻，南宋欲复北方故土而展开对金的数次北伐战争：岳飞四次北伐、宋孝宗隆兴北伐、宋宁宗开禧北伐、宋理宗端平入洛。宋的进攻战多以失败甚或被击溃而告终。①

那么宋进攻战败多胜少的原因何在？以往学界已多有讨论，除去从军政角度总结的有"招刺太滥、拣选不实、训练很差、军法的废弛、军政的腐朽，军纪的败坏，官员对军士的役使和刻剥，军队的营利性经营，对骑兵建设的轻视，实行以文制武，兵权的分散，将从中御"等原因外，② 还从宋朝立国的形势加以探讨。南宋理宗时人吕中在《宋大事记讲义》卷一，《国势论》中集浙东学派、朱熹等人的议论早有深刻的分析：

> 汉唐多内难而无外患，本朝无内患而有外忧者，国势之有强弱也。……而国势之所以不若汉唐者，则有由矣。盖我朝北不得幽冀，则河北不可都，西不得灵夏，则关中不可都，不得已而都汴梁

---

① 宋的进攻战也有少数很成功的范例，如南宋岳飞的四次北伐。参见王曾瑜《岳飞和南宋前期政治与军事研究》，河南大学出版社 2002 年版，第 103—147 页。

② 王曾瑜：《宋朝兵制初探》（增订本），中华书局 2011 年版，第 521 页。

之地，恃兵以为强，通漕以为利，此国势之弱一也。

这个分析即是 20 世纪学界强调，宋朝立国缺少与草原民族一争雄长的两个条件：一是以长城天险为依托阻御草原民族牧骑南下，以保障中原地区的安全。二是据有一片草原，繁衍马匹，编组为骑兵，主动出击，以机动对机动，以能够支持长期战争的国力为基础，终于战胜对手，成为国势强大之王朝。学界也大多"认为北宋与边疆民族在兵种上，特别是骑兵力量上的差异，是其在军事上不能取得较大成就的原因。作为宋辽战争主要战场的河北平原的地理环境，又强化了这种观点。确实，这两种理解模式均有高瞻远瞩，与事实若合符节之处，其影响力历久不衰，本身就是对这点一个很好的说明"①。

宋朝所处的时代正是北方游牧民族充当着战争舞台主角的时期，虽然北宋初年就发明并使用了火器，中国古代战争从此进入了冷兵器和火器并用时代，但在仍以冷兵器为主的战场上，骑兵以其行程远、速度快、机动性强，适宜于平原旷野的远程作战等优势，充当着主要突击力量。这也是因为，就力量而言，骑兵是人力和马力之合。② 对此宋人早有深刻的认识："马者，兵之用，国之所恃以为险者也。有国以来，未尝无马，国多马则强，少马则弱。"③ 所以由此审视上述宋与周边政权的战争，恰恰说明了进攻战非宋之所长，受其所限，失败也在情理之中。

对于这些讨论，有一个问题值得重新思考，即虽然宋初失去长城天险，但西部广大地区在西夏崛起之前，党项、吐蕃等族分散而居，尚没有形成独立的政治力量，或者说没有形成直接让中原王朝感到威胁的力量，河湟、河西、河套、银川平原，乃至鄂尔多斯高原都有丰美辽阔的

---

① 曾瑞龙：《经略幽燕》第一章，第 1—2 页。
② 中国人民革命军事博物馆编：《中国战争发展史》，人民出版社 2001 年版，第 298 页。
③ 《长编》卷三七四，元祐元年夏四月辛卯，第 9067 页。

牧场，如果着力经营，完全可以组建与契丹抗衡的骑兵武装，"当唐之
盛时，河西、陇右三十三州，凉州最大，土沃物繁而人富乐。其地宜
马，唐置八监，牧马三十万匹。以安西都护府羁縻西域三十六国。唐之
军、镇、监、务，三百余城，常以中国兵更戍，而凉州置使节度之。"①
但自宋太祖至神宗朝，对西部基本采取的是放弃政策。② 张方平在回答
宋神宗"问祖宗御戎之要"时，说："太祖不勤远略，如灵夏、河西，
皆因其酋豪，许之世袭。环州董遵诲、西山郭进、关南李汉超，皆优其
禄赐，宽其文法。诸将财力丰而威令行，间谍精审，吏士用命，故能以
十五万人而获百万之用。……"③ 是故，明清之际人顾祖禹说："宋关
中戍守不越秦、凤，熙宁以后始务远略。"④

　　在河北一线，宋太祖对契丹境内的燕云地区也是采取了一种防御为
主而不是如学界一般认为要必欲收复的积极进攻政策，实际上，后周世
宗进行统一战争时是把吴、蜀、幽、并，并列为统一对象，而宋太祖则
是把北敌分成两个明确的概念，即河东北汉是卧榻之侧必欲消除的
"他人家"，而燕云则属于如何处置的边患问题。笔者在讨论宋初先南
后北统一方针时曾指出："以往武断地说'宋初置燕云于不顾'，固然
是有悖于历史事实的，但若说宋太祖君臣制定的先南后北统一战略方针
包括兵取燕云也是缺乏事实基础的。实际上宋初的先南后北只是针对太
祖不满'小天下'而言，太祖其所以汲汲于南北用兵，主要是削平割
据，而不能容忍一榻之侧有他人鼾睡。这与他对内实行一系列政治、军
事改革措施、借以强化皇权，强化唯我独尊的专制主义是内外照应、一
脉相承的。而幽燕之地则不能与之同日而语，太祖其所以念念不忘幽
燕，主要是看重幽燕的军事地理，幽燕之失，北部门户洞开。来自契丹

①　《新五代史》卷七十四，《四夷附录》，第 913 页。
②　参见李华瑞《论宋初的西部边疆政策》，原刊于《西北史地》1993 年第 1 期。后收入氏
　　著《宋夏史研究》，天津古籍出版社 2006 年版。
③　《宋史》卷三一八，《张方平传》，第 10357 页。
④　《读史方舆纪要》卷六四《陕西十三·西宁镇》，第 3006 页。

的威胁成为心头之患。但是幽燕归属契丹几二十年，收复幽燕之举牵一发而动全身，故幽燕问题实质上是如何对待蛮夷之国造成的边患的问题，因而解决边患的办法，诚如赵普所言自古有上中下三策：据险而守、和戎和以兵锋相见一争雄长。从宋初太祖和赵普的看法，显然倾向于'和戎'之策，而上述事实也是如此。"①

在西南，宋与大理以大渡河为界，亦是太祖"不暇远略"②的结果。后世有"宋挥玉斧"的故事流布。周辉《清波别志》卷一引《西南备边录》载："艺祖既平蜀，议者欲因兵威以复越巂，巂，上命取地图视之，亲以玉斧划大渡，曰自此以外，朕不取，即今之疆界也。河滨旧有划玉亭，今犹在。"周辉所引的这个故事对后世影响甚大，《方舆胜览》、《蜀中广记》、《明史》、《滇史》等文献均有类似的记载。③南宋初，翰林学士朱震言："按大理国，本唐南诏。大中咸通间，入城都，犯邕管，召兵东方，天下骚动，艺祖皇帝鉴唐之祸，乃弃越巂诸郡，以大渡河为界，欲寇不能，欲臣不得，最得御戎之上策。"④可见宋在西南边区也采取以防御为主的策略则是无疑的。

由此可见，宋朝自太祖朝伊始，较汉唐统治者缺乏一种开拓进取的精神。1978年由杰弗里·巴勒克拉夫主编、八十位西方历史学家执笔编撰的《世界历史地图集》曾指出："宋比唐的世界主义为少，对外部世界经常采取防范和猜疑的态度。"⑤这种防范和猜疑有多方面的内容，表现在国防建设上则是奉行以防御为主的战略思想。故其军事设施、军队建制、兵种配置、战争手段、作战方式等无不贯穿防御的思想。虽然，宋神宗时起用王安石，进行富国强兵的变法，在改变宋与西夏战略

① 《关于宋初先南后北统一方针讨论中的几个问题》，《河北大学学报》1997年第4期。
② 陶宗仪：《说郛》卷六二上，李京《云南志略》。
③ 详见段玉明《大理国史》，云南民族出版社2003年版，第313—316页。
④ 李心传：《建炎以来系年要录》卷一〇五，绍兴六年九月癸巳，第1713页。
⑤ 《世界历史地图集》，［英］伦敦泰晤士图书公司，中译本，三联书店1982年版，第126页。

地位上，有明显收效，但是就宋的以防御为主的国防性质而言，基本没有大的改观。

以防御为主的军队去进行进攻战，与擅长进攻战而拥有强大骑兵的对手交战，其胜少败多是不难想见的。宋的军队虽号有百万之众，但是分散布置在陕西、河东、河北沿线数千公里之上，难以集中优势兵力，比如，庆历年间，宋在陕西约有兵近二十万，但是分散在鄜延、环庆、泾原等路，都只有五六万人，而西夏则可以集中十万兵力击破宋之一路。所以辽西夏金蒙元军队数量虽比宋少许多，但往往可以集中绝对优势之兵力，以行局部之歼灭战。宋疲于奔命。即使为了所谓北伐伸张正义，所集中的军队缺乏灵活机动的配合，加之由不熟悉进攻战的文臣和低素质的武将统领，宋之失败在所难逃。

第二，虽然在进攻战方面两宋明显居于劣势，败多胜少。但是在防御战中宋抵住辽、西夏、金和蒙元的强大攻势，胜多败少，从战争是由进攻和防御两部分组成缺一不可的角度而言，北宋及南宋在防御辽西夏金乃至蒙古的入侵上还是很有值得称道之处。首先，北宋为防止辽和西夏的入侵，国防建设十分艰巨，故以军旅事务为头等大事，"国曰军国，州曰军州"，以兵立国是其基本国策。张方平说："今朝廷所言大事必曰军国，是知兵者，时之大务，邦之重柄。"[1] 王明清也曾经说："一郡则尽行军制，守臣、通判名衔必带军州，其佐曰签书军事及节度、观察、军事推官、判官之名，虽曹掾悉曰参军。一州税赋民财出纳之所，独曰军资库者，盖税赋本以赡军著其实于一州，官吏与帑库者使知一州，以兵为本，咸知所先也。置转运使于逐路专一飞挽刍粮饷军为职……"[2] 林駧亦云："况国朝之制，库曰军资，官曰参军，务曰赡军，而为守倅者亦先军而后州，其于军事重矣。"[3] 可见，以兵立国的基本

---

① 《乐全集》卷一三《武备论》，第 1104 册，第 104 页。
② 《挥麈录余话》卷一，第 221 页。
③ 《古今源流至论》续集卷一《州兵》，第 942 册，第 351 页。

策略贯穿于宋的各种制度。其次，从北宋到南宋实行"将从中御"军事制度，为后世所诟病，这种制度在进攻战中无疑是致败的重要原因，如宋神宗"每当用兵，或终夜不寝，边奏络绎，手札处画，号令诸将，丁宁详密，授以成算。虽千里外，上自节制"①。结果却招致灵州和永乐两次大败。但是从防御的角度来看皇帝制颁、使用"阵图"，结果会是另一种状态，事实上《武经总要》所载常阵制、本朝平戎万全阵法、本朝八阵法以及宋神宗九军新阵，② 基本上都是在吸纳前代已有经验基础上，根据宋朝所处的时代特点加以改进，成为以步制骑的防御阵法，而且取得不菲的效果。③

第三，为抵御游牧民族铁骑的突袭，两宋多采用筑城防御的战术，进而发展到利用河流和山地等自然地形，结合完备的城邑防御设施，以步兵的积极防御抵抗骑兵的迅猛进攻，使这一时期步兵抗击骑兵作战展现出前所未有的新特点。④ 宋夏战争之初宋总是力图用大兵团剿灭西夏，但宋屡战屡败，西夏"在战略方面，利用广漠原野，敌进则退，敌退则进。敌驻戍不出，则窥破良机，集中绝对优势之兵，以行局部之歼灭战。战术方面，则以设伏诱敌为惯技。宋之所以屡败，即此故也"⑤。宋哲宗以后，北宋改变大兵团进剿的战略，而改为防御反击战略或称为积极防御，在宋仁宗以来的牵制策应之法的基础上发展为浅攻进筑或浅攻扰耕，也就是说北宋花费很大的气力在宋夏边界西夏一侧沿河流、山崖和平原之地修筑集军事、经济、居地等功能于一身的堡寨和城池，用以抵御西夏入侵的手段，且把战区由本土转向西夏一方，变被

---

① 《长编》卷三五三，元丰八年三月戊戌，第8485页。
② 曾公亮等：《武经总要》前集卷七。明唐顺之《武编》前集卷四，《宋神宗皇帝九军新阵辩》。
③ 参见黄繁光《论宋真宗对辽作战与阵图使用的关系》《澶渊之盟新论》，上海人民出版社2007年版。
④ 《中国战争发展史》，第276页。
⑤ 《中国历代战争史》第266页。

动挨打为防守反击，蚕食一地，进筑一地，蚕食是进攻，进筑是下一次蚕食的依托和保障，诸路并进，西夏首尾难顾，这正是哲宗绍圣以后西夏难以应付，并节节败退的原因，从而从根本上解除了西夏对宋的威胁。①

北宋末年的太原之战、南宋初年的和尚原之战、顺昌之战等都是据城邑和山地形的著名防御战。吴玠说"高山峻谷，我师便于驻队，贼虽骁勇，甲马厚重，终不能驰突；我据嵯峨之险，占关辅之势，贼虽强悍，不能据我尺寸地"②。宋蒙战争期间，宋军在守城方面，又创造了以"串楼"对付蒙古军的火炮，以山城寨堡对付蒙古铁骑的战术，取得了战争前一阶段黄州、安丰大捷和钓鱼城保卫战的胜利。③ 后人总结宋蒙钓鱼城之战蒙军失利原因时就指出："弃野战之长，违北族之性。聚数十万之众，冒盛暑而攻合州，顿兵坚城，累月不下，情见势绌，以身殉之。所谓千金之弩，为鼷鼠而发。甚矣，其不知兵也。"④ 南宋不仅发挥擅长守城的优点，而且大大提升水战的优势。⑤ 宋军的水战优势主要体现在利用舟师从水路增援受困城市上。例如，1237 年的史嵩之从鄂州援光州、陈铧从建康遏和州、赵葵从扬州趋淮西之役、1240 年的孟珙从荆襄援夔之役、1244 年吕文德增援寿春之役、1259 年的吕文德自长江中游增援重庆、合州之役等等。刘整说，蒙古的"精兵突骑，所当者破，惟水战不如宋耳"。是故他建议"夺彼所长，造战舰，习水军，则事济矣"⑥。宋蒙元战争的第二阶段，元军连克宋军

---

① 详见李华瑞《宋夏关系史》第七章第三节《北宋防御战的特点和抵抗方式的改进》，第165—170 页。
② 徐梦莘：《三朝北盟会编》卷一九六，"炎兴下秩九十六·起绍兴九年六月二十一日己巳尽其日"，引《吴武安公功绩记》，第 1410 页。
③ 《宋元战史》，第 380 页。
④ 屠寄：《蒙兀儿史记》卷六，《蒙格可汗本纪论》，中华书局 1962 年版。
⑤ 详见王曾瑜《宋朝兵制初探》（增订本），中华书局 2011 年版，第 212—226 页。
⑥ 《元史》卷一六一，《刘整传》，第 3787 页。

防御阵地，使宋军节节败退，即与采纳刘整建议，组建强大水军密不可分。①

由以上三点可知，宋朝在主观上选择以防御战为主思想的指导之下，在军事国防建设及战略战术的运用上，也是颇有建树的，不能全盘否定。

四、结　语

对于宋朝的积弱问题，自北宋中期以降，学者、士大夫、史家均有论列。宋人多从反思过度集权的角度讨论国势不振来指称"积弱"，而元明清人指称的"积弱"则更多的是从宋朝文治有余而武备不足来论列宋朝的"兵弱"。但不论如何，北宋中期以来迄改革开放前，认为宋朝"积弱"则是史乘、学界的公论，并不因20世纪初中国受帝国主义国家欺凌才被特别关注。

那么如何看待上述所言的宋朝"积弱"呢？显然从反击侵略的防御作战能力来说，宋朝军队不能完全说不能打仗，即不能完全是弱，上面的讨论已有较为充分的说明。这可能验证了近年有些学者认为宋的国防并不一定"积弱"的观点。其实不然，本文的目的不是为此张目，而是站在客观表述宋的实际军事能力的基础上，来说明既然宋有不菲的军事能力，但是为什么宋以后历代都说宋"积弱"呢？笔者以为大致有三点原因，一是金灭北宋和宋蒙元战争的第二阶段特别是1273年后的元灭南宋战役，基本同属于击溃战，也就是说北宋和南宋均被金、元在短时间内灭亡，这就是积弱的表现。二是在所谓"和平"对峙年代与辽、西夏、金和蒙元的交往中（特别是南宋）又常常扮演乞求、赔

---

① 《宋元战史》，第381、383页。

款、苟且、退让等屈辱的角色，① 这又是不折不扣的“积弱”。三是虽然宋打防御战颇有战斗力，但是必须指出宋的防御战都是对侵略者深入国境之内的顽强抵抗，也就是说在第一时间并不能阻击侵略者于国境防线之外。一个常在国境纵深地区进行顽强抵抗侵略的国家，不论抵抗有多么地卓越，也不能不是“积弱”的反映。

所以有学者说：“军事无非是客观的实力加之以主观的实力运用。宋朝的综合国力无疑强于辽朝、西夏、金朝等，但因各种因素，实力的运用水平却是劣等的，这就是积弱。”② 是由其道理的。

原刊于《文史哲》2013 年第 6 期

---

① 参见朱瑞熙《宋朝的岁币》，岳飞研究会编《岳飞研究》第三辑，中华书局 1992 年版。收入氏著《暧城集》，华东师范大学出版社 2001 年版；吴晓萍《宋代外交制度研究》"绪论：宋代地域外交环境和外交途径"，安徽人民出版社 2006 年版。

② 王曾瑜：《正确评价宋朝的历史地位》，《北京日报》2007 年 12 月 11 日；收入氏著《点滴集》，河北大学出版社 2010 年版。

宋、明对"巨室"的防闲与曲从

　　孟子曰："为政不难，不得罪于巨室"。后世注释"巨室"有二意：一为国之栋梁大臣，[①] 一为权贵（官绅）、豪民、富商。前者多是就孟子原意进行阐发，"巨室者，岂特侈富之家也哉，盖功烈已著于时，德望已信于人，譬之乔木，封植爱养，自拱把以至于合抱者，非一日之故也。平居无事，商功利课殿最，诚不如新进之士，至于缓急之际，决大策，安大众，呼之则来，麾之则去者，惟世臣巨室为能。"[②]朱熹注曰："巨室，世臣大家也"[③]。而后者多是从现实政治考虑。如"后世误以兼并之豪为巨室，以屈法纵恶为不得罪，盖后世惟见兼并之豪为巨室，无复见卿大夫之世家也。"[④] 明初"以巨室为粮长，大者督粮万石，小者数千石"[⑤]。"今之巨室非如古世臣，挟重赀优物力者，皆是矣"[⑥]。

　　由上可见，孟子所言的"巨室"：世臣之家，在宋、明时代，因其

---

① 《孟子注》卷七上，汉赵氏注、宋孙奭音义并疏："巨室，大家也，谓贤卿大夫之家人。"《十三经注疏》，下册，第2719页。
② 苏轼《苏轼文集》卷二〇，《王仲仪真赞》，第604页。
③ 朱熹：《孟子集注》卷七，朱熹：《四书章句集注》，第278页。
④ 黄震：《黄氏日抄》卷三，《读孟子·巨室》，第707册，第22页。
⑤ 宋濂：《文宪集》卷二四，《上海夏君新圹铭》，第1224册，第307页。
⑥ 彭韶：《彭惠安集》卷二，《送进士方君宜弼之新昌大尹序》，第1247册，第38页。

社会关系和结构的变迁，① 虽然也不乏其人，但不论地位和作用，已不能与孟子生活时代的"巨室"相提并论，而后一类被指称的"巨室"：权贵（官绅）、豪民、富商，既是统治阶级的重要组成部分和赖以统治的基础，同时又是与国家争夺利益甚或危及统治的不安定因素，是故"巨室"在国家与社会关系中扮演着极为重要的角色。对于不得罪于"巨室"的处置，大致也是两种方法，即如明末清初人魏禧所言："翼之九宗，逆晋侯于随；遂之四氏，歼齐师于飨；兴复报仇，皆借强宗，故曰为政，不得罪于巨室。周初封国，必陪以大姓与土田并锡，欲使子孙有所凭借。而后世得天下者，或徙其豪杰以实要地，或迁灭之以防祸乱，用意不同，而所见则一也。"② 这两种方法可以概括为"优容、曲从"和"防闲、抑遏"。③ 就宋与明对待"巨室"的政策和态度而言，两种方法都是交替使用，只是侧重点不同而已。南宋人在总结宋太祖对"兵骄"的禁卫和"权重"的藩镇"以杯酒宴笑收之"的做法，称赞有加，以为"太祖之所以能收其权者，正孟子所谓'为政不得罪于巨室'"，④ 的确宋太祖收兵权与明太祖大开杀戒屠戮功臣很不相同，要优容曲从得多。不过换一个角度，从给以经济特权来看，宋、明政府对待权贵、豪民、富商的态度和政策不尽相同。明朝优容、曲从"巨室"多于宋朝，而宋朝防闲、抑遏"巨室"严于明朝。目前学界对宋代和明代"巨室"问题在各自社会结构的研究中无疑都有多方面的成绩，但是比较宋、明两代对"巨室"的政策和措施似不多见，是故下面不

---

① 一般地说："隋唐以降，门阀被摧毁了，士族在社会大动荡中逐渐式微了。李唐时代的二十个左右大家族已经不完全是六朝时代的三十家族，到宋代这些家族都听不见说起了。考试制度代替了门阀制度，新官僚代替了旧官僚。"（吴晗《再论绅权》，费孝通、吴晗等著《皇权与绅权》，岳麓书社 2014 年版，第 56 页。）另参见李华瑞《"唐宋变革"论的由来与发展》，《河北学刊》2010 年第 4、5 期，第 65—73、79—85 页。
② 张尚瑗：《三传折诸·左传折诸》卷一，第 177 册，第 74 页。
③ 胡太初：《昼帘绪论》势利篇第十四，第 602 册，第 724 页。
④ 吕中撰，张其凡、白晓霞整理：《类编皇朝大事记讲义》卷二，《处藩镇 收兵权》，第 51 页。

揣谫陋，对权贵之家、乡村富户和商人进行分析，并主要侧重经济利益方面的分析，以就教于方家。①

一、宋朝官户与明朝官绅地主

权贵之家，明代主要是由勋贵地主和官绅地主构成，宋朝则主要指官户。

明代的勋贵地主、官绅地主构成，包括皇室成员、诸王、公主、勋戚和取得生员、举人、进士等身份地位的现任官员、致仕官员、未仕乡绅地主。自明朝建立之始这个阶层就享有种种特权。"太祖谓省臣曰：'食禄之家与庶民贵贱有等，趁事执役以奉上者，庶民之事，若贤人君子，既贵其身而复役其家，则君子野人无所分别，非劝士待贤之道。自今百司见任官员之家，有田土者，输租税外，悉免其徭役，著为令。'"② 又命户部移文诸郡县："凡功臣之家有田土，输纳税粮并应充均功夫役之外，如粮长、里长、水马驿夫等役悉免之。"③

可见从明朝建立之初勋贵地主、官绅地主享有免纳赋役的特权，明代的宗室，按制度规定，有亲王、郡王、将军、中尉和公主、郡主、县主、郡君、县君、乡君，如此子子孙孙，代代相传。宗室在政治上的势力经明成祖和历朝削藩被逐渐削弱，但是经济上的特权却有增无减。《明史·诸王传》曰："有明诸藩，分封而不赐土，列爵而不临民，食禄而不治事。"④ 其繁衍的速度是十分惊人的，宗室人口，正德年间，共有亲王 30 位，郡王 215 位，将军、中尉 2700 位；嘉靖四十四年，

---

① 就宋明两代历史进程而言，明代前期和后期的差别甚至大于北宋与南宋的差异，本文讨论相关问题特别注意这种变化，力求能符合史实。

② 《明太祖实录》卷一一一，洪武十年二月丁卯。《明实录》，第 3 册，第 1847 页。

③ 《明太祖实录》卷一三四，洪武十三年十二月丁巳。《明实录》第 3 册，第 2132 页。

④ 《明史》卷一二〇，《诸王五》，第 3659 页。

"天潢之脉，盈三万余位"，万历三十三年（1605），"《玉碟》宗支共计一十五万七千余位"；到明朝灭亡时，宗室人口当已超过20万人。明代宗藩不仅不仕不农不工不商，唯坐食赋税，"尺布斗粟，皆取之民间"，[1] 而且宗室本身皆无徭役，其外亲亦可获得优免，随着宗室人数的快速增长，享受优免者必然也大幅增加。[2]

隆庆五年（1571）六月，礼部奏称："国初亲郡王、将军才四十九位，今则玉蝶内见存者二万八千九百二十四位，岁支禄粮八百七十万石有奇，郡县主君及仪宾不与焉，是较之国初殆数百倍矣。天下岁供京师者止四百万石，而宗室禄粮则不啻倍之，是每年竭国课之数不足以供宗室之半也。"[3] "据明代部的官员的两项独立的统计表明，到1600年，每年例行送交皇宫仓库的物品价值达400万至500万两白银，这个数字包括杂项开支和宫中建设的费用。虽然描述的图景不完整，但事实似乎是，至少帝国全部税收的20%—25%一定用于宫内。"[4]

官绅地主势力在明代中叶以后的逐渐壮大，与明朝政府自明初以来奉行的特权政策，即享有徭役优免权，论品免粮，论品免田的特权分不开。太祖洪武十二年（1379）八月辛巳，令"自今内外官致仕还乡者，复其家终身无所与"[5]。洪武十三年（1380）令吏、户、礼、兵、刑、工六部、都察院、应天府并上元、江宁两县判禄司、仪礼司、行人司随朝官员，除本户令纳税粮外，其余一应杂泛差役尽免。[6] 宣德十年

---

① 徐光启：《处置宗禄查核边饷议》，陈子龙等编辑：《明经世文编》卷四九一，第6册，第5423页。
② 张德信：《明代宗室人口俸禄及其对社会经济的影响》，《东岳论丛》1988年第1期，第77—82页；李雪慧、高寿仙：《明代徭役优免类型概说》，《故宫学刊》2013年第2期，第52—74页。
③ 《明穆宗实录》卷五八，隆庆五年六月乙巳。《明实录》第50册，第1424页。
④ 《剑桥中国明代史》中译本下卷，中国社会科学出版社2007年版，第102页。详见孙承泽《春明梦余录》卷三五。
⑤ 《明太祖实录》卷一二六。《明实录》，第4册，第2011页。
⑥ 申时行等修：《明会典》卷二〇《赋役》，第134页。

（1435），诏曰："文武官年未及七十，老疾不能任事者，皆令冠带致
仕，免其杂泛差徭。"① 弘治十八年（1505）定制："见任及以礼致仕
官员，照例优免杂泛差徭。"② 此后，武宗、世宗朝进一步减免部分田
赋。嘉靖二十四年（1545）六月辛丑，再定优免事例："京官一品免粮
三十石，人丁三十丁；二品二十四石，二十四丁；三品二十石，二十
丁"，以下依品有差，至九品免六石，六丁。"外官各减一半"。③《明
史》云："自洪武迄弘治百四十年，天下额田已减强半，而湖广、河
南、广东失额尤多。非拨给于王府，则欺隐于猾民。"④

　　宋朝的官户构成较为复杂，⑤ 一般地讲，主要是包括品官之家，⑥
外戚和宗室。宋代官户约占总户数千分之一至千分之二。北宋前中期品
官之家与唐代中叶以来衣冠户相近，享有减免部分赋税、免除职役和赎
罪的特权，仁宗皇祐四年（1052），李觏在《寄上孙安抚书》中说：
"今之品官及有荫子孙，当户差役例皆免之，何其优也，承平滋久，仕
宦实繁，况朝臣之先又在赠典，一个通籍，则旁及兄弟，下至曾孙之
子，安坐而已。比屋多是衣冠，素门方系徭役，日衰月少，朝替夕差，
为今之民盖亦难矣。"⑦ 尽管宋朝文献有上述官户可以"例免科役"和
"当户差役例皆免之"的记载，但是宋朝并未制定官户可以减免两税的

① 申时行等修：《明会典》卷一三《致仕》，第81页。
② 申时行等修：《明会典》卷二〇《赋役》，第134页。
③《明世宗实录》卷三〇〇。《明实录》，第44册，第5706页。
④《明史》卷七七，《食货志一》，第1882页。
⑤ "官户"在唐代曾经是一种属于国家直接控制的依附性最强的农奴的名称，宋代初年依
　旧保留唐律的有关条文。大约至宋仁宗朝开始，社会上逐渐把品官之家称为"官户"，
　此前经常使用的名词是"衣冠"或形势户。（参见朱瑞熙《宋代社会研究》，中州书画
　社1983年版，第26—27页）
⑥ 品官之家是指一品至九品的官员之家。品官去世后，子孙有荫，即使是无品的小官，也
　仍然是官户。同时也包括"因军功捕盗转致升朝，非军功捕盗而转至大夫者，听免差
　科，科配如官户"，（李心传：《建炎以来朝野杂记》乙集卷一四，《进纳授官人升改名
　田之制》，中华书局2000年版，第764页。）"吏职入仕或进纳并杂流之类补官人，往往
　攀缘陈情，改换出身。"（《宋会要辑稿》职官五之一七，第3册，第2471页。）
⑦ 李觏：《直讲李先生文集》卷二八，第201页。

法律。敕令规定:"诸输租税违欠者,笞四十","形势户杖六十,品官之家杖一百。"① 同时,法令还规定:"官户依条止免色役,其支移、折变,自合与民户,一体均敷。"②

大致从北宋王安石变法以后对官户免役特权有所抑制,宋神宗时推行免役法,向民众征收助役钱,官户可减半,"若官户、女户、寺观、未成丁,减半输。""官户输役钱免其半,所免虽多,各无过二十千。"③ 但到南宋高宗以后不再减半,建炎二年夏,"诏官户役钱勿复减半",绍兴二十九年,"诏品官子孙名田减父祖之半,余同编户差役,其诡名寄产皆并之。"乾道二年,李侍郎(若川)复请令官户全纳役钱。宋孝宗初不可,既而卒行。④

据研究宋朝官户有5方面的禁约,一是限田,不得"广置产业,与民争利"。⑤ 二是禁止地方官在所任州县拥有田产。三是禁止承买和租佃官田。四是禁止官员放债取息。五是禁止经营酒坊酒场、河渡、坑

---

① 谢深甫监修,戴建国点校:《庆元条法事类》卷四七《违欠税租·户婚敕》,第 626 页。

② 谢深甫监修,戴建国点校:《庆元条法事类》卷四八《支移折变·随敕申明》,第 661 页。

③ 《宋史》卷一七七,《食货志》,第 4300、4307 页。

④ 李心传:《建炎以来朝野杂记》甲集卷一五《常平苗役之制》,第 315—316 页。

⑤ 政和令格:品官之家乡村田产得免差科:一品一百顷,二品九十顷,下至八品二十顷,九品十顷。其格外数悉同编户。(《宋会要辑稿》食货六之一,第 5 册第 4879 页。)"品官之家,乡村田产免差科:一品五十顷,二品四十五顷,三品四十顷,四品三十五顷,五品三十顷,六品二十五顷,七品二十顷,八品十顷,九品五顷。"(谢深甫监修,戴建国点校:《庆元条法事类》卷四八《科敷·田格》,第 668 页)限田的目的主要是规定官员超过限额的田、荫尽的田及封赠官子孙的田,其差役均同编户。宣和六年(1124 年)十月一日,徽宗诏令:"品官之家依格,乡村田产免差科,其格外之数并同编户。随袭官依品格置到田产,并充赡坟,特免夫役,夏秋税物,并免支移、折变,于本县止纳本色,及所居庄舍宅宇,亦免加抬等第"。(《宋会要辑稿》刑法二之九二,第 7 册第 6541 页。)而南宋高宗时颁有诏令"官户除依条免差役外,所有其他科配,并同编户一例均敷"。(《宋会要辑稿》食货六之二,第 5 册第 4880 页。)孝宗乾道八年(1172),进一步规定承荫子孙分割田产,"不以户数多寡,通什不许过减半之数",而且要在分家文书和砧基簿内写明父祖的官品和本户应置限田数目、分为几户,等等。(《庆元条法事类》卷四八《科敷·随敕申明》,第 669 页)承荫子孙的减半免役优待,不是每名子孙都享受其父祖之半,而是全部子孙的总数不超过父祖之半。

冶；禁止私办纺织业。①

"如果说，宋朝官户的法定特权并不多，则吏户的法定特权自然更少。宋朝外戚完全可作为官户，其特权和禁约同官户的其他部分无重大差别。"② 宋朝宗室属于官户中的一个特殊部分或集团，随着宗室人口的增加一方面影响财政，另一方面士大夫集团积极制约宗室，从王安石变法开始对宗室的利益逐步进行裁削，荫补特权受到限制，"皇族非袒免已下更不赐名、授官，只令应举。"③ 南宋时宗室贫富分化更加严重。宋宁宗末年记载，宗室"富者十不一二，贫者不啻七八"。④ 第二项措施自开封向外地迁移："国初支派未繁，悉聚京师。熙宁以来，分处州县，骎骎至今，枝叶繁茂，以千万计，亦可谓盛矣。困于供亿，在在皆然，亦可谓难矣"。⑤

毋庸讳言，在中国古代朝廷诏令的颁布与具体执行之间有一定距离，宋朝对官户尽管有种种禁限，可是在实际社会生活中，官户凭借权势使禁限规定往往徒具纸文，⑥ 这是不争的事实，笔者在这里只是想要强调的是，不管是被动实施还是主观有意为之，从北宋中期开始在政策法规层面对"权贵之家"的防闲禁遏努力也是客观存在的。

另外，明代与宋代官田的数额、构成和赋役差异也在一定程度上反映了两朝抑强扶弱的不同。明代官田占全部耕地的比重大于宋代，明代

---

① 参见王曾瑜《宋朝的官户》，氏著《涓埃编》，河北大学出版社 2008 年版，第 306—325 页；李华瑞《宋代非商品酒的生产与管理》，《河北大学学报》1991 年第 3 期，第 17—24 页。

② 王曾瑜：《宋朝的官户》，收入氏著《涓埃编》，河北大学出版社 2008 年版，第 302 页。

③ 《宋会要辑稿》帝系四之一九，第 1 册，第 102 页。

④ 《宋会要辑稿》帝系七之二六，第 1 册，第 159 页。

⑤ 方大琮：《铁庵方公文集》卷二九《宗室廪给》第 1178 册，第 280 页。参见王曾瑜《宋朝的官户》，《宋朝的吏户》，收入氏著《涓埃编》，河北大学出版社 2008 年版，第 320—324、396 页。

⑥ 参见尹敬坊《关于宋代的形势户问题》，《北京师范大学学报》1980 年第 6 期，第 26—35 页；朱瑞熙《宋代官员子弟初探》，《上海师范大学学报》1993 年第 1 期，第 76—85 页。

的官田在弘治时期 598456 顷 92 亩约占全国耕田面积 423 万顷的14.15%，[①] 尤其是明代赋税倚重地南直隶府州高达 26.79%；漆侠先生认为封建国家占有的土地北宋约占垦田面积总数的 4.57%，南宋约占 4%。[②]

明代的官田构成与宋朝略有差异：明代官田构成按《明史》的界定是"初，官田皆宋、元时入官田地。厥后有还官田，没官田，断入官田，学田，皇庄，牧马草场，城壖苜蓿地，牲地，园陵坟地，公占隙地，诸王、公主、勋戚、大臣、内监、寺观赐乞庄田，百官职田，边臣养廉田，军、民、商屯田，通谓之官田。"[③] 宋代官田的构成有七类：前代遗留下来的各类国有土地，屯田，营田、弓箭手田，监牧地，省庄田，职田，学田。[④] 明代与宋代官田的主要区别是，宋代没有明代诸王、公主、勋戚、大臣、内监等所赐乞庄田这一项。

---

① 这个统计数字如果考虑到当时北直隶大名府官民田数据记载颠倒，实际所占比例官田只有 0.90%，而不是 19.99%（参见张忠民《明代大名府官民田土考》，《河北学刊》1985年第 4 期，第 79—81 页），实际比例可能要低一些。

② 梁方仲：《明代户口田地及田赋统计》，《明清赋税与社会经济》，中华书局 2008 年版，第 37—39 页；漆侠：《宋代经济史》（上）《漆侠全集》第 3 卷，河北大学出版社 2008年版（下同），第 334 页；这两个数据都是根据明代和宋代文献得出。现今明史、宋史学者研究多有质疑：魏天安先生认为加上不纳税的官田，宋代熙宁时期官田 447448 顷16 亩约占全国耕地面积 462 万顷的 9.68%（魏天安：《官田的基本状况》《宋代官营经济史》，人民出版社 2011 年版，第 9 页）；据高寿仙先生研究，明代地方政府上报的"官民田土"中的官田，基本上限于纳税地亩，而军屯田地、牧马草场、王府庄田等并未包含在内，如果加上这部分官田数，"则官田所占田土总额的比例就上升至 35% 左右。"（高寿仙：《明代农业经济与农村社会》，黄山书社 2006 年版，第 107 页）估算数字有较大出入，仅作参考。

③ 《明史》卷七七，《食货志》，中华书局 1974 年版，第 1182 页。这里所言官田不准确，郑天挺：《读〈明史·食货志〉札记》云：在那些官田当中，名义上同为国家所有，但实质上有着差别。清人修《续文献通考》就指出："《明史·食货志》所列官田之目如此，其云没官田，实民田耳。东南财赋重地，沃壤厚敛，皆出于此，未可与皇庄、牧地诸在官之田并论也"（卷 6《田赋》）。就是说皇庄、牧马草场之类才是真正的官田，而没官田等，只在苏松嘉湖个别地区才有，实质上还是民田（《史学集刊》1981 年 10 月复刊号，第 21—25 页）。

④ 漆侠：《宋代经济史》（上），《漆侠全集》第 3 卷，第 330 页。

如果将上面列出的两点与明代和宋代的赋役状况联系起来考察，就可以看到值得注意的微妙之处：现学界比较公认明代官田赋重无役，赋重是耕种官田的国家佃农负担重，无役是官庄所有者——权贵阶层不承担国家的役，而宋代官田地租，总起来看"比私租要低一些，而且有的低得多"，① 自然耕种官田的国家佃农负担相对轻一些，而宋代的差役职役主要是田产较多的土地所有者承担（详见下论）。由此可见，宋代对于国家佃农的政策也在某种程度上呈现出些许抑强扶弱的时代特征。另一方面，明代官田数额比重高于宋代，则从一个侧面说明宋代地主土地私有制度发展的深度和广度要大于明代。

由上不难看出宋朝统治集团主观上有限制禁约权贵经济特权的一面，这与明代大相径庭。

二、宋朝的乡村富民与明朝的庶民地主

再看乡村富民。宋朝以土地、家产有无为标准将乡村民众分成主户和客户。乡村五等主户的划分主要是根据占有土地和家业资产数量多寡。宋代的乡村富民主要是指乡村五等户中一二三等户。一二等户属于大、中地主，三等户相当于小地主和富农。从编制户口统计系统，如丁簿、五等丁产簿、税账、保甲簿等的目的来看都是为国家和地方官府课税、科差、治安、征役等提供劳动力依据，概括地说，就是为国家和各级官府"取之于民"服务，在为国家和各级官府"取之于民"服务的户口统计系统中，虽说"有田则有赋"，"有身则有役"，是基本原则，但是民户承担的义务大小是随着户等由低向高递增，即户等越高承担的义务越多，也就是说，乡村一二三等户这个阶层在宋朝是国家赋税和职

① 漆侠：《宋代经济史》（上），《漆侠全集》第3卷，第352页。

役的主要承担者。"差役法肇于唐武德，本朝因之。以九等定役，上四等则充，下五等则免。祖宗优恤下户之意，概可见矣。"① "夫役人必用乡户，盖其有常产，则必知于自重。"② 职役对他们来说既是一种重负，也是一种特权，使他们完全控制农村基层政权，并占据部分州县吏职。路、州、县三级吏人、"京百司吏"和乡村职役户中现充书手、保正、耆户长之类的人户，又被称作"形势户"。③

宋朝统治者常以推行仁政为标榜，故"赈荒之要：抑有余而补不足"，④ 是宋朝从中央到地方施政的重要内容。"摧豪强，惠小民，王者政教之美也。"⑤ "天之所生，地之所养，以之足斯民之用有余也，特有偏而不均之患耳，富者庾满，则贫者甄空，势也。于是均平之政生焉，曰常平，曰劝分，曰由狭徙宽，凡所以使之有丰而无凶，损有余以补不足，皆王政之纲也"。⑥ 所以胡太初论县令居官之道时说"今之从政者，类以抑强扶弱为能。其说曰贵者势焰熏灼，而喑呜叱咤，可使贱者夺气；富者田连阡陌，而指麾拱揖，可使贫者吞声。吾能中立不移，劘贵沮富，故凡以势利至者，不问是否，例与摧抑"⑦。最有典型性的例子是发生自然灾害时，他们又是国家的主要分担者，一方面在赈灾户口统计系统中，民户所受救助赈济的程度是户等越高得到的救助或资助就越少。"大率中产之家与贫乏之家，其为缺食而仰给于官则一，尝闻其言率多怨怼曰：'吾薄产之家，岁输秋夏二税以报国家，今吾田荒不种，

---

① 梅应发、刘锡：《开庆四明续志》卷七，《排役》，第 6 册，第 5999 页。

② 刘挚：《上神宗论助役》，赵汝愚编，北京大学中国古代史研究中心校点整理：《宋朝诸臣奏议》卷一一六，上海古籍出版社 1999 年版，下册第 1264 页。

③ 谢深甫监修，戴建国点校：《庆元条法事类》卷四七，《税租簿·赋役令》，第 634 页。

④ 王栢：《鲁斋集》卷七，《赈济利害书》。文渊阁四库全书影印本，第 1186 册，第 115 页。

⑤ 宋祁：《景文集》卷二八，《乞损豪强优力农札子》。文渊阁四库全书影印本，第 1088 册，第 242 页。

⑥ 程珌：《程端明公洺水集》卷六，《弭盗救荒》。《宋集珍本丛刊》，第 71 册，第 57 页。

⑦ 胡太初：《昼帘绪论》势利篇第一四。文渊阁四库全书影印本，第 602 册，第 724 页。

无所得食，而国家止济无产之家耶？'"① 另一方面一二三等户家庭不仅在灾害来临时"无所得食"、"不系赈救"，而且还要被"劝分"，即出粮帮助各级政府赈济贫民。②

这里要特别对"劝分"多说两句，"劝分"作为一种社会救助现象在先秦时代已出现，其意是指劝导人们有无相济。③ 到了宋代"劝分"更是成为救荒的重要举措。"劝分"成为官府通过以爵位官职、优惠价格、免役等条件为号召，鼓励或激励富民、士人、商贾等有力之家将储积的粮食拿出来赈济、赈贷和赈粜灾民的一种救荒补助办法。但是自北宋中后期至南宋，"劝分"由自愿发展成为一种强制性的措施："州县劝谕赈粜，乃有不问有无，只以五等高下，科定数目，俾之出备赈粜。"④ 南宋光宗绍熙五年（1194 年）十月十二日，中书门下省言："乞下帅臣、监司更切多方晓谕，令巨室富家约度岁计食用之外，交相劝勉，将所余米斛趁价出粜，或就在城自占地分置场，或自占某县，或自占某乡，或占几都几保，置立场铺，随时量减价直，接济细民，官为机察数目，大概但能使所占之地，百姓安业，无流离饥殍，候及食新之日，许帅臣、监司、守臣保明审奏，次第推赏。其出米最多、济民最众，特与优加旌擢，风示天下。如豪右之家产业丰厚，委有藏积，不遵劝谕，故行闭籴者，并令核实奏闻，严行责罚，仍度其岁计之余，监勒出粜，其州县不恤邻境遏籴自便者，亦仰监司、帅臣按劾以闻，重真典宪。"从之。⑤ 由此可见，"劝诱"已完全名不副实，实乃成为强制出粜

---

① 戴栩：《浣川集》卷四，《论抄割人字地字格式札子》，第 1176 册，第 716 页。
② 李华瑞：《抄割救荒与宋代赈灾户口的统计与调查》，《历史研究》2012 年第 6 期，第 30—42 页。
③ 《春秋左传正义》僖公二十一年："修城郭，贬食，省用，务穑，劝分，此其务也。"杜预注："劝分，有无相济。"《十三经注疏》下册，第 1811 页。
④ 《救荒活民书》卷二，《劝分》，珠丛别录本，第 8 页。详见李华瑞：《劝分与宋代救荒》，《中国经济史研究》2010 年第 1 期，第 56—63 页。
⑤ 《宋会要辑稿》食货六八之九六，第 7 册，第 6301—6302 页。

的别名。特别值得注意的是宋政府"令巨室富家约度岁计食用之外，交相劝勉""接济细民"的做法，与北宋初"劫富济贫"的王小波、李顺所为："悉召乡里富人大姓，令具其家所有财粟，据其生齿足用之外，一切调发，大赈贫乏。"① 何其相似乃尔。

明代的庶民地主又称乡村富民，言其不具有享受优免特权而富有田产。他们与属于平民身份的宋代的乡村上中户颇为相似。明代对乡村富民也采取防遏政策。朱元璋出身贫寒，并受元末农民起义军提出的"摧富益贫"口号之影响，采取"佑贫抑富"政策，譬如强迫富户迁徙，即是遵循此一政策而且为后世继承。"洪武二十四年，令选取各处富民充实京师。永乐元年，令选浙江、江西、湖广、福建、四川、广东、广西、陕西、河南及直隶苏、松、常、镇、扬州，淮安、庐州、太平、宁国、安庆、徽州等府，无田粮并有田粮不及五石殷实大户充北京，富户附顺天府籍，优免差役五年。"② 明朝佑贫抑富政策，还表现在明朝承袭北宋"方田均税"、南宋"措置经界"、编制鱼鳞图册的做法，在全国范围建立编制鱼鳞图册的制度。③

尽管明朝政府也打出佑贫抑富的旗号，但是在制度上与宋朝似略有差异，这可举出两个事例。

首先，前揭宋的户口统计分主客户制，客户是无土地而租种他人的贫民，他们不向国家承担二税，也不承担按土地、家产多寡轮差的职役差役，只有计丁征派的夫役，客户占乡村人口的百分之三十五左右。而主户轮差职役差役中基本上是以土地、家产的多寡为根据。"宋朝作为中国古代户等制发展的鼎盛期，乡村五等户制在赋役摊派中所起的作

---

① 沈括：《梦溪笔谈》卷二五，《杂志二》，《沈括全集》，中册，浙江大学出版社 2011 年版，第 532 页。

② 申时行等修：《明会典》卷一九，《富户》，第 130 页。

③ 《明太祖实录》卷一八〇，洪武二十年二月戊子。《明实录》，第 4 册，第 2726 页；参见何炳棣《南宋至今土地数字的考释和评价》（上），《中国社会科学》1985 年第 2 期，第 134—166 页。

用，非前代和后代所能比拟。"①

明代则很不相同，里甲役从推丁粮多者的乡村地主为之，所为之役使包括基层行政管理、执役听差、催办钱粮以及交纳支应岁贡等实物税或货币税主项内容等来看，② 与宋朝乡村第三等户以上承担的职役差役相近。但是除此之外，在明代与宋相仿的职役上："衙前以主官物，今库子、解户之类"、"耆长、弓手、壮丁以逐捕盗贼，今弓兵、捕盗之类"、"承符、手力、散从以供驱使，今皂隶、快手、承差之类"等③，其征役标准，明代与宋严格按土地、家产的做法不尽相同。自唐中叶实行两税法以后，宋在赋役制度上基本贯穿了"唯以资产为宗，不以丁身为本"的变革精神，"每岁差役，则其要当先委佐官驱磨产力簿，及许人陈首诡挟。俟簿书、物力一定，然后照各乡则例，物力及若干，方令充役。"④ "人户家产物业，每三岁一推排，升降等第，如有未当，许人户陈诉改正，然后立为定籍，置柜收藏于长官厅。凡有差科，令佐躬亲按籍均定"。⑤ "通以田土、物力、税钱、苗米之类，各以次推排"，⑥当然丁口数量统计也是重要内容，"编敕节文：诸州县造五等丁产簿并丁口帐，勒村耆大户就门抄上人丁"。但丁口数量多寡不决定户等高低。所以胡太初在历数差役种种弊端后，喟叹曰："吁，置产以养身，而反因产以害身，亦可悲已。"⑦ 然而明朝在这方面有所倒退，虽然《明史·食货志》在记述赋役制度时开宗明义地说："赋役之法，唐租

① 王曾瑜：《宋朝乡村赋役摊派方式的多样化》，《晋阳学刊》1987年第1期。收入氏著《锱铢编》，河北大学出版社2006年版，第334页。

② 郑学檬主编：《中国赋役制度史》，上海人民出版社2000年版，第512页。

③ 黄宗羲：《明夷待访录·胥吏》，中华书局1981年版，第41页。

④ 胡太初：《昼帘绪论·差役篇第十》，第602册，第720页。

⑤ 《宋会要辑稿》食货六九之二五，第7册，第6342页。

⑥ 李焘：《长编》卷二九五，元丰元年十二月己酉，第7184页；《宋会要辑稿》食货六九之一九至二〇，第7册，第6338—6339页。

⑦ 胡太初：《昼帘绪论·差役篇第十》，第602册，第720页。

庸调犹为近古。自杨炎作两税法，简而易行，历代相沿，至明不改。"①
但是以"丁身为本"在明代征发徭役中的作用有所回升。

从洪武初年到洪武中期，徭役佥派对象的变化：洪武元年颁定均工
夫役，以田佥派，"田一顷出丁夫一人"，按田计役。洪武十七年，明
太祖下令，"凡赋役必验民之丁粮多寡、产业厚薄"②。第二年又命令
"天下府州县官第民户上中下三等，为赋役册，贮于厅事"。"凡遇徭
役，则发册验其轻重而役之。"③佥派原则起了变化，从原来以田派役，
变为按丁、田派役。按照明朝的规定，杂泛一般是按户佥派的。"所谓
以人户为中心，其实质就是以丁为主，明初编制黄册里甲是十分重视丁
的。"④"是赋役皆以丁而定"。⑤值年里长根据黄册中三等人户的划分
标准，大体是：

> 有父子三人以上，田种十石以上；或虽止一二丁，田种不多，
> 而别有生理，衣食丰裕；或有仆马出入者，定为上丁。其有三丁以
> 上，田种五石上下，父子躬耕足食，及虽止一二丁，田种不多，颇
> 有生理，足勾衣食者，为中丁。其有一二丁，田种不多，力耕衣食
> 不缺，辛苦度日，或虽止单丁，勤于生理，亦勾衣食者，为下丁。
> 其若贫门单丁，或病弱不堪生理，或佣工借贷于人者，为下
> 下丁。⑥

丁既然成了徭役佥派对象，并且要依他们的财产状况，"凡赋役必

① 《明史》卷七八，《食货志二》，第1893页。
② 《明太祖实录》卷一六三，洪武十七年七月乙卯。《明实录》，第4册，第2528页。
③ 《明太祖实录》卷一七〇，洪武十八年春正月己卯，《明实录》，第4册，第2585页。
④ 栾成显：《明代户丁考释》，《中国史研究》2000年第2期，第135—143页。
⑤ 顾炎武：《天下郡国利病书》(4)，《顾炎武全集》，第15册，第2442页。
⑥ 胡世宁：《胡端敏奏议》卷三，《定册籍以均赋役疏·计开》，第428册，第603页。

验之丁粮多寡，产业厚薄"，① 金派给轻重不等徭役，而上述划分的田粮及物力标准，"所谓田一石者，大率以二亩半为中制"。② 田种十石以上，不过有田二十五亩以上，加上三丁，即可定为上丁，这与上缴赋税"仿一夫百亩之意，上富一夫不过千亩，中富五百亩，下富二百亩"③很不相同，金派的丁绝大多数是拥有一定数量生产资料的小地主、自耕农和拥有很少或者没有土地的半自耕农、佃农。这一事实说明明代建立里甲时，黄册所登载的人丁、事产分列旧管、新收、开除、实在四项，即所谓"四柱式"。土地是载籍一项内容，一定数量的佃农和为数更多的小自耕农是里甲的社会基础。④ 由这种制度上的规定，可以看出，明代前期中下层承担国家赋役的比重要远高于宋朝。明代中叶，里甲制度出现危机，以户、丁金派徭役难以为继，于是按户派差的办法改为按丁粮征银，"原来体现了人丁户口与土地结合在一起的户役开始分解为丁税和地税。"⑤ 虽然土地税的成分增加，人丁税的成分减少是发展趋势，但是丁税的固定征银使得中下层承担国家赋役的比重不会有太大的改观，一条鞭法"银钱的比率定得太不合理"，而这一事实背后，则是政府与富室权贵从普遍用银中得到最大的利益。⑥ 所以只有到明代晚期至清朝，赋役制度由"一条鞭法"到"摊丁入亩"才可能有所改变。

其次，前揭宋代救荒中"劝分"是重要措施，但是本着抑强扶弱的施政理念，宋的劝分经历了由自愿到强制的过程。明朝政府发展了前

---

① 《明太祖实录》卷一六三，洪武十七年七月乙卯。《明实录》，第 4 册，第 2528 页。
② 九保耕：《金华田赋之研究》第 1 章，第 6 节，亩法。未有确切年份，20 世纪 30 年代后半，台北影印地政学院实习报告。转引自何炳棣《南宋至今土地数字的考释和评价》（上），《中国社会科学》1985 年第 2 期，第 156 页。
③ 《明世宗实录》卷一三五，嘉靖十一年二月丙申。《明实录》，第 41 册，第 3199 页。
④ 唐文基：《试论明代里甲制度》，《社会科学战线》1987 年第 4 期，第 162—169 页。
⑤ 刘志伟：《在国家与社会之间——明清广东地区里甲赋役制度与乡村社会》，中国人民大学出版社 2010 年版，第 145—146 页。
⑥ 刘志伟、陈春声：《天留迂腐遗方大，路失因循复倘艰（代序）》，梁方仲：《明清赋税与社会经济》，中华书局 2008 年版，第 13—14 页。

朝劝分赈灾的措施，把旌表制度运用到灾荒赈济中去，这就是义民旌表。义民旌表主要是用道德表扬的形式来奖劝、酬答富民的仗义疏财。义民旌表在充实仓廪、灾荒赈济、稳定社会秩序等方面发挥了积极的作用。① 但是与宋朝不同的是，朝廷经常颁诏，严禁违背社会有力阶层意志的强行沮迫的劝分行径。如正统五年（1440 年），朝廷遣使赈恤大江南北灾民，户部要求办赈官员在"劝借"于民时，"宜皿所有，毋强所出"；嘉靖二年（1523 年）行劝借之策时，亦力禁有司强逼，杜绝强行劝分之弊。② 这种不同，表明明朝政府抑强、抑富的同时，对富贵者表现出"优容曲从"的另一面。

三、宋、明盐商比较

最后再看一下商人。毋庸讳言，不论是宋朝政府主导的商品经济大发展，③ 还是明朝因赋税货币化变革导致"私营"商品经济的繁荣，④ 商人从中获得巨大利益和自身实力壮大则是一致的。不过，在不同的工商管理政策下，宋明商人的发展路径也不尽相同。这里以宋、明颇具代表性的盐商的不同境遇进行论证。

① 赵克生：《义民旌表：明代荒政中的奖劝之法》，《史学月刊》2005 年第 3 期。
② 陈业新：《明代国家的劝分政策与民间捐输——以凤阳府为对象》，《学术月刊》2008 年第 8 期。另外，方志远在《"冠带荣身"与明代国家动员——以正统至天顺年间赈灾助饷为中心》（《中国社会科学》2013 年第 4 期） 文中论及"正统、景泰、天顺年间，明朝政府为动员民众赈灾助饷，推出以'冠带荣身'为中心的系列政策，并试图将其作为扩大财源的手段"，说明明代在灾荒之年动员富民出粮赈灾时也有政府强制的一面，但具体性质与宋代的劝分不同，大致也与明代正常的劝分有别。
③ 参见郭正忠《两宋城乡商品货币经济考略》，经济管理出版社 1997 年版；姜锡东《宋代商人和商业资本》，中华书局 2002 年版。
④ 参见徐泓《明史在中国历史上的地位》，氏著《二十世纪中国的明史研究》，台北：台湾大学出版中心 2011 年版，第 13—24 页；张显清主编《明代后期社会转型研究》第一章至第四章，中国社会科学出版社 2008 年版。

宋朝的盐商大体可分为三类：自由盐商，钞引盐商，特殊盐商——私盐贩。自由盐商制度在宋朝盐政中不占主要地位，只在局部地区实行。私盐贩是宋朝严厉禁止和打击的对象。宋朝的钞引盐商主要是指实行食盐钞引制时凭钞引批发并运销食盐的民间商人。一是长途贩运商，一是零售商。长徒贩运商在食盐批发、装运、"住卖"诸环节中，宋政府都进行了控制和干预。

首先，宋政府通过出卖钞引，控制食盐批发及其价格，"开阖利柄，驰走商贾。不烦号令，亿万之钱辐凑而至"。[①] 宋政府为增加财政收入，竭力聚敛财富，利用各种名目公开提价或者变相提价。在宋仁宗以来已时常可见，而尤以徽宗朝蔡京推广钞盐制，其弊害为甚。不断变更钞法，"贴纳"，"对带""循环"，花样百出，商人无赀更钞，盐钞瞬息变为废纸。迫使盐商"三输钱始获一直之货"。"崇宁初，宰相蔡京……饬为新法。茶盐钞俾商人先输钱请钞，赴产盐郡授盐。……常使见行之法售给才通，辄复变易，欺商贾以夺民利。名对带法，客负钞请盐，扼不即界，必对元数再买新钞，方许带给旧钞之半，季年又变对带为循环法。循环者，已买钞，未授盐，复更钞，更钞盐未给，复贴纳钱，然后给盐。凡三输钱始获一直之货。民无资更钞，已纳钱悉干没，数十万券一昔为败楮无所用"。[②] 往往"朝为豪商，夕侪流丐"，[③] "钞为故纸，盐为弃物，家财荡尽，赴水自燔，客死异乡，孤儿寡妇，号泣吁天者，不知其几千万人"。[④]

其次，盐商购买盐钞之后，宋政府还介入其装运环节。

第三，宋政府对盐商的销售环节即"住卖"也要插手。依宋朝规定，盐商必须在官府规定时间内将盐货卖完，然后将盐引交回官府。过

---

① 《宋史》卷一八二，《食货志》，第4452页。
② 翟汝文：《忠惠集》附录：《孙繁重刊翟氏公翼理铭》，第1129册，第307、308页。
③ 《宋史》卷一八二，《食货志》，第4452页。
④ 徐自明著，王瑞来校补：《宋宰辅编年录校补》卷一一，崇宁五年"二月丙寅，蔡京罢左仆射"，第724页。

期而盐未售完即毁盐引。在宋政府的干预下，盐商盐利的最大份额被宋政府攫取了。宋政府不断变更盐法，就是为了最大限度地榨取盐利。钞盐商利润大幅度缩小，乏利，无利，以至破产。因此盐商铤而走险违禁贩私盐。这又造成社会严重的阶级矛盾。①

南宋时期，盐的运销区域主要分为淮浙、福建、广西和四川。在运销制度方面，可以视为北宋末年所立新钞法的扩张与限制。北宋晚期盐政，常用贴纳、对带、循环等法，借以更易新钞而增加榷货收入。这些弊法，南渡后稍作调整基本为南宋东南六路的淮浙盐运销所承袭，南宋初政府为解决财政困难，数年之间数易钞法，取之于商人过苛，使商人利润减少，影响政府榷货收入，因而宋廷改弦更张，力谋安定。盐钞法维持了一个较长时间的稳定局面，盐商的利润与榷货收入之间也维持一个平衡。宋宁宗以后淮浙盐的运销因财政紧迫，盐政又以政府的利入为先，盐商利益受到重创，其后随着运销环境的恶化，盐商地位每况愈下。"以利入为先的政策，既使商人受到损害，而政府就长期而言，也未从中得到好处。"② 四川盐区的盐引法源自北宋末年的新盐钞法，盐商向政府设在州城、县、镇的合同场请买盐引，凭引与井户交易，并随盐携至指定销售地点，缴给当地商税务，由商税上缴给发引的四川总领所。运用盐引，政府增强了对盐商与井户的控制。福建、广西和四川夔州地区的盐运销虽然官鬻和通商两种形式都有实施，但官鬻收入在地方财政中至关重要。③ 淳熙末年，广西静江府等处甚至强抑商旅买钞卖盐："每招致人户，以会盐客为名，视物力之高下，均盐箩之多少。多为劝诱，实则抑配。先令旋纳钱银，其余抵以物产。请盐未至，而追索之令已下。往往取急求售，钱本销折。凡昔之上、中户，今皆破荡家业

---

① 详见姜锡东《宋代的钞引盐商》，《盐业史研究》2001年第4期，第3—12页；戴裔煊：《宋代钞盐制度研究》序，中华书局1981年版，第2—3页。

② 详见梁庚尧《南宋榷盐》，台湾大学出版中心2010年版，第192—194页。

③ 梁庚尧：《南宋榷盐》，台湾大学出版中心2010年版，第4—6页。

矣!"以致"凡商人之稍有资产者,皆迁徙而去"。① 这种情况虽然出现在广西静江府,但是从宋代榷盐各个时期的历程来看,在盐课收入达不到官府要求时,实际上是各地都会经常发生的事情。

明代盐的运销有两条线索,一是官专卖制,即官般官销的户口食盐法。二是通商制,即鼓励商人输运粮食到边塞换取盐引,给予贩盐专利的制度。又称纳粟开中法。这两种制度下的盐商获利有限,甚至有赔本亏空的危险。到明代中叶户口食盐法和开中法均弊端丛生,难以为继。官卖制迅速消退,变为一种赋税制度,通商制成为唯一的运销制度。同时通商制下的开中法也随着社会经济结构的变迁,而发生巨大的变化,转变为纳银法。开中的地点,也由边区移到运司,随之运司纳银制成为开中法的主体。盐商因此分化为三:除了小资本的边商仍为粮商兼盐商外,大资本的内商和水商成为专业盐商。

宋与明实行盐专卖最大的不同点是明代食盐的生产定额与运销引目的多寡,是根据天下有多少食盐人户决定的。从这一基本认识出发,架构了"计口给盐"的食盐配给制度框架,并且形成了与国家统制盐业的基本政策相适应的体制。从盐运司照数批行州县岁用食盐的规定,就足以表明"计口给盐"的配给制原则,也贯穿于食盐流通及消费领域,并为有明一代历朝所遵行。"作为传统社会官僚的观念形态,已将食盐的产销量与消费量相吻合,视为理财经世和清理盐法的最高目标。"② 为此黄仁宇说:"专制制度最主要的弊病在于其用管理简单农耕社会的方法和原则施用于宏大的商业性经营管理。——盐的管理仅仅是一成不变的财政制度的一个组成部分。"③ 这的确与宋代有很大的不同,宋代

---

① 《宋会要辑稿》食货二八之二八,第 6 册,第 5292 页。

② 王毓铨主编:《中国经济通史》明代经济卷(下),中国社会科学出版社 2007 年版,第692—693 页;又见[韩]金钟博《明代盐法之演变与盐商之变化》,《安徽大学学报》(哲学社会科学版)2005 年第 2 期,第 125—129 页。

③ 黄仁宇:《十六世纪明代中国之财政与税收》中译本,三联书店 2001 年版,第 251 页。

盐业专卖在以攫取盐利最大化政策前提下，充分利用市场机制形成六种流通组合方式：（一）官收、官运、官卖式的流通结构（如官般官卖制）；（二）商收、民运、商销式的流通结构（如盐税制下的自由销售）；（三）官收、民运、商销式的流通结构（如钞引盐）；（四）官收、官运、商销式的流通结构（如买扑与铺户分销）；（五）官府监理的商收、民运、商销结构（如合同场制）；（六）商收、民运、官销式的流通结构。[①] 也就是说，宋与明盐商境遇的不同主要在于宋明政府的不同财政政策，宋政府攫取盐利以利益最大化为目标，不论是官鬻还是通商都是以是否能最大化攫取盐利为原则，政府控制产销过程，利用市场价格手段，依赖盐商降低盐运销过程的成本，并且适时保护中小盐商的经商环境，抑制大盐商的非分行为，从盐榷中取得丰厚的利源，用以支持中央政府和地方政府的财政：

> 朝廷所以开阖利柄，驰走商贾，不烦号令，亿万之钱辐凑而至。御府须索，百司支费，岁用之外沛然有余，则榷盐之入可谓厚矣。[②]

盐商的利润被限制在足以帮助政府攫取最大化盐利所容许的范围内，不得分享超越政府盐利的部分，更不可能容许盐商享有独占盐的贸易权。其所以如此，除了前揭政府要占有最大化的盐利之外，还与宋政府从历史经验教训中看到盐铁之利下移旁落之危险，限制商人势力的发展分不开。生活于北宋中后期的华镇，在《策问》题中云："自西汉以来，（盐铁）或弛或禁，不常其法。而经制之方未尽善美。弛之，则利归豪右，威去公朝、而下有胸邡、吴濞之强。"[③] 南宋高宗亦直言："古

---

① 郭正忠：《宋代盐业经济史》，人民出版社 1990 年版，第 4—5 页。
② 《宋史》卷一八二，《食货志》，第 4452 页。
③ 华镇：《云溪居士集》卷二七，《策问·问盐铁》。《宋集珍本丛刊》，第 28 册，第 341 页。

今异事。今国用仰给煮海者，十之八九。其可捐以与人？散利，虽王者之政，然使人专利，亦非政之善也。吴王濞之乱汉，实使之。使濞不专煮海之利，虽欲为乱，得乎？"① 所以官榷因成本、吏治等因素不能完全占有盐利而不得不借助或利用盐商来进行运销时，宋政府通过行政控制的市场机制掌控盐商，当商人的盐利因市价腾高和运费降低而增厚时，官府也往往会相应地抬高或变相抬高交钞盐价，以扩充官方盐利。当钞引价高，商人畏缩之际，官方也不得不调整钞价。或增添"优润"措施，以"招诱"盐商"算请"钞盐。一旦官利太高，令商人"盘算不著"甚或亏蚀本钱，他们也可能被迫"改业"，放弃合作。官盐的厚利，最终也趋于衰微。宋盐史上官商之间相互依赖、相互制约地分取盐利的这种特殊贸易伙伴关系，常呈现出时亲时疏，若即若离的态势。② 但无论如何宋政府始终占有盐利的大部分份额，盐商只能扮演与政府分一杯盐羹的角色。

明代虽然盐榷目的既不是为了交换，也不是为了再生产，而是为了保证财政收入，但明代从初期到中后期盐政，不论是通商的开中法还是以盐商为主的"纲运法"，在借助或利用盐商分利从而保证政府财政收入即完成"食盐的产销量与消费量相吻合"目标之时，并不限制盐商势力，随着商品经济的发展，政府对于盐的流通也减低了控制力，商人在发展上比较自由。根据曾国藩：《条陈长芦盐务疏》所言的纲盐制度（源自明中期纲运法）与宋代买扑盐税制度相比较，即可看出在申请、"认办引地"、"出结具保"、寄库、认办数量、获得专卖权，与宋代盐业买扑制中投状、确定地分、抵挡、招保等诸多方面都很相近，③ 唯一不同的是，宋朝采取分界制即三年一界竞标方式，当买扑经营盐利高，

① 李心传编撰，胡坤点校：《建炎以来系年要录》卷一四五，绍兴十二年六月壬午，第2741页。
② 郭正忠：《宋代的盐商与商盐》，《盐业史研究》1996年第1期。
③ 详见孙晋浩：《关于盐纲制度的一点看法》，《盐业史研究》2009年第2期。

宋政府要么收回官办、要么重新设标买扑；一旦买扑经营盐利低或亏欠，盐商须用保证金赔付，官府可调整标价再买扑，也就是说盐商的专卖权是通过竞争获得的，具有很大的流动性；这与使盐商固定并独占专卖权的明清纲盐制度颇不相同，明代末期至清代兴盛的纲盐制度缘起于明代中期以后实行的"纲运法"，即为了疏清因淮盐生产能力已超出社会需求，官盐与私盐竞争激烈，万历年间，因积重难返，正引和额盐同时壅滞，即"单壅掣稀"①——未能支付的 200 万旧引，官府把持有盐引的商人分为 10 个纲，每纲盐引为 20 万，"盐院红字簿，挨资顺序，刊定一册，分为十纲。每纲扣定，纳过余银者，整 20 万引。""以圣、德、超、千、古、皇、凤、扇、九、围十字编为册号"，官府编造纲册，登记商人姓名及持有的旧盐引数量，并发给各个盐商作为"窝本"。"每年以一纲行旧引，九纲行新引"，以 10 年为期，把旧引完全疏清。又规定，在疏清旧引之后，按纲册所记旧引数分发新引。册上无名者，没有领取盐引的资格。这就是说，未入纲者无权经营盐业。由此不难看出"纲运法"不仅盐商可以独自承办某一地区的食盐专卖，按该地配定的消费数额进行运销，而且专卖盐商对这种垄断权力可以长期占有。即所谓"此十字纲册，自今刊定以后，即留与众商，永永百年，据为窝本。每年照册上旧数派行新引，其册上无名者，又谁的钻入而与之争鹜哉？"② 其专卖权利便由登册盐商永远占有，可作为世业传至子孙。一次性的保证金缴纳，换得一份永世之业。这就为盐商独占经营权和攫取巨额盐利开辟了道路，因此在政府确保财政收入的政策下，本已属于专卖事业的盐业，由于商业资本与政府势力的结合，更促进了垄断性的官僚资本的发展，为明清两代盐业商专卖制度的形成，提

---

① 袁世振：《两淮盐政编一·盐法议一》，陈子龙等编辑《明经世文编》卷四七四，中华书局 1962 年版，第 6 册，第 5208 页。

② 袁世振：《两淮盐政成编·纲册凡例》，陈子龙编辑《明经世文编》卷四七七，第 6 册，第 5246、5247 页。

供了前提条件。① 明朝晚期确立的商人独占贸易特权的制度，为清朝的广东十三行提供了一个非常有用的先例。② 明后期，商人势力空前壮大，地域性商帮形成。"客商之携货远行者，咸以同乡或同业之关系，结成团体，俗称客帮。"③ 由于盐业对国计民生与边防的特殊重要作用，因此资本最雄厚的巨商大贾往往由经营盐业起家，明中叶以后至清形成的十大商帮，其中最具实力的徽州商帮、山西商帮、陕西商帮的崛起都与经营盐业有直接的关系。④

四、结　语

宋朝政府对"巨室"的防闲遏制，显现出强势大政府的特点，而明朝政府对"巨室"的优容曲从也显示了大社会政府的本色。从政治特权的角度而言，宋明对权贵之家的防范都比较成功，外戚、宗室均对宋、明政治的影响有限，而在享有经济特权方面明代对于外戚、宗室要大大优于宋代。在宋、明品官之家、官绅地主有的政治特权方面，宋、明优容互有侧重点，譬如官员享有恩荫特权，即高、中级官员所享有的根据其职位的高低而授予其子弟或亲属以中、低级官衔或差遣等的特权，宋代官员享有这一特权的范围和人数都较明代宽泛和优容，但在举人、监生、生员入仕的机会上明代似比宋代宽泛，而在享有经济特权方

---

① 徐泓：《明代中期食盐运销制度的变迁》，《台湾大学历史学系学报》1975 年第 2 期。后收入《台湾学者中国史研究论丛·经济脉动》，中国大百科全书出版社 2005 年版，第 260—290 页。

② 黄仁宇：《十六世纪明代中国财政与税收》中译本，三联书店 2001 年版，第 286—287 页。

③ 徐珂：《清稗类钞》第 5 册《农商类·客帮》，第 2286 页。

④ 张显清主编：《明代后期社会转型研究》，中国社会科学出版社 2008 年版，第 156、159 页。

面明代官绅地主明显高于宋代的官户，而且随着时间的推移，宋代的防闲遏抑愈趋严厉，而明代优容曲从更加宽松。

因宋、明两代在赋役制度上贯穿唐中叶以来两税法的“唯以资产为宗，不以丁身为本”变革精神上，明代比宋代有所退步，因而宋代的乡村富民所承担的国家赋税和职役（差役），要比明代的乡村富民所承担的国家赋税和赋役为多。而宋代乡村富民所能享有的国家优惠措施（如自然灾害之后的国家救济）却比明代乡村富民为少。换言之，宋代乡村富民为国家所尽义务高于明代乡村富民，宋代乡村富民享有国家赋予的权利却少于明代乡村富民。

毋庸讳言，宋、明两代的商人都在政府的管控之中，但因不同的财政需求和不同的工商管理政策，以盐商为代表的商人其境遇也大不相同，宋朝对盐商的防闲远大于曲从，而明朝的曲从明显大于防闲（特别是明代中期以后），因此在分享盐利上，宋朝的盐商始终只能扮演与政府分一杯盐羹的角色，而明代的盐商在中后期的独占贸易制度中势力空前壮大，形成地域性商帮。

宋明对待“巨室”态度的差异，与两朝政治结构不尽相同密切相关。宋朝鉴于唐末五代武将干政的历史教训，从太宗朝后极力推行“崇文抑武”政策，仅从科举取士即可略见一斑。“宋代平均每年取士人数约为唐代的 5 倍，约为元代的 30 倍，约为明代的 4 倍，约为清代的 3.4 倍。所以，我们可以说，‘宋代科举取士之多，是空前绝后的’”。[1] “国朝待遇士大夫甚厚，皆前代所无。”[2] 士大夫是皇权依靠的主要政治力量，“为与士大夫治天下”。[3] “天下事当与天下共之，非人主所可得私也”。[4] 士大夫中的先进分子勇于担当历史责任，他们不仅

① 张希清：《论宋代科举取士之多与冗官问题》，《北京大学学报》（哲学社会科学版）1987 年第 5 期，第 107—118 页。
② 王栐：《燕翼诒谋录》卷五，《优恤士大夫》，第 46 页。
③ 李焘：《长编》卷二二一，神宗熙宁四年三月戊子，第 5370 页。
④ 《宋史》卷四〇五，《刘黻传》，第 12248 页。

站在皇权的立场上行政，而且更能站在国家的立场上推进儒家的政治理想。王安石变法是宋代先进士大夫们欲实现其回到三代政治理想的社会变革运动，对于王安石代表哪个阶层的利益？学界有代表中小地主利益说、代表农民利益说、代表国家利益说等等。笔者比较倾向王安石代表国家利益而变法，即主动站在国家的立场上，摧抑兼并，赈济贫乏。梁启超、胡适等人都认为王安石及其变法具有很浓的"社会主义"色彩。而王安石的政治主张，在宋代士大夫中有很大代表性，并不因变法未能继续下去而终止，所以宋朝地方官员施政奉行"抑强扶弱"的理念，是有其渊源的。宋朝政府防闲抑遏"巨室"在很大程度上体现了士大夫们的政治主张。宋朝"无内乱"——宗室之祸、母后之祸、宦官之祸，"内朝"不能凌驾于"外朝"之上，一定程度上是与"皇亲国戚的克星"士大夫政治力量的抑制有密不可分的关系。①

明朝政治与宋有很大的不同，在明太祖精心设计的明朝国家权力结构中，除文官和武官系统外，还有两股极为重要的力量，其一即宦官系统，其二即藩王系统。虽然有记载说明太祖立有禁令，宦官不得读书识字、不得干预政务，但洪武时宦官二十四衙门（十二监四司八局）的设置，以及宦官的出使、视军、侦刺，已经显现出与外廷相抗衡的以内制外，而从洪武三年开始分三批分封的二十三个诸侯王，少者领兵三千，多者统军近两万，不仅足以挟制各省都司，而且负有在紧要关头起兵"靖难"的以外制内的责任。当然，从永乐开始大幅削减藩王权力，他们在政治上的影响力已大大减弱，但依然享受种种经济特权。

朱元璋《皇明祖训》的甲令：其要害将外廷权力机关视为对皇权的首要威胁，这就导致了以内制外，内外相制思想的产生，并将最终形成明朝国家权力结构中的内廷宦官系统与外廷文官系统的双轨制权力体

---

① 张邦炜：《宋代皇亲与政治》，四川人民出版社 1993 年版，第 342—348 页。

系，实质上则是通过宦官系统对文官系统进行制裁。①

这种结构使得站在皇家和国家立场上的明朝士大夫阶层，无法如宋朝士大夫那样发挥摧抑"巨室"的政治作用，明朝压制士大夫势力的特权阶层更多地考虑朱姓家天下。"社会力（由士绅代表）反而寄生于政治力（仍以王者为代表）。"②"（宋代）从共存到共治已经江河日下了。元明清三代连共治也说不上，从合伙到作伙计，猛然一跌，跌作卖身奴隶，绅权成为皇权的奴役了。"③

有论者以为，"明代官绅地主在数量上远远超过贵族地主"，"明代官绅地主的规模超过了宋代"。与秦汉世家地主、魏晋隋唐门阀地主相比，官绅地主的兴起壮大是一种历史的进步，这种进步主要表现在官绅地主"不是世袭的，冲破了世族地主、门阀地主和贵族地主时代相袭的封建学缘宗法关系"，④ 这种估计有其合理性。

但是还应注意，明代官绅地主势力的扩大及享有的特权直接继承的是唐代中期以后对待衣冠户和参加科举的士子和官学学生的做法，唐代除了皇亲国戚贵族官僚外，进士科出身者称为衣冠户和国子监、太学、四门学的学生，投考进士、明经等科的士子都享有不负担赋役的特权。⑤ 如前所揭，宋朝官员队伍远大于明朝，且所享经济特权却远比明代少，而且北宋中期以后宋政府对唐朝中期以来的衣冠户——官户的经济特权采取防闲遏制的政策，与明代不仅没有承袭宋代的做法，反而回到唐代优容曲从的政策大相径庭。唐朝中后期科举在选官制度上虽然越来越重要，但还不能取代世家大族的政治势力，对科举出身者和学校出身者优待，是参照士族或世族提高科举士人地位的 种表现，而明代是

① 方志远：《明代国家权力结构及运行机制》导言，科学出版社 2008 年版，第 6、7 页。
② 高明士：《从律令制的演变看唐宋间的变革》，《台大历史学报》第 32 期（2003 年），第 1—31 页。
③ 吴晗：《论绅权》，费孝通、吴晗等著《皇权与绅权》，岳麓书社 2014 年版，第 48 页。
④ 王毓铨主编：《中国经济通史》明代经济卷（上）·导论，第 9 页。
⑤ 参见韩国磐《科举制与衣冠户》，《厦门大学学报》1965 年第 2 期，第 45—51 页。

在科举成为选官主要途径背景下给以科举新贵经济特权的优待，可见明代官绅地主规模超过宋朝则不能视为历史的进步，实际是某种倒退。当然这种倒退与明代直接继承元代贵族政治遗绪分不开。

原刊于《历史研究》2015 年第 5 期

第 二 辑

"华夷"区隔

北宋朝野人士对西夏的看法

西夏是我国西北党项族建立的地方政权。自李继迁公开反宋并逐步崛起强大以后，作为一支重要的政治力量，在 10 世纪末至 13 世纪初的东亚"国际"关系中与辽宋金相继鼎足而立。尤其是与北宋的和战，对北宋的历史发展产生了巨大影响，因而在宋代文献中留下了大量有关西夏的诸臣奏议、文人笔记和外交文书，它们是研究宋与西夏关系的第一手资料。本文从中撷取相关资料，综合考察北宋朝野人士对西夏的看法，在此基础上探讨一下北宋朝野人士对西夏所持的态度，以期有裨于宋夏关系史的研究。

一、北宋朝野对西夏所属地位的看法

宋太平兴国七年，李继迁不愿随其族兄李继捧归宋，率族奔走地斤泽，从此举起反宋的大旗；李元昊于宋宝元年间上表称帝，建立大夏国，这是宋夏关系中的两次重大事件。在北宋朝野人士看来，这两次重大事件无疑是一种大逆不道的背叛行为。反映在各种官私文书对西夏的称呼上，即有西贼、夏贼、贼迁、贼酋、贼界、贼、昊贼、叛羌、狂悖、僭逆、桀黠、勇鸷、大羊、蛇豕等一类的称谓。与称"贼"相似的，是把李继迁和李元昊称作"盗"，如尹洙在《议攻守》的奏议中说，"夫西贼之弗庭久矣，自继迁盗起羌胡，覆没灵夏"①。又如参知政事石中立称元昊为"陕西一大盗"②。宋徽宗向钱即询问西夏兵力，钱即回答说："夏国本数州之地，盗据灵夏浸以强大。"③ 众所周知，"贼"和"盗"字在帝制时代是统治者对劫杀者、逆乱者和农民起义的专用词，宋朝野人士把这两个专用词用在称呼西夏上，足见他们对西夏的"叛宋"的激愤。

虽然李继迁的反宋和李元昊的称帝，在北宋朝野人士看来同属背叛行为，但因其背叛的性质有所不同，即李继迁的"叛宋"是"藩镇"叛乱，而李元昊的"叛宋"则属"僭逆"行为④。因而北宋朝野对李继迁和李元昊的态度又不尽相同。

先看对李继迁"叛宋"的态度，宋太宗的几段言论最具代表性。

淳化五年正月，赵保吉（李继迁）攻掠灵州及通远军所辖堡塞，宋太宗怒曰："保吉叛涣砂碛中十年矣，朝廷始务含容赐以国姓，授以观察使，赐予加等，俸入优厚，仍通其关市，又以绥宥州委其弟兄，可谓恩宠俱隆矣。乃敢如是，朕今决意讨之。"至道元年三月，宋太宗对侍臣说："继迁游魂孤孽，贪利忘义，朕欲开其迷复之路，渐加控制，近闻仓皇失据，不自宁处，传信边将各守封疆，无相侵轶，亦畏我之兵锋矣。"至道元年六月，继迁不受宋封授的鄜州节度使，宋太宗对宰臣云："继迁负固不庭，啸聚边境，朕君临四海，须与含容，昨者赐以诏书俾移镇守而狂不奉诏，尚恣陆梁，朕哀此孽重死亡非久也。"⑤

从宋太宗的这三段话来看，一方面透露出宋廷对武力征服和官爵厚

---

① 尹洙《河南先生文集》卷二三，《议攻守》，第 472 页。
② 文莹《续湘山野录》，第 77 页。
③ 杨时：《龟山集》卷三三，《钱忠定公墓志铭》，第 1125 册，第 414 页。
④ 宋庠：《元宪集》卷二七，《赐西平王赵昊诏》《赐置勒斯赉（唃厮罗）》，第 1087 册，第 616、1087 册，第 617 页。
⑤ 以上诸条均见《太平治绩统类》卷二，《太祖太宗经制西夏》，第 50、51 页。

利诱降两种手段都不能使李继迁归顺的无奈心情，另一方面也透露出李继迁的叛宋只是一种不奉诏，不愿受宋控制的"越轨"行为，因而宋廷可以"含容"，可以"开其迷复之路，渐加控制"，可以"俾移镇守"，说到底，宋与李继迁政权的关系是唐末五代以来中原王朝与边境具有藩镇和少数民族双重性质的地方政权之间的矛盾。景德初，吏部尚书张齐贤在一篇奏疏中回顾诸臣对李继迁叛宋行为的看法时曾说："当时臣下皆以继迁只是怀恋父祖旧地，别无他心"①，这就很能说明问题。

但是，李元昊建国时，其政权组织、军事势力、辖境疆域已绝非他的父祖所能比拟的，而他们"叛宋"也远不是以脱离宋的控制、满足节钺封授为目的，他是要建立一个与宋辽平起平坐的西夏王朝。因此，面对元昊的称帝要求，宋廷表示了极大的愤慨，一方面，"初，元昊反书闻，朝廷即议出兵，群臣争言小丑可即诛灭"②，并在《削赵元昊官爵除去属籍诏》中声讨赵元昊是"戎汉余妖，边关小种，性含虺毒，志负狼贪。昏顽表于稚年，傲悖成于壮齿……欺天罔畏，既张逆节"③。另一方面，宋仁宗向元昊颁诏重申李德明以来的臣属关系，借以规劝元昊"守我西土"，切勿"坏尔考之约，孤本朝之恩，忠孝两亏"④。但是，比较清醒的士大夫则能客观地面对西夏建国的事实，如右正言吴育说，"元昊虽名为藩臣，其尺赋斗租不入县官，穷漠之外，服叛不常，宜外置之，以示不足责。且彼已僭舆服，夸示酋豪，势必不能自削，宜援国初江南故事，稍异其名，可以顺抚而收之"⑤，"不可同中国叛臣，即加攻讨"⑥。吴育所言"宜授国初江南故事"，即是指，"周世宗既取

① 《宋史》卷二六五，《张齐贤传》，第9157页。
② 《长编》卷一二三，宝元二年三月丙午，第2898页。
③ 《宋大诏令集》卷二三三，第908页。
④ 宋庠：《元宪集》卷二七，《赐西平王赵元昊诏》，第1087册，第616页。
⑤ 《长编》卷一二三，宝元二年三月丙午，第2899页。又见《欧阳修全集》居士集卷三二，《吴公（育）墓志铭》，第228页。
⑥ 《长编》卷一二三，宝元二年三月丙午，第2898页。

江北，贻书江南，如唐与回鹘可汗之式，但呼国主而已，上因之。于是，始改书称诏。"① 另据《吕氏家塾记》云："赵元昊反，有诏削夺在身官爵，募能生擒元昊若斩首者，即以为节度使，仍赐钱万万，许公时在大名，闻之惊曰：'谋之误矣'，立削奏曰：'前代方镇叛命，如此诘誓则有之矣，非所以御外国也，万一反有不逊之言，得无损国体乎？'朝廷方改之，已闻有指斥之词矣。"② 显然，吴育等人把西夏是作一个"国家"来看的，因而他们主张顺其自然，尊重现实。不过，他们的见解在"方锐意必讨"的当时，并未受到重视，而且他们对西夏的态度反受到讥讽。经过几年的战争，宋廷"师久无功"，才不得不面对现实，封授元昊为夏国主。

当然，元昊只得"国主"的称号，在名义上仍与宋保持着臣属的关系，这可以说元昊未完全达到其"叛宋"的初衷。但实际上自李德明以来，夏州政权已是我行我素，"拓跋德明承继迁土宇，志在自守，然其下部族亦时寇抄边境，及公移究诘则阳言不知，朝廷惟务含贷，以存大体。其号令补署官室、旌旗一拟王者，每朝廷使至则撤宫殿，题榜置于庑下，使辖治出钱馆，已更赭袍，鸣鞭鼓吹导还宫，殊无畏避"③。至元昊当政更是如此，设官建制与辽宋相仿。正因为西夏与宋尚有名义上的臣属关系，是故宋廷不论是官方还是士人都坚持在外交上不给西夏以平等的待遇，"虽在外国，乃朝廷策命守土之臣。"④ 在公文上和外交礼仪上均严格遵循君臣之礼，其具体表现就是：

1. 在国书格式上，宋是赐诏，西夏是奉表上书或贡函，如欧阳修《文忠集》、王珪《华阳集》、苏轼《东坡全集》、韩维《南阳集》、苏颂《苏魏公文集》、王安礼《王魏公集》、王藻《浮溪集》及《续资治

① 《长编》卷二，建隆二年九月壬戌，第53页。
② 《长编》卷一二三，宝元二年六月壬午，第2913页。
③ 《儒林公议》，《全宋笔记》第一编第5册，第91页。
④ 《长编》卷三一三，元丰三年六月壬戌，第7584页。

通鉴长编》、《宋大诏令集》等文献，收有《赐夏国主今后表章如旧制称赐姓诏》、《赐夏国贺登宝位进方物诏》、《赐夏国主为行册礼诏》、《赐夏国主生日礼物诏》、《赐夏国主令遵守藩仪诏》、《赐夏国主历日诏》、《赐夏国主进奉贺坤成节回诏》、《赐夏国主乞买物诏》、《赐夏国主中冬时服诏》、《赐夏国主乞工匠诏》、《赐夏国主乞用汉仪诏》之类给西夏的国书。

2. 称西夏官属为"伪"，李继迁和李德明时代已"叛宋"，其官属多沿用宋的封授，特别是遣往宋的使臣，犹待宋的加封，而元昊"叛宋"则大不相同，其使节公开冠以西夏的官属名称，宋自然是不予以承认的。"初元昊遣使称伪官"①，如康定元年九月，陕西经略安抚副使范仲淹言，"环庆路副都总管任福等破贼白豹城……伪李太尉衙……又擒伪张团练及蕃官四人"②，庆历三年二月，"以西界内附伪观察使楚罴裕勒囊为内殿崇班"③，庆历五年四月，"西界内附伪太尉兴博为太子左清道率府率"④，元丰四年十一月，熙河路大经制司言，"以汪家等族大首领六人并蕃部及母妻男三十余人来降，各赏伪印并伪宣告数道"⑤，秦风路经略司言，"秦州通判郑民瞻等至甘谷城，招降西界伪钤辖诺尔鼎佐并首领等共二百五十三人"⑥，元符二年六月，熙河兰会路经略司言，"夏国伪正钤辖格斡宁，以所部孳畜并部落子隆登等投汉。"⑦

3. 以陪国属臣之礼对待西夏使臣，以下几条材料就颇说明问题：

嘉祐年间，宋仁宗诏夏国谅祚，"所遣进奉人石方称宣徽南院使，非陪臣官号，自今宜遵用誓诏，无得僭拟。"⑧ 治平四年秋，夏国主秉

① 《长编》卷一二三，宝元二年正月辛亥，第2893页。
② 《宋会要辑稿》兵一四之一七，第7001页。
③ 《长编》卷一三九，第3355页。
④ 《长编》卷一五五，第3769页。
⑤ 《长编》卷三一九，第7707页。
⑥ 《长编》卷三二〇，第7731页。
⑦ 《长编》卷五一一，第12164页。
⑧ 《长编》卷一九八，《宋大诏令集》卷二三四。

常遣使朝贡，京师官称不与常年类，既锡宴则欲叙官就席，君（蔡子难）时为押伴，毅然责以属国陪臣之礼，当偃蹇若是耶，其使惧息遂坐①。元祐初，杜纮为"夏国母梁氏祭酉使，时戎初修贡，入其国，礼犹倨，迓者衣毛裘，邀王人以朝服觌，设王人座，蒙以黔，且不跪受诏。公持不可，戎犹自若，公曰天王以国母丧，遣赴甚厚，今不可以不如礼。戎惧，悉从公言"②。元祐末，蒋颖叔（子奇）帅熙河，西使卒于中国，柩过其境，官属议奠拜，颖叔独曰："生见尚不拜，奈何屈膝向死胡？"乃奠而不拜，识者是之③。大观时，钱即帅鄜延，"每屈之以礼，……使人入境所举小不如式，劾引伴者坐之，移檄夏国责其失礼，其后至者，皆惕息惟谨无敢纵以生事。"④

当然，在无战事的正常交往时期，宋对西夏的官方称谓，则是夏国、西夏、夏人、西界、西人、外臣，或直称夏国主的名，如元昊、谅诈、秉常、乾祐等。对于西夏的设官建制，宋人虽称之为"伪"，但西夏致宋的国书都有相应的官衔职称。宋人为了保持君臣名分，往往采取音译西夏官属的名称或直接使用西夏的蕃名官号。如《续资治通鉴长编》等书所载西夏文的音译官号：宁令谟、宁令、丁卢、素赍、祖儒、吕则、枢铭、昂聂、昂星、谟箇、阿尼、芭良、鼎利、春约、映吴、视能、广乐、丁弩等。叶梦得在记述庆历年间宋夏议和之事时曾云：西夏大臣（野利）"旺荣及其类曹偶四人，果皆以书来，然犹用敌国礼。公（庞籍）以为不逊，未敢答以闻。朝廷幸其至，趣使为答书，称旺荣为太尉，且曰'元昊果肯称臣，虽仍其僭名，可也'。颖公（庞籍）复论僭名岂可许？太尉，天子上公，若陪臣而得称，是元昊安得不僭？旺荣等书自称'宁令

---

① 苏颂：《苏魏公文集》卷五六，《职员外郎知泰州蔡君墓志铭》，《宋集珍本丛刊》第12册，第648页。
② 晁补之：《鸡肋集》卷六七，《刑部侍郎杜公墓志铭》，第1118册，第988页。
③ 费衮：《梁溪漫志》卷二，《外夷使入朝》，《全宋笔记》第5编第2册，第150页。
④ 杨时：《龟山集》卷三三，《钱忠定公墓志铭》，第1125册，第415页。

谟'，此其虏中官号，姑以此复之则无嫌，乃径为答书"①。另外，宋对西夏的独立王国地位，除如前所述在待西夏使臣的礼节上低于契丹一等而外，其他方面一如与辽的交往，如有比较明确的国界，元丰六年，宋廷诏云："除自来边界依旧守外，其新复城寨，止于二三里内巡绰防拓，毋得深入。"② 还有较为固定的信使往来，在沿边设置官办榷场。至于元祐时期双方以土地交换被掳掠人口，更是国与国的交往。

二、北宋朝野对西夏军事威胁的不同看法

如果说宋与辽的对等外交关系是由宋对契丹武力的强大的畏惧，而始终把契丹作为真正的对手所决定的话，那么宋与西夏的不对等外交，则是建立在宋始终对西夏具有一种优势的心理基础上。在西夏初反宋之时，宋太宗和大臣就认为"党项号为小蕃，非是劲敌，试如鸡肋"③。宋真宗时对李继迁的不断侵扰亦认为"只是怀念祖父旧地，别无他心"④。李至甚至说："且螫手断腕，事非获已，盖所保者大。况继迁之众，行逐水草，居无定所，岂有如汉兵守陴，必不然矣。"⑤ 及至元昊建国并在陕西之战中三败宋军，宋仍未把西夏作为真正的对手。陈执中说："边兵小屈，皮肤之伤也"⑥，范仲淹说："国家御戎之计在北为大"⑦，欧阳修说："天下之患不在西戎而在北处。"⑧ 苏轼说："西戎之

---

① 《石林燕语》卷八，第 119 页。
② 《长编》卷三三六，元丰六年闰六月戊寅，第 8093 页。
③ 《宋史》卷二六四《宋琪传》，第 9130 页。
④ 《宋史》卷二六五《张齐贤传》，第 9157 页。
⑤ 《长编》卷四二，至道三年十二月辛丑，第 895 页。
⑥ 陈执中《上仁宗论西边事宜》，《宋朝诸臣奏议》卷一三二，第 1456 页。
⑦ 《历代名臣奏议》卷三二四，第 4201 页。
⑧ 《历代名臣奏议》卷三二六，第 4222 页。

患小，北胡之患大，此天下所明知也。"① 张耒说："西小而轻，故为变易，北大而重，故变为迟。小者疥癣，大者痈疽也。"② 熙宁五年四月，王安石说："今陕西一路即户口可敌一夏国，以四夏国之众当一夏国，又以天下财力助之，其势欲扫除亦宜甚易。"③ 元祐时章楶亦说，"惟夷狄小邦，土地有限，人民有数。"④ 显然宋廷诸臣认为契丹强盛是劲敌，而西夏弱小则不足论。但这只是宋人从国势强弱的角度来衡量西夏军事威胁的一个方面。

另一方面从国防的负重角度衡量西夏的军事威胁，则又有别样一番感觉。众所周知，自太祖朝起至徽宗朝，宋廷都念念不忘恢复幽蓟之失地，但出于对契丹的畏葸心理，加之自澶渊盟好之后，双方长时期内绝少兵戎相见，故宋在重兵防范契丹的同时，亦小心翼翼维持着与契丹的对峙局面。而西夏虽不被看作劲敌，可是西夏自继迁以来，特别是元昊建国以后，利用广漠原野宜于机动作战的条件，敌进则退，敌退则进，敌驻不出，窥伺良机，集中绝对优势兵力，打局部歼灭战，使得宋西线边防几无宁日。对此，秦观有一代表性的论述：

> 臣尝以谓，方今夷狄之患未有甚于西边者。夫契丹强大几与中国抗衡，党项遗种假息之地，不当汉之数县，而臣以谓夷狄之患未有甚于西边者何也？盖大辽自景德结好之后，虽有余孽金帛绵絮他物之赂，而一岁不过七十余万。西边自熙宁犯境以来虽绝夏人赐予，熙河兰会转输飞輓之费一岁至四百余万。北边岁赂七十余万而兵寝士休，累世无犬吠之警，西边岁费四百余万而羌敌数入逆，执

---

① 《苏东坡全集》应诏集第五卷《策断二四》，第757页。
② 《柯山集》卷四〇，《送李端叔赴定州序》，第1115册，第343页。
③ 《长编》卷二三二，熙宁五年四月丙寅，第5652页。
④ 《长编》卷四六六，元祐六年九月壬辰，第11131页。

事如雁行，将吏被介胄而卧，以此言之北边之患孰与西边之患
重乎。①

李纲也曾总结说，"西夏自继迁盗有平凉、灵武、瓜、沙、甘、
肃、银、宥之地，百有余载，乍叛乍臣，为边境患。谋画之臣竭智于
内，介胄之士用命于外，虚帑藏以给军赋，疲民力以飞刍粟，旷日持
久，曾不能歼渠魁，复故境，制其死命。"② 而宋的最高统治者亦有切
齿之感，如宋神宗于元丰七年手诏李宪，"夏国自祖宗以来，为西方巨
患历八十年，朝廷倾天下之力，竭四方财用以供馈饷，尚日夜惴惴然，
惟恐其盗边也。"③

一言以蔽之，契丹给宋造成亡国威胁远大于西夏，而西夏给宋造成
的国防压力则远甚于契丹。由于这一特点使得北宋朝人士对如何处理与
辽夏关系的态度有很大不同，对于与辽的关系诚如陶晋生所言"他们
体认到推翻现实的困难"④，虽有有识之士不断提醒契丹的潜在威胁，
但那种主张以德怀远，维持眼前的和平局面的观点一直占据主流。而对
于与西夏的关系，则有主战、主和之争，自庆历以后对西夏的态度问题
成为保守士人与革新士人政治斗争的一种表现。但一般地说，以武力制
伏西夏的论调在北宋中后期占上风的时间较长。

也正是由于西夏在战场上屡屡给宋军造成难堪，大大刺激了宋朝士
人的自尊心。元昊在庆州大败宋军，苏舜钦即时作长诗《庆州败》以
抒忠愤，"无战王者师，有备军之志，天下承平数十年，此语虽存人所
弃，今岁西戎背世盟，直随秋风寇边城，屠杀熟户烧障堡，十万驰骋山
岳倾……我军免胄乞死所，承制面缚交涕洟。逡巡下令艺者全，争献小

---

① 《淮海集》卷一八，《边防上》。《宋集珍本丛刊》第27册，第523页。
② 《李纲全集》卷一四四，《御戎论》，第1368页。
③ 《续资治通鉴长编》卷三四九，元丰七年十月癸巳，第8376页。
④ 陶晋生：《宋辽关系史研究》，中华书局2008年版，第104页。

技歌且吹，其余剸馘放之去，东走矢液皆淋漓，首无耳准若怪兽，不自愧耻犹生归。守者沮气陷者苦，尽由主将之所为，地机不见欲侥胜，羞辱中国堪伤悲。"① 石介在宋军败后第二年所作的《西北》诗中亦云："吾尝观天下，西北险固形，四夷皆臣顺，二酋独不庭……堂上守章句，将军弄娉婷，不知思此否，使人堪涕零。"② 此诗结句，"使人堪涕零"与《庆州败》结句"羞辱中国堪悲伤"代表了当时宋朝士人的激愤心情，由此产生敌视和憎恨，如在陕西沿边宋修筑了二百多个堡寨，其中相当多的堡寨名称被冠以平羌、威戎、平戎、殄羌、威羌、制羌、克戎、定羌、胜羌、定戎、伏羌、靖夏、平夏、镇羌、荡羌、镇西、定西等字眼③，就表明了宋人对西夏的敌视心理。

另外，还可从宋对契丹的称呼上看出宋人对西夏的敌视憎恨态度。陶晋生先生说："至于官方不向契丹公开的文件，则多半仍是指契丹为夷狄……但是值得注意的一点是，在若干例子中契丹与西夏有明显的区别，例如王珪'富弼判并州制：河东一道，北有强敌，西有劲羌'，'文彦博判太原府制：西折畔羌之侮，左制强敌之冲'，对于契丹国的坏字眼较少。"④

三、在文化观上对西夏的歧视和认同

两宋时期民族矛盾比较尖锐，在同周边各族的交往中，宋多处于被动挨打的地位，难以与游牧民族一争雄长，严重的民族危机，使北宋朝野士人生长了强烈的忧患意识，"使夷不乱华"成为边境战争的当务之

① 《苏舜钦集》卷一，《庆州败》，第3页。
② 《徂徕石先生文集》卷二，第17页。
③ 《宋史》卷八六《地理志二·河北路》《地理志二·河东路》；卷八七《地理志三·陕西路》。
④ 陶晋生：《宋辽关系史研究》，第87—88页。

急。因而，儒学传统的尊王攘夷思想在宋朝被抬高到更加突出的地位。清代四库馆臣即云："说《春秋》者莫夥于两宋。"① 那么，宋儒为什么热衷究治《春秋》学呢？道理很简单，《春秋》讲华夷之辨，理学的重要奠基者程颐说："诸侯方伯明大义，以攘却之，义也；其余列国，谨固封疆可也。若与之和好，以苟免侵暴，则乱华之道，是故《春秋》谨华夷之辨。"② 从唐太宗的"自古皆贵中华，贱夷狄，朕独爱之如一"③，到宋儒的"谨华夷之辨"，这种转变，反映了民族矛盾的历史转移。

就以历史上的和亲来说，这在汉唐时期是汉族政权与少数民族政权媾和联盟的基本手段，但到宋却被视作一种耻辱。宋太宗曾对侍臣说："朕读《唐书》见唐人以公主和番，屈辱之甚，未尝不伤感。"④ 刘敞在《上赵龙图书》中亦认为，夷狄"指汉天子为我丈人"，比汉族政权的"金缯之遗岁无虑万数"更加耻辱⑤，由此不难看出宋时"华夷"之分和他们之间的文化隔阂已相当严厉。故宋人与辽夏金等议和没有以远嫁公主为成例的。庆历年间，富弼宁以多增岁币来回避辽的和亲要求而被士人传为美谈。

宋初三先生之一石介撰《中国论》，开门见山地指出，"夫天处乎上，地处乎下，居天地之中者曰中国，居天地之偏者曰四夷，四夷外也，中国内也。天地为之乎内外，所以限也"⑥。天在上地在下，中国内四夷外，在石介所勾勒的这幅宏观结构的"世界"地图中，"中国"被狭义地理解为汉族政权的代名词。在石介看来，汉族政权理该世世代代处于统治天下的位置上，成为宇宙和世界的中心，而"四夷"（指党

---

① 永瑢等《四库全书总目》卷二九，《日讲春秋解义》，第 234 页。
② 《河南程氏粹言》卷一《论政篇》，《二程集》，第 1214 页。
③ 《资治通鉴》卷一九八，唐太宗贞观二十一年五月庚辰，第 6247 页。
④ 罗从彦：《遵尧录》卷二《太宗》，《全宋笔记》第 2 编第 9 册，第 128 页。
⑤ 刘弇：《龙云集》卷二〇，《上赵龙图书》，第 1119—229 页。
⑥ 石介：《徂徕文集》卷一〇，《中国论》，《宋集珍本丛刊》第 4 册，第 243 页。

项、吐蕃、契丹等周边民族）对它则只能是臣属关系。尹洙说："夫君臣名号，中国所以辨名，分别上下也，国家统临万国垂九十年，蛮夷戎狄，舍耶律氏，则皆爵命而羁縻之，有不臣者，中国耻焉。"① 这在今天看来，自然是可笑的大汉族主义言论，但在西夏、契丹所造成的民族危机的社会现实面前，又不失为一种忧患意识的流露。

描写北宋末年世态的通俗小说《宣和遗事》则从阴阳理论来看待"夷狄"，其书开场白曰：

> 茫茫往古，继继来今，上下三千余年，兴废百千万事，大概当风霁月之时少，阴雨晦冥之时多；衣冠文物之时少，干戈征战之时多。看破治乱两途，不出阴阳一理。中国也，君子也，天理也，皆是阳类；夷狄也，小人也，人欲也，皆是阴类。阴阳用事底时节，中国奠安，君子在位，在天便有甘露庆云之瑞，在地便有醴泉芝草之祥，天下百姓享太平之治。阴浊用事底时节，夷狄陆梁，小人得志，在天便有慧孛日蚀之灾，在地便有蝗虫饥馑之变，天下百姓有流离之厄。这个阴阳，都关系著皇帝一人心术之邪正也②。

这段话在阴阳理论的附会中，透露出对"夷狄"至为明显的文化歧视观。宋朝虽然武功不竟，但经济文化发达，远非党项、契丹等族所能比拟，因而宋人在区分华夏与夷狄上自然有一种文化的优越感。

西夏与辽国都是"夷狄"之邦，这在宋人区分华夏和夷狄之别上无疑是一致的。"夫元昊国之仇贼而北戎之姻亲也，阴山之外结之矣。间使相通，潜兵相资，粮相周，掳获相分，此其虽异族实一家也。"③

---

① 尹洙《河南先生文集》卷八，《议西夏臣服诚伪书》。《宋集珍本丛刊》第 3 册，第 379 页。
② 《新刊宣和遗事》前集，江苏古籍出版社 1993 年版，第 1 页。
③ 刘敞：《公是集》卷四〇，《纵横论》。《宋集珍本丛刊》第 9 册，第 665 页。

但在很多场合下对他们的区别又不尽如一,特别是从文化的渊源上对西夏有一定程度的认同感,对辽则很少有这种文化的认同感。

首先,宋朝野把西夏的叛宋称之为"贼"或"盗",虽然是一种诋毁,但由于在帝制时代,贼和盗也是统治者诋毁农民起义的专用名词,因而宋把西夏的叛宋与农民起义的大逆不道等同视之而没有完全归于异族的入侵,如尹洙把"西有不臣之夏"和"北有强大之邻"分得很清楚①。这在文化观上不能不是一种认同感的反映。甚至宋人的笔记小说,把宋与夏的战争比作富者与贫者之间的赌博,"邵良佐使夏国,至昊贼处,与一大臣言,'今兹用兵,如富者与贫者赌博,贫者只宜常胜,使富者胜,贫者必匮。'"②

其次,对西夏居住区具有一种历史延续的认同观,这种认同主要是基于河西走廊、朔方、河湟等地原是汉唐旧疆,曾是"王化"之地的认识,如张方平说:"臣常问自边来询贼中事,盖今羌戎乃汉唐郡县,非以逐水草射猎为生,皆待耕获而食……况朔方灵武河西五郡声教所暨,莫非王民。"③ 在正式的"国书"中也常有这种表示。如大中祥符九年十月的诏书中云,"顾兹西北之陲,素为襟带之地,曷尝不敦之赏劝"④,庆历元年十一月丙寅的诏书云:"况河西士民素被王化,朕为之父母,岂不闵伤。"⑤ 元祐时期,苏辙所拟答西夏诏书亦称:"眷彼遗民,皆我赤子"⑥。《哲宗旧录》载,章惇草贺宋收复青唐时说:"陇右、河源,久陷羶荒之域,旃裘毳服,俄为冠带之民,未阅旬时,不勤师旅,尽定西羌之部族,悉复汉唐之旧疆,唐室不纲,吐蕃肆虐,致陇右河西

---

① 《长编》卷一三七,庆历二年闰九月壬子,第3296页。
② 龚鼎臣:《东原录》,《全宋笔记》第8编第9册,第194页。
③ 《宋朝诸臣奏议》卷一三三,《上仁宗乞因郊禋肆赦招怀西贼》,第1475页。
④ 《宋大诏令集》卷二三三,第906页。
⑤ 《续资治通鉴长编》卷三一四,第3298页。
⑥ 苏辙:《栾城后集》卷一四《拟答西夏诏书》,第1112册,第706页。

之陷，在乾元、至德之间，不守者逾二十州，迨今兹越三百岁。"① 而范仲淹甚至把元昊称作兄弟，他在致元昊的信中说，"仲淹与大王同事朝廷，于天子则父母，于大王则兄弟也，岂有孝于父母不爱于兄弟哉。"②

再次，虽然强调西夏为夷狄，与"中国"华夏不可同日而语，但也能看到由于西夏汲取汉文化而表现出与古时的夷狄不同。如常被治民族关系史的学者所引用的富弼的那段话，"自契丹侵取燕、蓟以北，拓跋自得灵夏以西，其间所生英豪，皆为其用。得中国土地，役中国人力，称中国位号，仿中国官属，任中国贤才，读中国书籍，用中国车服，行中国法令，是二敌所为，皆与中国等。而又劲兵骁将长于中国，中国所有，彼尽得之，彼之所长，中国不及。当以中国劲敌待之，庶几可御，岂可以上古之夷狄待二敌也。"③ 与富弼有相似看法的士大夫还有庞籍、钱彦远等人。庞籍说："且西羌之俗，当时以耕为事，略与汉同。"④ 钱彦远说："古者，夷狄言语衣服与中国不同。其来也，不过驱老弱，掠畜产而已。今契丹据山后诸镇，元昊盗灵武、银夏，衣冠、车服、子女、玉帛，莫不有之。"⑤ 不特如此，西夏的文化也被宋朝士人所接受，俞成说："据胡床，畜番犬，舞拓拔［原注：拓拔氏，胡人设呼为拓拔］，动蛮乐，皆士大夫之所不当为而为之，无乃循习日久，而恬不知怪乎？"⑥

四、余　论

据上所论，北宋朝野对西夏的看法可归结为三种意见。其一，始终

---

① 《续资治通鉴长编》卷五一六，元符二年闰九月壬申，第12265、12266页。
② 范仲淹：《范文正公集》卷一〇，《答赵元昊书》，四部丛刊初编。
③ 《续资治通鉴长编》卷一五〇，庆历四年六月戊午，第3640页。
④ 《宋朝诸臣奏议》卷一三三《上仁宗论范仲淹攻守之策》，第1481页。
⑤ 《长编》卷一五九，庆历六年八月癸亥，第3844页。
⑥ 俞成：《萤雪丛说》卷下《用夏变夷》。《全宋笔记》第7编第5册，第244页。

把西夏视作藩属国，因而对西夏的乍叛乍服感到激愤，以"贼"和"盗"一类的贬词称呼西夏，便是发泄这种激愤的极端表现。其二，始终把西夏视作弱小的"夷狄"，不论在文化的优越感上，还是不平等的外交礼节上都带有明显的歧视，这与看待契丹时需借助正统等理论来维护中原的优越地位有所不同。其三，能够正视西夏的军事力量，尤其是对于其所造成的巨大国防压力颇感棘手，这与正视契丹的军事强盛不同，也就是说契丹的强盛是很难推翻的现实，因而对契丹的态度慎之又慎，而西夏武力的优势固然有其自己擅长的一面，但也有因宋军自身弱点所致的一面，故可通过改变自身的弱点达到制胜西夏的目的，这是众多有识之士的看法。

基于上述三种看法，产生两种对西夏的基本态度，一是宋朝作为宗主大国，礼仪之邦不应与弱小叛臣、夷狄争一时之长短，故可以"屈己含垢以安万人"、"屈己而为人"，以德怀柔西夏。李至、杨亿、张方平、司马光、苏辙等人，即是这一态度的代表人物。二是西夏竟敢以蕞尔小国屡屡羞辱大国，造成严重的边患，故要求惩治的呼声很高，尤其是随着时间的推移，愈来愈成为朝议中的主流，宋神宗以后不断用师西夏正是这种主流朝议的最好写照。

原刊于《安徽师大学报》（哲社版）（芜湖）1997 年第 4 期

略论宋夏时期的中西陆路交通①

上世纪九十年代以前有关宋夏时期丝绸之路的研究，一般多采取日本学者的观点，以为西夏建国阻断了丝绸之路的正常进行。九十年代以后随着西夏史的广泛展开，国内西夏史研究者大多数否定此前日本学者的观点，认为西夏并没有阻绝丝绸之路的畅通，而且西夏还开辟了丝绸之路的中继形式，即由西夏从宋朝得到中原地区的农业产品，再经西夏转手与西域中亚贸易。② 但也有学者指出："对比前后两个时期的研究成果，似乎从问题的一端走向了另一端。必须承认，有关西夏时期丝路研究的资料少而又少，认为西夏时期丝路断绝或基本畅通的观点并不具有很强的说服力。因此这一问题还有深入研究的必要。"③

笔者以为，这些讨论有两个误区：一是没有注意丝绸之路的开凿和维护是中原王朝与西域中亚诸国的双向互动；二是把丝绸之路仅视作商品贸易的交流，而未考量丝绸之路实际上是经济文化的中西交通。对此，就这两个问题笔者想谈几点看法，以就教于同好。

---

① 本文讨论的时间范围是公元960—1126年。中西陆路交通范围包括西夏攻占前的河西走廊诸政权和《宋史》外国传六记述的天竺、于阗、高昌、回鹘、大食、龟兹、沙州、拂菻等。亦即《宋本历代地理执掌图》"辨西域"所言："隋之世，来朝者四十余国。唐破吐蕃，复四镇，诸国贡献，侔于前代。本朝建隆（960—963）以来，通贡者于阗、高昌、龟兹、大食、天竺。"上海古籍出版社1989年版，第134页。
② 参见陈爱峰、赵学东《西夏与丝绸之路研究综述》，《西北第二民族学院学报》2007年第2期。
③ 杨蕤：《关于西夏丝路研究中几个问题的再探讨》，《中国历史地理论丛》2003年第4期。

一、西夏立国前后河西、西域与
北宋朝贡关系的变化

960 年赵匡胤建立北宋，继承了五代以来的政治版图，至元昊建立大夏国之前，宋的西部大致谨守秦凤一线，兰州以西不在疆理范围。但是自晚唐五代以来与中原王朝保持密切朝贡关系的河西的吐蕃凉州（西凉府）、甘州回鹘、瓜沙曹氏和西域的西州回鹘（高昌、龟兹）、于阗、天竺、大食等亦与宋朝继承了这种关系，元昊建立大夏国后也没有完全阻断中西陆路交通，正如元史臣所说："西若天竺、于阗、回鹘、大食、高昌、龟兹、拂菻等国，虽介辽、夏之间，筐篚亦至，屡勤馆人。"[1] 不过，西夏割据、建国过程对以河西诸政权、西域诸国朝贡宋朝为主的陆路交通产生了两次重大影响。

一是李继迁攻占灵州造成中唐以来形成的以灵州为中转的中西交通路线衰落。[2]

《宋会要辑稿》方域二一之一四《西凉府》记事云：

> 太祖乾德四年，知（西）凉府折逋葛支上言："有回鹘二百余人、汉僧六十余人，自朔方来，为部落劫略，僧云欲往天竺取经，并送达甘州讫。"诏书褒答之。

> 开宝六年，凉州令步奏官僧吝毡声、逋勝拉蹋二人求通于泾州以申朝贡。诏泾州令牙将至凉州慰抚之。

从这段记事来看，宋太祖建隆、乾德年间，回鹘、天竺僧人和汉僧

---

① 《宋史》卷四百八十五，《外国传》序，第 13981 页。
② 参见严耕望《长安西北通灵州驿道及灵州四达交通线》，《唐代交通图考》第一卷，京都关西内区，上海古籍出版社 2007 年版，第 175—228 页。

等通过朔方往来于宋朝、河西走廊、天竺之间。此处所言的朔方即是灵州，而开宝六年（973）又在泾州至西凉府之间开辟了西凉府朝贡使的通道。此外，还有经夏州通往西域的路线，如太平兴国六年（981），供奉官王延德等奉命出使高昌，即经此道。可见，灵州、泾州和夏州在宋初是中西交通三个重要的中转枢纽。不过在宋初40年间，灵州作为国际贸易枢纽地更显得重要。因为夏州自太平兴国七年（982）李继迁反宋以后，此道遂渐阻绝。而泾州道虽在开宝六年开通，但在灵州被攻陷之前，回鹘、于阗、天竺等朝贡使和游僧很少走这条线路，直到灵州陷落，泾州道才取代灵州道而日益显得重要起来。

以下简要叙述经由灵州的交通路线。据研究，经由灵州的交通路线可划为东西两段。东段出洛阳、长安，沿泾河北上抵邠州（今陕西彬县），再循马岭水（今泾河支流环江）继续北上，经宁州（今甘肃宁县）、庆州（今甘肃庆阳）至通远军（淳化五年改置环州，今甘肃环县），再由此继续西北行，沿白马川出青岗峡，经清远军，再沿灵州川附近的傅乐城和耀德城，抵达灵州，此为东段。环州以南、以东的交通线，因北宋能够行之有效地统治，驿站、邸店为商旅、使人、游僧饮食住宿提供了诸多方便。而环州以北、以西的地区散居着广大的党项、吐蕃等部族。"向来使人、商旅经由，并在部族安泊，所求赂遗无几，谓之'打当'，亦如汉界逆旅之家宿食之直也"（《宋史·宋琪传》）。可见灵州东段是畅通无阻的。

在灵州中转以后，商旅、使人渡黄河，越过腾格里沙漠抵民勤绿洲，再沿白亭河（今石羊河）折向南下而至西凉府（凉州）。由此穿过河西走廊，从沙州"西行三十里入鬼魅碛，行八日出碛至伊州"，即由敦煌县向正北方向走，鬼魅碛即现在穿越青墩峡以北的大沙漠。北上至现在的红柳河，由此偏西进入今新疆境，再向北达伊州，即现在的哈密。由伊州向西至高昌，由高昌西去经月氏（今焉耆）、龟兹、割鹿（即葛逻禄，以民族名），南下至于阗。由于阗再北至疏勒，转向西南，经现在的塔什库尔干，越过葱岭，进入加湿弥逻（今克什米尔），达北印度、南印度。此为西段。西段的交通也基本上是畅通无阻的。①

宋初自建隆二年（961）至咸平五年（1002）的40余年间，中原与西域、天竺之间通过灵州枢纽交通线的交往十分频繁。据统计约95次，其中西凉府吐蕃政权15次，甘州回鹘政权15次，瓜、沙曹氏政权及回鹘19次，高昌（西州回鹘）5次，龟兹3次，于阗7次，塔坦（鞑靼）2次，大食15次，天竺14次。② 大食和天竺有时从南海方向前来朝贡，这是需要特别指出的。

李继迁自宋太宗太平兴国七年（982）反宋自立，从淳化五年（994）开始用兵攫取灵州，经过十年的争夺，宋真宗咸平五年（1002）攻占灵州，随后宋廷承认既成事实，于景德二年（1005）与李继迁的后继者李德明订立和约。灵州遂成为新崛起的党项族的政治中心。③ 灵州的陷落，使得中唐以来形成的以灵州为枢纽的交通线急剧衰落，特别是灵州失去了已往国际贸易商都的地位。虽然有学者论证灵州陷落后，来自西域朝贡的使者、商人并没有完全放弃河西道，④ "昔时道路尝有剽掠，今自瓜、沙抵于阗，道路清谧，行旅如流。"⑤ 事实上，李继迁攻占灵州之时，河西走廊并不在夏州政权的控制范围，所以河西道并未受到多大影响。但是不可否认绕过灵州而改走以泾州（太宗至道以后改由镇戎军）为中心的交通路线，已成为河西诸政权、西域诸国不得已而为之的选择。咸平四年（1001），李继迁围灵州，张齐贤经略陕西，因访李继和边事，继和上言："镇戎军……正当回鹘、西凉六谷、

---

① 参见陈守忠《北宋通西域的四条道路的探索》，《西北师大学报》1988年第1期；罗丰《五代、宋初灵州与丝绸之路》，《西北民族研究》1998年第1期。

② ［日］前田正名：《河西地理学史研究》中译本，中国藏学出版社1993年版，第383—387页。

③ 李华瑞：《宋夏关系史》，中国人民大学出版社2010年版，第23—28、128—129页。

④ 梁松涛、陈炳应：《西夏与丝绸之路若干问题述论》，《中华文明的历史与未来——国际学术研讨会论文集》，河北大学出版社2010年版，第47—59页。

⑤ 《宋史》卷四九〇，《于阗传》，第14107页。

咩逋、贱遇、马臧梁家诸族之路。"① 魏泰亦云："回鹘皆遣使，自兰州入镇戎军，以修朝贡。"②

二是元昊攻占河西走廊使河西诸政权朝贡中断、西域诸国朝贡再次改道。

公元 1032 年元昊继承夏国王位，是夏国发展史上的重大转折。元昊继续德明以来西掠吐蕃健马，北收回鹘锐兵的扩张政策，迅速兼并河西走廊，至公元 1038 年称帝，建立大夏国。

元昊公开与宋对立之时，谏官吴育就曾上书说："汉通西域诸国，断匈奴右臂。诸戎内附，虽有桀黠，不敢独叛。……元昊第见朝廷比年与西域诸戎不通朝贡，乃得以利啖邻境，固其巢穴，无肘腋之患。跳梁猖獗，彼得以肆而不顾矣。"③

清人吴广成在综合宋人材料基础上指出："回鹘土产，珠玉为最。帛有兜罗锦，毛氍、狨锦、注丝、熟绫、斜褐；药有腽纳脐、硇砂。香有乳香、安息、笃褥。其人善造宾铁刀、乌金银器。或为商贩，市于'中国'、契丹之处，往来必由夏界。夏国将吏率十中取一，择其上品，贾人苦之"。④

研究河西历史地理的著名日本学者前田正名认为：西夏建国后对河西之地的军事设防极大损害了河西走廊作为丝绸之路交通要道的地位："凡属交通要道，毫无遗漏地设置在其管辖之下，瓜州西平监军司控制着从瓜州起到罗布泊及伊州、高昌一带的河西西端交通路线分岔地点等各重要地段。黑山威福监军司配置在从伊州起向东走，经由河西的北侧，到达阴山山麓的沿途各要道据点，及古时汉代的旧居延城地方，控

---

① 《长编》卷五〇，真宗咸平四年十二月乙卯条，第 1090 页。有关北宋与西域交通改道的情况，详见陈守忠：《北宋通西域的四条道路的探索》，《西北师大学报》1988 年第 1 期。

② 魏泰：《东轩笔录》卷三，第 33 页。

③ 《宋史》卷二九一，《吴育传》，第 9728 页。

④ 吴广成撰，龚世俊等校证：《西夏书事校证》卷一五，天授礼法延祚四年，甘肃文化出版社 1995 年版，第 175 页。

制着沿额济纳河道的那条纵断河西的路线的北方出口地点。而卓啰监军司则和它分别担任着控制河西纵断路的出口地点的任务，把根据点卓啰城设置在现在的庄浪河，亦当时的喀啰川下游地方。黑水镇监军司则设置在贺兰山北方，处于阴山之间，控制着向南走往灵州、兴州的路线，以及额济纳河方面向东走，来到阴山山麓和鄂尔斯沙漠的路线。甘州甘肃监军司控制着通往肃州、凉州的古代以来河西路及甘州、灵州之间的路线。西夏就是这样全面地掌握着河西附近主要交通点，由各地监军司严密地监察着通过河西的各国行商"。前田正名又说在探讨了西夏的军事部署之后，当我们围绕此问题进一步探讨契丹、宋、宗哥族（青唐族）及其他西域方面各国所进行的交通和贸易时就会了解到，当时的河西是一个与四周相隔绝的地域，已经丧失了过去东西互市的意义，同时也丧失了作为东西交通要道的"河西通道"、"河西走廊"的意义。这样，在河西的周围，沿着西夏的国境产生了一条大规模的国际交通路。①

这条国际交通路就是西域各地到中原的商旅，不得不绕道经过唃厮罗境内的鄯州（乐都），使这里成了当时代替河西走廊，沟通中西交通的重要地方，也给唃厮罗带来了空前的经济繁荣。"党项人原本希望通过占领河西而获取种种唾手可得的商业利益都化成泡影。从塔里木盆地出发的商人或由北道，沿着戈壁南缘到达契丹朝廷，或是迂回向南，到达青唐——青唐这时已发展成了一个繁荣的货物集散地。"②"及元昊取西凉府，潘罗支旧部往往归厮啰，又得回纥种人数万。厮啰居鄯州，西有临谷城通青海，高昌诸国商人皆趋鄯州贸卖，以故富强。"③

宋神宗元丰六年五月，"于阗贡方物，见于延和殿。上问曰：'离本国几何时？'曰：'四年。''在道几何时？'曰：'二年。''经涉何国？'曰：

---

① ［日］前田正名：《西夏时代河西南北的交通路线》，译文载《西北史地》1983 年第 1 期。又见氏著《河西历史地理学研究》，中译本，陈俊谋译，中国藏学出版社 1993 年版，第 619 页。

② 《剑桥中国辽西夏金元史》中译本，中国社会科学出版社 1998 年版，第 206 页。

③ 《宋史》卷四九二《吐蕃传》，第 14161 页。

'道由黄头回纥、草头鞑靼、董毡等国。'又问：'留董毡几何时？'曰：'一年。'问：'鞑靼有无头领、部落？'曰：'以乏草、粟，故经由其地皆散居也。'上顾谓枢密都承旨张诚一曰：'鞑靼在唐与河西、天德为邻，今河西、天德隔在北境。自太祖朝尝入贡。后道路阻隔，贡奉遂绝。'又问：'尝与夏国战者，岂此鞑靼乎？'曰：'鞑靼与李氏世雠也。'"[1]

笔者从《宋史》外国传、《宋会要辑稿》藩夷七历代朝贡、《玉海》、《群书考索》等辑出在元昊建国前后河西、西域与北宋之间的朝贡关系的变化，由此窥其大概。

单位：次

年代	甘州回鹘	西州回鹘	回鹘	龟兹	于阗	大食	总计
961－1038	16	5	20	30	7	14	92
1040—1125	0	0	1	5	39	0	45
总计	16	5	21	35	46	14	137

上表需要说明的是，840 年漠北回鹘被黠戛斯灭亡后，分三支西迁，一支进入河西，以甘州回鹘为主；一支迁至西州（高昌、龟兹故地）；一支在庞特勤率领下西奔楚河地区葛逻禄部，后庞特勤臣服了葛逻禄及其他回鹘部族，史称喀喇汗王朝。一般地讲，宋代文献中只提及回鹘者多指喀喇汗王朝，而于阗则在 11 世纪初臣服于喀喇汗王朝。[2]

① 《长编》卷三三五，元丰六年五月丙子朔，第 8061 页。
② 学界一般认为于阗是在 11 世纪初被喀喇汗王朝征服后亡国，见程溯洛：《〈宋史·于阗传〉补正》。对此种看法近来有不同意见，荣新江、朱丽双认为于阗国灭亡后，于阗人并没有很快被征服，他们仍保有自己的王号，各地抵抗也延续了相当长时间，而且"佛教在很长时间之内仍然是于阗人的精神支柱"。《11 世纪初于阗佛教亡国灭亡新探——兼谈喀喇汗王朝的成立与发展》，《西域文史》（第六辑），科学出版社 2011 年版，第 199—202 页。汤开建则以为"公元 11 世纪后，于阗政权虽然曾被喀喇汗王朝征服过，并且有过一段比较亲密的羁縻关系，但时间是短暂的，从整体上看，于阗政权基本上是以一个独立政权的姿态出现在中世纪的历史舞台"。详见汤开建《宋代的于阗——兼论于阗政权与喀喇汗王朝的关系》（打印稿），《纪念陈乐素教授诞辰 110 周年学术研讨会论文集》，暨南大学中国古籍所 2012 年 12 月，第 109—125 页。

由上表统计来看，西夏建国后，甘州回鹘被吞并，与宋的朝贡关系已不复存在，西州回鹘高昌、龟兹与宋的朝贡关系也几乎停止，大食则基本转向海路。喀喇汗回鹘虽然途经西夏朝贡，但是又遭到宋立法禁止，"然回鹘使不常来，宣和中，间因入贡散而之陕西诸州，公为贸易，至留久不归。朝廷虑其习知边事，且往来皆经夏国，于播传非便，乃立法禁之。"① 只有于阗与宋保持密切的交往，《宋史·于阗传》说："绍圣中，其王阿忽都董娥密竭笃又言，缅药家（指西夏）作过，别无报效，已遣兵攻甘、沙、肃三州。诏厚答其意。知秦州游师雄言：'于阗、大食、拂菻等国贡奉，般次踵至，有司惮于供赍，抑留边方，限二岁一进。外夷慕义，万里而至，此非所以来远人也。'从之。自是讫于宣和，朝享不绝。"② 但从前揭材料及于阗与西夏的矛盾来看，于阗主要从青唐道来往于丝绸之路上。

二、西夏立国前后，北宋与河西、西域交往的变化

如果说，西夏割据、建国过程中对河西、西域与宋朝贡关系的影响主要表现在改道和减少次数上，那么对北宋与西域的经略则是致命的一击，即基本中断了主动与西域的交往。

李继迁反宋之前，夏州政权与宋保持良好的臣属关系，但李继迁的反宋使得夏州政权成为宋的敌对势力，而李德明和元昊奉行西掠吐蕃健马、北收回鹘锐兵的政策，使得河西吐蕃西凉府、甘州回鹘、瓜沙曹氏也与西夏结成仇敌，他们纷纷向宋表示归顺，愿意接受宋廷的封授。或者请中央王朝派使臣督理国事。乾德二年（964）十二月，西凉府蕃部

---

① 《宋史》卷四九〇，《回鹘传》，第14117页。
② 《宋史》卷四九〇，《于阗传》，第14109页。

酋长等诣阙请帅，宋廷任命以供备库使魏彦饶为河西节度使。① 太平兴国五年（980）四月，以曹延禄为归义军节度使。② 咸平三年（1000）十月，以西凉府六谷蕃部大首领潘罗支为灵州西面都巡检使盐州防御使。③ 党项夏州李氏崛起，吐蕃、回鹘受到很大威胁，他们很希望与宋结成联盟共同打击李继迁。咸平四年（1001），甘州回鹘可汗王禄胜遣曹万通出使宋朝，"愿朝廷命使统领，使得缚继迁以献"，宋廷降诏褒奖禄胜称"卿世济忠烈，义笃舅甥"，特授曹万通左神武军大将军。④ 同年，凉州吐蕃首领潘罗支亦表示愿与宋联手打击李继迁，由于当时宋廷"方务绥怀"李继迁，⑤ 故未积极响应。为了牵制夏州政权，大中祥符年间宋与唃厮啰结成联盟共同抵制夏州政权。随着元昊吞并河西建国，宋与河西之朝贡关系不复存在，这些朝贡政权一变而为宋的敌对势力之一部分，这对宋主动经略或联络河西乃至西域造成很大困难，甚至在某种意义上成为不可能。这有以下两方面的表现：

一是宋廷不能再如此前回访或出使西域诸国。宋前期的中西交往虽然大多数都是西域诸政权遣使来朝贡，但有时宋朝也派使者回访。

太平兴国六年（981），高昌国王阿斯兰汗始自称西州，遣外甥都督万逊来贡，宋太宗遂派供奉官王延德及殿前承旨白勋两人为使，回访高昌，出使四年，雍熙元年（984）四月王延德回到东京。出使途中，王延德撰有著名的《西州使程记》，⑥ 该游记是研究高昌回鹘王国及由

---

① 《长编》卷五，乾德二年十二月丁巳，第136页。
② 《长编》卷二一，太平兴国五年闰三月辛未，第474页。
③ 《长编》卷四九，咸平四年十月乙卯，第1079页。
④ 《宋史》卷四九〇，《回鹘传》，第14115页。
⑤ 《宋史》卷四九二，《吐蕃传》，第14155页。
⑥ 北宋太宗太平兴国六年（981），西州（高昌）回鹘王国向宋廷遣使朝贡，宋廷派殿前承旨、供奉官王延德回访西州回鹘，出使四年，于雍熙元年（984）四月返回开封，撰有《西州使程记》一卷（亦称《王延德使高昌记》），宋代文献李焘：《续资治通鉴长编》、王明清：《挥麈录》前录、马端临：《文献通考》、《宋史》都有不同程度的收录，近代以来学者对该篇文献有较多研究和注释，如王国维：《古行记校录·王延德使高昌记》，程溯洛：《〈宋史·高昌传〉笺证》，杨建新主编：《古西行记选注·西州使程记》。

中原至高昌沿途情况的宝贵资料。另外，王延德出使途中"所过蕃部，皆以诏书赐其君长紫衣、金带、缯帛，其君长各遣使谢恩"①。可见延德此次出使大有收获，既扬了国威，又与西域诸政权发展了友好关系。

王延德出使高昌之后，见于史载记录的还有大中祥符六年（1013）宋曾派供奉官刘渥出使龟兹，但《宋会要》与《续资治通鉴长编》的记载略有歧异：

> （大中祥符六年）六月，秦州上言："回纥怀化司戈兰逋质遣弟室腊丹赍状诣州，称押领龟兹进奉般次，为蕃部阻隔，且寓逋质家，供奉官刘渥以疾先出蕃。望别差使迎接般次，兼赐逋质官告。"朝议以尽依所请，虑蕃部告求无厌，止令秦州就差使臣并译语官取接出蕃。仍谕逋质，候般次至京，当议恩泽。刘渥，前奉使龟兹者，还京而卒。诏官借供帐什物，并赐其家，随行公人悉优改转。②
>
> 大中祥符六年六月丙戌，秦州言押领龟兹国进奉回鹘首领、怀化司戈林布智行至黄河北，为蕃部所隔，望遣使臣接导，仍赐迁秩告身。上曰："戎人无厌，不可悉如其请。"令秦州就遣使臣量加赐与，引伴出蕃。供奉官刘渥前使龟兹，以疾先还，至京而卒。上闵其在道艰阻，诏以供帐物赐其家。从行人第迁补之。③

这两段材料的主要歧异表现在，是刘渥出使龟兹完成后回到东京才去世，还是出使中途因病返回东京后去世？笔者目前掌握的材料尚无法解决这个问题。但无论如何，结合太宗时派遣王延德出使西州（高昌），在宋仁宗明道天圣之际西夏占领河西走廊之前，北宋不仅仅是接

---

① 《长编》卷二五，雍熙元年四月，第579页。
② 《宋会要辑稿》蕃夷四之一四，中华书局1997年版，第7720页。
③ 《长编》卷八〇，大中祥符六年六月丙戌条，第1831—1832页。

受西州、龟兹的朝贡，而且也会礼尚往来主动回访。

但是，宋仁宗以后宋廷再未有回访性质的交通。

二是西行求法。宋代是中国佛教史上译经的重要时期。李焘对宋初译经院的建立始末有如下记述：

> 唐自元和以后，不复译经。江南始用兵之岁，有中天竺摩伽陀国僧法天者至鄜州，与河中梵学僧法进共译经义，始出《无量寿尊胜》二经、《七佛赞》，法进笔受缀文，知州王龟从润色之。遣法天、法进献经阙下。太祖召见慰劳，赐以紫方袍。法天请游名山，许之。上即位之五年，又有北天竺伽湿弥罗国僧天息灾、乌填囊国僧施护继至，法天闻天息灾等至，亦归京师。上素崇尚释教，即召见天息灾等，令阅乾德以来西域所献梵夹，天息灾等皆晓华言，上遂有意翻译，因命内侍郑守钧就太平兴国寺建译经院。是月，院成，诏天息灾等各译一经以献，择梵学僧常谨、清沼等与法进同笔受缀文，光禄卿汤悦、兵部员外郎张洎参详润色之，内侍刘素为都监。[①]

大量译经需求和译经院的建立为宋与五天竺（印度）间的文化交流搭建了平台，因而在太祖朝至仁宗朝双方僧侣往来于丝绸之路络绎不绝。

据有关文献记载，咸平五年前，宋僧曾 9 次去天竺（印度）求法。其中大规模的有两次。范成大《吴船录》卷上载，僧王继业，"耀州人。隶东京天寿院。乾德二年，诏沙门三百人，入天竺求舍利及贝多叶书。业预遣中。至开宝九年，始归寺。所藏《涅槃经》一函，四十二卷。业于每卷后，分记西域行程，虽不甚详，然地里大略可考，世所罕

---

① 《长编》卷二三，太平兴国七年六月丙子，第 522 页。

见，录于此，以备国史之阙。"① 如此大规模的西行求法，且在印度游学达 10 余年之久，这在中国历史上，至少在宋以前的中国历史上是极不多见。《宋史·天竺传》载，乾德四年，"僧行勤等一百五十七人诣阙上言，愿至西域求佛书，许之。以其所历甘、沙、伊、肃等州，焉耆、龟兹、于阗、割禄等国，又历布路沙、加湿弥罗等国，并诏谕其国令人引导之。开宝后，天竺僧持梵夹来献者不绝。八年冬，东印度王子穰结说啰来朝贡。"② 又据《宋史·大食传》，行勤等僧徒还带着宋太祖赐大食国王书。他们不辱使命，以宋朝国书奉达大食。他们最远到了印度最南端的宝陀洛山，沟通了大食、印度和宋朝的来往。开宝元年十二月，大食来贡。开宝四年七月，大食遣使来贡，宋以其使者李诃末为怀化将军。特以金花五色绫纸写官告以赐。③ 其后，大食贡使络绎不绝。可见宋僧在西行求法的过程中，还充当了外交使节的角色。

另外，值得一提的是沧州僧道圆。道圆是在后晋天福年间西行求法的，"乾德三年，沧州僧道圆自西域还，得佛舍利一水晶器、贝叶梵经四十夹来献。道圆晋天福中诣西域，在涂十二年，住五印度凡六年，五印度即天竺也。还经于阗，与其使偕至。太祖召问所历风俗山川道里，一一能记。"④ "至是冬，沙门道圆自西域还，经于阗，与其朝贡使至"。⑤ 可见，在这里僧道圆也充当了外交使节的角色。

上述这类频繁而众多的宋朝与五竺（印度）的双向交往却在元昊建国前夕戛然而止。据已故著名学者梁天锡先生的研究，北宋翻译佛经的译材，除太平兴国七年，以禁中所有梵夹（压盛贝叶经夹）经付译经院者外，其主要源自宋初四朝五（东南西北中）天竺（印度）僧来

① 《范成大笔记六种》，第 204 页。
② 《宋史》卷四九〇，《天竺传》，第 14104 页。
③ 《宋史》卷四九〇，《大食传》，第 14118 页。
④ 《宋史》卷四九〇，《天竺传》，第 14103 页。
⑤ 《宋史》卷四九〇，《于阗传》，第 14107 页。

贡，或宋僧游天竺经西域还所献。据《传法碑》统计，自宋初至仁宗景祐二年（1035）其贡经五天竺（印度）僧自法军至法称 80 人（景祐三年 9 人及皇祐中 2 人），取经还华僧自辞潮（一作幹）至栖秘 138 人（宝元二年 4 人）。宋僧游天竺取经还，太祖至仁宗朝 13 次，共 70 人次以上。番僧及南海使贡经，太祖至仁宗共有 31 次，约 85 人次。宋僧与番僧共进 2 次。①

值得注意的是，西夏建国与宋对峙，使宋人对西域诸国政治地理的看法，也发生了很大变化。笔者曾在十多年前发表文章论宋初西部边疆政策，认为宋初不积极疆理秦凤以西的西部地区，造成了西夏崛起并与宋敌对的严重后果。从前揭史实而言，宋虽然没有疆理西部地区，特别是西夏兴起之时，河西诸政权、西域诸国纷纷向宋靠拢，而宋没有给以积极响应，但这并不意味着宋完全放弃对河西和西域的经营，并不意味着放弃对汉唐已王化之地的认同。但是西夏的建国，使这种认同在宋仁宗西夏建国前后的地理书和军事典籍中有不同表述方式。

宋初建国规模虽然远逊于唐代的政治辖境，但是宋太宗雍熙之前对政区的划分仍然是采用唐代开元以后的十五道制中的十三道叙述天下的地理范围（除去京畿道和都畿道），故乐史《太平寰宇记》"陇右道七"详述了河西诸郡及安西大都护府（龟兹、高昌、焉耆、于阗等）的建置。这种记述方式表达出来的政治含义，即是宋的统一大业还在进行中，对北边的燕云地区，对西部的陇右地区还没有完全被摒弃在统治者的视野之外。乐史在叙述完"陇右道七"后加按语说："右西域诸国分置羁縻州军府，皆属安西都护统摄。自天宝十四载已前朝贡不绝，今于西安府事末纪之，以表寰宇之志也。"②

曾公亮等撰《武经总要》撰著于宋仁宗康定年，亦将河西、西域

---

① 梁天锡：《北宋传法院及其译经制度》，香港志莲净苑出版 2003 年版，第 91、92—93、93—95、96 页。
② 乐史：《太平寰宇记》卷一五六，第 470 册，第 463 页。

之地作为"边防"中的"西蕃地界",这与《通典》的叙述方式相类。如记述"安西都护府":

> 唐太宗开西域,初置府。高宗开四镇,西境开拓数千里,得于阗、焉耆、龟兹、疏勒诸国。明庆中,移都于龟兹。东接焉耆,西连疏勒,葱岭七百里。后西陲不守,并陷吐蕃。如意初,王孝杰大破吐蕃,克复龟兹、于阗、疏勒、碎叶四镇。郭元振、郭知运辈并相次为都护府。后为安西节度,抚宁西域,统领四国。今龟兹,即安西都护治所。①

乐史叙西域"以表环宇之志也"和曾公亮等人所言"今龟兹,即安西都护治所",即是对汉唐开拓疆域的一种认同。

公元 1038 年,元昊建国没有得到宋的承认,于是元昊发动侵宋战争,宋军在陕西三次大战役中三战皆败,至庆历五年(1045)与西夏签订和约。虽然宋朝以每年向西夏输送 25 万贯匹的赔款代价换取西夏不称帝,只以国主相称,给宋保留了一定颜面。但是令宋人感到痛惜的不仅是西夏对宋朝的背叛,而且还在于痛失曾被汉唐王化的河西、朔方、河湟、安西四镇,所谓"陇右、河源,久陷遐荒之域;骈裘毳服,俄为冠带之民。……唐室不纲,吐蕃肆虐,致陇右、河西之陷,在乾元、至德之间"②,但宋建国后这些"遐荒之域的冠带之民"向往王化,以一种臣属的姿态与宋保持密切的朝贡关系,虽不能使他们重新成为王化之地,但宋朝通过臣属关系毕竟可以施以"声教",而西夏的建立,显然使这些曾经"声教所暨,莫非王民"的地区在西夏蛮夷统辖下更加远离王化,是故其后王存《元丰九域志》和欧阳忞《舆地广记》两部地理总志均将西夏占领的朔方、河西走廊及汉唐开拓的西域之地列为

---

① 曾公亮等:《武经总要》前集卷一八下,第 726 册,第 546 页。
② 《长编》卷五一六,元符二年闰九月壬申注,第 12265、12266 页。

"化外州"。"化外州",非王土也,声教不及。而且记述化外州的内容极其简略。

《元丰九域志》卷第十"化外州·陕西路":安西大都护府,庭州,灵州,夏州,凉州,沙州,鄯州,瓜州,银州,盐州,胜州,宥州,西州,廓州,会州,宕州,叠州,甘州,肃州,伊州,洮阳州,建康州,镇州。

《舆地广记》卷十七"陕西路·化外州":安西大都护、北庭大都护、灵、夏、凉、沙、瓜、盐、胜、西、伊、甘、肃、迭、宕、丰、宥。

从叙述河西、陇右"以表环宇之志也""今龟兹,即安西都护治所",到把它们列入"化外州",表现了西夏建国后宋朝对昔日王化之地河西、陇右而更加远离"王化"的一种无奈心境。

三、关于西夏割据对中西交通
影响的几个相关问题

以上讨论了西夏割据对中西交通两个方面的影响,基本事实是清楚的,但还有一些相关问题需要再认识。

首先,西夏与宋朝及西域诸国间的贸易和往来,无疑是丝绸之路上中西陆路交往的重要环节,西夏为自身发展,不可能断绝丝路贸易,而西夏建国后对丝路的控制不仅是从安全考虑的军事控制,而且为了经济文化的发展积极经营丝路贸易,丝路贸易在西夏社会经济生活中扮演了重要角色,这在近年的研究中得到充分印证。[①]

---

① 陈爱峰:《西夏与丝绸之路的关系》,西北民族大学历史文化学院硕士学位论文,2007年5月,共61页。该文在广泛吸收前人成果基础上,对西夏时期的丝绸之路贸易做了迄今为止最为全面的论述。另可参见梁松涛、陈炳应《西夏与丝绸之路若干问题述论》,《中华文明的历史与未来——国际学术研讨会论文集》,河北大学出版社2010年版,第47—59页。

　　其次，西夏时期的丝绸之路贸易不是当时中西交通的主流，虽有材料可以说明西域诸国朝贡宋朝有经过西夏境内贸易的史实，并且党项统治者"与高昌、龟兹、于阗、哈喇契丹、鞑靼"等西方的贸易伙伴保持了理智的友好关系。① 但更多的材料证明，因西夏的缘故，西域诸国避走灵州和河西走廊而绕道东行。

　　第三，正如研究者所说："已有的研究显然是夸大了西夏国在丝绸之路贸易中的作用，其误解多基于这样一种事实，即西夏占据从河套平原至河西走廊广大的丝绸之路咽喉通道，掌握其制控权。我们应当关注到，西夏是党项人在西北地区建立的以宋为对抗对象的割据政权，目的极为明确，首先是一个政治实体，而并不是以攫取商贸利益为终极目的，尤其在建国前后，这一点表现得十分明确。"② 认识这一点很重要，因其敌对势力横亘在西域诸国之间，不仅使西域诸国东向交往增大困难，而且阻止了宋人经由陆路前往欧亚大陆的其他地区，从而促使宋朝转移中西交通的方向，由陆路、海路并重变为以海路为主的中西交通。换句话说，宋朝没有能力去控制通往中亚和欧洲的陆路，它没有其他选择，只能积极地推进海洋贸易政策。海运贸易本身涵盖的商品范围很广。在宋初时，从西亚来的奢侈品还占贸易中的主导地位，到了 12 世纪，从日本、朝鲜、琉球和东南亚来的大宗多样商品成为主流。③ 所以，宋朝自元昊建国以后改变中西交通的方向，或者说不再出使西域，西夏割据敌对是其唯一的原因。

　　第四，当时东北亚的"国际"政治格局是以宋和辽为中心，西夏在政治上称帝并未得到辽（辽亡前匆忙承认除外）、宋的承认，西夏的地位不可与宋、辽同日而语。河西诸政权、西域诸国其所以不辞劳苦千

① 《剑桥中国辽西夏金元史》，中译本，中国社会科学出版社 1998 年版，第 173 页。

② 罗丰：《五代、宋初灵州与丝绸之路》。

③ ［美］贾志扬（John Chaffee）：《宋代与东亚的多国体系及贸易世界》，《北京大学学报》2009 年第 2 期。

里迢迢朝贡辽、宋，不仅仅在于贸易往来，更大的目的是得到宋、辽的封赠。而就贸易而言，西夏、辽朝的社会经济结构和发展水平又远远不能与宋相比，所以西夏在丝路上的贸易往来不是西域诸国东向交往的终极目的，其终极目的是与辽、宋的交通——在很大程度上更是与宋的交通。有研究者指出，北宋灭亡后中西商贸往来逐步减少，其主要原因之一即在于北宋灭亡后，金和西夏所拥有的、能够吸引西方商人的商品越来越少，① 这从一个侧面证明宋夏时期，西域诸国的东向商贸活动以朝贡宋朝为主要目的。

第五，虽然西夏占据了中西交通要道河西走廊，但来自西方的文化影响对西夏文化艺术发展并不明显。党项人在其发展过程中受到了周边地区文化的深刻影响，尤其是在东业大陆具有支配地位的印度—吐蕃、汉、突厥—蒙古三种文化，对党项文化的影响尤其重大。② 西夏的艺术：绘画、建筑、雕塑、工艺美术、书法、碑刻、雕版、音乐舞蹈，主要受三方面的影响，一是中原文化、二是藏传佛教、三是党项人建国过程中融入的北方民族（吐谷浑、西突厥沙陀人和中亚粟特人后裔的融入、漠北回鹘式微后西迁至甘州、瓜沙、凉州地区的回鹘人）③。西夏时期凉州虽然是"当四冲地，车辙马迹，辐辏交会，日有千数"，④ 但这只限于西夏一域的交会，而不能有隋唐以来那种凉州为河西都会，"襟带西藩，葱右诸国，商旅往来，无有停绝"⑤ 的盛况。这也从一个侧面不仅说明西夏时期凉州相对于唐朝时凉州的繁荣无法相比，而且深刻说明宋夏时期丝绸之路的衰落。

第六，如果把宋夏之间的贸易作为中西交通丝路贸易上的一个中继阶段来看待，西夏西域诸国间的贸易与西夏北宋间的贸易相比，不论是

---

① 李学江：《西夏时期的丝绸之路》，《宁夏社会科学》2002 年第 1 期（总第 10 期）。
② 《剑桥中国辽西夏金元史》，中译本，中国社会科学出版社 1998 年版，第 175 页。
③ 陈育宁、汤晓芳：《西夏艺术史》结语，上海三联书店 2010 年版，第 365—371 页。
④ 《重修凉州护国寺感通塔碑铭》，现藏武威博物馆。
⑤ 《大唐大慈恩寺三藏法师传》卷第一。

贸易数量还是经济结构的互补性，都是小巫见大巫没法比。宋夏的敌对，对宋与西夏的贸易基本没有影响，用宋人的话说"天朝，水也；夏国，鱼也。水可无鱼，鱼不可无水"①。而西夏则不同："其三面皆戎狄，鬻之不售，惟中国者，羊马毡之所输而茶彩百货之所自来也。"②正是出于这种历史条件，在西夏反叛或侵扰宋朝之时，当北宋以武力手段制伏西夏屡屡不能奏效时，禁限贸易便成为制伏西夏的主要经济手段。这种禁限既包括断绝双边互市贸易，实行经济封锁，同时也包括对来自西域诸国可能经过西夏的贸易实行禁限，"先是，其入贡路由沙州，涉夏国，抵秦州。乾兴初，赵德明请道其国中，不许。至天圣元年来贡，恐为西人钞略，乃诏自今取海路由广州至京师。"③天圣元年十一月，入内侍省副都知周文质言："大食国北来皆泛海由广州入朝，今取沙州入京，经历夏州境内，方至渭州，伏虑自今大食止于此路出入。望申旧制，不得于西蕃出入。从之。"④"然回鹘使不常来，宣和中，间因入贡散而之陕西诸州，公为贸易，至留久不归。朝廷虑其习知边事，且往来皆经夏国，于播传非便，乃立法禁之。"⑤北宋对西夏的贸易禁限政策不仅影响宋夏间的正常贸易，而且也对宋西域间贸易的畅通产生不利影响。虽然禁令出自北宋，但缘起是西夏的割据敌对。换言之，西夏有自立的权力，北宋也有维护符合自身利益的政治秩序的责任。

第七，为了客观评价西夏割据对中西交通的影响，需对丝绸之路发展演变大势，特别是宋夏时期中西交通世界格局背景的变动趋势有所了解。"丝绸之路"是沟通中西经济、政治、人员、文化和思想交流的一条大动脉。在海上丝绸之路大举开通之前，陆路丝路东起中国，穿越西域、古印度、阿拉伯—波斯社会，一直通向希腊—罗马世界。丝路输送

① 《续资治通鉴长编》卷一九六，嘉祐七年六月记事，第4763页。
② 司马光：《上哲宗乞还西夏六寨》，《宋朝诸臣奏议》卷一三八，第1554页。
③ 《宋史》卷四九〇《大食传》，第14121页。
④ 《宋会要辑稿》藩夷四之九一，第7759页。
⑤ 《宋史》卷四九〇《回鹘传》，第14117页。

的并不仅仅是丝绸，而且从时空和交易额方面综观全局，丝路上的丝绸交易所占比例甚小。从狭义上讲，文化交流实际上与物质交流平分秋色，甚至还可能有过之。[①] 物质文化的交流总是双向的，中国奉献给西方世界以精美实用的丝绸，还有难以统计的物产和技术，造纸、印刷、漆器、瓷器、火药、指南针等等的西传，为世界文明做出了重大的贡献。欧亚各国人民也同样回报了中国的不仅仅有各种植物，还有罗马的玻璃器、西域的乐舞、杂技，到了东汉末年，史书记载：汉灵帝（167—189年在位）"好胡服、胡帐、胡床、胡坐、胡饭、胡空侯、胡笛、胡舞，京都贵戚皆竞为之"[②]。从魏晋到隋唐，随着属于伊朗文化系统的粟特人的大批迁入中国，西亚、中亚的音乐、舞蹈、饮食、服饰等等，大量传入中国。特别是沿着丝绸之路留存下来的佛教石窟，著名的如龟兹的克孜尔、吐鲁番柏孜克里克、敦煌莫高窟、安西榆林窟、武威天梯山、永靖炳灵寺、天水麦积山、大同云冈、洛阳龙门等等，这些石窟大多融会了东西方的艺术风格，是丝绸之路上中西文化交流的见证，它们连成一串宝珠，成为丝绸之路上的重要文化遗产。[③]

但是不可否认盛行近千年的丝绸之路在中唐以后开始衰落，这个衰落不仅是中国经济重心逐渐南移的结果，而且与公元6世纪后世界历史格局开始发生变化密切相关。用西方历史学者的话来说："公元500年左右，整个欧亚大陆处于动乱时期。亚洲草原上游牧民族侵袭了当时所有的文明中心。虽然古典时期的成就并未完全丧失，但中国与西方、北非与意大利、拜占庭和西欧之间的联系却大大减弱。在随后的几个世纪中，各个地区又退回到依靠自身资源独立发展的状态。"[④] 安史之乱引起的巨大社会动荡，给后来的统治者对以积极开拓政策应对北方高原民

---

① 耿昇：《法国汉学界对丝绸之路的研究》，《西北第二民族学院学报》2002年第2期。

② 《后汉书》卷一〇三《五行志》，第3272页。

③ 荣新江：《丝绸之路——东西方文明交往的通道》，《中华文明之光》第二辑，1999年。

④ 《泰晤士世界历史》第四篇《割裂为诸多区域的世界》导言，中译本，希望出版社、新世纪出版社2011年版，第95页。

族的挑战提出了疑问。宋朝的建立者和后继者差不多就只满足于对传统农耕区域的控制，谨华夷之辨成为朝野大多数人的共识。在这种大背景下，欧洲与宋在陆路很少交往，"在从公元 600—1100 年的至少五个世纪当中，欧洲的古典传统已黯然失色"。① 据研究，居住在宋朝开封的 70 姓犹太人是通过海路从印度登陆宋朝的。"中国与基督教世界的关系于 9 世纪期间中断，而于 13 和 14 世纪时又得以恢复。"② "在广大的中亚、西亚地区很少发现可以肯定是从陆路运来的北宋器物，这是和当时的政治形势相应的。北宋北阻于辽，西阻于西夏、回鹘。黑韩王朝和塞尔柱突厥虽和北宋曾多次发生联系，但较大规模的陆上的往来，特别是贸易往来是不大可能的。"③ 而西域中亚从陆路朝贡所带来的马匹、玉石、香料、乳香、畜牧业和狩猎产品、毛织品、琉璃器、佛牙、水晶、琥珀、珊瑚、石俞石、宾铁剑甲、宝器、碙砂、腽纳脐等商品对宋朝经济文化和社会生活的影响很有限。④ 这与汉唐因积极开拓带回的西域产品不论是数量，还是"胡人"习俗文化，不可同日而语。宋人认为的胡文化或者胡俗多指西夏、吐蕃、契丹等周边民族，这一点与唐代欣赏来自中亚、波斯等的胡人习俗有很大不同。⑤ 宋代社会生活中的一些西域文化因素，如宫廷教坊中的龟兹音乐舞蹈元素，还有"胡床"、"胡椅"等大都是从唐代继承而来，并非来自宋夏时的中西陆路交通。即便是在海外贸易大发展的北宋中后期，日本、高丽、欧洲、阿拉伯等国家和地区并无足够的大宗商品与北宋交换，海外贸易占财政收入不足 3%。⑥ 深受印度文化影响的东南亚和印度洋沿岸与宋朝的交往亦是以出口资源性商品为主，如香料、药材、犀象、珠玉等，未经加工或技术

---

① ［英］赫德逊：《欧洲与中国》前言，中译本，中华书局 2004 年版，第 2 页。
② ［法］安田朴：《中国文化西传欧洲史》中译本，商务印书馆 2000 年版，第 51、62 页。
③ 宿白：《考古发现与中西文化交流》，文物出版社 2012 年版，第 108—109 页。
④ 参见朱瑞熙等《辽宋西夏金社会生活史》，中国社会科学出版社 1998 年版。
⑤ 参见杨蕤《宋代陆上丝绸之路贸易三论》，《新疆大学学报》2009 年第 5 期。
⑥ 黄纯艳：《宋代海外贸易》绪论，社会科学文献出版社 2003 年版，第 3 页。

含量较少，对宋代的社会生活只能起到一些互补性的作用。总之，汉唐以吸收外来文化为主的态势在宋代已被益形强固的民族本位文化所取代，虽然宋代对外交通甚为发达，但其各项学术，都不脱中国本位文化的范围，其排拒外来文化的成见，也日益加深。①

与宋朝文化"独立"发展相应，漠北回鹘西迁后亦在与当地各民族融合的同时接受距离自身更近的波斯—阿拉伯伊斯兰文化。宋朝先进的物质文化不同程度地从海上传入东南亚及非洲，如瓷器、货币等，"中亚、西亚摹仿我国陶瓷的釉陶工艺发展很快……12世纪伊朗陶艺出现了一个大发展时期，是受到宋代给予的影响的推论，已得到一般承认。"② 但是在唐代安西大都护府治所的龟兹故地，现今可以看到很多汉唐以来的文物和历史遗迹，却罕见宋代的文物和历史遗迹。③ 编撰于北宋神宗熙宁年间的两部回鹘文化巨著：长诗《福乐智慧》和《突厥语大词典》，与中原文化极不相同。④ 如果说其中依稀有汉文化的影子，那也是汉唐文化的遗风，"喀什噶尔称下秦……桃花石可汗据说应释为'伟大的和古代的统治者'。比较可能的是，这一称号是从前和中国接壤的邻族所留下的，也是突厥人对于中国人的国家观念的一种爱好"。⑤ 可见由于宋与西域的政治隔绝，宋夏对立时期的中西陆路交通已远不能与汉唐中西陆路交通相比。

---

① 傅乐成：《唐型文化与宋型文化》，中国通史教学研讨会编《中国通史论文选》，台北，华世出版社1979年版，第314、350页。

② 宿白：《考古发现与中西文化交流》，第109页。

③ 新疆阿克苏博物馆收藏有一件宋代绿袍，丝绸质地，阿瓦提县古迹遗址采集，衣长132厘米，袖通长173厘米。年代不详。

④ 麻赫默德·喀什噶里：《突厥语大词典》三卷，中译本，民族出版社2002年版；尤素甫·哈斯·哈吉甫《福乐智慧》中译本，民族出版社2000年版。

⑤ 威廉·巴托尔德著，罗致平译：《中亚突厥史十二讲》，中国社会科学出版社1984年版，第101页。附志：感谢新疆社会科学院李树辉先生提供《突厥语大辞典》维吾尔文版和汉文版相关资料。李先生致信说："在新疆出土的喀喇汗王朝的钱币中，仅属于'苏莱曼·喀德尔·桃花石可汗'的钱币就多达500多枚。表明喀喇汗王朝的统治者认为自己是中国君主。显然，喀喇汗王朝的历史文化是祖国悠久历史文化的一个重要组成部分。"

由这些变化再来衡量西夏对宋夏时期中西交通的影响，除了对北宋改变向西出访影响较为重大外，其他方面是阻碍抑或推进？其作用和意义都是颇为有限的。

原刊于《中国史研究》2014 年第 2 期

北宋与龟兹

　　唐、宋之际，北宋和龟兹势力消长的变化是当时中原王朝与西部广大地区的政治地理格局发生重大变化的一个缩影。作为中原王朝的北宋继承了晚唐以来政治地理格局日趋缩小的局面，放弃了汉唐以来积极经营西部的政策，"不勤远略"，"不越秦凤"。① 而龟兹作为丝绸之路新疆段塔克拉玛干沙漠北道的重镇，自汉以来的西域大国，唐安西四镇的治所，更是唐朝统治西域的中心。及至公元840年以后，随着回鹘人西迁，进入龟兹，龟兹逐渐成为西州回鹘的重要组成部分，并被宋国史列入了《外国传》，是所谓的"化外之地"。在这种背景下，北宋如何看待龟兹，似未曾引起过学界的关注，以往说到北宋与龟兹的关系一般多是从龟兹与北宋的朝贡关系加以论述，这方面及相关的研究成果已很丰富。笔者对龟兹没有做过专门研究，也提不出新的有价值的东西，是故本文侧重从北宋的角度谈几点不成熟的看法。

一、宋代地理文献中的龟兹

　　宋代是我国地理总志、方志编撰承先启后的时期，虽然编撰成书甚

---

① 参见拙稿《论宋初的西部边疆政策》，《西北史地》1993年第1期。

多，但现今传世的北宋地理总志只有三部：乐史《太平寰宇记》200卷，成书于宋太宗雍熙至端拱年间，所载政区为宋初太平之制；王存《元丰九域志》10卷，成书于宋神宗元丰三年（1080），所载政区取元丰之制；欧阳忞《舆地广记》38卷，成书于宋徽宗政和年间，所载政区为政和之制。这三部地理文献，对于龟兹的记载方式不尽相同，有三个特点：

第一，与汉、唐以来史志相类，叙其政治统治所及范围，龟兹一般被作为行政区划统辖的治所看待。虽然宋初建国规模远逊于唐代的政治辖境，但是宋太宗雍熙之前对政区的划分仍然是采用唐代的十道制，故《太平寰宇记》龟兹被列入陇右道中的安西都护府进行叙述。这种记述方式表达出来的政治含义，大致是宋的统一大业还在进行中，对北边的燕云地区，对西部的陇右地区还没有完全被摒弃在统治者的视野之外。但是随着宋对辽的战争受到重创，军事失败主义笼罩在宋廷之上，太宗晚年终于将政治军事的决策重心转向国内，以维持稳定为首务，对周边则采取了战略防御的政策。其疆界北边以白沟、雁门关一线与辽朝对峙，西部则谨守秦凤与党项、河湟吐蕃为界，西南以大渡河与大理国划线分治。宋真宗以后北宋历代大致谨奉祖宗之制。虽然宋神宗以后至宋徽宗在西边有所开拓，其势力范围进入洮河、湟水流域，但其规模没有大的改观。这种政治格局的形成决定了《元丰九域志》和《舆地广记》两部书将龟兹列为"化外州"。"化外州"，非王土也，声教不及，只留下些许的历史记忆。

而且记述化外州的内容极其简略。

《元丰九域志》卷第十"化外州·陕西路"：安西大都护府，庭州，灵州，夏州，凉州，沙州，鄯州，瓜州，银州，盐州，胜州，宥州，西州，廓州，会州，宕州，叠州，甘州，肃州，伊州，洮阳州，建康州，镇州。

其中与龟兹相关的"安西大都护府"，具体内容有"领龟兹、毗沙、疏勒、焉耆、月支、条支、修鲜、波斯八部落"。"庭州。北庭大都护府，领金满、轮台、蒲类、西海四县。"

"西州。下督府，交河郡，领高昌、柳中、交河、天山、蒲昌五县。"①

《元丰九域志》所载即是唐代贞观、总章时期安西大都护府的辖境：龟兹都督府（安西都护府）、毗沙都督府、疏勒都督府、焉耆都督府、月氏都督府、条支都督府、修鲜②都督府、波斯都督府。③

《舆地广记》卷十七，"陕西路化外州"：

> 安西大都护府，汉为龟兹国。唐立安西府，初治西州，显庆二年，平贺鲁析其地，立蒙池、昆陵二郡护府，分种落列，置州县，西尽波斯国，皆隶安西，而徙府治高昌故地，三年又徙，治龟兹都督府，而故府复为西州。咸亨元年，吐蕃陷都护府。长寿二年，收复安西四镇，至德元载，更名镇西，后复为安西。吐蕃既侵河陇，唯李元忠守北庭，郭昕守安西，与沙陀回纥相依，攻之久不下。建中二年，元忠昕遣使间道入奏，诏各为大都护，并为节度。贞元三年，吐蕃攻沙陀、回纥、北庭，安西无援，遂陷。领四镇。龟兹都督府，都护府所治，本龟兹国。

第二，叙述唐代西域之地的种族、文化、风俗，汉唐史志多是将龟兹列入西域传、异域传，少部分区分为东夷或西戎，而宋代则统列为四夷、藩夷。《太平寰宇记》把龟兹列为"四夷"的"西戎"大致是受《旧唐书》编列《西戎传》的影响。其范围远远超过《禹贡》所述范

---

① 王存等：《元丰九域志》卷十"化外州陕西路"条，第479—481页。
② 按《新唐书》卷四三下《地理志七下》注云："以罽宾国遏纥城置"，第1136页。
③ 参见乐史《太平寰宇记》一五六，"四镇属安西都护府所统"条："西域十六都督州府，唐龙朔元年，西域诸国遣使求内属，乃分置十六都督，统州府八十，县一百一十，军府一百二十六，皆属安西都护府，仍于吐火罗国立碑以纪。"第3001页。

围，与周人观念中的西戎也有很大差距。这可看作是宋真宗以后宋儒特别强调"华夷之辨"的滥觞。宋真宗时期与辽签订城下之盟"澶渊之盟"后，宋在军事上的挫败，激起宋儒对汉文化优越意识的高涨，华夷之辨成为宋人傲视周边国家的出发点。辽西夏汉化程度较高尚且如此，那些因政治阻绝而地处遥远的"西域诸国"更是蛮夷了，《宋会要》专门设立了"蕃夷门"即是典型的代表，这是北宋汉族本位文化发展的突出表现。

第三，由于前揭政治势力所及局限的原因，宋的地理总志对龟兹的历史、政区、疆界、风俗主要是对前代文献的综述，特别是引述《前汉书·西域传》、杜佑《通典》和《旧唐书》的《地理志》《西戎传》等文献的记载。

《太平寰宇记》卷一百八十一，《四夷十·西戎二·龟兹国》：

> 龟兹国。一名邱兹，又曰屈茨，汉时通焉。王理延城，今名伊逻卢城。都白山之南二百里，《隋西域图记》云："白山一名阿羯山，常有火及烟，即是出焻砂处。"户七千。宣帝时，乌孙公主遣女来，至京师学鼓琴，龟兹主绛宾请取为妻，言得尚汉外孙为昆弟，愿与公主女俱入朝。元康初，逐来朝贺，王及夫人皆赐印绶，夫人号称公主。乐汉衣服制度，归其国，治宫室，作徼道，出入传呼，撞鼓钟，如汉家仪。外国胡人皆曰："驴非驴、马非马，若龟兹王，所谓骡也。"
>
> 至后汉光武时，其王名弘，为莎车王贤所杀，灭其族。贤使其子则罗为龟兹工。国人杀则罗，匈奴立龟兹贵人身毒为王，由是属匈奴。
>
> 魏文帝初、晋武太康中，并遣使朝贡。尝为焉耆所灭，后裔却复。惠、怀末，中国乱，遣使贡方物于张重华。至孝武帝太元七年，秦主符坚遣将吕光率众讨平之。光立其王白纯弟震为王而归，获龟兹乐。今名屈茨。自此与中国不通。至后魏、后周、隋并遣使贡方物。其使云："男女皆剪发垂头"。其刑法，杀人者死，劫贼

则断其臂，并刖一足。税赋准地租征，无田者则税金银钱，婚姻、丧葬风俗与焉耆略同，惟气候少温为异。土多稻、粟、菽、麦，饶铜、铁、硇砂、盐绿、雄黄、胡粉、安息香、良马、犎牛，又出细毡，氍毹。土多孔雀，群飞山谷间，人取养而食之。食音嗣。之，孳乳如鸡鹜音木。其王家恒有千余只云。其国西北大山中有如膏者流出如川，行数里入地，状如醍醐，甚臭，服之，发齿已落者，能令更生。疠人服之，皆愈。

唐贞观二十年，将军阿使那社尔伐龟兹，虏其王而归，立其嗣子素稽为王。今安西都护府所理，则龟兹城也。今王则震之后也，并有汉时姑墨、温宿、尉头三国之利。

四至：东至长安七千五百里。南与精绝、东南与且末、西南与扜弥，北与乌孙、西与姑墨接。能铸冶。俗有城郭，东至都护理所乌垒城四百里。乌垒户一百一十。与都护同理，其南三百里至渠犁渠城，都尉一人，户百三十。东北与尉犁、东南与且末，南与精绝接。昭帝田轮台，与渠犁地皆相连也。东有大河东流，号计戍水，《汉书》曰即黄河也。

土俗物产：俗有城郭。能铸冶，其刑赋、风俗略与焉耆同，惟气候少暖为异，土多稻、粟、菽、麦、饶铜、铁、硇砂、蓝绿、雄黄、胡粉、安息香、良马、细毡、氍毹、孔雀。

乌垒城，在国东三百五十里，汉都护所理城也。

渠犁城在国东南五百八十里，屯田校尉所理城也。

水山：赤沙山、白山。《隋西域图》云"白山一名阿羯山，尝有火及烟，即是硇沙处也"。姑墨水，今名越水。龟兹。东川水，在国东。①

---

① 《太平寰宇记》卷一八一，《西域十·西戎二·龟兹国》，第3463—3464页。

这种通过文献的综述，既可以代表北宋初期人对龟兹的一种认识，而且可以在一定程度上弥补北宋初期对龟兹的状况缺乏实际了解的不足。正如宋仁宗时期曾公亮等人所言："今龟兹即安西都护治所"。①

另外，北宋太宗太平兴国六年（981），西州（高昌）回鹘王国向宋廷遣使朝贡，宋廷派殿前承旨、供奉官王延德回访西州回鹘，出使四年，于雍熙元年（984）四月返回开封，撰有《西州使程记》一卷②（亦称《王延德使高昌记》），宋代文献李焘《续资治通鉴长编》、王明清《挥麈录》前录、马端临《文献通考》、《宋史》都有不同程度的收录，近代以来学者对该篇文献有较多研究和注释，如王国维《古行记校录·王延德使高昌记》③、程溯洛《〈宋史·高昌传〉笺证》④、杨建新主编《古西行记选注·西州使程记》⑤。王延德虽然出使西州（高昌）回鹘，但对于了解北宋时期的龟兹有很大助益，这是因为该文献是宋人第一次近距离观察与龟兹风俗同类的地区，而且此后宋代文献极少出现高昌回鹘或西州回鹘朝贡北宋的记载，取而代之的是龟兹国，或龟兹回鹘，很可能成为西州回鹘的政治代表。

王延德出使高昌之后，见于史载的还有大中祥符六年宋曾派供奉官刘渥出使龟兹，虽然因病未能抵达龟兹，但是这表明北宋前期东西交通是畅通的，及至明道、天圣之际西夏元昊崛起，占领河西走廊，东西交通基本呈现为单向的朝贡，而且是绕道河湟吐蕃境内。宋使臣不能直接回访龟兹等地，这是通过河西走廊丝绸之路中断的重要表现，其后果对历史造成很大影响，使得作为中原王朝的北宋日益疏离"西域"，发展到极致则是元人依照宋国史纂修《宋史》时，"杜氏边防典西方凡七十

---

① 《武经总要》前集卷一八下，"边防·西蕃地界"条，第726册，第546页。
② 《宋史》卷二〇三，《艺文二》，第5119页。
③ 《古行记校录四种》，王国维：《海宁王忠悫公遗书》1927年三集本；《海宁王静安先生遗书》1940年本。
④ 氏著：《唐宋回鹘史论集》，人民出版社1993年版，第175—204页。
⑤ 杨建新等：《古西行记选注·西州使程记》，宁夏人民出版社1987年版。

五国，惟于阗、龟兹、高昌、回鹘诸国名见于《宋史》"，而且被列入《外国传》，这是政治被人为阻绝的直接后果。

最后，值得一提的是，宋人编绘的历史地图，亦能从中看到龟兹在宋代君臣视野中的地位。编绘西域地图，隋、唐都有大制作，宋朝编绘西域地图主要是继承隋唐的做法。但不同的是，隋唐的绘制是在统辖疆域基础上的疆域描绘，而宋多是作为一种历史记忆而绘制。据文献记载，北宋较早绘制《西域图》是宋真宗初年的盛度"奉使陕西，因览疆域，参质汉、唐故地，绘为《西域图》以献"①。盛度编绘《西域图》与当时夏州政权崛起，宋朝正处在如何经略西部的关键时期，其后盛度又应宋真宗的要求，编绘了《河西陇右图》。北宋较大规模编绘历史地图是在哲宗时期，其后至南宋高宗陆续都有修订，这就是"《历代地理指掌图》是现存成书最早的中国历史地图集与中国历代政区沿革地图集。全书共绘有地图四十四幅"②。其中首幅总图《古今华夷区域总要图》以唐朝的《海内华夷图》为本，观照宋朝的"华夷区域"。该图的文字笺注对此尝作阐释，称：

> 本朝土宇与古齐盛，凡使者所部，分为二十三路，具见于图。其四方蕃夷之地，唐贾魏公所载凡数百余国，今列其著闻者，又参考传记，以叙其盛衰本末。至如西有江海诸国，西北有奄蔡，北有骨利干，皆北拒大海，东北有流鬼，不在其它，以其不通名贡而无患于中国，今略而不载。③

---

① 《宋史》卷二九二《盛度传》，第9757页。
② 详见香港中文大学许振兴《地图上的政治教育：〈古今华夷区域总要图〉的启示》，岭南宋史研究会、岭南大学历史系主办《十至十三世纪中国的政治、文化与社会学术研讨会暨岭南宋史研究会第三届年会》，香港岭南大学2012年12月9日。关于《历代地理指掌图》的作者，究竟是税安礼、苏轼，抑或不知何人，历来众说纷纭。郭声波《〈历代地理指掌图〉作者之争及我见》（载《四川大学学报》（哲学社会科学版）2001年第3期，第89—96页）一文详细论证税安礼当为该书作者，大抵已是定论。
③ 许振兴：《地图上的政治教育：〈古今华夷区域总要图〉的启示》。

在标目"辨西域"下笺注文字曰"隋之世，来朝者四十余国。唐破吐蕃，复四镇，诸国贡献，侔于前代。本朝建隆（960—963）以来，通贡者于阗、高昌、龟兹、大食、天竺"。

由上不难看出，北宋政治影响在西夏建国后大受局限，唐代西域七十五国渐次消失在历史地理文献和历史记忆中，但是对唐安西四镇却是念兹在兹，所谓身虽不能及，而心向往之。

二、龟兹回鹘与西州回鹘

北宋建立以后，来自西部朝贡的回鹘主要有两支，一是甘州回鹘，一是广义的西州回鹘。有关甘州回鹘不是本文主要讨论的议题，且学界相关成果已颇丰。① 不赘。关于西州回鹘，除后周广顺元年（951）、宋太祖建隆三年（962）和乾德三年（965）朝贡以后，在宋代文献中就不再有明确的记载。对于这个问题学界的解释有多种看法：一是龟兹回鹘即是西州回鹘；二是五代时期西州回鹘没有出现一个可汗的名号，宋初时西州回鹘形成两个可汗系统：高昌回鹘和龟兹回鹘；三是龟兹回鹘是一支有别于西州回鹘，而介于高昌与喀喇汗之间的独立政治力量。四是龟兹回鹘与高昌回鹘为双王制。五是高昌回鹘地域包括唐朝伊、西、庭三州及焉耆、龟兹二都督府之地。②

以上五种看法，笔者比较赞同第 2 种，但需要补充的是，五代宋初

---

① 参见高自厚《甘州回鹘与西州回鹘辨》，《西北民族学院学报》1982 年第 4 期；汤开建《甘州回鹘余部的迁徙及与西州回鹘之关系》，《新疆社会科学》1984 年第 3 期。

② 田卫疆：《北宋时期西州回鹘相关史实考述》，《西域研究》2003 年第 1 期；汤开建：《甘州回鹘余部的迁徙及与西州回鹘之关系》，《新疆社会科学》1984 年第 3 期；李树辉：《龟兹回鹘的历史发展（上）——乌古斯和回鹘研究系列之八》，《喀什师范学院学报》2004 年第 2 期；程溯洛：《〈宋史·龟兹传〉补正——兼论高昌回鹘王国中的双王制》，《历史研究》1987 年第 3 期；周菁葆：《五代宋辽时期的新疆乐舞》，《新疆师范大学学报》1983 年第 2 期。

时期，高昌回鹘的势力似大于龟兹回鹘，这可从宋太宗太平兴国六年（981）至雍熙元年（984）四月，高昌回鹘的朝贡和宋廷派遣王延德回访出使高昌得到印证，但自此以后高昌、西州回鹘的朝贡活动很少见于宋代文献的记载，以至于在宋朝举行"大宴"时，外国使预宴者中已不见"高昌"或"西州"使者的身影，而在宋廷见辞朝贡仪的名单上亦未见高昌、西州的名号。尤值得注意的是，大中祥符六年之前，宋廷曾派遣供奉官刘渥出使龟兹，"以疾先还，至京而卒。上闵其在道艰阻，诏以供帐物赐其家从、行人，第迁补之。"① 虽然刘渥半途而归，但是足以说明两个问题，一是结合太宗时派遣王延德出使西州（高昌），在宋仁宗明道天圣之际西夏占领河西走廊之前，北宋不仅仅是接受西州、龟兹的朝贡，而且也会礼尚往来主动回访；二是宋真宗以后西州回鹘中龟兹的势力已大于高昌，而受到宋廷的礼遇。

为何对于龟兹回鹘与西州回鹘的关系，仁者见仁智者见智？其中一个重要原因与宋代文献中西州回鹘同龟兹回鹘记载经常混杂分不开有密切关系。但是有人说这种混杂是因为："宋人对龟兹回鹘与西州回鹘之间的关系亦不是很清楚"，宋"与西北隔绝，只能凭一些传闻"。"中原地区宋辽金诸政权割据，西州回鹘政权同宋朝两地之间有数个政权相隔，往来不便，宋朝有关西域等地的消息来源是多方面的"。对此，笔者不能苟同。如果说北宋初期，百事待兴，对西域地区情况不甚了解的话是可以的，但是从宋真宗以后北宋对朝贡事宜颇为留心，建立了较为详细的"外夷"国情摸底制度。史载：

> （天圣）九年正月十二日，资政殿学士晏殊言："占城、龟兹、沙州、邛部川蛮至有挈家入贡者，请如先朝故事，令馆伴访其道路、风俗，及绘人物、衣冠以上史官。"从之。四月二日，命礼仪

---

① 《长编》卷八〇，大中祥符六年六月丙戌条，第 1832 页。《宋会要辑稿》蕃夷四之一四，第 7720 页，似与《长编》略有差异："刘渥，前奉使龟兹者，还京而卒。"

院修《四夷述职图》。时注辇国遣使来贡，判鸿胪寺张复绘其风俗、衣冠为图以献。帝曰："二圣已来，四夷朝贡曾无虚岁，岂止此耶？"故命重修焉。①

王应麟《玉海》卷一百五十三《朝贡》条记录仁宗天圣以后宋朝历代登录朝贡地区"国情"：

> 天圣九年正月庚申（十二日），资政学士晏殊言："占城、龟兹、沙州、邛部川蛮至有挈家入贡者，请如先朝故事，令馆伴访道路、风俗，及绘衣冠、人物以上史官"。从之。景祐四年三月二十五日戊戌，判鸿胪宋郊请自今外夷朝贡，并询问国邑、风俗，道途远近，图画衣冠、人物两本，一进内，一送史馆。从之。康定元年七月十五日，知制诰吴育请选官属使知外夷之务，并采集古今事迹、风俗，如有质问，悉以条陈。诏史臣王洙等检讨典故以闻。熙宁四年十月六日，枢密都承旨李评请诸国朝贡别置一司领之，取索文字，预为法式。诏领于客省。（熙宁）七年九月丁未，史臣宋敏求等上《蕃夷朝贡录》二十一卷（即李评所请也）。元丰著令西南五姓蕃五年一贡。政和六年三月壬戌，诏有司编集如周王会之篇。七年五月诏敕令所编修朝贡令式。

天圣九年四月以后编撰的《诸蕃进贡令式》，据《宋史·艺文志》所载，共有十六卷，具体分卷是："董毡、鬼章一，阇婆一，占城一，层檀一，大食一，勿巡一，注辇一，罗、龙、方、张、石蕃一，于阗、拂菻一，交州一，龟兹、回鹘一，伊州、西州、沙州一，三佛齐一，丹眉流一，大食陀婆离一，俞卢和地一。"②

---

① 《宋会要辑稿》藩夷七之二〇。按：原文附于大中祥符九年之后，恐误，应是天圣九年。
② 《宋史》卷二〇四，《艺文志三》，第5136、第5137页。

宋朝还设有专门接待朝贡国家和地区的"外事"机构："怀远驿，掌南蕃交州，西蕃龟兹、大食、于阗、甘、沙、宗哥等国贡奉之事。"①

由上引可知，宋朝对于各朝贡国家、地区、部落的风土人情、衣冠人物、道路远近以及城邑、使臣都有基本了解，而且将所获得的资料信息以档案形式存于史馆。因而简单臆测宋朝对朝贡地区了解不清的说法有悖史实。当然宋朝当代史的编撰制度繁复，有日历、时政记、实录、国史、会要等，各朝史实卷帙浩繁，故记录和选材有出入也在所难免。

正是由于通过对朝贡使者的盘查和寻访，如宋太宗雍熙元年（984）"西州进奉使易难具道本国主称号、服饰、习尚、风俗、城邑、道里，一如龟兹国"②。所以《续资治通鉴长编》《宋会要》《宋史》所叙述和记录的各地回鹘称号、官职、习尚、风俗、道里、城邑都是有根据而来的。南宋人章如愚编撰《群书考索》曾对《宋会要》《续资治通鉴长编》及宋国史等文献所载回鹘事迹做过认真的归纳和梳理，就是北宋时期回鹘分布及基本风貌的真实反映。③

章如愚编：《群书考索》后集卷六十四，《财赋门·四夷方贡》：

> 龟兹国，回鹘之别种也。其国主自称师子王，或称西川回鹘，或称西州龟兹，又称龟兹回鹘，其实一也。初回鹘西奔，族种散处，故甘州有可汗王，西州有克韩王，新复州有黑韩王，皆其后也。宋朝太宗兴国九年，西州龟兹遣使来贡。自是可汗王、克韩，皆遣使贡良玉、名马、橐驼、犬尾白羊、乳香等物，至今不绝。（会要）……

---

① 《宋史》卷一六五，《职官五》，第 3903 页。
② 《宋会要辑稿》蕃夷四之一二，第 7719 页。
③ 虽然《群书考索》是一部类书，但是它的史学价值是很高的，四库馆臣曾高度评价是书："南渡以后，迂儒尊性命而薄事功，文士尚议论而尠考证。如愚是编，独以考索为名，言必有征，事必有据，博采诸家，而折衷以己意。不但淹通掌故，亦颇以经世为心，在讲学之家尚有实际。"（见是书提要，文渊阁四库全书影印本）

高昌国，汉车师前王之地也。有高昌国，取其地势高敞，人民昌盛，以为名焉。后魏初，阚伯周为高昌王。唐贞观中，侯君集平其国，以其城池为西州。安史之乱，其地陷没，乃复为国。语讹亦云高敞。然地颇有回鹘，故亦谓之回鹘。……

西州回鹘：真宗景德元年五月壬寅、六月戊辰，西州回鹘遣使金延福并来贡。

甘州回鹘：甘州可汗夜落纥……

甘州回纥：仁宗天圣二年五月庚子，甘州回纥可汗王遣使贡物。

回鹘可汗景琼建隆二年十二月壬辰遣使贡物，自是甘州回鹘贡良马、美玉、珊瑚、琥珀之类不绝。

甘沙州回鹘：太宗兴国五年闰三月辛未来贡物。

秦州回鹘：真宗祥符四年四月癸丑，秦州回鹘安密等贡玉珊，贺汾阴礼毕。

此外，还有凉州回鹘及合罗川回鹘之名。由此可见，北宋"对于840年回鹘西迁后分3支分布的情况并非无知，而是了解的相当清楚"[1]。

另外，从宋人对"龟兹"名称字音的考订亦可证宋人对龟兹了解之一斑。

王观国《学林》卷六《龟兹》：

前汉地理志上郡龟兹县，应劭注曰："龟兹音丘慈"。观国案：字书龟，居逵切，又居求切，盖居求切者音鸠，亦收在鸠字韵中。然则龟兹当音鸠慈，而应劭音龟作丘者，于字书居求切，误调入丘

---

① 程溯洛：《〈宋史·回鹘传〉补正》，《中国社会科学》1989年第5期。

音也。其余史书并音龟兹作丘慈者，实应劭倡其误耳。龟兹者西域之国名，其国不在上郡，而上郡取以为县名者，颜师古以为龟兹国人来降附者处之于此，故以为名，理或然也。文士亦或用龟字作鸠音用之。张平子《西京赋》曰："摭紫贝搏耆龟，搤水豹罞潜牛。"盖用龟字作鸠音，与牛字协声韵也。匈奴有休屠王，而汉武威郡有休屠县者，盖武威郡有休屠王故地，汉武帝太初四年置武威郡，故其县以休屠为名。此固当然与龟兹县异矣。番夷名号与其地名多有他音，不读如本字。故可汗音楷寒，阏氏音烟支，谷蠡音禄梨，狫氏音权精，浩亹音合门，番汗音盘寒，允吾音铅牙，先零音铣怜。凡此皆变为他音，字书亦有不载者。①

其二，宋代文献的记录其所以显得混杂和有歧异，原因大致有二：一是漠北回鹘浸微西迁至甘州、西州、安西之后，在相当长时间内处于新的民族整合阶段，学界有把晚唐五代时期回鹘发展视作衰奔阶段，②实际上 10 世纪中叶至 11 世纪的后期正是漠北回鹘族与其西迁至所在地其他民族"氏羌系统、汉族、伊兰种人、雅利安人、塞种人、月氏、乌孙、铁勒、柔然、突厥、吐蕃等"融合过程中重新聚集整合，形成新的回鹘民族的时期。从《宋会要》、《续资治通鉴长编》和《宋史》等文献不仅记载了甘州回鹘、西州回鹘、龟兹回鹘的情况，而且也反映了"回鹘，自唐末浸微，本朝盛时，有入居秦川为熟户者，……甘、凉、瓜、沙旧皆有族帐，后悉羁縻于西夏。唯居四郡外地者，颇自为国，有君长"③ 的实际情况。

二是编撰体例问题，正如有的学者所说"宋代以后人们凡叙述西

---

① 参见陈守忠、陈秀实《两河西、两云中、双龟兹——历史地理考证》，《西北史地》1995年第 3 期。
② 高自厚：《论庞特勤为回鹘共主——兼论回鹘史上的衰奔时期》，《西北民族学院学报》1984 年第 3 期。
③ 洪皓：《松漠纪闻》卷一，第 117 页。

州回鹘政权历史，多从唐代回鹘西迁，也就是安西回鹘政权创立谈起"。加之，作为漠北较落后的游牧的回鹘族征服了有较高文化的河西、西州、安西原有的各民族，它在经济、文化等方面均会受到影响，有的方面，如经济、文化、宗教（由摩尼教逐渐变为佛教）等逐渐采用被征服民族的方式。① 如雍熙元年"西州进奉使易难具道本国主称号、服饰、习尚、风俗、城邑、道里，一如龟兹国"②。请注意《宋会要》说高昌"然地颇有回鹘，故亦谓之回鹘"。龟兹"其国主自称师子王，或称西州回鹘，或称西州龟兹，又称龟兹回鹘，其实一也"③。很明确地指出高昌和龟兹不完全都是回鹘。因而漠北回鹘早期落后的风俗、原住民族固有的风俗、征服后经融合产生的新风俗和唐朝汉文化的遗风都在原唐朝陇右道西部范围内叠加呈现，这种叠加呈现，经来自甘州、西州、龟兹使臣的描述和史官对唐代的历史记忆再叠加，反映在史乘上，史官记录时是清楚的，而后世读者便感到"混杂"和"歧异"。

三、龟兹与北宋的交往

龟兹与北宋的交往，《宋史·龟兹传》只记载了 7 次，程溯洛先生在《〈宋史·龟兹传〉补正》中辑录《宋会要辑稿》蕃夷四、七两部分以及《宋史·回鹘传》、《真宗纪》、《仁宗纪》《神宗纪》等有关材料连同《宋史·龟兹传》，共辑出 27 条，对于认识龟兹与北宋的交往，功莫大焉。当然限于当时读书的条件，没有现今这样方便，因而还有一些遗漏，笔者在程先生的基础上，又参考了李焘《续资治通鉴长编》、

① 参见周伟洲《也谈新疆维吾尔族族源问题》，林幹主编《突厥与回鹘历史论文选集》下册，中华书局 1987 年版。
② 《宋会要辑稿》蕃夷四之一二，第 7719 页。
③ 《宋会要辑稿》蕃夷四之一二，第 7719 页。

章如愚《群书考索》、王应麟《玉海》等文献，对龟兹回鹘与北宋的交往重新辑录，共辑出 35 条，比程先生多辑出 8 条，现按年代先后列表如下：

纪元年代	交往史实	资料出处①
太平兴国元年（976）	龟兹回鹘别种（自称师子王），兴国元年五月，遣使来贡。	《玉海》卷一五四，《太平兴国龟兹来贡》
太平兴国六年（981）	六月六日，龟兹国僧义修来献梵夹、菩提印叶、念珠、舍利。赐紫方袍、束带。	《辑稿》蕃夷四之一四
太平兴国六年（981）	十一月，（龟兹）遣使来贡。	《辑稿》蕃夷四之一四
太平兴国九年（雍熙元年984）	西州、龟兹遣使来贡。自是可汗王、克韩皆遣使贡良玉、名马、橐驼、犬尾白羊、乳香等物。	《考索》
真宗咸平四年（1001）	二月，大回鹘龟兹国安西州大都督府单于军克韩王禄胜遣使曹万通奉表，贡玉勒名马、独峰无峰橐驼、宝刀、宾铁剑甲、琉璃器、鍮石瓶等。万通自言任本国枢密使，本国东至黄河，西至雪山，有小郡数百，甲马甚精习，愿朝廷命使统领，使得缚继迁恶党以献。因降诏禄胜曰："贼迁凶悖，人神所弃。卿世济忠烈，义笃舅甥，继上奏封，备陈方略，且欲大举精甲，就覆残妖，拓土西陲，献俘北阙。可汗功业，其可胜言！嘉叹尤深，不忘朕意。今更不遣使臣，一切委卿统制。"特授万通金紫光禄大夫、检校太师、左神武军大将军、兼御史大夫、上柱国，封谯县开国子，食邑五百户。万通入辞，帝召至便殿谕之曰："归语可汗王，得所奏事，备观忠荩。今赐晕锦衣一袭、金带一、金花银酒器二百两、锦绮、绫罗二百匹，以贡奉物价三十万优给之。"初，回鹘西奔，族种散处，故甘州有可汗王，西州有克韩王，皆其后也。	《辑稿》蕃夷四之一三、四之一四；《玉海》卷一五四；《考索》

---

① 以下《宋会要辑稿》简称《辑稿》，《续资治通鉴长编》简称《长编》，《群书考索》后集卷六十四《四夷方貢》简称《考索》。

纪元年代	交往史实	资料出处
咸 平 四 年 （1001）	四月丙辰，西州回鹘可汗王禄胜遣使曹万通来贡玉鞍勒名马宝器等物。	《考索》
咸 平 四 年 （1001）	十一月二十八日，龟兹国遣使来贡。	《辑稿》蕃夷七之一四；《宋史》卷六，第116页；《考索》
咸 平 六 年 （1003）	六月六日，龟兹国僧义修来献梵夹、菩提印叶、念珠、舍利。赐紫方袍、束带。	《辑稿》蕃夷四之一四
咸 平 六 年 （1003）	十一月，遣使来贡。	《辑稿》蕃夷四之一四
景 德 元 年 （1004）	五月十日，西州龟兹国回纥白万进来贡。	《辑稿》蕃夷七之一五，《长编》卷五六
景 德 元 年 （1004）	六月，龟兹遣使金延福来。	《辑稿》蕃夷四之一四
景 德 元 年 （1004）	十月，度龟兹国石报进为僧，从其请也。	《辑稿》蕃夷四之一四；《宋史》卷七，第127页；《考索》
景 德 三 年 （1006）	五月，以白万进为怀化司戈。	《辑稿》蕃夷四之一四
大中祥符三年 （1010）	闰二月二十一日，国王可汗遣使李延胜、副使安福等贡乳香二百四十九斤、花蕊布二匹、硇砂三百七十一斤、独峰橐驼一、大尾白羊十五。李延胜贡马十四、玉鞍勒、金玉二百一十二斤。李安福贡琥珀四十斤、瑜石十二斤。监使翟进贡乳香六十九斤、碯石十二斤，监使翟进贡乳香六十九斤、碯石二斤、胡黄连十四斤。判官曹信贡乳香七十六斤，都监杨嘉贡乳香三十九斤，僧智圆贡琥珀四十五斤、碯石四十六斤。	《辑稿》蕃夷四之一四、七之一八；《长编》卷七三；《宋史》卷七，第145页，卷四九〇，第14116页；《考索》
大中祥符四年 （1011）	以（龟兹）李延胜为左屯卫将军。	《辑稿》蕃夷四之一四

续表

纪元年代	交往史实	资料出处
大中祥符六年 （1013）	六月丙戌，秦州言："押领龟兹国进奉辉和尔首领怀化司戈林布智，行至黄河北，为蕃部所隔，望遣使臣接导，仍赐迁秩告身。"上曰："戎人无厌，不可悉如其请。"令秦州就遣使臣量加赐与引伴出蕃。供奉官刘渥前使龟兹，以疾先还，至京而卒。上闵其在道艰阻，诏以供帐物赐其家，从行人第迁补之。 （六月，秦州上言："回纥怀化司戈兰遁质遣弟室腊丹赍状（诸）［诣］州，称押领龟兹进奉般次，为蕃部阻隔，且寓遁质家，供奉官刘渥以疾先出蕃。望别差使迎接般次，兼赐遁质官告。"朝议以尽依所请，虑蕃部告求无厌，止令秦州就差使臣并译语官取接出蕃。仍谕遁质，候般次至京，当议恩泽。刘渥，前奉使龟兹者，还京而卒。诏官借供帐什物，并赐其家，随行公人悉优改转。）	《长编》卷八〇；《辑稿》蕃夷四之一四
大中祥符六年 （1013）	十一月，（龟兹）克韩王遣使李延庆等三十六人来朝，贡方物：玉六十团、橐驼、名马、弓箭、鞍勒、香药等。优诏答之。	《辑稿》蕃夷四之一四至一五、七之一九；《宋史》卷八，第154页，卷四九〇，第14116页；《考索》
大中祥符九年 （1016）	正月十二日，资政殿学士晏殊言："占城、龟兹、沙州、邛部川蛮至有挈家入贡者，请如先朝故事，令馆伴访其道路、风俗，及绘人物、衣冠以上史官。"从之。	《辑稿》蕃夷七之二〇
天禧元年 （1017）	四月二十六日，龟兹国克韩王智海遣使贡玉及马、香药等。	《辑稿》蕃夷七之二一；《考索》
天禧元年 （1017）	六月二十九日，龟兹国进奉使张复延等贡贺先天节，玉鞍勒马。	《辑稿》蕃夷七之二一；《宋史》卷八，第163页
天禧四年 （1020）	十二月，可汗师子王智海遣使来朝，贡大尾白羊。	《辑稿》蕃夷四之一五；《考索》；《宋史》卷八，第170页，卷四九〇，第14116页
乾兴元年 （1022）	五月，仁宗即位，未改元。龟兹国僧华严自西天至，以佛骨舍利、梵夹为献。	《辑稿》蕃夷四之一五；《考索》
仁宗天圣二年 （1024）	三月十七日，龟兹国王智海等贡独峰驼、五香药、杂物。	《辑稿》蕃夷七之二二；《考索》

续表

纪元年代	交往史实	资料出处
天圣二年 (1024)	四月，可汗王智海遣使来贡橐驼、马、玉、乳香。	《辑稿》蕃夷四之一五
天圣四年 (1026)	龟兹来贡。	《宋史》卷九，第181页
天圣七年 (1029)	六月二十一日，龟兹国遣金乌塔名、钝喧似、吴索温等来贡方物。	《辑稿》蕃夷七之二三；《考索》
天圣八年 (1030)	十一月十五日，龟兹国遣李延庆贡玉带、真珠、玉越斧、团牌、花蕊布、金（渡）［镀］铁甲、乳香、硇砂、马、独峰驼、大尾羊。	《辑稿》蕃夷七之二四
天圣九年 (1031)	正月十八日，龟兹国王智海遣使李延庆等贡硇砂、乳香、名马。	《辑稿》蕃夷七之二四；《考索》。
景祐四年 (1037)	正月九日，龟兹国遣使李延贵贡花蕊布葛、乳香、硇砂、玉、独峰驼、马。	《辑稿》蕃夷七之二五；《宋史》卷一○，第203页
景祐四年 (1037)	六月，遣大使李延贵、副使李沙州入贡。	《辑稿》蕃夷四之一五
康定元年 (1040)	四月，龟兹遣使来贡。	《辑稿》蕃夷四之一五
皇祐四年 (1052)	正月癸巳，龟兹国、沙州并遣人贡物。	《考索》
神宗熙宁四年 (1071)	九月，遣大使李延庆、副使曹福等入贡。	《辑稿》蕃夷四之一五
熙宁五年 (1072)	二月二日，大回鹘龟兹可汗王遣使卢大明、笃都奉表，贡玉、象牙、翡翠、乳香、花蕊布、宿绫、硇砂、铁甲皮、团牌、马、刀剑。	《辑稿》蕃夷七之三二、四之一五；《长编》卷二三○；《宋史》卷一五，第281页
哲宗绍圣三年 (1096)	十月十五日，熙河兰岷路经略安抚使司言：据洮西沿边安抚司申："发遣到龟兹师王国进奉大首领阿莲撒罗等三人表章及土佛等。本国未尝进奉，欲许令于熙、秦州买卖，仍将赍到玉佛估价，回赐钱物遣回。"从之。	《辑稿》蕃夷七之四二；《宋史》卷四九○，第14123页，卷一八，第345页

由于现今对于龟兹回鹘与西州回鹘的关系还有纷争，故为了准确反映真实情况，交往史实尽量保持原文，并对资料出处也尽量注出文献来源。

从上表可以看出，从龟兹初次朝贡到神宗熙宁五年的近百年中，平均每三年就有一次朝贡交往，说明双方的交往还是很频繁的，特别是在仁宗前期更为频繁，平均两年就有一次。从宋朝西部政治发展格局来讲，有两次大的政治事件影响宋朝与龟兹的交往。一是宋明道天圣之际，西夏元昊崛起先后占领甘、凉州，1038 年又建立大夏国，俗称西夏，在地缘上隔断龟兹沿河西走廊古丝绸之路到北宋的路线，但并不能阻绝龟兹通过南线经河湟地区唃厮啰政权辖境到达北宋。① 龟兹与吐蕃有良好的关系。二是宋神宗时期王安石变法，起用王韶经略吐蕃，开辟熙河，及至重创唃厮啰政权，建立熙河路之时，龟兹与北宋的交往也基本停止，个中原因是巧合还是北宋重创吐蕃，使龟兹失去对北宋的信任，与吐蕃结盟抵抗北宋也未可知。不过从崇宁三年（1104）四月北宋军攻陷青唐城"伪龟兹公主及其酋豪，率回纥、于阗诸族开门出降"，② 不难看出几分端倪。

龟兹与宋的交往主要是通过使臣、僧人传递政治信息，交换经贸利益、交流文化，增进友好关系。当然从绍圣三年（1096）的那条材料也透露出商人在北宋境内做交易的消息。

在宋朝与各个朝贡国家和地区的关系中，表现在宴饮诸朝贡国座席安排上，主要考量与宋的利害关系，宋前期龟兹与夏州、交州地位相近，西夏建国后，龟兹地位次于辽和西夏③：

> 宴飨之设。……凡国有大庆皆大宴，遇大灾、大礼则罢。天圣

---

① 《宋史》卷四九二《外国传》，第 14161 页。"及元昊取西凉府，潘罗支旧部往往归厮啰，又得回纥种人数万。厮啰居鄯州，西有临谷城通青海，高昌诸国商人皆趋鄯州贸卖，以故富强。"龟兹受阻于西夏，朝贡宋朝想必也是走这条道。

② 陈均：《皇朝编年纲目备要》卷二七，第 680 页。

③ 吴晓萍《宋代外交制度研究》认为宋朝对外关系，其地缘外交对象大致可分为三个层次：一是辽金对等地位的国家；二是西夏、高丽、交阯等地缘关系密切的国家；三是大理、于阗、回鹘、吐蕃等地缘关系较弱的国家。安徽人民出版社 2006 年版，第 7 页。

后，大宴率于集英殿，次宴紫宸殿，小宴垂拱殿，若特旨则不拘常制。……凡外国使预宴者，祥符中宴崇德殿，夏使于西廊南赴坐，交使以次歇空，进奉、押衙次交州，契丹舍利、从人则于东廊南赴坐。四年，又升甘州、交州于朵殿，夏州押衙于东廊南头歇空坐。七年，龟兹进奉人使歇空坐于契丹舍利之下。其后又令龟兹使副于西廊南赴坐，进奉、押衙重行于后，瓜州、沙州使副亦于西廊之南赴坐，其余大略以是为准。①

在元旦朝会中"回纥皆长髯高鼻，以疋帛缠头，散披其服。于阗皆小金花毡笠，金丝战袍束带，并妻男同来，乘骆驼毡毡铜铎入贡"②。这里所提及的"回纥"是在宋徽宗时期，其时已不见龟兹朝贡，但当年龟兹朝贡的情形与此大致相仿。

在宋朝与各个朝贡国家和地区的关系中，表现在递交国书仪式的礼遇上，则主要考量朝贡国家和地区朝贡疏密程度。宋真宗时期龟兹与宋交往频繁，故当注辇国第一次派使臣朝贡宋朝，宋朝"待其使者，例同龟兹国"③。以示重视。在宋哲宗元祐二年（1087）以前，龟兹与北宋的关系属于最为疏远的一类，这是自熙宁五年（1072）以后十多年中龟兹"不常至"的结果。

> 诸国朝贡。其交州、宜州、黎州诸国见辞，并如上仪。惟迓劳宴赉之数，则有杀焉。其授书皆令有司付之。又有西蕃唃氏、西南诸蕃、占城、回鹘、大食、于阗、三佛齐、邛部川蛮及溪峒之属，或比间数岁入贡。层檀、日本、大理、注辇、蒲甘、龟兹、佛泥、拂菻、真腊、罗殿、渤泥、邈黎、阇婆、甘眉流诸国入贡，或一

---

① 《宋史》卷一一三《礼志一六》，第2688页。
② 孟元老撰，伊永文笺注：《东京梦华录笺注》卷六，第516—517页。
③ 《长编》卷八五，大中祥符八年九月己酉，第1948页。

再，或三四，不常至。①

北宋与龟兹的关系还表现在北宋继承隋唐以来的音乐舞蹈文化上，虽然现尚没有看到宋直接从龟兹引进音乐舞蹈的记载，但是宋的宫廷音乐舞蹈在增损唐朝制度基础上，有相当多的继承。如开封繁塔第二层内壁上数第二排正南和西南两壁，嵌有 20 方伎乐塑像砖，其中就很清晰地表现了龟兹乐器："鞀牢与鸡娄鼓伎乐人左手持鞀牢，并于大小臂间夹一鸡娄鼓，右手持槌作敲击状。""琵琶演奏者左手按弦，右手持拨，横抱乐器于怀中。""琵琶发源于西域，南北朝时期传入中原，是龟兹乐部中的主要乐器，故又称龟兹琵琶或胡琵琶。""繁塔伎乐中的两件鞀牢……龟兹乐队所用乐器因时代不同有所增减，而繁塔伎乐正好反映了宋代龟兹乐队的特征，是一个典型的宋初龟兹乐队演奏的形象。"②宋宫廷乐中常用的打击乐：羯鼓、揩鼓、鞀牢等都是从龟兹传入唐朝以后被宋朝继承。③据研究，北宋"贺全恩"舞蹈就是高昌回鹘地区以及龟兹、焉耆、康国等地流行的一种乞寒舞"苏莫遮"，继续在民间流传。④而且"苏幕遮"成为唐宋词曲的词牌名，许多名家都有创作。在北宋军体的"打球"游戏活动中，龟兹乐具有现代啦啦队的作用："打球，本军中戏。太宗令有司详定其仪。三月，会鞠大明殿。有司除地，竖木东西为球门，高丈余，首刻金龙，下施石莲华坐，加以采绩。左右分朋主之，以承旨二人守门，卫士二人持小红旗唱筹，御龙官锦绣衣持哥舒棒，周卫球场。殿阶下，东西建日月旗。教坊设《龟兹部》鼓乐于两廊，鼓各五。……"⑤

---

① 《宋史》卷一一九《礼志二二》，第 2813 页。

② 赵为民、黄砚如：《开封宋代繁塔伎乐砖析评》，《河南大学学报》1988 年第 4 期。

③ 李亚娟：《论北宋教坊乐中的打击乐组合》，《音乐艺术》（上海音乐学院学报）2011 年第 2 期。

④ 周菁葆：《五代宋辽时期的新疆乐舞》，《新疆师范大学学报》1983 年第 2 期。

⑤ 《宋史》卷一二一《礼志二四·军礼》，第 2841—2842 页。

尽管宋朝继承了龟兹的音乐舞蹈，但是宋的士大夫高倡"华夷之辨"，重振儒学，以孔孟正宗传人自居，对隋唐广泛采纳包括龟兹的西域音乐舞蹈，多采取批评态度，如马端临《文献通考》多引用宋徽宗初期编撰《乐书》的陈旸的观点评论隋唐及宋朝的"胡乐"：

> 乐苑又以清乐、西凉、龟兹、天竺、康国、疏勒、安国、高丽、礼毕为九部，必当损益，不同始末，异制不可得而知也。……隋唐之乐，虽有雅胡俗三者之别，实不离胡声也。历代沿袭，其失如此。圣朝宜讲制作，削去而厘正之，实万世利也。①

> 唐全盛时，内外教坊近及二千员，梨园三百员，宜春、云韶诸院及掖庭之伎不关其数。太常乐工动万余户。圣朝教坊裁二百员，并云韶、钧容、东西班不及千人。有以见祖宗勤劳庶政，罔淫于乐之深意也。然均调尚间以燕乐胡部之声，音器尚袭法曲龟兹之陋，非先王制雅颂之意也。革而正之，岂非今日急务邪?②

> 自长寿、天授、鸟歌、万岁、龙池、小破阵等舞，皆用龟兹乐，舞人皆穿皮靴，惟龙池舞备用雅乐，而无钟石，舞人蹑履，燕乐等六舞皆坐奏之，乐府谓之坐部伎也。唐之雅乐，其杂夷蛮之制如此，然则卒致胡雏之祸者有以也夫。③

以上所反映的宋朝对龟兹音乐舞蹈文化的态度，正如近人傅乐成先生所指出的"唐代文化，上承魏晋南北朝。魏晋南北朝时代的文化对唐代文化直接发生影响的重要因素，不外三端；即老庄思想、佛教和胡人习俗。其中后两种因素自外族传入，而且是经历数百年的流播而形成的。唐代对这三种文化因素的承袭，也以后两种为主，在有唐三百年的

---

① 陈旸：《乐书》卷一五九《九部乐》，文渊阁四库全书影印本，第 211—739 页。
② 陈旸：《乐书》卷一八八《教坊部》，文渊阁四库全书影印本，第 211—849 页。
③ 马端临：《文献通考》卷一四五《乐舞》，中华书局点校本，2011 年，第 4381 页。

大半时间中，它们是文化的主流，造成唐代文化的异彩特色"。"宋代对外交通，甚为发达，但其各项学术，都不脱中国本位文化的范围；对外来文化的吸收，几达停滞状态。这是中国本位文化建立后的最显著的现象，也是宋型文化与唐型文化最大的不同点"。[1] 斯言甚确。

原刊于《吴天墀教授诞辰百年纪念论文集》，四川人民出版社 2014 年版

---

[1] 《唐型文化与宋型文化》，中国通史教学研讨会编《中国通史论文选》，台北，华世出版社 1979 年版，第 314、350 页。

北宋治河与防边

在黄河史上，至五代、北宋，开始进入又一个决溢灾患的频发时期。宋徽宗时人任伯雨说："黄河为中国患二千岁矣。""自古竭天下之力以事河者，莫如本朝"。[①] 验之史实，北宋一代河患之频繁，治河规模之浩大，不仅远过于汉唐，就是与金元明清相比也是非常突出的。但是纵览北宋黄河史，不难发现北宋治理黄河的政策并不完全出自为防治黄河决溢这一因素，而是更多地与防边紧密相连。"澶渊之盟"订立后，虽然宋辽间基本上维持了一个比较长时间的休战和平局面，但是辽朝的军事威胁仍无时不在地影响着北宋的军政方针和国策，对于北宋治河政策的影响就是一个显例。

一

为了说明这种影响，有必要先介绍一下北宋治河政策的发展和演变。

吕大防说："本朝黄河持议者有三说，一曰回河，二曰塞河，三曰分水。"[②] 吕大防所讲三说即是北宋治理黄河的主要对策或方案。吕大

---

① 《历代名臣奏议》卷二五三《论黄河状》，第 3311 页。
② 《宋会要辑稿》方域一五之一四，第 7566 页。

防讲三说之时正值元祐回河之争白热化之际，因而他把回河放在了首位。实际上北宋治河对策较早出台的是分水方案，而且随着时间的推移，三说往往是相互交错。先说分水。

较早提出分水治河对策，是宋太宗时知开封司录参军事赵孚，太平兴国八年五月，赵孚奉诏行视黄河，"分南北岸按行，复遥堤以纾湍决。孚言治遥堤不如分水势，于是建议于澶、滑二州立分水之制。"①"宜于南北岸各开其一，北入王莽河以通于海，南入灵河以通于淮，节减暴流，一如汴口之法。其分水河，量其远迩，作为斗门，启闭随时，务乎均济。通舟运，溉农田，此富庶之资也。"② 但这个分水方案因"时决河未平，重惜民力而寝焉"③。

宋真宗时，李垂在大中祥符五年和天禧四年分别上《导河形胜书》和《言疏河利害》，两次提出分水治河的方案：

> 臣请自汲郡东推禹故道，挟御河，较其水势，出大伾、上阳、太行三山之间，复西河故渎，北注大名西、馆陶南，东北合赤河而至于海。因于魏县北析一渠，正北稍西径衡漳直北，下出邢、洺，如《夏书》过洚水，稍东注易水、合百济、会朝河而至于海。大伾而下，黄、御混流，薄山障堤，势不能远。如是则载之高地而北行，百姓获利，而契丹不能南侵矣，《禹贡》所谓"夹右碣石入于海"，孔安国曰："河逆上此州界。"④

对于赵孚和李垂的分水方案，近人岑仲勉先生评论其优劣时，以为两个方案，"可说是根本相同。不过李垂从经义出发，赵孚从现实出

---

① 《宋史》卷二八七《赵安仁传》，第 9655 页。
② 《宋史》卷九一《河渠一》，第 2259 页。
③ 《宋史》卷二八七《赵安仁传》，第 9655 页。
④ 《宋史》卷九一《河渠一》，第 2261 页。

发，李垂拟分河作六支，都以渤海为出口点，赵孚拟分作两支，一向渤海，一向黄海。比较起来，赵孚的计划，比李垂的更为切实，可惜当时未有采用，后人也从不重视他的意见，真是英雄无用武之地了。"①

虽说像赵孚和李垂这样大手笔的分水方案，因工程浩大而难以被采纳，但在实际治河过程中的局部环节，以分减水势缓解河患的做法却是屡试不爽。

其次是回河。景祐元年、庆历八年两次在澶州横陇埽、商胡埽决口，河道向北迁移，经河北平原中部，汇入御河，至今天津地区，合界河（今海河）入海，形成历史上的第三次大改道，为北宋黄河北派。② 对这次大改道，起初宋廷欲塞堵决口，但因工程浩大，未及施实，"观文殿学士丁度等合奏修河利害曰：'天圣中，滑州塞决河，积备累年始兴役，今商胡工尤大，而河北岁饥民疲，迫寒月，难遽就也。且横陇决已久，故河尚未填阔，宜疏减水河以杀水势，俟来春先塞商胡。'从之。"③ 于是，判大名府贾昌朝首次提出黄河北流动摇边鄙，请复京东故道。他的回河方案，后经朝廷遣郭劝、蓝元用等相度修复黄河故道，以为工程浩大"凡浚二百六十三里一百八十步，役四千四百九十万四千九百六十五工"。议虽上，未克实行。④ 皇祐元年三月，黄河合永济渠注乾宁军。三年七月，黄河又决大名府馆陶县之郭固。⑤ 四年正月，"塞郭固而河势犹壅，议者请开六塔河以披其势。"自此宋廷对开六塔

---

① 《黄河变迁史》第 364 页。中华书局 2004 年新 1 版。（下同）
② 参见岑仲勉《黄河变迁史》；郑肇经《中国水利史》，上海书店 1984 年版；《黄河水利史述要》，水利出版社 1982 年版； ［日］吉冈义信《北宋黄河史研究》，御茶之水书房 1978 年版；邹逸麟《宋代黄河下游横陇北流诸道考》，《文史》1982 年第 12 辑；王颐《黄河故道考辨》华东理工大学出版社 1995 年版；董光涛《北宋黄河汜滥及治理之研究》，台湾《花莲师专学报》1976 年第 8 期。
③ 《长编》卷一六五，庆历八年八月辛卯，第 3965 页。
④ 《长编》卷一六六，皇祐元年二月甲戌，第 3987 页。
⑤ 《长编》卷一七〇，皇祐三年七月辛酉，第 4096 页。《宋史》卷九一系事于二年七月辛酉。

河，欲约水入横陇故道，极感兴趣，因而一时在朝廷形成两种方案；一种主张恢复横陇故道（如贾昌朝）；一种主张纳河水入六塔河，然后引归横陇旧河（倡自李仲昌）。两种对策都是要挽回北流，复走京东故道，实际上可并归而为一。但这两种方案均遭到欧阳修的反对（详见后论）。叶梦得《石林燕语》卷八简约记其事云：

> 黄河庆历后，初自横陇，稍徙趋德、博，后又自商胡趋恩、冀，皆西流北入海。朝廷以工夫大，不复塞。至和中，李仲昌始建议，开六塔河，引注横陇，复东流。周沆以天章阁待制为河北都转运使，诏遣中官与沆同按视。沆言今河面二百步，而六塔渠四十步，必不能容，苟行之，则齐与博、德、滨、棣五州之民，皆为鱼矣。时贾文元知北京，韩康公为中丞，皆不主仲昌议，而富韩公为相，独立欲行之。康公至以是击韩公。然北流既塞，果决，齐、博等州民大被害，遂窜仲昌岭南，议者以为韩公深恨。[①]

这次回河以六塔河狭小，不能容复决而宣告失败。

宋神宗继位后，面对北流的大变局，朝臣们纷陈治河主张。《宋史·河渠志》概述曰：

> 神宗熙宁元年六月，河溢恩州乌栏堤，又决冀州枣强埽，北注瀛。七月，又溢瀛州乐寿埽。帝忧之，顾问近臣司马光等。都水监丞李立之请于恩、冀、深、瀛等州，创生堤三百六十七里以御河，而河北都转运司言："当用夫八万三千余人，役一月成。今方灾

---

① 《石林燕语》卷八，第120页。又《长编》卷一八一，至和二年九月丙子条，在引欧阳修奏议后加按语："苏辙作修神道碑云：河决商胡，贾昌朝留守北京，欲开横垅故道回河使东。有李仲昌者，欲导商胡入六塔河。诏两府、台谏集议。陈执中当国主横垅议，执中罢去，而宰相复以仲昌之言为然。宰相，盖指富弼也。"第4374页。

伤，愿徐之。"都水监丞宋昌言谓："今二股河门变移，请迎河港进约，鋏入河身，以纾四州水患。"遂与屯田都监内侍程昉献议，开二股以导东流。于是都水监奏："庆历八年，商胡北流，于今二十余年，自澶州下至乾宁军，创堤千有余里，公私劳扰。近岁冀州而下，河道梗涩，致上下埽岸屡危。今枣强抹岸，冲夺故道，虽创新堤，终非久计。愿相六塔旧口，并二股河导使东流，徐塞北流。"而提举河渠王亚等谓："黄、御河带北行入独流东砦，经乾宁军、沧州等八砦边界，直入大海。其近海口阔六七百步，深八九丈，三女砦以西阔三四百步，深五六丈。其势愈深，其流愈猛，天所以限契丹。议者欲再开二股，渐闭北流，此乃未尝睹黄河在界河内东流之利也。"十一月，诏翰林学士司马光、入内内侍省副都知张茂则，乘传相度四州生堤，回日兼视六塔、二股利害。[①]

据此可知，当时有三种治河主张，即李立之创生堤御河；宋昌言欲闭北流、使河水专行东流；王亚则不赞成东流，以为北流对宋边防有利。从治河流向来看，李立之和王亚的主张，即维护北流的既成事实，与宋昌言等人的观点相悖。在治河争议鹊起之时，王安石、宋神宗主持的变法活动也已逐渐展开，变法派与反变法的斗争也日渐公开激烈，但宋昌言回河东流的主张却得到了王安石与政敌司马光的赞同和支持。只是在具体如何实施上略有不同而已。也就是缓进与急进之分别。"时二股河东流及六分，（张）巩等因欲闭断北流，帝意向之。（司马）光以为须及八分乃可，仍待其自然，不可施功。王安石曰：'光议事屡不合，今令视河，后必不从其议，是重使不安职也。'庚子，乃独遣茂则。茂则奏：'二股河东倾已及八分，北流止二分。'张巩等亦奏：'丙午，大河东徙，北流浅小。戊申，北流闭。'"[②]

① 《宋史》卷九一《河渠一》，第2274页。
② 《宋史》卷九一《河渠一》，第2278页。

大约与北流闭塞的同时，黄河又自其南四十里许家港东决，泛滥大名、恩、德、沧、永静五州军境。熙宁十年七月黄河又大决于澶州曹村。元丰元年四月，决口塞，诏改曹村埽曰灵平。五月，新堤成，闭口断流，河复归北。至此，第二次回河又以复归北流而告结束。"大抵熙宁初，专欲导东流，闭北流。元丰以后，因河决而北，议者始欲复禹故迹。"① 神宗诏不堤塞，任其自然，唯加强固护治河堤防。

哲宗元祐二年，回河议再起，当时知枢密院事安焘深以东流为是，欲闭北流，太师文彦博、中书侍郎吕大防皆主其说，"三人者力主其议，同列莫能夺"，"回河之役遂兴。"② 中书舍人苏辙、右仆射范纯仁则坚决反对回河之役。元祐三年十月庚子，三省、枢密院奏事延和殿，文彦博、吕大防、安焘等谓："河不东，则失中国之险，为契丹之利。"范纯仁、王存、胡宗愈则以虚费劳民为忧。于是范纯仁、王存、胡宗愈、苏辙、曾肇、范百禄等反复论列回河之弊，及元祐四年正月己亥"乃诏罢回河及修减水河"③。但是尚书省、都水监仍不甘心，元祐四年四月再提回河之议，"八月二十八日，初用都水议"，"诏以回复大河，置都提举修河司，调夫十万人。"④ 至元祐七年十月辛酉，黄河复故道。其间，虽有右谏议大夫范祖禹、中书侍郎傅尧俞、知颍昌府范纯仁、御史中丞苏辙等人极力上章反对，但并未能阻止回河工程的实施。绍圣元年十月丁酉，都水使者王宗望言："大河自元丰溃决以来，东、北两流，利害极大，频年纷争，国论不决，水官无所适从。伏自奉诏凡九月，上禀成算，自阚村下至梻梻堤七节河门，并皆闭塞。筑金堤七十里，尽障北流，使全河东还故道，以除河患。又自阚村下至海口，补筑新旧堤防，增修疏浚河道之淤浅者，虽盛夏涨潦，不至壅决。望付史

① 《宋史》卷九二《河渠二》，第 2288 页。
② 杨仲良《皇宋通鉴长编纪事本末》卷第一一一《回河上》，黑龙江人民出版社点校本 2006 年版，第 1940 页。
③ 《宋史》卷九二《河渠二》，第 2295 页。
④ 《长编》卷四三二，元祐四年八月乙丑条注，第 10433 页。

官，纪绍圣以来圣明独断，致此成绩。"① 但此次回河东流不及五年，至元符二年六月末"河决内黄口，东流遂断绝"。② 于是第三次回河以失败告终，亦结束黄河北流、东流并存的大变局，黄河北流直到北宋灭亡而未改。

再看塞河说。塞河分两种情况，一是在河决溢之时直接采取塞堵措施，这类塞河终北宋一代都是最基本的治河对策，并无多少不同意见。二是伴随主回河说，对是否堵塞北流产生的不同意见。如前揭主回流者如贾昌朝、王安石、司马光、安焘、文彦博、吕大防等人都主张塞北流，自不必赘言，而反对塞北流的大臣自宋仁宗皇祐年间至徽宗朝初年人数似更为众多。元祐时"士大夫亦言不可塞者十有九，可谓众矣"③。下面举三个时期颇有代表性的言论以说明。

宋仁宗至和二年九月，欧阳修上疏曰：

"且河本泥沙，无不淤之理。淤常先下流，下流淤高，水行渐壅，乃决上流之低处，此势之常也。然避高就下，水之本性，故河流已弃之道，自古难复。"

"又商胡初决之时，欲议修塞，计用梢芟一千八百万，科配六路一百余州军。今欲塞者乃往年之商胡，则必用往年之物数。至于开凿故道，张奎所计工费甚大，其后李参减损，犹用三十万人。然欲以五十步之狭，容大河之水，此可笑者。……大抵塞商胡、开故道，凡二大役，皆困国劳人，所举如此，而欲开难复屡决已验之故道，使其虚费，而商胡不可塞，故道不可复，此所谓有害而无利者也。"

---

① 《宋史》卷九三《河渠三》，第2307页。
② 《宋史》卷九三《河渠三》，第2309页。《长编》卷五一一，元符二年六月己亥条注，第12270页。
③ 《历代名臣奏议》卷二五一，范祖禹《论回河状》，第3293页。

"若六塔者，于大河有减水之名，而无减患之实。今下流所散，为患已多，若全回大河以注之，则滨、棣、德、博河北所仰之州，不胜其患，而又故道淤涩，上流必有他决之虞，此直有害而无利耳，是皆智者之不为也。今若因水所在，增治堤防，疏其下流，浚以入海，则可无决溢散漫之虞"。①

宋哲宗元祐五年范祖禹上书详论回河不便共计21条，前2条云：

"水性趋下，自祖宗以来，河决以次向西，此则地势东高西下，其理不疑。商胡故道，已行三十余年，堤防日增，如筑垣居水，淤填积久，其地必高，此不待见而可知，今北流千余里，欲使复为平陆，故道千余里，欲使复为洪流，恐非人力之所能也。"

"四渎者，天地所以节宣其气，如人之血脉，不可壅遏，今北流已九年，岂非天意有定，就下趋海，乃是地形顺便，今来回河，上违天意，下逆地理，骚动数路，几半天下，枉害兵民性命，空竭公私财力，投之洪流，不知纪极，非徒无益，更取患害。已上是河不可回之理。"②

宋徽宗建中靖国元年春，左正言任伯雨奏：

河为中国患，二千岁矣。自古竭天下之力以事河者，莫如本朝。而徇众人偏见，欲屈大河之势以从人者，莫甚于近世。臣不敢远引，只如元祐末年，小吴决溢，议者乃谲谋异计，欲立奇功，以邀厚赏。不顾地势，不念民力，不惜国用，力建东流之议。当洪流中，立马头，设锯齿，梢刍材木，耗费百倍。力遏水势，使之东

---

① 《宋史》卷九一《河渠一》，第2271页。
② 《历代名臣奏议》卷二五一，第3297页。

注，陵虚驾空，非特行地上而已。增堤益防，惴惴恐决，澄沙淤泥，久益高仰，一旦决溃，又复北流。此非堤防之不固，亦理势之必至也。

昔禹之治水，不独行其所无事，亦未尝不因其变以导之。盖河流混浊，泥沙相半，流行既久，迤逦淤淀，则久而必决者，势不能变也。或北而东，或东而北，亦安可以人力制哉。①

由上所论，反对塞北流的观点不外是：一、工程浩大，劳民伤财；二、不应逆地势、戾水性；三、北流已久，非人力可回。应当说就治河的本理而言，反对塞北流而回河的观点，更符合黄河水系在北宋时的变迁大势。而事实上三次回河努力的失败，本身已宣告了反对回河者们意见的正确和胜利，尤其是他们的关心民瘼，尊重自然规律的精神值得肯定。

二

上述简要勾勒了北宋治河政策的发展变化，其中不难看出为防御辽朝始终是北宋朝野人士考虑的主要因素之一，李垂第一次提出分水方案时即从防边的角度来论证其可行性，以为对防御辽朝有很大好处，"大伾而下、黄、御混流，薄山障堤，势不能远。如是则载之高地而北行，百姓狭利，而契丹不能南侵矣。"这是从分水有利的角度进行分析的。但时隔八年后再一次提出分水方案时，对黄河一旦决溢可能危及边防的情况作了重新估价："臣所至，并称黄河水入王莽沙河与西河故渎，注金、赤河，必虑水势浩大，荡浸民田，难于堤备。臣亦以为河水所经，

_____

① 《宋史》卷九三《河渠三》，第2310页。《历代名臣奏议》卷二五三，第3311页。

不无为害。今者决河而南，为害既多，而又阳武埽东、石堰埽西，地形污下，东河泄水又艰。或者云：'今决处漕底坑深，旧渠逆上，若塞之，旁必复坏。'如是，则议塞河者诚以为难。若决河而北，为害虽少，一旦河水注御河，荡易水，径乾宁军，入独流口，遂及契丹之境。或者云：'因此摇动边鄙。'如是，则议疏河者又益为难。"于是对他的分水方案作了相应的调整："臣于两难之间，辄画一计：请自上流引北载之高地，东至大伾，泻复于澶渊旧道，使南不至滑州，北不出通利军界。"① 虽然李垂的分水方案未被宋廷采纳，但是在涉及黄河流向的大问题上是不能不考虑防边这一重大因素的。

从庆历八年至元符二年东流断绝，回河与塞河之争差不多历时近半个世纪，而两者争论的主要焦点是围绕防边而展开。苏辙总结主回河东流的动机有三点："其一曰：御河堙灭，失馈运之利；其二曰：恩冀以北，涨水为害，公私损耗；其三曰：河徙无常，万一自虏界入海，边防失备。凡其所以荧惑圣聪，沮难公议，皆以三说借口。"② 其中第三点是主回河说的核心所在。

前揭皇祐、至和间贾昌朝和李仲昌的治河方案虽然不尽相同，但是其防御辽朝威胁的出发点，则是一致的。贾昌朝首次提出黄河北流动摇边鄙的论点：

> 按夏禹导河过覃怀，至大坯，酾为二渠，一即贝邱西南，《河渠书》称北过洚水至于大陆者是也。一即漯川，史说经东武阳，由千乘入海者是也。河自平原以北播为九道，齐桓公塞其八而并归徒骇。汉武帝时，决瓠子，久为梁、楚患，后卒塞之，筑宫其上，名曰宣房，复禹旧迹。至王莽时，贝邱西南渠遂竭，九河尽灭，独用漯川。而历代徙决不常，然不越郓、濮之北，魏、博之东。即今

---

① 《宋史》卷九一《河渠志一》，第 2263 页。
② 《历代名臣奏议》卷二五〇，第 3286 页。

澶、滑大河，历北京朝城，由蒲台入海者，禹、汉千载之遗功也。

国朝以来，开封、大名、怀、滑、澶、郓、濮、棣、齐之境，河屡决。天禧三年至四年夏连决，天台山傍尤甚。凡九载，乃塞之。天圣六年，又败王楚。景祐初，溃于横陇，遂塞王楚。于是河独从衡陇出，至平原，分金、赤、游三河，经棣、滨之北入海。近岁海口壅阏，淖不可浚，是以去年河败德、博间者凡二十一。今夏溃于商胡，经北都之东，至于武城，遂贯御河，历冀、瀛二州之域，抵乾宁军，南达于海。今横陇故水，止存三分，金、赤、游河，皆已堙塞，惟出壅京口以东，大污民田，乃至于海。自古河决为害，莫甚于此。

朝廷以朔方根本之地，御备契丹，取材用以馈军师者，惟沧、棣、滨、齐最厚。自横陇决，财利耗半，商胡之败，十失其八九。况国家恃此大河，内固京都，外限敌马。祖宗以来，留意河防，条禁严切者以此。今乃旁流散出，甚有可涉之处，臣窃谓朝廷未之思也。如或思之，则不可不救其弊。臣愚窃救之之术，莫若东复故道，尽塞诸口。按横陇以东至郓、濮间，堤埽具在，宜加完葺。其埋浅之处，可以时发近县夫，开导至郓州东界。其南悉沿邱麓，高不能决。此皆平原旷野无所束，自古不为防岸以达于海，此历世之长利也。谨绘漯川、横陇、商胡三河为一图上进，惟陛下留省。[1]

熙宁年间修二股河，闭塞北流亦是以防边为要，据史载熙宁二年七月"二股河通快，北流稍自闭。戊子，张巩奏：'上约累经泛涨，并下约各已无虞，东流势渐顺快，宜塞北流，除恩、冀、深、瀛、永静、乾宁等州军水患。又使御河、胡卢河下流各还故道，则漕运无壅遏，邮传无滞留，塘泊无淤浅。复于边防大计，不失南北之限，岁减费不可胜

---

① 《长编》卷一六五，庆历八年十二月庚辰，第3977页。

数，亦使流移归复，实无穷之利"①。而元祐年间知枢密院事安焘、侍御史王岩叟等人的议论更具代表性。安焘云：

> 朝廷久议回河，独惮劳费，不顾大患。盖自小吴未决以前，河入海之地虽屡变移，而尽在中国；故京师持以北限强敌，景德澶渊之事可验也。且河决每西，则河尾每北，河流既益西决，固已北抵境上。若复不止，则南岸遂属辽界，彼必为桥梁，守以州郡；如庆历中因取河南熟户之地，遂筑军以窥河外，已然之效如此。盖自河而南，地势平衍，直抵京师，长虑却顾，可为寒心。又朝廷捐东南之利，半以宿河北重兵，备预之意深矣。使敌能至河南，则邈不相及。今欲便于治河而缓于设险，非计也。②

王岩叟云：

> 今有大害者七焉，不可不早为计尔。北塞之所恃以为险者在塘泊，若河堙没，势难退流，猝不可浚，浸失北塞险固之利，一也。横遏西山之水，不得顺流而下，蘖溢于千里，使百万生灵居无庐，耕无田，流散而不复，二也。乾宁孤垒，危绝不足道，而大名、深、冀腹心郡县，皆有终不自保之势，三也。沧州扼北虏海道，自河不东流，沧州在河之南，直抵京师，无有限隔，四也。并吞御河，边城失转输之便，五也。河北转运司岁耗财用，陷租赋以百万计，六也。六、七月之间，河流交涨，占没西路，阻绝虏使，进退不能，两朝以为忧，七也。非此七者之害，则委之可也，缓而未治之可也。且去岁之患已甚于前岁，今岁之患又甚焉，则将奈何？伏

---

① 《宋史》卷九一《河渠一》，第2277页。
② 《宋史》卷九二《河渠二》，第2289页。

惟陛下深拱九重，此事之可否，必以仰大臣；大臣固当为陛下审虑谨发而谨持之，以救大患，不可坐视而无所处也。伏望圣慈深诏执政大臣，早决河议而责成之，实庙社生灵之幸。①

元祐四年四月尚书省又重申了安焘、王岩叟的论点："大河东流，为中国之要险。自大吴决后，由界河入海，不惟淤坏塘泺，兼浊水入界河，向去浅淀，则河必北流。若河尾直注北界入海，则中国全失险阻之限，不可不为深虑。"②

徽宗时，赵鼎代父缴进河议奏状亦从一个侧面说明元祐末年回河的要点在于防边，他说："今之大议，不过东流与北流耳。使河诚东而可以行，则虽及天下之力而回之，犹将请诸朝而不敢以为费也。奈何地有高下之形，水有逆顺之势，今年虽塞，明年且决，来岁倘行，后岁必淤，借使神禹临之，亦将无如之何矣。如或顺而治之，则庶几数十年其无河患乎，正今日之明效大验也。然议者每挟溏泊以为言，不以近事观之。河既东徙而溏泊固已淤矣。虽有司尝欲浚治之。盖亦有所重为而未能也。且其所侵害者，独沧与乾宁间耳。使向之未尝有溏泊，则将无以为御敌计乎？"③

对于主回河东流者们的担忧，反对者们不止一次地根据史实进行了驳议，范百禄、苏辙、范祖禹等人的反驳最具代表性。范百禄言：

塘泊有限辽之名，无御辽之实。今之塘水，又异昔时，浅足以褰裳而涉，深足以维舟而济，冬寒冰坚，尤为坦途。如沧州等处，商胡之决即已淀淤，今四十二年，迨无边警，亦无人言以为深忧。自回河之议起，首以此动烦圣听。殊不思大吴初决，水未有归，犹

---

① 《宋朝诸臣奏议》卷一二七，《上哲宗乞诏大臣早决河议》，第1399页。
② 《宋史》卷九二《河渠二》，第2295页。
③ 《历代名臣奏议》卷二五三，第3314页。

不北去；今入海湍迅，界河益深，尚复何虑？藉令有此，则中国据上游，契丹岂不虑乘流扰之乎？

自古朝那、萧关、云中、朔方、定襄、雁门、上郡、太原、右北平之间，南北往来之冲，岂塘泺界河之足限哉。臣等窃谓本朝以来，未有大河安流，合于禹迹，如此之利便者。其界河向去只有深阔，加以朝夕海潮往来渲荡，必无浅淀，河尾安得直注北界，中国亦无全失险阻之理。且河遇平壤滩漫，行流稍迟，则泥沙留淤，若趋深走下，湍激奔腾，惟有刮除，无由淤积，不至上烦圣虑。①

苏辙一再上书云：

河昔在东，自河以西郡县与虏接境，无山河之限，边臣建为塘水，以捍胡马之冲。今河既西行，则西山一带胡马可行之地已无几矣，其为边防之利，不言可知。然议者尚恐河复北徙，则海口出虏界中，造舟为梁，便于南牧。臣闻虏中诸河，自北南注以入于海，盖地形北高，河无北徙之道，而海口深浚，势无徙移。臣虽非目见，而习北方之事者为臣言之，大略如此，可以遣使按视图画而知。此河入虏界，边防失备之说不足听。

方今回河之策，中外讲之孰矣。虽大臣固执，亦心知其非，无以藉口矣。独有边防一说，事系安危，可以竦动上下，伸其曲说。陛下深居九重，群言不得尽达，是以迟迟不决耳。昔真宗皇帝亲征澶渊，拒破契丹，因其败亡，与结欢好。自是以来，河朔不见兵革几百年矣。陛下试思之，此岂独黄河之功哉。昔石晋之败，黄河非不在东；而祥符以来，非独河南无虏忧，河北亦自无兵患。由此观之。交接夷狄，顾德政何如耳。未闻逆天地之计性，引趋下之河，

---

① 《宋史》卷九二，第2297页。

升积高之地，兴莫大之役，冀不可成之功，以为设险之计者也。昔李垂、孙民等号知河事，尝建言乞导河西行复禹旧迹，以为河水自西山北流，东赴海口，河北诸州尽在河南，平日契丹之忧遂可无虑。今者天祚中国，不因人力，河自西行，正合昔人之策。自今以往北岸决溢，渐及虏境，虽使异日河复北徙，则虏地日蹙，吾土日纾，其为忧患，正在契丹耳。而大臣过计以为中国之惧，遂欲罄竭民力导河东流，其为契丹谋则多，为朝廷虑则疏矣。议者或谓河入虏境，彼或造舟为梁，长驱南牧，非国之利。臣闻契丹长技在鞍马，舟楫之利固非所能。且跨河系桥当先两岸进筑马头，及伐木为船，其功不细，契丹物力寡弱势必不能。犹使能之，今两界修筑城栅，比旧小增，辄移文诘问，必毁而后已。岂有坐视大役而不能出力止之乎？假设虏中遂成此桥，黄河上流尽在吾地，若沿河州郡，多作战舰，养兵聚粮，顺流而下，则长艘臣（巨）缆，可一炬而尽，形格势禁，彼将自止矣。①

范祖禹云：

塘泊淤浅，非因河决所致。熙宁中，先帝以塘水多堙废，尝遣监司以巡历为名，案行检视。此乃积年不修，然先帝亦未遑疏浚也。且朝廷与契丹通好几及百年，岂是塘水能限胡寇，乃朝廷恩信深结其心，每岁馈遗金帛，虏贪厚利，所以不动。若其弃好背盟，何路不可入寇，岂塘泊所能捍御，朝廷亦何尝恃此以为险固。

河入界河几二百里乃入海，此最为天险，实中国大利。议者曾不计此，乃忧河入北界，若入北界，当于初决时一直北注，不应却东入海，又西堤屡决水复还河，以此可知向北地形高仰，设使河入

---

① 《历代名臣奏议》卷二五〇，第3286、3287页。

北界，乃是契丹之灾，况必无此理。①

三

既然反对者言之凿凿，为什么主回河东流者还要一再"不顾地势，不念民力，不惜国用"，坚持"力建东流之议"，并付诸实施？近人岑仲勉先生以为"东流比北流相对的不利，正所谓昭然若揭，可是宋人不明大势，没有了解前事之失，后事之师，只因孙村（在澶州）的地势低下，遇着夏、秋霖雨时候，潦水往往东出，哲宗刚刚即位，回河东流的建议又死灰复燃。这一回争执的论点，大概借国防为掩护"②。岑先生的这个看法实属皮相之谈，实际上在宋人看来，当时对宋王朝最大的威胁莫过于来自北方的辽朝，只要稍为看一下澶渊之盟以后，辽朝对北宋军政国策的影响即可明了。

首先，北宋为防止辽和西夏的入侵，国防建设十分艰巨，故以军旅事务为头等大事，"国曰军国，州曰军州"，以兵立国是其基本国策。张方平说："今朝廷所言大事必曰军国，是知兵者，时之大务，邦之重柄。"③ 王明清也曾经说："一郡则尽行军制，守臣、通判名衔必带军州，其佐曰签书军事及节度、观察、军事推官、判官之名，虽曹掾悉曰参军。一州税赋民财出纳之所，独曰军资库者，盖税赋本以赡军著其实于一州，官吏与帑库者使知一州，以兵为本，咸知所先也。置转运使于逐路，专一飞挽刍粮饷军为职……"④ 林骃亦云："况国朝之制，库曰

---

① 《历代名臣奏议》卷二五一，第3298页。
② 岑仲勉：《黄河变迁史》，第361页。
③ 张方平：《乐全先生文集》，卷一三《武备论》，《宋集珍本丛刊》第5册，第3页。
④ 王明清：《挥麈录余话》卷一。《全宋笔记》第六编第2册，第24页。

军资，官曰参军，务曰赡军，而为守倅者亦先军而后州，其于军事重矣。"① 可见，以兵立国的基本策略贯穿于宋的各种制度。

其次，北宋中期发生的庆历新政和王安石变法是两件大事，虽然庆历新政和王安石变法是针对宋初以来政治经济制度的弊端的"矫枉"，但矫枉的弊端，在很大程度上是通过抵御外敌的腐败无能而表现出来，因而两次变革运动的出台毫无疑问均与北宋经制辽夏有着直接的关联，特别是王安石变法，其宗旨之一的强兵就在于削弱辽朝和制服西夏。清人王夫之在《宋论》中认为宋神宗之所以要变法图强的原因就是要改变宋朝在辽夏关系中的屈辱地位。他说：

> 岁输五十万于契丹，而俯首自名曰："纳"，以友邦之礼礼元昊父子，而输缯帛以乞苟安，仁宗弗念也。宰执大臣、侍从、台谏、胥在廷在野，宾宾喷喷以争辩一典之是非。置西、北之狄焉，若天建地设而不可犯。国既以是弱矣。抑幸无耶律德光、李继迁鸷悍之力，而暂可以略免，非然，则刘六符虚声恐喝而魄已丧，使疾起而卷河朔以向汴、洛，其不为石重贵者，何恃哉？于是而神宗若处梓棘之台，尽然不容已于伤心，奋起而思有以张之。②

李焘在评论神宗功绩时曾说："欲先取灵、夏，灭西羌，乃图北伐。"③《宋史》亦说宋神宗知祖宗有吞幽蓟、灵武之志，而数败兵，"帝奋然将雪数世之耻。"④

第三，北宋的边患虽然来自辽朝和西夏，但是对北宋的威胁却有本

---

① 林駉：《古今源流至论》续集卷一《州兵》，第 942 册，第 351 页。
② 《宋论》卷六，第 118 页。
③ 《长编》卷三五三，元丰八年三月戊戌，第 8457 页。《邵氏闻见录》卷三，1983 年，第 26 页。
④ 《宋史》卷一六《神宗纪三》，第 314 页。

质的不同，即西夏给宋造成的国防压力远甚于辽朝，而契丹给北宋造成的亡国威胁则远大于西夏。范仲淹说："国家御戎之计在北为大。"① 欧阳修说："天下之患不在西戎而在北虏。"② 苏轼说："西戎之患小，北胡之患大，此天下之所明知也。"③ 张耒说："西小而轻，故为变易，北大而重，故变为迟。小者疥癣，大者痛疽也。"④ 即使经制西夏，也不得不小心翼翼地看着辽朝的眼色行事。自李继迁反宋至宋徽宗崇宁年间，北宋始终不能有效或彻底地制服西夏，在某种意义上能够左右北宋制夏政策的辽朝所起的作用，无疑是一个极为重要的因素。⑤

所以辽朝的潜在危机对北宋统治者来说，始终是一道挥之不去的阴影。

此外，主回河东流者与反对者之间争论的焦点问题是关于"塘泊"的限辽作用。那么宋廷是如何经营"塘泊"的呢？搞清这个问题对于理解宋廷一再坚持闭塞北流而回河东流政策是颇有裨益的。最早提出在河北缘边建置"塘泊"的人是何承矩。真宗咸平二年，契丹南侵，朝廷屡遣内侍以密诏向知雄州的何承矩问御遏之计，密封以献。三年，何承矩上言：

> 契丹轻而不整，贪而无亲，胜不相让，败不相救。以驰骋为容仪，以弋猎为耕钓。栉风沐雨，不以为劳；露宿草行，不以为苦。复恃骑战之利，故频年犯塞。臣闻兵有三阵：日月风云，天阵也；山陵水泉，地阵也；兵车士卒，人阵也。今用地阵而设险，以水泉而作固，建设陂塘，绵亘沧海，纵有敌骑，安能折冲？昨者契丹犯

---

① 《历代名臣奏议》卷三二四，第 4206 页。
② 《历代名臣奏议》卷三二六，第 4222 页。
③ 《苏东坡全集》应诏集第五卷《策断二十四》，第 757 页。
④ 《柯山集》卷四〇《送李端叔赴定州序》，第 1115 册，第 343 页。
⑤ 参见拙作《试论辽朝对北宋制夏政策的影响》，《宋史研究论丛》第四辑，河北大学出版社 2001 年版。

边，高阳一路，东负海，西抵顺安，士庶安居，即屯田之利也。今顺安西至西山，地虽数军，路才百里，纵有丘陵冈阜，亦多川渎泉源，因而广之，制为塘埭，自可息边患矣。①

塘泊，缘边诸水所聚，因以限辽。……自何承矩以黄懋为判官，始开置屯田，筑堤储水为阻固，其后益增广之。凡并边诸河，若滹沱、胡卢、永济等河，皆汇于塘。②

"塘泊"诸水东起沧州界，西至安肃、保州一带，衡广五六百里，在宋辽缘边形成了一道蔚为大观的水泽防线。对这道水泽防线的限辽功能，自天圣以后就有两种不同意见，《宋史·河渠五》云：

> 天圣以后，相循而不废，仍领于沿边屯田司。而当职之吏，各从其所见，或曰："有兵将在，契丹来，云无所事塘。自边吴淀西望长城口，尚百余里，皆山阜高仰，水不能至，契丹骑驰突，得此路足矣，塘虽距海，亦无所用。夫以无用之塘，而废可耕之田，则边谷贵，自困之道也。不如勿广，以息民为根本。"或者则曰："河朔幅员二千里，地平夷无险阻。契丹从西方入，放兵大掠，由东方而归，我婴城之不暇，其何以御之？自边吴淀至泥姑海口，绵亘七州军，屈曲九百里，深不可以舟行，浅不可以徒涉，虽有劲兵，不能度也。东有所阻，则甲兵之备，可以专力于其西矣。孰谓无益？"论者自是分为两歧。③

即使是主张回河东流的王安石亦说："太祖时未有塘泊，然契丹莫

---

① 《宋史》卷二七三《何承矩传》，第9330页。《长编》卷四七，咸平三年夏四月壬子，第1009—1010页。
② 《宋史》卷九五《河渠五》，第2359页。
③ 《宋史》卷九五《河渠五》，第2359页。

敢侵轶。"但是从天圣以后宋廷的态度来看，则一直对经营塘泊以限辽是念兹在兹的。"而朝廷以契丹出没无常，阻固终不可以废也。"神宗以后更是如此。元丰三年，诏谕边臣曰："比者契丹出没不常，不可全恃信约以为万世之安。况河朔地势坦平，略无险阻，殆非前世之比。惟是塘水实为碍塞，卿等当体朕意，协力增修，自非地势高仰，人力所不可施者，皆在滋广，用谨边防。盖功利近在目前而不为，良可惜也。"六年十二月，定州路安抚使韩绛言："定州界西自山麓，东接塘淀，绵地百余里，可潴水设险。"诏以引水灌田陂为名。哲宗元祐中，大臣欲回河东流者，皆以北流坏塘泊为言。①

　　了解上述历史背景之后，再看北宋治河政策以防边为重，就不难体味个中所隐含的苦涩。陶晋生先生在论及北宋朝野士人对辽朝的看法时指出："对于契丹的一般性的认识，即契丹能够采取中原文化的优点，以其军事力量为基础，建立强大的'北朝'，影响到宋人对于国际秩序的重新评估。他们体认到推翻现实的困难，因而转移其注意力到内政上去。在这种环境中，比较实际的人士持续不断地警告宋辽关系上的潜在危机，提醒巩固国防的必要。但是比较趋于理想的人士则逐渐忽略了这一危机，主张以德怀远。在这种背景下，若干人批评汉唐的武功，认为好大喜功不足为法。久而久之，对于德治的迷信终于形成了对于加强武备抵抗侵略的一个大障碍。"② 显然主回河东流者属于那些比较实际的人士，他们持续地警告宋辽关系上的潜在危机，提醒巩固国防的必要。虽然反对回流者们的驳论言之凿凿，但是他们只是反复重申契丹人不会这样做，不会那样做，一再强调辽宋间已存在几十年乃至上百年的盟好，而并未设计出比回河东流者更有说服力的防边方案或措施。换句话说，他们不能打消最高统治集团对辽朝武力的顾虑和由此而来的巨大恐辽症。没有发生辽的入侵，并不等于说辽的入侵威胁不存在。所以像富

①　《宋史》卷九五《河渠五》，第 2359 页。
②　《宋辽关系史研究》，台湾联经出版事业公司 1986 年版，第 97—130 页。

弼、王安石、司马光、文彦博这样的重臣和仁、英、神、哲（高太后）历朝君主都力主回河，并排除非议而付诸实施，不能用简单的一句话"宋人不明大势"来批评主回河东流者。也就是说应当看到他们其所以"逆地势、戾水性"，一意主东流背后难言的历史隐情，对于主东流者来说，治河固然重要，但相对于事关国家根本安危的辽朝威胁而言，还是居于次要地位的，这即是安焘所说的"今欲便于治河而缓于设险，非计也"[1]。

原刊于张希清、田浩等主编《澶渊之盟新论》，
上海人民出版社 2007 年版

---

[1] 《宋史》卷九二《河渠志二》，第 2289 页。

第 三 辑

社会变革

宋神宗与王安石共定"国是"考辨

余英时先生《朱熹的历史世界》① 首次系统论述了宋代的"国是"问题，并对宋代党争作出了新的解释，是近年来关于宋代政治走向的一篇大制作。余先生在第五章"国是考"序言中说："如果我们说：不通过'国是'便无法彻底认识朱熹的历史世界，那也不算太夸张。但据我浏览所及，这个重要的政治现象，尚未见有人作过系统的讨论。所以本章拟专以'国是'问题为中心，根据原始资料，勾画出一个大体的轮廓。"余先生在讨论宋朝国是起源时，将"国是"的起始年系于变法全面展开的熙宁三年，"国是"的核心是不许"异论相搅"，并且是由宋神宗与王安石等人共定。这个看法又在沈松勤先生所著《南宋文人与党争》一书得到引申和发挥。② 然仔细考量似与相关史实有一定出入，故提出来进行再讨论。

一

余先生和沈先生论及宋代"国是"问题，均是以熙宁三年四月甲

---

① 生活·读书·新知三联书店 2004 年版。
② 沈松勤：《南宋文人与党争》，人民出版社 2005 年版，第 163—164 页。

申，宋神宗与司马光的一次对话为起点。

> 上曰："今天下汹汹者，孙叔敖所谓'国之有是，众之所恶'也。"光曰："然。陛下当察其是非，然后守之。今条例司所为，独安石、韩绛、吕惠卿以为是，天下皆以为非也。陛下岂能独与三人共为天下耶？"①

对于这段对话，余先生说这是"'国是'观念在宋代朝廷争议中的第一次出现"，并从其史源、历史背景和对话的意义作了很详细的考订和解读，最后得出"神宗接受了《新序》的一项基本原则，即'国是'不能由皇帝'以合其取舍者'为标准而作单方面的决定；相反地，皇帝必须'与士大夫共定国是'"②的结论。但是现存宋代文献记载"国是"之事，似始见于宋神宗熙宁元年五月右正言孙觉《上神宗论所急者近效所勤者小数》："臣近陈愚款愿陛下时御便殿，召大臣或从官，各以其类数人偕进侍坐，以讲求治道，因定国是，兴太平之功。臣窃计陛下日力且不足矣。何则？陛下御前殿，复御后殿，退则览中外章奏而可否之，往往至于暮夜。大禹勤俭，文王日昃不遑暇食，亦何以过此。臣愚窃以谓此所急者近效，所勤者小数，而于远图或有所遗，大道或有所蔽也。……"③孙觉这道奏书有两点值得注意，一是神宗即位之后，即汲汲于治道，"励精图治，将大有为，"④"国是"的商定已在积极进行中。在这里"国是"的商定尚未有特别的政治意义。

二是宋神宗选择王安石的思想或施政纲领作为"国是"或"国论"，是在王安石新法推行之前，而不是在其后。根据多种文献记载可

---

① 李焘：《长编》卷二一〇，神宗熙宁三年四月甲申，第5224页。
② 《朱熹的历史世界》上册，第254—255页。
③ 赵汝愚《宋朝诸臣奏议》卷八，第67页；黄淮、杨士奇《历代名臣奏议》卷三五，第467页。文中"因定国是"，文渊阁四库本《历代名臣奏议》作"商定国是"。
④ 《宋史》卷一六《神宗纪三》，第314页。

知，孙觉上奏书之前，宋神宗在熙宁元年四月曾先后向富弼和王安石问以治道。神宗诏富弼入见，"坐语，从容访以治道。弼知帝果于有为，对曰：'人主好恶，不可令人窥测；可测，则奸人得以附会。当如天之鉴人，善恶皆所自取，然后诛赏随之，则功罪无不得其实矣。'又问边事，对曰：'陛下临御未久，当布德行惠，愿二十年口不言兵。'帝默然。"① 显然宋神宗在富弼处未得到他所期望的东西。于是三天后神宗诏新除翰林学士王安石越次入对。宋神宗谓王安石曰："朕久闻卿道术德义，有忠言嘉谋当不惜告朕。方今治当何先？"王安石对曰："以择术为始。"宋神宗又问："祖宗守天下，能百年无大变，粗致太平，以何道也？"王安石退而上《上神宗论本朝百年无事》。第二天，宋神宗谓王安石曰："昨阅卿所奏书至数遍，言本朝事可谓粗尽，计治道无以出此。所条众失，卿必已一一经画，试为朕详见施设之方。"② 至此，宋神宗选定王安石的思想和施政纲领为"国是"。因而，孙觉的奏书里就有"讲求治道，因定国是，兴太平之功"的说法。翌年二月，神宗擢拔王安石任参知政事。王安石《辞免参知政事表》云："皇帝陛下绍膺皇统，俯记孤忠。付之方面之权，还之禁林之地，固已人言之可畏，岂云国论（此处"国论"即是"国是"的同义语）之敢知。忽被宠灵，滋怀愧恐。伏望皇帝陛下考慎所与，烛知不能，许还缪恩，以允公议。"③ 亦证明宋神宗在确定以王安石的施政纲领为"国是"，是在起用王安石变法之前，而不是在变法全面铺开的熙宁三年。

应当说宋神宗在熙宁元年以王安石的思想或施政纲领为"国是"，很大程度上符合朝野士人的政治诉求，所谓"天下盛推王安石，以为

① 《宋史》卷三一三《富弼传》，第 10255 页；又见彭百川《太平治迹统类》卷一二《神宗圣政》，第 250—251 页。
② 《宋朝诸臣奏议》卷一〇九，《财赋门·新法一·上神宗论本朝百年无事》注，第 1179 页。又见《长编纪事本末》卷五九；《续资治通鉴长编拾补》卷三上，熙宁元年四月乙巳。
③ 王安石：《临川先生文集》（二）卷五七。又：《王文公文集》卷一六，第 167 页。

必可致太平"①。"当时天下之论，以金陵（王安石）不作执政为屈。"②
"窃见介甫独负天下大名三十余年，才高而学富，难进而易退。远近之
士，识与不识，咸谓介甫不起则已，起则太平可立致，生民咸被其泽
矣。"③"新法之行，诸公实共谋之，虽明道先生（程颢）不以为不是，
盖那时也是合变时节。"④ 然而当王安石任参知政事、宰相，开始大力
推行新法之时，却遭到守旧大臣的激烈反对，宋神宗选定的"国是"
也因之受到质疑，因而直到元丰四年才又有定"国是"之举。

由以上所论可知，宋神宗选定"国是"的做法恰恰与余先生和沈
先生所论相反，即由皇帝"以合其取舍者"为标准。实际上，宋神宗
不仅在初次选定王安石的思想和施政纲领为"国是"，是"以合其取舍
者"为标准，而且在王安石第二次罢相后，最终将新法定为"国是"，
依然是"以合其取舍者"为标准。李焘《续资治通鉴长编》卷三百十
三，元丰四年六月甲子记事云：

> 有上书乞审择守令者，上谓辅臣曰："天下守令之众，至千余
> 人，其才性难以遍知，惟立法于此，使奉之于彼，从之则为是，背
> 之则为非，以此进退，方有准的，所谓朝廷有政也。如汉黄霸妄为
> 条教以干名誉，在所当治，而反增秩、赐金。夫家自为政，人自为
> 俗，先王之必诛。变《风》、变《雅》，诗人所刺。朝廷惟一好恶，
> 定国是，守令虽众，沙汰数年，自当得人也。"

同书，卷三百五十，元丰七年十二月戊辰条；

---

① 朱熹：《三朝名臣言行录》（一）卷三之三，参政吴文肃公（奎）。
② 马永卿编：《元城语录》卷上，第863—3631页。
③ 司马光：《温国文正司马公文集》（二）卷六〇《与王介甫书》，四部丛刊初编集部，上海书店1989年版。
④ 黎靖德编：《朱子语类》卷一三〇，第3097页。

初，元丰五年，将行官制，上于禁中自为图，帖定未出，先谓辅臣曰："官制将行，欲取新旧人两用之"。又曰："御史大夫非司马光不可。"蔡确进曰："国是方定，愿少迟之。"王珪亦助确，乃已。

元丰四年，正是"事皆自做"的宋神宗大力改革官制之时，元丰改制不仅在一定程度上改变了宋初以来混乱的官僚体制，而且为朝廷"惟一好恶，定国是"提供了坚定的政治保障。同时也说明元丰时期定新法为"国是"是出自"宸断"。正是由于元丰四年初定国是，因而翌年蔡确等人才有"国是方定"之说，而力沮反对新法的司马光入朝，这也就贯彻了宋神宗"立法于此，使奉之于彼，从之则为是，背之则为非"的国是宗旨。

二

余先生引《续资治通鉴长编》卷二一三，熙宁三年七月壬辰条记事云：因代吕公弼为枢密使的问题，神宗和执政大臣曾公亮、韩绛、王安石三人有下面一番辩论，可以看作"新法"正式定为"国是"的开端：

吕公弼将去位，上议所以代之者，曾公亮、韩绛极称司马光，上迟疑未决……安石曰："司马光固佳，今风俗未定，异议尚纷纷，用光即异论有宗主……事无可为者。"绛徐以安石所言为然，公亮言："不当以此废光。"固请用之，上弗许，乃独用（冯）京。明日，又谓执政曰："京弱，并用光如何？"公亮以为当，安石曰："比京差强，然流俗以为宗主，愈不可胜……"

公亮曰:"……真宗曰:'且要异论相搅,即各不敢为非。'"安石曰:"若朝廷人人异论相搅,即治道何由成?臣愚以为朝廷任事之臣,非同心同德、协于克一,即天下事无可为者。"上曰:"要令异论相搅,即不可。"……上遂不用光。

"王安石坚决反对起用司马光,因为怕他成为朝廷上'异论'或'流俗'的'宗主'。曾公亮虽抬出真宗'且要异论相搅'的祖训,也阻止不了安石压制'异论'的决心。神宗最后一句话则是这次辩论的总结。'新法'从此不再是王安石个人的关于改革的设计,它已是皇帝和士大夫共定的'国是'了。'国是'等于现代专制体制中所谓'最高国策'或'正确路线',自然不能容许'异论相搅'。这正是神宗为什么要在政治系统中增添这一新范畴的根本原因。"①

如果余先生所言是指神宗"事皆自做"的元丰年间及哲宗绍圣以后的绍述,大致与事实相符,而指熙宁年间则不一定如此。虽然熙宁时期王安石欲"一道德以变风俗",也罢黜了一些持异论的官员,并以宫观闲局安置他们,但是这与元丰以后至宋徽宗、高宗时期尊奉"国是",打压"异论",铲除反对派,有的被编管,有的甚至被贬死于荒远州县的做法大相径庭。更何况,反对派是在"尽力争之而不能止"时,"往往多自引去",②"逡巡引退"。③ 宋神宗虽然说了上述的话"要令异论相搅,即不可",但是实际上在熙宁时期依然奉行"异论相搅"的祖训,这有两种表现形式,一是从熙宁二年至五年、熙宁五年至九年,宋廷内部形成两次大的异论高潮,前者以非议、攻击青苗法、免役法为主,异论奏疏连篇累牍,他们的攻击直接影响了宋神宗的态度;后者则是随着王韶开边、市易法推行及与辽朝定边界形成又一次异论高

---

① 《朱熹的历史世界》,第256—257页。
② 《宋史》卷三百三十一,《列传第九十·论》,第10671页。
③ 《宋史》卷三百二十一,《列传第八十·论》,第10426页。

潮，在野的韩琦、富弼、司马光等异论持有者都曾应诏言事。只要看一下赵汝愚编撰的《宋诸臣奏议》卷一百九至一百十九财赋门·新法一至十一所收反对派的 96 篇奏议即可略见两次大的异论高潮之一斑。二是在用人上也贯彻异论相搅的精神，如反变法派的核心人物司马光，宋神宗起用王安石为参知政事的同时即欲用司马光为枢密副使，虽然王安石说这"是为异论之人立赤帜也"。但是宋神宗还是坚持要用司马光，只是司马光因与王安石势不两立，"上章力辞至六七"，宋神宗才不得已同意他离开朝廷。① 又如反变法派重要成员文彦博自宋英宗治平二年七月为枢密使，至宋神宗熙宁六年四月罢，判河阳，"在枢府凡八年"。② 再如富弼的女婿冯京，在王安石变法之初，即上章反对变法，宋神宗却于熙宁三年连连提升他任枢密副使和参知政事，"士大夫不逞者，以京为归"。③ 特别是神宗对司马光的眷任，南宋初年朱胜非对宋高宗讲的一番话就很能说明问题。建炎二年三月甲午，诏经筵读《资治通鉴》，遂以司马光配飨哲宗庙庭。

　　侍读朱胜非尝言："陛下每称司马光，度圣意有恨不同时之叹。陛下亦知光之所以得名者乎？盖神宗皇帝有以成就之也。熙宁间，王安石创行新法，光每事以为非是，神宗独优容，乃更迁擢。其居西洛也，岁时劳问不绝。书成，除资政殿学士，于是四方称美，遂以'司马相公'呼之。至元祐中，但举行当时之言耳。若方其争论新法之际，便行窜黜，谓之立异好胜，谓之沽誉买直，谓之非上所建立，谓之不能体国，谓之不遵禀处分，言章交攻，命令切责，亦不能成其美矣。"上首肯久之。④

---

① 徐自明著、王瑞来校补：《宋宰辅编年录校补》卷七，第 412 页。
② 徐自明著、王瑞来校补：《宋宰辅编年录校补》卷七，第 433 页。
③ 《宋史》卷三二七《王安石传》，第 10548 页。
④ 李心传：《建炎以来系年要录》卷一四，建炎二年三月甲午，第 344 页。

在朱胜非看来，司马光其所以成为一代名臣，正是宋神宗听任异论"独优容"所致。这从一个侧面说明当时对待"异论"者并没有"便行窜黜，谓之立异好胜，谓之沽誉买直，谓之非上所建立，谓之不能体国，谓之不遵禀处分，言章交攻，命令切责"。而这些做法恰恰是元祐党人，或绍述派对待"异论"者所使用的处置办法。

另外，值得一提的是，宋神宗虽然选定王安石的思想和施政纲领为"国是"或"国论"，但是在推行新法的进程中他们的政见不尽相同。目前学界有关他们之间政见分歧的讨论有四种意见。1. 宋神宗与王安石的关系，自始至终在思想境界和战略方面存在着巨大差距。[1] 2. 对待豪强兼并的态度不尽相同。元丰时期，宋神宗主持的新法在"摧抑兼并"方针上发生逆转。[2] 3. 王安石以"富民"为变法宗旨，而宋神宗以"富国"为宗旨。[3] 4. 王安石两次罢相的深层原因与宋神宗难以容忍相权对君权的干涉，更不能容忍大权旁落密切相关。[4] 正是由于他们之间存在着政见分歧，[5] 因而宋神宗对王安石的信任并不是一般人所认为的那样：得君之专，在北宋一代宰相当中几乎无人能与之相比。事实上并不如此，当王安石制定和推行新法时，只有在不太明显地触犯祖宗家法的项目，宋神宗才会肯全力予以支持，而凡触犯到祖宗家法的项目，宋神宗就会表现出犹疑以至深切的疑虑。从而使得王安石的变革工作经常从神宗那里得不到支持，有时甚至遭遇挫折，如王安石欲改革宋初把财政和军政大权都从宰相职权中分割出来的立法；欲以兵农合一的保甲制度替代被宋太祖称作"可以为百年之利"的募兵制；欲更革

---

① 邓广铭：《北宋政治改革家王安石》，三联书店 2007 年版，第 252—256 页。

② 漆侠：《王安石变法》（增订本），河北人民出版社 2001 年版，第 207—216 页。

③ 葛金芳：《熙宁新法的富民与富国之争》，《晋阳学刊》1988 年第 1 期；《王安石变法新论》，《湖北大学学报》1990 年第 5 期。

④ 王广林：《论王安石的两次罢相》，《史学集刊》1986 年第 3 期。

⑤ 当然也有论者认为宋神宗与王安石的分歧，没有质的不同，只是程度上的一些差异。参见拙著《王安石变法研究史》，人民出版社 2004 年版，第 474—476 页。

"将从中御"这一宋太宗所确立的防范武将专权的治军家法等问题上，就均未得到宋神宗的支持或完全认同。① 正是由于君臣之间有着诸多不同的政见，因而神宗需要用"异论相搅"这一祖宗家法来掣肘王安石。王安石早在熙宁三年就曾告诫宋神宗："陛下方以道胜流俗，与战无异。今日稍却，即坐为流俗所胜矣"②。但是事实上，王安石每每感到"众人纷纷""陛下已不能无惑矣。"③ 熙宁八年，王安石曾无奈地对宋神宗说："天下事如煮羹，下一把火，又随下一勺水，即羹何由有熟时也。"④ 王安石两次罢相不能不与"异论相搅"密切相关。随着王安石的去位和宋神宗对局面的完全操控，新法开始按宋神宗的"宸意"发展。对于元丰时期宋神宗不用王安石这个问题，朱熹是这样回答弟子的："神宗尽得荆公许多伎俩，更何用他？到元丰间，事皆自做，只是用一等庸人备左右趋承耳！"⑤ 朱熹的回答可谓是鞭辟入里。因而到元丰初期不许"异论相搅"的政治氛围业已形成，于是既定"国是"再次应运而生。

三

其所以造成熙宁时期宋神宗与王安石共定"国是"，并由此党同伐异的假象，这与宋哲宗、徽宗时期绍述派打着尊崇王安石的旗号，给"国是"赋予新意分不开，更与陈瓘对绍述派尊奉王安石的抨击紧密相关。宋哲宗定绍述为"国是"是承继先父遗志，而将国是内涵与王安石联系起来则起自蔡卞。李焘在绍圣四年四月乙未，校书郎陈瓘通判沧

① 邓广铭：《邓广铭学术论著自选集》，首都师范大学出版社1994年版，第158—161页。
② 彭百川：《太平治迹统类》卷一四《神宗朝臣议论新法》，第285页。
③ 李焘：《长编》卷二二三，熙宁四年五月丙午，第5433—5434页。
④ 李焘：《长编》卷二六二，熙宁八年夏四月己丑，第6414页。
⑤ 黎靖德编：《朱子语类》卷一三〇，第3096页。

州条下记事说:"初,太学博士林自用蔡卞之意,倡言于太学曰:'神考知王荆公不尽,尚不及滕文公之知孟子也'。士大夫皆骇其言。于是瓘谒章惇求外任,因具以告惇。惇大怒,召自而骂之,章、蔡由是不咸。"在这条记事下,李焘又注曰:"瓘自叙云,初在太学,与林自同为博士,自以主张国是自任,为蔡卞所厚。"①

对此,陈瓘在《四明尊尧集序》中有更直接的描述:

> 臣闻先王所谓道德者,性命之理而已矣。此王安石之精义也。有三经焉,有字说焉,有日录焉,皆性命之理也。蔡卞、蹇序辰、邓洵武等用心纯一,主行其教,其所谓大有为者,性命之理而已矣;其所谓继述者,亦性命之理而已矣;其所谓一道德者,亦以性命之理而一之也;其所谓同风俗者,亦以性命之理而同之也。不习性命之理者,谓之曲学;不随性命之理者,谓之流俗;黜流俗则窜其人,怒曲学则火其书。故自卞等用事以来,其所谓国是者,皆出于性命之理,不可得而动摇也。……臣伏见治平中,安石唱道之言,曰:道隆而德骏者,虽天子北面而问焉,而与之迭为宾主。自安石唱此说以来,几五十年矣,国是之渊源,盖兆于此矣。②

显然,陈瓘认为"国是"之说,到蔡卞这里,已不仅仅是简单地绍述新法,而是将王安石的性命学说上升到作为解释"国是"的唯一根据。不仅如此,陈瓘认为绍圣以后的党同伐异亦源自蔡卞等人祖述王安石的思想。他说:

> 安石所撰《士师八成义》,以谓守正特立之士,以邪诬而不容

---

① 李焘:《长编》卷四八五,第11529页。
② 陈瓘:《四明尊尧集》,史279—711—712。

于时，此祸本之所注而大盗之所以作也。蔡卞继述之说，其本在此。守此意者，谓之守正，不然则指为邪朋，立此说者谓之特立，不然则指为流俗，非我类者皆邪朋也。异我说者，皆邪诬也。于是用其所谓守正特立之士，废其所谓邪朋邪诬之人，从而喜曰，"祸本消矣，大盗息矣。"此下之所谓国是也。人主不得违，同列不敢议，惇、布在其术内而不知也。①

陈瓘，字莹中，号了翁，历仕神、哲、徽三朝。《宋史》有传。早年曾尊王安石学说，也与变法派章惇、蔡卞等有过交往。后膺服二程学说。哲宗亲政绍述熙丰，陈瓘开始"极论蔡卞、章惇、安惇、邢恕之罪"。其后"瓘尝著《尊尧集》，谓绍圣史官专据王安石《日录》改修《神宗史》，变乱是非，不可传信"②。陈瓘抨击王安石和绍述派的做法，为他在士林中赢得清誉。宋廷南渡以后，宋的最高统治集团把亡国罪责由蔡京等人追溯至王安石，对王安石变法进行了彻底否定。陈瓘被视为反王安石的斗士，得到士林和朝廷高度地褒扬。"绍兴二十六年，高宗谓辅臣曰：'陈瓘昔为谏官，甚有谠议。近览所著《尊尧集》，明君臣之大分，合于《易》天尊地卑及《春秋》之法。王安石号通经术，而其言乃谓：'道隆德骏者，天子当北面而问焉'，其背经悖理甚矣。瓘宜特赐谥以表之。'谥曰忠肃。"③ 其后，陈瓘将"国是"之说溯源至王安石的有关议论，得到了南宋人的认同。吕中在《宋大事记讲义》中云：

> 自治平四年九月安石之召，至熙宁九年十月安石之去，凡十年

---

① 《长编》卷二三四，神宗熙宁五年六月辛未条注引，第 5686 页。
② 《宋史》卷三四五《陈瓘传》，第 10963 页。
③ 《宋史》卷三四五《陈瓘传》，第 10964 页。

之国论，皆安石变法之国是也。①

元符三年，安惇罢。惇奏"邹浩是先朝所弃，不当复用，国是所系，不可轻改。"陈瓘言："是非之心，人皆有之，圣人以百姓之心为心，故朝廷所谓是非者，乃天下之公是非也。是以国是之说，其文不在于二典，其事不出于三代，惟楚庄王之所以问于叔敖者，乃战国一时之事，岂圣时宜用哉？惇乃极天下之公议所非，以为是，是极人臣不改之孝以为善述。"

在此正文下，吕中论道：

国是一言之误国也。夫国以为是，即人心之所同是也。又安有众之所非，而自以为是，使人皆不得越国是之外者，此特孙叔敖之妄论，唐虞三代之时，孔孟之明训，初无是也。秦汉至五代，其言未尝闻也。本朝自建隆至治平其说未尝有也。自熙宁王安石始有是论，而绍圣之蔡卞，崇宁之蔡京，皆祖述其说而用之。熙宁以通变为国是，则君子为流俗矣；绍圣以绍述为国是，南岭之间皆逐臣矣。蔡京之国是，又曰丰亨豫大之说而已，则立党、刻党碑，凡所托以害君子者，皆以国是藉口，曰此神考之意，安石之说也。缙绅之祸多历年，所岂非一言可以丧邦乎？②

魏了翁在宋理宗淳祐二年对宋朝"国是"的由来亦有相似的看法：

（太祖以来）曷尝揭揭然标一说以立国是，而使天下必为是说

① 吕中撰，张其凡、白晓霞整理：《类编皇朝大事记讲义》卷一七《惠卿叛安石、安石复罢相》，第320页。
② 吕中撰，张其凡、白晓霞整理：《类编皇朝大事记讲义》卷二一，《小人妄主国是》，第366—367页。

之从……自熙丰大臣始以私意误国，以祖宗神明博大、休养生息之政为不足，以快其意也。乃始创为出治之名，以竦动群听，颁之有司者，曰新法，颁之学官者，曰新义，上之人既立为一说，以风示天下，新进用事之人，又相与而朋翼之牢不可破，由此者进，异此者黜。①

另外，李焘《续资治通鉴长编》卷二百三十一，熙宁五年三月丙午记颁市易法条下注："四月七日检继宗文字。《国是论》曰：'兴利之中，其罪亦有轻重，青苗、均输、助役，世以是为安石大罪，犹可恕也，何者？安石之始学在此，而始谋出此也。市易、免役、征利及于琐屑，此皆小人之附安石者为之，而安石亦以为王政，将谁欺乎？'"此处李焘并未标明《国是论》作于何年、出自谁手，但从所引文意来看，出自"惟是直书王安石之罪"的南宋绍兴本《神宗实录》重修之后的时期，则是无疑的。

要之，本文旨在说明四点：一、宋神宗以王安石的变法思想和施政纲领定为"国是"，不是始于熙宁三年，而是在熙宁元年。二、宋神宗选定"国是"的做法不是"不能由皇帝'以合其取舍者'为标准而作单方面的决定"；而是恰恰与余先生和沈先生所论相反，是由皇帝"以合其取舍者"为标准。三、熙宁时期宋神宗虽然对王安石变法给予大力支持，但是并未放弃"异论相搅"的祖训。四、笔者并不否认"余先生率先指出，宋代是中国历史上第一个将国是体制化、法制化，并给予政治制度的保障，以及为政治争论涂抹上道德的色彩，使党派分极化的王朝"。并"说明皇帝和大臣怎样以操纵'国是'的修辞权压制其它士大夫的异议。质疑'国是'，最终会被顽冥不化的官员视为犯罪或不

---

① 魏了翁：《鹤山集》卷三三，《代南叔兄上费参政（壬寅）》，第1172册，第382页。

忠"①。但是笔者强调的是，这种将"国是"体制化、法制化的做法始于宋神宗元丰以后，而不是王安石执政的熙宁年间。以"国是"作为党同伐异的政治工具，则更是宋哲宗、徽宗，乃至宋高宗朝的事。

原刊于《文史哲》2008 年第 1 期

---

① 田浩：《余英时：〈朱熹的历史世界〉》，《湖南大学学报》（社会科学版）第 18 卷，第 5 期，2004 年 9 月。

王安石与孟子

——孟子与宋代士大夫政治研究之一

引　言

周秦以降，统治阶级以儒术治国是治中国古代史不能绕开的一个重要话题。孔子生前仅对怎样治国提出若干朦胧的设想。他的学派在他死后便陷于四分五裂。在儒学的名义下的各种学说呈现出的尖锐对立，已在孟轲、荀况两家表现出来。打着孔子的旗号，推行和演绎不同的政治主张和方案，便成为周秦以降儒术治国的特点，"于是从公元元年起，行时的便是周孔之道、孔颜之道或孔孟之道。说是'尊孔'，其实真尊的是在上或在下的孔子伴侣，周公、颜回或孟轲。"① 而从汉唐尊五经，到宋尊"四书"，以儒术治国进入孔孟之道的阶段。

毋庸置疑，目前学界对中唐以来"孟子升格运动"从兴起到完成，《四书》形成，两宋孟学思想的发展理路都有丰富的论述，也大致有了基本的共识。② 但这种共识多局限在思想史或政治文化的层面，而对汉

① 朱维铮《中国经学史十讲》，复旦大学出版社 2005 年版，第 46—47 页。
② 详见王曾瑜《孟子在宋代亚圣地位之确立及其影响》，《庆祝邓广铭教授九十华诞论文集》，河北教育出版社 1997 年版，后收入氏著《点滴编》，河北大学出版社 2010 年版；周翠萍《两宋孟学研究》，人民出版社 2007 年版；朱汉民、肖永明《宋代〈四书〉学与理学》，中华书局 2009 年版。

唐与宋代士大夫阶层治国理念的着眼点有什么异同？宋人推崇孟子与重建社会秩序之间有怎样的关系？孟子的政治理想在宋代是如何被士大夫们践行的？似还有继续探讨的余地。笔者拟从确立孟子在宋代亚圣地位起了关键作用的王安石、朱熹与孟子的关系入手探讨这些问题。限于篇幅和目前资料准备情况，本文主要探讨王安石与孟子的关系。朱熹与孟子的关系另文讨论。

一、王安石为什么推崇孟子

王安石为什么推崇孟子？对于这个问题，宋人议论和现今学界从不同角度给以解释，概括言之，大致可分两个方面：推崇的表现和推崇的原因。王安石推崇孟子主要表现在两点：

一是翻检王安石一生的言行，对王安石影响最大的人恐怕是莫过于孟子。宋朝官修编年实录中之王安石传，今保存于《琬琰集删存》卷三："安石早有盛名，其学以孟轲自许。荀况、韩愈不道也。"他的《淮南杂说》发表后，见者认为"世谓其言与孟轲相上下"①。就是说很像孟子的书。他的学生陆佃说：（王安石）"言为《诗》《书》，行则孔孟"②。极力反对王安石变法的司马光也说："介甫于诸书无不观，而特好孟子与老子之言。"③南宋人罗从彦说："王安石以高明之学、卓绝之行，前无古人，其意盖以孟子自待。自世俗观之，可谓明世之士矣。"④王安石对孔子略有不敬是事实，但那是指旧经学家所刻画的孔子，他以为孟轲所描述的"'孔子集大成者'，盖言集诸圣人之事，而

---

① 晁公武撰，孙猛校证《郡斋读书志校证》卷一九《王介甫临川集》题解引蔡卞语，第1000页。

② 陆佃《陶山集》卷一三，《祭丞相荆公文》，第1117册，第164页。

③ 司马光：《温国文正司马公文集》（二）卷六〇《与王介甫书》，上海书店1989年版。

④ 罗从彦《尊尧录》六，《韩琦》，第183页。

大成万世之法耳。此其所以贤于尧、舜也"才是真孔子。① 王安石的言志的诗更是表露了他对孟子的尊崇:"孔孟如日月,委蛇在苍旻;光明所照耀,万物成冬春"。② 在王安石眼里孟子是孔子之后的大圣人。"沉魄浮魂不可招,遗编一读想风标。何妨举世嫌迂阔,故有斯人慰寂寥。"③ 在这里王安石把孟子引为千古知己。又说:"欲传道义心虽壮,学作文章力已穷。他日若能窥孟子,终身何敢望韩公。"④ 表达了王安石一心追随孟子的愿望。

二是《孟子》一书能够进入官学,在官学中占有一席之地,被朝廷承认为经书,王安石及其新学在其中起着至关重要的作用。王安石在大力表彰孟子同时,还积极促成朝廷承认孟子其人其书的地位。由于王安石当时在朝廷中的重要地位,以及神宗皇帝对他的高度信任,从而使孟子升格运动获得了朝廷的大力支持。在王安石的带动下,新学营垒的学者大都推重孟子,他们中还有人倾力对《孟子》进行了疏解。如王安石撰有《孟子解》十四卷,王雱撰有《孟子注》十四卷,许允成撰有《孟子新义》十四卷,王令撰有《孟子讲义》五卷,沈括撰有《孟子解》一卷。王安石与王令通信往还,孟子也是他们讨论的重要问题之一。可以说,孟子能受封爵,进孔庙。配享孔子,并入"兼经",悬为科举功令。王安石居功至伟,"王安石实在堪称'孟子升格运动'中的第一功臣。"⑤ 另外值得注意的是宋王朝开国伊始首先肯定颜回的亚圣地位,但是宋神宗熙宁七年(1074)王安石的好友、著名经学家常秩等秉承王安石的意旨"请立孟轲、扬雄像于庙廷,仍赐爵号,又请

---

① 《王文公文集》卷二八,《夫子贤于尧舜》,第 323 页。
② 《王文公文集》卷三八《杨雄三首》之一,第 447 页。
③ 《王文公文集》卷七三,《孟子》,第 775 页。
④ 《王文公文集》卷五五,《奉酬永叔见赠》,第 620 页。
⑤ 侯外庐主编:《中国思想通史》第四卷上册,人民出版社 2004 年版,第 441—448 页;周翠萍:《两宋孟学研究》,人民出版社 2007 年版,第 56—57 页。

追尊孔子以帝号。下两制礼官详定，以为非是而止"①。有学者说"这是中世纪王朝正式讨论用孔孟代替孔颜作为正副通天教主的首次记录""虽然当时没有实现，但此后孔颜并称的颂词却在宋朝官方文献里逐渐稀少了"②。

王安石为什么推崇孟子？韩愈说："始吾读孟轲书，然后知孔子之道尊"，③"求观圣人之道者，必自孟子始"，④ 这两句话对理解王安石推崇孟子至关重要。虽然王安石对韩愈有时表现出不敬"终身何敢望韩公"，"韩公既去岂能追"，但是韩愈这句话实际上深刻道出了王安石的心声，"孟子有来还不拒"，⑤ 因为孟子借孔子之言，发挥表现自己所谓法先王之政、行圣人之道的主张，正是北宋中期以王安石为代表的新儒学提倡用所谓圣人之"意"来否定诠释所谓圣人之"言"的传统声张来改变现有秩序的一种诉求。⑥

---

① 《宋史》卷一〇五，《礼志八》，第 2548 页。
② 朱维铮：《中国经学与中国文化》《中国经学史十讲》，复旦大学出版社 2005 年版，第 23 页。
③ 《昌黎先生集》卷一一，《读荀子》。
④ 《昌黎先生集》卷二〇，《送王埙秀才序》。
⑤ 《王文公文集》卷五一，《秋怀》，第 573 页。
⑥ 余英时先生说："道学家在政治上与王安石分裂以后，转而更沉潜于'内圣外王之道'，为秩序重建作更长远的准备，因为他们始终认定'新法'的失败，其源在错误的'新学'。为了解除上述的疑问，建立更稳固的信仰，他们发展了关于秩序重建的双重论证。第一是宇宙论、形而上学的论证，为人间秩序奠定精神的基础；第二是历史的论证，要人相信合理的秩序确已出现过，不是后世儒者的'空言'，而是上古'圣君贤相'所已行之有效的'实事'。这两重论证都前有所承，不过在道学家手上发挥得更为深透而有系统。经过文献的考察，我现在可以进一步指出，他们最得力的经典是《孟子》一书，因为孟子才是第一个运用此双重论证的儒者。程颢死后，程颐与友生都异口同声，说他是'孟子之后，传圣人之道者，一人而已'。张载学成之后，当时也流行着'识者谓与孟子比'。这都不是寻常的恭维话。所以后面我将结合着王安石，对孟子的影响问题略作讨论，因为早在程、张之前已先有安石'《淮南杂记》初出，见者以为孟子'之说。此事看起来似乎微不足道，但却不失为宋代儒学整体动向的指标。"（《朱熹的历史世界》绪说，三联书店 2004 年版，第 122 页。）在这里余先生指出道学家从《孟子》一书作为双重论证的根据，早在王安石那里已经有充分表现。而且这是"宋代儒学整体动向的指标"，斯言甚是。

王安石尊崇孟子是要以孟子自比，做新时代的孟子，在王安石现存最早的文章《送孙正之序》中，他说："时乎杨、墨，己不然者，孟轲氏而已。时乎释、老，己不然者，韩愈氏而已。如孟、韩者，可谓术素修而志素定也，不以时胜道也，惜也不得志于君，使真儒之效不白于当时……予官于杨，得友曰孙正之。正之行古之道，又善为古文，予知其能以孟、韩之心为心而不已者也。"① 这段话的精髓就是不以时胜道，要坚守道的立场，不能随波逐流。这种以道自任的精神也得自孟子，孟子说："天下有道，以道殉身；天下无道，以身殉道；未闻以道殉乎人者也。"②

王安石在个性上与孟子很相似，熙宁年间盛传的"三不足畏"政治传言，意在抨击王安石变乱祖宗法度，邓广铭先生认为最能体现王安石大无畏的精神，③ 这与孟子跟弟子们讨论治理国家问题时，所表现出的那种"如欲平治天下，当今之世，舍我其谁也？"④ 的英雄气概极其相似。在"出"和"行"上，王安石更是渗透着孟子的遗风。一旦得君行道，他就会坚定不移地推行自己的政治主张，因此，就以孟子的"大有为之说"作为变法的精神支柱。南宋的倪思曾与人有过这样的对话："或问文节倪公思曰：'司马温公乃著《疑孟》，何也？'答曰：'盖有为也。当是时王安石假孟子大有为之说，欲人主师尊之，变乱法度，是以温公致疑孟子，以为安石之言，未可尽信也。'"⑤

孟子生当战国之际，其时各国君主对外进行兼并战争："争地一战，杀人盈野；争城一战，杀人盈城"；对内横征暴敛，使"民有饥色、野有饿莩"，社会矛盾和统治阶级之间的矛盾都很严重。但这也是

---

① 《王文公文集》卷三六，《送孙正之序》，第433页。
② 《孟子·尽心上》。朱熹《四书章句集注》，第362页。
③ 邓广铭《北宋政治改革家王安石》序言，王安石变法革新的精神支柱，三联书店1997年版，第2—5、92—111页。
④ 《孟子·公孙丑下》。朱熹《四书章句集注》，第250页。
⑤ （元）白珽《湛渊静语》卷二，第866—309页。

孕育着国家统一的时代。孟子提出的"仁政"学说，为民制产的井田制方案，省刑罚、薄税敛、不违农时的统治政策，在当时虽然被认为不切实际的迂阔说教而未被采纳，但却不失为缓和社会矛盾的一个药方，一个改革设想。在后代社会矛盾尖锐的时候，孟子提的这套办法，对一些想要进行改革的人，还是颇有吸引力的。如当土地兼并激烈时，井田制便常被人怀念和提出，就是证明。王安石的《发廪》诗有"我尝不忍此，愿见井地平"，说明他对井田制抱有好感。他的《寓言》诗"婚丧孰不供，贷钱免尔萦"，和孟子说的"使民养生丧死无憾"用意相同。王安石的《感事》诗："贱子昔在野，心哀攀黔首：丰年不饱食，水旱尚何有"，和孟子指出战国时人民的痛苦"乐岁终身苦，凶年不免于死亡"更为相似，因此，王安石从孟子的政治思想中受到启发，作为他观察社会、进行改革的出发点和理论依据，是完全可能的。[1] 孟子提倡法先王之道，言必称尧舜。王安石也一样，他劝宋神宗效法尧舜，以"先王之政"为改革的口号和样板。王安石在《上仁宗皇帝言事书》云：

> 孟子曰："有仁心仁闻，而泽不加于百姓者，为政不法于先王之道故也"，以孟子之说，观方今之失，正在于此而已。夫以今之世，去先王之世远，所遭之变，所遇之势不一，而欲一二修先王之政，虽甚愚者，犹知其难也。然臣以谓今之失，患在不法先王之政者，以谓当法其意而已。夫二帝、三王，相去盖千有余载，一治一乱，其盛衰之时具矣。其所遭之变，所遇之势，亦各不同，其施设之方亦皆殊，而其为天下国家之意，本末先后未尝不同也。臣故曰：当法其意而已，法其意，则吾所改易更革，不至乎倾骇天下之耳目，嚣天下之口，而固已合乎先王之政矣。[2]

---

[1] 详见杨志玖《王安石与孟子》，《社会科学战线》1979年第3期。
[2] 《王文公文集》卷第一，《上皇帝万言书》，第1—2页。

王安石所谓的法先王之政，实际上就是努力践行孟子的政治理想，从而达到治理国家，重建社会秩序的目的。王安石执政以后采取的诸多新法和施政理念，贯穿了孟子政治理想的精髓。

必须指出，讲王安石及其变法需要将神宗与"绍圣"的哲宗、徽宗时期执行王安石政策措施一并给以考察，方能看到王安石学派践行孟子政治理想的全貌。宋哲宗亲政后，变法派重新上台，王学的地位也随之有所提高。宋徽宗崇宁时大力推崇王学，当时所颁《故荆国公王安石配享孔子庙廷诏》说：

> "道术裂于百家，俗学弊于千载。士以传注之习，汩乱其聪明，不见天地之纯全、古人之大体，斯已久矣。故荆国公王安石，由先觉之智，传圣人之经，阐性命之幽，合道德之教，训释奥义，开明士心，总其万殊，会于一理。于是学者廓然，如睹日月，咸知六经之为尊，有功于孔子至矣……内圣外王，无乎不备，盖天降大任，以兴斯文，孟轲以来，一人而已。"①

褒词评价如此之高，确乎实现了王安石生前"窥孟子"的夙愿，将他尊奉为孔孟之后的又一圣人。王安石一时成为继孟子之后，又一个得到"配享"孔子地位的儒学大师。

二、孟子井田思想与王安石的"摧抑兼并"

"仁政""王道"是孟子政治学说的核心。在孟子看来，圣王的王道是要为人民的福祉尽一切努力，这意味着国家一定要建立在殷实的经

① 《宋大诏令集》卷一五六，第584页。

济基础上。由于中国自古以农业为主，经常占压倒之势的是土地问题，所以孟子以为王道最重要的经济基础在于平均分配土地，这是很自然的。他的理想的土地制度，就是以"井田"著称的制度。

要了解孟子主张实行的井田制的初衷，从他所倡导的"恒产论"中可找到正确的理解。孟子对齐宣王和滕文公说：

> 无恒产而有恒心者，惟士为能。若民，则无恒产，因无恒心。苟无恒心，放辟，邪侈，无不为已。及陷于罪，然后从而刑之，是罔民也。焉有仁人在位，罔民而可为也？是故明君制民之产，必使仰足以事父母，俯足以畜妻子，乐岁终身饱，凶年免于死亡。然后驱而之善，故民之从之也轻。今也制民之产，仰不足以事父母，俯不足以畜妻子，乐岁终身苦，凶年不免于死亡。此惟救死而恐不赡，奚暇治礼义哉？[①]

在孟子看来，真正解决农民的土地问题以保证他们的生活来源是维护社会稳定的根本因素。为了避免农民因无恒产"放辟邪侈，无不为已"而遭"陷于罪"的悲惨命运，他要求齐、梁等诸侯国的君主"反其本"而行仁政，并向他们提出为民制产的具体建议：

> 五亩之宅，树之以桑，五十者可以衣帛矣；鸡豚狗彘之畜，无失其时，七十者可以食肉矣；百亩之田，勿夺其时，八口之家可以无饥矣。[②]

这就是孟子恒产论的具体内容。他在回答梁惠王、齐宣王如何施政时都一字不差地阐述了这一思想。据《尽心上》载，孟子还曾以文王

---

① 《孟子·梁惠王上》。朱熹《四书章句集注》，第211页。
② 《孟子·梁惠王上》。朱熹《四书章句集注》，第212页。

"善养老，则仁人以为己归"的故事又一次强调了这一主张，可谓再三致意。

为了实现为民制产的主张，孟子提出了利用西周井田制加以润泽而使之适合战国时代实际情况的具体措施，即所谓"正经界，均井地"。他说："夫仁政，必自经界始。经界不正，井地不均，谷禄不平。是故暴君污吏必慢其经界。经界既正，分田制禄可坐而定也。"① 所谓"正经界"、"分田制禄"，朱熹注云："经界，谓治地分田，经画其沟涂植封之界也。此法不修，则田无定分，而豪强得以兼并，故井地有不均；赋无定法，而贪暴得以多取，故谷禄有不平。"② 朱熹的解释是符合实际的。孟子所提出的关于正经界、均井地、平谷禄的具体措施，旨在防止豪强兼并，保证农民"百亩之田"的恒产不受侵犯。③

秦汉的军功受田制、西晋的占田课田制，到北魏至唐的均田制，其共同之处在于国家授田，百姓受田，都有孟子鼓吹的井田制度的遗意，"自汉至唐，犹有授田之制，则其君犹有以属民也；犹有受役之法，则其民犹有以事君也。"唐中叶以后至宋"授田之制亡矣。民自以私相贸易"④，由土地兼并引起的贫富分化社会矛盾日趋严重。苏洵说：

> 井田废，田非耕者之所有，而有田者不耕也。耕者之田，资于富民，富民之家，地大业广，阡陌连接，募召浮客，分耕其中，鞭笞驱役，视以奴仆，安坐四顾，指麾于其间，而役属之民，夏为之耨，秋为之获，无有一人违其节度以嬉。而田之所入，已得其半，耕者得其半。有田者一人，而耕者十人，是以田主日累其半，以至

① 《孟子·滕文公上》。朱熹《四书章句集注》，第256页。
② 朱熹《四书章句集注》，第256页。
③ 李埏、章峰：《孟子的"井田说"与"恒产论"浅析》，《云南学术探索》1996年第2期；又见李埏《孟子的井田说和分工论——读〈孟子〉札记》，《社会科学战线》1991年第1期；后收入氏著《不自小斋文存》，云南人民出版社2001年版，第141—153页。
④ 《水心别集》卷二，民事上，《叶适集》（三），第652页。

于富强；耕者日食其半，以至于穷饿而无告。夫使耕者至于穷饿，而不耕不获者坐而食富强之利，犹且不可，而况富强之民，输租于县官，而不免于怨叹嗟愤。何则？彼以其半而供县官之税，不若周之民以其全力而供其上之税也。周之十一以其全力而供十一之税也，使以其半供十一之税，犹用十二之税然也。况今之税，又非特止于十一而已，则宜乎其怨叹嗟愤之不免也。噫，贫民耕而不免于饥，富民坐而饱以嬉，又不免于怨，其弊皆起于废井田。井田复，则贫民皆有田以耕，穀食粟米不分于富民，可以无饥，富民不得多占田以锢贫民，其势不耕则无所得食，以地之全力供县官之税，又可以无怨，是以天下之士争言复井田。①

王安石早年与李觏、张载、二程一样也曾经向往古代井田制："我尝不忍此，愿见井地平。"执政前王安石的确把恢复井田制作为解决土地不均问题的基本方法，可是在执政之后，王安石与张载、二程对井田制则存在根本性的分歧。王安石不仅放弃了"愿见井地平"的想法，而且认为张载等实行井田是"致乱之道"。熙宁三年和四年，王安石与宋神宗有两段对话可看出王安石与宋神宗对井田制的态度。

神宗问王安石张载的学生范育如何？"王安石曰：'育言地制事亦不全为迂阔。'"神宗曰："育言'凡于一事措置，一事即不得'此言是也。又言'须先治田制'，其学与张戬（张载弟）同。"王安石说："臣见程颢云：'须限民田，令如古井田。'"神宗曰："如此即致乱之道。"王安石因言王莽名田为王田事，神宗曰："但设法以利害殴民，使知所趋避，则可。若夺人已有之田为制限则不可。"王安石曰："今朝廷治农事未有法。又非古备建农官大防圩埠之类，播种收获，补助不足，待兼并有力之人而后全具者甚众，如何可遽夺其田以赋贫民。此其

---

① 苏洵《嘉祐新集》卷五，《田制》，第458页。

势固不可行，纵可行，亦未为利。"①

神宗与王安石论租庸调法，"善之"。王安石曰："此法近于井田，后世立事粗得先王遗意，则无不善。今亦无不可为者，顾难以速成尔。"宋神宗问为什么，王安石对曰："今百姓占田，或连阡陌，顾不可夺之，使如租庸调法，授田有限。然世主诚能知天下利害，以其所谓害者制法，而加于兼并之人，则人自不敢保过限之田；以其所谓利者制法，而加于力耕之人，则人自劝于力耕，而授田不能过限。然此须渐乃能成法。夫人主诚能知利害之权，因以好恶加之，则所好何患人之不从，所恶何患人之不避，然利害之情难识，非学问不足以尽之，流俗之人罕能学问。故多不识利害之情，而于君子立法之意有所不思而好为异论，若人主无道以揆之，则必为异议众多所夺，虽有善法，何由而立哉。"②

上述对话表明，宋神宗认为实施井田即"致乱之道"，王安石则以王莽实行"王田"为例说明了不能"遽夺民田"以赋贫民的道理所在。为什么王安石发生了从主张实施井田到否定恢复井田这一重大转变？这要从王安石"抑兼并"思想的演变说起。王安石早年任职州县时，在《兼并》、《发廪》、《寓言》等诗篇中，便表达了他的摧抑兼并的思想，到了《度支副使厅壁题名记》的文章中，这个思想更发挥得淋漓尽致。王安石认为，兼并之所以要加摧抑，主要是因为这个势力是造成国穷民困的根源，"后世不复古，贫穷主兼并"。因而要解决国穷民困的问题，就只有走摧抑兼并的这条路。为此，他同李觏一样，憧憬古代的井田制度，"愿见井地平"。及至执政之后，王安石便从诗人的幻想转变到政治家的面向实际，认为恢复井田已是不可能了，不仅他自己不再谈什么井田了，而且对程颢、张载等人的井田议也认为是"致乱之道"。所以

① 《长编》卷二一三，熙宁三年秋七月癸丑，第5181页。
② 《长编》卷二二三，熙宁四年五月癸巳，第5419页。

王安石放弃此前的井田主张，而是通过某些法令政策给豪强兼并以一定的限制，① "以切实可行的青苗、免役、市易等法，虽然不可能做到'均平'贫富，但多少能抑制豪强兼并势力的发展，稍微减轻农民的负担，从而有助于社会生产的发展。王安石在井田制上的转变是自然的，符合事物发展的客观形势。"② 换言之，王安石在新的历史条件下，不一味地简单恢复孟子的井田制度，而是把孟子井田思想的精髓贯穿和落实到具体的新法措施中，使之更好地"制民产"、"均贫富"，从而真正实现"仰足以事父母，俯足以畜妻子，乐岁终身饱，凶年免于死亡"的理想社会。

当然王安石执政后不简单地恢复井田制度，即不能"遽夺民田"以赋贫民，并不意味王安石漠视占田不公的社会现象，王安石新法中继承宋仁宗时期郭谘等人"千步方田法"的"方田均税法"："分地计量，据其方庄帐籍，验地土色号""方量毕，计其肥瘠，定其色号，分为五等，以地之等均定税数"，"其分烟析生、典卖割移，官给契，县置簿，皆以今所方之田为正"，③ 在一定程度上是对孟子所谓"仁政必自经界始"说法的一种实践。

三、孟子不忍人之政与王安石
重建社会秩序的关系

蒙文通先生说"孟子之学，主于'以不忍人之心，行不忍人之政'。汉儒言政，精意于政治制度者多，究心于社会事业者少。宋儒

---

① 漆侠：《宋代经济史》，《漆侠全集》第 4 卷，河北大学出版社 2008 年版，第 1129 页。
② 漆侠《宋学的发展与演变》，《漆侠全集》第 6 卷，河北大学出版社 2008 年版，第 378—380 页。
③ 《长编》卷二三七，熙宁五年八月甲申，第 5783 页。

则反是，于政、刑、兵、赋之事，谓'在治人不在治法'。其论史于钱、谷、兵、刑之故，亦谓'则有司存'，而谆谆于社会教养之道"。王安石对孟子的不忍人之政有深刻理解。《河南程氏外书》也记载道："王介甫为舍人时，有《杂说》行于时，其粹处有曰：'莫大之恶，成于斯须不忍。'"① 王安石在《善救方后序》中说："孟子曰先王有不忍人之心，斯有不忍人之政。臣某伏读《善救方》，而窃叹曰，此可谓不忍人之政矣。夫君者制命者也，推命而致之民者，臣也。君臣皆不失职，而天下受其治，方今之时，可谓有君矣。生养之德，通乎四海，至于蛮夷，荒忽不救之病，皆思有以救而存之。而臣等虽贱，实受命治民，不推陛下之恩泽，而致之民，则恐得罪于天下，而无所辞诛。"②

笔者在《两宋荒政的发展与变化》③ 以为：若从救荒之政的角度考察，王安石变法的终极目的，是为了培育农民抵御自然灾害的能力，和建立合理的社会救济制度。"救荒之政"从而被赋予了新的时代内容，即将摧抑兼并与救荒之政紧密地联系起来，"凡所以使之有丰而无凶，损有余以补不足，皆王政之纲也"④。青苗法条令中的"［是］亦先王散惠兴利以为耕敛补助，哀多补寡而抑民豪夺之意也"，"非惟足以待凶荒之患"，就都表达出了这层的含义。免役法"凡敷钱先视州若县应用雇直多少，而随户等均取。雇直既已足用，又率其数增取二分，以备水旱欠阁。虽增，毋得过二分，谓之'免役宽剩钱'"⑤。免役法的实施，希望达到的目的是："所宽优者村乡朴蠢不能自达之穷甿，所裁取者乃什宦并兼能致人语之豪户。"

---

① 蒙文通《儒学五论·宋明之社会设计》，广西师范大学出版社 2007 年版，第 131 页。
② 《王文公文集》卷三六，《善救方后序》，第 432 页。
③ 郝春文、李华瑞主编《中国古代史论文选萃》，中国社会科学出版社 2013 年版，第 497—524 页。
④ 程珌：《洺水集》卷五《弭盗救荒》，第 1171 册，第 282 页。
⑤ 《王安石变法》（增订本），《漆侠全集》第 2 卷，河北大学出版社 2008 年版，第 268 页。

元丰五年（1082），宋神宗在殿试进士策问中，亦表达了这层含义：

> 朕闻王道之始，必本于农，故为之常平之政，使仓廪之积，农夫得以取其陈。为之免役之法，使官府之徭耕者，无或妨其力。然天下之民犹且力本者寡，趋末者众，一遇水旱之灾，则强者散而之四方，弱者转而蹈沟壑。朕甚悯焉，永惟所以强本抑末之道，而未得其方也。呜呼！井田废而为阡陌，疆理之法不可复讲矣，口分世业之田坏而为兼并，限田之令不可复行矣，然则率市廛之民，归南亩之业，使天下游手者寡，土著者固，丰年足以乐室家，凶岁有以御冻馁，子大夫以为何道而能臻此乎？①

在宋哲宗统治的后期，各项新法虽稍有变动，基本上仍然按照熙宁、元丰时期的模式进行。元符三年（1100）正月，哲宗病逝，宋神宗的第十一子赵佶即位，是为宋徽宗。从总体上看，宋徽宗继续执行了宋哲宗以来的新法政策，特别是在继承和发展宋仁宗、英宗、神宗以来建立的社会救济制度方面，却可大书一笔。

宋仁宗时期，为收养鳏寡孤独不能自存之人，就开始在都城开封设置了东西福田院，但规模很小，"以廪老疾孤穷丐者，其后给钱粟者才二十四人"。宋英宗时，扩大了东西福田院的官舍规模，"日廪三百人。岁出内藏钱五百万给其费，后易以泗州施利钱，增为八百万"。同时，又增置南北福田院。除了在京城设置福田院外，还诏令"州县长吏遇大雨雪，蠲僦舍钱三日，岁毋过九日，著为令"。②

---

① 王安礼：《王魏公集》卷四《元丰五年殿试进士策问》，第 1100 册，第 40 页。另外，陈师道：《后山集》卷一四《学试策问四首》其三；邹浩：《道乡集》卷二九《策问》，亦载有相类的内容。
② 《宋史》卷一七八《食货志》，第 4338 页。

宋神宗熙宁二年（1069）以后，宋廷专门下令：京师福田院遇雪寒季节，收养"老疾孤穷丐"，不再硬性地限制人数，"听于四福田院额外给钱收养，至春稍暖则止"，在熙宁九年（1076）的时候，宋神宗更接受知太原韩绛的建议，将河东地区雪寒之季接济"诸老疾"的法定时间，"自十一月一日，州给米豆至次年三月终"，延长为"自十月一日起支，至次年二月终止，如有余，即至三月终"。① "凡鳏、寡、孤、独、癃老、疾废。贫乏不能自存应居养者，以户绝屋居之。无，则居以官屋，以户绝财产充其费，不限月。依乞丐法给米豆。不足，则给以常平息钱。"②

宋哲宗时，同样继续了宋神宗的做法，各地方陆续建置了收养老弱的居养院。

宋神宗时，不仅由官府收养雪寒季节无助的贫困之人，对无人安葬者的遗骸，宋廷也下令由官府协助寺院予以妥善安葬，元丰二年三月二日"诏开封府界，僧寺旅寄棺柩，贫不能葬，令畿县各度官不毛地三五顷，听人安葬，命僧主之"。③

宋徽宗时期，蔡京主政，社会救济制度有较大发展，他把此前设置于京师地区和部分地区的救济机构，运用国家的行政力量向全国推广，崇宁初年"蔡京当国，置居养院、安济坊，给常平米厚至数倍，差官卒充使，令置火头具饮膳，给以衲衣絮被，州县奉行过当，或具帷帐雇乳母女使，糜费无艺，不免率敛，贫者乐而富者扰矣"。其中，居养院，就是在福田院的基础上改造和扩大；安济坊，则是与现代救治病患的医院相仿的机构。

宋徽宗崇宁三年（1104），在蔡京的主持下，宋廷又设置了漏泽园，即将宋神宗时协助寺院妥善安葬死尸的做法制度化，"至是，蔡京

---

① 《宋会要辑稿》食货六八之一二八，第6317页。
② 《宋史》卷一七八《食货上六·振恤》，第4338页。
③ 《宋会要辑稿》食货六八之一二八，第6317页。

推广为园，置籍瘗人，并深三尺，毋令暴露。监司巡历检察安济坊，亦募僧主之"。大观、政和期间，更下令："诸城砦、镇市户及千以上，有知监者依各县增置居养院、安济坊、漏泽园，道路遇寒僵仆之人，及无衣丐者，许送近便居养院给钱米救济。孤贫小儿可教者，令入小学听读，其衣襴于常平头子钱内给造，仍免入斋之用。遗弃小儿，雇人乳养，仍听宫观寺院养为童行。"宣和二年，诏："居养、安济、漏泽可参考元丰旧法，裁立中制。应居养人日给粳米或粟米一升，钱十文省，十一月至正月加柴炭，五文省，小儿减半。安济坊钱米依居养法，医药如旧制。漏泽园除葬埋依见行条法外，应资给若斋醮等事悉罢。"① 居养院、安济坊、漏泽园等，于是得以广泛设立于全国主要的州县。

孟子说："老而无妻曰鳏，老而无夫曰寡，老而无子曰独，幼而无父曰孤，此四者天下之穷民而无告者也。文王发政施仁，必先施四者。"② 又说："养生丧死无憾，王道之始也。"③ 孟子所言虽然宋以前宋以后诸朝也有一定的表现，但是能达到北宋中后期如此实施社会救济所达到的程度则可以说汉唐不能企及，元明清也没有超过。

均贫富、制恒产、济贫乏，这不过仅仅是王道之"始"，因为它只是人民获得高度文化的经济基础，还要"谨庠序之教，申之以孝悌之义"，使人人受到一定的教育，懂得人伦的道理，只有这样，王道才算完成。当论述教育问题时，孟子更多的是以古代帝王的教育为楷模的，因而其内容主要有两个方面：一是劳动技能；二是以尊尊、亲亲为主要内容的人伦关系。"后稷教民稼穑。树艺五谷，五谷熟而民人育。人之有道也，饮食、暖衣、逸居而无教，则近于禽兽。圣人有忧之，使契为司徒，教以人伦：父子有亲，君臣有义，夫妇有别，长幼有序，朋友有

---

① 以上所引未注出处者均见《宋史》卷一七八，《食货志·振恤》，第4338—4340页。
② 《孟子·梁惠王下》。《四书章句集注》，第218页。
③ 《孟子·梁惠王上》。《四书章句集注》，第203页。

信。"①"谨庠序之教，申之以孝悌之义。"② 王安石对孟子的教养思想有深刻理解，他在《上仁宗皇帝言事书》、《原教》、《虔州学记》、《太平州新学记》、《繁昌县学记》、《明州慈溪县学记》等论述中大大发挥了孟子的教养思想："天下不可一日而无政教，故学不可一日而亡于天下。古者井天下之田，而党庠、遂序、国学之法立乎其中。""虽欲改易更革天下之事，合于先王之意，其势必不能者何也？以方今天下之才不足故也"，"所谓陶冶而成之者何也？亦教之、养之、取之、任之，有其道而已。"王安石执政以后，其教育活动是沿着孟子的思路进行的，主要有三方面的内容，一是大力兴办州县学校，"教之之道"这里的所谓"教"，主要是指由政府主办的学校教育而言的，即所谓"夫圣人为政于天下也，初若无为于天下，而天下卒以无所不治者，其法诚修也。故三代之制，立庠于党，立序于遂，立学于国，而尽其道以为养贤教士之法，是士之贤虽未及用者，而固无不见尊养者矣。此则周公待士之道也"③。王安石把官学教育看作培养和造就人才的基地，而主张取缔私学。他认为三代以后，"私学乱治"，私学泛滥的结果是无补之学的盛行，是"家异道，人殊德"的渊薮。为了"一道德以同天下之俗"，就要取缔私学，振兴由君主和国家直接控制的官学。二是在改革科举考试制度弊端的同时，整顿中央学校使之成为培养、选拔官吏的重要途径。④ 王安石新学风行六十年，熙宁是宋朝兴学的一个高潮，徽宗时期是又一个高潮，宋神宗至宋徽宗时，在太学实行三舍法，即外舍、内舍和上舍的升级制度，这是中国以至世界教育史上的首创，实为现代教育分级制的先河。三是对前代的教育分科有所发展，在太学之外，先

① 《孟子·滕文公上》。《四书章句集注》，第259页。
② 《孟子·梁惠王上》。《四书章句集注》，第204页。
③ 《王文公文集》卷二六，《周公》，第302页。
④ 漆侠《王安石变法》科举制和学校的变更，第92—98页，袁征《宋代教育——中国古代教育的历史性转折》，广东高等教育出版社1991年版，第26—43页。

后建立武学、律学、医学、算学、书学、画学等，尽管对其他学科重视不够，但无疑是高等教育实行分科的萌芽。这里贯穿了王安石发展了孟子既注重教养人伦又不忽略培育实际劳作技能的教育思想："乡射饮酒、春秋合乐、养老劳农、尊贤使能、考艺选言之政，至于受成、献馘、讯囚之事，无不出于学。于此养天下智仁、圣义、忠和之士，以至一偏之伎、一曲之学，无所不养。"①

四、赘　言

宋神宗起用王安石变法，这是北宋历史上的一件大事。王安石变法，既是当时最高统治者为改变长期积弱不振国势、缓和社会矛盾进行的一场政治自救运动，也是一场士大夫们欲实践其回到三代政治理想的社会变革运动。众所周知，宋神宗熙宁八年（1075）颁行的《三经新义》，就是王安石进行变法十分重要的理论基石。对此，四库馆臣以为：《三经新义》"皆本王安石经说，三经：《书》、《诗》、《周礼》也"，"然则三经义中，惟《周礼》为安石手著矣"②。王安石变法被否定后，说王安石以《周礼》乱宋，也是历代批评王安石的学人所共同持有的一个观点。而邓广铭先生以为王安石是在先秦法家思想指导下进行变法革新的。王安石的《熙宁奏对日录》中曾记其与宋神宗的一次谈话说："陛下看商鞅所以精耕战之法，只司马迁所记数行具足。若法令简而要，则在下易遵行；烦而不要，则在下既难遵行，在上亦难考察。"③ 对于吴起在楚国进行变法时，"务在富国强兵，破驰说之言纵横

---

① 《王文公文集》卷三四，《明州慈溪县学记》，第405页。
② 《四库全书总目》卷一九，中华书局1987年版，第149—150页。
③ 陈瑾《四明尊尧集》卷三《论道门》转引。

者"的做法，王安石也向神宗大加称赞。① 这两个事例，说明王安石的富国强兵的主张，乃是直接从先秦法家的治国安邦之术中学来的。②

上面笔者的论述又揭示王安石变法是在宋代特定历史条件下体现了孟子的政治思想和它建构的理想社会秩序。

对上述三种看上去有些矛盾的观点作何解释呢？笔者以为对政治家施政不应简单地限于一种思维模式，因为杰出政治家施政是根据现实和形势的需要及变化选择施政手段和策略。王安石自己就说过"法先王之政"，法其意而已。从王安石对孟子的推崇和其施政贯穿的摧抑兼并主线，说王安石的变法设计来自孟子的政治思想，或者说践行孟子的政治理想是不为过的。王安石依照《周礼》理财，③ 在王安石看来孟子的思想与周代制度是一脉相承的：

> 孟子所谓"市廛而不征，法而不廛"者，先儒以国中之地谓之廛，以《周官》考之，此说是也。廛而不征者，赋其市地之廛，而不征其货；法而不廛者，治之以市官之法，而不赋其廛。或廛而不征，或法而不廛。盖制商贾者恶其盛，盛则人去本者众；又恶其衰，衰则货不通。故制法以权之，稍盛则廛而不征，已衰则法而不廛。文王之时，关讥而不征，及周公制礼，则凶荒札丧，然后无征，盖所以权之也。贡者，夏后氏之法，而孟子以为不善者。不善，非夏后氏之罪也，时而已矣。④

---

① 《长编》卷二五〇，熙宁七年二月庚辰记事，第 6092 页。
② 邓广铭《北宋政治改革家王安石》，三联书店 2007 年版，第 72 页。
③ 王安石变法与"三经新义"特别是《周礼》有很大关系，近期有学者将新法措施青苗法、市易法、免役法、保甲法与《周礼》泉府等一一对照找到相对应的渊源。参见俞菁慧《王安石之"经术政治"与熙宁变法——以〈周礼〉经世为中心》北京大学哲学系博士学位论文（2013 年）。
④ 《王文公文集》卷七，《答韩求仁书》，第 76 页。

至于王安石赞赏法家"富国强兵",那是他得君行道的手段和策略。如果他不能迎合或解决君主为改革现实困局的企求,他的得君行道也将是一句空话,这正是王安石与后来也尊崇孟子的朱熹的不同之处。王安石既是大思想家同时又是大政治家,清人说"三代而下,有经济之学。有经术之学,有文章之学,得其一皆可以为儒。意之所偏喜,力之所偏注,时之所偏重,甚者互相非笑,盖学之不明也久矣。自汉至宋千余年,能合经济、经术、文章而一之者,代不数人,荆国王文公其一焉"①。

朱熹对儒学(严格说孔孟之学)发展的贡献也许大于王安石,但他只是大思想家,而不能称其为大政治家。所以他虽然羡慕王安石有得君行道的历史机遇,可是当他处在类似的历史机遇来临之际,却被他思想家的书生气质所错过。王安石被宋神宗召对时:"入对,帝问为治所先,对曰:'择术为先。'帝曰:'唐太宗何如?'曰:'陛下当法尧、舜,何以太宗为哉?尧、舜之道,至简而不烦,至要而不迂,至易而不难,但末世学者不能通知,以为高不可及尔。'"② 这与朱熹在也想大有为的孝宗即位之初,上封一再强调"帝王之学,必先格物致知,以极夫事物之变,使义理所存,纤悉毕照,则自然意诚心正,而可以应天下之务。""大学之道在乎格物以致其知。陛下虽有生知之性,高世之行,而未尝随事以观理,即理以应事。是以举措之间动涉疑贰,听纳之际未免蔽欺,平治之效所以未著。"形成鲜明对照,直到孝宗退位前夕依然奉行不改,淳熙十五年朱熹上书时:"有要之于路,以为'正心诚意'之论上所厌闻,戒勿以为言。熹曰:'吾平生所学,惟此四字,岂可隐默以欺吾君乎?'"③ 于此可见朱熹的书生本色,这样不懂权变的学者当然不会有"得君行道"的机会。

---

① 陆心源撰,郑晓霞整理:《仪顾堂集辑校》卷一五,《书临川集书后》,第303页。
② 《宋史》卷三二七,《王安石传》,第10543页。
③ 《宋史》卷四二九,《道学传三·朱熹传》,第12752、12757页。

宋儒讲究道统说，不论是王安石还是二程都自我标榜是孟子之后的直接传人，学者都注意到宋儒思想传承的这一方面，却很少有人论及，宋人的"法先王之政"也是直续"道统"的一个重要方面。其实翻检《汉书》食货志可以看到编撰者在回顾汉以前社会经济发展，在描述《洪范》八政、"制庐井以均之""设庠序以教之""理民之道，地著为本"之后说"此先王制土处民富而教之之大略也"。接着又说："周室既衰，暴君污吏慢其经界，徭役横作，政令不信，上下相诈，公田不治。故鲁宣公'初税亩'，《春秋》讥焉。于是上贪民怨，灾害生而祸乱作。"[1] 显然以王安石为代表的北宋士大夫集团打出法先王之政的旗号，继承孟子的"仁政""王道"遗志，"回到三代"就有特别的政治意蕴。他们追求的"圣人之道""先王之政"在思想文化层面是一个深奥的哲学伦理问题，而在政治社会层面则是一个浅显的现实关怀问题，即如何使人民得到基本的生活物质保障，生老病死、鳏寡孤独如何得到国家与社会的帮助和扶持，进而如何使人民受到良好的教育，懂得人伦道理。王安石变法在主观上即是这样追求的。

北宋中期活跃在政坛上的士大夫集团在一定程度上成为政治的主体，王安石与二程、张载等人都属于士大夫的"创造少数"。[2] 王安石学派与后来成为道学的程朱学派，虽然在思想方法上即对心性之学的认识上相异，但在推崇孟子上却是高度地同调。这是为什么呢？迄今学界似没有给出令人满意的合理解释。从南宋至晚清对王学和程朱道学之争往往纠结于道统、异端、正宗地位等问题上，而对王学和王安石变法的评议研究，晚清以后多从西方进化论和马克思主义阶级斗争学说讨论其进步与否，和代表何种阶层利益的政治斗争来考量。近年来虽然注意到"极力否定王安石的政治实践的早期理学家们，自程颐到朱熹，在更新

① 《汉书》卷二四上，《食货志》上，第1118—1124页。
② 余英时《朱熹的历史世界——宋代士大夫政治文化的研究》，绪说，三联书店2004年版，第5页。

统治地位的文化传统的活动中间，成了变法的遗嘱执行人"①。而处在淳熙、绍熙时代的理学家的政治文化仍然延续着庆历、熙宁时代儒学的政治文化，在这个意义上，朱熹的时代可称为"后王安石时代"。② 但是如何执行"新法遗嘱"，如何成为"后王安石时代"？却语焉不详。笔者以为，这只能从王安石与道学派在践行孟子政治理想上殊途同归去寻找答案。具体内容当另文论述。

Wang Anshi and Mencius 〈State Power in China 900 - 1325〉Edited by PATRICIA BUCKLEY EBREY And PAUL JAKOV SMITH 2016 by University of Washington Press *Seattle and London*（王安石与孟子，《中国的国家权力 900—1325》伊沛霞、史乐民主编，华盛顿大学出版社 2016 年版，西雅图、伦敦）

---

① 朱维铮：《中国经学与中国文化》，《中国经学史十讲》，复旦大学出版社 2005 年版，第 24 页。

② 余英时：《我摧毁了朱熹的价值世界吗》，《朱熹的历史世界》附论，三联书店 2004 年版，第 893—897 页。

李焘笔下的王安石变法

李焘编撰的《续资治通鉴长编》（以下简称《长编》）① 是研究北宋历史的重要参考书，其中记述王安石变法始末之翔实，在现存宋代文献中无出其右者。史料是治史的基础，因而，李焘记述王安石变法过程所具有的思想倾向和取材，无疑对今人研究王安石变法具有不容忽视的重要影响。对于这个问题，目前学界就李焘取舍《神宗实录》等问题发表了一些很有意义的意见，② 但还没有充分展开讨论，特别是人们多注重李焘对历史事实考订的严谨精神，而对李焘描写王安石变法的主导思想和由此对史料取舍的态度，似未引起人们的重视，本文想就此作较全面探讨，不妥之处，敬请批评。

一、李焘编撰王安石执政时期历史的主导思想

虽说客观、公正地叙述历史事实，是良史的基本要求，而李焘治史

① 本文使用的《长编》，系中华书局 2004 年点校本。
② 裴汝诚、许沛藻：《续资治通鉴长编考略》，中华书局 1985 年版；胡昭曦：《〈宋神宗实录〉及其朱墨本辑佚简论》，载《胡昭曦宋史论集》，西南师范大学出版社 1998 年版；燕永成：《今七朝本〈续资治通鉴长编〉探源》，载《古籍整理研究学刊》1994 年第 5 期。

严谨，广征博采，订其疑误，考证详慎，自《长编》成书以来，得到历代史学家及近人的首肯，但是历史学家修史不能不受到其生活的社会环境和自身思想政治观点的制约，古今中外的历史学家概不能例外。李焘当然也不能例外。

李焘生于北宋徽宗政和五年（1115），卒于南宋孝宗淳熙十一年（1184），其生活的时代，正值北宋灭亡、南宋动荡、宋金对峙的时期。这一时期宋高宗等人为开脱宋徽宗的亡国罪责，由蔡京追溯至王安石及其主持下的变法活动，从而在政治上否定了北宋中期以来的变法运动，王安石新学也受到抑制。李焘长于这样的时代"博览经传，独不乐王安石学"，①"耻读王氏书"，② 主张废黜王安石、王雱父子从祀孔子。③在政治上则主张"存旧章，畏天变"。④ 宋孝宗初年，起用虞允文"既任恢复，未免更张"，李焘则上言："二典若稽古，夏有典则，商云成宪，周云旧章，汉云故事，子孙莫之敢废，王安石变更法度，厉阶可鉴。"并劝诫宋孝宗不要"欲速变古"⑤。临死前还在遗表中告诫宋孝宗，"经远以艺祖为师，用人以昭陵（宋仁宗）为法"。⑥ 可以说，在对待王安石及其变法的是非问题上，李焘的态度是极为鲜明的，即：与司马光、宋高宗是相一致的。

李焘是一位颇有政治抱负的人，"方公少年，遭王国多难，慨然有志驰驱"，但北宋很快在金人的攻击下遭到覆亡，而南宋初期的最高统治集团，对金人奉行投降政策"值权臣力主和议"⑦，李焘驰驱之志难以实现，便把毕生精力投入他所热爱的史学研究中。李焘不论是撰著前

① 周必大《敷文阁学士李文简公焘神道碑》，引自《长编》第 1 册，中华书局 1995 年版，第 23 页。
② 《宋史》卷三八八《李焘传》，第 11914 页。
③ 周必大《敷文阁学士李文简公焘神道碑》，引自《长编》第 1 册，第 29 页。
④ 周必大《敷文阁学士李文简公焘神道碑》，引自《长编》第 1 册，第 27 页。
⑤ 《宋史》卷三八八《李焘传》，第 11915 页。
⑥ 周必大《敷文阁学士李文简公焘神道碑》，引自《长编》第 1 册，第 32 页。
⑦ 李壁《巽岩先生墓刻》，引自《长编》第 1 册，第 21—22 页。

朝史，还是究心本朝史，其为政治服务的目的显而易见，他曾对南北朝
历史有过专门研究，写过《司马氏本支》、《六朝通鉴博议》等著作，
"取近于时机而论之，取其失者而鉴之、则于谋谟为有补矣"。① 很明显
他研究南北朝史，就是力图为南宋王朝提供历史得失借鉴，撰著本朝史
《长编》更是如此。

李焘在隆兴元年进奏编撰《长编》前 17 卷时说过："如建隆、开
宝之禅授，涪陵、岐、魏之迁殁，景德、庆历之盟誓，曩霄、谅祚之叛
服，嘉祐之立子，治平之复辟，熙宁之更新，元祐之图旧，此最大事，
家自为说，臣辄发愤讨论，使众说咸会于一"。② 那么李焘"使众说咸
会于一"的目的何在呢？清人孙原湘曾指出"至于熙宁之更新，元祐
之图旧，则尤旁参互审，辩异析同，使邪正心迹，纤毫莫隐"。③ 孙氏
所言"使邪正心迹，纤毫莫隐"十分准确地说明了李焘描述王安石变
法始末的真实意图和主导思想。事实上也是如此，翻检《长编》有关
王安石变法的史实，在取材上，李焘虽然对各种纷乱的官私史，比对异
同，力求其是，但在对待变法派与反变法派的是非问题，李焘有明显是
元祐诸贤而非王安石集团的倾向。为了说明问题，下面就李焘对《神
宗实录》、王安石《日录》等史料的取舍倾向作具体的讨论。

二、李焘对三种《神宗实录》的取舍

宋朝国史、实录是李焘《长编》的首选资料，神宗一朝史实主要
取自《神宗实录》和《四朝国史》。但宋朝《国史》凡几易，④ 而这种

---

① 傅增湘《宋代蜀文辑存》卷五二《进六朝通鉴博议疏》，北京图书馆出版社 2005 年版。
② 马端临：《文献通考》卷一九三，《经籍考》，第 5611 页。
③ 《天真阁集》卷四三，《李氏〈续通鉴长编〉跋》，清光绪重刊本。
④ 引自周密《齐东野语》自序，中华书局 1983 年版。

情况在《神宗实录》的编修上尤显突出，《神宗实录》前后修过数次，今人有四修、五修之说，① 但李焘所征引的，大致以元祐、绍圣、绍兴所修三录。于注文中标明出处时，称作"墨本"、"朱本"、"新本"、或直称为"墨史"、"朱史"、"新史"，或直称为元祐本、绍圣本和绍兴本。何以有这几种不同称谓呢？其主要原因是，三个时期所修实录代表着三个时期对王安石变法运动的不同看法，特别是朱墨本反映了以王安石为代表的新党和以司马光为代表的旧党两种对立政见。

元祐初修《神宗实录》时，反变法派已执掌朝政，"多取司马文正公《涑水纪闻》，如韩（琦）、富（弼）、欧阳（修）诸公传，及叙刘永年家世，载徐德占母事，王文公之诋宋常山，吕正献公之评曾南丰，邵安简借书多不还，陈秀公母贱之类，所引甚多"。② 绍圣时变法派上台掌权重修《神宗实录》，"中书舍人甫田蔡卞元度，长乐林希子中等重修"，于是《裕陵（神宗）实录》皆以朱笔抹之，且究问前日史臣，悉行迁斥，尽取王荆公《日录》无遗，以删修焉，号"朱墨本"，"其朱书系新修，黄字系删去，墨字系旧文，其改增删易处，则又有签贴"。③ 这即是朱墨本的来历。绍兴时，以范冲为宗正少卿、兼直史馆，朱胜非监修，重修神宗实录，这次重修由于是元祐非绍圣的基调，已由宋高宗与朱胜非等人确定，因而绍兴本《神宗实录》基本上反映了元祐本否定王安石变法而取舍史实的倾向，"朱书新录，墨本旧文，凡去取之不同皆存留于考异。详原私异，灼见奸言"④，"惟是直书安石之罪，则神宗成功盛德，焕然明白。"⑤

通过上述明了了三种神宗实录对王安石变法是非的基本取向，现在

① 参阅蔡崇榜《宋代修史制度研究》第六章"历朝实录的纂修"，（台北）文津出版社1991年版。

② 王明清：《玉照新志》卷一，第126页。

③ 陈振孙：《直斋书录解题》卷四，第130页；《玉照新志》卷一，第126页。

④ 赵鼎：《忠正德文集》卷四，《重修神宗皇帝实录徽进表》，第1128册，第687页。

⑤ 李心传：《建炎以来系年要录》卷七九，绍兴四年八月戊寅条，第1487页。

再看李焘是如何取舍的。有论者认为"李焘在史学上力求继承司马光，在政治立场和许多观点上也和司马光基本一致，因而在《长编》中，往往是以司马光为代表的保守观点、主张为正文，以王安石为首的变法派观点、主张为注文，并在注文的倾向性意见上对变法派持否定态度"①。这个看法无疑是正确的，但李焘对王安石变法史实的记述并不仅限于此，实际上李焘《长编》与绍兴本神宗实录在"惟是直书安石之罪"这一点上并无二致，甚至可以说有过之而无不及。今存《长编》卷二百十一至卷二百七十七记述了王安石第二次罢相前的变法活动史实，而标明征引墨本、朱本、新本等约170条左右，这170条或是存取朱本、朱史，或是存取墨本、新本。存取朱本、朱史主要有三方面的原因，以下举例说明。

一是属于史实考异。

卷二百十一，熙宁三年五月甲辰，诏近设制置三司条例司，本以均通天下财利，今大端已举，惟在悉为应接，以趣成效，其罢归中书。先是，文彦博等皆谓罢制置条例司，上谓彦博曰"俟群言稍息，当罢之"，不欲亟罢，恐伤王安石意故也。既罢，又以手札谕安石。有司结绝所施行事久之，乃罢。

> 李焘云："朱本签贴云：勘会指挥，罢局月日在前，后来却有申请事，故增入'有司结绝所施行事久之，乃罢'等语，新本削去，今复存之，上久欲罢之，恐伤王安石意及谓文彦博云云，并吏人恩例，此据《司马光日记》删修。"②
>
> 卷二百三十一，熙宁五年三月辛丑，枢密院奏：详定编敕所言近降朝旨三宫亲属恩泽……
>
> 李焘云："旧本：欲送重详定，上曰'两宫奏荐，岁有定数，

---

① 裴汝诚、许沛藻：《续资治通鉴长编考略》，中华书局1985年版，第69页。
② 《长编》，第5128页。

如何以服纪，恐太皇太后心有不足'，王安石等曰：'请以后如有特旨'，即不同此条，今从朱本，朱本虽据《日录》，辞有抑扬，然却可见此段曲折也。"①

卷二百四十八，熙宁六年十二月庚辰，上善李靖结队法，召贾逵问之……

李焘云："旧本十八日丁亥，又书诏贾逵、郭固教习比试队伍法，及令程昉于沿河采车材。"按：贾逵、郭固比试队伍法，已具此矣，今依朱本削去丁亥日所书。②

卷二百六十一，熙宁八年三月丙午，上批："河北教阅厢军已议增置……"

李焘云："闰四月二日孝宽乃上言，诏可。朱本去彼存此。新本两存之，误也，今从朱本。"③

二是属于《长编》的"宁失于繁、无失于略"的编写体例，而存取朱本。

卷二百一十八，熙宁三年十二月己未，内出开封府界及诸路兵更戍之法。……

李焘云：更戍法，墨本太简，今从朱本。④

卷二百三十六，熙宁五年闰七月，集贤校理、同知礼院赵彦若言："太庙止有八室，欲气候有司议定祧……"

---

① 《长编》，第5621页。
② 《长编》，第6057页。
③ 《长编》，第6360页。
④ 《长编》，第5293页。

李焘云："朱本云不报，即事无施行，墨本删去，今复存之。"①

卷二百五十一，熙宁七年三月戊午，手诏："闻齐，郓等州比多盗贼，转运，提刑司并不具奏闻，……"

李焘云："新本以事小削去，今从朱本。"②

三是以朱本议论、记事为非，存于注文。

卷二百一十八，熙宁三年十二月乙丑，中书言司农寺定畿县保甲条制……

李焘云："四年三月九日朱本于此下云：上始欲更立法度，即毅然以措置民兵为急务，然甚重其事，其与执政反复相论难义勇、弓社、民兵等事者有数矣。至是始集其意，更创保甲法，命行之。既而保甲之法备，故义勇等条约亦率会归于一焉。新本并削支，今从新本。"③

卷二百二十，熙宁四年二月丁巳朔，中书言："古之取士皆本于学校……今欲追复古制以革其弊……"从之。

李焘云："朱本云：'自诗赋取上以来，学者涧散聪明，及其中选，施于有政，无所用之，其弊所从来久，然莫能革也。自上即位，稽合先王，造立法度，而议者不深维其意，群起而非之。上以

① 《长编》，第5748页。
② 《长编》，第6124页。
③ 《长编》，第5299页。

为凡此皆士不知义故也。故罢黜声律，而修明庠序之教，由是人务经术而识义理者多矣。'从之以下九十八字，并朱史所增议论非是，《新录》已削去，今姑存。"①

卷二百三十七，熙宁五年八月癸卯，贬太子中允、同知谏院、权同判流内铨唐坰为潮州别驾……

李焘云："朱本云：'坰数论事非理，不见听。或给以执政怀怒，欲罢其职者。坰素性急，乃越次请对。朱本盖为王安石讳也。新本削去，今附注此。"②

卷二百四十，熙宁五年十一月癸亥，诏宣徽南院使、雄武军留后、判渭州郭逵落宣徽南院使、知潞州。通判秦州、太常少卿冯洁己……罚铜八斤。……

李焘云："朱本云：'逵坐奏劾王韶盗贷官钱不实，洁己等以附会逵，推勘不直，韶以违朝旨与元瓘改名，及状内虚妄，狱具上，虽皆会赦降去官，特责之。与墨本差不同，今附注此。"③

从上述举例来看，李焘取朱本入正文主要是因为墨本记事有误或过于简略，而有关王安石和新法是非问题时，则只存于注文，这是他对朱本的基本态度。

再看李焘对墨本存取的态度与存取朱本大不相同，其存取墨本的做法可以分作如下几类。

---

① 《长编》，第5335页。
② 《长编》，第5780页。
③ 《长编》，第5833页。

一是与存取朱本相似的原因，即属考证记事和"宁失于繁，无失于略"的编写体例。

卷二百二十一，熙宁四年三月戊戌，上批"陈留县见行保甲……"王安石进呈不行。

> 李焘云：四年三月十三日上批，陈留保甲骚扰，执政进呈不行。此墨本所书，与御集手札同，而《日录》乃绝无此事。朱本辄删改手札，仍取五年闰十月十四日《日录》上因议河东保甲，说及开封典作襆置弓箭，并安石对"陛下当为天子所为"等语，附四年三月十三日周结陈留骚扰事，盖误也。三丁两丁，各有不易，乃安石欲编排河东保甲，故有是言，与陈留事殊不相干。又云六月却令人教阅，亦非是。四年三月间所当言者，反复推寻，朱本误明甚。今仍依日录，附此段语言于五年闰七月十四日，削朱本四年三月十三日所书。①

卷二百五十二，熙宁七年四月壬辰，检正中书刑房公事沈括言："察访浙东温、台等州，自熙宁四年以后，监司未尝巡历州县，事废弛无人点检……"

> 李焘云：朱本削去墨本，云：方下本路相度，至九年三月乃诏分路，合并入九年。按七年九月十二日丁未勿复分路诏，则是年四月二十六日癸巳，即从沈括所请矣。朱本考之未详，遽削去墨本。今依墨本，仍具本月日。②

卷二百七十，熙宁八年十一月庚辰，枢密使吴充言："熙河展置，

---

① 《长编》，第5380—5381页。
② 《长编》，第6175页。

今且四年，经略虽定，然军食一切犹仰东州……"从之。

> 李焘云：朱本削。墨本此年十一月二十二日所书，却于明年正月十二日略载。新本两存之，殊为错误。今但依墨本载于此，仍取朱本明年正月十二日所书稍增入之。①

以上是以墨本纠考朱本记事之误。

卷二百一十四，熙宁三年八月辛巳，翰林学士司马光言："奉职考试武举人，而法当先试弓马，若合格即试策……卒如中书所奏。"

> 李焘云：朱本以为不曾施行，遂削去，今依新本复存之。若谓不曾施行即削去，则当削去者，又何止此也。②

卷二百二十一　熙宁四年三月丁未，韩绛言："伏睹德音……"……西讨方略一以委绛。

> 李焘云：韩绛言伏睹德音至西讨方略一以委绛。朱本签贴云："绛章文过，不曾施行并削去。今依新本仍存之"。③

以上属为《长编》"宁失之于繁，而不失之于简"的编写体例。

二是在墨本、新本与朱本记事相矛盾，而又没有其他依凭或依据不足时，则取信前者。

卷二百一十，熙宁三年四月壬午，宋敏求罢知制诰，以上批敏求"文学荒疏，旷其职业，不能者止，于义可从……"

---

① 《长编》，第 6625 页。
② 《长编》，第 5221 页。
③ 《长编》，第 5390 页，又见第 5404、5434、5630、5938、6222 页。

李焘云：墨本云上批十六字，朱本云元无上批，止是《司马记事》云有此语，不可便为上批，改云舍人院草制。新本复用墨本，今从之。①

卷二百四十七，熙宁六年九月丙辰，赐屯田员外郎侯叔献，太常丞杨汲府界淤田十顷。叔献等引河水淤田，决清水于畿县、澶州间，坏民田庐冢墓，岁被其患，他州县淤田类如此，而朝廷不知也。

李焘云：此墨史所书，朱史签贴云，取问到前史官，并无照据，既无田庐冢坟岁被其患之事，显是前史官诬罔，合行删去，添入王安石《日录》内语。按朱史所删去，新史已复存之。②

卷二百五十二，熙宁七年四月己丑，诏曰："朕嘉先王之法，泽于当时而传于后世，可谓盛矣……"先是，吕惠卿虑中外因王安石罢相言新法不便，以书遍遗诸路监司、郡守，使陈利害。至是，又白上降此诏申明之。

李焘云：元祐本"白"字下脱漏，绍兴本因之，当求别本考定，恐尚有他语也。今但云"白上降此诏申明之"。朱史削去吕惠卿"虑中外"以下三十余字，却先书上以朝廷所降法令，官吏推行，多失其意，乃下诏申明之，签贴云，系黄庭坚手笔，并无底本照据；并《起居注》、《时政记》元不如此，故削去。《时政记》、《起居注》亦何尝能说事意，朱史私为惠卿讳耳，今复存之。③

---

① 《长编》，第 5106 页。
② 《长编》，第 6013 页。
③ 《长编》，第 6172 页。

卷二百五十六，熙宁七年九月丙申，赐右班殿直、同管勾修内司杨琰度牒三十，永不磨勘。琰本杭州木工，有巧思，宋用臣所领营造，琰必预其事，故得出入禁中，尝命修感慈塔……其后，琰用营造劳迁官未尝止也。

李焘云：朱史签贴云，杨琰何尝出入禁中，此言诬罔。己未，朝旨下逐官取会，并无照据，合删。又删"琰后用营造劳迁官未尝止"，却增"上欲用人，虽微者必尽其所长，赐予纤悉，各当其分，不容侥悻如此"，新史悉依旧本，今从之。①

卷二百六十，熙宁八年二月壬申，同商量河东地界吕大忠言："臣与刘忱再会北人大黄平、萧素、梁颖词理俱屈，虽议论反复，迷执不回，窃原其情，技亦止此。……

李焘云：朱史签贴云：吕大忠所言，《时忠记》等处皆不见，只是刘忱供到，难凭虚实，又事理无可取，删去。今依新本复存之。②

三是复存墨本直书责难和反对王安石及其新法的言论和记事。

卷二百一十，熙宁三年四月己卯，太子中允、权监察御史里行程颢权发遣京西路提点刑狱。颢先上疏言："……盖自古兴治，虽有专任独决能就事功者，未闻辅弼大臣人各有心，暌戾不一，致国政异出，名分不正，中外人情交谓不可，而能有为者也。……"故罢。

李焘云：朱本削去颢疏，云：《时政记》不载。颢被责非缘此

① 《长编》，第6246页。
② 《长编》，第6335页。

疏，前史官妄载。改书云：以数言常平新法乞责降，故有是命。
按：颢此疏岂非言新法？绍圣史官狠为王安石讳，遂欲盖抹正论，
辄加删修，今仍从元祐新本。①

卷二百一十四，熙宁三年八月辛巳，翰林学士司马光言："奉职考
试武举人，而法当先试弓马，若合格即试策。……"中书请如旧制，
上批"再相度"。卒如中书所奏。

李焘云：朱本以为不曾施行，遂削去。今依新本复存之。若谓
不曾施行即削去，则当削去者，又何止此也。②

卷二百二十二，熙宁四年四月丁卯，侍御史知杂事邓绾言："乞下
诸路提举官，凡行移青苗文字，止以贷助粮种，钱谷为名。"不行。

李焘云：朱史以不施行删去，新本谓绾乞改青苗文字，是自知
此法为非，复存之，今从新本。③

四是李焘认为墨本记事可以揭示新法扰民、欺罔、非便者而予以
复存。

卷二百三十五，熙宁五年七月，诏"雄州归信、容城县弓级，自
今无故不得乡巡，免致骚扰人户"。……朝廷既罢乡巡，而北界巡马亦
不为止，盗贼滋多，州县不能禁。

李焘云：巡马亦不为止，而盗贼滋多、州县不能禁，此墨本旧

---

① 《长编》，第 5104 页。
② 《长编》，第 5221 页。
③ 《长编》，第 5404 页。

语，盖因密院《时政记》也，朱本遂削去，今附存之，庶不失事实。①

卷二百五十三，熙宁七年五月甲辰，诏熙河路岁计用钱，令秦凤等路转运司，熙河路经略司，用具无事时各一年收支数申中书。自开建熙河、岁费四百万缗，七年以来，财用出入稍可会，岁常费三百六十万缗。

李焘云：此据《赵思忠传》，朱史削去，签贴云：河湟故地，方二千里，新造之邦，费用固不为多，至于今日，已不烦朝廷供亿。前史官意以广费为非，故妄书此。又云：自合于裁减边费处，相照修入。然讫不曾修入，今撰取附见"具无事时一年收支数"下。②

卷二百五十五，熙宁七年八月丙寅，上批："提举市易司奏，市易二年收息钱九十六万余缗，累准朝旨，已支九十五万缗。可契勘何月日指挥，支往何处。"

李焘云：讫无行遣。朱史削去，以为支拨息钱不合书，新本亦削去。今复存之，此亦可见市易司为欺也。③

卷二百五十九，熙宁八年正月，同管勾外都水监丞程昉言，开漳沱、葫芦河直河淤田，系浮桥，回闭水浃等部役官吏劳绩，别为三等，乞推恩。从之。

---

① 《长编》，第 5703 页。
② 《长编》，第 6191 页。
③ 《长编》，第 6230 页。

李焘云：朱本贴签云，部役赏功常事，法不当书，遂削去。新本仍存之，此可见程昉邀功生事也。①

五是李焘认为朱本为王安石缘饰或避讳而删削墨本的文字，复存之。

卷二百十一，熙宁三年五月癸卯，诏杭州洞霄官……舒州灵仙观置管勾或提举官。时以诸臣历监司、知州，有衰老不任职者，令与闲局，王安石亦欲以处异议者，故增宫观员。

李焘云：朱本削去王安石欲处异议者，又为之说曰，因使人各得便乡里，且以优老示恩。今并用初本。②

卷二百十四，熙宁三年八月己卯，斩环庆路钤辖李信，庆州东路巡检刘甫……

李焘云：《实录》云夏人犯大顺城，复圭命信等出战，按：信等败处乃荔原堡北，非大顺城也。荔原堡此事在五月，犯大顺城在八月。方敌犯大顺城时，信等久已下狱，且将诛矣。朱本以王安石故，多为复圭讳，辄改墨本，云信等违复圭教令取败。其附传又云信等逗留违师期，皆非事实。……今并以元祐墨本及《司马光日记》删修。③

卷二百三十五，熙宁五年七月戊子，遣御史蔡确劾秦凤路经略司、缘边按抚司互诉事于秦州。

---

① 《长编》，第6324页。
② 《长编》，第5128页。
③ 《长编》，第5219页。

李焘云：朱史云：以前勘官杜纯丁父忧，故再遣确。按：王安石欲变纯所劾，故再遣确，纯虽不丁父忧，固亦当罢去。朱史似为安石讳也，今不取。①

卷二百三十五，熙宁五年七月，前处州缙云县尉、编修三司敕并诸司库务岁计及条例删定官郭逢原上疏曰："……臣尝闻陛下固以师臣待安石矣……"疏奏，上甚不悦。他日，谓安石曰"逢原必轻俊"……

李焘云：郭逢原书，墨本附六月二十六日甲戌，然李评罢去乃七月二十一戊戌，此时未也。朱本削去逢原书，盖为王安石讳，今复存之，移入七月。②

卷二百四十一，熙宁五年十二月己丑，御史盛陶言："兵部员外郎、判流内铨李复圭昨守庆州、骄众轻敌，以败国事……"上语陶曰："卿知李信、刘甫所受剑否？即复圭当受"……

李焘云：元祐史官既于五年十二月己丑书盛陶疏，又于六年四月乙未书之，其疏则同，但文稍详耳。朱史削己丑所书，并书于乙未日，且删去上语。上语安可删去也？盖王安石主李复圭，故史官私为安石讳耳，今复存之。③

卷二百五十四，熙宁七年六月甲戌，权知开封府孙永言："昭化军节度使，康国公承显多以金钱与僧本立，请求迁官。乞从别差官推治，诏开封府依公结绝，如事干承显，即牒大宗正司会问。本立尝属宰臣王

---

① 《长编》，第5700页。
② 《长编》，第5722页。
③ 《长编》，第5881页。

安石子雱，永屡上殿及此，上察永意，欲以及安石也。"

李焘云：朱本削"本立尝属王雱"以下，今复存之。①

卷二百六十五，熙宁八年六月丁未，同修经义吕升卿言，周礼、诗义已奏尚书，有王雱所进议，乞不更删改，从之。时升卿辄删改安石、雱诗义，安石、雱皆不悦，故升卿有是言，然亦不能解也。

李焘云：此据墨本九月十二日所书，朱本削去，今移入此。②

卷二百六十，熙宁八年二月乙酉，河北察访使曾孝宽言，"庆历八年，尝诏河北州军坊郭第三等、乡村第二等，每户养被甲马一匹，以备非时官买，乞检会施行"。户马法始于此。

李焘云：墨史记户马法始于此。朱史签贴云：先帝仿三代寓兵于农意，立保马法。法未完，遭变。前史官以为户马法始于此，实为妄诞，删去。朱史但务诿谏，不知史法，《新史》已复存之，今从《新史》。③

要之，根据上述的举例，不难看出，李焘取舍三种《神宗实录》有他严谨的一面，即在考订有关事件、人物、时间秩序、场景以及叙事行文、官职等问题上，或以朱本正墨本之误，或以墨本纠朱本之误，尽量减少史实错误，因而《长编》较之三种实录有很大进步，但除此而外，也不可否认，囿于政治偏见，使他不能公正客观地对待"朱本"

---

① 《长编》，第6207页。
② 《长编》，第6488页。
③ 《长编》，第6346页。

所记述的熙宁时期的历史活动，因而以反变法观点编撰的元祐本、绍兴本《神宗实录》在李焘笔下得到充分利用，而被绍圣史官删修的所谓墨本《神宗实录》得到最大限度的恢复，与此相反，绍圣本《神宗实录》则受到摒斥和怀疑，可以说在针砭、非议王安石变法上，李焘《长编》与元祐本、绍兴本《神宗实录》是一脉相承的。①

三、李焘对《王安石日录》的取舍

宋代修史制度，皇帝有"日历""实录"，大臣有日录，分别记载一日一月一年间之行事与奏对。王安石日录："本熙宁间荆公奏对之辞，私所录记"。②

据以反驳《王安石日录》为宗旨而编写《尊尧集》的陈瓘所说《日录》共八十卷，蔡卞编辑，但读过《日录》的朱熹认为"其词锋笔势，纵横捭阖，炜烨谲诳，又非安石之口不能言，非安石之手不能书也，以为蔡卞撰造之言，固无是理。"③ 王安石日录在北南宋之交时，已在世间广为流布，据说宋徽宗被金人俘掠至五国城时"一日燕坐，闻外有货《日录》者，亟辍衣易之，曹功显勋亲记其事，羹墙之念，本无一日忘"。④

李焘编写《长编》熙宁时期的历史活动，大量引用了《日录》，李焘自幼"耻读王氏书"，却在《长编》中大段征引《日录》，据此，有

① 燕永成《今七朝本〈续资治通鉴长编〉探源》第二部分《长编·神宗朝》与诸本《神宗实录》，亦从诸本《实录》运用状况及排比分析中，得出《长编·神宗朝》正文多存元祐《实录》旧文的结论，载《古籍整理研究学刊》1994 年第 5 期。
② 岳珂《桯史》卷一一《尊尧集表》，第 128 页。
③ 《朱文公文集》卷七〇，《读两陈谏议遗墨》。四部丛刊初编本上海商务印书馆缩印，1912 年，第 1283 页。
④ 《桯史》卷一一，但今传《北狩记》并无此段记载，恐脱漏，第 130 页。

许多学人以为这是李焘不因人废言的良史做派。毋庸讳言，从订正史实的角度而言，李焘并不偏废《日录》，且能与其他典籍一视同仁，但是具体到事关变法是非以及针砭变法方面，李焘引用《日录》则别有一番意味。众所周知，历史学家在论证和叙述历史时，如果他提供的材料愈是详尽，愈是原始，那么他所论证的结论和叙述历史就愈具有说服力和可信性，不论是肯定还是否定某一件事或人物，使用当事人的原始记录，其论证的效果就更为显著。李焘编撰《长编》使用《王安石日录》即是如此，也就是说，在王安石的诸项新法措施，用人开边等等都被否定的前提下，用王安石自己的记录来说明错误乃至罪过的形成过程，不仅有很强的说服力，而且更能达到"厉阶可鉴"的目的。《长编》卷二百十一至二百七十二卷，在正文之后所附注中，明确标明与《日录》相关的事条达 240 余处，这 240 余条按其内容大致有以下两种情况，现举例说明。

一是属于用日录考订他书之误，或以他书纠日录之误。

1. 是并书、附见，以明史文主次。

卷二百十一，熙宁三年五月戊戌，是日，上问王安石，条例同可并入中书否？……

　　李焘云：此据《日录》，在五月六日，今附见。①

卷二百十四，熙宁三年八月己卯，斩环庆路钤辖李信、庆州东路都巡检刘甫。……既而（文）彦博等欲牒夏人以复圭擅出界事，且乞降诏。

　　李焘云：……文彦博欲移牒、降手诏，据《日录》在二十六

---

① 《长编》，第 5122 页。

日，今并书。①

2. 考订史实。

卷二百二十一，熙宁四年三月乙未，降工部郎中、宝文阁待制王广渊为度支员外郎，依旧知庆州……

　　李焘云：《实录》云：庆州失乱，徙广渊永兴，及叛兵随定，广渊止坐降官，复领庆州。按：广渊徙永兴，乃二月七日，此时庆州兵未尝乱，实录误也。广渊附传及本传皆误，今按《御集》并《日录》删修。②

卷二百二十三，熙宁四年五月辛亥，先是，判亳州富弼上章乞解使相，不许，又乞给假就西京养疾，未报。会青苗狱起……乃复乞养疾西京。是日诏与弼假。

　　李焘云：许给假就西京养疾，实录在五月十八日，误也，今从《会要》及《王安石日录》。③

卷二百二十九，熙宁五年正月丁未，先是曾孝宽为王安石言：有军士深诋朝廷，尤以移并营房为不便，至云今连阴如此……（吴）充曰：如庆州事，令属户在前，募兵在后，当矢石者属户也，于募兵无所苦，而反，何也……

　　李焘云：朱史乃以吴充、张琥所言系之三月二十二日韩绛贬

---

① 《长编》，第5219页。又见第5419、5551、5879、5966、6437页。
② 《长编》，第5377页。
③ 《长编》，第5437页。

后，误矣。史官初不知王安石因禁卒诉并营事，故专以募兵为不可恃。其言殊激切不平，非主韩绛崇奖蕃部也。今依《日录》，仍见于此。①

3. 存疑、待考。

卷二百一十四，熙宁三年八月戊寅，初，删定编敕官曾布上《肉刑议》，……

李焘云：《王安石日录》四年二月五日乃有上问曾布所论肉刑可行否，朱史却附见三年八月二十一日戊寅，不知孰是，当考，今姑从朱史。②

卷二百二十四，熙宁四年六月丁巳，又诏："罢委官看详臣僚所上封章，令中书看详以闻。"

李焘云：初命馆职看详，在三年五月戊戌，今罢之必有故，《日录》亦无其说，当考。③

卷二百六十一，熙宁八年三月辛酉晦，召回谢辽国使沈括、副使李评对资政殿。……

李焘云：《实录》系召对沈括等于三月二十六日戊午，今移见二十九日辛酉晦，此据括《自志》，当考。又《王安石日录》："八年四月二日，上怒刘忱与契丹议地界不分明，余为上明忱无罪，乃

① 《长编》，第5580页。
② 《长编》，第5215页。
③ 《长编》，第5440页。

吕大忠作图不分明有罪也。"不知大忠所图如何不分明，当考。①

4. 以《日录》加详正文。

卷二百六十，熙宁八年二月甲申，诏："比令以宽剩钱买田募役，须契勘准灾伤等支用，无得妨阙，其价高处罢买。"

> 李焘云："王安石八年四月三日《日录》：安石论给田募役有十余害，上曰：'苟如此，初何以有此议？议者必有所利'，翌日，检初议，乃李承之言募弓手宜如弓箭手为便，遂作此法，余无所利。安石曰，只以田募弓箭手，已不如募弓手之便……上乃令废以田募役法。"②

5. 朱本《神宗实录》引《日录》删修墨本，李焘多不以为然，常加有"朱本云：先帝实录不应载元祐文字，并加删削，全用安石日录，今仍存元祐旧本"。"新本考异云：岂有冯京、谢景温二人言薛向，而上独谓冯京疏疏谬，此《王安石日录》私意去朱书，从旧文"。"绍圣本又专以《日录》为据""但朱本多所删削，如安石存形迹等语，皆依《日录》添"，"朱本虽据《日录》，辞有抑扬，然却可见此段曲折也"，"绍圣史官志以《日录》为主"③ 等等带有否定性质的按语，以示对朱本据《日录》删修墨本的不满和不信任。

二是《长编》在引用国史、实录之外，专据《日录》而入正文者，约数十条，据其内容大致可分如下几种情况：

1. 直书保甲等新法系由王安石主导。

卷二百二十一，熙宁四年三月丁未，上与安石论保甲事，以为诚有

---

① 《长编》，第6367页。
② 《长编》，第6354页。
③ 《长编》，第5099、5157、5461、5568、5621、5906页。

斩指者，中官历十三县探麦苗问得如此，然百姓亦多此……此极是好法，要当缓为之……安石曰："今保甲固疑有断指以避丁者。然臣召八乡人问保甲事，皆以为便……"

李焘云：此据《日录》，全载此，所以见保甲不罢，由安石纳说不一而已也。①

卷二百二十二，熙宁四年四月甲戌，是日，王安石白上："保甲习武艺新法如何？"上曰："候秋冬闲，差役事了当颁行。"又谓安石曰："人不能无过失，但极口相救正，勿存形迹。"安石谢曰："当尽死力，不敢存形迹。"上虑难济，安石曰："此在陛下，不可以他求。观今年人情，听上所为，不敢侮慢，孰与去年？"又曰："陛下圣德日跻，风俗会丕变，何忧难济！"

李焘云：此据《日录》。新法之行否，端在此际。而实录、朱墨本及新本皆阙不书，今特书之。②

2. 在朝廷为变法派成员王韶、李定、薛向、章惇等人活动排除异议，给以全力支持。尤以支持王韶开边最具代表，《长编》专据《日录》入正文有八处直接涉及王韶。王韶在熙宁初"知天子智勇，有志于天下，乃上《平戎策》"③。王韶开拓熙河的建策得到宋神宗和王安石的赞赏，遂任命他为管勾秦凤路经略司机宜文字。王韶至陕西后筑渭源上下两城屯兵以为前进基地。当时，河湟蕃部大族俞龙珂（一作裕罗格勒）渭源羌与夏人皆欲羁属之，王韶亲抵俞龙珂帐下，说其所属十

---

① 《长编》，第5392页。
② 《长编》，第5409页。
③ 《东都事略》卷八二，《王韶传》，第382—530页。

二万口归附宋朝。王韶还建议开垦渭源至秦州沿渭河两岸弃置未耕的闲田，在古渭寨设置市易司，以官钱为本，借给商贾，使与各部族贸易，以所得利息充作军费。但王韶在陕西做进兵准备以及开拓熙河并不是一帆风顺，他遭到来自李师中、向宝和文彦博等边帅和廷臣的反对。《长编》所引《日录》入正文的正是王安石在朝廷力排众议，一意支持王韶的史实。

熙宁三年六月丙寅，"王韶之议开边也，（李）师中赞成之，及韶改提举蕃部兼营田、市易，师中始言其不便。（小字注：二月十一日）向宝言：'蕃部不可以酒食甘言结也，必须恩威并行，且蕃部可合而不可用。'议与韶异。韩廷更命宝兼提举，王安石恐沮韶事，亟罢之。（小字注：四月十八日）韶及高遵裕并为提举（小字注：四月二十三日）。两人共排宝，数有违言。时宝方为师中所信任，安石雅不喜师中，尝白上曰：'师中前后论奏多侮慢，今于韶事又专务龃龉。陛下若欲保全，宜加训饬，使知忌惮。'上云：'付卿一路，宜为朕调一将佐……'上遣使谕师中如安石所陈（小字注：此据《日录》四月二十六日事）。"①

熙宁三年八月辛未，于是，上令安石作书谕韶，且曰："事当申经略司者，但令奏来。"安石因言："韩缜虽粗有材气，然非欲建立功名者，陛下与一待制已满惬。内迫大臣议论，外又困于众人语言，又……今陛下主张王韶，议者必有以为因此更令人转嫉韶，适所以害之，此大不然……陛下刚健之德长，则天下不命而自随；若陛下不能长刚德，则流俗群党日强，陛下权势日削。以日削之权势欲胜日强之群党，必不能也"（小字注：此段十五日《日录》今因之）。②

---

① 《长编》卷二一二，第5145页。
② 《长编》卷二一四，第5206—5207页。又见《长编》卷二一三、第5189页，卷二二八、第5458页，卷二四三、第5920、5924页，卷二五〇、第6102—6103页。

李定"少受学于王安石"①，熙宁初支持新法，受到王安石赏识，但亦受到反变法派的攻击，《长编》卷二百十三，熙宁三年七月丁酉载《日录》一段文字，即是王安石为李定辩诬：

> 王安石白上曰：陛下初除李定作谏官，定诚非高才，既不能为陛下济天下务，然近岁谏官，谁贤于李定？而宰相不肯用定者，正以定私论平直，不肯阿其朋党，故沮抑之。陛下听其说，改命为御史，已是一失。此陛下予夺之权所以分，而正论之士所以不敢恃陛下为主也。……又苏颂辈攻李定终不敢言其不服母丧，独陈荐言者，荐亦知李定无罪，但恃权中丞得风闻言事故也，事已明白不可诬……（小字注：王安石云云，《日录》在此月十七日。）②

为薛向、章惇等人所辩，类此，不赘。③

3. 用王安石指责反变派攻击新法的言论，以显示王安石乱祖宗之法的思想根源。

熙宁三年九月己丑，王安石与宋神宗讨论司马光攻击新法是非混淆之后说："近世执政务进朋党、蔽塞人主、排抑才士、不可驾御者，故今侍从有实材可用者极少，而其相阿党不修职事趣功实者则如一焉"，上患异论者不悛："或引党锢时事以况今，如何？"安石曰："人主昏乱，宦官奸利，暴横士大夫，污秽朝廷，故成党锢之事。今日何缘乃如党锢时事？陛下明智，度越前世人主，但刚健不足，未能一道德以变风俗，故异论纷纷不止。若能力行不倦，每事断以义理，则人情久自当变矣。陛下观今秋人情以变风俗，故异论纷纷不止"……（小字注：此

---

① 《宋史》卷三二九，《李定传》。
② 《长编》，第5173—5174页。
③ 《长编》卷二三二，第5640页；卷二四五，第5963页。

段并见九月二日《日录》)①

熙宁四年六月甲戌，富弼落使相，唐埛、萧傅、徐衮、石夷与永城七县令佐等十八人皆冲替，"坐不行新法，置狱劾治"，宋神宗因与王安石论曰："常平事，壮家所为，吏独不能为，是不能为吏也。不能为吏，虽废为民未为过。"安石曰："诚如此。民所能而吏不能，虽废为民不为过。凡命有德，讨有罪，皆天也，人主奉若天道，患所讨不当而已。"（小字注：此段据《日录》七月十四日备载其言，可见安石无忌惮之甚也)②

由李焘所加"可见安石无忌惮之甚也"的按语，不难明了李焘引述王安石言论的真实意图是要展示王安石变乱祖宗法度的思想根源。

4. 荐引吕惠卿、曾布、吕嘉问担任朝廷要职。

熙宁四年二月辛酉，宋神宗以陈绎制辞不工，欲用曾布，疑布所领事已多。王安石曰："布兼之亦不困，遂以布直舍人院。"③（小字注：此据《王安石日录》）

熙宁五年九月丁未，宋神宗因论许将直舍人院而文字不佳，问王安石："起居注见阙，何人可修？"安石曰："吕惠卿丧欲除。"上曰："惠卿最先宣力，"安石曰"非为其宣力，如此人自当擢用"，上曰："惠卿胜曾布。"（注：此段见《日录》七月二十七日，今附见)④

熙宁八年三月己未，王安石复相后不久，与宋神宗讨论新法官员不够称职，推行新法不利，因此称赞吕嘉问称职尽力，上曰："嘉问已与复差遣。"安石曰："李直躬之徒作转运，却令嘉问提举便籴，此岂官人之宜。"上曰："与移一路转运。"安石曰："陛下必修市易法，则须却令嘉问领市易"，上曰："恐吴安持忌其来，又复失安持心。"安石

---

① 《长编》卷二一五，第5232页。

② 《长编》卷二二四，第5454—5455页。

③ 《长编》卷二二〇，第5341页。

④ 《长编》卷二三八，第5790页。

曰:"臣以女嫁安持,固当为其审处。今市易事重,须嘉问与协力乃可济,不然他时有一阙失,必更上烦圣虑。"又荐嘉问及张安国可为宰属,上皆以为可。(注:此据《日录》)①

曾布、吕惠卿、吕嘉问都是熙丰时期变法派中的活跃分子,但同时也是倍受反变法派攻击者,特别是南宋初年以后又被视作"小人",李焘引用王安石日录荐引他们的记载入正文,一方面可补国史、实录之缺,另一方面也全力展现李焘尽力描述王安石变法全貌的"厉鉴"意图。

要之,以上事例充分说明,李焘对《王安石日录》的取舍,除了属于《长编》编写体例辩证异同的需要外,其主导思想有两个鲜明的特点:一、李焘在否定王安石变法的前提下,运用当事人王安石自己的记述,愈是详尽描述新法出台的全过程,就愈能证明王安石是变乱祖宗之法的罪魁祸首,即所谓"王安石变更法度,厉阶可鉴"。二、证明变乱祖宗之法并非神宗本意,而是受王安石的蒙蔽和误导,即如朱子所云:"凡安石之所以惑乱神祖之聪明而变移其心术,使不得遂其大有为之志而反为一世祸败之原者。"②

四、从《长编》注文看李焘对王安石及其新法的态度

《长编》的注文是《长编》一书重要组成部分,在某种意义上《长编》萃一代典籍的广博特点,主要是从其注文表现出来,李焘本人在总结司马光制作长编方法时说:"事亦有与正史、实录不同者,盖所见

---

① 《长编》卷二六一,第6366页。
② 《朱文公文集》卷七〇《读两陈谏议遗墨》,第1283页。

所闻之异必兼存以求是，此文正长编法"。①

据研究李焘《长编》注文可以分作四种情况，一是从其内容来分，大致有：1. 注明史料来源者，2. 注明人物初见年月、邑里、谱系者，3. 注释和加详正文者，4. 并书、附见、以明史文主次者；二是考异；三是存疑待考；四是李焘略作评议之笔。②

具体到李焘在注文中对王安石及其新法的态度，大致有二种情况，一是对正文事关王安石及其新法略作评议。二是通过加详正文或考异史实以他人之笔来展现他对王安石及其新法的态度。先说第一种情况，以下有两个典型例子。

王安石执政时期，曾发生宋辽交涉边地的纠纷，邵伯温、苏辙等人鼓吹王安石弃地说，李焘对此深信不疑。熙宁八年四月癸亥，王安石白上曰："契丹无足忧者，萧禧来是何细事……"安石又言："萧禧不当满所欲，满所欲则归而受赏，是开契丹之臣以谋中国求赏，非中国之利也。"又言："外敌强则事之，弱者兼之，敌则交之。宜交而事之则纳侮，纳侮而不能堪则争，争则启难，故曰示弱太甚，召兵之道也。"此段话李焘引自《王安石日录》，但他不相信王安石与神宗皇帝的对话的原始记录，怀疑蔡卞修改《日录》，因而在这段话加了"然安石本谋，实主弃地，虽对语云尔，竟弗克行"③。又在附注中引录了《邵氏闻见录》和苏辙《龙川别志》为证。

> 邵伯温《闻见录》云：敌争河东地界，韩琦、富弼、文彦博等答诏，皆主不与之论。会王安石再入相，独言："将欲取之，必固与之"，以笔画地图，命韩缜悉与之。盖东西弃地五百余里。韩缜承安石风旨，视刘忱、吕大忠诚有愧。苏氏《龙川别志》亦云：

---

① 《文献通考》卷一九七，《经籍考》二四、李焘《跋〈温公日记〉》，第5683页。
② 《续资治通鉴长编考略》，第79—82页。
③ 《长编》卷二六二，第6372—6373页。

"安石谓咫尺地不足争，朝廷方置河北诸将，后取之不难。"

然后李焘概言之，"据此则弃地实安石之谋。今《日录》四月二日对语，乃谓许萧禧不当满其欲，与苏、邵所记持异，疑蔡卞等后来增加，实非当日对语也，今姑存之，仍略着安石本谋，庶后世有考云。"①

关于熙宁时期宋弃地于辽的责任是否应由王安石来负的问题，自邵氏说王安石独言"将欲取之，必固与之"之后，为后来很多史家采用。② 直到近世邓广铭先生给以坚决的反驳。③ 当时李焘没有把邵氏的言论写入《长编》正文，对此，有人认为这是李焘没有附会邵氏那般臆说，也有人说李焘虽然相信邵伯温的那段记载，但是又察觉到邵伯温的记载未必全可信据，因而采取了谨慎态度。笔者以为这两种看法似可再作探讨。因为李焘其所以不直接把邵氏之说引入正文，主要是受《长编》以国史、实录等官修史书为史文，旁采异闻，如果纪事与正史、实录不合，则兼存以求是的编写体例所限，也就是说邵氏所言，既不见于朱墨本神宗实录，又不见于当事人王安石的《日录》，因而邵氏的言论作为异闻只能"兼存以求是"，但李焘对邵氏的记述是深信不疑的，"然安石本谋，实主弃地"，就表明了李焘的基本态度，甚至不顾王安石日录未载的事实，而宁愿怀疑蔡卞仿造，硬要把邵氏的诬构之词强加于王安石。

再看熙宁九年十月丙午，王安石第二次罢相，李焘于正文论述王安石罢相缘故时云："又有一云，'勿令上知'，由是上以安石为欺，故复用（冯）京，仍诏京抚定蕃部讫"，④ 李焘这一记载来自墨本实录，朱熹就这件事曾发表过一番议论："'勿令上知'之语，世所共传，终以

---

① 《长编》，第6373页。
② 参见《宋辽关系史研究》，台湾联经出版事业公司1984年版，第159—161页。
③ 《北宋政治改革家王安石》，人民出版社1997年版，第230—233页。
④ 《长编》卷二七八。

手笔不存，故使陆佃得为隐讳，虽以元祐众贤之力，争辩之苦而不能有以正也。"① 虽然这一传闻"不能有以正"，但由于元祐史官载入实录，李焘便以"盖（陆）佃尝从安石学故也"，置陆佃的辩驳于不顾，"佃集要不可信，姑存之。"②

从这两例不难看出，凡是诬陷王安石虽属捏造、或传闻，李焘也是宁可信其有，也不信其无。

第二，李焘在注文中以他人之笔来表现其对王安石的否定观点的做法，主要是大量征引和汇集否定王安石及其新法的"异闻"，如司马光《日记》、《涑水记闻》、范镇《东斋纪事》、魏泰《东轩笔录》、邵伯温《闻见录》、苏辙《龙川别志》、林希《野史》、陈瓘《四明尊尧集》等等，其中尤以征引陈瓘《四明尊尧集》和林希《野史》为典型。从《长编》卷二百十一至二百七十征引《四明尊尧集》约40余处，征引林希《野史》约30余处。

陈瓘，字莹中，号了翁，历仕神、哲、徽三朝。四库馆臣为《四明尊尧集》所撰提要云："是书《书录解题》著录止一卷，此本十一卷，乃后人并其原表、序、跋合而编之者也。以绍圣史官专据《王安石日录》改修《神宗实录》，变乱是非，不可传信，因作是书以辩其妄，……此书分为八门，曰圣训、论道、献替、理财、边机、论兵、处己、寓言，始力斥王安石之诬，皆摘实录原文而合著，驳论其下共六十五条，坐此羁管台州。其总论中所云：安石退居钟山，著此讪书，以授蔡卞，卞当元祐之时增损、润色，九年笔削云云。"③

对于陈瓘谓《王安石日录》由蔡卞撰造之说，朱熹在《读两陈谏议遗墨》一文中曾予以驳斥："尝即其书（《王安石日录》）而考之，则凡安石之所以惑乱神祖之聪明，而变移其心术，使不得遂其大有为之

---

① 《朱文公文集》卷七〇，《读两陈谏议遗墨》，第 1283 页。
② 《长编》，第 6805 页。
③ 《四库全书存目丛书》史 279—756。

志，而反为一世祸败之原者，其隐微深切皆聚此书，而其词锋笔势，纵横捭阖，炜烨谲诳，又非安石之口不能言，非安石之手不能书也，以为蔡卞撰造之言，固无是理。"①

通观李焘引用陈瓘《四明尊尧集》尊神宗而非王安石的主要观点大致可分作四个方面。

其一，熙宁时期改祖宗之法系王安石诱导，并为贻害后世的渊薮。

熙宁五年七月丙申，李焘记王安石与宋神宗议定保甲法："先是，王安石白上曰：'臣前欲以近畿郡为畿辅，固推行保甲者，利在使赵子几等按察官吏差易耳。若付之诸路，即恐诸路推行灭裂，无以使四方观法。'上曰：'不如令属兵部，置属官，令出乃点检'……既而安石又言：'令兵部管保甲，恐百姓心疑将刺以为兵，不如令司农领之，仍便差官编近畿数州保甲，且增置丞、主簿，令更迭出入案察保甲，即农田、水利、常平、差役皆可使案察也。'上皆从之。"②

在此正文下，李焘注引：

> 陈瓘《尊尧集·圣训门》论曰：神考欲置尚书省，安石以为不须；安石欲建四辅，神考以为不可。三十余年，先训未远。乃者都省之毁，谁不流涕；四辅之成，谁不寒心！此岂一（蔡）京之罪乎？……然而四辅之所以必成者，因《日录》而成也；都省之所以必毁者，因《日录》而毁也。……又论毁拆都省曰：尝谓（蔡）卞等初意专以熙宁宰相为圣，而不以元丰独断为是，故其所以继述者熙宁而已。……③

熙宁五年十月壬辰，王安石因中书与枢密院赏李宪功不一，与神宗

① 《朱文公文集》卷七〇《读两陈谏议遗墨》，第 1283 页。
② 《长编》卷二三五，第 5710 页。
③ 《长编》，第 5710—5711 页。

论用人，宋神宗以为，"近习亦有忠信者，不皆为欺""小人不过以邪谄合人主，人主有好邪谄，即为其所中"。王安石则认为，人主仅分辨君子小人以及不好邪谄，好正直还不够，最重要的是人主要闻道，自古惟大无道之君，乃以恣睢致乱亡，要揆君子小人情状，决天下大计，须闻道，苟能闻道，即声色玩好不能累其心，"三公以论道为职者，必以为治天下国家，不可以不闻道故也"。①

在此正文下，李焘注引：

> 陈瓘论曰：宦者四星在皇居之侧，其人近至尊，国家安宁则其身亦安，尤当自异于疏远之臣也，……神考谓近习亦有忠信者，此圣主公平之训也。……当时谋者，正谓其人都不可听，故欲以此而代彼也。《新经议》既取其说，而《日录》又欲变乱旧规，自以为此乃宗庙社稷久长之计。……呜呼：太祖皇帝规模宏远，保全内外，国本强固，私家亦宁，一百五十年矣，长久之计何以加此，何为而忽欲变更也？自有《经义》以来，凡三十余年，而王氏学术始见窟穴，计谋秘奥，包藏深远，章惇不知也，蔡京虽凶果敢行，而亦不能深察其谋，主此谋者，蔡卞而已矣。序辰，洵武，其心腹也，阴挟计数，用《新经》、《日录》之术，算人于谈笑之中，陷人于简册之内，使人习之而不觉，信之而不疑，积日累年，然后令人大悔恨也。既往之事不可追矣，未来之事岂可不以为鉴哉？然则今当何鉴，莫如忠信爱国而已矣。②

其二是宋神宗欲施仁政，而王安石则尽沮神宗本意。

熙宁五年四月丙子，先是，三司起请市易十三条。其一云："兼并之家，较固取利，有害新法，令市易务觉察申三司，按置以法。"御

---

① 《长编》卷二三九，第5815页。
② 《长编》，第5816页。

批："减去此条，余悉可之。"御史刘孝孙言："于此见陛下宽仁爱民之至"，因言宜约束市易务。王安石曰："孝孙称颂此事，以为圣政。臣愚窃谓此乃是圣政之阙，天付陛下九州四海，固将使陛下抑豪强、伸贫弱，使贫富均受其利，非当有所畏忌不敢也……"①

在此正文下，李焘注引：

> 陈瓘论曰：……臣窃谓神考不欲于律外立较固之条，可谓仁厚爱民之意，刘孝孙将顺圣美不为过也。《日录》之内，但为显扬嘉问，故不以御批为是，不以孝孙为然。于是，造神考之言曰："若设法倾之，则兼并不能为害"，……神考爱民守法而指为阙政，力主嘉问，遂至于侮薄君父，不亦悖乎？②

又于熙宁五年十一月丁巳有关市易法条下注引：

> 陈瓘论曰，神考圣训谓市易法苛细，恐其有害细民，故初欲罢之，所以怀保小民也。而安石则曰："非帝王大体"，此《书》所谓"元首丛脞"也。神考沮抑吕嘉问，所以去蟊贼而养嘉穀也，父之用明，何以如此？安石则曰："俊民不章"矣。借《典》、《谟》、《洪范》之言以文私意，岂独此哉。③

其三，所谓"是则掠美于己，非则敛怨于君"。④

熙宁六年四月戊寅，新知桂州沈起，乞自今本路有边事，依陕西四路止申经略司专委处置及具以闻，从之。起又乞差人出外界勾当，上顾

---

① 《长编》，卷二三二，第 5641 页。
② 《长编》，第 5641—5642 页。
③ 《长编》，第 5829 页。
④ 《长编》卷二四七，第 6017 页。

王安石曰："如何指挥？"安石请依所乞，札与监司，上曰：'可'。安石私记又云："上令起密经制交趾事，诸公皆不与闻，凡所奏请皆报听。"①

在此正文下，李焘注引：

> 陈瓘论曰：安石入告之言曰："兵无时不可用。"神考曰："用兵安可无名？"安石曰："陛下若果欲用兵，何患无名？"于是七年执政而四作边事，神考垂拱抑成，任其所为，事成则归功于安石，事不成则引咎于己。韩绛西事既败，神考降诏罪己，未尝责安石也。熙河奏功，则解玉带以赐安石曰："非卿主谋于内，无以成此"。梅山用兵，章惇受旨于安石，及其奏功，则神考擢惇而骤用之。广西之事，沈起亦受旨于安石，及其败也，神考掩护中书生事之过，曲从安石，贷起之死，而亦未尝责安石也。神考之于安石，可谓厚矣，安石之所以报上者，宜如何哉？
>
> 臣今考《日录》，安石于熙河、梅山先书李若愚妄沮王韶，而神考崇长若愚，又先书经制成算已付章惇，而神考为人游说，即欲改授蔡烨，然后言王韶、章惇必可任使之意，以谓能知王韶者安石也，非神考也。主谋之功，返复张大，至于数十万言，自谓有天地以来无此功矣。至于韩绛败事，则曰："陛下于一切小事劳心，于一大事独误"。……沈起引惹蛮事……罪悉在起。然起之所以不得死者，良以安石护起，神考重违其请，不欲尽行耳。安石退而著书，追记其事，则谓沈起经制，皆上密谋，诸公皆不与闻，起所奏乞，上皆许之。呜呼？四作边事，二败二胜，二胜则掠美于己，二败则敛怨于君，吕诲之言，辨之早矣。②

---

① 《长编》卷二四四，第 5933 页。
② 《长编》，第 5933—5934 页。

其四，王安石借神宗之"圣训"以兜售新法之私。

熙宁五年六月辛未，王安石欲辞相位，神宗挽留不许，并说："朕与卿相知，近世以来所未有，所以为君臣者形而已，形固不足累卿；然君臣之议，固重于朋友……"

在此正文下，李焘注引：

陈瓘尊尧余言曰：臣窃考《日录》，安石书神考圣训曰："所以为君臣者形而已，形固不足以累卿。朕既与卿为君臣，卿宜为朕少屈。"呜呼，果自神考之训乎？托训如此，纵而不辩，臣恐自今以后，事君以形者翠笑进止，皆无真实之心矣，自尊大者骄很傲上，皆有难屈之气矣。此等托训之言，为臣子者安可以不辩哉。[1]

熙宁七年二月壬申，辽遣使萧禧将与宋议边界，宋神宗甚感为难和畏惧，王安石为之开导："以今日土地、人民、财力、无畏契丹之理。"[2]

在此正文下，李焘注引：

陈瓘论曰：安石所欲建立，所欲排陷，必造神考圣训，欲以文饰前非，归过宗庙，其言其事，不可以一二数也。至于"何尝理曲"之言，归于神考，则矫诬乖悖，尤为甚矣。[3]

以上举证虽是大段征引，但也仅是一小部分。四库馆臣云，陈瓘《四明尊尧集》申斥王安石及其新法计六十五条，今据四库存目丛书所收明代天一阁藏本相验基本一致。《长编》仅从熙宁三年四月至王安石

---

① 《长编》，第5686页。
② 《长编》卷二五〇。
③ 《长编》，第6084页。

第二次罢相，便征引陈瓘论点四十余处，这还不包括熙宁二年任参知政事近一年已佚部分，说明李焘几乎和盘将陈瓘对王安石及其新法批判的论点全部收入《长编》，由此不难得出李焘就是用陈瓘的论点，以加注的方式道出自己对熙宁新法是非论定的结论。

李焘在注文中引用较多的另一部书是《林希野史》。林希，字子中，福州人，据《宋史》本传，历任神宗、哲宗、徽宗三朝，官至同知枢密院，绍圣时曾参与修《神宗实录》兼侍读，时人"疏其行谊浮伪，士论羞薄，不足以玷从例"①。所撰《野史》为《直斋书录解题》卷五著录，"《林氏野史》八卷"条下云：

> 同知枢密院长乐林希子中撰，希不得于元祐，起从章惇，甘心下迁西掖，草诸贤谪词者也。而此书记熙宁元丰以来事颇平直，不类其所为，或言此书作于元祐之前，其后时事既变，希亦随之，书藏不毁。久而时事复变，其孙憇于绍兴中始序而行之耳。②

陈振孙推测《野史》作于元祐之前，据《长编》于熙宁四年四月甲戌记事条下引《野史》中有"今上即位"，应是正确的。是书今大部已佚，仅存一卷，书名《鞠堂野史》，为《说郛》所收。故《长编》注文所引弥足珍贵。陈振孙虽说"此书记熙宁元丰事颇平直，不类其所为"。但通检《长编》所引《野史》的文字来看，大致以丑化王安石及其新法为基调。李焘注引《野史》主要有两种情况：

一是所纪事与正史、实录不合，兼存以求是，须别考详。

熙宁四年八月丁卯，屯田员外郎、知阳武县李琼权利州路转运判官。役法初下，琼处之有理，畿内敷钱独轻，邻县挝登闻鼓，愿视阳武

① 《宋史》卷三四三，《林希传》，第10913页。
② 陈振孙《直斋书录解题》卷五，第151页。

为比，故召对擢用焉。①

在此正文下，李焘注引：

> 此据诏旨内所载，琮本传、实录因之……《林希野史》云：
> 李琮知阳武县，素为王安石所知，人意其首当进用。琮自以为赤心
> 禅赞，尝讽其改作不当。安石大怒，同类尽用而不与语。三年，琮
> 为推行青苗、役法为畿邑之最，始召对，除梓路运判。此事
> 当考。②

熙宁四年九月丁亥，光禄寺丞崔公度为崇文院校书。公度再除彰德
军节度推官，充国子监直讲，辞不赴，作《一法百利论》万余言，论
久任众职之事以进。召对，擢光禄寺丞，知阳武县。

在此正文下，李焘注引：

> 《林希野史》云：直讲崔公度旧为（韩琦）所荐，母服除，安
> 石不喜其来，公度曲致诚意，复召为直讲，乃上《熙宁稽古一法
> 百利论》。安石大喜，引与握手，解衣燕语，即除光禄丞，知阳武
> 县，……日夜造安石，或踞厕以对，公度亦不渐。一日，从安石后
> 而执带尾，安石愕然，公度笑曰："相公带有垢，谨以袍拭去之"，
> 客皆见。按今《实录》公度传，载公度本末甚美。希云云当考。③

熙宁七年正月甲子，上言："（程）昉昨修漳河，闻漳河岁岁决，
修滹沱河，又却无下尾"，安石曰："修漳河出却三县民田，百姓群至

---

① 《长编》卷二二六，第 2205 页。
② 《长编》，第 5505 页。
③ 《长编》，第 5512 页。又《宋史》卷三五三，《崔公度传》与《林希野史》相吻合，第
　10913 页。

京师，经待漏院出头，谢朝廷差到程昉开河，除去百姓三十二年灾害。"①

在此正文下，李焘注引：

> 《林希野史》云，原武等县民因淤田浸坏庐舍坟墓，又妨秋种，相率诣阙诉。使者闻之，急责其令追呼，将杖之，民即缪云："诣阙谢耳"。使者因代为百姓谢淤田表，遣吏诣鼓院投之，状有二百余名，但二吏来投之。安石大喜，上亦不知其妄也，今附注此，当考。②

这三例尽管与实录记事不尽相同，且李焘也采取了较为谨慎的态度，属以当考，但由《林希野史》来看，王安石所用之人如李琮、崔公度之类都是些善于钻营、投机的"小人"，而王安石本人也是好大喜功，欺上瞒下之徒，这种叙事基调与南宋以后对王安石变法的否定批判是前后一脉相承的。《宋史》的编撰者对王安石及其新法是全盘否定的，值得注意的是《林希野史》对崔公度的描述与《宋史》本传的资料如出一辙。虽然《林希野史》在《长编》注引中属"旁采异闻"，但对这种"异闻"，李焘还是颇为欣赏的，或者说《林希野史》表达了他自己想要说的话。熙宁四年六月丙寅，李焘先是在正文中记"录系囚，杂犯死罪以下第降一等，杖以下释之。时雨愆亢故也"。在此正文下，李焘又紧接着注引：

> 时雨愆亢，据《御集》。《林希野史》云：赵子几以司农旨谕诸县升降等第，以就助役。东明民二百诣丞相诉，又诉御史。上闻

---

① 《长编》卷二四九，第6074页。
② 《长编》，第6074页。

之惊，安石亦惶恐。上手批付中书"民之不愿出钱者仍旧供役"。内外欢然，以此解诉者。中丞（杨）绘、谏官（孙）洙犹以为非便，而助役之议直可罢也。而（曾）布、（邓）绾言于安石曰："助役为众所摇，不可成矣。"安石悔，又纳御批而不行，疑东明令贾蕃诱民来诉。……自四年以来，手批多不行矣。按希云安石屡纳御批，今附注此，当考。孙洙自谏院出知海州，在五月二十二日，盖从洙所乞，不闻洙论助役当罢，并合考详。①

林希所记这段文字，既与李焘《长编》正文不甚相关，而且属于"风闻"，并无其他史料依凭，但李焘却宁肯信其有，而不信其无，尽管他说还要"并合考详"，这实际上是李焘对待反变法或否定变法文字言论的一种基本取舍倾向。

二是用以加详正文。李焘对与正史、实录不合的《林希野史》已如上揭，而当《林希野史》与正史、实录所载相类时，李焘更是不惜笔墨大段征引，用来作为正文的详细注解。当然这种记事相类的另一一致处，在于正文与注文都在刻意贬斥王安石及其新法。由于文繁，下面仅举一例。

熙宁四年十月壬申，前武昌节度推官王安国为崇文院校书。安国常非其兄安石所为，为西京国子监教授，溺于声色。安石在相位，以书戒之曰"宜放郑声"，安国复书曰："安国亦愿兄远佞人也。"官满至京师，上以安石故召对……又问："安石秉政，外论如何？"对曰："但恨聚敛太急，知人不明耳。"上默然不悦。安国初召对，人以为必得经筵，由是别无恩命，久之乃得馆职。安国力谏安石，以天下汹汹不乐新法，皆归咎于兄，恐为家祸。安石不听，安国哭于影堂。曰："吾家灭门矣。"又尝责曾布以误惑丞相更变法令。布曰："足下，人之子弟，

① 《长编》卷二二四，第5452页。

朝廷变法，何预足下事？"安国勃然怒曰："丞相，吾兄也。丞相之父，即吾父也。丞相由汝之故，杀身破家，僇及先人，发掘邱垄，岂得不预我事邪"。①

在此正文下，李焘注引：

此据安国本传及司马光《纪闻》删修。《林希野史》云：富弼知何阳，陈襄为属县，弼甚礼之。富自并门入相，襄在京师，迂富于中牟。安石笑曰："以道事人，乃若是邪？"自是薄之，及安石执政，士夫伺从阁下，谀佞百端，安石喜之为贤，随其佞媚厚薄，量授官职。有日至而夜不出者，有间日而至者，有安石据厕而见之者。平时故人以道义相期者，由是渐疏，小人谮曰："此乃立异者。"安石果怒，书至不省，来亦不见。其弟安国学业文章与安石相上下，任气强悍，论事未尝少屈。安礼夸诞浇薄，尤能卑辞以结雾，安石于上前誉礼而毁国。二人召对，国不霑一命，礼即日改命，充校书。章望之、曾巩、孙侔三人者，忘形之交，其诗书相赞美，天下皆传之。安石既相，佞媚者日进，而三人者犹如平时，以语言诋忤之，书至不复视，经抵于地。布见其兄书未发封者，怀之而去。望之将死，为书诒安石，且祈赒其后。安石大笑曰："群儿妄为尔。"国从旁曰："望之二字，似其手迹，盍少赒之？"安石不答，左右目其仆使急去。②

《林希野史》关于王安国与其兄王安石关系的文字虽与国史安国本传，司马光《涑水记闻》有所不同，但在表现王安石亲近喜用小人、

---

① 《长编》卷二二七，第5531—5532页。

② 《长编》，第5532页，卷一一一，第5136，卷一一三，第5170页，又见卷二二二，第5407页，卷二二六，第5507、5509页，卷二二八，第5546页，卷二二九，第5572页，卷二三〇，第5585页，卷二三一，第5614页，卷二四二，第5899页，卷二四七，第6013页。

佞人的意旨上则是一致的。值得注意的是，关于王安国与王安石的关系，并不仅见于司马光《涑水记间》，魏泰《东轩笔录》亦有较详细的记载：

> 王安国性亮直，嫉恶太甚。王荆公初为参知政事，闲日因阅读晏元献小词而笑曰："为宰相而作小词，可乎？"平甫曰："彼亦偶然自喜而为尔，顾其事业岂止如是耶！"时吕惠卿为馆职，亦在坐，遽曰："为政必先放郑声，况自为之乎！"平甫正色曰："放郑声，不若远佞人也。"吕大以为议己，自是尤与平甫相失也。
>
> 选人郑侠监安上门，遂画《流民图》及疏言时政之失，其辞激讦讥讪，往往不实。书奏，侠坐流窜，而中丞邓绾、知谏院邓润甫言："王安国尝借侠奏稿观之，而有奖成之言，意在非毁其兄。"是时平甫以著作佐郎，秘阁校理判官告院，坐此放归田里。逾年，起为大理寺丞，监真州粮料院，不赴而卒。平甫天下之奇才，黜非其罪，而又不书，世甚叹息。台官希执政（指吕惠卿）之旨，且将因此以浼荆公也。
>
> 平甫博学，工文章，通古今，达治道，劲直寡合，不阿时之好恶。虽与荆公论议亦不苟合，故异时执政得以中伤，而言事者谓非毁其兄，遂因事逐之，天下之人皆以为冤。①

显然，魏泰所记与宋国史王安国传、司马光《涑水记闻》、《林希野史》有很大出入，不尽相同，按《长编》"旁采异闻"的编写体例。则理应兼存以求是，但李焘并没有这样做，为何如此？大抵是因为魏泰对王安石及其新法的评论毁誉参半，而《涑水记闻》《林希野史》则以丑化王安石及其新法为基调，对这两者的选择，李焘当然是更倾向于后

---

① 魏泰《东轩笔录》卷之五，第52、56页。

者，这也就不难看出李焘揭批王安石及其新法的主观意图。

提到魏泰《东轩笔录》，还有一个值得注意的现象，即李焘在《长编》注文中也多次注引魏泰的记载。尤其是有关王安石与吕惠卿的关系引用较多。我们知道，曾布与吕惠卿同是王安石变法的主要助手，曾布是魏泰的姐夫，曾布与吕惠卿因市易法的实施意见不合，而遭贬，因而魏泰在《东轩笔录》中对吕惠卿多痛加揭露贬斥。而李焘注引魏泰的记载又恰恰多是涉及吕惠卿与曾布反目，王安石与吕惠卿交恶之事。王安石集团内部矛盾多为元祐以后否定王安石变法的论者所乐道。并被大肆渲染，因为在他们看来王安石变法乱祖宗法度的重大过失之一，就在于王安石始用小人，终为小人所误，吕惠卿、曾布、章惇等人即是误王安石的"小人"。所以，李焘用不完全否定王安石及其新法的《东轩笔录》叙事，来印证和揭批王安石集团的"内部倾轧"，当更有说服力。

至于在注文中直接引用其他批评王安石及其新法的言论，如熙宁五年三月丙午颁行市易法，正文下注有："四月七日检（魏）继宗文字，《国是论》曰：'兴利之中，其罪亦有轻重。青苗、均输、助役，世以是为安石大罪，犹可恕也。何者？安石之始学在此而始谋出此也。市易、免役、征利及于琐屑，皆小人之附安石者为之，而安石以为王政，将谁欺乎？'"① 还有许多，因文繁不再复赘。

五、结　论

对以上所述，有如下三点认识。

（一）李焘对熙宁时期王安石及其新法的描述有 5 个特点：

---

① 《长编》卷二三一，第 5623 页。

1. 基本史实，多存元祐本《神宗实录》旧文。

2. 为达到"厉阶可鉴"的目的，对变乱祖宗法度的各项新法之出台始末，变法派的活动，开边战争作了巨细无遗的详尽描述。

3. 刻意证明变乱祖宗之法的元凶是王安石，为宋神宗辩。与绍兴本《神宗实录》的"惟是直书安石之罪，则神宗成功盛德，焕然明白"宗旨别无二致。

4. 王安石所用新进之人，大都是品行不端，心术不正，善谄媚，好投机之"小人"。

5. 特别留意网罗新法"害民、扰民"之事实，和抨击指责新法的言论。

（二）李焘被历代旧史家誉为"史才"、"良史"，的确，通览《长编》，其取材之丰赡，叙事之谨严，给人留下至为深刻的印象。但是李焘囿于对王安石及其新法固有的成见，使他在取材、叙事，均不可避免地打上了他的思想烙印。《宋史》陆佃本传云，元祐编撰《神宗实录》时，陆佃"数与史官范祖禹、黄庭坚争辩，大要多是安石，为之晦隐，庭坚曰："如公言，盖佞史也"，佃曰：'尽用君意，岂非谤书乎？'"[1]那么李焘编撰《长编》无疑是尽用元祐史官之意，从这个角度而言，称其为谤书也并不为过。因而，今天在依据《长编》研究王安石变法时，对此要有清醒的认识。

（三）虽然李焘主观上是要揭露和贬斥王安石及其新法，即所谓力辩"邪正心迹"，但是为了达到这一目的，他不仅保留了有利于反变法派的各种资料，而且兼存了大量以供"厉阶可鉴"的变法派活动的历史资料，其中许多散失的资料，因《长编》才得以保存些许片断，如《王安石日录》。就研究王安石变法的资料的丰赡而言，在今传宋人资料中无出其右者。所以抛开李焘个人的政治成见，运用现代科学的理论

---

[1] 《宋史》卷三四三《陆佃传》，第 10918 页。

和方法，重新诠释李焘用以证明王安石变法乱祖宗法度罪责的珍贵资料，从而更真切地认识王安石变法的本来面貌，这大抵是李焘新始所未料的，这也正是客观历史不以人的主观意志为转移的历史辩证法。

> 本文有两部分分别刊于《论李焘对〈王安石日录〉的取舍》，《抚州师专学报》2001 年第 5 期。《从〈续资治通鉴长编〉注文看李焘对王安石及新法的态度》，《文史》2001 年第 2 期（总第 55 辑）

王安石历史地位沉浮
与南宋以后中国社会历史变迁

　　王安石变法是宋代也是中国历史上的大事。自元祐初年高太后、司马光等人废除新法以降，迄今历史已走过了900多年。900多年来，有关评议和研究王安石及其变法的论著可谓是汗牛充栋。仅以20世纪为例，据不完全统计，研究、评议王安石的传记、变法史实的专书达90余种，发表论文约千余篇，而这些论著又是毁誉、褒扬，莫衷一是。"大抵自来论介甫、其毁之者，凡一谋一法，只须其谋其法之出于介甫，则不问事实，而一切有非而无是。其誉之者，则又只须其谋其法出于介甫，亦不问事实，而一切有是而无非。"① "一千年来王安石在中国历史上的地位，好象一个谜似的，为人们所不理解。封建的学者把他看做'天变不足畏、祖宗不足法、人言不足恤'的异端，而资产阶级学者则把他捧到天上，好象在千年前他就是一个为资本主义世界设计的大人物。"② 20世纪50—70年代，史学界普遍接受列宁的评价"王安石是中国十一世纪时的改革家"③。进入80年代以后"抑王扬马"的观点又

---

① 熊公哲：《王安石政略》，商务印书馆1936年版，第151页。
② 侯外庐主编：《中国思想通史》第四卷上，人民出版社1959年版，第495页。
③ 如1975年人民出版社出版的邓广铭所著王安石传记，就以"中国十一世纪时的改革家：王安石"为书名。

流行一时。①

本文讨论王安石历史地位的沉浮，既无意加入过去那种"笔头去取千万端"的争论，也不对纷纭评议的不同结论作是非判断，而是想探讨评价历史是"百依百顺的女孩子，任你怎样涂抹和装饰"，还是在纷纭评议过程的背后有什么其他的内在联系在起作用。

著名的人类学家理查德·利基在追踪人类学革命过程时曾专门提到学术假设与"社会气候"变化之间的联系，他说"简要地来看过去一些年里曾经提出的用来解释最早的人科物种是怎样起源的几种假说，有趣的是当每一种新的假说流行时，它常在某种程度上反映出当时的社会气候"②。实际上900多年来对王安石及其变法的评议，其所以跌宕起伏、毁誉不一，也是在相当大的程度上反映着900多年的"社会气候"。鉴于此，笔者拟本着社会存在决定社会意识的原理，借鉴"任何人在进行历史认识的实践活动之前，已经存在着支配主体实践行为的某种特定的历史观或世界观"③ 的方法，对于900多年来影响王安石及其变法评议、研究跌宕起伏、毁誉不一背后的"社会气候"，亦即政治因素、学术思想和社会结构的变化作一些探讨。

为了叙述的方便，依据中国社会历史变迁的特点和评价主流意见的变化，可以把900多年来评议、研究王安石及其变法分作三个阶段：一、南宋至晚清；二、20世纪前半叶；三、20世纪后半叶。

———一———

要叙述南宋至晚清社会变迁对评议王安石及其变法的影响，先对其

---

① 王家范：《评近几年来王安石变法研究的得失》，《光明日报》1986年6月4日。
② 《人类的起源》（中译本），上海科学技术出版社1995年版，第7—9页。
③ 《历史的话语：现代西方历史哲学译文集·序》，广西师范大学出版社2002年版，第10页。

评议源流作一简要介绍是必要的。在南宋初至晚清近800年中，对王安石及其变法的评议可分为史家和思想家两大类。史家的评议主要散见于各种有关宋神宗朝史实的记述，按中国古代官私修史传统，官史方面的评议，主要有：1. 宋高宗朝绍兴年间由范冲等人修订的《神宗实录》；2. 宋孝宗朝由李焘、洪迈等人修撰的《四朝国史》；3. 元朝史臣编修的《宋史》。这三部官修史书对王安石及其变法的评议不论是史实还是观点都是一脉相承的。而且它们对后世的评议产生了深远的影响，所谓"正史体尊，义与经配"，①"事实先以正史为据"。②

再看私史中的评议线索：主要见于南宋王称《东都事略》、李焘《续资治通鉴长编》和该书的删节本，如陈均《九朝编年备要》、彭百川《太平治绩统类》③、杨仲良《续资治通鉴长编纪事本末》；还有赵汝愚《宋诸臣奏议》、徐自明《宋宰辅编年录》，吕中《大事记讲义》。宋元之际马端临《文献通考》和不著撰人《宋史全文》。

明清时期所编前朝历史的著作在叙及宋神宗朝史实时，大都依据上述官私史书，尤以《宋史》为蓝本。如：编年体：元明之际陈桱《通鉴续编》、明丘濬《世史正纲》、薛应旂《宋元通鉴》、顾锡畴《纲鉴正史约》、清《御定历代纪事年表》、徐学乾《资治通鉴后编》、吴乘权《纲鉴易知录》、毕沅《续资治通鉴》等；纪传体：明王洙《宋史质》、柯维骐《宋史新编》、王惟俭《宋史记》，清陈黄中《宋史稿》、陆心源《宋史翼》；年谱类：清顾栋高《王荆国文公年谱》、蔡上翔《王荆公年谱考略》；别史类：清纪昀等《四库全书总目》、《续通志》、邓元锡《函史》；其他还有：明陈邦瞻《宋史纪事本末》、魏显国《历代相臣传》、唐顺之《历代史纂左编》和众多史评等。

---

① 《四库全书总目》卷四五，史部正史类一，第397页。
② 范希曾：《书目问答补正》卷二，正史类一，上海古籍出版社1983年版。
③ 邓广铭认为《太平治绩统类》是李焘《续资治通鉴长编》的另一种《纪事本末》，今从之。参见邓广铭《邓广铭治史丛稿》，北京大学出版社1997年版，第349页。

值得注意的是，北宋后期至南宋初期一大批由反变法派及其子孙撰写的笔记小说所载王安石的逸闻趣事，对元明清人评议王安石影响颇大，并形成另一类"私史"。最早从笔记小说中衮辑王安石轶闻趣事的工作，大致始于朱熹以笔记小说为主编撰的《三朝名臣言行录》，四库馆臣把名臣言行录收入史部传记类。该书卷第六王安石荆国文公，共计36条，引用笔记小说14种，明朝人唐顺之《历代史纂左编》卷二十六《宋·王安石》，在汇编《宋史·王安石传》、《宋史纪事本末·王安石变法》等资料外，亦衮集了相当多的宋人笔记小说资料，其数量远超过《三朝名臣言行录》。清人全祖望补作《宋元学案》时，在"荆公新学略"末附逸事28条，清人顾栋高在雍正初年编撰《王荆国文公年谱》附《王荆国文公遗事》1卷，共收录轶闻趣事104条，引用笔记小说35种。

另一类是思想家的评议，自南宋至晚清历代思想家在总结北宋兴亡史时，都较为集中地对王安石变法进行评论，因而宋代兴亡论是一个重要的讨论课题。著名的有南宋理学家、浙东学派，元明清有吴澄、虞集、丘濬、杨慎、李贽、王夫之、顾炎武、全祖望、颜元、李绂、龚自珍等都在各自的著述中曾专门评议过王安石及其新法。

由于800年时间跨度较长，不可能在一篇文章内对这一时期评议王安石及其变法作一一缕述，因而只能选取最具代表性的评议意见进行透视。

（一）王安石变乱祖宗法度，"祸国殃民"，最终导致北宋亡国，这是从南宋至晚清绝大多数史家及思想家评论王安石及其变法的首要观点。而这个观点的出笼恰恰是与南宋初期的政治有着密不可分的关系。北宋末年，女真族贵族建立的金政权灭辽之后，于宣和七年（1125）发动灭亡北宋的战争，宋徽宗不敢承担历史的责任，匆忙让位于太子赵桓，是为宋饮宗。宋钦宗上台为了挽救危局，争取人心，首先贬窜祸国殃民的蔡京集团，右正言崔鸥上章论蔡京误国，同时把矛头指向了王安石，"除异己之人，著《三经》之说以取士，天下靡然雷同，陵夷至于大乱，此无异论之效也。"① 理学传人杨时亦上疏：

> 蔡京用事二十余年，蠹国害民，几危宗社，人所切齿，而论其罪者，莫知其所本也。盖京以继述神宗为名，实挟王安石以图身利，故推尊安石，加以王爵，配飨孔子庙庭。今日之祸，实安石有以启之。②

在这样的"时议归重"的背景下，宋钦宗在革除宋徽宗朝的一些弊政的同时，于靖康元年二月解除元祐学术禁令，四月复以诗赋取士，禁用庄、老及王安石《字说》，五月戊辰"罢王安石配享孔子庙庭"降为从祀。六月下诏："群臣庶士亦当讲孔孟正道，察安石旧说之不当者，羽翼朕志，以济中兴。"③ 自此，王安石新学丧失了独尊的官学地位。

宋廷南渡后，面对国破家亡，人民流离失所的严重危机，图存救亡就成为当时最为紧要的政治问题。既然要图存救亡，就要检讨造成危亡的原因，以确定由谁来承担造成国破家亡的历史罪责，在此基础上方可收拾人心推演新一朝的政治。宋高宗为开脱父兄的历史罪责，以靖康元年以来士大夫们的议论，把"国事失图"由蔡京上溯至王安石及其新法。不难理解，把蔡京祸国与王安石变法联系起来，不仅宋徽宗一人，就是神宗至徽宗的皇帝、皇后也都脱去了"国事失图"的干系了。由误国的权奸之臣承担现实和历史的罪责，保持帝后的圣明形象，这样做既可表明"人思宋德、天眷赵宋"又可引导人们如何思考"国事失图"

---

① 《宋史》卷三五六《崔鶠传》，第11216页。
② 杨时《龟山集》卷一《上钦宗皇帝（其七）》；《宋史》卷四二八《杨时传》，第12741页。
③ 《宋史》卷二三《钦宗本纪》，第429页。

之因，这当然是赵构的政治需要。①

而这一政治需要是通过改修《神宗实录》《哲宗实录》来实现的。赵构上台翌日，便下诏为"以母改子"的宣仁圣烈高后辩诬，"宣仁圣烈皇后保佑哲宗，有安社稷大功，奸臣怀私，诬蔑圣德，著在史册，可令国史院差官摭家刊修，播告天下。"② 李心传在此条记事下附注语中引用吕中《大事记》的一段话集中反映宋廷南渡后对元祐政事与熙丰新政的态度与看法：

> 盖我朝之治，元祐为甚，母后之贤，宣仁为最。当熙丰小人相继用事之后，使非继之以元祐，则中原之祸不待靖康而后已；当京师失守之时，使非元祐之治在人耳目，又何以开炎兴之运哉？此宣仁之功也。

一面积极为宣仁辩诬，一面又极力贬抑绍述之说，王安石及其新法遂成替罪羊被宋高宗所弃，此乃南宋初年的基本国策。③ 但因当时政权未稳，加之引起士大夫间就"辩党邪正"、"争法新旧"的议论不一，因而建炎元年欲改修"谤史"的诏令未能及时兑现。及至建炎四年十二月，当南宋小朝廷初具规模，战事稍缓之际，宋高宗再次诏命重修《神宗实录》。绍兴四年五月由左朝奉大夫范冲守宗正少卿兼直史馆，④便正式开始了重撰工作。虽然范冲等人在处理《神宗实录》朱墨本所记史实上，采取了较为谨慎的态度，但是编撰的主导思想则以否定王安

---

① 《建炎以来系年要录》卷一，建炎元年五月庚寅朔记事及注引何俌《龟鉴》，第132页。

② 《建炎以来系年要录》卷一，建炎元年五月辛卯记事，第134页。

③ 参见许沛藻《宋高宗与神宗实录》，《庆祝邓广铭教授九十华诞论文集》，河北教育出版社1997年版，第625—632页；高纪春《宋高宗朝初年的王安石批判与洛学之兴》，《中州学刊》1996年第1期；何湘妃《南宋高孝两朝王安石评价的变迁过程与分析》台湾大学历史研究所硕士论文，1984年（铅印本）。

④ 《建炎以来系年要录》卷七六，绍兴四年五月癸丑条，第1440页。

石变法为基调。绍兴四年八月戊寅朔，宗正卿兼直史馆范冲入见，立未定，宋高宗说"以吏事召卿，两朝大典皆为奸臣所坏，若此时不更修定，异时何以得本末"，范冲"因论熙宁创制，元祐复古，绍圣以降张弛不一，本末先后各有所因，不可不深究而详论……王安石自任己见，非毁前人，尽变神宗法度，上误神宗皇帝，天下之乱实兆于安石，此皆非神祖之意"。宋高宗曰："极是，朕最爱元祐"，"惟是直书安石之罪，则神宗成功盛德，焕然明白。"① 经过一年零八个月，"《神宗实录》通成二百卷。"宋廷的这一定谳对后世产生了深远影响。清人蔡上翔在为王安石辩诬时说"公之受秽且蔓延于千万世，尤莫甚于此书"②。王安石作为北宋亡国元凶的论调，经宋国史至元人修《宋史》所承袭，成为封建时代官方定论，不仅为史家所认同，如"安石真小有才未闻君子之道也，岂非万世之罪人哉"，③ "使宋室斲丧，而其身列为千古罪人"。④ 而且被社会普遍接受，如据传初编于南宋后定于明代的话本小说《拗相公》就是以"我宋元气皆为熙宁变法所坏，所以有靖康之祸"⑤ 为基准，把王安石描绘成为一个稔恶误国、刚愎自负、不近人情、猪犬不如的佞臣，那就知道，他们的影响传播得多么广泛了。

（二）荆公新学是王安石变法的指导思想和理论基础，自宋理宗取缔王安石配享孔庙之后，荆公新学所遭受的抨击之严厉，要远甚于对新法措施的否定。所谓"王安石学术之偏，已得罪于孔孟"⑥ "得罪于名教"，⑦ 柯维骐在论王安石学术时恨得甚至有点咬牙切齿了，"欺世孰甚焉，昔少正卯鲁之闻人，仲尼察其心其口其学术足以乱国，故亟诛之。

① 《建炎以来系年要录》卷七九，绍兴四年八月戊寅；《宋史》卷四三五《范冲传》，第12905 页。
② 《王安石年谱三种》，中华书局 1994 年版，第 586 页。
③ 《读史臠疑》卷九，王安石。四库存目丛书。
④ 顾栋高《王荆国文公年谱》卷中，《王安石年谱三种》，中华书局点校本 1994 年版。
⑤ 《警世通言》第三卷《拗相公饮恨半山堂》，岳麓书社 1992 年版。
⑥ 于慎行《读史漫录》卷一二。
⑦ 钱大昕《十驾斋养新录》卷第七《王安石狂妄》。

安石与若人酷相类，幸不遭仲尼，得享宠荣，保首领以没，而宋不幸受其植党乱政之祸，延数世而弥烈也。"① 荆公新学被斥为异端邪说既与理学与新学在南宋的消长有关，更是理学家们自南宋初期以来不懈批判贬抑的结果。

荆公新学与二程理学是产生于北宋神宗、哲宗之际的两个对立学派。荆公新学在北宋后期 60 年是居于独尊地位的官学，"自王氏之学达于天下，其徒尊之与孔子等，动之以卓诡之行，而矜之以华丽之文，如以锦绣蒙覆陷阱悦从之，鲜不坠者，行之以六十余年。"② 而理学则只是在民间流布的一个小学派。南宋建立后，荆公新学受到相当大的冲击，但作为一种学术流派在南宋孝宗乾道、淳熙以后才真正走向式微，而被彻底否定则要到宋理宗淳祐以后，就新学传承而言，新学在南宋已构不成一个主流学派，在大多数场合下，新学成为政客们打击政敌的一种工具和士林考取功名的阶梯而已。理学乘南宋初政局转变之际扩大了自身的社会影响。建炎、绍兴时期是理学兴起的阶段，它争得了与新学、苏学并峙的地位，呈现出显学的发展态势。乾道、淳熙时期是理学大发展的阶段，嘉定至淳祐是理学确立官学地位的时期。③ 新学的衰落与理学的成长有着诸多深厚的社会原因，其中与南宋初以降理学家们对新学不懈地批判分不开。首先公开站出来批判荆公新学的是程门弟子杨时，此后理学的传人在其著作中大都少不了批判荆公新学，但对荆公新学的批判最为彻底的还是对理学的发展有集大成之功的朱熹。笔者曾在《南宋理学家对王安石新学的批判》一文中指出，南宋理学家对新学的批判主要集中在两个方面：一是斥王安石新学为异端邪说"于学不正""杂揉佛道"或"学本出于刑名度数"；二是把新学作为变乱祖宗法度

---

① 《宋史新编》卷一〇六，《王安石传》。
② 陈渊《默堂集》卷一二，《十二月上殿札子》，第 1139 册，第 371 页。
③ 详见拙作《南宋时期新学与理学的消长》，《史林》2002 年第 3 期。

而致北宋亡国的理论根据，予以无情打击。① 朱熹对荆公新学的批判，也主要体现在这两方面。朱熹对王安石新学的批判，表面上是为维护孔孟正统的纯正性，但实际上很大程度与争取理学在南宋的正统地位分不开。一般地说，在学术发展史上学派间为追求本身的存在价值，排挤其他学派乃是历史上常见的一种现象，特别是新学作为北宋中叶复兴运动脱颖出来的主流学派，不仅被视作孔孟思想的正统学派、祀享孔庙，而且为天下士林所宗，因而理学要想扩大自己的影响，传播自己的学术思想，就必须战胜或取代新学，战胜或取代的方法不外二种，一是建构超越新学的庞大思想体系，标榜自己为继孔孟绝学的正统，并得到官方的认可。关于这个方面学界的论著已有很多，不必再多言。二是为标榜自己的正确，必斥他说为非。朱熹作为理学的集大成者，斥新学为非，自然是他传播理学、扩大理学影响所不可推卸的义务。② 事实上理学家们一代代坚持不懈地贬斥王安石新学，其效果是明显的，他们的观点日益为宋最高统治者所接受，宋高宗就说："安石之学杂以伯道，取商鞅富国强兵，今日之祸，人徒知蔡京、王黼之罪，而不知天下之乱生于安石。"③ 这段话几与杨时给宋钦宗所上奏折的意旨如出一辙。宋理宗在淳祐元年下诏，以周濂溪、二程、张载、朱熹五人从祀孔庙的同时，撤销了王安石的从祀地位，并指责"王安石谓天变不足畏、神宗不足法、人言不足信，此三语最为万世之罪人，岂宜从祀孔子庙庭，合与削去，于正人心，息邪说关系不小，令国子监日下施行"④。由此可以断言，理学家们打倒新学是理学兴起发展的重要因素之一。其后，理学被元明清定为一尊的统治思想，"是当时思想的主流"，⑤ 荆公新学作为异端邪

---

① 《河北大学学报》2002年第1期。

② 参见拙作《也评朱熹论王安石》，《漆侠先生纪念文集》，河北大学出版社2002年版。

③ 《建炎以来系年要录》卷八七，绍兴五年三月庚子，第1673页。

④ 《咸淳临安志》卷一一《太学》，第3451页。

⑤ 《宋明理学史》，人民出版社1984年版，第19页。

说遂成不易之论。

（三）把王安石的诸项新法称作聚敛之术"聚敛害民"，把王安石的理财思想视作兴利之道"剥民兴利"，是熙宁、元祐时反变法派批评新法的主要观点，但自南宋至晚清仍是绝大多数史家和思想家评议王安石新法的基本观点之一。固然，这种一致与南宋以后评议王安石变法的史实，主要依据的是肯定反变法派元祐之政的《神宗实录》、《四朝国史》、《宋史》分不开，但更深刻的思想根源是南宋以后评议者与当年的反变法派所持的理论根据都是传统儒家的经济教条"子罕言利"或"义主利从论"。众所周知，在中国古代义利之争不仅在哲学思想方面贯彻始终，更重要的是它渗透到社会的各个方面，直接关乎着封建国家治国的主导思想，用人标准，政治经济文化政策的制订和推行，以及每个人立身行事的基本出发点等。而王安石公开打出"理天下之财"的旗帜，不啻是对儒家传统经济思想的公开背叛，[①]"触动的最根本原则就是'王霸义利'准则，这是一个微妙的平衡系统，表现为'以义为上'和'公利可言'的有机统一。假如动摇了这个平衡，便是对整个稳定的中国文化系统的破坏，必将被吞噬在一个无形的黑洞中"。[②]因而受到反变法派和南宋以后儒家传统经济教条的保卫者一致的反对和批评，是他们在评议之前已存在支配他们认识的经济史观与王安石不尽相同之使然。且不说南宋理学家们把孔孟经济教条在伦理化的道路上推向极致，"凡治财赋者，则目为聚敛。"[③]就是较为进步的思想家也难逃"义主利从论"的窠臼。如丘濬批评青苗法时就说"尚其以义为利，而毋专利以殆害哉"[④]。顾炎武也赞成批评王安石"趋利而不知义"的说

---

① 参见周宝珠《义利之辨对两宋社会的影响》，《中日宋史研讨会中方论文选编》，河北大学出版社 1991 年版。
② 赵益：《王霸义利——北宋王安石改革批判》，南京大学出版社 2000 年版，第 160 页。
③ 《癸辛杂识》续集下，第 289 页。
④ 《大学衍义补》卷二五，第 712 册，第 351 页。

法①。王夫之更是强调义利之辨的重要性，他在《宋论》一书中对王安石的批判即贯穿了由义利之辨衍生出的"华夷之辨"和"君子小人之辨"的指导思想："君子之道，有必不为，无必为。小人之道，有必为，无必不为，执此以察其所守，观其所行，而君子小人之辨昭矣""故王安石之为小人，无可辞也"②。值得一提的是，崇尚程朱理学的明太祖朱元璋对王安石及其变法深恶痛绝，"昔汉武帝用东郭咸阳、孔僅之徒为聚敛之臣，剥民取利，海内苦之。宋神宗用王安石理财，小人竞进，天下骚然，此可为戒。"③据说明朝初期放弃"第二帝国开放性的财政设施，而采取一种保守性和收敛性的体制，与朱元璋个人对王安石的反感有关"④。

（四）南宋以后从总体上说，王安石变法是被否定的，但对王安石的部分新法措施则有不同程度的肯定看法。清人张彦上说："安石秉政，后人论者纷纷，王敬所谓所更之法利害相半，攻之者，故无成也。章汝明刺刺之千言，曲为回护，陈九川谓安石洞见幽远。图患未形，虽圣人不易也，人各有口，果熟为所折衷与？"⑤在诸新法措施中，尤以科举改革、免役法、保甲法、保马法得到较多的肯定。这几项新法之所以得到较多地肯定，是与它们在实际生活中多被后世陆续沿行分不开。王夫之说："熙丰新法，害之已烈者，青苗、方田、均输、手实、市易，皆未久而渐罢。哲、徽之季，奸臣进绍述之说，亦弗能强天下以必行。至于后世，人知其为虐，无复有言之者矣！其元祐废之不能废，迄至于今，有名实相仍，行之不革者，经义也、保甲也。有名异而实同者，免役也、保马也。"⑥颜元则更进 步说：王安石"所行法如农田、

---

① 《日知录集释》卷一三，《宋世风俗》，第 473 页。
② 《宋论》卷六，《神宗》，第 116、117 页。
③ 余继登《典故纪闻》卷四。四库全书存目丛书。
④ 黄仁宇《赫逊河畔谈中国历史》，三联书店 1992 年版，第 168 页。
⑤ 张彦士《读史矕疑》卷九，《王安石》。
⑥ 《宋论》卷六《神宗》，第 123 页。

保甲、保马、雇役、方田、水利、更戍、置弓箭手于两河，皆属良法，后多踵行"①。蒋士铨在《读宋人论新法札子》诗中也说："后来十九遵遗法，功罪如何请思量。"② 周良霄对此引论说："王安石新法，凡是为后世所沿行的，它便是适应中国帝制时代后期的发展，为地主阶级统治制度所必需的。它是政治制度必须适应并服务于自己的经济基础这一基本规律的必然，同时又是前此有关制度的合乎逻辑的发展。"③ 社会存在决定社会意识，由此再看元明清人的评价，就不难理解社会气候对他们评议的潜在影响。

明人于慎行说："募役之法，即今之均徭，保甲之法，即今之坊保，保马之法即今之种马，均税之法，却今之税粮，行之数百年未见其弊。而以经义论策代词赋之法乃选士之良规，永为后法则，其所行岂尽非哉。"④ 魏显国说："矧引如保甲、保马至今行之无弊，青苗、助役晚近亦时游焉、论者谓其烦琐，以为奉行非人，则可。概以为弊政，毋乃过矣。"⑤ 王琼充分肯定熙河之役"宋偏安不振，境土内蹙所以屡困于夷狄而竟至灭亡，如洮泯河不守，则陇右不可保，而关中不得安矣。王安石主议，命王韶破西羌以安陇右，所以诘戎兵强，宋室将为复仇之举，而史臣乃以安石为开边生事，是何偏私之甚邪"⑥。

（五）蔡上翔说自南宋以来，"荆公受谤七百有余年"，但其中间也有为其表襮辩诬的，给王安石个人品质以高度评价。在南宋有陆九渊，元朝有吴澄、虞集，明朝有陈汝锜、章衮，入清后有颜元、李绂、蔡上翔、杨希闵、龚自珍、陆心源等。他们称赞王安石"英特迈往，不屑于流俗。声色利达之习，介然无毫毛得以入其心。洁白之操，寒于冰

① 《颜李丛书》卷一，李塨撰《颜习斋先生年谱》卷下，引《宋史评》。
② 转引自周良霄《王安石变法纵探》，《史学集刊》1985年第2期。
③ 周良霄：《王安石变法纵探》，《史学集刊》1985年第2期。
④ 于慎行《读史漫录》卷之一二，宋神宗至徽宗。
⑤ 《历代相臣传》宋相臣卷之一三，王安石。
⑥ 《西番事迹》一卷。

霜，公之质也。扫俗学之凡陋，振弊端之因循。道术必为孔孟，勋绩必为伊周，公之志也。不祈人之知，而声光烨奕一时，巨公名贤，为之左次，公之得此，岂偶然哉"①。那么，他们给王安石以高度评价的背景因素是什么呢？下面有三点值得思考：

其一，贺麟先生说："一个哲学家，亦必有其政治主张，有其所拥护的政治家。如孔子之尊周公、老庄之尊黄帝、墨子之尊大禹。在宋儒朱陆两派中，显然程朱比较拥护司马光，而象山则拥护温公的政敌王安石。象山是哲学家中第一个替王安石说公道话的人。王安石的新法被司马光推翻，他的政治理想，迄未得真正实现。而陆象山的心学被程朱派压倒直至明之王阳明始发扬光大。而政治家中也只有张居正才比较服膺陆王之学。总之，讲陆王之学的人多比较尊崇王安石、张居正式的大气魄的政治家。"同时"王安石的哲学思想，以得自孟子、扬雄为最多，而与陆王的思想最为接近"②。笔者以为贺麟先生的分析符合实际。吴澄有"宗陆背朱"倾向，③ 虞集是吴澄的学生。李绂（穆堂）好辩朱陆异同，是清初朱陆异同论的主要代表，钱穆先生说："穆堂集辩荆公诸端，皆有关政治心术，此于辩朱、陆是非亦有系。盖朱子于荆公，始终议论不一，或不免以爱憎徇俗见。"蔡上翔《王荆公年谱考略》25 卷是晚清以前为王安石辩诬的集大成之代表作，钱穆先生又说："今《考略》于《穆堂集》辨及荆公诸篇，均加钞录，则元凤（蔡上翔字）此书受影响于穆堂者当甚大矣。"④ 杨希闵《王文公年谱考略节要》四卷、推论二卷是续蔡上翔之作，将其辩诬推向一个新阶段。

其二，陆九渊、吴澄、虞集、章衮、陈汝锜、李绂、蔡上翔、杨希闵均是江西临川人，他们对王安石的褒扬，是中国古代尊重和敬仰"乡

---

① 陆九渊：《荆国王文公祠堂记》，《陆象山全集》卷一九，第 147—150 页。其后为王安石辩诬者的观点大都本源于此。

② 《王安石的哲学思想》《文化与人生》，商务印书馆 1988 年版，第 286、287 页。

③ 《宋明理学史》，人民出版社 1984 年版，第 721 页。

④ 《中国近三百年学术史》，商务印书馆 1997 年版，第 336 页。

贤"优良传统的一种表现。南宋以降，王安石不论受到何种的非议或诬谤，而在他的江西老家，人们还是以出了像他这样一位"乡贤"而感到自豪。他们不仅延绵不断地为他供祀香火，而且勇敢地站出来，为历史不公的评价鸣不平，为他所受的历史冤屈辩诬正名。可以说，在近代严复、梁启超为王安石翻案之前，为他喊冤叫屈的大都来自他的家乡。

其三，颜元、龚自珍肯定王安石及其变法，是他们与王安石有着相近的思想理路分不开。颜元是清初的反理学斗士，"明目张胆以排程、朱、陆、王，而亦菲薄传注考证之学，故所谓'宋学'、'汉学'者两皆吐弃。在诸儒中，尤为挺拔。"① 颜元一反理学、考据之学及词章之学空虚的特点，力倡"实学"、"致用"，将学以致用作为其理论体系的宗旨。是故"习斋评量宋儒，则不从其道德、学术著眼，即从其所轻之事功立论。盖宋儒之所轻，正习斋之所重也。"② 对王安石的评价即表现了这种所重，"虽然，一人是非何足辨？所恨诬此一人，而遂君父之仇也，而天下后世，遂群以苟安颓靡为君子，而建功立业欲柱乾坤者为小人也。岂独荆公之不幸，宋之不幸也哉。"③ 龚自珍是十九世纪前期开先风的思想家，面对重重社会危机，怀抱匡时济世的愿望，指陈时弊，倡言"更法"，他推崇王安石，"少好读王介甫《上宋仁宗皇帝书》手录凡九通，慨然有经世之志。""或问曰：王安石[法]，信如人口讥议者耶？答曰：何为其然？安石心三代之心，学三代之学欲教训天下之人材，毕成三代之材者也。但其虑疏，其目疏，故集天下口。"④ 显然龚自珍对王安石的肯定有着深刻的思想基础。

---

① 梁启超：《清代学术概论》，《梁启超论清学史二种》，复旦大学出版社1985年版，第16—17页。
② 《中国近三百年学术史》，商务印书馆1997年版，第179页。
③ 《颜李丛书》卷一，李塨撰《颜习斋先生年谱》卷下，引《宋史评》。
④ 《龚自珍全集》，《定盦先生年谱外纪》第633页，第一辑《保甲正名》，上海人民出版社1975年版，第7页。

二

20世纪前半叶，运用近世科学的观点和方法重新评价王安石及其变法，大致与出现相对独立的宋史研究一样，亦始于二十年代。进入三十年代后，王安石及其变法研究出现了一个高潮，大致一直持续到四十年代而不衰。其主要标志是，据不完全统计，这一时期发表有关论文一百余篇，出版王安石传记及其变法的单行本著作（不含诗文选注及介绍）近10种。

梁启超《王荆公》是20世纪研究王安石及其新法影响最为持久的著作，从1911年（宣统三年）初次印行后迄今有约10种版本行世，如前所述自南宋以降至元明清对王安石及其变法的评议一直以否定性评议为主流，直到梁启超的《王荆公》才改变南宋初以来的这种局面，为王安石及其变法彻底翻案。梁启超给王安石及其新法以全新的评价："呜呼，皋夔伊周，邈哉邈乎，其详不可得闻，若乃于三代下求完人，惟公庶足以当之矣"，他把青苗法和市易法看作近代"文明国家"的银行，把免役法视作"与今世各文明国收所得税之法正同""实国史上，世界史上最有名誉之社会革命"，还认为保甲法"与今世所谓警察者正相类"，一言以蔽之，"今世欧洲诸国，其所设施，往往与荆公不谋同符。"① 其后虽然研究者已涉及王安石及其变法的方方面面，如变法的时代背景、动机、指导思想、代表的阶级，诸项新法的利弊，反变法派与变法派的斗争，变法的社会效果及意义，变法失败的原因及经验教训等。但梁启超的肯定性评价为大多数人所遵奉而成为20世纪前半叶的主流观点。

---

① 以上引文均见《饮冰室合集》专集第七册《王荆公》，中华书局1936年版。

20 世纪初对王安石及其新法的评议一改数百年之否定而为肯定，实际上在相当大的程度上也是反映着 20 世纪前 50 年的"社会气候"，这有以下几方面的表现：

首先，当梁启超奋起为王安石及其变法翻案之时，中国正遭受着前所未有的民族危机，"今当千载而后，内忧外患，恐更甚于安石执政之时"。① "吾人今日所处之环境，实类似当时"。② 王安石富国强兵的思想自然会与梁启超等人主张通过变法改良以图中国强大的思想联系起来，③ 因而梁启超等人对王安石及其变法的肯定，当是半殖民地、半封建社会时代要求改变屈辱现状的学界的一种共识。譬如，蒋作宾为熊公哲《王安石政略》作序时就说："自海通以后，西学东渐，变法维新之说，日腾播于士大夫之口，安石之新法，遂为时论所推重，较之前此称誉安石，如陆象山、颜习斋辈，殆又过之。惟是安石锐意欲行之新法，所为权制兼并，均济贫乏者果与现代之社会政策相吻合乎？其他理财、足兵、恤农、兴学诸端，以视泰西诸国之新政，信能小异而大同乎？"④ "至晚清而主变法者，争言荆公政术。"⑤

其次，孙中山先生三民主义思想特别是他的民生主义与王安石的变法思想多有吻合之处。孙中山在改组国民党的党员代表大会上发表的《中国国民党第一次全国代表大会宣言》中解释"民生主义"："其最重要之原则不外二者：一曰平均地权，二曰节制资本"⑥。孙中山把西方社会在资本主义自由经济制度下，土地和大企业为少数人垄断，造成社会贫富极端悬殊的现象，称为"文明的恶果"，为了避免这种恶果，他

---

① 程方：《宋初政治与王安石新法之批判》，《中国新论》2 卷 7 期 1936 年。
② 《论王荆公之理财》，《军事与政治》5 卷 3、4 期 1943 年 10 期。
③ 参见（台湾）《王安石洗冤录》，《十、熙宁新法与梁启超先生》，（台湾）学生书局 1996 年版。
④ 熊公哲《王安石政略》蒋序。
⑤ 钱穆：《中国近三百年学术史》，商务印书馆 1997 年新 1 版，第 336 页。
⑥ 《孙中山选集》下卷，人民出版社 1956 年版，第 526 页。

提出了土地和大企业由国家经营的主张。① 并提出实现均富方法的四个方面，除平均地权、节制资本外还包括振兴实业、普及教育。孙中山的民生主义思想对二三十年代的王安石变法研究，所产生的直接影响主要表现在：虽然研究者对王安石诸项新法的实施及作用有不尽相同的看法，但在肯定王安石的"权制兼并，均济贫乏"的变法思想上则是绝对一致的。刘峙就在为熊公哲《王安石政略》的序言中说"介甫新政，大抵愤于有宋之积弱不振，锐意富强，其论理财，深致痛于兼并之豪右，以谓'有财而莫理，则闾巷阡陌之人，皆得擅万物之利，以与人主争黔首，而放其无穷之欲，虽欲食蔬衣敝，以幸天下之给足，而安吾政，犹不可得'其说与近世西人所谓'社会主义'及先总理'企业国营'之主张，实有同契"。更有研究者把王安石的理财理论归纳为"节制私人资本"和发达国民经济。② 而薛以祥《王安石政策之研究》则直截了当地说"今日国父袭历史之思想，规抚世界之潮流，创为伟大的民生主义，实与王安石之思想，不无影响"③。

其三，蒋介石国民党政府为其训政寻找历史经验和教训而倡导研究王安石变法，这种官方的提倡和肯定态度在相当大的程度上决定了当时王安石及其变法研究的价值取向。自1927年四·一二蒋介石发动政变以后，国民党统治中国22年，其中训政时期19年。"训政，在国民党的政治制度中起着主导的支配的作用，规定了当时统治中国社会政治生活的基本形态"。④ 大致从30年代初推行训政伊始，国民党政府颁布了保卫团办法，其后在地方推行以重建保甲制度为核心内容的地方自治，因而王安石变法的保甲法受到重视，如当时出版的闻钧天《中国保甲

---

① 朱家桢：《20年代以来中国社会变革过程中的均富思想》，《中国经济史研究》2000年第3期。

② 陈振旸：《论王荆公之理财》，《军事与政治》5卷3、4期，1943年10月。

③ 《财政知识》1卷4期1942年8月。

④ 王金铻等：《中国现代政治史》，黑龙江人民出版社1990年版，第255页。

制度》①、叶木青《中国保甲制度之发展与运用》② 都辟有专章节讨论，并给以高度评价。另，1935 年蒋介石致电河南省政府王安石政略研究会熊公哲，"令其对王安石遗规作一深切研究，并作庐山训练（县政人员）教材之一"。③ 翌年春，国民党政府"内政部召各省县长、公安局长，聚之都城，讲习县市行政，赍资商请河南省政府重印（王安石政略）"。④ 其后，王安石及其变法的研究大约一直受到蒋介石国民党政府的重视。当然研究者并不仅限于此。如三十年代提倡统制经济，便有《王安石的新法与统制经济》与之相呼应。又如为了反对师从马克思列宁主义，不能"以俄为师"而提倡中国本位的文化建设，⑤ 便有人写文章说"王荆公的经济政策是汉唐以来政治思想史上的一大转变，不但当时的人，感觉着新奇讶异，就是从今日的观点来看也并不见得怎样陈腐，而且事实上当时荆公所见到的问题，所要倾全力而实施的策略，在今日也还是急待实行的事件。譬如方田税之法，在宋代固是重要问题，在现在也并未完全解决，青苗贷款之法，在那时固为要务，在今日农村高利贷盛行之日，也未尝不是当行之政。今日研究国民财政学和农村问题的人，在猎取西洋糟粕，来解决中国问题，削足适履，阻碍横生，实则把荆公当时的新政，拿来过细研讨一番，作个惩前恐后的参考资料，大概也不算完全白费时间"⑥。四十年代中期推行所谓新政，于是又有人说"宋朝王安石倡行的新法，虽已属陈迹故事，然考其法，均切时弊、类多美善，我国近年来的新政，大概脱胎于彼。且鉴古可以知今，我们加以探赜之后，可以明了当时新法施行的情形和失败的原因，以作

---

① 商务印书馆 1935 年出版。（以下同）
② 世界书局 1936 年出版。（以下同）
③ 詹寿山：《王安石之研究》绪言，《河南政治月刊》，5 卷 8 期，1935 年 8 月。
④ 熊公哲：《王安石政略》出版说明，商务印书馆 1936 年版。
⑤ 参见冯友兰《中国现代哲学史》，广东人民出版社 1999 年版，第 131—134 页。
⑥ 高向杲：《宋王荆公的经济政策》中国文化建设协会山西分会月刊一卷 11—12 期，1935 年 12 月。

现在施政的殷鉴，谅也不无补益，实有究讨的价值"。① 这种官方对王安石变法的肯定流风甚至影响到美国政要，据 1944 年 6 月 21 日贵阳中央日报所载，迪化 18 日电："今日抵迪之美副总统华莱士……接见王主任世杰，罗监察使家伦。据王氏语记者称：华莱士副总统于谈话中，曾询及我宋代政治家王安石之有关各节，华氏誉王安石为中国历史上推行新政之第一人，并请王主任可能搜集有关王安石之事迹，……"② "华莱士先生似乎隐约感觉着王安石之行新法与他和罗斯福总统之行新政，有了精神的契合，他赞扬王安石，不啻于异国、异代求知己、找同志。"③

其四，二三十年代传入我国的社会主义思潮对重新认识王安石及其变法的思想观念的转变影响最大。柯昌颐在"评论安石之今昔观"中引胡适之先生的一段话："看惯了近世国家注重财政的趋势，自然不觉王安石的可怪了，懂得了近世社会主义的政策，自然不能不佩服王安石的见解和魄力了"之后说："是故今日为安石白沈冤，诚亦环境有以支配之使不得不然"。④ 胡适所言的社会主义，实际即是马克思主义，马克思主义学说在 19 世纪后半期至 20 世纪初东渐的诸多西学中是较晚进的一种，但是随着俄国十月革命一声炮响，马克思主义在中国的迅猛传播，为其他西学所不及。"在新文化运动晚期，马克思主义尚且只是获得了少数的皈依者，到了 20 年代末，短短几年间，它就一跃成为中国思想界中一支最主要的力量，在此后大大小小数不清的论战中，我们经常可以发现，争论双方实际上共同持有一种马克思主义立场。"⑤ 当然，王安石及其变法的研究者，在用马克思主义学说进行重新评价时，一般地说是呈现出两种情况，一是用社会主义学说类比王安石的诸项新法措

---

① 吴芳亭：《王安石新法之梗概》，《文友》2 卷 12 期 1944 年 5 月。
② 引自付毓衡《王安石土地政策之探讨》，《地政通讯（复刊）》17 期 1947 年 6 月。
③ 贺麟：《陆象山与王安石》，收入《文化与人生》第 229 页，商务印书馆 1988 年版。
④ 《王安石传》，商务印书馆 1936 年版，第 396 页。
⑤ 陈少明等：《近代中国思想史略论》，广东人民出版社 1999 年版，第 339 页。

施，把王安石称为社会主义的先行者，不免使人有牵强附会之感。二是运用马克思主义的唯物史观来考察作为历史事件的王安石及其变法，如使用"商品经济""商业资本""阶级关系"和"封建制度"等经济学和社会学术语，试图从经济的角度来解释王安石及其变法的历史意义，同时亦较多注意到对王安石及其变法前后各种历史现象进行综合分析。特别是对王安石及其变法的社会历史背景和变法失败的诸多原因的分析较为深广。因而三四十年代所讨论的问题基本上涵盖了 20 世纪后 50 年代所重新讨论的问题。当然由于对唯物史观的理解不同，也因其传入中国的时间不太长，且没有成为占统治地位的意识形态，因而在使用过程中所表现出的初步和稚嫩也是难以避免的。

三

20 世纪后半叶，特别是后 20 年的王安石及其变法研究取得了显著成绩，据不完全统计发表论文约 900 多篇，出版专书约 80 余种①。由于新中国成立以后，实行的社会制度、意识形态都与 20 世纪前半叶有很大不同，因而对王安石及其变法的评议也呈现出一些新特点：

（一）前面提到孙中山的民生主义思想对二三十年代一致肯定王安石"摧抑兼并、均济贫乏"产生了直接影响。新中国成立后，在继承孙中山思想遗产的基础上，更向前推进了一大步，建立了社会主义制度，其最高理想是通过生产资料公有的办法来建立社会平等，主张取消财产不平等。因而建国之初实行社会主义改造，即在城乡对农业、手工业和资本主义工商业由私有制改变成国有制或集体所有制形式，在生产资料公有的基础上，通过打击、镇压和改造地主、富农、资产阶级或称

---

① 此统计包括中国大陆、台港地区，不包括国外研究成果。

不劳而获的阶级和建立防止贫富两极化的均富机制，实现社会平等。如在城镇工矿企业实行低工资、多就业、低消费型的均富模式，在乡村建立一大二公的人民公社。这样的社会氛围对王安石变法的研究，所产生的潜在影响即表现在：五六十年代研究者对王安石的"摧抑兼并、均济贫乏"如同二三十年代一样给以充分的肯定和称赞，甚至把是否坚持"摧抑兼并"看作是熙宁与元丰以后变法性质变化的路标，并以此衡量变法的进步与倒退。①

及至二十世纪八十年代，实行改革开放政策，允许一部分地区、一部分人先富起来，使集中统一的计划经济体制向市场经济体制转型，生产资料公有制形式也开始发生变化，私有制取得了一定的合法性，社会生活观念也由嫉富、抑富转向羡富、扬富，理论界则对高度集中的计划体制的种种弊端进行抨击和反思，这种种变化也在悄悄影响研究者对王安石的"摧抑兼并、均济贫乏"的变法思想进行新的思考，思考集中在两点：一是对王安石试图通过"稍收轻重敛散之权，归之公上"来达到"摧抑兼并"的做法，提出批评："摧抑兼并实质上是国家运用政权力量来排斥一般兼并而自为兼并。"②"经济政策上的倒退，最主要表现为政府对经济事务的强权干预"。③变法"扩大了封建国家赢利性经营规模，官营经济体系发达，对民间工商业发展极为不利"④。二是青苗法、免役法、市易法等"摧抑兼并、均济贫乏"的措施，不仅没能摧抑兼并，而且加重了"贫乏"的经济负担。⑤这些新思考的背后显然打着很深的时代印记。

---

① 漆侠：《王安石变法》，上海人民出版社 1959 年版，第 191—195 页。

② 程念祺：《王安石变法的几个经济问题》，《上海师范大学学报》1986 年第 3 期。

③ 叶坦：《大变法》，三联书店 1996 年版，第 240—243 页。

④ 汪圣铎：《王安石是经济改革家吗?》，《学术月刊》1989 年第 6 期。

⑤ 这方面的文章甚多，主要有：王曾瑜《王安石变法简论》，《中国社会科学》1980 年第 3 期；方志远《关于青苗法的推行及其社会效果》，《南开学报》1988 年第 6 期；叶坦《役法斗争中的司马光》，《西南师院学报》1985 年第 4 期等。

（二）新中国成立后，马克思主义的唯物史观在史学研究领域占据支配地位。以唯物史观为指导的史学工作者对王安石及其变法作了再评价。虽然对王安石及其变法亦做出了肯定性评价，但因对马克思主义的理解和运用不同，在肯定王安石及其变法的性质和时代上与以梁启超为代表的 20 世纪前半期的肯定又不尽相同，这种不同表现在：

1. 以斯大林五个社会形态理论把中国历史分成原始、奴隶、封建、资本主义和社会主义五个历史时期，两宋处在封建社会阶段，因而以梁启超为代表的以社会主义思潮及资本主义国家的经济行为比附王安石新法的观点受到批判。漆侠先生在总结五六十年代王安石变法研究成就时指出："第一，把王安石变法放在特定的历史环境中，即放在封建时代的宋代进行考察，指出王安石变法是地主阶级的一个改革运动，王安石是代表地主阶级利益的，这就从根本上同梁启超混淆时代的非科学的做法划清了界限，把王安石、王安石变法研究引导到正确的轨道上。"①胡昭曦先生则直接运用五种社会形态理论，以"不可混淆熙丰变法的性质"为题对"近些年来，在台湾和国外的有关论著中，有主张这次变法具有社会主义性质的，也有人认为王安石推行的措施是属于'国家资本主义'性质"的观点进行批评。②

2. 社会形态理论的基本观点是：社会经济形态的发展是一种自然历史过程，历史上依次更替的一切社会制度都只是人类社会中低级到高级的无穷发展过程中的一些暂时阶段。③ 社会主义终究要战胜资本主义，同理资本主义在历史上战胜封建主义是历史的巨大进步。根据这个理论，中国历史上封建社会虽然漫长，但在它的后期也产生了瓦解封建社会的新因素——资本主义萌芽，而产生资本主义萌芽的前提是商品经

① 漆侠等：《关于王安石变法研究中的几个问题》，《中国史研究》1989 年第 4 期。
② 胡昭曦：《熙丰变法经济措施之再评价》，《西南师院学报》1984 年第 4 期，后收入《胡昭曦宋史论集》略有改动，西南师范大学出版社 1998 年版。
③ 《资本论》第一卷第一版序言，《马克思恩格斯选集》，第 208 页。

济的发展。因而商品经济是否发展或发达，是否促进商品经济，就成为衡量中国封建社会发展程度和检验封建国家的政策、法规以及学术思想是否进步的试金石。这几乎是 20 世纪 50 年代以来讨论中国历史上经济、财政的一个理论范式，当然，对王安石诸项新法的评价也不能例外。因而 20 世纪后半叶特别是 80 年代以后，围绕王安石新法是否促进商品经济的发展就成为研究者肯定和否定双方论争的主要焦点之一："史学界目前有两种截然对立的意见。一种意见认为，变法'企图在一定范围内和一定程度上把国民经济纳入商品、货币的轨道上来'，'发展商品货币经济'，'为商业活动排除一些障碍'，'顺应了商品货币经济发展的内在要求和社会发展的客观趋势'。另一种意见则认为，变法'阻碍了商品经济的正常发展'，'使很多重要城市的商业的正常发展，受到了严重打击'，'是不折不扣的倒行逆施'。"①

3. 阶级与阶级斗争学说的消长，也直接影响着王安石变法研究评价标准的变动。众所周知，20 世纪 50—70 年代，阶级与阶级斗争学说是判断历史问题的基本准绳，"马克思的方法首先是考虑具体环境里，哪一个阶级的运动是可能推动社会进步的主要动力。"② 因此，王安石变法代表哪一个阶级的利益，便成为讨论的中心话题，虽然论者的观点、立场不尽相同，但"中小地主进步论"是这一时期评议王安石变法的主流看法，即：王安石变法是地主阶级的一个改革运动，王安石代表了地主阶级及其国家的广泛利益，同时更多地代表了中小地主阶级的利益，在实现其富国强兵，加强宋朝封建专制统治的同时，还推动了宋代社会生产力的发展和历史的前进。而以司马光为首的守旧派代表了大地主、大官僚等顽固反动势力的利益，他们的政治运动阻碍了历史前

---

① 吴泰：《熙宁、元丰新法散论》，《宋辽金史论丛》第一辑，中华书局 1985 年版；有关讨论情况可参见葛金芳、金强《近二十年来王安石变法研究述评》，《中国史研究动态》2000 年第 10 期。

② 列宁：《打着别人的旗帜》（1915 年 2 月以后），转引自《马克思、恩格斯、列宁、斯大林论历史科学》，人民出版社 1980 年版，第 328 页。

进，这是对南宋初以来是司马光而非王安石的传统观点的彻底否定；也与梁启超以来的评价有所不同，梁启超对王安石变法的翻案，并未否定司马光。

改革开放以后，国家的大政方针和理论有了重大改变，急风暴雨式的大规模阶级斗争已经结束，经济建设成为中心工作。随着阶级斗争学说退出历史评价的主导价值体系，王安石变法研究出现了一个明显的新动向，即王安石与司马光之争、变法派与反变法派之争不再是阶级路线之争，而是政策性的分歧。① "熙宁新法的两派对立，实际主要是因观念的差异造成的，并由此形成了改革派'新党'和传统派'旧党'。"② "温公、荆公治国的方法都主张变，实际上都是变法派，只是变法的主张、方针、政策不同，因而出现两种政治集团；荆公、温公变法思想的理论根据都来源于孔孟；在变法目的上，温公提出的'富国安民'与荆公提出的'富国强兵'在实质上没有区别；致使二公由挚友变成政敌，在于两公的理财主张不同，温公的理财方式在于节流，不主开源；荆公的理财方针在于开源，不主节流。"③

王安石变法失败的原因始终是 20 世纪研究王安石变法中最受关注的问题。虽然在三四十年代已有多种意见，但是一般多把变法失败的主要原因归结为阶级利益的冲突和缺乏广泛的阶级基础。④ 五六十年代则从阶级斗争的角度把王安石变法失败的主要原因归结为两点：一是变法派缺乏广大人民群众的支持，二是大地主集团反动势力的强大。"这样一个缺乏坚实社会基础的从上而下的改革，其力量是微弱的，象经不住

---

① 王曾瑜：《王安石变法简论》，《中国社会科学》1980 年第 3 期。

② 仲伟民：《宋神宗》，吉林文史出版社 1997 年版，第 103 页。

③ 骆啸声：《温公与荆公变法思想之比较》，《湖北大学学报》1987 年第 6 期；另参见季平《荆公温公异同论》，《西南师范学院学报》1984 年增刊；顾全芳《重评司马光与王安石的分歧与斗争》，《争鸣》1986 年第 3 期；赵益《王霸义利——北宋王安石改革批判》，南京大学出版社 2000 年版，第 159 页。

④ 参见拙作《20 世纪王安石及其变法研究回顾与瞻望（1900—1949 年）》，日本《中国史学》2002 年第 12 期。

狂风暴雨的摧折的温室中的花草一样，经不住历史的考验，在反动的嚣张的大地主集团的冲击下，便以失败告终。""王安石变法失败，无疑是历史上一个进步力量的失败。"① 进入八十年代以后，三四十年代和五六十年代的观点受到冷遇，不仅有专文对"人民群众是王安石变法成败的决定因素""保守派大官僚大地主的反对是王安石变法失败的决定因素"两个"史学界流行的看法"提出商榷，② 而且讨论变法失败的原因大都转向从变法措施自身存在的弊端，变法过程中出现的蜕变以及王安石的个人品质去寻找。

另外，还有一个突出的例证，这就是邓广铭先生在1997年出版的《北宋政治改革家王安石》中节去了1975年版《中国十一世纪时的改革家：王安石》的开首章节"北宋建国百年内社会阶级矛盾和民族矛盾的发展"，只将少部分写入后面章节，这大致反映了邓先生自20世纪80年代以后对"阶级斗争"学说的一种反思。1987年邓先生在中国宋史研究会第四届年会上，批判教条主义在历史学的研究领域所起的消极作用时说：另一个关于关于农民起义的问题——自从进入阶级社会以来，人类的全部历史都是阶级斗争的历史，这本是马列主义的一个最基本的论点。毛泽东在《中国革命和中国共产党》一文中，却又把农民的阶级斗争作用拔高，说道："在中国封建社会里，只有这种农民的阶级斗争，农民的起义和农民的战争，才是历史发展的真正动力。"到后来，他更把这段话概括为"阶级斗争为纲"、"千万不要忘记阶级斗争"，"阶级斗争一抓就灵"等话语，这当然就不只是农民的阶级斗争了。我们不应不加思考地把这些话都认作毛泽东思想的组成部分。因为，恩格斯在1892年为《社会主义从空想到科学》的英文版所作序言中就说过："一切重要历史事件的终极原因和伟大动力是社会经济发展，生产方式和交换方式的改变，由此产生的社会之划为不同的阶级，

① 漆侠：《王安石变法》，上海人民出版社1959年版，第235页。
② 袁诚玉：《王安石变法失败原因再探讨》，《历史教学问题》1987年第4期。

以及这些阶级彼此之间的斗争。"两两比较，毛泽东的话分明说得不够全面，说得有些偏激了。①《北宋政治改革家王安石》的修订和删节显然是贯穿了这一新的思想认识，或者说邓先生对这个问题的修改似表明他不再坚持王安石变法是北宋中叶农民阶级与地主阶级政权之间矛盾运动的必然结果的观点。

4. 马克思在总结西方哲学史时，以唯心主义和唯物主义作为哲学发展的基线的方法，也被引入中国哲学史的研究领域，王安石的新学、变法思想，被划入唯物主义哲学范围受到全面的肯定，"千年以来，在封建的正统思想的压制下，王安石的'新学'没有得到应有的注意。而资产阶级学者则非历史主义地把王安石思想又作了各种歪曲，今天应该把这个千年'未发之复'，疏理清楚"，而司马光及程朱理学作为唯心主义思想体系受到批判和否定。② 改革开放以后，王安石和司马光的思想均被作为中国历史上的优秀文化遗产受到各方面的重视，其研究成果层出不穷。

不过需要指出的是，20 世纪后二十年的王安石变法研究，虽然与此前三十年相比有了不小的变动，出现了一些新特点，但从总体上讲，由于社会气候的大局，仍然是坚持走有中国特色的社会主义道路，唯物史观仍然是占支配地位的意识形态，因而这一时期出现的肯定和否定意见均未出马克思主义史学讨论的大范围，只不过是对马克思主义史学评价价值标准的不同取舍产生的不同认识而已。而且 20 世纪自五六十年代形成的肯定性意见在 20 世纪后二十年的评议中所占的比重仍大于否定性意见。

原刊于《王安石变法史研究》代绪论，人民出版社 2004 年版

---

① 《宋史研究论文集——一九八七年年会编刊》，河北教育出版社 1989 年版，第 3—4 页。
② 《中国思想通史》第四卷上，人民出版社 1959 年版，第 420—496 页。

第 四 辑

财经市场

酒与宋代社会[1]

一、宋代酿酒业的兴盛

两宋是我国古代政治、经济、文化大发展的时期。特别是唐中叶以来至宋初开始形成了以专卖法为中心的税制和财政制度，为了增加财政收入，宋朝自始至终实行专利榷酒政策，鼓励多酿多销，"惟恐人不饮酒"。[2] 因而宋代的酿酒业在继承前代的基础上获得了空前的发展。

首先宋代制曲酿酒工艺理论有较大发展，据编写《胜饮编》的清朝人郎廷极的统计，宋朝是中国历代王朝编撰酒经——制曲酿酒工艺理论最多的一个朝代。在苏轼《东坡酒经》、林洪《新丰酒经》、朱肱《北山酒经》三卷、李保《续北山酒经》、窦苹《酒谱》、范成大《桂海酒志》等众多酒经中，《北山酒经》是宋代制曲酿酒工艺理论的代表作。它全面系统地总结了自南北朝以来的制曲酿酒工艺方面的新贡献：制干酵、由人工从旧曲上选育菌种、加热灭菌法、运用酒母（酵母）以及红曲的制作和广泛应用。

酒类品种按现代分类法，可分为黄酒、果酒、配制酒和白酒四大种

① 该文是 2007 年 12 月 8 日在国家图书馆"文献典籍与中国文化讲座"的讲演稿。
② 吕祖谦：《历代制度详说》卷六，第 923—947 页。

类。前三种在宋代以前已有生产，但到了宋代才获得较大的发展，特别是黄酒生产进入了历史上的鼎盛时期。黄酒是以大米等谷物为原料，经过蒸煮、糖化和发酵、压滤而成的酿造酒。虽说黄酒生产的历史悠久，但是黄酒的名称大致始见于宋代和西夏文献。根据《北山酒经》记载的宋代黄酒生产的十三道工序和技术与现代黄酒生产的工艺过程相比较，就会发现两者是极为相近的，请看下述：

宋代酿酒工序：1. 卧浆、2. 淘米、3. 煎浆、4. 汤米、5. 蒸醋糜、6. 用曲、7. 合酵、8. 酴米、9. 蒸甜糜、10. 酒器、11. 上槽、12. 收酒、13. 煮酒。

淘米和汤米——精白、洗米和浸米的方法；卧浆、煎浆——制作浸米浆水的方法；蒸醋糜——蒸煮米饭和冷却米饭的方法；用曲、合酵——使用麦曲和制干酵的方法；酴米——制作酒母的方法；蒸甜糜，投醹——发酵的方法；酒器、上槽、收酒——压榨、澄清和杀菌的方法；煮酒——煎酒杀菌。

现代黄酒生产工艺过程：原料→精白→过筛→浸渍→蒸煮→配料（用曲）→前发酵→后发酵→压滤→澄清→杀菌→贮存→调配→过滤→装瓶→杀菌→成品。

通过比较，可以看出我国的黄酒生产在八百多年前的宋代已达到了相当高的水平。可以说宋代黄酒生产是我国古代史上的鼎盛时期，其后蒸馏酒（白干、烧酒）的地位日渐上升，到明朝中叶以后取代黄酒，而成为酿酒业中的主要产品。黄酒是以谷物为主要原料的一种酿造酒，故黄酒生产的发展与农业生产的发展息息相关。自商周以降我国的粮食作物的主要品种是黍、稷、粟、秫、稻、麦，它们都是酿制黄酒的原料。但不同的原料造出的酒的风味也不相同，一般说用稻米酿制的黄酒，品味最优。如在西汉就有"稻米一斗得酒一斗为上尊，稷米一斗得酒一斗为中尊，粟米一斗得酒一斗为下尊"① 之说，从现代酿酒工艺学来说这种说法是有一定道理的。然而在中唐以前的相当长时间内稻米在酿酒原料中并不占据重要地位，占据重要地位的是黍、粟和秫，这可从《齐民要术》一书中得到验证。稻米作为酿酒原料最重要的品种，是从唐中叶以后开始的。我国稻米的种植历史甚早，但在中唐以前水稻还不是主要农产品。唐以后随着经济重心南移，南方水田的广泛开发，到了宋代稻米的种植得到迅猛发展，"江淮民田十分之中八九种稻"，同时，由于宋政府的大力提倡，南方的水稻在北方也得到了较大的推广，稻米的广泛种植，使我国历史上酿酒的原料至宋代发生了一个大转变，即稻米取代黍秫等原料而为最重要的原料品种，而且这种酿制黄酒所需原料品种的格局，基本上延续至今不变。其中尤以糯稻为重。秫（黄米或黄糯米）为次，小麦和粳米主要用于制曲，此外，还有，黍、粟等原料，但已失去往日传统的优势。

果酒。以各种果品和野生果实，如葡萄、梨、橘、荔枝、山楂、杨梅等为原料，经发酵而酿成的各种低度饮料酒均称为果酒。宋代的果酒品种有葡萄酒、梨酒、荔枝酒、石榴酒、椰子酒、槟榔酒、枣酒、黄柑酒、甘蔗酒以及蜜酒等。就其酿制方法而言，这些酒多属于发酵果酒。宋代的果酒生产，就其品种数量而言较前代有所增加，但就其生产的实际状况而言，尚处在比较低级的阶段。表现有二，一是除葡萄酒外，其他果酒品种的生产规模很小，多限于个别地区或个别家庭，远不如谷物酒类那样形成社会性批量生产。二是生产技术水平低，虽然宋代的谷物酿酒法取得了辉煌的成就，但是用谷物酿酒法酿制葡萄、黄柑、荔枝一类的果酒，破坏了果酒的原有风味，这大致是宋代果酒生产不能取得大

---

① 《汉书》卷七一《平当传注》，第3051页。

发展的主要原因。至于依靠自然发酵来酿制椰子酒、梨酒、石榴酒、橄榄酒的方法，更是处在较原始的低级状态。由这二点而论，宋代的果酒生产还是很不发达的。

配制酒。配制酒是以发酵原酒、蒸馏酒或优质酒精为酒基，加入花、果成分，或动、植物的芳香物料或药材，或再配以其他呈色、呈香及呈味物质，采用浸泡、蒸馏等不同工艺调配而成。宋人庞元英提到的槟榔花酒和酴醾酒就是采用浸泡工艺而成的配制酒。"京师贵家多以酴醾渍酒，独有芳香而已。近年，方以槟榔花悬酒中，不惟馥郁可爱，又能使酒味辛洌。"① 又如《重修政和证类本草》卷六记载的菊花酒的做法："秋八月合花收，暴干切，取三十斤以生绢囊盛贮三大斗酒中，经七日服之，今诸州亦有菊花酒者，其法得于此乎？"按现代配制酒的分类方法，宋代配制酒可分为芳香植物——花类配制酒和滋补型药酒二大类，品种约近百种。

宋酒琳琅满目，酒名美不胜收。张能臣《酒名记》、周密《武林旧事》、吴自牧《梦粱录》等文献记载了宋代名酒二百八十余种，由此亦可看出宋代酒类品种较前代有了较大的增加。如北宋东京开封有：香泉、甜醇、酴醾、琼酥、瑶池、坤仪、瀛玉、庆会、膏露、亲贤、琼腴、兰芷、五正位、椿令、重酿、玉沥、诗字、公雅、成春、献柳、香琼、瑶琼、清醇、褒公、光忠、嘉义、美诚。又如南宋临安（杭州）：竹叶青、碧香、梨花酒、蔷薇露、流香、思堂春、凤泉、宣赐、有美堂、中和堂、雪醅、珍珠泉、皇都春、皇华堂、齐云清露、留都春、锦波春、秦淮春、丰和春、琼华露、蓬莱春、蓝桥风月、万象皆春、紫金泉等等。

白酒亦称烧酒，我国的白酒是世界上独有的一种蒸馏酒，何谓蒸馏酒？《简明大不列颠百科全书》是这样定义的："乙醇浓度高于原发酵

---

① 庞元英《文昌杂录》卷三，第141页。

产物的各种酒精饮料"、"蒸馏酒的生产原理是利用酒精与水的沸点差，将原发酵液加热至酒精的沸点（78.5°C）与水的沸点（100°C）之间，馏出沸点低的酒精，收集、冷凝后即获得酒精含量较高的液体"、"蒸馏的基本设备包括，1. 加热发酵醪的蒸馏釜或甑；2. 冷却器，使蒸汽冷凝；3. 收集冷却的蒸馏液的受器。"蒸馏酒的问世是酿酒工艺带有革命性的突破。但是我国从什么时候开始生产白酒？过去一直沿用李时珍《本草纲目》的说法，即"烧酒，非古法也，自元时始创其法"。虽然从 20 世纪 30 年代起，一些搞化学史的科学工作者向陈说提出了挑战，试图将白酒生产的源头向前追溯，经过半个多世纪的讨论，大致形成了东汉说、唐代说、南宋说等几种观点，然而都因缺乏有力的证据，殆无定论。对此笔者亦作了深入的考察，认为宋代确有白酒生产，已有专文论述①。

烧酒（蒸馏酒）起源于东汉说。20 世纪 80 年代以来，在上海博物馆发现了东汉时期的青铜蒸馏器。该蒸馏器的年代，经过青铜专家鉴定是东汉早期或中期的制品，用此蒸馏器作蒸馏实验，蒸出了酒度为 26.6—20.4 的蒸馏酒。而且在安徽滁州黄泥乡也出土了一件似乎一模一样的青铜蒸馏器。专门研究这一课题的吴德铎先生和马承源先生认为我国早在公元初或一、二世纪时期，人民在日常生活中便已使用青铜蒸馏器了。该蒸馏器分甑体和釜体两部分。通高 53.9cm。甑体内有储存料液或固体酒醅的部分，并有凝露室。凝露室有管子接口，可使冷凝液流出蒸馏器外，在釜体上部有一入口，大约是随时加料用的。据此有人认为东汉已有蒸馏酒。而在八十年代初孟乃昌认为东汉至东晋葛洪《抱朴子·内篇·杂应》中的太阳酒是一种高浓度酒，"葛洪没有介绍'太阳酒'的制法，但《至理》介绍杂方异术时写道：'近世左慈、赵明等……于茅屋上然火煮食食之，而茅屋不焦。烧茅不焦。'清楚地表

---

① 参见拙作《中国烧酒起始探微》，《历史研究》1993 年第 5 期；《中国烧酒起始再探讨》，《宋史论集》，河北大学出版社 2001 年版。

明是加了有机燃料，从当时的条件看，这种燃料只能是酒，而且是度数较高的酒，这可推测是'太阳酒'理化性质的叙述。"而葛洪所谓的"茅屋上燃火"是有源本的，即《后汉书·方技列传》有类似的记载。同时，孟乃昌又以葛洪《神仙传》记述东汉桓帝时王方平用高浓度酒，加水稀释十倍，"人饮一升许皆醉"的故事，作为东汉已有高浓度酒的象征。不过蒸馏酒起源于东汉的观点，目前没有被广泛接受。因为仅靠用途不明的蒸馏器很难说明问题。如吴德铎先生和马承源先生并未认定此蒸馏器是用来蒸馏酒。另外东汉以降的众多酿酒史料中都未找到任何蒸馏酒的踪影，缺乏文字资料的佐证。

再看唐代说。首倡此说的是袁翰青先生，他认为白居易诗："荔枝新熟鸡冠色，烧酒初开琥珀香"。雍陶诗："自到成都烧酒熟，不思身更入长安。"李肇《唐国史补》："酒则有……剑南之烧春"等诗歌和文献里所说的"烧酒"、"烧春"即是蒸馏酒。但学界一般认为唐代诗歌和文献里的烧酒实际上是一种取醴酒煮成红色的方法制成的红酒，红如琥珀、火焰之色。

目前否定元代说主要集中在宋代说，当然其争议也最激烈。宋代说的主要依据：

1. 宋慈《洗冤录》中有用烧酒吸拔蛇毒的记载。

2. 北宋初人田锡《曲本草》"暹罗（今泰国）酒以烧酒复烧二次……能饮之人，三四杯即醉，价值比常数十倍"，曹元宇先生将引文"复烧"作蒸馏解，故暹罗酒是烧酒（十世纪）。

3.《物类相感志》："酒中火焰，以青布拂之自灭"。彭龟年《止堂集》中有酒"是以凝寒不冰、沃火则炎"。一般说只有烧酒才能燃烧。

4. 吴自牧《梦粱录》卷一三有"水晶红白烧酒"。

5. 多种文献记载宋代宫廷中有名称相同的香水"蔷薇露"，和名酒"蔷薇露"，香水蔷薇露来自大食（今阿拉伯一带）已见于北宋初，文献明确记载香水蔷薇露是用蒸馏工艺制作而成，但名酒蔷薇露没有这方面的记载。有学者认为有两种可能：第一，可能是用蔷薇水与某种酒混合而成。第二，既然作为香水的蔷薇水是蒸馏而成，作为酒的蔷薇露也可能是蒸馏制成的。南宋宫廷中有名酒"蔷薇露"。

6. 金代烧酒锅出土。

那么宋代说能成立吗？学界有什么争论，下面作简要的评议。

1. 经考证用烧酒吸拔蛇毒的记载不是宋慈五卷本《洗冤录》，而是清康熙年间编著《律例馆校正洗冤录》四卷本时所增补，因而不能认作南宋时的资料。

2. 经考证《曲本草》的作者很可能是元末明初人，而不是北宋初的田锡。因为（1）元朝至正九年（1349）前并不存在暹罗国，而是暹和罗斛两国，至正九年以后两国才合并。（2）该书收有南宋人所写《事林广记》的资料，所以这部书虽不能完全断定不是田锡所作，但经后人篡改是无疑的，其资料的可靠性自然受到质疑。第1第2条材料无须多言。

3. 如果把米酒放在器内煮沸气体上升，便会形成高浓度的酒精蒸汽，这时只要在沸酒上点燃火源，照样可以引燃出火苗；第3材料的否定显然是试图以能点燃的米酒酒精蒸汽偷梁换柱取代能燃烧的高浓度酒，于理说不通。因为点燃煮沸的米酒酒精蒸汽与"沃火则炎"的现象毕竟是两种物化现象。黄酒酒度偏低，若"沃火"不仅不能燃烧，而且还会将火扑灭。如南宋初宋金仙人关大战，金兵用火攻宋方阵地西北楼，宋军"以酒缶扑灭之"，[①] 可见"沃火则炎"之酒不可能是酒度偏低的黄酒或米酒，而只能是浓度较高的蒸馏酒。

4. 红白烧酒原文后有"曾经喧唤，其味香软，入口便消"，没有烧酒辛辣的特征。还有人认为白烧酒就是烧"白酒"；实际上这两点都站不住脚。因为用类似香软一类词形容烧酒特征是从宋元以来迄今使用的

---

① 《宋史》卷三三六《吴玠传》，第 11412 页。

词汇，比如元人卞思义《汗酒》用"溜齿微沾菡萏香"诗句赞誉汗酒，明朝人谢肇淛用"纯绵"形容烧刀子酒。另外，烧白酒与白烧酒是不能等同的，烧白酒之烧是动词，用以加热、加温，"白酒"是名词，而白烧酒之白是形容词与红烧酒之红相对立，"烧酒"则是名词。明朝人高濂在《遵生八笺》中记述制作五香烧酒工艺时，其酒基是三大坛"白烧酒"。至于"水晶红白烧酒"之"水晶"二字更是十分传神地揭示了蒸馏酒"清澈透明""清亮透明"的特征。

5. 否定者认为，由于这种作为酒的蔷薇露缺乏明确的是蒸馏烧制的记载，我们实际上不能确定它为一种烧酒。实际上这种否定是以宋朝没有蒸馏酒为前提，所以不足以为凭。另外如前面介绍宋代有花、果成分，或动植物的芳香物料，或中药材入酒做成的配制酒多达近百种，但未见蔷薇花及果实与酒配制的记载，更未见用蔷薇水与酒配制的记载。所以蔷薇露是蒸馏酒的可能大于不是蒸馏酒的可能。

6. 有人认为：从金代蒸馏锅的结构尺寸看，这套蒸馏锅的高仅41.6厘米，蒸馏锅的上部直径不到26厘米，这样小的蒸馏锅如果能蒸出酒来的话，它也是不能用于一般生产的。同时也说明唐、宋时期的蒸馏技术水平低。除此而外，更重要的是，它同我国传统的蒸馏器似乎没有继承关系。在与明清以来长江南北民间所用的传统蒸馏器相比较后，结论是金代烧酒锅属于稀酒醪蒸馏器或锅，但在我国古代黄河以北至今还找不到稀醪发酵酿酒工艺，或提纯黄酒，或把稀度酒蒸煮为浓酒的文字根据，因此，很可能它是用于制作马乳酒的，由此看来明人李时珍的结论是对的了[①]。我不同意这种看法，理由有两点，其一从形制上看烧酒锅的上分体冷却器和下分体甑锅都是与周秦两汉铜甑、铜釜风格相似，从烧酒锅的蒸馏流程看，流程路线多表现为上下垂直走向，"蒸馏液流向中间，再由侧管引出，滴入收集杯内"，与唐宋时期文献记述的

———————

① 《中国食品科技史稿》上册，中国商业出版社1985年版，第144、150—152页。

蒸馏器是相一致的。据专家研究东汉青铜蒸馏器的构造与金代蒸馏器的构造也有相似之处。其二金代烧酒锅与元朝人朱德润《轧赖机酒赋》中描述的蒸馏酒器如出一辙。

> 观其酿器，鬲钥之机，酒候温凉之殊甑，一器而两，圈铛外环而中洼，中实以酒，仍械合之无余少焉。火炽既盛，鼎沸为汤，包混沌于爵蒸，鼓元气于中央。熏陶渐渍，凝结如炀，滃渤若云，蒸而雨滴，菲微入雾，融而露瀼。中涵既竭于连麋，顶溜成濡于四旁。①

元代酿酒锅，白话译文：这种殊甑，由两部分组成，下部中洼置酒，与上部密相械合。下部承火，上部盛水。下部内的酒"鼎沸位炀"，蒸汽上升到盛水的上部冷却"蒸而雨滴"，流到下部的"圈铛外环"的四周。

金代烧酒锅："由上下两个分体套合组成，下分体是一个大半圆球体形甑锅，上分体是一个圆桶形冷却器，上下分体的接合部有双唇汇酒槽及酒流和排水流。"

另外宋代已较为广泛地使用蒸馏技术和蒸馏器。如蒸馏花露水、用蒸馏方法制取水银、蒸馏炼丹、蒸馏香油精。宋人用"甑气水"（即蒸馏水）助治脱发，所谓"甑气水，主长毛发，以物于炊饭时承取"②。蒸馏酒的工艺并不比蒸馏制取水银、花露水、香油精工艺更为复杂。所以，从上面的分析和考订，宋代烧酒史料除第一二条被否定外，其余四条是可以经得起检验的。另外，处理大量的酸坏黄酒是宋朝急需解决的大问题，而蒸熬"酸坏制酒"、"一切味不正之酒"，正是我国早期蒸馏酒工艺的传统方法。所以说宋代特别是至迟在南宋已有蒸馏酒也应是符合历史事实的逻辑推理。

---

① 朱德润《存复斋文集》卷三，第6页。
② 唐慎微《证类本草》卷五，第740册，第211页。

宋代已有蒸馏酒是宋代酿酒业发展最重要的标志。

二、宋代酒类的管理和经营方式

宋代是我国历史上唯一自始至终实行榷酒制度的封建王朝，在继承唐代的基础上榷酒制度趋于细致完备。宋代榷酒形式在全国通行的有三种，官监酒务（酒库）、特许酒户和买扑坊场，在局部地区还曾实行榷曲、四川隔酿法和万户酒制等形式。在这里主要介绍官监酒务、买扑坊场和特许酒户。

官监酒务。宋代官府在州、府一级设置酿卖酒曲、征收酒课的机关称作都酒务，县一级谓之酒务。北宋中后期全国有酒务 1861 个。① 马端临所谓"诸州城内皆置务酿酒"②。但酒务的分布不仅限于大中城市，甚至在很偏远的乡村也设有酒务，如记述现今宁波的方志，《宝庆四明志》所载"林村酒务，桃源乡、去县三十里"，"小溪酒务、勾彰，去县四十里。"③

酒务设有两种性质的监官，一种是专掌酒榷的行政管理人员，监管酿酒生产过程，另一种是专督酒课的官吏，由他们负责征收酒税。宋代官府卖酒的主要形式与汉唐相同，由地方官府自己设立酒楼、酒店（肆）出售。宋代由于商品经济较为发达，因而以官府酒店（楼）为轴心，在各地形成了批发零售的商业网点，即允许私商小贩或特许的酒户在官府设立的酒库、酒楼取酒分销，借以扩大酒的销售，这些私商小贩或特许的酒户，当时被称为"脚店""拍户"或"泊户"。

南宋初期由于对金作战，军费开支剧增，于是各种以赡军为名目的

① 参见拙著《宋代酒的生产和征榷》，河北大学出版社 2001 年版，第 151 页。
② 马端临：《文献通考》卷一七，《征榷考四》，第 485 页。
③ 罗浚：《宝庆四明志》卷一二，《宋元方志丛刊》第 5 册，第 5144 页。

酒库如雨后春笋般地建立起来，其名曰赡军酒库、赡军犒赏酒库、赡军激赏酒库、回易酒库、公使酒库等。酒库一般直隶户部或官府诸司。军队直接经营酒库是南宋榷酒制度中的一大特点，像抗金名将岳飞、韩世忠所部就分别经营着十数个酒库。酒库是一个酿造、批发的机构，有不少的拍店和脚店从这里批发酒来零卖。一个酒库一年使用数百万乃至上千万个酒瓶，因而在酒库附近设有瓷窑，专门烧造供酒库使用的酒瓶。

一般地说，酒坊酒场的规模以酒的产量多寡为转移。"为屋凡七十间"的建康府公使库[①]比起同时期庆元府定海县只有屋"六间"[②] 的赡军酒库显然要大得多，但相对于建隆年间有"屋百八十间"[③] 的内酒坊，和嘉泰时期湖州有"屋百十八间"[④] 的都酒务，又是小巫见大巫了。南宋的酒库与现代酒厂在形式上已颇相似，酒库通常有仓库区、生产区、贮酒区，官吏、酒工酒匠宿舍区，还有专门的办公区。

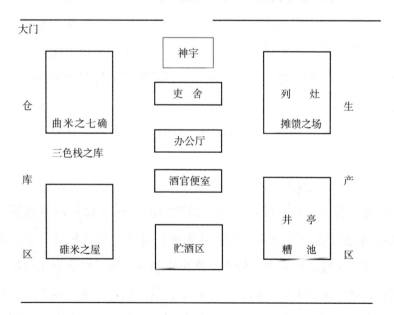

① 周应合：《景定建康志》卷二三《诸库》，第 1695 页。
② 梅应发、刘锡：《开庆四明续志》卷五《营寨酒库屋》，第 5984 页。
③ 《宋会要辑稿》瑞异二之三一，第 2097 页。
④ 谈钥：《嘉泰吴兴志》卷八，第 4724 页。

买扑坊场。买扑在宋代因其社会生产的发展，广泛地存在于经济领域。买扑也称扑买，有关"扑"字的含义，前人释为"争到曰扑"或"手相搏曰扑"。《辞源》据孟元老《东京梦华录》记载的"关扑"之意释为下注以搏的赌。可见"扑"具有竞争、搏斗、下注以角胜负之意，那么据此称买扑，不外乎是承买者相互出价显于卖主之前，似力士相扑、角逐胜负之意。买扑坊场的性质实则是一种包税制，这里的坊场指的是酒坊酒场。其方法是先由有资产作抵押能力的包税人，与官府签订一个契约。承包通常以三年为一期（当时称作界），承包期间包税人即获得酿卖权，其他人不得插足，即不允许他人进入规定的专卖区，自身也不能到规定的专卖区之外去贩卖，"毋得越所酤地"。① 不过包税人要按契约规定的酒课额，按期向官府交纳酒税，若不能如期交纳，将受到罚款处置。包税人经营坊场，自负盈亏，因管理不善出现亏本或破产，则将其抵押的资产没收充公。后来买扑坊场法又有新的发展，出现类似于现今投标法的实封投状法。这种方法规定，买扑人先在密封的投状中，标出自己承包的价格，官府在众多的投状中选择标价最高的一家与之签约。北宋时期经营酒坊的扑户，以豪民大户为主，南宋时期，军队和官府亦以买扑者的身份承包买扑坊场，这是宋代出现的一种新的经济现象。

特许酒户。在宋代，政府为了保障官酒课的收入，以立法的形式，严格地划分官酒禁地，即有京师、诸道州府所在城和乡村酒场所在地（范围一般在周围数十里及十数里地不等）等规定的销售区。相互不得过界超越，同时禁地之内一般不允许民户私酿沽卖，形成别无分店，只此官府一家。这是宋代榷酒的一大特征。当然在官府的禁地之外获得官府特别许可则可以酿造或出卖。马端临说："县镇乡闾或许民酿而定其岁课。"这里所说的"民"，不是泛指任何人，而是被官府特许经营的

---

① 《宋史》卷一八二，《食货志》，第4436页。

"酒户"。特许酒户又分作两类，一类是用官曲酿酒沽卖的酒户，他们主要居住在榷曲区（东京开封、西京洛阳、北京大名府、南京商丘），所以又被称作在京酒户，榷曲是延续唐五代的做法，但范围较唐五代明显缩小。榷曲是对酒曲的专卖，它不同于榷酒由官府完全控制酒生产（包括榷曲）和流通过程，而是采取较为放任的形式，只控制酒曲的生产，对酿酒和流通领域则不加干涉，是一种间接专卖。也就是说在京酒户通过购买官府曲院所造的曲进行酿卖活动，否则即被视作非法；另一类是向官府缴纳一定税课而获得酿卖权的店铺人家。他们的分布较广，即官酒销售区之外的广大乡村地区，也被称作"乡村酒户"。他们一般与官府订有契约，契约的内容大致包括：1. 酒户的姓名；2. 酒户应缴纳的岁课额；3. 酒户缴纳酒课的时间（有年限、季限、月限）；4. 酒户家的财产和物力等。因为是特许经营，因而酒户有向官府检举私酒的义务，而未经官府同意擅自将酒卖给"不应造人者"是要受到严厉惩罚的。同时酒户不得到官酒禁地卖酒，否则也要受到严厉惩罚。

宋朝实行酒类专卖制度，不仅对商品酒的生产、销售、分配诸环节，而且对非商品酒的使用和生产也实行严格的管理。宋代非商品酒的生产有三大系统：一是官府酿造的自用酒，官府酿造又可分为中央和地方。中央主要是专指宫廷皇室祭祀、宴飨饮用的法酒和供御酒，这些酒是由法酒库和内酒坊生产的。南宋时期则称作内酒库或甲库，地方则是有州军府一级官府按规定酿造的公使酒。官府酿造的自用酒规模是相当可观的，如北宋内酒坊在宋初大致用糯米八百石，宋真宗时则用三千石，而宋仁宗天圣年间又增加到八千石。南宋孝宗时每年也要用五千石。而地方酿造的公使酒主要是作为各路州军宴请、馈赠政府官员的"公用酒"。其数额也是相当庞大的，宋神宗熙宁以前能造公使酒的州郡尚不及全国的二分之一，熙宁以后则遍及全国，每州用糯米从一二千石到七八千甚至上万石不等。宋朝非商品酒生产的另外两个系统是宗室、戚里和品官之家酿造的自用酒，以及乡村酿制的自用酒。宗室戚里品官酿造自用酒是颇为盛行的，宋代的许多名酒都由他们酿造，而且酿造数额不受限制，但不得投放市场沽卖是一个基本原则。前面说过，宋代在广大乡村主要是通过特许酒户来控制酒的销售，所谓"十家之聚，必立课程，比屋之间，俱有酝酿"。因而酒的销售网点就不仅限于城镇，而是深入到乡村各个角落，可以说凡是有人烟之地就有酒户店存在，如刘过诗："林深路转午鸡啼，知有人家住隔溪。一坞闹红春欲动，酒帘正在杏花西。"叶适诗："忆昔剪茅长桥滨，朱娘酒店相为邻。"这种情况都是以出卖为目的而经营的商品酒，实际上在广大乡村，农家只要不以销售为目的，也是可以酿造自用酒的，自用酒的酿造，一般是在丰年收获之后或是劳作一年之余，由家庭妇女自制，酿酒方法极为简便，与现今自制醪糟很相近，"官沽味浓村酒薄"。当然能够自酿酒的多是富裕农户。宋代对非商品酒的管理有两点值得注意：其一，对公使酒的管理其本意原是为防范地方官府将接待办公之类的行政费用转嫁到老百姓身上，"是以制公使钱，以给其费，惧及民也。"具有督促地方官吏廉政的意义，然而事实上不仅没能起到这种作用，反而成为地方官吏渔利以饱私囊的一种手段，非法倒卖公使酒在北宋晚期至南宋日益猖獗。① 其二，容许宗室、戚里和品官之家酿造自用酒既是宋官府恩逮百官的一种优惠政策，也是为了防止他们凭借权势参与商品酒市场，从而影响官府酒课的一种手段。但是这方面的作用收效甚微，他们依仗权势，公行沽卖，严酷的禁榷刑律也难以奈何他们，"是行法只及孤弱也"。

宋代私酒是一个社会问题，禁限私酒通常包括两个内容，一是以立法的形式，禁止官府特许或允许之外的酿沽行为。二是稽查打击业已出现的私酒活动。宋朝立法禁私酒和稽查私酒都是很严厉的。北宋初私酿酒3斗，私制曲15斤，就被处以死刑，宋真宗以后逐渐放宽，"后来酒

---

① 以上参见拙稿《宋代非商品酒的生产和管理》，《河北大学学报》1991年第3期。

禁，都无死刑"，但处罚依然是严酷的。为了官府的独享酒利，宋代缉捕私酒曲的活动，达到了骇人听闻的地步。南宋人汪大猷："今捕酒者，空人之家，邻里至前，则诬以拒捕，官司不复明白，则是捕酒之暴，甚于盗窃也。杀人者，罪止一身，而老幼自若，今一遇捕酒，举家拘执，非法受苦，则是犯酒之罪，重于杀人也。"[1] 虽然重法为禁和捕酒如防盗，但是这一切都是对"孤弱"之民而言，而那些官僚豪强相互勾结，依权仗势，致使私酿公行，使得禁法徒具纸文。建炎时期临安一带民谣："若要富，守定行在卖酒醋。"[2] 正是这类顽滑之徒所为的真实写照。非商品酒被出售赢利的情形，与私酒大体相似，也是屡禁不绝，于此可见宋代吏治腐败之一斑。

三、酒楼与宋代社会经济

1. 酒楼、酒店与宋朝城市社会生活

日本已故学者加藤繁先生讲到宋代城市变化时说："其中象坊制崩溃，人家都朝着大街开门启户，市制愈来愈完全崩溃，商店可以设在城内外到处朝着大街的地方，设置了叫做瓦子的戏场集中的游乐场所，二层三层的酒楼临大街而屹立，这些情形都是在宋代才开始的。"[3]

宋代城市发展有两个不同于前代的变化。一是打破了唐代以来的坊市制度的限制。二是打破城郭的限制。唐代的城市制度是"坊市制"，居民区"坊"与商业区"市"是分开的，四周都筑有围墙，坊市门按时启闭。随着商业的发展，到北宋初年，坊市的围墙破坏了，居民区与

---

① 楼钥《攻媿集》卷八八《敷文阁学士宣奉大夫致仕赠特进汪公行状》，第 1153 册，第 359 页。
② 张知甫《可书》，第 181 页。
③ 加藤繁：《中国经济史考证》中译本，商务印书馆 1959 年版，第 277 页。

商业区不再有区别，凡是向街的地方都可以开设商店。10 世纪末、11 世纪初，一种与之相适应的，新的城市制度"厢坊制"代替了原先的"坊市制"。

宋代紧邻州县城郭发展起来的新的商业市区。草市原来是乡村定期集市，经过长时的发展，到宋代，其中一部分发展成为居民点，个别的上升为县镇；而紧邻县城的草市，则发展成为新的商业市区。这类市区，居民稠密，商业店铺林立，交易繁盛，与城郭以内的原有市区，并无区别。有的地方，甚至远远超过了城郭内的旧市区。这类草市，已突破了原来乡村集市的含义，成为州县城市的一个重要组成部分。

宋代城市的发展为酿酒业的发展提供了巨大的发展空间，事实上遍布城镇各个角落的酒楼、酒店成为宋代城市的一道浓彩重墨的景观。

《水浒》第二十九回，施恩重霸孟州道，武松醉打蒋门神："这快活林离东门去，有十四五六里田地，算来卖酒的人家，也有十二三家。"

第三十九回，浔阳楼宋江题反诗，梁山泊戴宗传假信："独自一个闷闷不已，信步再出城外来，看见那一派江景非常，观之不足，正行到一座酒楼前过，仰面看时，旁边竖着一个青布酒旆子，上写道：'浔阳江正库'，雕檐外一面牌额，上有苏东坡大书'浔阳楼'三字。宋江看了，便道：'我在郓城县时，只听说江州好座浔阳楼，原来却在这里。'宋江来到楼前看时，只见门边朱红华表，柱上两面白粉牌，各有五个大字，写到：'世间无比酒，天下有名楼。'"

第六十六回，时迁火烧翠云楼，吴用智取大名府。"原来这座酒楼，名贯河北，号为第一。上有三檐滴水，雕梁绣柱，极是造得好。楼上楼下，有百十阁子，终朝鼓乐喧天，每日笙歌聒耳。"

的确，宋代的酒楼壮观而讲究，孟元老《东京梦华录》记述得十分清楚："凡京师酒店门首，皆缚采楼、欢门。唯任店入其门，一直主廊约百余步。南北天井两廊皆小阁子，向晚灯烛萤煌，上下相照……白矾楼改为丰乐楼。宣和间，更修三层相高，五楼相向，各用飞桥栏槛，明暗相通，珠帘绣额，灯烛光耀……九桥门街市酒店，采楼相对，绣旆相招，掩翳天日，政和后来，景灵宫东墙下长庆楼尤盛"。①《齐东野语》说白矾楼乃京师酒肆之甲，饮徒常千余人。这里仅提出几家有代表性的酒楼。其实当时类似于这些酒楼规模的在汴京共有72家，其繁华景况不言而喻。

南宋京城临安，酒楼林立，"青旗酒楼三百家"（陈允平：《西麓诗稿》之《春游曲》），装饰习尚都仿效东京成俗，虽已成偏安之局，但奢华过之。当时杭州的酒楼有两种，一种是属于户部点检所的官酒库，每库都设有酒楼。一种是私人开设的酒楼。除酒楼外，还有一种"花园酒店"，或在城内仿园林建筑，或在城外郊区，供文人雅士举行文会之类的聚饮。酒楼、酒店不仅讲究装潢修饰，而且内部比较讲求"艺术"韵味，常挂有书画，或在墙壁上留一空白处，专供饮客题诗作画。南宋临安城太和酒楼无名诗人《题太和楼壁》：

> 太和酒楼三百间，大槽昼夜声潺潺。千夫承糟万夫瓮，有酒如海糟如山。
>
> 铜锅镕尽龙山雪，金波涌出西湖月。星宫琼浆天下无，九酝仙方谁漏泄。
>
> 皇都春色满钱塘，苏小当垆酒倍香。席分珠履三千客，后列金钗十二行。
>
> 一座行觞歌一曲，楼东声断楼西续。就中茜袖拥红牙，春葱不露人如玉。
>
> 今年和气光华夷，游人不醉终不归。金貂玉麈宁论价，对月逢花能几时。

---

① 孟元老撰，伊永文笺注：《东京梦华录笺注》卷之二，《酒楼》，第174—176页。

有个酒仙人不识，幅巾大袖豪无敌。醉后题诗自不知，但见龙蛇满东壁。①

《武林旧事》："和乐楼（升旸宫南库）、和丰楼（武林园南上库）、中和楼（银瓮子中库）、春风楼（北库）、太和楼（东库）、西楼（金文西库）。太平楼、丰乐楼、南外库、北外库、西溪库。已上并官库，属户部点检所，每库设官妓数十人，各有金银酒器千两，以供饮客登楼之用，每库有祗直者数人，名曰'下番'。饮客登楼，则以名牌点唤侑樽，谓之'点花牌'。元夕，诸妓皆并番互移他库夜卖，各戴杏花冠儿，危坐花架，然名娼皆深藏邃阁，未易招呼。往往皆学舍士夫所据，外人未易登也。"②

《京口喜雨楼落成呈史固叔侍郎》："京口画楼三百所，第一新楼名喜雨。大鹏展翼到中天，化作檐楹不飞去。一日登临天下奇，华灯照夜万琉璃。上与星辰共罗列，下映十里莲花池。泰山为曲海为酿，手挈五湖为瓮盎。银糟香沸碧瑶春，歌舞当垆多丽人。使君歌了人皆饮，更赏谷中花似锦。五兵不用用酒兵，折冲樽俎边尘寝。兹楼屹作东南美，孰识黄堂命名意。特将此酒噀为霖，四海九州同一醉。"③

米芾《画史》认为程坦、崔白、侯封、马贲、张自芳等画家所绘的画俗气"皆能污壁茶坊、酒店，可与周越中翼草书同挂"④。说明当时酒店挂书画是比较时兴的。

宋代酒楼、酒店门前多挂有酒旗和酒帘。村镇酒店的酒旗上有"望"字，又称酒望子。《容斋续笔》："今都城与郡县酒务，及凡鬻酒之肆，皆揭大帘于外，以青白布数幅为之。"⑤它是酒家的标志，又有

---

① 钱锺书补订：《宋诗纪事补订》卷九六，三联书店 2005 年版，第 2358 页。
② 周密：《武林旧事》卷六，第 80 页。
③ 戴复古：《石屏诗集》卷一，第 1165 册，第 558 页。
④ 米芾：《画史》，第 279 页。
⑤ 洪迈：《容斋续笔》：卷一六《酒肆旗望》，第 417 页。

很浓的广告色彩。孔平仲《酒帘》诗曰："百尺风外帘，常时悬高阁。若夸酒味美，聊劝行人酌。"①

宋代诸官私酒楼店，每年开煮迎新酒是一件很盛大的事情。北宋东京"中秋节前，诸店皆卖新酒，重新结络门面彩楼，花头画竿、醉仙锦旆，市人争饮，至午未间，家家无酒，拽下望子"②。南宋杭州诸酒库迎新更是热闹，"每岁清明前开煮……至期，侵晨各库排列整肃，前往州府教场伺候点呈。首以三丈余高白布写'某库选到有名高手酒匠酝造一色上等浓辣无比高酒，呈中第一'，谓之'布牌'，以大长竹挂起，三五人扶之而行。次以大鼓及乐官数辈，后以所呈样酒数担。次八仙道人，诸行社队……"③"杂剧百戏诸艺之外，又为鱼父习闲，竹马出猎，八仙故事。……所经之地，高楼邃阁，绣幕如云，累足骈肩，真所谓'万人海'也"。④

宋代官府为了最大限度攫取酒税，利用歌妓襄助经营。"今用女倡卖酒，名曰：设法"。⑤ 当时士大夫对官府令女伎佐酒颇有微词，如宋神宗元丰三年（1080 年）陈侗知苏州，"即令女伎佐酒于本路"，御史王道对此发难于朝廷，朝廷命提点两浙路刑狱孙昌龄体量，孙昌龄言："侗实令女伎佐酒，但并无作乐之禁，故不加罪。"杨时说："设法卖酒，所在官吏遂张乐集妓女，以来小民，此最为害教。""及命妓家女，使裹头花巾为酒家保，及有花窠五熟盘架，放生笼养等，各库争为新好。库妓之琤琤者，皆珠翠盛饰……"⑥ 当时户部点检所下辖的官库"每库设官妓数十人"，私家酒楼"每处各有私名妓数十辈，皆时妆袨

---

① 王莘编：《清江三孔集》卷二二，第 1345 册，第 430 页。
② 孟元老撰，伊永文笺注：《东京梦华录笺注》卷之八《中秋》，第 814 页。
③ 吴自牧：《梦粱录》卷二《诸库迎煮》，第 104—105 页。
④ 周密：《武林旧事》卷第三《迎新》，第 41—42 页。
⑤ 王懋：《野客丛书》卷一五，第 198 页。
⑥ 周密：《武林旧事》卷第三《迎新》，第 41—42 页。

服，巧笑争妍"①。明朝人凌濛初说："宋时法度，官府有酒皆召歌伎承应，只站着歌唱送酒，不许私侍寝席。"②

2. 酒楼与宋朝的财政税收

两宋酒楼店其所以繁盛，是与官府把酒作为重要税源分不开。为了获取丰厚的酒利，除了上面丰厚的酒课收入是宋代专制主义中央集权重要的物质基础和支柱之一。北宋初年酒课只有 185 万余贯，在货币总收入中不及 10%，宋真宗天禧年（1017—1021 年）增长到近 900 万贯，占当时货币总收入 33.3%，其后仍然稳步增长。宋仁宗庆历年间（1041—1048 年）高达 1710 余万贯，占 38.9%，以后又逐年下降，至神宗熙宁十年（1077 年）仍有 1310 余万贯，占 25.9%。南宋酒课亦达到一千余万贯，大致约占南宋货币总收入的 20% 左右。很显然，宋朝统治者通过垄断或暴力手段最大限度地剥削生产者和消费者所获得的这笔巨大酒利，作为维护其自身存在和统治秩序的经济支柱，及其满足统治集团的享乐腐化的财富，对社会发展具有不可低估的负面影响。但是另一方面，巨大的酒课收入被直接用于抵御辽、夏、金侵扰的军费开支，"军费不足，尤藉天下酒榷之利"，③ 在维护人民群众的生命财产安全免遭铁蹄蹂躏方面又有一定的进步作用，这一点也是不应忽视的。

3. 榷酒与人民生活

宋代的榷酒政策，若从国计而言，其效果如上述是极为显著的；若从民生的角度来看，其弊害也是极为显著的。宋代酿酒用粮至多，"田亩种秫，三之一供酿财曲蘖，犹不充用"。④ "兵民既分，国用无涯，榷酤之利，殆不可已。谷之靡于酒醴者多，民田种秫几三之一。是民食之入，于三分之中，仅有其二，谷安得而不贵，又重以曲蘖之费。一有水

---

① 周密：《武林旧事》卷第六《酒楼》，第 80 页。
② 《二刻拍案惊奇》卷一二《硬勘案大儒争闲气，甘受刑侠女著芳名》。
③ 李焘：《长编》卷一三三，庆历元年八月壬辰，第 3165 页。
④ 周辉撰，刘永翔校注：《清波杂志校注》卷六，第 235 页。

旱，立致菜色，则种秫者多，为民之蠹也"。① 虽然周辉、吴箕等人所说的酿酒用粮占宋代糯米产量的三分之一，估计有点偏高，但也从一个侧面说明了酿酒耗粮太多的情况。那么宋代的粮食生产是否已达到足以使全体人民温饱的水平？不，完全不是这样。固然宋代的粮食生产不论是从单位亩产量，或是总产量来说都超过了前代，但是它的生产水平对于满足人民温饱的需要还有相当的距离。欧阳修指出，宋代一年的"民食不过数月"，其他时间则"簸糠麸而食秕糠，或采橡食，畜菜根"②。显然广大农民仍然过着半饥半饱的生活，糠糟还是他们的重要食物，然而封建国家为了攫取高额利润，置人民生活于不顾，将差不多近三分之一的民食"靡于酒醪"。于是乎在宋代出现了一个特殊的以酒糟为主的群体——食糟民。请看下面这两首描述"食糟民"的诗：

> 田家种糯官酿酒，榷到秋毫升与斗。酒沽得钱糟不弃，大屋经年堆欲朽，酒醅渗漓如沸汤，东风来吹酒瓮香。累累罂与瓶，惟恐不得尝。官沽味浓村酒薄，日饮官酒诚可乐。不见田中种糯人，釜无米粥度冬春。还来就官买糟食，官吏散糟以为德……③
> 十年用兵九不熟，人家有田不种谷。尽枯膏血作军储，却买官糟贮饥腹。……烹羊炰羔固不恶，饥民食糟真可怜……④

在这里诗人以辛辣的笔调讽刺了"田家种糯官酿酒"，但于饮酒人群中却不见"田中种糯人"，反而"就官买糟食"的不合理社会现象，以及官府只为沽酒赢利"尽枯膏血"而不顾人民生活的做法。

另外，从食糟民人数的增长上也可反映当时社会两极分化的趋势。

---

① 吴箕：《常谈》。《全宋笔记》第六编第 3 册，第 229 页。
② 《欧阳修全集》居士外集卷九《原弊》，第 421 页。
③ 《欧阳修全集》居士集卷四《食糟民》，第 30 页。
④ 《太仓稊米集》卷一〇《次韵伯尹食糟民示赵鹏翔》，第 1141 册，第 66 页。

黄榦说：

> 石门酒库以灰和糟，岁以粪田，虽狗彘不食。晨开务门，老稚
> 累累，买糟和糠而食者，肩相摩也。无钱而求糟以食者常相半焉，
> 则因食糟之多，而可以知贫民之多也。[①]

这是多么悲惨的生活画面。夫糠核橡实，孟子所谓狗彘之食，而糟
糠竟连猪狗也不食，可是累累老稚却争相食之，甚至贫困到了无钱买糟
食的地步。这与"今以富大之州，终岁之积，输之京师，适足以供陛
下一朝恩泽之赐，贵臣一日饮宴之费"，[②] 形成了极其鲜明的对照。从
这个角度而言，宋代榷酒所获得的巨额利润，是以广大劳动人民丧失维
持生命延续所必需的口粮为代价的。

原刊于张其凡、李裕民主编《徐规教授九十华诞纪
念文集》，浙江大学出版社 2009 年版

---

① 黄榦：《勉斋集》卷六《石门拟与两浙陈运判》，第 1168 册，第 73 页。
② 《司马光奏议》卷八《论财利疏》，第 90 页。

试论宋代工商业税收中的祖额

一定数额的财政税收是国家赖以生存的基本条件。在中国古代，田赋税和工商税是国家财政税收的两大来源。田赋税以地租为主，宋代的地租征收形式有两种，即分成租和定额租。虽然现今学界对这两种形式征收的主次地位尚有不同的认识，但产品定额地租在宋代已是较为普遍的社会现象则是无疑的。因为宋代的农产品的产量已达到较高较稳的水平，这就为产品地租定额趋势打下了坚实基础。同理，宋代以专卖权利为主的工商税在中唐以来商业、盐业、酒业、茶业等行业获得大发展的基础上，采取定额征收的形式也是很普遍的社会现象。这种定额的形式，宋代文献称作"定额""年额""季额""月额""旬额""日额""元额""旧额""新额""今额"和"祖额"或"租额"。除"祖额"一词外，其他定额称谓词意明确，无须多言。但如何理解"祖额"呢？目前几部论述宋代财政经济史的专著和一些文章都不同程度提到了"祖额"，但是细究起来，多是语焉不详。故笔者想就这一问题，从祖额的定义、祖额殿最制、祖额与国家税收等三方面作一些粗浅的探讨，不妥之处，敬请批评指正。

一、祖额的定义

在宋代工商业中，坊场、河渡、房园、茶、盐、矾、坑冶、铸钱监、市舶和酒、商税等课利场务均立有祖额。① 此外，宋代上供钱物也有祖额，如折帛钱、经总制钱、籴本钱、僧道免丁钱等。② 但是工商业诸课利场务之祖额，与上供钱物之祖额既有相似又有很大的不同。本文重点讨论工商业诸课利场务之祖额，为了更好地说明问题，也不能不略为提及上供钱物之祖额。一般地说，盐、茶、酒、税是宋代工商业税收中的四大支柱项目，在宋国家财政上占有举足轻重的地位。故本文探讨宋代工商业诸课利场务的祖额，即以盐、茶、酒、税祖额为主要考论对象。

"祖额"在宋代文献中有时又写作"租额"，如《续资治通鉴长编》（以下简称《长编》）卷八一，大中祥符六年七月辛亥，诏"茶盐酒税及诸物场务，自今总一岁之课合为一，以租额较之……"。而阁本《长编》和《宋会要》食货一七之一六同条诏令则作"以祖额较之"。又如《宋史》卷一七九《食货志》"是时条禁愈密，较课以租额、前界、递年相参"，而《长编》卷六〇景德二年五月己巳条同载此事则作"凡较课以祖额、前界、递年增之"。可知"祖额""租额"可以通用，对此《长编》和《宋史》标点本已多作校勘，在此不赘。

什么是"祖额"？《长编》的标点者释道："宋制：茶盐酒等税钱皆有定额，称祖额，按征收情况，定期比较，进行奖惩"。③《宋史》的标点者亦称"按宋制茶盐酒税各地都有定额，叫做祖额"。④ 郭正忠先生在《宋代盐业经济史》中则说："常见的销盐课额类型，包括岁额、季额、月额、旬额等，其中又有'祖额''旧额''今额'等区别"，⑤ 汪圣铎先生《两宋财政史》又说"宋朝比较注意完善和严密各项收支制

---

① 《庆元条法事类》卷五，考课，第74页。
② 陈耆卿《嘉定赤城志》卷一六，第7412—7414页。
③ 李焘《长编》卷三〇八，校勘记（三）。
④ 《宋史》卷一七九，校勘记一。
⑤ 郭正忠：《宋代盐业经济史》，人民出版社1990年版，第422页。

度，赋税课利各有祖额、递年额"。①

上述对"祖额"的定义可归结为两点：一是祖额即是定额，二是祖额系指某一时期征收数额。笔者以为这两点在描述"祖额"特点上有一定道理，但还有必要进一步探讨其确切的定义，为了便于探讨，现将有关宋廷立祖额最早的几条材料列于下：

陈傅良说："淳化三年，令诸州县有税，以端拱元年至淳化元年收到课利最多钱数，立为祖额，比较科罚，盖商税立额比较自此始。"②

陈傅良说："咸平四年五月四日，敕诸州曲务自今将一年都收到钱，仍取端拱至淳化元年三年内中等钱数立为祖额，比较科罚，则酒课立额至此始。"③

景德二年五月二十六日，诏自今诸处茶、盐、酒、课利增立年额，并令三司奏裁。先是，榷务连岁有增羡，三司即酌中取一年所立为租（祖）额，不俟朝旨，帝以有司务在聚敛或致掊克于下，故戒之④。

大中祥符六年七月十九日，诏诸路茶、盐、酒、税及诸务自今总一岁之课合为一，以祖额较之，有亏损则计分数。⑤

仔细阅读上述材料，可以得出五点认识：

1. 立祖额始自淳化三年，然后由商税衍及酒、盐、茶等诸课利场务，至迟在大中祥符六年时已有根据祖额考课各路增亏岁收的规定。

---

① 汪圣铎：《两宋财政史》，中华书局 1995 年版，第 646 页。
② 马端临《文献通考》卷一四《征榷·通商》，第 401 页。
③ 马端临《文献通考》卷一七《征榷·酒》，第 490 页。
④ 《宋会要辑稿》食货三〇之三，第 5303 页。
⑤ 《宋会要辑稿》食货一七之一六，第 5091 页。

2. 立祖额是宋代考课地方官吏的重要内容，其目的不外乎是督促他们着力经营课利场务，显然征收工商业税已成为地方官吏日常工作的主要职事之一，关于这个问题后面还将作详细探讨。

3. 祖额之确定，采取酌中之法。虽说商税立额之初以三年所收最多钱数为额，但自咸平以后，课利场务则普遍采用了酌中之法，即所谓"国家思建经久之规，以定酌中之法"，① 酌中之法先是以三年为期，至仁宗后期渐次发展成为以五年为期，请看材料所示：

> 嘉祐六年三月，诏龙图阁直学士杨畋于三司取天下课利场务五年，并增亏者，限一月别立新额。②

> 靖康元年，臣僚上言："祖宗旧制并政和新令，场务立额之法，并以五年增亏数较之，并增者取中数，并亏者取最高数，以为新额。"③

> 《庆元条法事类》所载场务令云："诸课利场务，比祖额（小字注：闰月以祖额所附月为准，无月额处，比五年内本月分酌中者。）并增亏各五年，并初置官监及五年者，本场务限次年正月上旬申州，增者取酌中，亏者取最高，初置者取次高，各以一年数立为新额，限二月内保奏，仍申转运司及尚书户部。"④

当然在实际执行过程中，仍有以三年为期的酌中立额，如元丰三年十二月二日，"诏令提举成都府、利州、秦凤、熙河路茶场司立定祖额，依课利场务具三年一次比较闻奏"⑤。也有不依三五年为期的，如

---

① 《宋会要辑稿》食货三〇之三，第5320页。
② 《宋会要辑稿》食货一七之二四，第5095页。
③ 《宋史》卷一八六《食货下八·商税》，第4546页。
④ 《庆元条法事类》卷三六，《中国珍稀法律典籍续编》，第539页。
⑤ 《宋会要辑稿》食货三〇之一七，第5327页。

元祐三年六月二十三日，"诏在京都商税院以天圣年所收岁课为额"①，"盖户部用五年并增之法，立额既重，故言者论而更之"。②

4. 祖额的确定，由诸课利场务逐级向转运司申报日、月、年的实际收到数额，然后由三司或户部汇总，提出具体的立额方案，请皇帝裁定，以诏令形式颁行，祖额的实行便具有法定的意义，否则即被视作违法。乾道元年十月十三日，"湖南提举茶盐司言本路批发住卖茶盐，取绍兴七年之数，立为定额，比较增亏……户部言，立额比较、并是违法。诏本司将违法立额事日下改正，以本年实收到数，与递年比较取一路州数最增最亏数一处供申"。③

5. 既然祖额的立定，采取的是酌中之法，因而它具有计划指标的特点，与实际征收的年额或岁额有相似又有区别，因为祖额立定不论是"增者取酌中"还是"亏者取最高"，它的基数是某一年的实际征收额，但是一旦这一年的实际征收额被确定为祖额之后，它便不再是实际征收额，而成为衡量三年或五年期内增亏的参考系数，从这个角度可以说祖额是官府为获取较为稳定的工商税收而确定的一种计划指标。这种事前确立计划指标的程式，是官榷和征市制度的重要特点。

除上述五个特点外，祖额之祖就字面而言，又有起始、初始和本源的含义，因而祖额又具有初始立额的含义，如《嘉定赤城志》卷一八《军防门》载台州"牢城第十三指挥：营在州东都米仓前，祖额二百人，元丰初所定，今营二百一十八人"，"壮城指挥，营在州东崇合门内，祖额一百人，熙宁初定，绍兴元年增五十一人，今管一百五十人"。在这里台州牢城元丰初定的200人和壮城熙宁初定100人，相对于嘉定时期的住营218人和150人的新额，是祖额——初始所定的数额。从这个意义讲，陈傅良所考定宋代诸上供钱帛始立之额，亦可称作"祖额"。

---

① 《宋会要辑稿》一七之二七，第5097页。

② 《宋史》卷一八六《食货志》，第4544页。

③ 《宋会要辑稿》食货三一之一七，第5349页。

国初上供随岁所入，初无定制，而其大者在粮、帛、银、钱、诸路米纲，《会要》：开宝五年，令汴、蔡河岁运江淮米数十万石赴京充军食；太平兴国六年，制岁运三百五十万石；景德四年，诏淮南、江、浙、荆湖南北路，以至道二年至景德二年终十年酌中之数，定为年额，上供六百万石。米纲立额始于此。银纲，自大中祥符元年诏五路粮储已有定额，其余未有条贯，遂以大中祥符元年以前最为多者为额，则银纲立额始于此。钱纲，自天禧四年四月三司奏请立定钱额，自后每年依此额数起发，则钱纲立额始于此。绢绵纲，虽不可考，以咸平三年三司初降之数，则亦有年额矣。然前朝理财务在宽大，随时损益，非必尽取。上供增额起于熙宁……①

又如《嘉定赤城志》卷一六《财赋门·上供》所载，折帛钱、经总钱、籴本钱、坊场正名钱、坊场五分净利钱、僧道免丁钱、六文赡军钱、盐、茶等上供祖额亦属于初始所立额数。

请详见下表：

上供名额	祖额 （贯文）	嘉定上供实额 （贯文）	备注
折帛钱	242239.400	226998.028	差额系累年至开禧元年减额
经总制钱	206236.176	156054.344	差额系自乾道四年至开禧元年无收或减额
籴本钱	100000.000	900000.000	淳熙十六年减 10000 贯
坊场正名钱	30000.000	15000.000	绍兴以后分解
坊场五分净利钱	14625.420	1587.124	自绍兴年间以后多为虚额
僧道免丁钱	12774.000	6623.500	祖额系乾道三年所立其后多不及额
六文赡军钱	600.000	6000.000	起发转运司
盐	5029 袋	5029 袋	起发提举司
茶	8800 斤	200 斤	起发提举司

---

① 马端临《文献通考》卷二三《国用考一》，第 691 页。

表中祖额虽未标明具体的立定时间，但据注文可以断定为初始立额。把此表所载与陈傅良考订诸上供米纲、银纲、绢绵纲、钱纲的立额联系起来看，上供钱物和杂税之祖额是一个相对稳定的计划指标。也就是说，虽然在实际征收过程中所得到的数额，可能因为无收、减豁或增羡等缘故，而未及或超过祖额，但作为国家对某一项上供钱物或某一地区上供钱物所初始正式立定的征收标准的意义并不因此而改变。这与工商税收中的诸课利场务具有弹性、三五年就有变化的祖额不尽相同。

接下来再看一下祖额与"定额"的关系。若从定额即是一个固定数额的角度来理解，祖额本身也是一个在一定时期内相对固定的数额，那么称"祖额"为"定额"无疑是正确的，如《宋会要辑稿》食货二三之三五："天圣九年四月四日三司言：（在）京榷货物，天圣六年收末盐课岁自八十万三千贯，今请定为祖额"；《长编》卷一一○，天圣九年四月辛巳条云："三司请在京榷货物入末盐钱岁以自八十万三千缗……为定额。"在这里祖额即是定额。但若从"田租既有定额，子孙不得别增数目"① 亦即定额地租在总数量固定下来后，分配中不再因产量多少而波动的角度来理解，上供钱物祖额与此种意义的定额基本一致。王安石变法时期的《乞制置三司条例》中云："诸路上供，岁有定额，丰年便道，可以多致，而不敢以取赢；年俭物贵，难于供亿，而不敢不足。"② "均税之法，县各以祖额税数为限……凡越额增数皆禁之……"③ 而工商业税收中的诸课利场务的祖额就不能与此种意义的定额等量齐观。如前所述，诸课利场务所立祖额不是一成不变的，而是随

---

① 转引自漆侠《宋代经济史》，《漆侠全集》第 3 卷，河北大学出版社 2008 年版，第346 页。

② 《宋会要辑稿》职官五之二至三，第 2464 页。

③ 《长编》卷二三七；《文献通考》卷四；《长编纪事本末》卷七三《方田》；《宋史全文》卷一二；《宋史》卷一七四《食货志》等均以"祖额"为"租额"。现据陈均《皇朝编年纲目备要》卷一九改。

着各地课利收入增减的情况作适当的调整，成为三年或五年期内征收课利的计划指标。

二、祖额殿最制

以盐、茶、酒、税祖额的增亏作为考课地方官吏的重要标准，是宋代出现的新的历史现象。从上述可知，诸课利场务立祖额考课始于太宗淳化三年，但是以盐、酒、税课额殿最并不始于淳化三年而是更早，开宝七年"诏三司诸州盐、曲、市征、地课而殿最之"。陈傅良说：太平兴国以后，就"有比较岁入增亏酬奖之法"，[1] 因而田锡在太平兴国七年上太宗皇帝条奏事中就曾批评说："莞榷货财，网利太密，……网利太密者，酒曲之利，但要增盈，商税之得，但求出剩，或偶有出剩，不询出剩之由。或有亏欠，必责亏欠之过，递年比扑，只管增加，递月较量，不管欠折……"[2] 但这一时期的课额殿最，尚未形成正式的制度，课额的立定，只是根据前一年的岁收数，"课入不立额，惟视旧岁之为等差"[3]。由此可见，淳化以前宋廷已开始以课利场务的课额考课地方官吏，但是为何到淳化三年才开始立祖额殿最呢？笔者以为，这与宋初集中财权"制其钱谷"的过程，到淳化以后才得以基本完成密切关联。

虽然宋廷在立国之初就企图"制其钱谷"集中地方的财权，但不是一蹴而就，而是有一个逐步发展的过程李攸在概述宋初集中财权时说：

> 唐自开元、天宝以后，藩镇屯重兵，皆自赡。租赋所入，名曰

---

[1] 《文献通考》卷一五《征榷二·盐铁》，第439页。
[2] 田锡《咸平集》卷一《上太宗条奏事宜》。第1085册，第368页。
[3] 《宋会要辑稿》职官二七之五〇，第2961页。

送使、留州，其上供者鲜矣。五代疆境偪蹙，藩镇益强，率令部曲主场院厚敛，其属三司者，补大吏以临之，输额之外，颇以入己。太祖历试艰难，周知其弊……时藩镇有阙，稍命文臣权知所在场务，或以京朝官廷臣监临，凡一路之财，置转运使掌之，一州之财，置通判掌之。为节度、防御、团练、留后、观察、刺史者，皆不予签书金谷之事，于是外权削而利归公上矣。①

具体地对盐、茶、酒等榷利和商税的集中控制步骤，大致是在乾德时期"稍命文臣权知所在场务，或遣京朝官，廷臣监临"②。开宝七年"令诸州知州、通判、官兵都监、县令所掌握盐、曲及市征、地课等，并亲临之，月具籍供三司，秩满较其殿最"③。太宗即位后，下令"罢三司大将及军将主诸州榷课，命使臣分掌"④，也就是说原属三司而由大吏主持却又常将榷税课税隐没的场务，一律改由中央分派使臣掌管。接着又将这一措施用法律的形式确定下来，雍熙三年（986）"始著于令，监当、使臣、京朝官，并三年替，仍委知州，通判提举之，遂为定员"⑤。可见到太宗雍熙三年，宋廷才完全掌握对盐、茶、酒、税等课利场务的控制权。在宋廷牢牢控制各地课利场务的同时，宋又对财计制度作了相应的改革，这即是上计制度的重新确立，太祖时要求"诸州通判官到任，皆须躬阅帐籍所列官物，吏不得以售其奸"。由于通判设置之初有"监郡"之意，因而通判可随时向皇帝奏报审查之中所发现的问题。太宗淳化元年，诏"周设司会之职，以一岁为准。汉制上计之法，以三年为期。所以详知国用之盈虚，大行群吏之诛赏，斯乃旧

---

① 李攸《宋朝事实》卷九，第154页。
② 《宋史》卷一七九《食货下一·会计》，第4347页。
③ 《文献通考》卷一五《征榷二·盐铁》，第439页。
④ 《宋史》卷一七九《食货下一·会计》，第4348页。
⑤ 马端临《文献通考》卷一四《征榷一·征商》，第403页。

典，其可废乎? 三司自今每岁具见管金银、钱帛、军储等簿以闻"①。这显然是宋最高统治者欲通过会计年报制度来掌握国家财计状况，并奖励或惩罚官吏，由此不难看出在太宗淳化时期已完成从收受机构（监当使臣）到会计核算全部由中央控制的集权过程。这就为各地诸课利场务立定祖额考课官吏创造了必要的条件。

以盐、茶、酒、税等诸课利场务考课官吏大致有两个层面，即场务监当官和州县官吏及转运使副。酒务、商税务、茶场、盐场等是征收课利的最基本单位。据统计熙宁十年全国有 1861 个酒务②，2000 多商税院务场③，卖茶场有六务十三场，盐场在宋初淮南地区有 28 所，南宋时期淮浙盐场约 66 所④。《宋史》说坑冶场务计 271 处，"皆置吏主之"。⑤

在盐、茶、酒、税等场务大都设有监当官⑥。《宋史·职官志》监当官云："诸州军随事置官，其征榷场务，岁有定额，岁终课其额之登耗以为举刺，凡课利所入，日具数以申于州"⑦。舒州公文详载绍兴三十二年舒州酒务"契勘祖额钱二万五千五百八十三贯五百八十文省，其钱作三百六十日，第日多寡不定，今约度卖钱七十一贯六十五文省，计卖正酒三硕六斗七升二合……自有日逐实收钱数文状使府照会逐句起解"⑧，"诸场务课利次日纳军资库，少者五日一纳（小字注：承买在州官监酒务同），并当日给钞"⑨。所以能否完成祖额指标，首先是对场务

---

① 《宋史》卷一七九《食货下一·会计》，第 4348 页。

② 详见拙著《宋代酒的生产和征榷》，河北大学出版社 1995 年版，第 325—341 页。

③ 详见《宋会要辑稿》食货一五、一六、一七之一至一○。

④ 参见《宋代盐业经济史》，第 103—105 页。

⑤ 《宋史》卷一八五《食货志下七·坑冶》，第 4525 页。

⑥ 有关监当官的设置及职事详见苗书梅《宋代监当官初探》，《宋史研究论文集》，云南民族出版社 1997 年版。

⑦ 《宋史》卷一六七，第 3983 页。

⑧ 上海市文物管理委员会，上海博物馆编：《宋人佚简》第 5 册《舒州在城酒务造酒则例》，上海古籍出版社 1990 年版，第 43 页。

⑨ 《庆元条法事类》卷三六《场务令》，第 538 页。

监当官的考课。大中祥符六年四月三日，"三司言准诏参定监买茶场官赏罚条式，今请除沿江六榷务、淮南十三场外江浙荆湖诸州买茶场自今纳到入客算买茶及得祖额、递年前界有羡余者，依元敕酬奖，亏损者依至道二年敕……"① 同年七月诏"茶盐酒税及诸物场务，自今总一岁之课合为一，以祖额较之。有亏损则计分数，其知州军、通判，减监临官一等区断"②。元丰六年四月三日，诏"诸课利场务监官北（比）祖额见亏者早入暮出，候敷及祖额，依旧卯入申出"③。华镇说"今茶、盐、酒、税监考（当）之官，法已详矣，登格者有赏，亏损者有罚，人非木石，谁不励"④，"诸课利场务年终比较祖额（小字注：监专公人管两务以上，若州县镇寨当职官各随所部场务，并通比）"⑤，"酒、税务各具租（祖）额并递年及本年收诸色课利逐色各若干"⑥，"令对比前界年月日收数，并立祖额递年比增亏"⑦。

其次是对场务所在州县官吏和监司路转运使副的考课。大中祥符六年七月十九日诏"诸路茶盐酒及诸务自今总一岁之课合为一，以祖额较之，有亏损则计分数，其知州、军、通判，减监官一等科罚，州司典吏减专典一等区断，文臣及武臣知州军者，止罚通判已下。时上封者言，诸路岁课增羡，知州、通判皆书历为最，有亏损则无罚，请行条约，故也"⑧。康定元年诏三司"天下州县课利场务，自今逐处总计，大数十分亏五厘以下，其知州、通判、幕职、知县各罚一俸；一分以下，两月俸；二分以上，降差遣。其增二分以上，升陟之"⑨。

---

① 《宋会要辑稿》食货二〇之四，第5320页。
② 《长编》卷八一，大中祥符六年七月辛亥，第1842页。
③ 《宋会要辑稿》食货五六之二三，第5784页。
④ 《云溪居士集》卷二四，《上西京运使李龙图书》，第304页。
⑤ 《庆元条法事类》卷三二，第511页。
⑥ 《庆元条法事类》卷五，第74页。
⑦ 《宋会要辑稿》职官一一之一〇，第2627页。
⑧ 《宋会要辑稿》食货一七之一六，第5091页。
⑨ 《长编》卷一二七，康定元年六月壬子，第3022页。

皇祐元年，权三司使叶清臣请考课转运使副，其考校内容的第三事目是"盐、茶、酒、税统比增亏递年祖额"①。陈傅良说熙宁五年"始令逐年转运司每岁比较州县盐酒课利最多最少者两处，开坐增亏及知、通、令、尉名衔闻奏，当行赏罚，合黜者不以去官赦降原减"②。元丰六年京东路转运副使吴居厚因于元丰三年秋季以来，酒、税课利比元丰二年前官任内祖额增百七十九万五千余缗，宋神宗"批居厚于二三年间坐致财用数百万计，三省可议赏典"③。徽宗崇宁二年，知州、通判、县令、佐，若"以场务、房园等课利通比租（祖）额数增一倍转一官"④。南宋庆元条法规定"诸课利场务年终比较租（祖）额……令、佐、都监、寨主减监官一等，知州、通判、职官、曹官又减一等"⑤。

比较祖额奖励的具体办法有二，一是以奖金的形式鼓励增课。元丰时期出台的赏格法最具典型意义：

元丰七年六月二十四日敕，卖盐及税务监官年终课利增额，计所增数，给一厘……

及检会元丰赏格，酒务监官，年终课利增额，计所增数，给二厘……⑥

二是减磨勘年以提前升改官阶，或超注亲民职务。有关这方面的内容目前已有论述⑦，不赘。

① 《长编》卷一六六，皇祐元年二月戊辰，第3984页。
② 引自《文献通考》卷一五《征榷二》，第439页。
③ 《宋会要辑稿》食货一七之二六，第5096页。
④ 《宋会要辑稿》职官五九之一二，第3723页。
⑤ 《庆元条法事类》卷三二，第531页。
⑥ 《苏东坡全集》奏议集卷一二，《乞罢税务岁终赏格法》，第551页。
⑦ 参见汪圣铎《两宋财政史》，中华书局1995年版，第660—666页。苗书梅《宋代监当官初探》。拙著《宋代酒的生产和征榷》第182—185页。

三、祖额与国家工商税收

虽说盐茶酒税等诸课利场务立祖额，是作为考课地方各级官吏和监当官政绩的重要标准，但是考课官吏的目的仍是为了完成诸课利场务的计划指标，从而保证官府获得稳定的诸课利收入。随着宋廷财政开支的日渐增多，自真宗咸平年开始"度茶、盐、酒、税以充岁用，勿得增加赋敛"①。诸课利场务的收入在宋代财政的地位日益重要，其祖额的立定也愈益细密，从今传史料来看，熙宁时期是诸课利场务立祖额最完备的时期。

有关商税祖额、酒课祖额，在《宋会要辑稿》食货一五、一六、一七、一九和《文献通考》征商和征榷和榷酤考中有详尽记载，目前学界也有细致的考订和整理②。盐茶因产区固定，销售形式复杂，与酒、商税的征课情况不尽相同，其祖额不像酒与商税那么单一，下面略作说明。

《宋会要辑稿》食货二三，保留了《国朝会要》记载，陕西路（永兴军路和秦凤路）、河东路、淮南东西路、两浙路、江南东西路、荆湖南北路、梓州路、福建路、广南东西路等地熙宁九年所收盐课钱数，尔后云："以上《国朝会要》。治平以前诸路盐额已载前会要，自熙宁九年（注：内解盐元丰元年）课额并钞价、盐税钱岁额（小字注：系用《中书备对》修入）。""解盐二百三十万贯，旧额一年盐钞酌中出一百六十万贯，熙宁八年后以二百三十万贯为额，元丰元年以二百三十万

---

① 《长编》卷四三，咸平元年八月丁亥朔，第914页。

② 有关商税的考订和整理，见诸日本学者加藤繁、梅原郁，国内学者全汉昇、陈高华、杨德泉、郭正忠、程民生等人的论著。详见郭正忠《两宋城乡商品货币经济考略》，经济管理出版社1997年版，第172—212页。关于酒课的考订和整理详见拙著《宋代酒的生产和征榷》第322—342页。

贯，永为定额"①。"钞钱祖额二百四十万四千三十四贯五百文"；"解盐路解州解县、安邑两池，旧额二百二十万贯，新额二百三十万贯，元丰三年始以二百四十二万贯为额。""末盐逐州年额：江南东路宣、歙、江、池、饶、信、太平州，江宁府，广德、南康军祖额一百一十二万二千三百二十六贯八百七十五文，元丰收一百二万五千九百六贯二百四十四文；江南西路洪、虔、吉、袁、抚、筠州，兴国、建昌、临江、南安军祖额一百三十万二千三十一贯九十四文，元丰收一百二十三万三千二百贯二十一文；淮南路扬、寿、卢、宿、亳、和、蕲、海、楚、舒、泰、泗、濠、光、滁、黄、真、通州，无为军祖额一百十五万七千六百十六贯五百九十二文，元丰收一百一十六万六千四十贯八百文；……"还有荆湖南北路、两浙路、福建路，河东永利东西盐、川峡卓筒井盐、京东河北盐税等因文繁不具引。②

《宋会要辑稿》食货三三记有熙宁时期坑冶各项祖额："以《中书备对》诸坑冶务祖额并元丰元年收数修入，《九域志》土贡、场务附焉。治平以前所置场务已见旧会要者不载，旧会要所无而不详何年月置者亦收入。坑冶场务兴废不定，逐年所入多寡不同，亦有当年无收者，此其大略也。"③

项目	熙宁十年祖额	元丰元年收入实数
金	7597 两	10710 两
银	411220 两	215385 两
铜	10711466 斤	14605969 斤
铁	5482770 斤	5501097 斤
铅	8326737 斤	9197335 斤
锡	1963040 斤	2321898 斤

---

① 《宋会要辑稿》食货二三之八至九，第5178—5179页。
② 《宋会要辑稿》食货二三之一〇至一三，第5179—5181页。
③ 《宋会要辑稿》食货三三之六，第5377页。

项目	熙宁十年祖额	元丰元年收入实数
水银	4937 斤	3356 斤
朱砂	1878.1378 斤	3646.144 斤

《宋会要辑稿》食货二九之七记有卖茶祖额"江陵府务受本府及潭、赣、沣、归、峡州茶祖额三十一万五千一百四十八贯三百七十五文。真州务受洪、宣、歙、抚、吉、饶、江、池、筠、袁、潭、岳州、临江、兴国军茶祖额五十一万四千二十三贯九百三十三文。海州务受杭、越、苏、湖、明、鹜、常、温、台、衢、睦州茶祖额三十万八千七百三贯六百七十六文。蕲州蕲口务受洪、潭、建、剑州,兴国军茶祖额三十六万七千百六十七贯一百二十四文。无为军务受洪、宣、歙、饶、池、江、筠、袁、潭、岳、建州,南康、兴国军茶祖额四十三万五百四十一贯四十文。汉阳军务受鄂州茶祖额二十一万八千三百一十一贯五百五十一文"。据《新安志》卷二《茶课》所云:"州旧买茶以熙宁十年为祖额……异时六榷务在真州者受洪、宣、歙、抚十五州之茶额五十一万有奇……"大致可以推断《宋会要》所记卖茶祖额系北宋后期。

熙丰以后,诸课利场务虽有祖额,但多已残缺,北宋后期到南宋初期,宋廷处在特定的历史环境下,财政管理较为混乱,立祖额也多不依成法。因而南宋一些地方志除记有绍兴以后的祖额情况,还大都保留有熙宁时期的祖额。《新安志》卷二记歙州课利征收云:

> 酒课:按《国朝会要》旧在城及休宁、祁门、婺源、绩溪、黟六务,酒曲岁二万九千八百七贯。熙宁十年祖额二万一千六百十四贯五百五十四文……今在城一务酒课,用绍兴二十年所收为额,计三万八百二十八贯一百八十七文……
>
> 税课:按《会要》旧在城及休宁、祁门、婺源、绩溪、黟六

县岁万三千五百三十七贯。熙宁十年在城一万三千二百五十八贯一百二十文，今以绍兴二十年所收为额，计六千一百一十贯八十七文……

茶课：州旧买茶以熙宁十年为额，岁买六万一千二百六十四斤……并经折税，……逮宣和改茶法招诱商贩而不复科买，人以为便，岁额二百万有奇……

盐课：旧盐额熙宁十年在城二万七百九十贯二百五十七文……自太平兴国中，三司建议以歙接近两浙界，就令般请两浙盐。每斤为钱五十，自宣和末变法，……不复般请，今招诱亦岁二百万有奇。①

从歙州酒、税、茶、盐课的征收情况来看，熙宁以后酒、税似再未有祖额，而以递年征收为准，茶盐自宣和末变法通商后也无祖额。

《淳熙严州图经》卷一记睦州课利征收情况：

酒：都务租（祖）额三万一千七百三贯文，绍兴己未额三万二千五百一贯文，今收三万六百六十三贯七百五文。

税：商税务祖额三万四千六十六贯文，绍兴己未额三万五千三百一十六贯文，今收三万八千二百七十五贯四百三十四文。②

茶、盐、香、矾有递年、绍兴己未额，无祖额。

《嘉泰会稽志》卷五记越州课利征收：

税：都税务祖额五万四千八百三贯二百一十四文，递年六万二千二百五十六贯九百五十九文。（六县七场一务略）

酒：都务祖额二万五千三百三十四贯七百八十七文，（比较

---

① 罗愿《新安志》卷二，肖建新、杨国宜《〈新安志〉整理与研究》，黄山书社 2008 年版，第 73—75 页。
② 《淳熙严州图经》卷一，第 4294 页。

务、赡军务、和旨楼祖额略）嵊县祖额一万二千七百七十四贯九百二文。递年趁到四千五百八十六贯六百六十六文。（诸暨、萧山、余姚、上虞、新昌、溆浦祖额、递年趁到略）①

茶、盐无祖额。

这几部地方志所反映的情况说明，南宋绍兴以后，酒课与商税祖额基本沿袭了北宋的做法而茶盐则因经营体制的变化而缺少延续性；但必须指出，方志所载地方的赋税额多以各地某一时期的实际征收额为准。祖额只是作为一个参考系数，因而今传其他方志多数不载祖额，这与方志的修志体例相关。至于其他课利场务的祖额在零散资料上也有所反映，"绍兴二十九年闰六月十日，户部言'淮西提举茶盐司申无为军昆山矾场，每年所收钱物自来未有立定岁额比较，官吏偷堕，无所惩劝。今取到绍兴二十四年至二十八年五年内所收钱数，均作五分内一分计四万一千五百八十五贯为酌中之数，今欲权为定额，依酒税务条法增亏赏罚'。从之"②。"乾道六年三月二日，诏将三务场收到茶、盐、香、矾钱，各立定岁额钱数，行在八百万贯。建康一千二百万贯、镇江四百万贯，如及额官吏方得依例推赏，如亏不及一分，免行责罚。"③ 这两条材料虽未明言祖额，但实际讲的就是祖额。孝宗隆兴二年，铸钱司言："坑冶监官岁收买金及四千两、银及十万两、铜锡及四十万斤、铅及一百二十万斤，各转一官，知、通、令、丞部内坑冶每年比租（祖）额增剩者，推赏有差。"④

从宋代诸课利场务立祖额的发展来看，尽管祖额不是工商税的实际征收数额，但通过与之比较增亏，也直接反映了宋代各个时期各地及全

---

① 《嘉泰会稽志》卷五，第 6795、6797 页。
② 《宋会要辑稿》食货三四之一〇，第 5393 页。
③ 《宋会要辑稿》食货五五之二八，第 5762 页。
④ 《文献通考》卷一八《征榷考五·坑冶》，第 524 页。

国的工商税收入状况。同时，由于从官监场务的监临官到知县、知州、通判乃至转运使副，为在考课中得到晋升的资序和奖赏，努力完成官府立定的祖额，从而促成宋廷财政中的货币岁收不断增长，也是不言而喻的。但另一方面，比较赏罚在刺激各级官吏力争课利超额的同时，又产生了一些负面的影响，加大了对课利直接承担者的剥削，这有两个方面的表现。

一是祖额的立定和修改不依法定制度，而是从官方的收益出发，重额征收课利。"倥偬之际，不暇审订，故不量州军之力，一例均抛，而额之重者不可复轻，督迫之余，州县遂至别立苛横之法，取之于民。"① "诸路转运司不循其法，有益无损，致物价腾踊，官课愈负。"② "绍兴二十一年六月二十五日，大理评事莫濛言'场务收税有定则，而比年诸州郡守辄于额外令监官重加征取'。"③ 王十朋曾指出："渤海郡县盐为民害最，昔州县科盐自有定额，其后的掊克聚敛之臣，提煮海之职者，倍增数目，以为民患。县令兼盐场之任者，又从而增之，以侥幸功赏。胥吏因缘为奸，与铺户相见为弊，于所增额外多数以科民间……"④ 淳熙五年，四川制置使胡元质，都大提举茶马吴总言："川蜀产茶，祖宗时并许通商，熙宁以后始从官榷，岁课不过四十万。建炎军兴改法卖引一岁所取二百余万，比之熙宁已增五倍，继以聚敛之臣进献羡余，增立重额，每岁按额预俵茶引于合同场，甚者至径将茶引分俵，以致困败，产去额存。"⑤ 嘉定十七年臣僚奏："湖州武康县坐落山僻，税务租（祖）额全年计七千三百六十五贯有畸，今增作二万三千七十七贯有畸……今虽邑宰白州复依减发之数（每月量减二百贯）而犹趁

---

① 《文献通考》卷一九《征榷六·杂征敛》，第 557 页。
② 《宋史》卷一八六《食货志·商税》，第 4546 页。
③ 《宋会要辑稿》食货一七之四○，第 5103 页。
④ 王十朋《梅溪后集》卷二五，《与邵提刑（手札）》，第 1151 册，第 570 页。
⑤ 《宋会要辑稿》三一之二五，第 5353 页。

办不敷。"①

二是地方官吏向朝廷进献羡余,所谓"羡余"原本指向朝廷进献盈余的赋税,宋代诸课利场务的"羡余"即是比"祖额"增盈的部分,如前引所示"时承平日久,掌财赋者法禁愈密,悉笼取遗利,凡较课以祖额、前界、递年增之,榷务连岁有羡余、三司即取多收为额"②。大中祥符六年,"江浙荆湖诸州买茶场自今纳到入客算买茶及得祖额、递年、前界有羡余者,依元敕酬奖"③。诸课利场务实行比较祖额殿最官吏,本身就是鼓励地方官吏增羡。如前面提及的元丰赏格法,公开表明宋廷欢迎增羡。徽宗时期地方官吏进献羡余之风曾盛行一时。绍兴初期为筹措军费,度支员外郎胡蒙请宋廷诏令诸路"措置征商榷酤而收息至于增羡者,并具实保奏优与进擢,以示激赢劝"④。得到宋廷的认可。在宋廷的激赏之下,虽然使财政收入有了明显的增加,但它同时加大了广大人民的负担。

元祐七年,苏轼论元丰赏格法时指出:"臣至淮南,体访得诸处税务,自数年来,刻虐日甚,商旅为之不行。其间课利,虽已不亏,或已有增剩,而官吏刻虐,不为少衰。详究厥由,不独以财用窘急,转运司督迫所致,盖缘上件给钱充赏条贯。"⑤ 乾道十二年,户部侍郎叶翥上言:"税场每岁于租(祖)额者犹有剩数,又听其累赏,是导天下为场务者重征以希赏额,虽增而民愈困。"⑥ 周必大有一段议论:"夫酒者,国家之利源。令得其人则课增,令非其人则课亏,亦理之常,以此为殿最议赏罚可也。奈何顷年为守者乃以增羡又添岁额,辗转不殆,且倍蓰

---

① 《宋会要辑稿》食货一八之三〇,第5122页。
② 《长编》卷六〇,景德二年五月己巳,第1342页。
③ 《宋会要辑稿》食货三〇之四,第5320页。
④ 《宋会要辑稿》食货六四之四八,第6123页。
⑤ 《苏东坡全集》奏议集卷一二《乞罢税务岁终赏格状》。
⑥ 《宋会要辑稿》食货一八之一三,第5114页。

了初……"①

不过值得一提的是不论是重额，还是激赏增额，虽可解决一时的财政困难，但它毕竟有"竭泽而渔"之嫌，从长远的利益考虑，对统治者并不一定完全有利，因而宋廷也不时地发布一些补救性的诏令，如绍兴二十六年，礼部侍郎贺允中言："比年经、总制钱以二十六年以前最高者十九年之数立额以来经总制钱立额，其当职官既有诱以厚赏，又驱以严责，额一不登，每至横敛，民受其弊，望诏有司立岁额。""既而仓部郎中黄祖舜乞自十九之外，有稍高年分，或少损其数"。②"诏令户部将十九年后，二十五年前，取酌中一年立为定额，申尚书省。"③宋孝宗即位之后整理财政，乾道年间曾先后发布诏令："诏户部遍牒诸路军将应管税务合趁课息如实及租（祖）额之数，即不得抑令增收，敢有违戾，在内委御史台弹奏，在外委监司觉察按劾，仍许被扰之人越诉"。"诏场务税赏，今后不许引用赏令中高等外，犹有剩数或已该赏而所剩钱数又及格者听累之文"④。

四、结　语

宋代工商业税收中诸课利场务与上供钱物都有祖额，是考课地方官吏和监当官政绩的重要标准。其目的在于督促他们着力经营课利上供，从而保证官府获取较为稳定的工商业税收。但两者之间又有所不同，诸课利场务所立祖额随各地课利收入增减的情况，在三年或五年期内作适当的调整，具有计划指标的性质，这种事前确立计划指标的程式，是官

---

① 《文忠集》卷一三六《答宣德殿圣问奏》。
② 《文献通考》卷一九《征榷六》，第550页。
③ 《宋会要辑稿》食货六四之九七，第6148页。
④ 《宋会要辑稿》食货卷一八之一三，第5114页。

榷和征市制的重要特点。而上供钱物祖额是初始定额。

祖额的确立，对宋代工商业税收既有积极作用，即大大促进和保证了工商业税收在国家财政收入中的增长和稳定。同时，为了完成计划指标，各级官员采用各种方式方法，甚至暴力手段，也产生了一些负面的影响，在相当大程度上增加了课利直接承担者和商品消费者的负担。

原刊于《中国经济史研究》1999年第2期，后收入"河北大学博导书系"：《宋史论集》，河北大学出版社2001年版

宋代画市场初探

绘画作品作为商品进入手工业商业行列，虽然自魏晋以降已见诸史端。但是发展成为初具规模的画市场，则出现在两宋时期。既然探讨的是画市场，就需从构成商品市场的供求、竞争、价格等基本要素给以说明。是故本文拟从宋代绘画作品的商品化趋势、画的买卖、画的价格等方面对宋代画市场作一初步的透视。

一、宋代绘画作品的商品化趋势

要说明宋代绘画作品的商品化趋势，首先考察一下宋代绘画作品的制作（即生产）的性质是必要的。一般地讲，宋代绘画作品的制作有三个途径：一是宫廷画师制作得作品；二是喜好绘画艺术的士大夫们制作的作品；三是民间画工制作的作品。就其制作的目的来看，前两种属于非商品性质，这是因为喜好绘画艺术的士大夫们，如米芾所言："书画不可论价，士人难以货取，所以通书画博易，自是雅致。"① 显然，士人通书画是为了"雅致"，而不是为了交换。宫廷画师制作作品，带

---

① 米芾《画史》，第280页。

有应役性质，是为皇室提供珍玩享用，虽然作品制作的精美，却也不是商品。当然，当宫廷画师在完成官府、宫廷作画任务外，将其余作品拿到市场上去卖时，或者当宫廷画师制作的作品被作为赏赐品从宫廷和官府中出来，并通过各种渠道而投到市场买卖，它就转化为商品了。

民间画工是宋代绘画作品的主要生产者，这是由画工数量众多所决定的。宋代有姓名可考的画家逾八百人。① 其中大多数出身于民间画工，而无姓名可考的人数就更多了，"景德末，章圣（宋真宗）营玉清昭应宫，募天下画流逾三千数，中程者不减一百人"。② 那么，画工制作作品的性质如何呢？这可从下面画工以卖画为生的事实得到说明：

"包贵，宣城人。善画虎，名闻四远。世号老包也。""包鼎，贵之子，虽从父训，抑又次焉。子孙袭而学者甚众。虽非类犬，然终不能践贵、鼎矣。"③

"智永，工小景，长于传模，宛然乱真……售己所长，专以为养，不免徇豪富廛肆所好。"④

张峇"与群小日游市肆，作鼓板社，每得画赀，必尽于此"⑤。

杨威"工画村田乐，每有贩其画者，威必问所住，若至都下，则告之曰：'汝往画院前易也'，如其言，院中人争出取之，获价必倍"⑥。

刘宗道"每作一扇，必画数百本，然后出货，即日流布"⑦。

司马温公"薨……京师民刻画其像，家置一本，四方争购之，

---

① 《图绘宝鉴》卷三、卷四及补遗。参见陈高华《宋辽金画家史料》前言，文物出版社1984年版，第3页。

② 《宋朝名画评》卷一《武宗元》，台北商务印书馆1986年版。

③ 郭若虚《图画见闻志》卷四《杂画门》，第105页。

④ 邓椿《画继》卷五，第63页。

⑤ 邓椿《画继》卷六，第83页。

⑥ 邓椿《画继》卷七，第96页。

⑦ 邓椿《画继》卷六，第79页。

画工有致富者"①。

"浮梁画工胡生，居于县市，其技素平平……自是胡日以称遂，求者接踵。至于嫁女文绣，只以画代之。"②

"眉山人孙斯文，貌丑骇人，画工图其形，鬻于市廛以为笑。"③

以上事实表明，宋代民间画工以卖画为生，已是比较普遍的社会现象。这可作为宋代出现绘画作品的商品化趋势的主要标志。

只要是商品生产，就要有竞争。宋代画工以卖画为主，因而也存在着同行竞争。这种竞争是建立在优胜劣汰和市场需求取向的基础之上的。谢逸在写给饶深道的信中说：

某临川人也，祖庐在闹市之中。邻之东西有画工曰：施氏、郝氏。施氏每画则含毫和铅，睥睨缯绡，迅奋一扫，万象呈列，奇怪变见鬼工神械，似非人力所能。睹者皆目瞪口张，恍然疑骇，徐而争持金帛，高其价而市之。至郝氏则穷日之力，舐笔彷徨而不决，艰难仅成盈尺之幅，未及展玩而市人皆抵掌笑之矣。由是施日益富，而郝日益贫。居一日，郝语其妪曰：彼与我皆人也，彼工而我拙，岂天俾之然耶，特未得其术耳。乃投笔裂缯缕而进谒于施氏之门，磬折百拜而言，曰：予愿得画之术。施悯其贫而嘉其笃也，与之坐而告之……郝如其说，不三日而名与施相若。仆闻之慨然叹曰：画工技之至贱者，尚不耻相师。④

① 王辟之：《渑水燕谈录》卷之二《名臣》，第 20 页。
② 《夷坚志·戊志》卷一〇《胡画工》，第 1133—1134 页。
③ 《夷坚志·丙志》卷四《孙鬼脑》，第 393 页。
④ 谢逸：《溪堂集》卷八《上南城饶深道书》，第 6 页。

又见晁说之在给屈用诚的画所作序中说：

> 屈鼎画山水，当时与范宽齐名。其后范之名日盛，而屈或不得与……用诚者（鼎之孙）得其法为多，老矣，衣食贫所踬，每为人作其老阿父画，遇十人而九不顾。用诚曰："奈何，要当疗饥寒于速售者，无如许家父近之。"为许道宁云尔。劣为许家父画，视一人则十百人争赏之，恐不得。用诚叹曰："吾虽饱于许家父、暖于许家父，其如吾志之饥且寒何，复恐地下无见吾老阿父之面目也。"①

这两则故事不仅透露出画工之间存在着优胜劣汰的激烈竞争的消息，而且处在竞争过程中的画工，还受市场需求取向的制约。这就表明，通过竞争，商品生产的内在客观规律，转化成为外在的压力，支配着每一个以卖画为目的的制作者。为了生存，郝氏只能"不耻相师"于施氏。而屈用诚则以放弃乃祖的画风去迎合市场对许道宁画风的需求取向，借以提高自身的竞争能力，否则就将遭到被淘汰的命运。所以，如果说宋代画工以卖画为生已成为较普遍的社会现象，是宋代画的商品化趋势在广度上的一个标志，那么，画工为了生产，在同行之间出现激烈的竞争，则是宋代画的商品化趋势在深度上的一个标志。

其三，以赝品货利是宋代画的商品化趋势的又一特征。众所周知，在古代中国，画家艺术的训练最重要的一环，就是研究古人的笔法及创作，即所谓的摹、临、仿。因而仿古人作品是一种名正言顺的绘画目标。如李公麟就热心于摹写古代的名作，"凡古今名画，得之则必摹临，蓄其副本，故其家多得名画，无所不有"②。但是在宋代因出售名

---

① 晁说之《景迂生集》卷一七《送屈用诚序》，第 1118 册，第 338 页。
② 《宣和画谱》卷七，《人物三·宋》，第 198 页。

画可以"货利"①，故那些唯利是图的收藏家或画商，常把假的签名、图章或落款加在临摹的画上，从而使得赝品充斥市场。如下四条材料就典型地说明了这种状况。

《宣和画谱》卷七云："（李公麟）殁后，画益难得，至有厚以金帛购之者，由是夤缘摹仿，伪以取利。不深于画者，率受其欺。"②

《玉壶清话》卷八云："唐彦猷侍读询，弟彦范诏，俱擅一时才雅之誉。……忽一客携黄筌《梨花卧鹊图》求货。其花画全株卧两鹊于花中。敛羽合目，其态逼真，合用价数百缗。彦猷畜画最多，开箧以蜀之赵昌、唐之崔嵦数品花较之，俱所不及。题曰'锦江钓叟黄筌'笔。彦猷赏其半，因暂留斋中少玩，绢色晦淡，酷类古缣。彦猷视其图角有巨印，徐少润揭而窥之，乃和买绢印。彦范博知世故，大笑曰：'和买绢始于祥符初，因王勉知颍州，岁大饥，出府钱十万缗于民，约曰：来年蚕熟，每贯输一缣，谓之和买，自尔为例。黄筌唐末人，此后人矫为也。'遂还之，不受其诬。"③

"政和间，有外宅宗室，不记名，多畜珍图，往往王公贵人令其别识，于是遂与常卖交通，凡有奇迹，必用诡计勾致其家，即时临摹，易其真者，其主莫能别也。复以真本厚价易之，至有循环三四者，故当时号曰便宜三。"④

《桐江续集》云："近日法书名画，以木刻御府名家印，罔利于市，自米元章已为无李论，而所至山水图，辄以为真李成。"⑤

此外，牙侩以中介人的身份参与绘画市场的买卖，是宋代画的商品化趋势的第四个特征。《图画见闻志》卷六载道：

① 陈著《本堂先生文集》卷四七《夏珪山水》，第 1185 册，第 229 页。
② 《宣和画谱》卷七，《人物三·宋》，第 202 页。
③ 文莹《玉壶清话》卷八，第 78 页。
④ 邓椿《画继》卷一〇，第 123 页。
⑤ 方回《桐江续集》卷二九《古斋箴》，第 1193 册，第 615 页。

张侍郎典成都时，尚存孟氏有国日屏扆图障，皆黄筌辈画。一日，清河患其暗旧损破，悉令换易。遂命画工别为新制，以其换下屏面，迨公帑有旧图，呼牙侩高评其值以自售。一日之内，获黄筌等图十余面。①

牙侩，又称作牙人、牙郎，早在秦汉时代就出现在商业领域，汉代称作驵侩。胡三省注《资治通鉴》时，在安禄山出身互市牙郎一文下写道："牙郎，驵侩也。南北物价，定于其口，而后相与贸易。"② 到了宋代由于商业的空前繁荣，牙侩的身影便活跃在广泛的商品交流活动中。画买卖中的牙侩，仅是其中的一项。不过，需要指出的是，牙侩虽然产生的时代颇早，但出现于画买卖活动中，大致始见于上面引文的记载，而在前代文献中似未曾有过。那么，牙侩出现于画买卖活动中，有什么意义？我们知道，牙人是商品交换发展的产物，也就是说当社会直接生产者把部分多余的农产品和手工业产品转化为商品进行交换时，人们总是把更多的时间浪费在持久的、互不相让的讨价还价上，以为他们花费在产品上的劳动时间争得充分代价。这样适应协调买卖、引导交换的要求，专司中介人职能的牙人应运而生了。由此可以推论，牙侩出现于画买卖活动中，表明宋代绘画作品的制作已"接近商品生产的原始状态"。因为这是绘画作品作为商品进入流通领域交换已比较频繁，而需要协调买卖、引导交换的反映。

二、宋代商品画的流向

以上考察了画市场供求关系中商品供给（卖方）的情况。现再把透视的镜头对准商品画的流向（即画市场上的买方）上。

---

① 《图画见闻志》卷六《张氏图画》，第 145 页。
② 《资治通鉴》卷二一四，开元二十四年四月辛亥注，第 6817 页。

　　首先皇室是画市场上的大宗买主。宋代皇帝喜好书画，在历史上是比较突出的。宋初即设翰林画院，广集天下画流。同时为了索求名画赏玩，曾多次派人到全国各地访求和购买。《图画见闻志·叙国朝求访》记叙了神宗以前历朝求访名画的情况。徽宗、高宗两朝求访购买又比前代有过之而无不及。《宣和画谱》搜集的6393件作品，其中有相当部分就购自市场和民间。徽宗"及即大位，于是酷意访求天下法书、图画……殆至末年，上方所藏率举千计"[1]。"宣和中，遣大黄门就西都多出金帛易古画本，求售者如市"[2]。以至于当时"搢绅之士竟取媚权豪。易古器，鬻图画，得一真玩，减价求售，争妍乞怜。服儒者衣冠，为侯门常卖"[3]。高宗访求名画，亦是不遗余力，"故绍兴内府所藏，不减宣政"[4]。

　　第二类是蓄藏家。唐代张彦远在《论鉴识收藏购求阅玩》时说"夫识书人多识画，自古蓄聚宝玩之家，固亦多矣"[5]。宋代蓄画之风颇盛，不过蓄藏家又分为两类，即赏鉴家和好事者。米芾论道："好事者与赏鉴之家为二等。赏鉴家谓其笃好，遍阅记录，又复心得。或自能画，故所收皆精品。近世人或有赀力，元非酷好，意作标韵，至假耳目于人，此谓之好事者。"[6]虽说蓄藏家分为两类，但他们当中如苏辙所说"家居甚贫，而购画常若不及"[7]。苏东坡所记"死之日家无一钱，但有书三万轴，画数百幅"的刘季孙[8]，和因没有200贯买徐熙《牡丹图》相向惋怅数日的赵明诚、李清照夫妇[9]一类的真正赏鉴家只占少

---

① 蔡絛《铁围山丛谈》卷四，第78页。
② 邵博《邵氏闻见后录》卷二七，第214页。
③ 张知甫《可书》，第179页。
④ 《齐东野语》卷六，第93页。
⑤ 张彦远《历代名画记》卷二，第83页。
⑥ 米芾《画史》，第278页。
⑦ 《栾城后集》卷二一《汝州龙兴寺修吴画殿记一首》，第1112册，第751页。
⑧ 《商刻东坡志林》卷九，第167页。
⑨ 洪迈《容斋四笔》卷五，第685页。

数，而大多数都是富家和官宦人家。如"丁晋公家藏书画甚盛"①，
"（赵）德麟，贵公子也，蓄画至数十函，皆留京师"②，内臣刘瑗的父
亲，"性喜书画，家藏万卷"③，此类记载颇多，不再枚举。值得注意的
是，不论是赏鉴家，还是好事者，所蓄画犹如宋代土地转移"千年田
换八百主"④ 那样聚散无常。

宋初枢密使楚昭辅在维扬任官，曾得李煜内库所藏书画名笔百卷。
他死后"多散失，其孙泰"，熙宁时为太常少卿，"刻意购求，颇有收
获"⑤。

邓椿据古老所言"承平时有一不肖子，质画一匣于人家，凡十余
图。每图止各有其半，或横或竖，当中分裂……无一全者，盖其家兄弟
不义之甚，凡物皆如是分之"⑥。

成都人王祖德客死秦州，其家便将他生前"所宝黄筌、郭熙山水、
李成寒林，凡十轴，闻已持出议价"⑦。

"润州苏氏家书画甚多"，其后"皆散逸，或有归御府者，今不知
流落何处"⑧。

甚至有的蓄藏家预见到身后事，想立言阻止变卖，但也无济于事。
有一个叫陈亚的人藏书千卷，名画一千余轴，"晚年复得华亭双鹤，及
怪石异花，作诗诫其后曰：'满室图书杂典坟，华亭仙客岱云根。他年
若不和花卖，便是吾家好子孙。'亚死，悉归他人"⑨。

---

① 郭若虚《图画见闻志》卷六，第 146 页。
② 邓椿《画继》卷九，第 118 页。
③ 《宣和画谱》卷一二。《山水三·宋》，第 335 页。
④ 引自邓广铭《稼轩词编年笺注》（增订本）卷三，《最高楼》，上海古籍出版社 1995 年
　版，第 332 页。
⑤ 郭若虚《图画见闻志》卷六，小字注，第 138 页。
⑥ 邓椿《画继》卷九，第 120 页。
⑦ 《夷坚乙志》卷二〇《王祖德》，第 360 页。
⑧ 《墨庄漫录》卷一，第 47—48 页。
⑨ 周辉《清波杂志校注》卷四《藏书》，1994 年，第 136 页。

这些事实说明画的变卖是以变卖财产的形式出现的，因而从一个侧面反映了宋代画市场发展的深度。

第三类是经营熟食店、药铺、酒店、茶坊的工商业者。米芾在论程坦、崔白、侯封、马贲、张自方等人的画时说："皆能污壁，茶坊、酒店，可与周越仲翼草书同挂。"①虽说米芾的议论有失偏颇之处，但他的话表明茶坊、酒店挂画是一代风尚。《都城纪胜》说当时杭州"大茶坊张挂名人书画，在京师（开封）只熟食店挂画，所以消遣久待也。今茶坊皆然"。《梦粱录》亦说："汴京熟食店张挂名画，所以勾引观者，留连食客。"②元好问说"刘寿之买南中山水画障，上有朱文公元晦淳熙甲辰中春所题五言，得于太原酒家"，为此赋诗"蜀山青翠楚山苍，爱玩除教宝绘堂。且道中州谁具眠，晦庵诗挂酒家墙"③。宋代为增加税收，对茶盐酒等消费品实行专卖，鼓励销售，因而自大中城市到地方镇市、草市都设有酒店茶坊，如东京大酒店七十二家，④脚店三千余家⑤。南宋常熟县的官酒店也有四十多所⑥。由此推论酒店茶坊对画的需求当不在少数。

第四类买主是市民百姓。由于他们收入微薄，大件字画对他们来说是可望而不可即的，因而他们在市场上所购买的画，无非是些"纸画儿"、"观音像"、"桃符"之类的画作品。

此外，当时北宋的邻邦也在市场上购买书画。如熙宁时高丽国"遣使金良鉴入贡，访求中国图画，锐意购求，稍精者十无一二，然犹费三百余缗"⑦。

① 米芾《画史》，第279页。
② 《梦粱录》卷一六，第246页。
③ 《元遗山集》卷一三《七言绝句》。
④ 孟元老撰，伊永文笺注：《东京梦华录》卷二，《酒楼》，第176页。
⑤ 《宋会要辑稿》食货二〇之七，第5136页。
⑥ 《至元琴川志》卷六《拍店》，第1209页。
⑦ 《图画见闻志》卷六，第156页。

三、宋代画的买卖形式

宋代画的买卖形式，总括起来讲有三种形式。

店铺贸易是宋代城镇卖画的主要形式。宋代城市的店铺贸易，在宋仁宗时期起随着坊市制度的旧格局逐渐被打破而繁荣起来。如徽宗时期的东京城，街衢上到处可以开设店铺，几乎整个城市的街道都有商业活动在进行。其中以宫城附近及城之东北、东南和西部主要街道的附近，店铺贸易最为发达。卖画的店铺就分布在这一带。"街北都亭驿、相对梁家珠子铺。余皆卖时行纸画、花果铺席。"① 东角楼街巷"以东街北曰潘楼酒店，其下每日自五更市合，买卖衣物、书画、珍玩、犀玉"②。朱雀门外及州桥之西"纸画儿亦在彼处，行贩不绝"③。南宋临安城也是如此，当时临安城有四百十四行铺，其中就有"纸画儿"④"陈家画团扇铺"⑤，还有专门制作屏风、作画的市肆⑥。

集市贸易是宋代城镇店铺卖画的补充形式。东京相国寺庙会是定期的集市，"相国寺每月五次开放，万姓交易……殿后资圣门前皆书籍、玩好、图画"⑦ 等。相国寺可能是当时全国最大的名画集散地，如"景祐中，（李）成孙宥为开封尹，命相国寺僧惠明购成之画，倍出金币，归者如市。故成之迹于今少有"⑧。南宋时期越州城开元寺庙会颇类东京相国寺庙会"榜数十郡及海外商估皆集"，所货商品品种极多，其中

① 孟元老撰，伊永文笺注：《东京梦华录笺注》卷二《宣德楼前省府宫宇》，第 82 页。
② 孟元老撰，伊永文笺注：《东京梦华录笺注》卷二，《东角楼街巷》，第 144 页。
③ 孟元老撰，伊永文笺注：《东京梦华录》卷三，《天晓诸人如市》，第 357 页。
④ 西湖老人：《繁胜录》，第 330 页。
⑤ 吴自牧：《梦粱录》卷一三，第 221 页。
⑥ 西湖老人：《繁胜录》第 328 页。
⑦ 孟元老著，伊永文笺注：《东京梦华录笺注》卷三，《相国寺内万姓交易》，第 288 页。
⑧ 刘道醇：《宋朝名画评》卷二《山水林木门》第 812 册，第 461 页。

有法书、名画"亦间出焉"①。四川地区自唐末迄北宋画学颇盛，名家辈出，画的买卖可从成都城多种城墟市场窥其一斑。《成都古今记》说："正月灯市、二月花市、三月蚕市、四月锦市、五月扇市、六月香市、七月七宝市、八月桂市、九月药市、十月酒市、十一月梅市、十二月桃符市。"② 其中灯市、药市规模较大，货物品种繁多，想必其中书画"间出"。而扇市和桃符市则是以绘画作品为主题。宋代扇的品类很多，其中图扇、细画绢扇、山水扇、梅竹扇面儿、③ 花花巧画扇④等都是绘画作品。

集市贸易还有季节性集市，"近岁节市井皆印卖门神、钟馗、桃板、桃符及财门钝驴、回头鹿马，天行帖子"⑤。成都十二月桃符市大致也属于这种性质的集市。

高利贷者经营的当铺是宋代画买卖的一种特殊形式。高利贷是一种古老的经济形态，它通过以物质钱（俗称为典当）和借贷放债取息。南北朝以来迄宋把高利贷者称作"解库"、"质库"或"库户"。高利贷活动在宋代极为活跃，拿临安府质库来说"府第富豪之家质库，城内外不下数十家，收解以千万计"⑥。用书画作为典当抵押品，唐代已有之，到宋代则比较普遍。米芾《画史》说，邵必孙携韩滉《散牧图》索价四百贯，诸人都笑画伪，久之无人信，遂以五十贯"质于江氏而去"。这里就是把画典押在当铺江氏处。前引邓椿《画继》说"承平时有以不肖子，质画一匣于人家，凡十余图"亦是典押画于库户。又《夷坚志》有更为详细的描述：

---

① 沈作宾修，施宿等纂：《嘉泰会稽志》卷七，第6822页。
② 张澍：《蜀典》卷六《风俗类》引。
③ 《梦粱录》卷一三，第222—223页。
④ 孟元老撰，伊永文笺注：《东京梦华录》卷八，《端午》，第753页。
⑤ 孟元老撰，伊永文笺注：《东京梦华录》卷一〇，《十二月》，第943页。
⑥ 吴自牧《梦粱录》卷一三，第219页。

有携三画诣其质库求十千，掌事者靳之。客曰："吾买时用钱三十万，此名笔也。特以急阙之故。暂行权质，勿虑不来赎也……"阅其一，乃寿星像，以白曹（耘），曹命如数付与，旋又求益至三，凡满二万而去。徐视其二，盖祠山像貌，丹青烨如。其人后不复来。①

在宋代不仅富豪之家经营高利贷，寺院也经营高利贷，而且是寺院商业活动中较普遍的一种行业，时称长生库。长生库兼有典当的性质，可以用名画作抵押品。

王齐翰是五代宋初之际的著名画家，在南唐时曾为画院待诏。《宋朝名画评》卷一云：

（开宝末），王师指伐（南唐），所得府藏悉充军中之赏。有步卒李贵者，径入佛寺得王所画十六罗汉，俄鬻于市。有商刘元嗣以白金四百两（《图画见闻志》卷三、《宣和画谱》卷四均做二百两）请售。元嗣入都下，复质于相国寺普满塔主清教。及元嗣往赎，遂为所匿，讼于京府……②

按照典当的原则，以"物质钱"到期，典物者可以完璧赎回，当铺只收借贷息钱。若逾期"不复来"，所典之物便由当铺自行处置。或以原当价卖出，也可以高价售出。因此，质库可以用名画作抵押品，一方面表明名画成为借贷放债取息的一种手段，另一方面也表明质库具有买卖画的可能性，是故我们称之为一种特殊的画买卖形式。

此外，宋代的画买卖不仅在内地城镇进行，而且在与周边少数民族政权之间的贸易中也有画买卖的活动。《五代名画补遗》说契丹"东丹

---

① 转引自《永乐大典》卷一万八千二百二十四，《夷坚志·三补》，第1814页。
② 刘道醇《宋朝名画评》卷一，第812册，第452页。

王赞华……善画马之权骑者。梁唐及晋初，凡北边防戍及权易商人尝得赞华之画，工甚精致，至京师，人多以金帛质之"。可见这项活动在五代时就已开始。宋与周边少数民族政权的榷场贸易规模远远超过了五代。北宋末金兵攻陷开封，北宋历代所蓄藏的数千幅（轴）画也被抢劫一空，流散到长城以北。南渡以后，宋高宗"当干戈俶扰之际，访求法书名画，不遗余力……后又于榷场购北方遗失之物，故绍兴内府所藏，不减宣政"①。

四、宋代画价管窥

价格是商品价值的货币表现。既然绘画作品是以商品的形式进行流通，那么它在流通过程中就必须是有偿的等价交换。宋代画的买卖正是通过画的市场价格来实现的，即所谓"市有定价"②。下面根据宋代文献的零星记载制成宋代画价一览表，借以考察宋代画价的变动状况。同时为了考察宋代画价的实际意义，把宋代几种主要商品的价格制成一简表，以供参考和比较。

宋代画价一览表（一）

时间	买画或卖画人	作品名称	单位	价格	备注及资料出处
	陈永	高克明《春龙起蛰图》		100贯	《圣朝名画评》卷二
开宝末（976）	刘元嗣	王齐翰《罗汉》	1轴	16贯	《图画见闻志》卷三、《宣和画谱》卷四，银一两以八百文折之

---

① 周密《齐东野语》卷六《绍兴御府书画式》，第93页。
② 《北磵集》卷七《跋老融散圣画轴》，第1183册，第101页。

时间	买画或卖画人	作品名称	单位	价格	备注及资料出处
景祐中 （1034—1037）	画僧	《慈氏菩萨像》	1 幅	0.5 贯	《图画见闻志》卷六
	刘子礼	藏画	500 轴	500 贯	《画史》，平均 1 轴 1 贯
		阎立本《太宗步辇图》		700 贯	《画史》
	范大珪	《雪图》	残片	0.7 贯	《画史》，疑为王维所作
	高公会	韩幹《于阗黄马》	1 轴	400 贯	《画史》
	蒋长源	黄筌《狸猫颤勃荷》		20 贯	《画史》
	邵必之孙	韩滉《散牧图》		400 贯	《画史》，系索价
		苏东坡画白团扇	20 幅	20 贯	《春渚纪闻》卷六
	唐彦猷	黄筌《梨花卧鹊图》		数百缗	《玉壶清话》卷八，成价减半，系赝品，后被识破退还原卖主
绍兴七年 （1137）	葛胜仲	《罗汉像》	1 堂	70 贯	《丹阳集》卷九《十八罗汉赞序》疑为孙知微所作
	赵明诚	徐熙《牡丹图》		200 贯	《容斋四笔》卷五《赵德甫金石录》系索价，未成交
	曹耘季	《祠山像》	3 幅	300 贯	《夷坚志三补》转引自《永乐大典》182224，系原买入价
	海州贺氏	《观音像》	1 本	50~60 贯	《夷坚志补》卷二十四
	张性之	徐熙《芙蓉》	1 轴	1750 贯	《志雅堂杂钞》卷下："欲十定"，以大，银锭50 两，1 两折 3.5 贯计之
	张性之	卫贤《骡鸣图》	1 片	20 贯	《志雅堂杂钞》卷下，系索价
	张性之	赵昌《小折枝芍药萱草》	2 片	10 贯	《志雅堂杂钞》卷下，系索价

宋代主要商品价格简表＊（二）　单位：文（1000 文=1 贯）

商品名称	北宋时期 （最低价—最高价）	南宋时期 （最低价—最高价）	单位	备注
土地	146—2500	2000—8000	1 亩	
米	20—30	100—3400	1 斗	
绢	800—3000	2000—10000	1 匹	
盐	10—250	47—700	1 斤	
酒	5—50	50—267	1 升	
茶		30—500	1 斤	仅系宋孝宗时期
金	5000—35000	30000—40000	1 两	
银	800—2500	2300—4000	1 两	

＊此表除酒价编自拙文《论宋代酒价与酒的利润》，载《中国经济史研究》1991 年第 3 期外，其余均编自漆侠师《宋代经济史》上下册，上海人民出版社 1987、1988 年版。

在分析表（一）之前应当指出二点：一是由于史乘所载宋代画价极其少见，故本表钩沉，挂一漏万，仅供参考，而不能作为严格意义上的统计。二是画价包括索价、估价和成交价。

从表（一）可以看出现见于史乘所载的画价额，北宋时期为 700 贯，南宋时期为 1750 贯。参照表（二），虽然南宋画价最高额高于北宋，但两者的实际价值却不相同。700 贯在北宋后期可以购买上好土地 280 亩，高价米 2333 余斗，高价绢 233 匹。而 1750 贯在南宋后期只能购买上好土地约 90 亩、高价米约 230 斗、高价绢 70 匹。其所以如此，这主要是因为宋朝南渡以后，各类商品物价普遍上涨，上涨指数或成倍、或十数倍，有的甚至达到百倍以上，此乃南宋社会经济发展的一个显著特点。表（二）基本上反映了这个特点。所以南宋时期画价的实际价值不能与北宋同日而语。

根据价值规律的要求，商品交换应当遵循按质论价的原则。但绘画作品的价格不只是由社会必要劳动决定，而且还取决于供求关系、艺术价值及其收藏价值。张彦远说："夫金出于山，珠产于泉，取之不已，为天下用。图画岁月既久，耗散将尽，名人艺士不复更生，可不惜哉？"① 从上表可以看出时代越早，或作者的艺术名望较高的画的价格也越高。李公麟是宋代著名人物画家，《画鉴》说："至宋李公麟伯时一出，遂可与古者作并趋争先。伯时画三纸，可敌吴生一纸；得吴生画二纸，可易顾、陆一纸，其为轻重，类如此。"这正是价格机制在起作用。

徐熙和黄筌的花鸟画是影响宋代花鸟画发展的两大流派。北宋前期，"黄家富贵"的风格是画院花鸟画的主流，"徐熙野逸"的风格遭到排斥。到北宋后期画院花鸟画的风格发生了变化，徐熙的风格受到重视。上表所列南宋绍兴以后徐熙的《芙蓉》和《牡丹图》的售价，与北宋中后期售价数百缗的黄筌画相侔，说明画市场上的价格取向与当时的艺术价值取向相一致。

张彦远在《论名价品第》的专论中所开列的唐代画价为"董伯仁、展子虔、郑法士、杨子华、孙尚子、阎立本、吴道玄（元）屏风画一片值金二万，次者售一万五千"，其价格分别为 20 贯、15 贯不等。显然宋代画价远远高于唐代，这一事实曲折地反映出绘画艺术的地位比前代有所提高。

虽然宋代画价比唐代有较大的提高，但作为赏玩之物却不抵其他珍玩和奢好品贵重。徽宗时，杨戬用钱三百万（三千贯）买一丑石进献②；大观初有一件礼器"其直为钱数十万，后动至百万（千贯）不翅者"③；宣和年间皇室宝爱北珠，"围寸者价至三二百万（二三千贯）"④。又如香料，据张世南《游宦纪闻》说："诸香中，'龙涎'最贵重，广州市直，每两不下百千，次等五六十千。"⑤ 而白笃褥"初行

---

① 张彦远《历代名画记》卷二《论鉴赏收藏购求阅玩》，第86页。
② 张知甫《可书》，第173页。
③ 蔡絛《铁围山丛谈》卷四，第80页。
④ 蔡絛《铁围山丛谈》卷六，第105页。
⑤ 张世南《游宦纪闻》卷七，第61页。

于都下，每两值钱二十万（二百贯）"①。

慈氏观音像售价 500 文，想必普通的市民百姓有能力购买，市场上民间所需的纸画儿、桃符之类的小作品的价格大致不出其右。表（一）中释道人物画的价格为数十贯，赶不上山水、花鸟画的价格，则从一个侧面反映了宋代宗教题材画的衰落。

五、尾　论

根据上述事实，对宋代画市场可以有如下几点认识。

第一，宋代画工以卖画为生已是普遍的社会现象，它标志着宋代画制作的商品化已发展成为一种趋势。而画工间的同行竞争、赝品充斥市场和牙侩出现于画的买卖活动中，则从不同的侧面反映了画制作的商品化趋势的纵深发展。

第二，宋代商品画的流向表明，绘画艺术的服务对象有两类：一类是为皇家贵族和势官豪户的玩赏收藏服务，一类是直接为中小工商业者（酒店茶坊）和普通市民百姓的文化消遣服务。值得注意的是势官豪户收藏的绘画作品常常以变卖财产的形式进入流通，这是宋代空前发展的商品经济直接作用于画市场的一种反映。

第三，宋代画的买卖活动主要集中在大中城市或商业集散地。画买卖的形式以店铺贸易为主，行商贩卖（集市）为辅。至于高利贷者经营典当买卖则是一种特殊的形式。

第四，宋代商品画的最高售价，目前见于史载的北宋时期为 700 贯，南宋时期为 1750 贯。画的价格在某种程度上能够反映社会对绘画艺术风格的价值取向。

_____

① 曾慥《高斋漫录》，第 107 页。

最后看一下画市场对宋代绘画艺术的发展有什么影响，这个问题涉及面较广，这里只谈一点看法。虽然在宋代文人士大夫阶层仍视"画工技之至贱"①，"士夫以此为贱者之事，皆不屑为"②，但是画工靠出卖自己的作品为生则表明他们的身份已比较自由，经济地位有了明显提高，与前代类似于人身依附关系极强的寒人、巫隶之辈的画工不可同日而语。这一点很重要，因为从社会发展史的角度来说，人类总是沿着由必然王国向自由王国过渡的道路向前发展，社会劳动生产者的人身依附关系的每一次改善或减轻，都成为社会进步的动力和路标。所以，画工经济地位的提高、身份较自由，在一定意义上使得他们自由创作绘画艺术成为可能。唯其如此，他们才会突破汉魏以来描绘宗教和上层社会生活的框子，而迎合世俗的审美情趣，去关注和洞察市民生活的各个方面，如货郎、村医、村学、骡车运粮等，从而创作出反映不同阶层心态要求的社会风俗画卷。唯其如此，他们才会有较多的时间饱览祖国的名山大川，乃至一草一木、一花一石，从而创作出前无古人后无来者的山水画和花鸟画。

原刊于《美术史论》1993 年第 1 期

---

① 谢逸《溪堂集》卷八《上南城饶深道书》，第 6 页。
② 赵希鹄《洞天清禄集·古画辨》，第 1552 册，第 28 页。

宋、明税源与财政供养人员规模比较

一、引　　言

汉唐以降，宋朝和明朝是汉族建立的王朝，元朝和清朝则是少数民族建立的王朝。宋和明在文化传承上有更多的相近，在政府干预经济方面却表现出很大的不同，甚至有人说宋朝是"大政府"，明朝是"小政府"①。对于这种说法，迄今未见有专文论述，本文不揣谫陋试做讨论。讨论所谓的大政府和小政府主要是从政府干预经济的角度着眼，包括两个层面：一是政府能力等同于政府实际实现的干预程度，以及政府希望达到的干预程度，具体地说就是财税汲取能力；二是财政供养人员占人口比重和公共财政支出的比重。

政府一词的含义，在不同时期、不同语境下存在不同层次的意涵。宋代所称政府，在北宋前期一般指中书门下，"时范文正公在政府，富郑公在枢府"②，帝尝召二府对资政殿，出手诏策以时事，庠曰："两汉

---

① 《剑桥中国明代史》的编纂者就称明代政府为"大社会政府"（即小政府），［美］牟复礼、［英］崔瑞德编，杨品泉等译：《剑桥中国明代史》（上），中国社会科学出版社2007年版，第92页。

② 苏辙：《龙川别志》卷下，第88页。

对策，本延岩穴草莱之士，今备位政府而比诸生，非所以尊朝廷，请至中书合议条奏。"① 宋神宗"诏三司，始立《诸仓丐取法》。……凡更定约束十条行之。其后内则政府，外则监司，多仿此法"②。元丰改制以后，三省聚议朝政之所，代替旧政事堂职能，称作都堂，简称政府。"宰执奏陈自谦之词，曰：'臣待罪政府。'"③ 明朝称政府则多指内阁、六部："何鉴绾中枢，能任诸将灭贼，盖其时杨廷和在政府，阁部同心，故克奏效云尔。"④ "武宗之季，君德日荒，嬖幸盘结左右。廷和为相……自时厥后，政府日以权势相倾。"⑤ "道周曰：'我朝自罗伦论夺情，前后五十余人，多在边疆。故嗣昌在边疆则可，在中枢则不可。在中枢犹可，在政府则不可。止嗣昌一人犹可，又呼朋引类，竟成一夺情世界，益不可。'"⑥ 显然，宋、明时期指称的政府主要是执行国家权力和皇帝旨意的中央行政机构。本文所言政府不完全等同于现代意义包含的行政、立法和司法的国家公共权力机关，而是与"朝廷"相近，即在皇帝制度下对宫廷、中央政府等统治机构的总称。

二、宋、明田赋税源比较

一定数额的捐税既是国家赖以生存的基本条件，也是国家干预经济的重要表现。透过税源的扩大与否，是观察政府"大"或"小"的一个窗口。

宋代的财税来源可分为田赋税和工商税收（包括杂税和专利收入）

---

① 脱脱：《宋史》卷二八四《宋庠传》，第9591页。
② 脱脱：《宋史》卷一九九《刑法志一》，第4977页。
③ 赵升：《朝野类要》卷四，第91页。
④ 张廷玉：《明史》卷一八七《何鉴传》，第4971页。
⑤ 张廷玉：《明史》卷一九〇《杨廷和传》，第5053页。
⑥ 张廷玉：《明史》卷二五五《黄道周传》，第6599页。

两大部分。田赋税"有谷、帛、金铁、物产四类",分夏秋两季征收,夏税以大小麦为主,秋季则以粟米和稻米为主。其所收税物品类繁伙,既有男耕女织的小农经济生产的基本农产品与手工业产品,又有数量不大,而品种繁杂的土特产。① 在宋朝的财税结构中,工商税收(包括杂税和专利收入)是其主要来源。

明朝的财政主要有四个来源:一、农业税,所有被开发的土地,不管粮、棉、油、茶、桑或其他作物,政府均征收田赋;二、商业税,所有日用商品,只要进入流通,一般都要征过往税和营业税;三、财产和人丁税,这种税有些通过服役来体现,有些则通过交税来免役;四、各种地区性的土产及临时性的加派;等等。其中,又以建立在农田基础上的农业税为主要税源。②

宋、明两代的财税在形式、种类上都是承袭唐两税法之后发展变化而来,因此具有很大的相似性。在两税中,宋、明间可以进行有价值比较的是粮食。北宋时,北方以粟、麦、稻米为主,南方是稻米、麦;南宋则是稻米与麦。明代主要是米麦。夏季以麦为主,秋季以米为主。由于宋代自宋哲宗朝以后至南宋,缺少全国的统计数据,为了有相对的可比性,下面主要选择北宋的 4 个统计数据与明代相应的 4 个统计数据进行比较。这种比较只是一种大致情况的说明,很难说有多大的精确性。因为评估时涉及宋、明的土地、户口数③,而这两个方面的现存记录都

---

① 漆侠:《宋代经济史》,氏著:《漆侠全集》第 3 卷,第 383—387 页;王曾瑜:《宋朝的两税》,氏著:《锱铢编》,河北大学出版社 2006 年版,第 335—380 页。

② 参见唐文基《明代赋役制度史》,中国社会科学出版社 1991 年版;李龙潜《明清经济史》,广东高等教育出版社 1988 年版;杜婉言、方志远《中国政治通史·明代卷》,人民出版社 1996 年版;黄仁宇《十六世纪明代中国之财政与税收》,三联书店 2001 年版。

③ 参见吴松弟《宋代户口调查统计制度研究述评》,包伟民主编《宋代制度史研究百年(1900—2000)》,商务印书馆 2004 年版,第 295—327 页;漆侠主编《辽宋西夏金代通史三·社会经济卷》(上),人民出版社 2010 年版,第 94—101、206—215 页;王毓铨主编《中国经济通史·明代经济卷》,中国社会科学出版社 2007 年版,第 29—64 页;曹树基《中国人口史》第 4 卷(明时期),复旦大学出版社 2000 年版;李德甫《明代人口与经济发展》,中国社会科学出版社 2008 年版。

有很大问题，即隐漏、不实。宋、明两税是重要的赋税收入之一，分夏、秋两次输纳，是适应于当时的耕作制度的，而南方与北方的夏秋税物品类，又有所差异。在这里参照学界讨论的意见列成下表：

表1

年代	户数[1]	垦田数[2]	岁收谷（石）	平均每顷税收（石）
至道三年（997）	4 132 576	3 125 251.25	2 171万	6.9
天禧五年（1021）	8 677 677	5 247 584.32	2 278万；（3 458余万[3]）	4.34；（6.6）
治平元年（1064）	12 489 481	4 400 000	26 943 575	6.12
元祐元年（1086）	17 957 092	4 616 556（借用元丰数据）	24 450 000[4]	5.2

注：1. 吴松弟：《中国人口史》第3卷（辽宋金元时期），复旦大学出版社2000年版，第347—348页。

2. 漆侠：《宋代经济史》，《漆侠全集》第3卷，河北大学出版社2008年版，第56页。

3. ［宋］章如愚：《群书考索》后集卷六三。

4. 汪圣铎：《两宋财政史》，中华书局1995年版，第687—692页。

表2

年代	户数[1]	垦田数（顷）	粮食[2]	平均每顷税收（石）
洪武二十四年（1391）	10 684 455	3 874 746[3]	32 789 800（42 626 740）	8.46（11）
弘治十五年（1502）	10 409 788	4 292 330[4]	27 707 885（36 020 251）	6.45（8.58）
万历十年（1582）	10 030 241	740多万[5]	28 369 247（36 880 021）	3.4（4.42）
天启年间（1621—1627）	9 835 426	7 439 319[6]	25 793 645（30 000 000）[7]	3.8（3）

注：1. 梁方仲：《明代户口田地及田赋统计》，《梁方仲文集·明清赋税与社会经济》，中华书局2008年版，第7、19、27、24页。

2. 梁方仲：《明代户口田地及田赋统计》，《梁方仲文集·明清赋税与社会经济》，第7、19、27、24页。

3. 参见高寿仙《明代农业经济与农村社会》，《明代历朝田赋数额变化表》，黄山书社2006年版，第19页；梁方仲《中国历代户口、田地、田赋统计》，《梁方仲文集·明清赋税与社会经济》，第185—199页。又：王其榘认为当时各类官民田土合计六百万顷左右，参见王其榘《明初全国田土考》,《历史研究》1981 年第 4 期。

4. [清] 王作榗:《后湖志》卷二《事迹·黄册事产》。洪武二十六年,《诸司职掌》、《后湖志》与《大明会典》所载,皆为 850 万顷左右;弘治十八年至隆庆五年,《明实录》、《后湖志》所记均为四百余万顷。分歧集中于弘治朝,共有三种说法:《明实录》作八百多万顷(十八年以前);《万历会计录》《大明会典》记为六百多万顷;《后湖志》与霍韬《修书陈言疏》作四百多万顷。

5. 高寿仙:《明代农业经济与农村社会》,《明代历朝田赋数额变化表》,第 19 页。

6. 参见高寿仙《明代农业经济与农村社会》,《明代历朝田赋数额变化表》,第 19 页;梁方仲《梁方仲文集·中国历代户口、田地、田赋统计》,第 185—199 页。

7. 在有明一代的二百多年间,虽然田亩的统计数字经常大起大落,但是赋税收入(包括军屯子粒)几乎年年都在三千万石上下(王毓铨主编《中国经济通史·明代经济卷》(上),第 63 页)。

　　从上述数据的对比当中,可以清楚看到明代的田赋税比宋朝轻许多。[①] 这里有几点相关问题需要说明:一是宋明量制。明略大于宋,宋一石约相当于今 67 000 克(67 公斤)[②],明代一石约相当于今 102 250 克(102 公斤)[③],这表明明代征收的粮食,不论是总额还是实际绝对总量,都高于宋朝,也说明明代的粮食产量大大高于宋朝。但每顷征收的田赋税率,明朝前中期略高于北宋前中期。宋朝田赋税率指数比较稳定,明朝后期田赋税率明显减轻。

　　二是从上述统计来看,宋的耕地面积自太祖朝约 295 万顷至宋真宗天禧五年增加到接近 525 万顷——这是见于统计的最高数据,此后到宋仁宗后期降到 228 万顷,到宋神宗元丰时期恢复到 462 万顷。[④] 而明朝自太祖末年约 380 多万顷,其后官方统计数据一百多年徘徊在 400 多万顷,到明孝宗时达到 827 多万顷,明神宗时最高数据是 1 161 万多顷,

---

① 黄仁宇对明代税率有综合分析,其结论是:"按照地方正常的粮食价格估算,税收不超过产量的 10%",参见黄仁宇《十六世纪明代中国之财政与税收》,三联书店 2001 年版,第 226 页。

② 郭正忠:《三至十四世纪中国的权衡度量》,中国社会科学出版社 1993 年版,第 351 页。

③ 吴慧:《中国历代粮食亩产研究》附录《古今度量衡亩的比较》,农业出版社 1985 年版,第 235 页。

④ 马端临曾以宋的田亩十之七不加赋,来推论宋真宗时耕地面积应该是 3 000 万亩,漆侠先生也从赋税隐漏推算宋神宗时耕地面积达 700 多万顷。这些数据都是推算,有一定道理,但同样的情况明代也存在,所以官方的统计只是有比较价值的数据。

明熹宗时亦有 743 万多顷。① 明代不仅国土面积大于宋朝，官方统计的耕地数高于宋朝将近一倍。

三是明代亩产比宋代有较大提高。宋朝北方亩产平均值大致是 1 石，南方大致为 2 石。② 明代浙江地区"田中之获，卒岁之收不过亩四石"，松江府膏腴田"每岁收米可得三石"，瘠田"常破一石"③。如果再考虑明代量制大于宋代量制的情况，明代的亩产高于宋代毋庸置疑。④

四是如果按照现存官方户口统计明代中后期户均赋税与北宋后期持平，但是考虑到北宋哲宗以后至南宋全国赋税征收呈递增的趋势（详见后论），且南宋户口官方统计与明代相仿，即在 1 100 万户以上，那么宋朝民众承担的赋税负担则高于明朝。如果按现今学者估计明代中后期人口达到 1.9 亿至 2 亿，北宋后期 1 亿人口，则明代民众的赋税负担较宋代民众轻许多。

五是宋、明两朝政府征收的两税额，按照当时人的说法基本上是秉承"什一税"的原则。宋代农田二税一般是什一而税，实际上"田制不立，圳亩转易，丁口隐漏，兼并冒伪，未尝考按，故赋入之利视前代为薄。丁谓尝言：二十而税一者有之，三十而税一者有之"⑤。沈括记载："亩税一斗者，天下之通法。"⑥ "大率中田亩收一石输官一斗"，⑦ 今人研究也是"各地每亩两税额大都是按亩税一斗的标准制订的。"⑧

① 梁方仲：《明代户口田地及田赋统计》，《梁方仲文集·明清赋税与社会经济》，第 26—27 页。近期学者估计明神宗万历时田土总计 840 余万顷，明后期耕地面积当为 1 000 万顷上下（王毓铨主编：《中国经济通史·明代经济卷》（上），第 60—64 页）。
② 漆侠主编：《辽宋西夏金代通史三·社会经济卷》（上），第 214—215 页。
③ 王毓铨主编：《中国经济通史·明代经济卷》（上），第 161 页。
④ 按保守的估计，明代后期江南的亩产量，比宋代大约增加了 50% 以上（高寿仙：《明代农业经济与农村社会》，《前言》，第 2、78 页）。
⑤ 《宋史》卷一七四《食货志》，第 4206 页。
⑥ 沈括：《梦溪笔谈》卷九，《沈括全集》（中编）卷四一，第 353 页。
⑦ 张方平：《乐全先生文集》卷一四《税赋论》，第 728 页。
⑧ 参见王曾瑜《宋朝的两税》，氏著《锱铢编》，第 335—381 页。

朱元璋称吴王时所定"赋税十取一"① 原则，在后来大致得到遵守，"国家夏秋二税各色课程，未尝过十一之制。"② 但是从上面的统计来看显然远没有达到什一税，宋代最高的数据也是每石六升多一些，而明则是二十税一。这说明宋、明两朝在政府正规征收赋税上是严格贯彻了什一税原则的。

三、宋、明工商税源比较

如果说宋、明两朝政府在田赋税汲取上，不论是制定什一税原则，还是实际征收的税率，都有其相似性的话，那么在工商税收方面的政策和作为上，宋、明之间却是大相径庭。宋朝恐怕是中国历代王朝自始至终唯一一个对绝大多数重要商品奉行专卖和高压垄断控制的政府。用朱熹批评王安石的理财政策"乃汲汲以财利兵革为先务"，来形容宋朝政府对工商税收的主导思想是非常贴切的。

宋朝政府干预商品经济产销的表现有三：一是征榷范围广，"自此山海之入，征榷之算，古禁之尚疏者，皆密焉。"③ "诸称'禁物'者，榷货同；称'榷货'者，谓盐、矾、茶、乳香、酒、曲、铜、铅、锡、铜矿、鍮石。"④ "山泽有产，天资惠民。自兵食不充，财臣兼利，草芽木叶，私不得专，封园置吏，随处立笔。一切官禁，人犯则刑，既夺其赀，又加之罪，黥流日报。"⑤ 尤其是盐、茶、香料、酒、矾等大宗事关民生的商品，"宋自削平诸国，天下盐利皆归县官。官鬻、通商，随

① 张廷玉：《明史》卷七八《食货志》，第 1894 页。
② 《明孝宗实录》卷四六，弘治三年十二月辛酉，《明实录》第 7 册，第 927 页。
③ 曾巩：《元丰类稿》卷四九《本朝政要策·管榷》，第 536 页。
④ 谢深甫监修：《庆元条法事类》卷二八《禁榷门一·榷货总法》，第 380 页。
⑤ 李焘：《长编》卷一一八，景祐三年三月丙午，第 2779 页。

州郡所宜，然亦变革不常，而尤重私贩之禁。"① "宋榷茶之制，择要会之地，'为榷货务六'，'官自为场，置吏总之'，'岁课作茶输租，余则官悉市之。其售于官者，皆先受钱而后入茶，谓之本钱。又民岁输税愿折茶者，谓之折税茶'，'其出鬻皆就本场'。'岁如山场输租折税'，'悉送六榷务鬻之'"。② "宋之经费，茶、盐、矾之外，惟香之为利博，故以官为市焉。"③ "宋榷酤之法：诸州城内皆置务酿酒，县、镇、乡、闾或许民酿而定其岁课，若有遗利，所在多请官酤。三京官造曲，听民纳直以取。"④

二是专卖法在宋代法典中的地位空前提高。据戴建国先生的研究，《庆元条法事类》所载宋《卫禁敕》中关于禁榷的条款比较完整地保存在《榷禁门一》中，内又分"榷货总法"、"茶盐矾"、"酒曲"、"乳香"、"铜石铅锡铜矿"五个类目，共有35条《卫禁敕》，占残本《卫禁敕》总数的64.8%，这一数字体现了专卖法在宋代新增刑敕中的重要性。"从传世的《庆元条法事类》来看，宋代立法官并没有把茶盐等专卖法收入《贼盗》篇和《杂》篇，却是放在《卫禁》篇。这一结果，实在是因专卖法的重要性使然。在统治阶级看来，榷禁法的财政收入支撑起了国家专制集权统治的经济基础，有着与警卫皇帝、保护皇室安全同等重要的意义，成为维护国家政权安稳不可或缺的重要屏障。《卫禁》篇在整部唐律和《宋刑统》分则里，位居首位，其设置的宗旨是保卫皇帝及其陵庙安全，是关乎国家政权安稳的第一要务。立法官将专卖法收入《卫禁》篇，将专卖法视为与保卫皇帝及其陵庙安全同等重要，关乎国家政权稳定的法律，而不是当作一般的贼盗律。专卖法入《卫禁敕》，充分显示了宋政权对专卖法的高度重视。"⑤

---

① 《宋史》卷一八一《食货志》，第4413页。
② 《宋史》卷一八三《食货志》，第4477页。
③ 《宋史》卷一八五《食货志》，第4537页。
④ 《宋史》卷一八五《食货志》，第4513页。
⑤ 戴建国：《唐宋专卖法的实施与律令制的变化》，《文史哲》2012年第6期，第80页。

三是南宋政府在干预经济，实施专利政策方面，比北宋更变本加厉。南宋虽不到北宋国土面积的三分之二，但是它的赋税收入，不论是当时士大夫还是现今学者都认为南宋的赋税征收重于北宋。宋孝宗时期人陈傅良说："方今版图仅及承平之半，而赋入过宣和之数。"① 宋宁宗嘉泰时臣僚说："绍熙初元，户部、台谏尝有奏陈，谓承平之时，收天下全盛之财赋，而大农支费，反不如今日之多！"② 叶适曾尖锐地指出：

> 尝试以祖宗之盛时所入之财，比于汉唐之盛时一再倍。熙宁、元丰以后，随处之封桩，役钱之宽剩，青苗之结息，比治平以前数倍；而蔡京变钞法以后，比熙宁又再倍矣；王黼之免夫至六千余万缗，其大半不可钩考。然要之渡江以至于今，其所入财赋，视宣和又再倍矣。是自有天地，而财用之多未有今日之比也。③

宋朝政府对商品经济产销采取的主要措施和特点有如下几项：

其一，广设监当官。凡监临诸场、院、库、务、局、监等各种税收（如盐、茶、酒、竹木、房租、商税）、库藏（如粮料院、市舶库、军资库、甲杖库、籴纳库、支盐库、苗米仓）、杂作（如都作院、作院、船场、冶铸监场）、专卖（如酒务、都盐场、酒曲务、合同茶场、矾场）事务官，总成监当官，多由选人、使臣差充，也有京朝官责降为监当官者。从京府至诸州、府、军、监以及诸县、镇，布满了名目繁多的监当官，构成了宋代一支庞大的财、税官僚队伍，将触角伸向全国各地。有税收、专卖课利收入的场、务，每年有承包定额，年终依据超额抑或亏损，定其赏罚。④

---

① 马端临：《文献通考》卷二三《国用考一》。
② 徐松辑：《宋会要辑稿》食货五六之七四，第 5809 页。
③ 叶适：《水心别集》卷一一《奏议财总论二》，氏著：《叶适集》第三册，第 773 页。
④ 谢维新：《古今合璧事类备要·后集》卷八一《监当门·总监当》引《哲宗正史职官志》，第 391—392 页。

其二，立祖额比较殿最。宋代工商业税收中诸课利场务的"祖额"，是考课地方官吏和监当官政绩的重要标准。其目的在于督促他们着力经营课利上供，从而保证官府获取较为稳定的工商业税收。大中祥符六年（1013）七月诏："茶盐酒税及诸物场务，自今总一岁之课合为一，以祖额较之，有亏损则计分数。其知州军、通判、减监临官一等区断。大臣及武臣知州军者，止罚通判以下。"① 南宋时亦如此。《庆元条法事类》载有"酒税务各具租（祖）额并递年及本年收诸色课利逐色若干"，并附有"某官职姓名任内"表登记入档。诸课利场务所立祖额，随各地课利收入增减的情况，在三年或五年期内作适当的调整，即所谓的"酌中之法"。"祖额"的确定，由诸课利场务逐级向转运司申报日、月、年的实际收到数额，然后由三司或户部汇总，提出具体的立额方案，请皇帝裁定，以诏令形式颁行，祖额的实行便具有法定的意义，否则即被视作违法。这种事前确立计划指标的程序，是官榷和征市制的重要特点。宋的专卖政策是以攫取最大专卖利润为宗旨，故而采取鼓励多生产、多销售、多消费，"惟恐人不饮酒"② 是最好的写照。北宋初至宋徽宗茶法和盐法屡变，其中最主要的原因就是摸索国家与商人如何瓜分专卖的利润，亦即摸索国家分得利益最大化的方法和途径。

其三，赏格法奖励机制鼓励生产销售。赏格法最早行于元丰七年（1084），故又称作元丰赏格法。以酒坊场为例，其内容是以所增课额中2厘赏给酒务监官，1厘赏给酒务专匠，用作奖励增加酒务岁课的一种手段。"今茶盐酒税监当之官，法已详矣。登格者有赏，亏损者有罚。人非木石，谁不自励。"③

其四，利用市场机制推行专卖，买扑制广泛存在于宋代经济的各个领域，如买扑墟市、买扑税场税铺、买扑江河津渡、买扑祠庙、买扑陂

---

① 李焘：《长编》卷八一，大中祥符六年七月辛亥，第1842页。
② 吕祖谦：《历代制度详说》卷六《酒禁制度》，第94页。
③ 华镇：《云溪居士集》卷二四《上西京运使李龙图书》，第303页。

塘、官营田地、官卖户绝田、盐、酒、醋、坑冶。① 买扑制实际上是一种包税制，"所谓扑买者，通计坊务该得税钱总数，俾商先出钱与官买之，然后听其自行取税，以为偿也。"② 由官府核计应征数额，招商承包。包商（即买扑人）缴保证金于官，取得征税之权。后由承包商自行申报税额，以出价最高者取得包税权。以买扑酒坊场为例，大致有四个特点：（1）买扑者一般为豪右大户和坊郭大姓；（2）买扑者与官府按"要挈"规定办事；（3）买扑者只获特定地区内酒类的专卖权；（4）买扑者自负盈亏，按时纳课或偿以罚钱。③

宋政府为增加专卖收入，采取一切可以利用的市场竞争方式，如设法卖酒，就是利用妓女襄助经营，刺激消费而达到增加税收的一种方法。"今用女倡卖酒，名曰设法。"④ 这种方法至迟在宋仁宗时就已出现，当时士大夫对官府令女伎佐酒颇有微词。"朝廷设法卖酒，所在官吏遂张乐集妓女以来小民，此最为害。"⑤ 但在攫取巨大财力的驱动下，熙丰以后至南宋广为流行。南宋临安府点检所十三官酒库"诸库皆有官名角妓就库设法卖酒，此郡风流才子欲买一笑，则径往库内点花牌，惟意所择，但恐酒家人隐庇推托，须是亲识妓面，及以微利啖之可也"。⑥ 明人凌濛初亦说："宋时法度，官府有酒，皆召歌妓承应，只站着歌唱送酒，不许私侍寝席。"⑦ 由此可见，宋政府为增加专卖收入不择手段之一斑。

① 参见杨永兵《近30年来宋代买扑制度研究综述》，《中国史研究动态》2009年第10期，第19页。
② 丘濬：《大学衍义补》卷三二，"宋太祖开宝三年令扑买坊务者收抵当"，第413页。
③ 李华瑞：《试论宋代榷酒制度中的买扑形式》，《西北师大学报》1991年第1期，第17页。
④ 王懋：《野客丛书》卷一五《设法》，第216页。
⑤ 杨时：《龟山先生文集》卷一〇《荆州所闻》，第362页。
⑥ 吴自牧：《梦粱录》卷一〇《点检所酒课》，第188页。
⑦ 凌濛初：《二刻拍案惊奇》卷一二《硬勘案大儒争闲气，甘受刑侠女著芳名》，第266页。

其五，严密的管理和严打走私（划分地分即专卖区）。譬如，禁限私酒通常包括两个方面的内容：一是以立法的形式禁止官府特许和允许之外的酤酿行为；二是缉查打击业已出现的私酒活动。①

宋政府干预经济的第一个结果是货币收入数额大大增加。这从李心传的记载中，可得到有力的佐证。

国朝混一之初，天下岁入缗钱千六百余万，太宗皇帝以为极盛：两倍唐室矣。天禧之末，所入又增至二千六百五十余万缗。嘉祐间，又增至三千六百八十余万缗。其后月增岁广，至熙丰间，合苗役易税等钱，所入乃至六千余万。元祐之初，除其苛急，岁入尚四千八百余万。渡江之初，东南岁入不满千万，逮淳熙末，遂增六千五百三十余万焉。今东南岁入之数，独上供钱二百万缗，此祖宗正赋也。其六百六十余万缗，号经制，盖吕元谊在户部时复之。七百八十余万缗，号总制，盖孟富文秉政时创之。四百余万缗，号月桩钱，盖朱藏一当国时取之。自经制以下钱皆增赋也。合茶盐、酒算、坑冶、榷货、籴本，和买之入，又四千四百九十余万缗，宜民力之困矣。②

表 3　南北宋各个时期中央货币岁收表

时间（北宋）	数额（缗、贯）	时间（南宋）	数额（缗、贯）
太平兴国五年（980）	1 600 余万	建炎末、绍兴初（1130—1131）	3 000 万左右
至道三年（997）	2 224 万	绍兴末期（1161—1162）	8 000 万

---

① 详见李华瑞《宋代酒的生产和征榷》第六章，河北大学出版社 2001 年版，第 109—144 页。

② 李心传《建炎以来朝野杂记》，甲集卷十四《财赋一·国初至绍熙天下岁收数》，第 289 页。

时间（北宋）	数额（缗、贯）	时间（南宋）	数额（缗、贯）
景德间（1004—1007）	1 550 万	乾道间（1165—1173）	7 000 万以上
天禧五年（1021）	2 653 万	淳熙末期（1189）	8 000—8 200 万
庆历间（1041—1048）	4 500 万	淳熙末—绍熙间（1189—1194）	8 000 万以上
皇祐间（1049—1054）	3 900 万	嘉泰、开禧间（1201—1207）	10 650 万
嘉祐间（1056—1063）	3 680 万	淳祐间（1241—1252）	12 000 万以上
治平间（1064—1067）	4 400 万[1]	咸淳间（1265—1274）	2 551 万以上
熙宁间（1068—1077）	5 060 万		
元丰间（1078—1085）	6 000 万		
元祐元年（1086）	4 800 万		
政和间（1111—1118）	5 000 万		

资料来源：参见全汉昇《唐宋政府岁入与货币经济的关系》，氏著《中国经济史研究》（一），中华书局 2011 年版，第 169—205 页；郭正忠《两宋城乡商品货币经济考略》，经济管理出版社 1997 年版，第 349、385 页。

注：1. 一说 6 000 万，详见［宋］陈襄：《古灵集》卷一八，《论冗兵札子》。

宋政府干预经济的另一个结果是工商税收超过农业税。贾大泉先生认为："太宗至道末年赋税总入为 3 559 万贯。其中农业二税为 2 321 万贯，约占 65%，茶、盐、酒、商等税入为 1 238 万贯，约占 35%，二税收入占国家财政赋税收入的主要部分。真宗天禧末年赋税总入为 5 723 万贯，二税为 2 762 万贯，占 48%，其他税入为 2 936 万贯，占 52%，开始超过二税的收入。神宗熙丰年间赋税总入为 7 070 万贯，二税为 2 162 万贯，占 30%，其他税入为 4 911 万贯，占 70%。即国家财政 2/3 以上来自农业二税以外的赋税收入。"[1] 先师漆侠先生认为："南宋两税在财政结构中所占比重越来越小，北宋仁宗时尚占百分之五六十，而南

---

① 贾大泉：《宋代赋税结构初探》，《社会科学研究》1981 年第 3 期，第 52 页。

宋则下降为 20.4%（绍兴末年）和 15.3%（淳熙末年），这是两宋赋税制度，国家财政结构中的再一重大变化。"①

从赋税结构来看，明代自始至终以农业田赋税为主，约占全部财政收入的 5/6，工商业税收比重较小。② 明代对生产要素之控制，主要是在土地方面。"关市之征，宋、元颇繁琐。明初务简约，其后增置渐多，行赍居鬻，所过所止各有税。"③ "况于茶课盐虽前代所倚以侵渔者，亦且从而罢之矣。"④ 丘濬很自豪地说："我朝于酒课，不设务，不定额，民之开肆者，即报官纳课，罢肆即已，姑为之禁而已，未尝藉此以为经费如唐宋然也。""我朝不立酒曲务，而惟摊其课于税务之中，而醋则自来无禁。凡唐宋以来苛征酷敛，一切革之，其取于民也，可谓宽矣。""本朝捐茶利予民，而不利其入。凡前代所谓榷务、贴射、交引、茶繇，诸种名色，今皆无之。""我朝坑冶之利，比前代不及什之一二。"丘濬针对"元史额外之课凡三十有二"议论道："其利最广者，盐法、茶法、商税、市舶四者外，此又有所谓额外课，凡三十二。谓之额外者，岁课皆有额，而此课不在其额中也。呜呼，元有天下，其取之民课额之名目乃至如此之多，当时之民其苦，可知也。我朝一切削去十存其一二。"⑤

---

① 漆侠：《宋代经济史》（上），氏著：《漆侠全集》第 3 卷，第 444 页。

② 黄仁宇估计 16 世纪后期，田赋收入在并入许多杂项税目后，总计约银 2 100 万两，役银 1 000 万两，盐课收入 200 万两，加上包括工商税在内的各项杂税 378 万两，"维系帝国的运作，3700 万两白银并不算很充足"（［美］黄仁宇著，阿风、许文继、倪玉平译，《十六世纪明代中国之财政与税收》，九州出版社 2011 年版，第 337 页）。

③ 张廷玉：《明史》卷八一《食货志》，第 1975 页。

④ 章潢：《图书编》卷九〇《赋役版籍总论》，第 971 册，第 712 页。

⑤ "元有额外课。谓之额外者，岁课皆有额，而此课不在其额中也。然国之经用，亦有赖焉。课之名凡三十有二：其一曰历日，二曰契本，三曰河泊，四曰山场，五曰窑冶，六曰房地租，七曰门摊，八曰池塘，九曰蒲苇，十曰食羊，十一曰获苇，十二曰煤炭，十三曰撞岸，十四曰山查，十五曰曲，十六曰鱼，十七曰漆，十八曰醋，十九曰山泽，二十曰荡，二十一曰柳，二十二曰牙例，二十三曰乳牛，二十四曰抽分，二十五曰蒲，二十六曰鱼苗，二十七曰柴，二十八曰羊皮，二十九曰磁，三十曰竹苇，三十一曰姜，三十二曰白药。"（宋濂：《元史》卷九四《食货二》，第 2403 页）

虽然明代没有实行宋代的专利制度，但是明代也绝非丘濬所夸耀的那样宽厚。实际上，明代对工商税收有严格的管理制度。在府设税课司，在县设税课局，市镇设分司、分局，在水陆交通关津设立竹木抽分局，共有课税司局 400 多处。"凡府州县税课司局、河泊所，岁办商税、鱼课，并引由契本等项课程，已有定额，其办课衙门所办钱钞、金、银、布绢等物，不动原封，年终具印信文解明白分豁存留起解数目，解赴所管州县。其州县转解于府，府解布政司，布政司通类委官起解于次年三月以里到京"，① 以备国用。不仅明令"天下府州县镇店去处，不许有官牙私牙，一切客商应有货物照例投税之后，听从发卖"，而且对私茶、私矾、匿税、舶商匿货、人户亏兑课程等都有严厉的制裁律令。② 同时，明代对生产资料和生活资料等商品征税的名目日趋增多。

从《明会典》看明代前中期"各色课程（依本处原办课额开报）"，有 28 项课岁办，③ 但实际上州县征税远不止此。景泰二年（1451），京师大兴、宛平二县"收税则例"所载商品即达 230 种。④ 对这么多商品征税大大超过宋初以来的规定："自今除商旅货币外，其贩夫贩妇细碎交易，并不得收起算。当算之物，令有司件析，颁行天下，揭于板榜，置官宇之屋壁，以遵守。"⑤ 虽然在实际生活中"甚者借内藏，率富人出钱，下至果菜，皆加税"⑥，"今关市之征，庚于古矣。鱼薪蜃蛤，匹夫匹妇之利皆征之"⑦，但这种琐细的商品税收属于横征暴敛，不是宋代商税则例中的规定。显而易见，明代商业税种超过宋代。

---

① 申时行：《明会典》卷三〇《户部十七·库藏一》，第 543 页。
② 《明会典》卷三五《户部二十二·商税》，第 628 页。
③ 《明会典》卷九《吏部八·田粮》，第 168 页。
④ 《明会典》卷三五《户部二十二·商税》，第 628 页。
⑤ 徐松辑：《宋会要辑稿》食货一七之一三，第 5090 页。
⑥ 欧阳修：《尚书户部侍郎参知政事赠右仆射文安王公墓志铭并序》，张春林编：《欧阳修全集》，文集卷十，中国文史出版社 1999 年版，第 856 页。
⑦ 陈舜俞：《都官集》卷二《策·厚生五》，第 1096 册，第 420 页。

有关商税税率，宋代规定大致是 5%，但实际征收大致 10%—30%。①
明代税率自十分抽一至三十抽二不等。明中期商业税种相应增加，"商
业税率基本没有提高"②。

明代对盐、茶实行专卖。从形式上看，宋、明对盐的专卖有些相似
之处，国家直接控制盐的生产，不同产地的盐种都有固定的销售区域，
宋称为"地分"，明称作"疆界"，且均有禁私盐的法律规定。明代
"开中法"与宋代"入中"有相似处，明代对于所控制的"官盐"，采
取"官运盐"和"召商运盐"两种运输形式，由于官运盐形式均由国
家（官）出资本打造官船车、征发劳役、设站等费用，其营运成本过
高。③"价格、解运办法、截止日期、未完成任务的处罚等，全都由政
府单方面决定。"④

宋、明对盐实行专卖也有不同之处。宋的直接生产者开始时是差充
劳役制，但很快成为货币雇佣关系；明代专卖工作要依靠于对生产者的
控制。灶户一旦被登记注册，就永久保留灶籍，原则上不允许改变他们
的职业和籍贯。明朝盐业生产组织，是以专办盐课的朝廷役户的形式确
立下来。在户役制的严格控制下，灶户的生产组织及生产活动，被限定
在户役制的框架之内运作。依明定制，编入灶籍的人户，必须"世守
其业"，"世代以籍为定"，不能"辄与改役"，这就是明人所说"役皆
永充"的含义。宋对盐业直接生产者的控制在不同产区有劳役关系
（在宋仁宗以后逐步削弱），也有盐税关系和货币关系。

宋、明实行盐专卖最大的不同点是明代食盐的生产定额与运销引目
的多寡，是根据天下有多少食盐人户决定的。从这一基本认识出发，架
构了"计口给盐"的食盐配给制度框架，并且形成了与国家统制盐业

① 漆侠：《宋代经济史》（下），氏著：《漆侠全集》第 4 卷，第 974 页。
② 王毓铨主编：《中国经济通史·明代经济卷》（上），《导论》，第 14 页。
③ 《中国经济通史·明代经济卷》（上），第 674 页。
④ 黄仁宇：《十六世纪明代中国之财政与税收》，第 264—265 页。

的基本政策相适应的体制。从盐运司照数批行州县岁用食盐的规定，就足以表明"计口给盐"的配给制原则，也贯穿于食盐流通及消费领域，并为有明一代历朝所遵行。① 为此，黄仁宇指出："专制制度最主要的弊病在于其用管理简单农耕社会的方法和原则施用于宏大的商业性经营管理。——盐的管理仅仅是一成不变的财政制度的一个组成部分。"② 这的确与宋代有很大不同，宋代盐业专卖在以攫取盐利最大化政策前提下，充分利用市场机制形成六种流通组合方式：（1）官收、官运、官卖式的流通结构（如官般官卖制）；（2）商收、民运、商销式的流通结构（如盐税制下的自由销售）；（3）官收、民运、商销式的流通结构（如钞引盐）；（4）官收、官运、商销式的流通结构（如买扑与铺户分销）；（5）官府监理的商收、民运、商销结构（如合同场制）；（6）商收、民运、官销式的流通结构。③

明代对茶业经济进行严格的统制，除经济上"资之以充国用"外，更重要的则以茶作为对边疆少数民族的贸易工具，即以茶易马。宋对茶的专卖，是着重于财政收入，茶利在国家财政占有重要地位，在"国家专利中占第二位"。特别是在南宋，茶利分别占宋高宗末年、孝宗时期财政总收入的4.6%和7.2%，④ 因而明代茶利在财政上的作用不能与宋相提并论。

明朝在田赋税以外的财税收入主要是盐专卖收入，1570—1580年间估计岁入200万两白银；如果26项杂税（包括工商税）全部被征收，到16世纪晚期杂项收入每年可以提供378万两白银，两大类相加大约将近600万银两。⑤ 若以这个统计数字与宋的工商、专利收入比较，其数额是相当低的。

---

① 《中国经济通史·明代经济卷》（下），第692—693页。
② 黄仁宇：《十六世纪明代中国之财政与税收》，第251页。
③ 郭正忠：《宋代盐业经济史》，人民出版社1990年版，第4—5页。
④ 漆侠：《宋代经济史》，氏著：《漆侠全集》第4卷，第786页。
⑤ 牟复礼、崔瑞德编：《剑桥中国明代史》（中译本）（下），第126—129页。

据研究宋代 1 两白银与铜钱的比价大致是：北宋前期 800 文至 1 600 文（大中祥符以前），宋仁宗康定至宋高宗绍兴大致在 2 500 文，绍兴以后大致在 3 300 文。[①]"如果把自宋至明以银表示的金价、米价和绢价下降的程度计算在一起，我们可以判断，明代白银的购买力，约为宋元时代的两倍左右。"[②] 以此，明代田赋税之外的税入大约相当于北宋前期 1 920 万贯，北宋中后期至南宋初期的 3 000 万贯；南宋时期的 3 960 万贯。也就是说，约相当于宋朝不同时期工商、专利税收的 1/2 至 1/3。考虑到南宋国土面积只有明朝万历时期约 1/4 强，人口不足 1/3 的背景，明朝的工商税收则显得更为窘迫。

由上可知，宋代政府汲取财税的能力大大高于明代。

四、宋、明开源政策不同的原因

就两税的征收税率而言，虽然宋比明高，但两朝均未超过什一税的基本原则。可是在现存的宋、明文献中谴责政府横征暴敛的记载俯拾即是，在此仅举几例：先看一看朱熹对宋朝政府的抨击：

> 夫有田则有租为日久矣，而今日民间特以税重为苦者，正缘二税之入，朝廷尽取以供军，而州县无复赢余也。夫二税之入，尽以供军，则其物有常数，其时有常限，而又有贴纳、水脚、转输之费，州县皆不容有所宽缓而减免也。州县既无赢余以给官吏、养军兵，而朝廷发下离军归正等人又无纪极，支费日增，无所取办，则不免创于二税之外，别作名色巧取于民。且如纳米收耗，则自七斗

① ［日］加藤繁：《唐宋时代金银之研究》，中华书局 2006 年版，第 373—374 页。

② 全汉昇：《宋明间白银购买力的变动及其原因》，氏著：《中国经济史研究》（二），台北，稻香出版社 2003 年版，第 106 页。

八斗以至于一倍、再倍而未止也；豫借官物，则自一年二年以至于三年四年而未止也。①

今二税之内有所谓暗耗，有所谓漕计，有所谓州用，有所谓斛面。二税之外，有所谓和买，有所谓折帛，有所谓义仓，有所谓役钱，有所谓身丁、布子钱，此上下之通知也。于二者之中，又有折变，又有水脚，又有糜费，有隔年而预借者，有重价而折钱者，其赋敛烦重，可谓数倍于古矣。然犹未也，有所谓月桩，有所谓盐产，有所谓茶租，有所谓上供银，有所谓乾酒钱，有所谓醋息钱，又有所谓科罚钱，其色不一，其名不同，各随所在，有之不能尽举。②

古者刻剥之法，本朝皆备。③

再看明代的相关记载。

明孝宗弘治八年各地发生大灾荒，马文升上书曰：

"江南兑运京仓并各衙门粮米运至京师者，每正粮一石，亦该二石之上，甚至三四石者，今年如是，明年亦如是，岁岁如是，无有了期。桑枣鬻之已空，而丝绢犹征。田亩卖之已尽，而税粮犹存，逃亡人户税粮并于现在人户代纳。收成已毕，而枵腹啼饥者，比比皆是。"④

明世宗时户部尚书许赞等应诏陈言六事之一：

"小民田赋，正额外有附余包补之数，往往十倍常供，坐是益困。……"⑤ 给事中周诗言："方今天下最苦，民贫不乐其生。臣尝吏于南北，稍知病源。大约豪宦连田阡陌，其势力足为奸欺；而齐民困于征求，顾视田地为陷阱。是以富者缩资而趋末，贫者货产而蹴庸。……"⑥

① 朱熹：《晦庵先生文集》卷一一《庚子应诏封事》，第 700 页。
② 蔡戡：《定斋集》卷五《论州县科扰之弊札子》，第 1157 册，第 610 页。
③ 黎靖德：《朱子语类》卷一一〇《朱子七》，第 2708 页。
④ 马文升：《端肃奏议》卷六《灾异事》，第 427 册，第 760 页。
⑤ 《明世宗实录》卷一四二，嘉靖十一年九月辛未，第 9 册，第 3315—3316 页。
⑥ 《明世宗实录》卷五四五，嘉靖四十四年四月丙戌，第 9 册，第 8803 页。

宋、明在这方面的相似性，很有点像朱熹提及赵鼎和张浚事迹相类的话，"《赵忠简行实》……煞有与魏公同处。或有一事，张氏子弟载之，则以为尽出张公；赵公子弟载之，则以为尽出赵公。"① 所以宋、明时期田赋税的官方统计只是其制度规定的一种反映，而实际操作则是另一回事，别有玄机。

这个玄机即是以上引文中提及，概括而言：一是大土地所有者，与官府勾结，隐漏不实，将本应交纳的赋税转嫁给中下层农户，加重他们承担赋税的数额。二是地方政府的官吏在完成朝廷的"正供"之外，为了应付日益增长的财政亏空，强征暴敛，花样翻新，巧立名目，税上加税。三是超过正常财政收入之外的开支，往往实施各种名目的摊派。事实上，自周秦已降，历代政府有一个经久不衰的法宝，没钱可以给政策，没政策可以默许，不默许可以视而不见，见到滥施权力可以开恩不罚。于是，滥用公权力的现象时有发生，各种明的、暗的收费捐纳花样百出，由此而把民力用到极限。四是唐中叶实行两税法以后，地主向政府交纳赋税，客户或佃农向租种的土地所有者交纳田租，亦即"农夫输于巨室，巨室输于州县，州县输于朝廷"。② 明代国家赋税率低于宋朝，从一个侧面与明代优容、曲从富民的程度高于宋朝是相一致的。"民田，农人受于富人，既入大半之税，县官不得更重取之，故其科也轻。"③《剑桥中国明代史》言："尽管明代政府有种种弊端，但与同时代其他大社会的政府相比，它给中国平民所加的负担显然是轻的。"④这里所讲的"平民"应是指为国家承担赋税的富民阶层和"客帮"。这是问题的一个方面。

另一方面，黄仁宇说："虽然许多学者批评明朝税收过重，但是他

① 黎靖德编：《朱子语类》卷一三一《本朝五》，第3150页。
② 王柏：《鲁斋集》卷七《赈济利害书》，第1186册，第115页。
③ 叶春及：《石洞集》卷一一《官民田论》，第1286册，第603页。
④ 牟复礼、崔瑞德编：《剑桥中国明代史》（中译本）（下），第92页。

们主要是从道德层面进行批评。他们主要关心的是揭露征收者的贪婪和民众的艰辛，而不是去探讨税收制度本身所固有的问题。他们的描述给人们造成这样的印象，那就是主要的问题都是税收过重造成的，而实际上这些困难的产生更可能是税收过低造成的。"① 这个说法很有启发意义，实际上指出了士大夫们一再抨击政府横征暴敛的真实原因之所在。譬如，官吏俸禄太薄，是明代财政的一大特点。是以利用种种机会搜刮肥私，反成了官员们的主要收入来源。②

从税源的扩大与不扩大来说，宋朝是一个地道的有为"大政府"，明朝则是一个"无能"的小政府。对于有为的宋朝大政府，宋史研究者的主流意见比较一致地反对其取民"无有艺极"和过度中央集权。③但是研究明代财政的学者在比较宋、明之后，却大力赞扬宋朝而贬低明代财政政策，其代表人物是黄仁宇。"很清楚，明朝与以前各个朝代制度相似其实是一种误解。唐宋元各代的财政结构从来没有像明代这样僵化。它们的高层政府部门也不像明代那样承担很少实施责任。明代财政管理具有收敛性（self-denying），它将其运作能力降到了最低限度，忽视了通过工商业发展来增加收入的策略，拒绝考虑民间、私人方面的帮助。财政管理总的来说是倒退，而不是进步。"④ 对于黄仁宇的观点有赞同者，也有反对者。⑤ 对于这些讨论孰是孰非，不作评论，但是笔者

① 黄仁宇：《十六世纪明代中国之财政与税收》，第 341 页。
② 刘志伟：《在国家与社会之间——明清广东地区里甲赋役制度与乡村社会》，中国人民大学出版社 2010 年版，第 112—113 页。
③ 参见漆侠《宋代经济史》、王曾瑜《宋朝阶级结构》（中国人民大学出版社 2010 年版）、汪圣铎《两宋财政史》（中华书局 1995 年版）、包伟民《宋代地方财政史研究》（上海古籍出版社 2001 年版）。
④ 黄仁宇：《十六世纪明代中国之财政与税收》，第 426 页。
⑤ 赞同意见包括：郭培《导致明朝衰亡的两个因素：财政体制与社会基层自治》，《现代财经》2010 年第 2 期；苏新红《明代太仓研究》，东北师范大学博士论文，2009 年；反对意见包括：李龙潜《也评黄仁宇著〈十六世纪明代中国之财政与税收〉》，《暨南史学》第五辑，2007 年；杜车别《关于明代赋税收入过低问题——对话黄仁宇》，《社会观察》2007 年第 9 期。有关讨论可参见高寿仙《改革开放以来的明史研究》，《史学月刊》2010 年第 2 期。

以为宋朝和明朝在"通过工商业发展来增加收入"方面是两个极端，一个能力"太强"，一个能力"太弱"。特别是考量宋朝的专利政策时，应注意在政府的管理控制与商业发展之间的关系上，以及在政府征收的工商业税收与工商业发展水平之间的关系上，并不能简单画等号。马端临在《文献通考》自序中说得好，深刻揭示了宋朝专利政策的本质：

> 善言利者，则曰山海天地之藏，而豪强擅之；关市货物之聚，而商贾擅之。取之于豪强、商贾，以助国家之经费，而毋专仰给于百姓之赋税，是崇本抑末之意，乃经国之远图也。自是说立，而后之加详于征榷者莫不以借口，征之不已，则并其利源夺之，官自煮盐、酤酒、采茶、铸铁，以至市易之属。利源日广，利额日重，官既不能自办，而豪强商贾之徒又不可复擅，然既以立为课额，则有司者不任其亏减，于是又为均派之法，或计口而课盐钱，或望户而榷酒酤，或于民之有田者计其顷亩，令于赋税之时带纳，以求及额而征榷遍于天下矣。盖昔之榷利日取之豪强、商贾之徒以优农民，及其久也，则农民不获豪强商贾之利，而代受豪强商贾之榷。有识者知其苛横，而国计所需不可止也。[1]

黄仁宇认为明朝之所以收税过低的原因是"全部财政机构深受帝国建立者经济思想的影响，也就是受到节俭的意识和认为'利'本身是一种罪恶的观念的影响。商业营利思想不可避免地与社会和国家的这种观念发生冲突，而且必然受到压制。同时，国家必须克制'国富'观念，因为国富必然意味民穷。虽然这个正统的经济认识受到以前历朝的皇帝和政治们的推崇，但似乎从来没有像明朝这样忠实地加以遵守。洪武皇帝反复强调为了纳税者的利益应该减少国家的开支，并谴责

---

① 马端临《文献通考》（第1册），《自序》，第6页。

以前历朝主张财政改革以增加国家收入的理财专家，如汉代的桑弘羊、唐代的杨炎、宋代的王安石。明代没有产生一位与上述诸人具有相同地位的改革家，这绝非偶然"①。

笔者基本赞同这个看法，需要补充的是，开源和节流两大经济主张贯穿于春秋战国以后的全部古代历史中。商鞅、桑弘羊、刘晏、杨炎、王安石都是有法家色彩的经济学家和理财高手。《盐铁论》与王安石变法时的旧党对于桑弘羊和王安石的批判如出一辙，何其相似乃尔！南宋以后王安石在政治上虽然被否定，但在思想文化上直到理宗时代才终结，明清之际的《宋元学案》是对王安石的最后清算。但在经济上王安石的经济政策一直伴随着南宋的灭亡。明代理学占统治地位，明太祖反对和憎恶王安石，所以明代的经济政策基本上是承接和贯穿了汉代文学贤良、北宋后期旧党和宋明理学的经济主张。

宋、明两朝虽然财税政策不尽相同，但财税货币化趋势则是一致的。宋朝从仁宗以后工商杂税和专利等货币收入超过田赋税，"凡盐酒征榷，一切以钱为税"，② 明代中叶"一条鞭法"使赋役的缴纳一律折收银两。财税货币化改变了民众与政府之间的关系，正如前揭马端临对宋代权利本质的分析，明代一条鞭法以折银取代亲身应役制度"在编户齐民与王朝政府之间，更多地通过货币方式来联系。但同时，一条鞭法也意味着中央集权与官僚政治的加强"。赋税货币化趋势固然与商品货币经济的发展密切关联，但更多是政府凭借市场关系和货币关系转移财政负担。梁方仲先生以为是"把国家财政赋税体制与市场商品货币流通体系的打通"，"这种赋税货币化的动力来自政府的财政体系运作的需要"，③ 是很有见识的。宋朝财税货币化趋势的动因与此相仿。

---

① 黄仁宇：《十六世纪明代中国之财政与税收》，第 288 页。
② 黄宗羲：《明夷待访录》，《财计二》，第 38 页。
③ 刘志伟、陈春声：《天留迂腐遗方大，路失因循复倘艰——梁方仲先生的中国社会经济史研究（代序）》，梁方仲：《明清赋税与社会经济》，中华书局 2008 年版，第 4、12、32 页。

五、宋、明财政供养人员规模比较

为了较准确把握宋、明财政供养比较，首先需要了解宋、明政府接受财政供给或者说依靠俸禄生活的各类人物的构成情况，也就是政府财政供养的规模，大致包括：皇帝和宗亲；后宫妇女；宦官；官和吏；军队。

1. 皇室人员由皇帝、宦官、后宫妇女构成。宋朝的统治经过 14 世 18 位皇帝。宋朝宦官从宋初至宋神宗大致控制在 50—200 人，南宋高宗朝时有 60 人，孝宗朝增至 250 人。有史乘说宋徽宗朝宦者"动以千数"，[①] 从两宋对宦官的掌控来看，这应当是非正常情况的特例；宋初后宫人数在 200 至 300 人，宋真宗时"已逾二三千人"，仁宗嘉祐时激增至 1 万人以上，宋徽宗时估计也在 1 万人以上。[②] 明朝的统治经过 13 世 16 位皇帝。明代太祖时期"置宦者不及百人。迨末年颁《祖训》，乃定为十有二监及各司局，稍称备员矣"。[③] 但明太祖依靠宦官打压文官集团的政治决策，"收天下之权以归一人"，实际上为后世宦官膨胀埋下了伏笔，洪武晚期就增加到六七百人，刚过 100 年，宪宗成化年间宦官估计已在 1 万人，到后期把北京和其他地区的宦官加起来估计高达 10 万多人，[④] 较为可靠的统计数是在北京宫中可能有 1.2 万人。[⑤] 明代初期后宫人数最高限额为 100 名，到明朝后期达 9 000 人[⑥]。

---

① 王林：《燕翼诒谋录》卷一，第 46 页。
② 庄绰：《鸡肋编》卷下，第 107 页。
③ 张廷玉：《明史》卷三〇四《宦官传》序，第 7765 页。
④ 丁易：《明代特务政治》，中外出版社 1951 年版，第 22—26 页；杜婉言、方志远：《中国政治制度通史·第九卷·明代》，人民出版社 1996 年版，第 56 页。
⑤ 牟复礼、崔瑞德编：《剑桥中国明代史》（中译本）（下），第 20 页。
⑥ 丁易：《明代特务政治》，第 24 页。

2. 皇亲贵戚、宗室人数。宋英宗"治平中，宗室四千余人"①。到南宋孝宗时，"以淳熙八年计之，三祖下合二万一千六百六十有六人。"② 今人研究宋宗室至 12 世时共计 59 495 人③；明代宗室人数，在明中期时，除未封、未名和高墙庶人外，领岁禄的宗室人数 23 995④；今人估计明代世宗嘉靖后期宗室人数超过 1 万人，明穆宗隆庆以后达 28 924 人，明神宗万历时有 62 000 人，明朝灭亡之前可能达到 22 万多人。⑤

3. 官和吏。以北宋为例，真宗景德祥符中，文武官员 9 785 人，⑥仁宋庆历年间"内外文武官通 13 000 余员"，⑦ 皇祐元年，为 17 300 人⑧，治平年间 24 000 人⑨，元丰时期 24 549 人，⑩ 政和二年 43 000 人，⑪ 宣和元年（1119）48 075 人。⑫ 南宋建立时，北方官员大多迁至南部，官员总数减少不多。据李心传统计，南宋文武官员数是：乾道年间 10 000—12 000 员，绍熙二年 33 016 员，庆元二年（1196），42 000 余员，嘉泰时 37 800 余员，⑬ 嘉定六年（1213）38864 员。⑭ 宋代的吏人数额很庞大，宋真宗初期，梅询言："减省天下冗吏。今三司总括诸路，计省十九万五千八百二人。"⑮ 这个统计数据应当包括乡村广大的

---

① 范镇：《东斋记事》卷一，第 204 页。

② 李心传：《建炎以来朝野杂记》甲集卷一，《三祖下宗室数》，第 56 页。

③ 何兆泉：《宋代宗室研究》，浙江大学博士学位论文，2004 年，第 45 页。

④ 王世贞：《弇山堂别集》卷一《宗室之盛》，第 409 册，第 9 页。

⑤ 张德信：《明代宗室人口俸禄及其对社会经济的影响》，《东岳论丛》1988 年第 1 期，第 77—82 页。

⑥ 包拯：《上仁宗乞减冗杂节用度》，《宋朝诸臣奏议》卷一〇一，第 1089 页。

⑦ 李心传：《建炎以来朝野杂记》甲集卷一二，《天圣至嘉泰四选人数》，第 249 页。

⑧ 李焘：《长编》卷一六七，皇祐元年十二月是岁，第 4073 页。

⑨ 李焘：《长编》卷三一〇，元丰三年十一月壬子，第 7517 页。

⑩ 方勺：《泊宅编》卷一〇，第 56 页。

⑪ 陈均：《皇朝编年纲目备要》卷二八，第 707 页。

⑫ 洪迈：《容斋续笔》卷四《宣和冗官》，第 270 页。

⑬ 李心传：《建炎以来朝野杂记》甲集，卷一二，《天圣至嘉泰四选人数》，第 249 页。

⑭ 王应麟：《玉海》卷一二七《建炎省官》，第 2359 页。

⑮ 李焘：《长编》卷四九，咸平四年六月癸卯，第 1063 页。

"役人"，即宋哲宗时所谓"役人止于四十二万九千余人"。① 而同时期中央政府机构按李常的说法有专职吏人 4 700 余。② 南宋初期中央政府的吏人共计 1 689 人。③ 南宋诸路吏额（役人）"如作总数二三十万人估计，应与实际出入不大"④。明代官员数额相对宋朝而言较为稳定，从明初到万历后期大致 21 200 多至 25 600 之间。⑤ 但是这个数据只是文官，不包括武职，洪武二十五年，武官 16 489 员，⑥ 成化五年（1469），"武职八万余，文职如洪武之数"⑦，这一数据直到明朝后期变化不大。由此相加明朝文武官员在明初是 40 000 人左右，成化以后文武官员则基本维持在 10 万人以上。明代吏的人数，按照洪武十三年二月在重定六部官制"凡设官、吏 548 人。其中官 105 人……吏 443 人"⑧。这里每设一官，平均相应要设 4.22 个吏。此时官与吏之比约为 1：4，这是当时官僚机构的结构形式，也反映当时行政效率的基本情况。《剑桥中国明代史》的编纂者大致以此估计"正式雇佣的吏的总人数可能接近甚至超过 10 万人"⑨。但是实际上恐不如此。据载，在京各衙门的吏数有明确记录，而在地方衙门中，因"事体繁简不同，吏典数目，多寡不一，俱不开载"⑩。沈榜《宛署杂记》载，宛平一县，职官仅五人，而吏员却达三十八人之多。⑪ 丘濬《大学衍义补》中也说："上至朝廷，

---

① 刘安世：《尽言集》卷一一《论役法之弊》，第 127 页。
② "今省、台、寺、监人吏无虑二千四百余人，百司库务又二千三四百人。"（徐松辑：《宋会要辑稿》职官五七之九五—九六，第 3699 页）。
③ 李心传：《建炎以来朝野杂记》甲集，卷一二，《省部枢密院吏额》，第 250 页。
④ 王曾瑜：《宋朝的吏户》，《涓埃编》，河北大学出版社 2008 年版，第 400 页。
⑤ 吴建华：《明代官冗与官缺研究》，厦门大学博士学位论文，2001 年，第 5—20 页。
⑥ 《明太祖实录》卷二二三，洪武二十五年十二月丙午，第 1 册，第 3270 页。
⑦ 朱国祯：《涌幢小品》卷八《设官》，第 164 页。
⑧ 《明太祖实录》卷一三〇，洪武十三年三月戊申，第 1 册，第 2067 页。
⑨ 牟复礼、崔瑞德编：《剑桥中国明代史》（中译本）（下），第 32 页。
⑩ 申时行：《明会典》卷七《吏部六·吏员》，第 144 页。
⑪ 沈榜：《宛署杂记》卷三《职官》，第 21 页。

下至州县，每一职一司，官长不过数人，而胥吏不胜其众。"① 由此可见明代的胥吏数额应大大超过 10 万人，据明末清初人侯方域估计，大县有胥吏 300 人，全国有府州县 1 600 个，则仅在外衙门就有胥吏三四十万人。②

4. 军队。北宋初期军队大致有 30 余万，中后期军队最高峰值约 141 万人，北宋后期约 85 万人，南宋时期大致维持在 60 万—70 万人。③ 明朝初年卫所军队约 120 万，④ 后卫所设置增多，常额军士最多时达二百七八十万。明朝中期后卫所制遭到破坏，实行募兵，万历四十六年，兵部尚书黄嘉善言："国家兵制，自京营及边腹主客兵一百一十六万有奇"，与明初相仿，明朝晚期大致有军队 60 多万。⑤

由上粗略统计可知，明代的宗室人数最高峰值比宋的最高峰值多出 4 倍；明代的宦官更是超过宋朝数十倍乃至数百倍；明代的宫女数与宋代相近；明代文武官员比宋朝也要高出 1—1.5 倍；明代后期胥吏数的最高值与宋代相近，但是宋朝至少有一半役人没有俸禄（详见下论），而明代胥吏俸禄虽然微薄，可是毕竟属于政府财政供养范围，这样算来明代胥吏数额也高出宋代 1 倍左右；明代的军队大致比宋朝多 1 倍。因此从政府财政供养人员的绝对规模来看，明代远大于宋代。如果按照供养人占总人口比重来说，明代总人口数目前在学界仍有较大争论：传统看法是明代始终未能突破 7 000 万人，⑥ 何炳棣、王育民认为万历二十八年总人口约为 1.5 亿，赵岗、葛剑雄、曹树基、高寿仙认为万历二十八年约为 1.9 亿—2 亿，也有学者估计万历二十八年应为 2.9 亿。现今

① 丘濬：《大学衍义补》卷九八《胥隶之役》，第 713 册，第 149 页。
② 侯方域：《壮悔堂遗稿·额吏胥》，收入《壮悔堂文集》，第 108 页。
③ 程民生：《宋代军队数量考》，《社会科学战线》2009 年第 5 期，第 73—81 页。
④ 《明太祖实录》卷二二三，洪武二十五年闰十二月丙午，第 1 册，第 3270 页。
⑤ 梁淼泰：《明代"九边"的军数》，《中国史研究》1997 年第 1 期，第 155 页。
⑥ 袁祖亮：《中国古代人口史专题研究》，中州古籍出版社 1994 年版，第 36—37 页；王毓铨主编：《中国经济通史·明代经济卷》（上），第 29—47 页。

大致以万历二十八年总人口为 1.9 亿—2 亿为多数学者认可。① 宋朝人口峰值在徽宗崇宁年间突破 1 亿人口，南宋大致在 6 000 万—7 000 万左右。按照宋明人口峰值比较政府财政供养人口比重，除了宦官、宗室、宫女而外，明代文武官、胥吏、军队数额也高于宋代。

要之，根据以上比较，可以得出两点认识：一是宋代政府财政供养人员平均所得（即所享政府"恩惠"）明显高于明代政府财政供养人所得；二是就政府财政供养人口规模而言，明朝是"大政府"，宋朝是"小政府"。

六、宋、明政府财政支出的侧重点比较

必须指出，财政供养人员规模只能说明财政的实际支出的大小，但不能完全说明政府财政分配关系，因为除了财政收入总额不同外，宋明财政支出的侧重点不尽相同，就此下面再做讨论。

1. 宋朝皇室支费主要有日常生活费、婚丧嫁娶和宫室修造等组成，其开支来源有两个途径。一是由皇帝及亲信掌控的"内库"，其收入随着时间推移不断扩大。宋初以国家财政结余为主，太宗以后固定化。大宗的收入包括上供钱、帛，榷货物收入，熙宁以后坊场钱等。内库有多少钱物，没有确切的统计数据，但内库始终控制着巨大财赋则是肯定的。二是政府国库支出。宋代皇室支出费用不受监管，宋人有云："天下之财孰非天子之有"②，"六宫横费浮淫百出，群奄羽化，要索尤艺。嬖宠祈恩，赐予日繁。外庭不敢问，有司不得计也。"③ 皇室消费巨

---

① 高寿仙：《明代农业经济与农村社会》，第 39—44 页。
② 杨万里：《诚斋集》卷六九《轮对札子》，第 771 页。
③ 高斯得：《耻堂存稿》卷一《轮对奏札》，第 1182 册，第 19 页。

大，① 在宋代财政支出项目中经常与军费、官俸并列："国家军兵之饷、百官之廪、乘舆之俸悉在有司，而禁中时有须索。"② 明代皇室消费初无定额，正统元年（1436）始有预算，"正统元年改折漕粮，岁以百万为额，尽解内承运库，不复送南京。自给武臣禄十余万两外，皆为御用。所谓金花银也。"至万历六年，"内库岁供金花银外，又增买办银二十万两以为常，后又加内操马刍料银七万余两。"③ 这 127 万两只是预算内开支，预算外则很难统计，仅宫室修造即可略见一斑："武宗时，乾清宫役尤大。以太素殿初制朴俭，改作雕峻，用银至二千万余两，役工匠三千余人，岁支工食米万三千余石。""世宗营建最繁，十五年以前，名为汰省，而经费已六七百万。其后增十数倍。斋宫、秘殿并时而兴。工场二三十处，役匠数万人，军称之，岁费二三百万。"④

2. 由上统计数据可知，宋代皇亲宗室人数没有明代规模大，宋代宗室享有优厚的待遇，所谓"赋以重禄，别无职业"，⑤"禄廪之费，多于百官，而子孙之众，宫室不能受，无亲疏之差，无贵贱之等，自生齿以上皆养于县官"，⑥ 宋代宗室成年者一般都授有官职，同级别的官员没有宗室待遇高，宋的冗官部分是由宗室授官造成，是冗官支费的重要组成部分。宗室虽无官职较多，但可以申请补贴。宋哲宗绍圣时规定"宗室袒免外，两世祖父、父具亡而无官，虽有官而为，各贫乏者"可以补贴"每口月支钱二贯、米一硕，十二口下给屋二间"，"人口虽多，钱不过二十贯，米不过六硕。"⑦ 宋代宗室享有的优厚待遇虽然是国家财政的一笔负担，但是远不能与官俸、军费相比，而与明代的宗禄比较

---

① 详见黄纯艳《宋代财政史》，"皇室费用"，云南大学出版社 2013 年版，第 655—661 页。
② 汪藻：《浮溪集》卷一《行在越州条具时政》，第 37 页。
③ 张廷玉：《明史》卷七九《食货三》，第 1927、1928 页。
④ 张廷玉：《明史》卷七八《食货二》，第 1907 页。
⑤ 范镇：《上仁宗乞宗子以次补外疏》，赵汝愚编，《宋朝诸臣奏议》卷三二，第 312 页。
⑥ 苏辙：《栾城集》卷二一，《上皇帝书》，第 471 页。
⑦ 徐松辑：《宋会要辑稿》帝系五之一〇，第 116 页。

更是小巫见大巫。明代"宗禄":

> 洪武九年定诸王公主岁供之数。亲王，米五万石，钞二万五千贯，锦四十匹，纻丝三百匹，纱、罗各百匹，绢五百匹，冬夏布各千匹，绵二千两，盐二百引，茶千斤，皆岁支。马料草，月支五十匹。其缎匹，岁给匠料，付王府自造。靖江王，米二万石，钞万贯，余物半亲王，马料草二十匹。公主未受封者，纻丝、纱、罗各十匹，绢、冬夏布各三十匹，绵二百两。已受封，赐庄田一所，岁收粮千五百石，钞二千贯。亲王子未受封，视公主。女未受封者半之。子已受封郡王，米六千石，钞二千八百贯，锦十匹，纻丝五十匹，纱、罗减纻丝之半，绢、冬夏布各百匹，绵五百两，盐五十引，茶三百斤，马料草十匹。女已受封及已嫁，米千石，钞千四百贯，其缎匹于所在亲王国造给。皇太子之次嫡子并庶子，既封郡王，必俟出阁然后岁赐，与亲王子已封郡王者同。女俟及嫁，与亲王女已嫁者同。凡亲王世子，与已封郡王同。郡王嫡长子袭封郡王者，半始封郡王。女已封县主及已嫁者，米五百石，钞五百贯，余物半亲王女已受封者。郡王诸子年十五，各赐田六十顷，除租税为永业，其所生子世守之，后乃令止给禄米。[①]

　　洪武二十八年，因"子孙众盛"，重订宗禄，亲王以下例有大幅度减少，但宗禄的支付面由过去的四代扩大到八代。随着宗室人口的增长，宗禄成为明代财政的重负，嘉靖四十一年（1562），御史林润言："天下之事，极弊而大可虑者，莫甚于宗藩禄廪。天下岁供京师粮四百万石，而诸府禄米凡八百五十三万石。以山西言，存留百五十二万石，而宗禄三百十二万。以河南言，存留八十四万三千石，而宗禄百九十二

---

① 张廷玉：《明史》卷八二《食货志》，第 2000 页。

万。是二省之粮，借令全输，不足供禄米之半，况吏禄、军饷皆出其中乎？"据《明世宗实录》记载，嘉靖四十一年田赋总收入是 2 284 万石，宗禄占全年总收入的 1/3 以上。为此明政府对宗禄又进行大幅度削减，但宗禄仍然是明代财政的一个重包袱。明穆宗隆庆时宗禄约占全国各地存留粮总数 10%。①

3. 宋代官员数额高于明代，胥吏员数相近，但是有三点需要说明：一是宋朝建立是由兵变而来，太祖太宗统一战争后，其官吏主要是承袭五代十国旧有的官员，太宗以后科举取士扩大了的文官队伍，较之建立在农民战争打破既有国家机器基础上的明朝在数额上有一明显区别，宋不论是官员还是胥吏数额从建立伊始便显得冗多，明代官吏数额的增长是经过由明太祖确定的基本数额，随着政权的稳定发展开始渐增，至中后期开始冗滥的发展过程。

二是宋代官员的俸禄比较高，特别是高官的俸禄很优厚。② 宋代官俸有匹帛、职钱、禄粟、傔人衣粮、厨料、薪炭诸物等部分组成，"建炎南渡以后，奉禄之制，参用嘉祐、元丰、政和之旧，少所增损。"③宋、明官俸构成不一，宋代的项目明显多于明代，而明代的官俸以禄粟为主，宋代的官俸与明代相近的是禄粟：

> "宰相，参知政事，枢密使同中书门下平章事，枢密使、副使、知院事、同知院事，及宣徽使签书枢密院事，节度观察留后知枢密院事及充枢密副使、同知枢密院事，并带宣徽使签书，检校太保签书，及三司使，中书、门下侍郎，尚书左、右丞，太尉，月各一百石。枢密使带使相，节度使同中书门下平章事已上及带宣徽使，并前两府除节度使，枢密使、副、知院事带节度使，月各给二

---

① 唐文基：《试论明代统治集团的消费问题》，《中国社会经济史研究》1988 年第 2 期。
② 张全明：《也谈宋代官吏的俸禄》，《历史研究》1997 年第 2 期。
③ 《宋史》卷一七二《职官志》，第 4134 页。

百石。三公、三少，一百五十石。权三司使公事，七十石。权发遣使，三十五石。内客省使，二十五石。节度使，一百五十石。"
"赤令，七石。丞，四石。""畿县知县六石至三石，有四等。""诸县令，五石至三石，有三等。①

明代太祖洪武二十五年制定官俸：

"正一品月俸米八十七石，从一品至正三品，递减十三石至三十五石，从三品二十六石，正四品二十四石，从四品二十一石，正五品十六石，从五品十四石，正六品十石，从六品八石，正七品至从九品递减五斗，至五石而止。自后为永制。""洪武时，官俸全给米，间以钱钞兼给，钱一千，钞一贯，抵米一石。成祖即位，令公、侯、伯皆全支米。文武官俸则米钞兼支，官高者支米十之四、五，官卑者支米十之六、八。惟九品、杂职、吏、典、知印、总小旗、军，并全支米。其折钞者，每米一石给钞十贯。"②

明代官员俸禄在初期并不算很低，但是岁俸额二百年不变，物价却涨了好多倍，以至于《明史》的编撰者感叹"自古官俸之薄，未有若此者"③。赵翼也说"明官俸最薄"④。宋代官俸仅此一项就比明代优厚，尚不包括匹帛、职钱、傔人衣粮、厨料、薪炭诸物等项，宋比明官俸优厚许多。

三是宋代胥吏在宋神宗之前大多数没有俸禄，"熙宁三年，始置天下吏禄，而设重法以绝请托之弊。……京师旧有吏禄者，及天下吏禄，

① 《宋史》卷一七一《职官志》，第4119页。
② 张廷玉：《明史》卷八二《食货六》，第2004页。
③ 张廷玉：《明史》卷八二《食货六》，第2004页。
④ 赵翼：《廿二史札记》卷三二《明官俸最薄》，中华书局1984年版（标点本），第750页。

皆不预此数。"① 加之实行免役法，有相当数额的胥吏是和雇而来，因而吏禄有较大增加。据南宋庆元年间，监察御史姚愈言："惟其会计详尽，则登耗所自，皆可得而知矣。臣尝因中都官吏俸禄与夫兵廪支费，求其所以会计之说。熙、丰间，月支三十六万，宣和末用二百二十万，渡江之初，虽连年用兵，月支犹不过八十万。比年以来，月支不下百二十万，大略官俸居十之一，吏禄居十之二，兵廪居十之七。"② 明代的胥吏从太祖朝起就有月俸，但是很微薄，一、二品衙门提控、都吏每月 2.5 石，六品以下衙门典吏只有 0.6 石。月俸之外还有顶首银和常例银，但不属于官府财政支出。而且月俸随着时间推移不增反而在减少。③

据研究显示，"北宋中期全岁用于官吏方面的开支，当不少于五百万贯石匹两，加上不入品的吏人和召募来的胥吏，封建国家用于这方面的开支每岁约在千万贯石上下。"④ 明代官员在万历时俸禄总数约 34 万两，吏的月俸没有具体的统计数，姑且按推算：明代每月支取 0.6 石的吏居于绝大多数，如果按照一吏一年 9 石来计算，万历时 62 000 吏，约 558 000 石，约计 14 万两，官吏俸禄总计不到 50 万两。

4. 宋明财政供养人员中军队数额不尽相同，宋经历了由低到高再逐渐降低的过程，北宋后期至南宋基本保持 80 万和 60 万左右的兵额；而明朝晚期之前二百年中大致维持了 120 万左右的兵额。宋朝军队以募兵为主，养兵的费用完全由国家财政承担，所谓"仰天子衣食"，⑤ "募人为兵而以税养之"。⑥ 宋朝养兵费用北宋中期以后常占财政支出的

---

① 沈括：《梦溪笔谈》卷一二，第 381 页。
② 徐松辑：《宋会要辑稿》食货五六之七〇，第 5807 页。
③ 详见赵毅《明代吏员和吏治》，《史学月刊》1987 年第 2 期，第 21—28 页。
④ 汪圣铎：《两宋财政史》（下），第 457 页。
⑤ 蔡襄：《端明殿学士蔡忠惠公集》卷一八《国论要目·强兵》，第 87 页。
⑥ 叶适：《水心别集》卷一六《后总》，《叶适集》第三册，第 870 页。

70%—80%左右，"大军居十之七，宫禁百司禄赐裁三"。①

明朝前中期实行卫所制，其军费除战争期间政府财政有所支出外，主要靠屯田收入和发放"月粮"等，"天下卫所军士月粮，洪武中，令京外卫马军月支米二石，步军总旗一石五斗，小旗一石二斗，军一石。城守者如数给，屯田者半之。""凡各镇兵饷，有屯粮，有民运，有盐引，有京运，有主兵年例，有客兵年例。"②"年例"是政府在支给月粮的同时，向驻守诸边发放的饷金。另外，定期拨给士兵服装及不定期的赏赐，太祖至成祖时期，军粮约占全国税粮的四、五分之一，对财政的压力不算很大。明中期以后卫所制遭到破坏，实行募兵制，虽然屯田依旧进行，但政府财政支出明显增大，仅年例一项，弘治、正德间止43万两，嘉靖时增至270余万两，万历中则380万两。③ 万历前期中央财政一年大约只有400万两，军费仅够支付九边年例饷金。明政府财政赤字从明世宗嘉靖年间就达111万两，其后不断增长，至万历二十九年达到376万两，明末年竟高达530多万两。④ 急剧增长的军费支出与明代财政入不敷出的局面有莫大的关系。为了应付日益窘迫的财政，始于万历末年辽饷、剿饷、练饷、助饷的加派，以及矿监税使的四处搜刮成为明朝走向灭亡的重要原因。

七、结　语

通过以上比较，可以得出几点基本认识：一，虽然明代田赋税就征

---

① 潜说友：《咸淳临安志》卷八《左藏库》，第3434页。
② 张廷玉：《明史》卷八二《食货志》，第2004页。
③ 张廷玉：《明史》卷二三五《王德完传》，第6132页。
④ 赵毅、范传南：《九边防卫与明帝国的财政体制变迁——以九边军费为探讨中心》，《社会科学辑刊》2011年第5期，第136—142页。

收的绝对数额而言高出宋朝许多，但是不论是按人口平均数还是田亩平均数，大多数情况下，宋代政府征收的田赋税额都高于明代，这既说明宋代政府干预经济的程度和能力大于明代，同时也说明宋朝民众的承担的赋税额度重于明代的民众。

二，宋代的人口和境土面积都比明代少很多，但是宋代工商税收却大大高于明代政府的工商税收，虽然这种状况不能简单证明宋代的工商业比明代发达，但是至少证明宋代政府组织工商业发展，利用市场机制调控税收的管理水平大大强于明代。宋代和明代中后期都是工商业繁荣发展较为显著的时期，这应是学界大多数人的共识，从政府干预程度的角度而言，宋代工商业的发展是在政府的积极干预和引导下达到的，而明代政府对市场的"放任"或者说干预较少，促使民营手工业蓬勃发展、商人势力壮大，从而造成商品经济的繁荣发展。这是宋、明不尽相同的地方，但是不论宋代政府直接积极干预市场，还是明政府"放任"市场，有一点是一致的，即官商勾结，形成官僚、地主和大商人三位一体的重要势力则是一致的，因为明代的"放任"并不是纯自由的放任，就像放风筝，风筝飞得再高，风筝线始终掌握在政府手里，所以可以称这种放任为隐性放任。这一点是需要特别说明的。

三，宋代官员俸禄、军费开支占了政府财政支出的绝大多数，甚至可以说超过了90%以上，宗室人员虽然也享受优厚待遇，但对政府总的财政运行影响有限。《明史》言："国家经费，莫大于禄饷。"其所列的开支秩序是：宗禄、勋戚常禄、百官禄、军士月粮和边军年例。[1] 可见宗禄在明代财政中的地位。这与本文上面的分析相一致。宋、明对官俸吏禄和军费均在财政中占有重要地位表明三点：其一，军队和官吏是维护和运转中央集权制的两个重要工具。宋、明最高统治者对于这两个统治工具都有充分的认识和倚重；其二，宋政府军费开支所占十分之七

---

[1]　张廷玉：《明史》卷八二《食货志》，第 1999—2005 页。

八的比重，和明政府军费开支的比重由较轻、渐变沉重及至崩溃，从一个侧面说明以募兵为主的养兵政策和制度在某种程度上不符合中国古代以农业立国的社会现实。其三，宋代官吏、军队所享优厚待遇远高于明代，确切表现了宋朝"恩逮于百官者，唯恐其不足。财取于万民者，不留其有余"① 的历史特征。换言之，在宋朝做官当兵优于明代，而做宋朝细民百姓，所受政府盘剥却要远甚于明代。

四，宦官作为维护皇权统治的鹰犬和爪牙，对于维护皇帝独裁专制的作用巨大，而对维护国家政权正常运行秩序，则有莫大弊害，这应该是学界的通识。明代宦官人数超过宋代宦官数十倍乃至数百倍，只能说明是一姓家天下发展到极致的表现。宗室对于皇权统治来说既是维护者也是分离者，宋、明政府均采取剥夺政治权力而给以优厚的经济待遇的政策，也是一姓家天下之使然，但是明代宗禄耗去更多更大的财政资源，则从一个侧面说明明代家天下的寄生性和腐朽性更甚于宋代。

五，明代财政供养人口高于宋代，是"大政府"，而明代的财政收入又远逊于宋代，是"小政府"，这一大、一小，是明代财政在晚期捉襟见肘的真实写照，明代亡于财政的崩溃在此似可得到一种合理的解释。

原刊于《中国经济史研究》2016 年第 1 期

---

① 赵翼：《廿二史札记》卷二五《宋制禄之厚》，第 534 页。

第 五 辑

荒政王道

论宋代的自然灾害与荒政

宋代自然灾害与荒政可以从四个方面得出十五点认识：

一、宋代的自然灾害

第一，对于自然灾害灾种的描述和分类，宋代与现今有相同之处，也有不同之处。相同之处是古今发生的自然灾害灾种，作为自然运动的一种现象，不因人类时间的流逝而改变。宋代发生的自然灾害灾种，也在现今同样不断重复发生着，即：水灾、旱灾、蝗灾、地震、地质灾害（山摧、泥石流、地陷）、风灾、雹灾、海啸（海溢、海侵、海潮、风潮、咸潮、海冰、海雾、赤潮）、寒冻（霜冻）、鼠害和疫灾等。因而宋代乃至更早时代对自然灾害灾种的称谓至今也大致相仍不改。

不同之处则在于对自然灾害种类的划分，宋代与现今有不同的认识。现代主要从气象、生物、环境、地质、海洋的角度来认识和分类自然灾害。如将水灾、旱灾、风灾（飓风、沙尘暴、风霾）、雹灾（雨雹、冰雹、雷雹）、雪灾，归为气象灾害；将蝗灾、虫灾、鼠兽鸟害、畜疫，归为生物灾害；将沙尘暴、水土流失，归为环境灾害；将地震、山崩、滑坡、泥石流等，归为地质灾害；将风暴潮灾包括海啸、潮灾、海浪、赤潮、海冰、海水入侵等，归为海洋灾害。这种划分有时也不是固定不变的，一般地说，水涝、暴雨、寒冻、风、雪冰、雹灾害和旱灾是由气候变化和水文变化所造成，但由风害导致的沙暴，河湖海岸线崩坍，河流改道，湖泊的变化，由气候原因所造成的冰川、雪崩，由干旱和风沙所导致的沙漠化、冻土等，仍属地质灾害范围①。

宋人对自然灾害现象的分类和解释主要是从自然灾害现象与人和社会的关系，根据五行、阴阳学理论进行划分。元朝人编著的《宋史》，其取材主要是来自宋人所修的国史，《宋史·五行志》将自然与社会变异现象按照水、火、木、金、土分成五类：灾沴、灾眚、妖祥、变怪、灾凶。这五类灾害是水、火、木、金、土失性的表现。具体划分大致是：灾沴包括水灾、恒寒、雨雹、霜雪、雷电、蝗、疫等；灾眚包括火灾、恒燠；妖祥包括木冰、霖雨、鼠害；变怪包括旱灾；灾凶包括饥馑、大风（飓风、沙尘暴、风霾）、螟虫、地震等。

宋代是一个自然灾害频发、高发的历史时期，据不完全统计，北宋各类自然灾害发生 1113 次，南宋发生 825 次，合计 1928 次。其中，明确记载死亡人数逾万人者，或有骨肉相食、积尸满野相类记载的特大灾情 23 次；明确记载死亡逾千人者，或毁坏农田数万顷，或受灾面积"数百里""赤地千里"，或流民数万，或灾害发生后官府有较大赈灾措施的大灾情 48 次；明确记载死亡人数逾百人，或灾情发生在两路以上者，或损田数百顷，或毁坏民居、仓库、官署等千区以上，或雹如卵，数县乃至一二十州县受灾，或六级以上、七级以下强烈地震灾害的严重灾情 249 次。

第二，在宋代文献关于自然灾害的记述中，都城及其周围地区记载最为详尽，如北宋都城东京开封和南宋都城临安的气象、地质资料远非其他地区可以比拟，凡《宋史·五行志》所载水、旱、蝗、风、雹、

① 参见李鄂荣、姚清林《中国地质地震灾害》，湖南人民出版社 1998 年版，第 93 页。

寒发生时的空间地名不详者，一般即可理解为是发生在京畿地区的；宋代文献记载各地灾害多集中在经济财税发达或国防重地地区，北宋大致以河北、京西、京东、陕西、两浙、淮南、江东、湖南、湖北等地为主，南宋则主要是两浙、淮南、江南、湖南、湖北等地区。今传文献对宋代经济欠发达地区或较为偏远地区的灾种、灾情的记载，应有较大的缺漏，这些地区发生自然灾害数量少，不应是风调雨顺的代名词，而只是没有被记载下来的一种反映而已。宋宁宗朝嘉定年（1208）以后，由于《宋史》和《文献通考》记载失于简略，也直接影响到对南宋晚期七十年左右灾情的了解，所以这一时期的灾情记载是极不完整的，有很大的缺失。还有一种情况使得文献缺载灾情，即当政者有意营造盛世局面，而人为地回避"天谴"，如徽宗初登基"有司方言祥瑞，郡国地震，多抑而不奏"①。据此可以得出一个重要的结论，即任何人对宋代自然灾害发生的频率和次数的统计，只是一个相对的参考数据，换句话说，现有的所有统计，只是见于文献不完全的记录，并不是两宋时期自然灾害的真实情况的反映，只是搜集的可信资料越多，距离真实情况越近而已。

第三，若按灾害的破坏程度而言，上述统计与宋人的认识大致相同。宋真宗时邢昺曾说："民之灾患，大者有四：一曰疫，二曰旱，三曰水，四曰畜灾。岁必有其一，但或轻或重耳。四事之害，旱暵为甚，盖田无畎浍，悉不可救，所损必尽"。邢昺平素注重从农民中间汲取有关灾患的知识，"田家察阴晴丰凶，皆有状候，老农之相传者率有验，昺多采其说为对"②。他对灾害的分类和分析应是符合当时的实际情况。不过，从有宋一代灾害对社会生活的影响整体情况来看，水灾（主要

---

① 《宋史》卷六七，第1486页。

② 《宋史》卷四三一《邢昺传》，第12799页。《长编》卷六七"景德四年十一月辛巳"条，是以宋真宗引邢昺的口气说出相类的话："民之灾患大约有四，一曰人疫，二曰旱，三曰水，四曰牛瘴，必岁有其一，但或轻或重耳。四事之害，旱暵为甚，盖田无畎浍，悉不可救，所损必尽"，第1507页。

是黄河、长江泛溢、海潮）在对人民生命财产方面的威胁最直接也最大，其次是疾疫，再次是地震，而造成人民背井离乡和饿殍遍野的饥荒，则主要是旱灾所致。两宋时期见于记载的饥荒年份，共计 195 年，其中发生在三个州至一路较大范围的饥荒年，计 58 年。

据不完全统计，自然灾害直接致死人生命（包括间接）的年份有 149 年，在 149 年中共发生 190 次。按照致死人生命的灾种依次是：水灾 125 次，其中，黄河决溢死亡 22 次，海啸（台风、海潮）致死 23 次，山洪、降水、暴雨等致死 80 次，疫病致死 23 次，饥饿致死 10 次，地震致死 9 次，寒冷致死 9 次，山摧（泥石流）致死 8 次，大风（龙卷风）致死 6 次。死亡达万人以上有 17 次，其中，海啸 1 次，黄河泛溢 3 次，大水 5 次，地震 3 次，饥饿 3 次。熙宁三年（1070）八月，宋神宗说："庆历中，西事所陷没不过十万人许，天下一岁饥馑疾疫，所死何啻十万人！于天下未觉有损也。"[1] 这里没有包括灾害直接引起的死亡，同时"何啻十万人"，即说明每年死于饥馑疾疫的人数至少十万人。由此推测大灾之年死亡数十万乃至上百万也是合乎逻辑的推理。即：全国一般灾荒之年死亡人数在十万以上，中等程度的灾害之年死亡在 30 万至 80 万之间，大灾大荒之年死亡在百万人以上。

二、宋代荒政政策与制度

第四，中唐以来至宋前期，儒佛道三教合流，中国古代思想史发展达到了一个新阶段，特别是儒、道"损有余、补不足"思想，对宋代实施荒政具有重要影响。宋前中期建立较为完备的常平仓制度，贯穿的宗旨即是春秋战国以来的平准、轻重理论。北宋中期以后，《周礼》荒

---

[1] 《长编》卷二一四，熙宁三年八月戊午朔，第 5196 页。

政思想日益引起宋代最高统治者和朝野士人的重视，并得到有力的传播和推广。王安石变法，既是一场社会变革运动，同时也是我国历史上统治阶级利用国家政权，第一次全面推进荒政的有益尝试。王安石新法中的青苗法、免役法、方田均税法、农田水利法、保甲法等新法措施，就是对《周礼》散利、薄征、驰力、缓刑、去盗贼等救荒之政的新发展。也因此可以说王安石变法把周秦汉唐以来以临灾救济和时断时续的常平、义仓等为主要内容的救荒之政，提高到作为国家大政方针重要组成部分的新阶段。南宋以后王安石变法虽然遭到了否定和批判，但是王安石变法所体现出的儒、道"损有余、补不足"精神，仍然得到继承和发扬，不同的只在于王安石是用国家的力量推行"荒政"，其宗旨是"摧抑兼并，振济贫乏"。到南宋更多的则是朝野士人本着"贫富相济"的理念在地方和民间，以自己的实际行动推演"荒政"。像在南宋产生重大影响的朱熹"社仓法"，就是直接导源于王安石新法中的"青苗法"。而且，常平仓的平粜功能，在南宋官府和民间的仓廪制度中，也得到了广泛的运用。但值得注意的是，"劝分"由北宋以劝诱自愿为主，过渡到南宋的强制"劝诱"，是南宋统治者运用国家权力推行荒政的另一种表现形式，比赤裸裸的"摧抑兼并"隐晦了许多，但在体现"损有余、补不足"的精神实质上，则是殊途同归。南宋时期儒家的荒政思想随着理学的发展得到极大的推广，谈论荒政几乎成了一项专门的学问。宋宁宗朝嘉泰年间（1201—1204）董煟所著讲求荒政的专门著作《救荒活民书》，实开中国古代荒政文献之滥觞，明清时期撰写的《荒政要览》、《荒政汇编》多以是书为蓝本，而清人俞森编纂《荒政丛书》亦将编自是书的《救荒全法》置于丛书之首。

第五，宋朝的荒政措施或制度，完全创新的很少，基本是延续和继承周、秦、汉、唐而来。正如吕祖谦所说，"大抵天下事，虽古今不同，可行之法，古人皆施用得遍了。今但则举而措之而已。"宋朝虽然在救荒措施、制度上没有更多的创新，但宋朝比周、秦、汉、唐救荒有两点重要进步：一是使各种救荒措施系统化、制度化。南宋人吕祖谦把"荒政"列为《历代制度详说》十三门之一，制度篇叙述历代荒政条目：饥旱、祷旱、蠲放、降损、赈恤、缓刑、流移、移用、仓人；疾疫、火灾、水灾；捕蝗、劝分、平籴、常平、广惠仓、青苗、义仓、惠民仓、蔽匿、不赈救等的由来和变化，并列举重要史实为证。这是吕祖谦根据文献对周、秦、汉、唐实施过的诸多荒政措施首次进行系统的总结，这些措施或实行于某一阶段，或零星出现在某一区域，或属重大措施却时断时续，即具有特殊和不固定的特点。宋朝的贡献则将这些出现在近两千年中的特殊措施和不固定的制度集中会于一朝，使之固定化、规范化、有序化。如吕祖谦说："今所论荒政，如平籴之政条目尤须讲求，自李悝平籴，至汉耿寿昌为常平仓，元帝以后，或废或罢，到宋朝遂为定制。"[1] 清人也说："汉耿寿昌为常平仓，至宋遂为定制。"[2] 董煟在《救荒活民书》中对宋朝救荒措施：常平、义仓、劝分、禁遏籴、不抑价、检旱、减租、贷种、恤农、遣使、弛禁、鬻爵、度僧、治盗、捕蝗、和籴、存恤流民、劝种二麦、通融有无、借贷内库、赈济、赈贷、赈粜等得失的评议，从一个侧面可以窥视宋代荒政措施对前代的继承和发展之一斑。二是在周秦汉唐救荒基础上所实施的募饥民、流民隶军籍（所谓的养兵政策）、宽减饥民"强盗"死罪；募富民出钱粟，酬以官爵，推广"劝分"救荒；以粟易蝗，颁行"捕蝗令"、"捕蝗条列"；以工代赈；"既病防染"、"未病先防"；以及北宋中后期至南宋不断改进的社会救济制度，对缓和当时的社会矛盾，起了积极的作用，也是宋代荒政进步的重要表现。

第六，宋朝建立了较为完备的救灾、减灾制度：救灾主要是临灾和灾后的救助措施，可分为赈济、赈贷和赈粜。赈济主要是在灾歉时对贫乏无助之人的救助措施，但这里所言的贫乏无助之人有两层含义，一是

---

① 吕祖谦《历代制度详说》卷八，第923册，第966页。
② 《御览经史讲义》卷二五，《周礼》，第723册，第620页。

城乡贫困户及鳏寡孤独病残人群；二是大灾、特大灾年导致流离失所的流民。这里也包括有一定资产的城乡中下户。赈贷一般多是在灾害发生后的恢复阶段，在这一阶段如是冬春青黄不接之际，受灾民众的生产和生活难以为继而需要救助。其救助对象"专及中等之户，与夫农民耕夫之无力者"①。赈粜是通过平抑粮价达到救助灾民的一种方法，亦即常平法的基本职能。其对象主要是家中无粮食积蓄的下层民众。赈济、赈贷和赈粜的粮食来源，属中小灾的，一般由州级路级地方官府主持，从常平仓和义仓调拨粮食，或置场籴买。大灾、特大灾则主要由中央官府调集粮食和筹措资金。

减灾是对乡村主户受灾农田减免租税。包括诉灾制度和检旱制度。诉灾制度是宋朝广大乡村灾民获得救助的必要程序。宋代诉灾制度虽承袭唐五代，但有两个新变化：一是唐代由里正诉于县的制度，至五代北宋有了变化，即诉灾者是由受灾农户直接诉于县。二是唐代自下而上申诉自然灾害灾种包括"旱涝、霜雹、虫蝗"，到宋代则不以灾种为诉灾的主要对象，而是将灾种附于诉灾时限之内。唐宋之间诉灾由灾种向时限的变化，大致与唐中叶赋税制度由以人丁为主的租庸调法，变为以田亩为主的两税法密切相关。又如检田、检放，又称作检旱，是宋代减灾中的一项重要措施。宋代的检旱制度在承袭唐五代的基础上，不仅制度、程序更加细致完备，而且灾伤检放的规模和数量远非前代可以相比。在宋神宗朝之前减免租税没有严格的灾伤"分数"，神宗朝以后减免租税大致以"七分"灾伤为率，南宋高宗以后减免租税则以"五分"灾伤为主。

抄劄是北宋中期至南宋在救灾、减灾和社会救济活动中普遍实行的一种类似现今社保中的排查、核实、登录制度。从其"抄劄姓名，审核给历，直计口食"的过程而言，实际上就是一种比较科学的赈灾户

---

① 董煨《救荒活民书》卷二，《赈贷》，第964册，第42页。

口调查登记制度。抄劄制度调查登记对象不仅包括遭遇大灾、特大灾害，如水灾、疾疫、地震之后，失去基本生活资料，不分有无产业，嗷嗷待哺，需要救死扶伤的男女老幼全部人口，而且包括水灾、疾疫、地震之后和旱蝗灾情延续过程中，生活、生存受到影响，需要赈济、赈贷、赈粜、减免租税的某村、某乡、某县或某州的男女老幼全部人口和所有财产。因而宋代在丁簿、五等丁产簿、税账、保甲簿等户口统计系统之外，还存在一个登记全部人口的赈灾户口统计系统。

第七，宋朝自仁宗朝起，为收养鳏寡孤独不能自存之人，在都城开封设置东西福田院。神宗以后陆续建置居养院、安济房。居养院，是在福田院的基础上改造和扩大的；安济坊，则是与现代救治病患的医院相仿的机构。宋徽宗时期，蔡京主政，社会救济制度有较大发展，他把此前设置于京师地区和部分地区的救济机构，运用国家的行政力量向全国推广。宋廷又设置了漏泽园，即将宋神宗时协助寺院妥善安葬死尸的做法制度化。大观、政和期间，居养院、安济坊、漏泽园等得以广泛设立于全国主要的州县。更下令："诸城、砦、镇、市户及千以上有知监者，依各县增置居养院、安济坊、漏泽园。道路遇寒僵仆之人，及无衣丐者，许送近便居养院，给钱米救济。孤贫小儿可教者，令入小学听读，其衣襕于常平头子钱内给造，仍免入斋之用。遗弃小儿，雇人乳养，仍听宫观寺院养为童行。"① 无论从哪个角度上讲，这都是值得大书特书的历史成就，是宋代文明进步的重要体现。宋徽宗时期的多项社会救济制度，在南宋亦得到发展，现存宋代地方志在记载南宋南方各地居养院、安济坊、漏泽园的建置和发展情况时，往往都将其缘起追溯至宋徽宗大观、政和年间。

南宋荒政有一个突出的措施是，自高宗以降，历朝都编有督责官吏遵奉朝廷宽恤诏令的文件汇编。这些宽恤诏令，虽不完全都是针对救荒

---

① 《宋史》卷一七八《食货志·振恤》，第4339页。

所发，但是以救荒为主，则是无疑的。马端临说"宋以仁立国，蠲租已责之事，视前代为过之，而中兴后尤多。州郡所上水旱、盗贼、逃移，倚阁钱谷，则以诏旨径直蠲除，无岁无之，殆不胜书。"①

第八，黄河水患从汉唐的相对"安静"到晚唐五代开始频发，入宋以后至北宋灭亡，平均两年就有一次大的泛溢，给黄河中下流域的广大民众的生产、生活及生命财产造成了巨大的损害。北宋官民在治理黄河方面付出的不懈努力可圈可点。其中对黄河水汛较为科学的系统认识、围堵决口埽法和埽岸的改进、疏浚淤泥工具铁龙爪与浚川耙的创制、以植树造林加固河堤，以及河政管理等在我国古代治理黄河史上做出了积极贡献，并占有重要地位。

三、宋代荒政实效蠡测

第九，宋代官府与民间社会力量在救荒中所起的作用因其灾情程度不同而有很大的不同。董煟说："小饥则劝分发廪，中饥则赈济、赈粜，大饥则告朝廷截上供、乞度牒、乞鬻爵、借内库钱为粜本。"② 董煟的总结符合宋朝救荒的实际情况。民间社会力量的救助或救济主要是在中小灾情发生时能够起到比较大的作用。宋代民间社会力量分成两部分，一部分是由官府组织的"劝分"活动，"劝分"是宋官府通过以爵位官职、优惠价格、免役等条件为号召，鼓励或激励富民、士人、商贾等有力之家将储积的粮食拿出来赈济、赈贷和赈粜灾民的一种救荒补助办法。这一劝诱性质的活动从宋初至宋神宗再至南宋以后，经历了一个由自愿、不完全强迫到官府完全强制的过程。南宋朱熹为代表的士大夫和士人阶层在乡村推行"社仓"，或设粥局等方式救助灾民或饥民，其

---

① 《文献通考》卷二七，《国用考五·蠲贷》，第800页。
② 董煟：《救荒活民书》卷三《救荒杂说》，第964册，第49页。

设置过程中亦不时有地方官府的身影，具有民办官助性质。另一部分则是由士人阶层和富裕民户构成的"公心好义之士"，属纯民间的救助，如杨万里所记类似四川绵竹人李发从绍兴六年（1136）起，三十年间不懈救助乡里，"至是枚举其人，至二百七万一千三百有奇；斛计其粟，至一万四百六十有奇"① 的例证还可以举出一些，但是在救荒赈济活动中，这部分"公心好义之士"的作为不会有太大的空间和作用，因为主动出钱出粮赈荒与被强制出钱出粮赈荒本质上没有太大的区别，最后都会被纳入官府的主导之下，"劝富室以惠小民，损有余而补不足，天道也，国法也。富者种德，贫者感恩，乡井盛事也。"② 在中、大灾荒的救济方面，中央官府和各级地方官府无疑是居于主导地位的，尽管其间也可看到"公心好义之士"的身影。董煟所说"中饥"使用的赈济、赈籴，即是依靠义仓和常平仓。而"大饥"则需"告朝廷截上供、乞度牒、乞鬻爵、借内库钱为籴本"，也就是需动用国家仓廪的储粮和国库的资金。

就官方应对大灾能力而言，南宋较北宋有所提高，主要表现是朝廷中央财政控制、调集粮食的范围和数额，都比北宋中期以来有更进一步的扩大和增加。而从民间自救抗击灾害的能力方面讲，南宋比北宋有较大的下降，其原因有三，一是土地日益集中，贫富分化，四等户五等户除口粮外很少有蓄积，而占总人口近四成的客户连温饱都难以保障，更何谈储蓄；二是粮食商品化程度提高，使得三等户以上人家多将余粮投放市场，从而缺少必备的储藏数；三是自宋神宗朝王安石变法以后，中央财政不断侵夺地方财权，至南宋时期地方财政已被搜刮所剩无几，而地方财政的匮乏又促使地方官府不断搜刮民间，不仅"古者刻剥之法，

---

① 杨万里：《诚斋集》卷七五，《广汉李氏义概堂记》，第 30 页。
② 黄震：《黄氏日抄》卷七八《（咸淳七年）四月十三日到州请上户后再谕上户榜》，第708 册，第 790 页。

本朝皆备"，① 而且不断生成新的苛捐杂税，"供输之外，赡养良难"。②
前两点虽然是北南宋共有的特征，但是相较而言，南宋比北宋有过之而
无不及。

宋代专用救荒粮食的储备，仁宗嘉祐以后"诸路常平、广惠仓略
计可及千五百万以上贯石"③。熙宁三年（1070 年）冬十月庚午，敕赐
同学究出身徐布言："常平、义仓所畜大约不过一千三百余万，则不及
唐五分之一。"④ 这两个数据是宋朝专用救荒储粮见于统计的最高数据。
由于常平仓、义仓储粮平时常被移用或挪用充作军需和官吏支出费用，
及救荒之时，军储、州县仓又被调拨充作赈灾物资。加之，宋代粮食商
品化、社会化程度已进入一个比较高的阶段。一当遭遇灾害时，宋地方
官府又常常临时置场籴买粮草，或令灾区周边州路调集粮食以便通融有
无，故宋朝常平等救荒粮仓储粮虽比唐代少了许多，但是实际支付能力
并未降低。

第十，宋代救荒、救济城乡、区域很不平衡，灾荒时期，城镇往往
比乡村能够得到较多实惠的救助，这主要是由于乡村交通不便、乡民居
住分散、稀少，不宜集中，以及分散救助成本过高所致，而官府设置的
救荒救济机构如常平仓、义仓、居养院、安济坊、漏泽园一般都设在城
镇，使得广大农业劳动者难以得到实际救助。这既是王安石推行"常
平新法"（青苗法）的主要原因之一，也是南宋朱熹等人推动建制"社
仓"的初衷。宋朝救荒还存有许多盲区，即偏远和经济落后的地区，
不仅得不到中央官府的救助，而且连灾情都不能上达于朝廷，这些盲区
主要集中在川峡、两广的大部分地区，福建、荆湖南北、陕西、河东部

---

① 黎靖德编：《朱子语类》卷一一〇，第 2708 页。

② 《陈傅良先生文集》卷四四《桂阳军劝农文》，第 563 页。

③ 引自漆侠《王安石新法校正》，《王安石变法》（增订本），河北人民出版社 2001 年版，第 261—262 页。

④ 《长编》卷二一六，熙宁三年冬十月庚午，第 5255 页。

分边远地区。

宋代救荒中有一突出问题，即救助不及时，使救荒实效大打折扣。朱熹说："若待他饥时理会，更有何策?"[1] 南宋人王闻礼说："救荒莫若预，绍熙末，费数十百万而人相枕死如故者，行之晚也。"[2] 救助不及时的主要原因大致有三点，一是诉灾、检旱、抄劄、常平和义仓管理等制度和程序烦琐，层层申报、层层检查、批准，延误及时救助时间；二是官员有意讳报灾情，待被朝廷得知再行救助，已不能及时救助；三是常平仓、义仓储粮平素准备不足，临时抱佛脚，从其他地区调集粮食，救荒粮食到位，已失去最佳救助时间。一般地讲，灾后因救助不及时，宋朝在发生严重和大的自然灾害年度时，大约死亡人数在 10 万人以上，而在特大自然灾害年份里，死亡人数可达数十万，甚至在百万人以上。至于骨肉相食、人肉贱卖的悲惨景象也在所难免。即使侥幸没有死亡的灾民，又会形成规模不等的流民潮，构成了严重的社会问题。

第十一，在中央集权制日趋强化的宋代，各级官府在救灾救荒过程中的重要作用无疑是无可替代的。特别是直接承担组织救灾的地方官员的表现，能与否、勤与否，对于能否及时救济灾民和取得实绩的多寡就显得尤为关键，所谓"成也萧何，败也萧何"是也。在宋代整个救荒过程中，大多数平庸的官员都是奉行上级官府的指令和事关考核政绩，能够按部就班地从事救灾工作，但一般不会积极主动承担义务和职责，特别是非常时期，往往显得被动和不敢越雷池一步。只有少数很有作为的官员在常规的救灾活动中，或采取灵活机动而又切实可行的工作方法，使得灾民能够得到及时而实惠的救助；或用自己的俸禄、田产赈济灾民，表率一方，从而推进民间的自救；或是面临大灾大难，表现出大智大勇，视民如伤，以果敢有力的行政组织才能，使灾伤损失减少到最低点，从而最大程度地保护民众的生命财产，像皇祐初富弼青州安置流

---

[1] 黎靖德编：《朱子语类》，第 7 册，第 2643 页。
[2] 叶适：《水心文集》卷一七《运使直阁郎中王公墓志铭》，《叶适集》，第 324 页。

民、熙宁年间赵抃越州救灾，挽救生灵数十万，是宋代地方官员救荒的典范。

宋代地方官员对于受灾后民众的诉灾和检旱检田过程中，存在严重的瞒报和不实现象，使得宋代减免租税的政策难以落到实处。虽然宋政府采取了很多措施加以纠正和规范，但效果并不明显，究其根源在于宋廷对于财税的巨大追逐。租税在以农业立国的古代既是国家财政的主要来源，也是统治阶级维护和稳定社会秩序的基础，所以在放免与攫取租税之间，宋朝从地方到中央都不能不更看重对租税的攫取，正如马端临引致堂胡氏所议论的："前代著令曰：'凡言放税者，不得过四分。每有水旱，许诉灾伤，或下赦令尽蠲之。'而有司征督如故，农氓不谕，乃有'黄纸放，白纸催'之谣。盖不知令甲之文也。是则赦令行一时之恩，以收人心；令甲著永久之制，恐失财赋。阴行虐政，阳行惠泽，岂先王之用心哉。三司吏不肯释除逋负，非独其利在焉，亦以在上之意，吝于与而严于取也。此百姓膏肓之病也。"[1] 这段议论深刻地揭示了一时放免租税的恩赦之令，与恐失财赋的永久之制之间，所存在的不同利害关系，以及不可跨越的巨大鸿沟。这就是地方官员诉灾瞒报和检旱检放不实现象层出不穷的根源所在。

第十二，如果说州县地方官员是救荒的具体组织者，那么胥吏、乡役则是救荒活动的具体承担者。从诉灾、检田、抄劄到掌控常平、义仓平籴发放粮食等多个环节无不是由胥吏、乡役负责具体的事务。宋代救荒政策的是否公平、公正得到落实，在很大程度上是由他们的行为决定的。总体来讲，承担救荒的胥吏、乡役大都为乡村豪强大户、富裕农民所把持，"贿赂公行"、"欺公罔上"、"徇权势"、"欺困弱"是"吏缘为奸"的主要特征。胥吏与豪强、官府相互勾结、沆瀣一气。诉灾不实、检田不实、抄劄不实、赈济不实，"强梁者得之，善弱者不得也。

---

[1]　马端临：《文献通考》卷三，《田赋考三·历代田赋之制》，第75—76页。

附近者得之，远僻者不得也。胥吏、里正之所厚者得之，鳏寡孤独疾病无告者未必得也"。① 腐败的吏治使得宋的救荒政策在很大程度上难以惠及真正的贫弱灾民和饥民。如宋神宗时吕大忠所言，每岁侥幸因灾伤所免的租税达三二百万之巨，就是豪强与胥吏、乡役勾结攫取国家赈灾实惠的真实写照。这样的后果，既损害国家的财政税收，又让实际应该得到减免或救助而未得到减免或救助的贫弱灾民和饥民雪上加霜，等待他们的命运，不是尸填沟壑，就是流移他乡。

四、荒政与宋朝社会

第十三，宋人虽然仍用五行说来讲自然灾异现象，但有识之士已开始摒弃汉唐以来将天变与人事牵强附会的理论，宋代大史学家欧阳修、郑樵和宋元之际大史学家马端临都以汉唐以来显而易见的史实，驳斥了以自然现象附会人类社会中祸乱与祥瑞的不实之论。他们的驳论从一个侧面说明，宋代少数先进的士大夫对自然灾害现象的发生有了较为理性的认识。不过，不可否认，这种理性还是有相当局限的。他们虽然反驳了自然灾害是对人类社会的一种天谴，但是对于自然灾害发生的原因，仍然没有走出战国秦汉以来形成的阴阳变化、五行交替学说的窠臼。而在宋代激烈的政治斗争中，"天谴论"始终是在野政治力量和执政者反对派使用的重要手段。"天谴论"的发展对于宋代荒政发展具有积极促进作用，它既可在某种程度上约束居于权力顶峰的皇帝的所作所为，亦可提升最高统治者对救荒迫切性、重要性的认识，从而在客观上达到重视荒政建设的目的。需要特别指出的是，理宗淳祐年间阳枋给余玠所写的榜文《上广安赵守弼旱十事》，把朱熹"感召和气"以救荒的思想运

---

① 董煟：《救荒活民书》卷二，《义仓》，第964册，第29页。

用到广安救荒活动中，昭告社会各阶层：当使、士大夫、吏胥、士人、农、工、商、兵、僧人道徒、游手，"旧染人深，未知悔悟，是致天怒未解，雨泽愆期。今具合行悔惧十条，揭榜市曹，发下县镇，张挂晓谕。庶远近通知，上下改革，共回天意。"① 这个榜文把古代"天谴论"由警示君主和宰臣为主推衍至社会各阶层，从一个侧面表明"感召和气"在宋代社会中的巨大影响力，和儒家文化天人感应学说的进一步发展。

当人们在超强的自然力面前无能为力或不足与之抗衡之时，就会转向敬畏和祈求神灵。宋代荒政在集周、秦、汉、唐以来救灾救荒救济诸多方法措施大成取得了巨大历史进步的同时，但总体上尚不足以减轻大自然的破坏力所造成的痛苦，因而运用现今看来颇具迷信色彩的禳弭方法也有长足的发展。诸如祈雨、祈晴、祈雪：祭上帝、祭六宗、祭圣贤、祭天地、祭山川、祭河渎、祭社稷、祭醮神、祭河神、祭寺院、祭宫观等等，成为宋代官府和民间救荒重要的祈求、贿赂神灵的慰藉措施。其中，尤值得注意的是，唐宋祭龙祈雨嬗变所展现的三点启示：一是唐宋祭龙习俗嬗变的内在原因是与儒家天人感应学说的发展息息相关，而外在形式的变化则是随佛教文化与本土文化的不断交融而变化；二是唐宋祭龙习俗嬗变起始时间大致都发生在唐玄宗时期将祭龙纳入国家祀典之后，这与唐宋之际社会变革在时序上相吻合，它从一个侧面折射出唐宋之际社会变化的广度和深度；三是明清以来民间龙王庙的形制完成于唐宋的嬗变。

第十四，如果把在抄劄制度基础上建立起来的宋代赈灾户口统计系统与宋代其他户口统计系统，如丁簿、五等丁产簿、税账、保甲簿等比较，就会发现一个值得思考的经济现象。从编制户口统计系统的目的来看，除了赈灾户口统计系统外，其他都是为国家和地方官府课税、科

---

① 阳枋：《字溪集》卷九《广安旱代赵守榜文》，第1183册，第396—398页。

差、治安、征役等提供劳动力依据。概括地说，就是为国家和各级官府"取之于民"服务，而赈灾户口统计系统则相反，是为国家和各级官府为救助民众提供人口依据，带有一定的"养民"和"回馈"色彩。体现了国家与其基本成员在平素与危难时期两者之间的一种互动的社会保障关系。从户口统计按财产家业划分取民和养民户等来看，两者之间又出现一个悖论：在为国家和各级官府"取之于民"服务的户口统计系统中，民户承担的义务大小是随着户等由低向高递增，即户等越高承担的义务越多，而在赈灾户口统计系统中，民户所受救助赈济的程度恰好相反，户等越高得到的救助或资助就越少。"大率中产之家与贫乏之家，其为缺食而仰给于官则一，尝闻其言率多怨怼曰，吾薄产之家，岁输秋夏二税以报国家，今吾田荒不种，无所得食，而国家止济无产之家耶"。① 中产以上家庭不仅"无所得食"，"不系赈救"，而且还要被"劝分"，出粮帮助各级政府赈济贫民。这只是问题的一个方面，另一方面这种状况又深刻体现了中唐以来土地制度、赋役制度变化的社会现实，即土地占有者向国家上供税赋，而无土地或少有土地的直接生产者向土地占有者缴纳田租，因而当灾荒发生时，无助的直接生产者得到国家的特别赈济，不仅是切实保障他们的基本生活权益的人道主义善政，所谓"宋之为治，一本于仁厚"，② 自然是虚夸之词，其实也是为了最大限度保障宋代社会延续和再生产对劳动生产力的基本需要。

第十五，宋代荒政在中国古代史上取得巨大进步，荒政成为统治者标榜推行仁政的主要标志，但宋朝毕竟是一个由军阀集团建立转化而来的专制独裁政权，它的施政方针首要是维护和巩固政权，维护少数既得利益集团的利益。对于宋代统治者来说，讲求荒政固然与其具有最基本的救死扶伤的人道主义关怀精神和情怀分不开，但为防止农民于饥荒之时作乱或起义，巩固其既有的统治秩序，乃是荒政更重要的目的所在。

① 戴栩：《浣川集》卷四，《论抄割人字地字格式札子》，第1176册，第716页。
② 《宋史》卷一七八，《食货·役法上六·振恤》，第4335页。

是故所谓"欲除盗贼者当如何？曰：自散利始"，足以说明平素足民储蓄在荒政的初始与结局之间诸多环节中是最为核心的要素，但实际上，却正好相反，如司马光在给宋仁宗上的奏疏中曾深刻指出的："夫府库金帛皆生民之膏血，州县之吏鞭挞其丁壮、冻馁其老弱，铢铢寸寸而聚之。今以富大之州，终岁之积，输之京师，适足以供陛下一朝恩泽之赐，贵臣一日饮宴之费。陛下何独不忍于目前之群臣，而忍之于天下之百姓乎？夫以陛下恭俭之德，拟乎唐虞，而百姓穷困之弊均于秦汉，秦汉竭天下之力以奉一身，陛下竭天下之力，以资众人，其用心虽殊，其病民一也。"[①] 这里的"以资众人"中的"众人"，即是与皇权同治天下的士大夫群体。其实，翻检宋代文献中有关君臣讨论实施救荒措施的互动史实中，防"盗贼"，"弥盗"，往往是"危言耸听"中最常用的词汇。而在救荒储粮与军政储粮上，宋朝始终把后者摆在最为重要的位置上，军政优于荒政是不言而喻的，关于此前辈学者已多有论列，不赘。[②] 另外，权衡政治、经济利益在治理黄河对策中具有重要意义，如从阻遏契丹的国防角度所实施的三次回河，又如仁宗、神宗时人为放弃河北部分地区黄河沿岸埽的加固乃至决口，以换取京城周围的安全。这大致是导致北宋黄河决溢频繁，始终未能安定的重要原因之一。换句话说，宋代一些大的水灾不仅是天灾，也与出于政治考量而由人为因素所致有很大的关系。

过去受以阶级斗争为纲的影响，把包括宋代在内的古代史上统治阶级的慈善事业统称为粉饰太平和剥削阶级的虚伪，这类看法在今天已不足以同日语。但是现今的研究也不能从一个极端走向另一个极端，无视社会现实而片面夸大对宋代社会救济制度实际功效的赞誉。如前揭

① 司马光：《上仁宗论理财三事乞置总计使》，赵汝愚编：《宋朝诸臣奏议》卷一〇二，《财赋门·理财中上》，第1094页。

② 参见王曾瑜、朱家源《宋朝的和籴粮草》，《锱铢编》，河北大学出版社2006年版，第427页；［日］斯波义信《宋代江南经济史研究》，中译本，江苏人民出版社2001年版，第258页。

"损有余、补不足"一直是儒、道两家追求的理想，也是有理想有作为的少数先进士大夫们行政积极践行的。但是古今社会中"有余"与"不足"间反差不仅未能缩小，而且差距日益扩大。两宋社会贫富分化始终处于不断扩大的趋势中，统治阶级的小恩小惠相对于需要救济的贫弱人群而言只是杯水车薪而已。范祖禹说："朝廷自嘉祐以前，诸路有广惠仓以救恤孤贫，京师有东西福田院以收养老幼废疾。至嘉祐八年十二月，又增置城南北福田，共为四院，此乃古之遗法也。然每院止以三百人为额，臣窃以为京师之众，孤穷者不止千二百人，又朝廷每遇大冬盛寒，则临时降旨救恤，虽仁恩溥博，然民已冻馁死损者众，……国家富有四海，每岁用系省钱一二万缗，于租赋之入，无异海水之一勺，而饥穷之人，日得食钱之资，升合之米，则不死矣。此乃为国者所当用王政之所先也。"①

徽宗时期，宋朝社会救济制度得到较大发展，对此，时人又是怎样看待的呢？当时有一处教坊伶人演出的杂剧有很形象地描绘：

> 又尝设三辈为儒道释，各称诵其教。儒曰："吾之所学，仁、义、礼、智、信，曰五常"。遂演畅其旨，皆采引经书，不杂媒语。次至道士，曰："吾之所学，金、木、水、火、土，曰五行"，亦说大意。末至僧，僧抵掌曰："二子腐生常谈，不足听。吾之所学，生、老、病、死、苦，曰五化，藏经渊奥，非汝等所得闻。当以观世佛菩萨法理之妙为汝陈之。盍以次问我"。曰："敢问生？"曰："内自大学辟雍，外至下州偏县，凡秀才读书者尽为三舍生，华屋美馔，月书季考，三岁大比，脱白挂绿，上可以为卿相。国家之于生也如此"；曰："敢问老？"曰："老孤独贫困，必沦沟壑。今所在立孤老院，养之终身。国家之于老也如此"；曰："敢问

---

① 范祖禹《太史范公文集》卷一四，《乞不限人数收养贫民札子》十二月二十日，第4—5页。

病?"曰:"不幸而有病,家贫不能拯疗,于是有安济坊,使之存处,差医付药,责以十全之效,其于病也如此";曰:"敢问死?"曰:"死者人所不免,唯穷人无所归,则择空隙地为漏泽园,无以敛,则与之棺,使得葬埋,春秋享祀,恩及泉壤。其于死也如此";曰:"敢问苦?"其人瞑目不应,阳若恻悚然。促之再三,乃蹙额答曰:"只是百姓一般受无量苦"。徽宗为恻然长思,弗以为罪。①

这处带有讽刺意味的杂剧,揭示了一个很简单的道理,即在看到宋朝社会慈善事业发展不断进步的同时,还要看到天下"只是百姓一般受无量苦"的社会现实。

原刊于《首都师范大学学报》(社科版)2013年第2期

---

① 洪迈:《夷坚志》支乙卷第四,《优伶簸戏》,第823页。

抄劄救荒与宋代赈灾户口的调查统计*

宋代大多数官方户口统计，每户平均只有两口左右。这一统计数据自 20 世纪初即引起学界质疑，并由此产生出"男女通计说"与"男口说"、"漏口说"、"析户说"与"户数虚增说"、"丁口说"等不同观点。① 其中，利用赈灾过程中的户口统计数据说明宋代每户的人口数量，成为探讨宋代人口问题的新路径。较早注意使用赈灾户口统计数据的是台湾学者梁庚尧，1976 年他在博士学位论文中讨论南宋农村每户平均口数时，指出："南宋农村每户真正的平均口数，可以从另外一类官方户口记载求解答。这一类官方户口记载，是为了安置流民及救济灾荒而作的临时统计，没有漏口和析户的必要，而且无论男女都需要得到救济，自必包括男女在内。"② 这一思路因当时两岸学术交流不畅，大陆学界并不知晓。80 年代初李宝柱已注意到赈济时人口数不是根据户

---

* 本文系国家社科基金重点项目"宋朝应对自然灾害的危机管理及历史经验研究"的阶段性成果（批准号：10AZS00）。

① 详见吴松弟：《宋代户口调查统计制度研究述评》，包伟民主编：《宋代制度史研究百年》（1900—2000），商务印书馆 2004 年版，第 295—327 页。

② 梁庚尧：《南宋农村户口概况》，《沈刚伯先生八秩荣庆论文集》，台北：台湾联经出版事业有限公司 1976 年版；又见氏著：《南宋的农村经济》，台北：台湾联经出版事业有限公司 1983 年、1985 年版；新星出版社 2006 年简体字版。吴松弟在《中国人口史》第 3 卷《辽宋金元时期》第二章《宋代的户口调查统计制度》第五节《赈济户口统计系统》，复旦大学出版社 2001 年版，第 53—56 页。

籍，而是根据新登录的账状；登录的对象，虽然扩大了原来的统计范围，但只限于"缺食之人"；抄录的结果要逐级申报。可见赈济灾荒的户口统计与平常年份的户口统计并不相同，不考虑其间差别而把版籍与赈济所抄录的户口两者完全等同起来，是不对的。① 其后，穆朝庆注意到由于官府掌握的并非全部人口，所以在赈贷时采取三种形式："第一，以户为则，分等赈贷。第二，受灾户自相结保，声说口数。第三，临时抄录灾区户口，计口授粮。赈贷方式也从另一个侧面证明正常的户籍中没有登录全部人口；否则，便不可能以户为单位赈济，更不会再去临时统计人口。"② 程民生亦用救荒时的人口统计资料来说明宋代家庭的规模。③ 苏基朗认为宋代保甲簿的一个作用是据以赈济饥荒。以此推断，保甲簿有时也可能包括妇女的情况。④ 吴松弟在这些研究成果的基础上，对葛剑雄宋代"还存在着应该登记全部人口的统计系统"的说法进行阐释和论证，⑤ 认为"赈济户口统计系统"就是登记全部人口的统计系统，这无疑将宋代人口统计制度研究向前推进了一步。⑥ 但遗憾的是，论者在研究赈灾户口问题时，大都没有涉及或忽略了赈灾户口调查与统计中的核心环节：抄劄制度，⑦ 由此使宋代赈灾户口登记制度与统计系统的研究多语焉不详或仅停留在推论上，缺乏实证支持，还有进行探讨的必要。

---

① 李宝柱：《宋代人口统计问题研究》，《北京大学学报》1982 年第 4 期，第 73 页。

② 穆朝庆：《两宋户籍制度与人口再探讨》，《中州学刊》1988 年第 6 期，第 106 页。

③ 程民生：《宋代家庭人口数量初探》，《浙江学刊》2000 年第 2 期。

④ 苏启龙（苏基朗）著，袁征译：《宋代的户口统计制度——对有关制度的综合分析》，《中国社会经济史研究》1985 年第 1 期。

⑤ 葛剑雄：《宋代人口新证》，《历史研究》1993 年第 6 期，第 45 页。

⑥ 吴松弟：《中国人口史》第三卷"辽宋金元时期"，《赈济户口统计系统》，第 53—56 页。

⑦ 有关宋代救荒中的抄劄制度，学界已有所涉猎，参见谭景玉《宋代乡村行政组织在救灾中的作用》，《广西社会科学》2007 年第 1 期；郭文佳《论宋代灾害救助程序》，《求索》2004 年第 9 期；石涛《北宋地方减灾管理述略》，《中国经济史研究》2006 年第 4 期。

一、宋代的赈灾户口调查登记制度

抄劄在宋代是一个使用较为广泛的词汇。抄劄又写作钞劄，含义与现今的登记、调查、核实相似。"检会旧条，进奏院每五日令进奏官一名于阁门钞劄报状，申枢密院呈定，依本写录，供报逐处。"① "宜下有司抄劄没官田亩，凡为强有力所占佃者悉归之官"。② "今差人抄劄到自来商贩、上户之家出等大船二十二只，送专行司。"③ 抄劄又有抄写、抄录、誊录之意："不识字者，许陈白纸，据所论事件判院官当面抄劄，诣实口词，仍当日据收。"④ 抄劄也与抄籍、抄检、括责等意义相近。据任广《书叙指南》云："抄劄家业曰簿录其（刘晏）家"，⑤ 意指抄劄与"簿录"相通。"簿录"在汉唐以来，是查抄登记没收财产的一种方法。⑥

宋朝在救荒活动中广泛实施的抄劄制度，实际是一种比较科学的赈灾户口调查登记制度。

从现存文献看，北宋前期尚未见明确记载救荒中"抄劄"的情况，但有些记载已透露出抄劄的痕迹。景德三年（1006）三月，诏："开封府、京东西、淮南、河北州军县人户阙食处，已行赈贷，其客户宜令依主户例量口数赈贷，孤老及病疾不能自存者，本府及诸路转运使、副并

---

① 李焘：《长编》卷二二八，熙宁四年十一月己丑，第5543—5544页。
② 方岳：《秋崖集》卷一八《轮对第二札子·贴黄》，第1182册，第350页。
③ 吴潜修，梅应发、刘锡纂：《开庆四明续志》卷六，第5995页。
④ 孙逢吉：《职官分纪》卷一四《登闻鼓院》，第333页。
⑤ 任广：《书叙指南》卷一八《盗贼搜捕》，第230页。
⑥ 《新唐书》卷一四九《刘晏传》云："建中元年七月，诏中人赐晏死……时炎兼删定使，议籍没，众论不可，乃止。然已命簿录其家，唯杂书两乘，米麦数斛，人服其廉。"第4794页。

差去臣僚同共体量，出省仓米救济。"① 大中祥符二年（1009）十一月，知邓州张知白谕劝豪民出粟数千斛，赈济陕西流民"计口给半月之粮"，② 这两条记载中，"量口数赈贷"、"计口给半月之粮"已能看到救灾活动中实施抄劄的身影。

北宋中期后，救荒活动中明确实行抄劄的记载开始多起来，最典型的是庆历八年（1048）富弼在青州救助河北流民时，实施抄劄已有非常严格、细致的程序。③ 熙宁二年（1069），富弼在《上神宗论河北流民到京西乞分给田土》又提到抄劄："臣每逢见逐队老小，一一问当，及令逐旋抄劄。只路上所逢者，约共六百余户、四千余口。"④ 看来富弼主持救灾时，已很注意运用抄劄让生活无助的灾民得到官府最大限度的救助。

抄劄广泛运用于救灾活动，应是在熙宁七年吕惠卿创"手实簿法"之后。手实簿法，旨在清查户籍等级，以平役钱。使用的方法即是抄劄。据苏辙言，手实簿法"以根括民产，不遗毫发为本，以奖用憸憸，许令告讦为要。估计家产，下至椽瓦，抄劄畜产，不遗鸡豚"⑤ 虽然手实簿法因引起民愤，很快被废止，但是由于在全国范围进行抄劄，⑥ 为大规模调查登记和排查核实救助灾民提供了很好的借鉴，因而其后救灾活动中广泛运用抄劄便多出现在史乘上。神宗熙宁九年十二月乙未，"诏河东地寒，九月内许抄劄不能自存之人，自十月一日起支米豆，至次年二月终住给。"⑦ 哲宗元祐六年（1091），太湖泛溢，苏、湖、秀等

---

① 《宋会要辑稿》食货六八之三三，第6270页。
② 《宋会要辑稿》食货六八之三三，第6270页。
③ 详见董煟：《救荒活民书》卷三，《富弼青州赈济行道》，第964册，第60—68页。
④ 赵汝愚编：《宋朝诸臣奏议》卷一○六《财赋门·荒政》，第1139页。
⑤ 李焘：《长编》卷三七九，元祐元年戊戌，第9212页。
⑥ 据吕惠卿为其弟吕和卿所撰墓志铭说："其后异论参差，事虽中寝，而诸路州县用以造簿者十已八九，而役钱卒赖以均。"（李焘：《长编》卷254，熙宁七年七月乙卯条记事，第6224页）
⑦ 李焘：《长编》卷二七九，第6835页。

州并遭水浸，范祖禹担心朝廷"逐县逐州须遣人抄劄庐舍、人口、田
土数目，饥荒之际，此等行遣，必为烦扰"。① 同时期的苏轼也曾"只
用出粜常平米一事，更不施行余策。若欲抄劄贫民，不惟所费浩大，有
出无收，而此声一布，贫民云集，盗贼、疾疫，客主俱毙，惟有依此
条，将常平斛斗出粜，即官司简便，不劳抄劄……"② 虽然范祖禹、苏
轼都担忧抄劄实施过程出现的副作用会影响救灾的实效，但这也从一个
侧面说明元祐后抄劄已广泛运用于救荒活动中。

　　根据北宋中期至南宋救荒活动中抄札制度实施的情况，抄劄制度包
括以下三个环节。

　　首先，路、州、县长官是临灾或灾后实施调查登记灾民户口的组织
者。庆历八年，出知青州兼京东路安抚使的富弼救济河北流民，对于抄
劄官员的选择有很严格、细致的程序，"酌量逐县耆分多少差官，每一
官令专管十耆或五七耆，据耆分合用员数，除逐县正官外，请于见任并
前资、寄居及文学、助教、长史等官员内，须是拣择有行止清廉，干当
素不作过犯官员，仍勘会所差官员本贯，将县分交互差委支散，免致所
居县分亲故颜情，不肯尽公。及将封去帖牒书填定官员职位、姓名，所
管耆分去处，给与逐官收执"。③ 元符元年（1098），"澶州大河涨溢，
溺民田宅"，御史中丞安惇"乞下本路提举司委官钞录被灾人户，速行
赈济"。④ 绍兴年间浙东，"只依常行，先差一通判抄劄城下两县饥
民"。⑤ 绍兴三十一年（1161），"诏令逐州府差官抄劄实贫乏之家，于
见桩管常平钱、米内，依临安府例赈济"。⑥ 淳熙十四年（1187），临安

---

① 范祖禹：《太史范公文集》卷二〇，《封还臣僚论浙江西赈济事状》（二十四日），第
　　268 页。
② 董煟：《救荒活民书》卷二《常平》，第 964 册，第 26 页。
③ 董煟：《救荒活民书》卷三《富弼青州赈济行道·支散流民斛斗画一指挥》，第 964 册，
　　第 63 页。
④ 李焘：《长编》卷五〇二，元符元年九月壬子，第 11956 页。
⑤ 黎靖德编：《朱子语类》卷一〇六《浙东》，第 2643 页。
⑥ 《宋会要辑稿》食货六八之六一，第 6284 页。

府"分委府官及差人吏遍于城内外巡门抄劄"。① 开禧三年（1207）六月十五日，临安府言："已委钱塘县知佐火急差官遍往乡村抄劄实系被水人户。"② 嘉定八年（1215），真德秀言："江东自昨岁旱蝗……已行下州县分遣官僚躬亲抄劄，略计七八郡所当济者不下百余万户。"③ 胡太初论县令居官之道时，以为"不幸而疫疬傔兴"，"遣吏抄劄家数人口，命医给药，支钱付米"④ 是县令应当履行的职责之一。

路、州、县官只是抄劄的组织者，黄榦说："一县之大，周圜数百里，知县不能亲历赈粜之法，必须付之胥吏、付之乡官、付之保正，方其抄劄……"⑤ 所以执行抄劄的具体工作是由胥吏和乡一级的职役者乡官、里正、保长、社甲首、副等担当，南宋高宗以后还有隅官。"每岁抄劄，委州县长史（吏），令在郡邑者责之社甲首、副，在村落者责之保正、副长，结罪保明，使无遗滥"。⑥ "里正先赴抄劄"。⑦ "已抄口数报隅官"。⑧ 为了增强抄劄制度的可信性，董煟强调指出："今县令宜每乡委请一土户平时信义为乡里推服官员一名为提督赈济官，令其逐都择一二有声誉行止公干之人为监司，每月送朱墨点心钱，县道委令监里正分国（团）抄劄，不许邀阻乞觅，如有乞觅，可径于提督官投状申县断治。"⑨

上述调查登记的对象主要是乡村及城邑灾民户口，抄劄亦运用于调查登记都城收养救助鳏寡孤独、寒冬季节无助贫困人的活动中：

---

① 《宋会要辑稿》食货六八之八五，第6296页。
② 《宋会要辑稿》瑞异三之一九，第2113页。
③ 真德秀：《西山先生真文忠公文集》卷六《奏乞拨米赈济（同安抚司总领所）》，第717页。
④ 胡太初：《昼帘绪论》，《赈恤篇第十一》，第602册，第721页。
⑤ 黄榦：《勉斋先生黄文肃公文集》卷三〇《临川申提举司住行赈粜》，第57页。
⑥ 《宋会要辑稿》食货六〇之一一，第5870页。
⑦ 董煟：《救荒活民书》卷二《赈济》，第964册，第43页。
⑧ 陈造：《江湖长翁集》卷一八《定海甲寅口号（七首）》，第1166册，第223页。
⑨ 董煟：《救荒活民书》卷二《义仓》，第964册，第29页。

（元祐七年八月），开封府言："准敕，遇大寒风雪之日，支俵乞丐人钱……今相度，欲乞十月以后，下诸厢抄劄人数，给散牌子执收，每遇支散月分，乞下吏部预选差定经任小使臣二十八人，准备与诸厢使臣等分定地分。如遇合支俵月分，自早亲诣贫院，逐处俵散，约限至午未时已前了当。如有死亡，及逐时增添人数，并画时申报本厢使臣抄上姓名照会。"从之。①

绍兴元年十二月十四日，通判绍兴府朱璞言："绍兴府街市乞丐稍多，被旨令依去年例日下赈济。今乞委都监抄劄五厢界应管无依倚流移、病患之人，发入养济院。"②

（淳熙十六年）六月十一日，（临安府守臣）张构等言："在城九厢，城南、城北两厢共抄劄到二十六万八千余口，及养济两院并逐处病坊虽在耆界，亦宜赈给。"③

（嘉定）十二年十二月九日，诏令丰储仓所于桩官米内支拨二万石赴临安府，日下分头差官疾速抄劄的实贫乏人户，即遍置场赈济五日，务要实惠及民。④

第二，调查登记灾民人户包括姓名、大小、口数、住处等几项。前揭富弼组织官员抄劄即是"分头下乡，勒耆壮引领排门点检抄劄流民。每见流民逐家尽底唤出本家骨肉，亲自当面审问的实人口，填定姓名、口数"。⑤ 黄榦所列汉阳军"赈济条目"："每村各画一图，要见山水道路、人户居止，各置一籍，抄劄人户姓名及其家艺业。"⑥ 嘉定八年九月十一日，有臣僚报告："臣来自吴门，沿路见日来所差检踏灾伤官与

---

① 李焘：《长编》卷四六七，元祐七年八月戊寅，第 11349 页。
② 《宋会要辑稿》食货六〇之八，第 5868 页。
③ 《宋会要辑稿》食货六八之八九，第 6298 页。
④ 《宋会要辑稿》食货六八之一〇八，第 6307 页。
⑤ 董煟：《救荒活民书》卷三《富弼青州赈济行道》，第 964 册，第 60 页。
⑥ 黄榦：《勉斋先生黄文肃公文集》卷三一《汉阳军管下赈荒条件·赈济条目》，第 75 页。

抄劄赈恤之官不能遍走阡陌，就近城寺院呼集保甲，取索文状，令人粉壁书衔，以为躬亲下乡巡行检责抄劄了当。其间号为详熟者，亦不过画图本，具名姓，注排行，写小名，以为帐状。县申之州，州申之监司，监司申之朝廷，递相传写，坐待结局。"① 虽然这份报告批评地方官员不能躬亲切实抄劄受灾伤民户，但从一个侧面说明，政府实施抄劄制度的内容包括姓名、大小、口数、住处等几项要素。

抄劄的目的有二：一是调查登记受灾人数即救助范围，二是排查核实，防范假冒，使救助落到实处。因而一般要给被抄劄对象发放一个称作"历子"、"历头"、"牌历"或"帖子"的凭证。庆历八年，富弼在《支散流民斛斗画一指挥》对救济流寓到青州的灾民抄劄"给历子"作了很细致的规定："指挥差委官抄劄给历子时，子细点检逐处流民"，"抄劄集定流民家口数，给散历子"，"指挥所差官员，除抄劄籍定给散流民外，如有逐旋新到流民，并须官员亲到审问，子细点检本家的实口数、安泊去处，如委不是重迭虚伪，立便给与历子"，"躬亲排门抄劄逐户家口数，依此给与历子"，"逐州县镇，候差定官员，将印行指挥画一抄劄一本，付逐官收执照会施行"。② 元符元年，曾布言："京师久雨，细民无以为生，当有以恤之。……今若令场务、仓库以应官局监官各就近分与坊巷，令抄劄贫下人，各以本局印印给帖子，赴就近官局给钱，如此则无滥冒之弊。"③ 孝宗乾道年间，成都府"差官抄劄府城内外贫民，给牌、历，置场减价粜卖，以济饥民"。④ 苏次参在澧州赈济，"患抄劄不公，给印历一本，用纸半幅，上书某家口数若干，大人若干，小儿若干，合请米若干，实贴于各人门首壁上，内声迹如有虚伪，许人告首，甘伏断罪，以备委官检点"。⑤

---

① 《宋会要辑稿》食货五八之三〇至三一，第 5836 页。
② 董煟：《救荒活民书》卷三，第 964 册，第 64 页。
③ 李焘：《长编》卷五〇二，元符元年九月辛亥，第 11954 页。
④ 《宋会要辑稿》食货六八之六七，第 6287 页。
⑤ 董煟：《救荒活民书》卷三《苏次参赈济法》，第 964 册，第 77 页。

第三，抄劄的作用是为"计口给食"提供直接的依据。前引景德三年和大中祥符二年两条材料所提及的"量口数赈贷"和"计口给半月之粮"都应是在抄劄之后进行的救助行为。随着抄劄制度的逐步完善，到南宋以后，这类材料俯拾即是，如淳熙十三年十二月二十二日，诏："右司员外郎京镗同临安府通判应藏密依已降指挥，于桩管库、丰储仓支拨钱米，将城内外贫乏老疾之人措置，计口赈济。候韩彦质归府，一就同共给散。"既而知临安府韩彦质等言："奉旨：'赈济细民，令京镗同应藏密侯（候）韩彦质归府，一就同共给散'。今措置：欲以二十万人为率，将所委官当日抄劄到贫乏老疾之家人口，每名先支钱四百文、米二斗，计钱八万贯，米四万石，候抄劄尽绝，将散不尽钱米再行均给。"从之。① "约度被水第四等、第五等以下大小人口，量行赈济"。② "计口赈济，务要实惠及民"。③ "赈济官司止凭耆、保、公吏抄劄第四等以下逐家人口，给历排日支散"。④

宋代计口给食的标准通常有大人小儿之分，大致是成人不分男女，每人每日一升，小儿减半，"大人每名一贯，小儿五百，仍委官巡门俵散"。⑤ "抄劄被水人户，计口大人日支一升，小儿减半，支给常平米斛"。⑥ "赈济饥民，令请自本州县当职官，多方措置，从实抄劄实系孤老、残疾并贫乏不能自存、阙食饥民大人小儿数目，籍定姓名……大人日支一升，小儿减半"。⑦ "每岁饥冻乞丐之人，令临安府措置养济，率以十月十五日抄劄，十一月一日为始，俵散钱米，至次年二月住支。大人日支米一升、钱一十文足，小儿减半"。⑧ 绍熙年间，临安大水，知

① 《宋会要辑稿》食货六八之八四，第6295页。
② 《宋会要辑稿》食货六八之六六，第6286页。
③ 《宋会要辑稿》食货六八之一〇三，第6305页。
④ 《宋会要辑稿》食货六八之六一，第6284页。
⑤ 《宋会要辑稿》食货六八之八九，第6298页。
⑥ 《宋会要辑稿》食货六八之一〇七，6307页。
⑦ 董煟：《救荒活民书》卷三《徐宁孙建赈济三策》，第964册，第76页。
⑧ 《宋会要辑稿》食货六八之一四七，第6327页。

府蔡戡说："臣窃计五万余家，约三十万人。大人、小儿各居其半，大人日给一升，小儿日给半升，日支米二千二百五十石。"① 也有成人"大口"日给二升，小儿减半的情况。孝宗时，湖州"赈粜，人日食米二升，小儿一升，各给印历一道"。② 南宋末咸淳七年（1271），抚州《在城粥饭局结局榜》："一、年壮人不问丈夫、妇女，每名并支付米二升，官会一贯。一、孤老残患之人，每名支米四升，官会两贯。一、孤幼小口比大口例是减半，每名支米二升，官会一贯。"③ 不过"小儿"的年岁规定并不一致，南宋庆元府广惠院对养济者钱粮支给有明确规定："每一大口，月给米六斗、钱一十贯，一小口五岁以上月给米三斗，钱五贯，十岁以上月给米四斗、钱七贯，十五岁以上从大口给。"④ 宁宗嘉泰年间"检准令文，州、县、镇、寨岁于十月初差官抄检内外老疾贫乏不能自存之人，十一月起支（后到者听支），每人日支一升，七岁以下减半，每五日一次，并支至次年正月终止"⑤

朱熹在南康军推行荒政时，曾使用"赈粜历头样"，这为了解南宋抄劄给历子、历头格式提供了第一手的资料。其式样包括"使军：所给历头即不得质当及借贷与不系今赈粜之人，如觉察得或外人陈告，其与者、受者并定行断罪"。"今给历付（某）县（某）乡（某）都人户""大人（几）口小儿（几）口每五日赍钱赴（某）场）收籴"。"如籴米大人一升小儿减半，如籴谷大人二升小儿一升。并五日并给，闰三月终止"。"右给历头照会淳熙八年正月（某）日给"，"使押"等。⑥

上述救荒抄劄程序用南宋后期人王柏概括所言，即是"抄劄姓名，

① 蔡戡：《定斋集》卷六《乞赈济札子》，第1157册，第627页。
② 《宋会要辑稿》食货六八之八七，第6279页。
③ 黄震：《黄氏日抄》卷七八《（咸淳七年）六月三十日在城粥饭局结局榜》，第708册，第799页。
④ 吴潜修，梅应发、刘锡纂：《开庆四明续志》卷四，第5972页。
⑤ 董煟：《救荒活民书》卷二《义仓》，第964册，第28页。
⑥ 朱熹：《朱文公文集》别集卷一〇，第1951页。

审核给历，直计口食"。① 这种抄劄制度单从户口调查登记的角度而言，有三个特点值得注意：一、调查登记是由官府自上而下逐级组织进行，数据获得又是从下而上逐级申报，经过朝廷或朝廷授权的一级官府批准核实，最后落实到计口给食；二、灾民户口登记有严格的登录方法和排查措施，一般地说数据有相当大程度的可信性；三、灾民户口登录的人口是包括大人、小孩、妇女的全部人口。

二、宋代赈灾户口统计系统新证

吴松弟根据毕仲游《西台集》、《建炎以来朝野杂记》和《宝庆四明志》三部文献所载户、丁和户、口资料，推测宋代存在属于例行户口统计和赈济户口统计两个不同的系统。他还认为，"可以乾道七年（1171）为界，在此以前并非制度化的做法，此后则是"，依据是《宋会要辑稿》所载：

（乾道）七年九月十六日，知隆兴府龚茂良言："已降指挥：本路帅臣监司将旱伤州县令精加审量。窃谓朝廷既下审量之令以谨其始，宜有殿最之法以核其中（终），然后为官吏者不敢徒事文具。乞取将来户口登耗，以为守令殿最而升黜之。又诸县户口，各有版簿，欲并老幼丁壮无问男女，根括记簿，帅臣、监司总其实数，明谕州县，自今以始，至于来岁赈济毕事之日，按籍比较户口登耗。若某县措置有方，户口仍旧，即审实保奏，优加迁擢；若某县所行乖戾，户口减少，则按劾以闻，重行黜责。推而广之，以稽一郡之登耗，议守臣之赏罚，则殿最分明，官吏耸动。自此立为成

---

① 王柏：《鲁斋王文宪公文集》卷一五《述民志》，第12页。

法，举而措之天下，亦可以为异时荒政之备。"诏依，仍将已流移人与现在户口通行置籍，务令得实，将来比较殿最。其余旱伤去处依此。仍先次开具已流移人并见在户口，申三省、枢密院。①

吴松弟的这一看法基本可以成立，但"赈济户口统计系统"应改为"赈灾户口统计系统"。因为宋代"赈济"虽然有时作为灾荒救助措施的总名称，但严格说来，"赈济"主要是对贫困、缺食、鳏寡孤独等人群的救助措施的统称，而不能包括宋代对全体灾民的救助。宋代临灾时或灾后有三种救助措施：赈济、赈贷和赈粜："诸州岁歉，必发常平、惠民诸仓粟，或平价以粜，或贷以种食，或直以振给之，无分于主客户"。②"有曰贷粮种子者；有曰借助振贷者，以息振济者也；有曰振粜者，减价粜谷以振之也；有曰振济者，直与以振之也"。③ 但是这三种救助措施的救助对象是不尽相同的。南宋人指出："朝廷荒政有三：一曰赈粜，二曰赈贷，三曰赈济，虽均为救荒，而其法各不同。市井宜赈粜，乡村宜赈贷，贫乏不能自存者宜赈济。"④ "救荒有二名，一曰赈济，二曰赈粜。夫赈济者，皆老幼病患、无依倚、无经纪之人也。既抄劄姓名，审核给历，直计口食而供养之而已。若此者，料亦不为甚多，既有常平之米，又有社仓、广惠仓之积，皆当拨为赈济"。"夫赈粜者，减价收钱而授米也，价不减无以谓之赈，价太减或能激其穿，视市价之低昂而略损之可也，使人人知州郡有米，其如此之多，而不知者无所规利，价亦不至于太穿，价不穿而市有米，荒政举矣"。⑤ 据此可知，赈粜和赈贷的对象主要是城乡有一定资产的中下户，而赈济的对象则以贫乏不能自存的人群为主。赈粜是官府通过平抑粮食价格，保障粮食供

① 《宋会要辑稿》食货一二之六至七，第5010—5011页；六九之八一，第6370页。
② 《宋史》卷一七八《食货·役法上六·振恤》，第4335页。
③ 陈均：《皇朝编年纲目备要》卷一九，熙宁四年夏四月，第446页。
④ 《宋会要辑稿》食货六八之九八至九九，第6302—6303页。
⑤ 王柏：《鲁斋王文宪公文集》卷一五《述民志》，第12页。

应，使有一定资产的人户借助市场度过灾歉。而赈贷则是以低息或无息向三、四等户借贷粮种，帮助他们恢复生产，从而达到自救的目的。赈济是各级官府直接向受灾的贫困无助户发放口粮，以维持延续他们的生命。赈粜一般多在中等及以下灾情发生时实施，在大灾、特大灾发生时则主要采取赈济措施，并辅之以赈粜。北宋神宗元丰以前，按受灾情况分为十个等级，实施相应的救助方式，并没有严格区分赈贷、赈粜、赈济的界限。元丰以后至南宋绍兴后期，以七分为界，七分以下为赈粜，七分以上为赈济和赈贷。绍兴后期至南宋灭亡大致是以五分为界划分赈贷、赈粜和赈济：

> 淳熙八年，敕："浙西常平司奏：'本路去岁旱伤轻重不均，在法五分以上方许赈济，今来逐县各乡都分有分数不等，若以统县言之，则不该赈济，若据各乡都分有旱至重去处，则理当存恤，除已逐一从实括责，五分以上量行赈济，五分以下量行赈粜。'得旨依。"①

可见，使用"赈灾户口统计系统"比"赈济户口统计系统"更符合宋代的实际情况。

虽然吴松弟认为"宋代赈济（赈灾）户口统计系统"就是宋代登记全部人口的系统，并认定"乾道七年以后南宋已正式建立灾荒赈济（赈灾）时统计全部人口的制度"，然而并没有用史实加以证明，因而何谓宋代"赈灾户口统计系统"仍然是一个笼统的概念，赈灾户口统计系统的格式、编制过程及作用亦语焉不详。笔者拟在下文作新的探讨，为了便于讨论，先列出与赈灾户口统计系统相关的材料。

朱熹积极倡导荒政的推行，对选择担任抄劄的官吏能否秉公办事和

---

① 董煟：《救荒活民书》拾遗，第964册，第89页。

抄劄是否真实最为关注，因而他重视在制度上给予保障，对抄劄不同等级的灾户做出了详细规定。《行下三县抄劄赈粜人户》云：

> 照对近委官抄劄三县管下赈粜人户姓名、大小口数申军，寻将已申到帐拖照得合赈粜人户，并不见声说见住地名去处，恐有漏落，增添情弊，难以稽考。合行下逐县，将逐都塌画地图，画出山川水陆路径、人户住止去处。数内不合赈粜人户，用红笔圈栏，合赈粜人户，用青笔圈栏，合赈济人户，黄笔圈栏。逐一仔细填写姓名、大小口数，令本都保正、长等参考诣实缴申，切待差官点摘管实。①

朱熹的做法实则是一种赈灾户口统计的方法，为了解宋代赈灾户口统计系统打开了一扇窗户。其中所谓"数内不合赈粜人户，用红笔圈栏，合赈粜人户，用青笔圈栏，合赈济人户，黄笔圈栏"，表明按家业分等抄劄灾民已制度化。

他在《审实粜济约束》中还对城镇的赈灾户口统计开列了清晰的格式："县市：一、上等有店业日逐买卖营运兴盛，及自有税产赡给，不合请给历头人户若干，开具坊巷逐户姓名、大小口数。一、中等得过之家并公人等合赴县仓粜米人若干，开具坊巷逐户姓名、大小口数。一、下等贫乏小经纪人，及虽有些小店业，买卖不多，并极贫秀才合请历头人户若干，开具坊巷逐户姓名、大小口数。"②

朱熹不仅记述了用于城乡赈灾户口统计的办法和格式，而且还记有赈灾户口的"总簿"，各乡人户"已请历头，如有虚增口数，今来核实，合行减退，即请于历头并总簿内分明改正"。③"印给赈济户历头并

---

① 《朱文公文集》别集卷九，第1947页。
② 《朱文公文集》别集卷一〇，第1956页。
③ 《朱文公文集》别集卷一〇《审实粜济约束》，第1956页。另见同卷《行下米场人户不到者于总簿用印》，第1953页。

赈济人口牌面发下三县交管，于赈粜、赈济前一月出榜晓示，人户定某日前来本场请领历头、牌子，出榜后半月委各场监官就本场当官审实，依总簿内千字文号批凿牌、历给付人户，附簿交领"。① "《总簿式》。使军：今给总簿一面，付某县、某场照给赈粜历头、赈济牌子，仰照此字号批凿牌、历，对填米数，给付人户。今就此簿交领，逐次粜济讫，用支讫，印于本日粜眼内。其粜不足者实填所粜米数，候结局日缴申（某）年（某）月（某）日给……"② 从这些记述可以看出，赈灾户口统计系统的编制程序是：抄劄人户之后，先在"历头"上登记人户家庭的全部信息，然后在"牌面"上登记该户应得到的赈济或赈粜人口数和米数，再由州军级官府汇成总簿，总簿按千字文编号，从"天"字起，逐一编排，此总簿即是赈灾的依凭。其后，虽然很少再见到这类很有价值的材料，但从其他文献所载的片段中亦可窥视南宋赈灾户口统计发展脉络之一斑。

嘉泰元年（1201），常州守臣李珏"将灾伤都分作四等抄劄：'仁'字系有产税物业之家，'义'字系中下户，虽有产税灾伤，实无所收之家；'礼'字系五等下户，及佃人之田，并薄有艺业，而饥荒难于求趁之人；'智'字系孤寡、贫弱、疾废、乞丐之人。除'仁'字不系赈救，'义'字赈粜，'礼'字半济半粜，'智'字并济，并给历计口如常法，惟济米预散榜文，十月一次，委官支"。董煟说："毗陵与鄱阳常行此法，民至于今（开禧年间）称之。"③ 董煟对李珏的做法甚表赞赏："饥荒大小不同，倘不分都分等降，则惠不均，而力不给，今五分已上赈济，五分已下赈粜。其法固简易，然三分以下都分穷弱狼狈之人亦多，不若四等抄劄为均济也。"④ 李珏的做法在南宋后期可能得到推广。

嘉泰四年三月二十七日，知抚州陈耆寿向朝廷呈报统计抚州赈灾户

① 《朱文公文集》别集卷一○《粜支外令施行下项》，第1951页。
② 《朱文公文集》别集卷一○，第1950页。
③ 董煟：《救荒活民书》拾遗，《李珏赈济法》，第964册，第87页。
④ 董煟：《救荒活民书》拾遗，淳熙八年敕，董煟按语，第964册，第89页。

口的情况，"本州土瘠民贫，秋苗之数不多，去（岁）旱歉，抄劄到三万九千户，计一十八万五千六百九十口。有产业无经营人，赈贷；无产业有经营人，赈粜；无产无业无经营及鳏寡孤独之人，赈济。"①

嘉定八年，黄榦知汉阳军时所列"赈济条目"中的赈灾户口统计方法，"以各村人户分为四等，以能自食而又有余粟，可备劝粜为甲户；以无可劝粜，而能自食者为乙户；以不能自食，而籍官中赈粜者为丙户；以官中虽有粟出粜，而其人无钱可籴者为丁户"。"甲、乙等人户官司可以不问，丙户给历，自十一月初一日为始，至明年三月终，每户合粜三硕，每月粜六斗，其粜以每旬二斗为率，或一次或三五次就粜，合从其便"。"丁户乃是鳏寡疾病、不能自济之家，即自九月初一日为始，官司先支常平米，寄之都正之家，量其户之多寡，每月给米三斗，给历就请，每旬以一斗为率"。②

嘉定八年，江南东路转运副使真德秀在上书中，记述了江南东路赈灾户口统计方法，"本路诸州抄劄户口，皆以五等为别，其他州县惟丁、戊始济，独广德两县所谓丙者，殆不及它郡之丁，饥寒穷窭，往往相似，故自丙至戊，无非当济之家。总而计之，仰哺于官者凡二十三万九千三百余口"。③"近据两郡申到抄劄户口帐目，及自目下至来年春夏之交，合用济粜米数：太平州三县丙户一万七千九百九十有五，丁户四万七千七百有九，戊户一千八百，通计四十一万五千七十一口。除已拨到米数外，尚欠米四十二万一千六百余石。广德军二县丙户一万九千七百四十有一，丁户三万二千八百二十有四，戊户二千五百有八，通计二十三万九千三百二十一口。除已拨到米数外，尚欠米三万三千一百八十余石。……自丙户以下皆当给济，惟城市则济戊户而粜丙丁，所以

---

① 《宋会要辑稿》食货六八之一〇二，第 6304 页。
② 黄榦：《勉斋先生黄文肃公文集》卷三一《汉阳军管下赈荒条件》，第 76 页。
③ 真德秀：《西山先生真文忠公文集》卷七《申尚书省乞再拨广德军赈济米状》（同知军），第 732 页。

巢……如太平为郡，虽颇称繁庶，然年来已非昔比，当此歉岁，民间亦甚艰食，但狼狈之状未至如广德之极，故惟戊户则全济，丙、丁户则巢，内乡村丁户，亦量行给济所以济"。①

理宗时，庆元府大致亦施行了相类的分等赈灾户口统计方法："大府颁下抄劄格式，厘为三等，有力自给之家为'天'字号，不巢不济；其次则'地'字者巢；'人'字者济。彼有力自给之家固为易见，若其以粗有田产艺业者为'地'字；鳏寡孤独、癃老、疾病、贫乏不能自存者为'人'字……'地'字之家计其大口之数，或两小口当一大口，其及三大口者摘济一口，五口以上则摘济其二，或口数颇多，次第增添，庶几一家之内足以小补，不至全然阙食觖望而争。"②

另外，苏基朗曾猜测"保甲簿的一个作用是据以赈济饥荒，以此推断，保甲簿有时也可能包括妇女的情况"。但是吴松弟认为这种猜测缺乏证据，不予以采信。③ 对这样的讨论，孰是孰非姑且不论，就南宋赈灾户口统计的建立而言，大致参考或者说依据保甲簿则是有材料根据的。董煟在《救荒活民书》中多次提到以"保伍"编制法抄劄赈灾户口，"臣谓今行抄劄之时，自五家为甲，递相保委，同其罪罚，曰某人为游手，某人为工，某人为商，某人为农，而官之赈给以农为先，浮食者次之，此诱民务本之一术也"。"近臣僚札子：官司平日预先抄劄，五家为甲，有死亡迁徙当月，里正申县改正，此意亦善"。④ 上面提到嘉定八年黄榦知汉阳军时所列"赈济条目"中的赈灾户口统计方法，显然是在"结保伍"的基础上编制的："臣尝为临川令，当开禧用兵之后，隅官之法未尽废。其法以五家为一小甲，五小甲为一大甲，四大甲

---

① 真德秀：《西山先生真文忠公文集》卷七《申尚书省乞再拨太平广德济巢米》，第730页。
② 戴栩：《浣川集》卷四，《论抄劄人字地字格式札子》，第716—717页。
③ 吴松弟：《中国人口史》第3卷"辽宋金元时期"，第57页注3。
④ 董煟：《救荒活民书》卷二《恤农》，第964册，第56页；拾遗《杂记条画》，第964册，第88页。

为一团长，一里之内总数团长为一里正，一乡之内总数里正为一乡官，一县之地分为四隅，每隅之内总数乡官为一隅官，以察奸慝，以护乡井，行之三年，人以为便。今者蒙恩假守汉阳，适值大旱，细民艰食，修举荒政，遂推行保伍之法，户籍多寡，蓄积有无，皆可得而周知，然亦但为荒政设耳，不敢大有所更张也。"① 在《赈济条目》中亦指出："每村选税户一人为乡官，乡官所掌一乡之事；五家为一小甲，五小甲为一大甲，四大甲为一都，选一人为都正，掌百家之事。乡官、都正皆择税户有物力者为之。"② 可见南宋的赈灾户口统计系统采取的形式直接参照了保甲簿的编制方法。它在某种程度上强化了北宋编制保伍以来"或遇差役起夫，水旱赈济，皆可按籍而知"中"水旱赈济"的功能。③

对上述材料进行分析，可以得出以下六点认识：

第一，这些材料所记时间均出自乾道七年以后，说明吴松弟认为宋代赈济（赈灾）户口统计制度化始自乾道七年的推论是有根据的。从地域上看，材料反映赈灾户口统计所在主要是江、浙和荆湖等地的情况，与宋代文献记载南宋中后期各地发生灾害以两浙、淮南、江南、湖南、湖北等地为多相一致。

第二，抄劄之后所给予人户的牌、历详细登记了人口数量、姓名、大小之别、财产家业等信息，然后以州军为单位编制"总簿"。虽然各地赈灾户口统计划分等级不尽统一，因地而异，即有"天、地、人"三等，"仁、义、礼、智"或"甲、乙、丙、丁"四等，"甲、乙、丙、丁、戊"五等之分，但是划分户等以财产家业的多寡和有无为标准则是一致的。参照前揭抄劄制度中对灾民户口的调查登记，赈灾户口统计包括男女老幼全部人口。嘉泰四年（1204 年），抚州每户平均 4.76 口。嘉定八年，太平州丙、丁、戊户平均每户 6.15 口；广德军丙、丁、戊

---

① 黄榦：《勉斋先生黄文肃公文集》卷二二《汉阳条奏便民五事·结保伍》，第 763 页。
② 黄榦：《勉斋先生黄文肃公文集》卷三一《汉阳军管下赈荒条件·赈济条目》，第 75 页。
③ 佚名：《州县提纲》卷二《户口保伍》，第 23 页。

户平均每户 4.35 口。此处统计数与学界已有统计北南宋赈灾户口数的平均数 5.40 口大致相仿。而南宋灾荒救济及流移户口记载平均口数："每户平均人口在 3.71 之 10 之间，有 2/3 以上多于五口，约有一半在六口前后，远较官方例行户口记载的平均口数为多，可以视为比较可信的每户平均口数。"①

第三，赈灾户口编制不似编制丁账、五等丁产簿（或人户产业簿）、税账、保甲簿等，上述户口统计系统有较为固定的时间，如五等丁产簿、保甲簿均是三年一造，而是具有"临时"的特点，即一般是在灾害发生之时。由于灾害发生时户口数额可能因死亡、失踪发生变化，"夫户之贫富，口之多寡，虽有藉（籍）而不足凭，故欲行赈恤，必先括其户口以为据，此数一定，牢不可改，至所当谨也"。②

第四，赈灾户口统计主要是为各级官府实施赈粜、赈贷、赈济措施提供依据。

第五，"由于不可能会同时发生波及全国的严重灾荒，自然见不到登记全部人口的全国性数字"。③

第六，从赈灾户口统计系统多参照或依据"保伍"编制的情况来看，说"女性人口应该没有列入保甲簿的登记范围"④ 的观点，似可再探讨。

三、赘 语

宋代赈灾户口调查登记制度与赈灾户口统计系统，有联系又有区

---

① 有关赈灾户口登记和统计数据，详见梁庚尧：《南宋的农村经济》表 6《南宋灾荒救济及流移户口记载每户平均口数》，第 56—57 页；吴松弟：《中国人口史》第 3 卷"辽宋金元时期"表 4—5《宋代赈济户口的户均人口》，第 156—157 页。
② 《宋会要辑稿》食货六八之一〇六至一〇七，第 6306—6307 页。
③ 吴松弟：《中国人口史》第 3 卷"辽宋金元时期"，第 56 页。
④ 吴松弟：《中国人口史》第 3 卷"辽宋金元时期"，第 52 页。

别。联系在于两者都建立在抄劄的基础上，某种程度上讲赈灾户口登记制度是赈灾户口统计系统的基础，也就是说两者抄劄的程序基本一致，赈灾户口统计系获得的户口数据是依靠赈灾户口调查登记制度而来。两者的区别在于抄劄的对象不完全相同，赈灾户口调查登记的抄劄对象主要是突然遭受大灾、特大灾害，如水灾、疾疫之后，失去基本生活资料，不分有无产业，嗷嗷待哺的缺食者、流民等户口数，这些人群需要各级官府救死扶伤，计口给食，延续生命，是直接的赈济行为。而赈灾户口统计的抄劄对象则是水灾、疾疫之后和旱蝗灾情延续过程中，生活生存受到影响的某村、某县或某州的全部人口，但由于家庭经济水平不同，资产多寡不同，抵御灾害的能力也就大相径庭，因此各级官府的救助措施因人而异，即有赈粜、赈贷和赈济三种不同的救助措施。赈灾户口统计系统即是为这三种救荒措施服务的。其中统计不能自食其力的户口是赈灾户口统计系统的"抄劄"重点。因为这部分户口是由国家和地方政府无偿救济，需要准确的统计数，据以发放相应的粮食数额。"荒年饥岁，发仓廪以赈贫民，虽不可缓，然有赈济、赈粜，鳏寡孤独而不能自存者，予之可也。非鳏寡孤独而可以存，岂能人人而予之哉"。[1] "上户有米，无缘更来官司借贷。村落下户既有借贷，自不须赈济。所合赈济者，鳏寡孤独不能自存之人"。[2] 因而赈灾户口统计的对象虽然是不分男女老幼的全部人口，但比较可信或实际反映的每户平均口数，不是全体人口的平均数，而是中下等户口的人口平均数。如朱熹《奏捄荒事宜状》记载："今抄劄山阴、会稽四等五等贫乏之户，计三十四万口，四等之稍自给及上二等者不预焉，则统计六县之贫民，约须一百三十万口，并上户当不下百四十万计。"[3] 又如上引嘉定八年真德秀报告江南东路统计户口的数据，甲、乙户均未见统计数据。两者报告

---

[1] 《宋会要辑稿》食货六八之八七，第6297页。
[2] 《宋会要辑稿》食货六八之九九，第6303页。
[3] 朱熹：《朱文公文集》卷一六，第244页。

数据的关注点都在中下贫困户，所以赈灾户口调查登记制度与赈灾户口统计系统的区别，还表现在两者所得每户平均数所反映的户口范围不尽相同。赈灾户口调查登记所得的每户平均数应当是不仅包括男女老幼的全部户口，而且是不论有无产业的全部户口的每户平均口数。而赈灾户口统计系统所得的每户平均数更多的是中下阶层户口的每户平均口数。

虽然宋代的赈灾户口调查登记制度与赈灾户口统计系统在抄劄环节上都有较为严格的程序，但毋庸讳言，抄劄制度在执行过程中与其他制度一样，会出现规定和实际状况不一的弊端，用宋人的说法就是抄劄不实。"赈济之弊如麻，抄劄之时，里正乞觅，强梁者得之，善弱者不得也。附近者得之，远僻者不得也。胥吏、里正之所厚者得之，鳏寡孤独疾病无告者未必得也"。① "方其抄劄人丁之多少，得赂者一户诡而为十户，一丁诡而为十丁，不得赂者反是，其抄劄蓄积之有无，则得赂者变殷实为贫乏，不得赂者亦反是"。② "有数户抄劄口数太多，恐未尽实，合委官与县官评议"。③ "公吏非贿不行，或虚增人口，或镌减实数，致奸伪者得以冒请，饥寒者不沾实惠"。④ "然厢耆、保正习为吏胥巧取之弊，每遇抄劄，肆为欺罔，赂遗所至，则资身之有策者可以为无业，丁口之稀少者可以为众多"。⑤ 尽管存在诸多弊端，但是正如论者所言："这类户口，虽有为冒领救济而浮报的可能，但在流移或灾荒中，因离散、死亡也可能使口数较原有为少，两相平衡之后，每户平均口数仍较官方例行记载者高出甚多。"⑥ 换言之，尽管抄劄过程中存在诸多的弊端，可能造成抄劄数据与实际数据有出入，但是宋代的赈灾户口调查登记制度

① 董煟：《救荒活民书》卷二《义仓》，第964册，第29页。
② 黄榦：《勉斋先生黄文肃公文集》卷三〇《临川申提举司住行赈粜》，第57页。
③ 朱熹：《朱文公文集》别集卷一〇《行下各县抄劄户口并立支米谷正数》，第1957页。
④ 《宋会要辑稿》食货六八之六一，第6284页。
⑤ 《宋会要辑稿》食货六八之一〇六至一〇七，第6306—6307页。
⑥ 梁庚尧：《南宋的农村经济》第1章第3节《南宋农村每户的平均口数》，新星出版社2006年版，第57页。

和赈灾户口统计系统的人口统计对象是包括男女老幼全部人口，则是确定无疑的。亦即宋代存在一个"登记全部人口的统计系统"，[①] 从而为以五口之家估算宋代户口平均口数乃至人口总数提供了坚实可信的依据。

如果把宋代赈灾户口统计系统与宋代其他户口统计系统，如丁簿、五等丁产簿、税账、保甲簿等比较，就会发现一个值得思考的经济现象。从编制户口统计系统的目的来看，除了赈灾户口统计系统外，其他都是为国家和地方官府课税、科差、治安、征役等提供劳动力依据，概括地说，就是为国家和各级官府"取之于民"服务，而赈灾户口统计系统则相反，是为国家和各级官府救助民众提供依据，带有一定的"养民"和"回馈"色彩。从户口统计按财产家业划分取民和养民户等来看，两者之间又出现一个悖论：在为国家和各级官府"取之于民"服务的户口统计系统中，民户承担的义务大小是随着户等由低向高递增，即户等越高承担的义务越多，而在赈灾户口统计系统中，民户所受救助赈济的程度恰好相反，户等越高得到的救助或资助就越少。"大率中产之家与贫乏之家，其为缺食而仰给于官则一，尝闻其言率多怨怼曰：'吾薄产之家，岁输秋夏二税以报国家，今吾田荒不种，无所得食，而国家止济无产之家耶？'"[②] 中产以上家庭不仅"无所得食"、"不系赈救"，而且还要被"劝分"，即出粮帮助各级政府赈济贫民。这只是问题的一方面。另一方面，这种状况又深刻体现了中唐以来土地、赋役制度变化的社会现实，即土地占有者向国家上供税赋，而无地或少地的直接生产者向土地占有者缴纳田租，因而当灾荒发生时，无助的直接生产者得到国家的特别赈济，既是切实保障他们基本生活权益的人道主义善政，也是最大限度地保障了宋代社会延续和再生产对劳动生产力的基本需要。

原刊于《历史研究》2012 年第 6 期

---

① 葛剑雄：《宋代人口新证》，《历史研究》1993 年第 6 期，第 45 页。
② 戴栩：《浣川集》卷四，《论抄劄人字地字格式札子》，第 1176 册，第 716 页。

劝分与宋代救荒

"劝分"作为一种社会救助现象在先秦时代已出现，其意是指劝导人们有无相济。① 到了宋代"劝分"更是成为救荒的重要举措，"人户灾伤，在法以常平钱谷应付，不足，方许劝诱有力之家，出粜、贷。"② "救荒之法不一，而大致有五，常平以赈粜，义仓以赈济，不足则劝分于有力之家。……"③ "况荒政之行，当以赈济为主，劝分为辅，盖有司不惜官廪以惠民，然后可责富室不私藏以惠乡里。"④ 黄震说"劝分者，劝富室以惠小民也。损有余而补不足，天道也，国法也。富者种德，贫者感恩，乡井盛事也"⑤。在制度上也有新的发展，"劝分"成为官府通过以爵位官职、优惠价格、免役等条件为号召，鼓励或激励富民、士人、商贾等有力之家将储积的粮食拿出来赈济、赈贷和赈粜灾民的一种救荒补助办法。对于宋代劝分学界已有所涉猎，但有些问题还需要拓

---

① 《左传·僖公二十一年》："修城郭，贬食，省用，务穑，劝分，此其务也。"杜预注："劝分，有无相济。"杨伯峻注："劝分者，劝其有储积者分施之也。"《国语·晋语》："懋穑劝分，省用足财。"韦昭注："劝有分无。"
② 《宋会要辑稿》食货六八之五七，第6283页。
③ 董煟：《救荒活民书》卷二，第964册，第25页。
④ 真德秀：《西山文集》卷一二，《奏乞将知宁国府张忠恕亟赐罢黜》，第1174册，第184页。
⑤ 《黄氏日抄》卷七十八，《（咸淳七年）四月十三日到州请上户后再谕上户榜》，第708册，第790页。

展，故再作探讨，以期加深对这个问题乃至宋代救荒政策的认识。①

一、劝分在宋代的实施状况

劝分又称作劝粜，这大致是因为劝分在赈济、赈贷和赈粜三项活动中，是以"赈粜"形式为主的缘故。这种补助救荒的方法，大致与宋朝历史相始终，从以下列表可以看出有宋一代实施劝分的基本情况。

为了便于考察宋代实施劝分的状况，现将相关材料制成简表。

年代	实施状况	资料出处
淳化五年（994年）	正月二十一日，诏诸道州府被水潦处，富民能出粟以贷饥民者，以名闻，当酬以爵秩。	《宋会要辑稿》食货68之30
咸平四年（1001年）	闰十二月，遣使赈河北饥。即命梁灏、薛映分往东西两路发廪，及募富民出廪赈之。	《皇朝编年纲目备要》卷6，第126页
大中祥符五年（1012年）	二月癸丑，京西诸州军民饥处，令转运使谕告积蓄之家，有能赈济及以粮斛减半价出粜者，并具名闻，第行恩奖。	《续资治通鉴长编》卷77，第1756页
天禧元年（1017年）	三月二十五日，诏：诸州官吏如能劝诱蓄积之民以廪粟赈恤饥乏。许书历为课。 夏四月甲申，翰林学士、知通进银台司兼门下封驳事晁迥、李维上言："中书门下札子付登州，据牟平县学究郑河状，以本州民阙食，愿出粟五千六百石赈济，望赐弟巽班行，奉圣旨不行者，臣等商度，损余补乏，为利亦大，望令宰臣定议，特从其请，俟丰稔即止。庶储积之家有所劝率，大济饥乏，上宽圣虑。"诏补巽三班借职。自是，纳粟者率以为例。 五月二十四日，殿中侍御史张廓言：奉诏京东安抚，民有储蓄粮斛者，欲劝诱举放，以济贫民，俟秋成，依乡例赏之。如有欠负，官为理赏。从之。 八月六日，知并州周起言：河北民逐熟至州境者，州民施饭一月。诏奖起，仍令召出米人宴犒之。	《宋会要辑稿》食货68之35 《续资治通鉴长编》卷89，第2056页 《宋会要辑稿》食货68之36

---

① 有关研究劝分救荒的论著主要有：王德毅《宋代灾荒的救济政策》，台湾商务印书馆1970年版，第147—154页；张文《荒政与劝分：民间利博益弈中的政府角色——以宋朝为中心的考察》，《中国社会经济史研究》2003年第4期；张文《宋朝民间慈善活动研究》，西南师范大学出版社2005年版，第237—242页。

续表

年代	实施状况	资料出处
天禧四年 （1020 年）	二月一日，民有以粮储济众者，第加恩奖，其乏食持仗盗粮者，并减等论罪。 　　六月，太常少卿、直史馆陈靖言：朝廷每遇水旱不稔之岁，望遣使安抚，设法诱富民纳粟，以助赈贷。从之。	《宋会要辑稿》食货68 之 37
庆历四年 （1044 年）	五月戊寅，诏淮南比年谷不登，今春又旱蝗，其募民纳粟与官，以备赈贷。	《续资治通鉴长编》卷 149，第 3612 页
至和元年 （1054 年）	三月乙酉，诏京西民饥，宜令所在劝富人纳粟以赈之。	《续资治通鉴长编》卷 176，第 4256 页
熙宁九年 （1076 年）	十二月十三日，诏淮西（南）东西、两浙路：应劝诱人户所出赈济斛斗免欠未纳数目，特与免放。其熙宁八年已后劝谕已纳斛斗人户，候向去合行劝诱，即拟数却与免放。	《宋会要辑稿》食货68 之 39
元祐六年 （1091 年）	闰八月庚辰，户部言：灾伤县放税及七分，赈济廪粮不足者，令佐劝谕积贮之家，减价出卖。或以钱粟借与贫家乏人户，虽有利息，候丰熟日，官为受理。从之。	《续资治通鉴长编》卷 465，第 11114 页
绍圣元年 （1094 年）	十月二十五日，诏：河北路监司，令州县官谕富民有积粟者，毋闭籴，官为酌立中价，毋得过，犯者坐之。二十六日，诏：给空名假承务郎敕十，太庙斋郎补牒十，州助教不理选限敕三十，度牒五百，付河北东、西路提举司，召人入钱、粟充赈济。	《宋会要辑稿》食货68 之 48
大观四年 （1110 年）	四月二日，诏：荆湖北路去岁灾歉，推行赈济，本路仓廪物斛所蓄不多，不接支用，可相度给降空名度牒二十道、借、奉职、假将仕郎告敕各七道，量度数目多寡，并逐色所直钱数目，付本路监司，与席贡同共分擘，……奉职六千贯，借职四千五百贯，假将仕郎二千二百贯，度牒二百贯。 　　四日，诏：东南六路灾伤，仓廪物斛不接支用，江南西路给降奉职、借职、假将仕郎告各七道，度牒二十道，江南东路、淮南、两浙、湖南路各给降奉职告三道，借职告四道，将仕郎补牒三道，度牒二十道，并依湖北路已得指挥施行。	《宋会要辑稿》食货68 之 50 至 51
高宗绍兴元年 （1131 年）	五月十四日，诏诸路见今米价踊贵，细民阙食，令州军将常平仓见在米，量度出粜，仍广行劝诱富家，将原（愿）粜米谷具数置历出粜……	《宋会要辑稿》食货68 之 56

续表

年代	实施状况	资料出处
绍兴六年 （1136 年）	三月二十九日，殿中侍御史周秘言：去岁旱伤，小民艰食，命所在劝诱积粟之家，置历出粜，过三千石者，等第推恩。 五月戊辰朔，湖南制置大使吕颐浩又降助教敕、度僧牒，诱上户粜米，民不能耕，则借之粮种，夏税亦俟秋成并输，全活甚众。	《宋会要辑稿》食货68 之 58 《建炎以来系年要录》卷 101
隆兴元年 （1163 年）	十月二十一日，知绍兴府吴芾言：本府今年灾伤异常，豪右之家闭粜待价，欲招诱出粜最多之人，从本府保明，申取朝廷详酌推恩，从之。	《宋会要辑稿》食货68 之 62
隆兴二年 （1164 年）	七月二十四日，臣僚言：建康、镇江、平江府、常、秀等州今年秋淫雨不止，大水为灾。目今米价见已翔踊，乞命提举司依条赈济农民，不可使至流徙。仍行下诸州劝谕居停米谷之家，平价出粜。从之。	《宋会要辑稿》食货68 之 62
淳熙八年 （1181 年）	九月，是月以江浙、湖北旱，出爵募民赈济。	《宋史全文》卷 27 上
绍熙四年 （1193 年）	八月十二日，诏：逐路安抚、转运、提举司，如实有旱伤州县，许劝谕官民户有米之家赴官输米，以备赈济，委知、通交量，认数桩管，相度荒歉轻重，申取朝廷指挥，方许支拨其出米及格人，仰逐司保奏，依立定格目推赏施行。不得科抑，从都省检会也。	《宋会要辑稿》食货68 之 94
开禧二年 （1206 年）	四月甲子，下纳粟补官之令。	《宋史》卷 38
景定二年 （1261 年）	九月辛酉，上曰：湖、秀二郡被水最甚，闻守、令不以荒政为意，民户吝于劝分，宜立赏罚，以示信必。	《宋史全文》卷 36
咸淳二年 （1266 年）	六月壬午，以衢州饥，命守、令劝分诸藩邸发廪助之。	《宋史》卷 46

以上是中央官府以行政命令的方式推进劝分赈济救荒，那么地方执行得如何呢？下面所举事例可以管窥一斑。

扈偁为梓州转运使，"属岁饥，道殣相望。偁先出禄米以赈民，故富家大族皆愿以米输入官，而全活者数万人。"[①] 刘颜为齐州任城县主

---

① 李元纲《厚德录》卷三，第 263 页。

簿，"会岁饥，发大姓所积粟，以活数千人。"① 夏竦知襄州，"岁饥，发公廪，募富人出粜，尝全活数万人。赐诏褒谕。"② "皇祐中，岁大艰，通判州事黄师旦以令劝分，府君（李子平）为之率人争应令。既而大疫，死者横道，又皆为之槽椟。"③ 高继勋知瀛州"属岁大饥，谷价翔起，即召诸里富人谓曰：'今半境之人将转而入之沟壑，若等家固多积粟，能发而济赈之，若将济州将之命。'于是皆争出粟，王亦以其直予之，蒙活者万余人"④。罗彦辅在溧阳"又劝有米家，量力而出，下皆乐输。而就哺者至，不远百里地，赖公以生者，不可胜计"⑤。绍兴六年（1136年），李纲与江南路监司"协力推行，分遣僚属，督责州县，劝诱出粜，庶几实惠及民，以称诏旨。凡赈济饥流民五万有余，以积粟粜者二十余万石"⑥。绍兴时期，上饶岁大祲，循吏石昼问"劝分不以赀产，先察畜米多寡谕教，故倚郭得米二十余万斛，它邑各以万计，境内置回环场四十七所，各给本钱且籴且粜，循环无穷，择土官信实者主之"⑦。乾道五年五月十日，"今饶州并诸县申到依应劝谕得上户愿粜米谷，共计一十九万六千六百硕六斗五升。"⑧ 黄度在孝宗时"是岁劝分所粜及献助所给，凡为米三万二千石，给居三之一，减价于市亦三之一"⑨。吕师愈"致富虽纤微，然遇旱饥，辄再出稻子数千斛，助

---

① 李元纲：《厚德录》卷三，第 267 页。

② 李元纲：《厚德录》卷四，第 282 页。

③ 黄庭坚著，刘琳、李勇先、王蓉贵点校：《黄庭坚全集》卷九，《承议郎李子平墓志铭》，第 1665 页。

④ 王珪《华阳集》卷四九《穆武高康王神道碑铭》，第 1093 册，第 368 页。

⑤ 李之仪：《姑溪居士前集》卷四八，《罗大夫墓志铭》，第 1120 册，第 616 页。

⑥ 李纲：《李纲全集》卷一六一《皇帝御笔赈济诏书跋尾》，下册，第 1485 页。

⑦ 周必大：《文忠集》七五《循吏石大夫（昼问）墓志铭（嘉泰三年）》，第 1147 册，第 791 页。

⑧ 《宋会要辑稿》食货六八之六六，第 6286 页。

⑨ 袁燮：《絜斋集》卷一三，《龙图阁学士通奉大夫尚书黄公行状》，第 1157 册，第 173 页。

州县赈贷。其知取舍盖如此"①。南宋末期，黄震在抚州，从咸淳七年（1271年）三月二十八日到七月一日，近百天时间，共发关于赈济事项或相关文榜20余道，其中绝大部分都是为劝谕富民出粜而发的。一共募集到11万余石粮食。②

二、劝分的赏格与对象

以爵位官职劝诱有力之家的做法，最早可追溯至宋太宗淳化年间"募富民出粟，千石济饥民者，爵公士阶陪戎副尉，千石以上迭加之，万石乃至太祝、殿直"③。这与宋代实行的纳粟卖官或纳粟补官很相似。④宋人说："纳粟补官，始以拯饥，后以募民实粟于边。"⑤"纳粟补官，国初无。天禧元年四月，登州年平县学究郑巽出粟五千六百硕赈饥，乞补第巽，不从。晁迥、李维上言乞特从之，以劝来者，丰稔即止。诏补三班借职（今承信郎）自后援巽例以请者，皆从之。然州县官不许接坐，止令庭参。"其后纳粟补官与劝诱豪民救荒联系在一起。"熙宁元年（1068年）八月，诏给将作监主簿、斋郎、助教牒募民实粟于边。此古人募民实粟塞下遗意也。"⑥"熙宁八年十二月甲辰，赐荆湖南路上供米十万石，试监主簿、斋郎补牒、州助教敕，总十五道，以察访蒲宗孟言本路被灾伤为甚，乞赈济故也。"⑦南宋初大力推行劝诱豪

① 《水心文集》卷之一四《吕君墓志铭》，《叶适集》第1册，第267页。
② 详见张文：《宋朝民间慈善活动研究》，西南师范大学出版社2005年版，第239—242页。
③ 《长编》卷三六，淳化五年九月，第799页。
④ 参见王曾瑜《宋朝卖官述略（附论：秦汉至隋唐五代卖官述略）》时间：2006—7—18 15：44：33来源：象牙塔网。
⑤ 王栐著、诚刚点校：《燕翼诒谋录》卷五，第52页。
⑥ 王栐著、诚刚点校：《燕翼诒谋录》卷二，第12页。
⑦ 《长编》卷二七一，第6645页。

民救荒，才又有新的规定出现。高宗绍兴元年"五月十四日，诏诸路见今米价踊贵，细民阙食，令州军将常平仓见在米，量度出粜，仍广行劝诱富家将原粜米谷具数置历出粜，州委通判，县委令、佐，如粜及三千石以上之人，与守阙进义副尉，六千石以上进武副尉，九千石以上与下班祗应，一万二千石以上进义校尉，一万五千石以上进武校尉，二万以上取旨优异推恩，如已有官荫不愿补授名目，当比类施行"①。绍兴五年（1135 年）十二月七日，江南西路转运司请求："仍令州县劝谕有力之家，入纳粳米每一千石，补迪功或承信郎，便作官户免丁身差役，本路帅司举辟合入差遣，入纳稻谷每二千石，依入纳米斛补官例，第四等已下户，本户秋料全放十分者，并赈贷为种，更不取息。"② 对此宋廷答复："诏令乞支苗米难议施行，内劝谕人纳稻谷，依入纳米补官便作官户一节，见别作施行外，余并依。仍委知、通劝谕有力之人出粜斛斗接济，不得搔挠。"③ 孝宗时期大力推行荒政，用爵位和补官劝诱有力之家参与救荒的举措力度更大也更完善。

乾道七年（1171 年）八月一日，中书门下省言，湖南、江西间有旱伤州军，切虑米价踊，细民艰食，富室上户如有赈济饥民之人，许从州县审究诣实，保明申朝廷，依今来立定格目给降付身，补受名目。无官人：一千五百硕，补进义校尉（愿补不理选限将仕郎者听）；二千硕，补进武校尉（如系进士，与免文辞一次，不系进士，候到部，与免短使一次）；四千硕，补承信郎（如系进士，与补上州文学）；五千硕，补承节郎（如系进士，补迪功郎）。文臣：一千石减二年磨勘（如

---

① 《宋会要辑稿》食货六八之五六，第 6281 页。另：《文献通考》系年于高宗建炎元年，恐有误，不取。
② 《建炎以来系年要录》卷九六，绍兴五年十有二月乙巳条。另，《宋会要辑稿》食货六八之五七的记载文字略有差异："令州县劝谕有力之家人纳粳米，每一千石，或稻谷每二千石，如系曾得文解人，三代中有文官无刑责，补迪功郎，余人补承信郎，依献纳入例理选限升陟，从本州保奏，给降付身，便作官户免身丁、差役，免审量，令本路帅司举辟合入差遣。其入纳到米，即减价赈粜，并令州县出给公据……"第 6282 页。
③ 《宋会要辑稿》食货六八之五七，第 6282 页。

系选人，循一资）；二千硕，减三年磨勘（如系选人，循两资），仍各与占射差遣一次；三千硕，转一官（如系选人，循两资），仍各与占射差遣一次；五千石以上（取旨优与推恩）。武臣：一千硕，减三年磨勘，升一年名次；二千石，减三年磨勘，占射差遣一次；三千石，转一官，占射差遣一次；五千硕以上（取旨优与推恩）。其旱伤州县劝谕积粟之家，出米赈济，系敦尚义风，即与进纳事体不同。诏依，其赈粜之家，依此减半推赏，如有不实，官吏重作施行。（寻诏江南东路、荆湖北路依此制）①

乾道七年以后此项赏格为后世沿用，但亦有不少冲改"捡准淳熙宽恤诏令，自乾道七年以后，累准朝廷指挥，劝诱富室上户赈济饥民与补官资，却缘前后冲改，多有不同。"

嘉定二年（1209 年），有大臣根据用爵位和官职劝诱有力之家参与救荒举措响应者范围有限的实际情况，提出用免役为号召的变通办法："赏有常典，多有者至命以官，固足以示劝矣。然应格沾赏者无一二，偏方小郡号为上户者，不过常产耳。今不必尽责以赈济，但能随其力之所及，或出粟赈粜以平粜价，或假贷蠲息以赒贫民，……量其多寡而典之免役，多者免一次，少者一年或半年，夫民之惮役甚于寇盗，今既与之免役，彼将欣然乐从而无难色，此诱之之术也。乞行下旱歉州军，今后富民上户有能赈粜、赈贷者，并令常平司典之斟酌免役，庶几官不失信，而人皆乐从，诚旱备之助也。"对此建言，宋廷给以充分的肯定而付诸实施。②

---

① 《宋会要辑稿》食货六八之六九至七〇，第 6288 页。《救荒活民书》卷二记载与此相同。《文献通考》卷三五，系年于淳熙七年，恐误，不取。
② 《宋会要辑稿》食货六八之一〇五。另：曹彦约《昌谷集》卷九《湖北提举司申乞赈济赏格状》"元降指挥：无官人，米一千五百石，补进义校尉；四千石，补承信郎，或上州文学；五千石，补承节郎。计钱一万贯，承信郎上州文学；计钱八千贯，进武校尉；计钱四千贯，进义校尉；计钱三千贯，进武副尉；计钱二千贯，不理选限将仕郎；计钱一千贯，诸州助教；计钱五百贯，则合以绍熙五年九月指挥为定"。

劝分的主要对象是有力之家，"谓上户固所当劝，……所谓上户者，田亩之跨连阡陌，蓄积之红腐相因。"这主要是针对乡村而言，实际上在宋代囤积粮食的有力之家还有富商巨贾，董煟说："天下有有田而富之民，有无田而富之民。有田而富者，每岁输官固藉苗利，一遇饥馑，自能出其余以济佃客。至于无田而富者，平时射利，浸渔百姓，缓急之际，可不出力斡旋以救饥民，为异时根本之地哉！汉家重困商贾，盖为此耳。今饥馑之年，劝诱此曹使出钱粜贩，初非重困，又况救荒，乃暂时之役，彼亦安得而辞。"① 劝诱商贾在北宋时似不常见，但到南宋则开始出现并得到迅速发展，如：绍兴五年（1135 年）九月七日，"殿中侍御史王缙言，应民旅般贩米斛往旱伤州县出粜，依日前指挥，许就官司判状执据，与免经由场务力胜，亦赈救之一也。从之。"② 绍兴五年十二月乙巳"仍令州县劝诱商贾，出给公据，往秋收处收籴斛斗，免纳斛斗力胜税钱。仍每米一百石，许附带别色行货，约计一百贯，沿路与免收税钱三分，令州县密切询访，停塌兴贩、见有斛斗之人，劝谕令依元收籴时价，量取利息，责认石斗，数目出粜，接济阙食之民"③。隆兴二年（1164 年）九月四日，方滋言，"今岁江东、二浙皆是灾伤去处，独湖南、广南、江西稍熟，相去既远，客贩亦难，势当有以诱之，欲乞朝廷多出文榜，疾速行下湖广诸路州军告谕客人，如般贩米斛至灾伤州县出粜，仰具数目经所属陈乞，并依赏格，即与推恩，……从之。"④

从这些记载来看，官府劝诱商贾贩运粮谷到饥荒处的政策，主要是在于掌控适当的价格和给以优惠的通商补助。当然商贾愿意响应官府出具的爵位和职官赏格，也是官府欢迎的，而且地方官员更希望宋廷采取

---

① 董煟：《救荒活民书》卷二，《劝分》。丛书集成初编本，第 964 册，第 31 页。
② 《宋会要辑稿》食货六八之五七，第 6282 页。
③ 《建炎以来系年要录》卷九六，第 1833 页。
④ 《宋会要辑稿》食货六八之六三，第 6285 页。

优异推赏，放宽补官的限度。乾道七年（1171 年）八月二十五日，权发遣隆兴府龚茂良言，"本州已立下价直，每硕止一贯五百四十文足，比之市价，折钱七百六十文足，以一名若认籴二万硕，共折钱一万五千二百余贯足，若不优异推赏，恐无人愿就令进纳。今进迪功郎系八千贯文省，比之以二万硕米中籴入官折阅之数，不啻过倍，欲乞补充迪功郎有官人许转一官资，及见系理选限将仕郎并许参部注受合入家便差遣，从之。"① 这里需要指出"优异推恩"是根据"官为立中价，不得过为亏损"，否则，"若依市价以收厚利，商贾之流贩贱卖贵，较其石数则尽合补授，如此赏典皆可滥及，饥民不蒙其利。"②

除了用爵位官职、免役、优商等政策劝诱外，还有一种官府向豪民提供籴粜粮食资金的办法。乾道五年十月（十）六日，劝发遣两浙路转运副使刘敏士言，"温、台二州近因风水飘损屋宇禾稼，……臣今措置，欲令各州劝募上户，官借其赀，往浙西诸州丰熟去处般贩米粮，中价出粜，至来年秋间，却输纳钱本还官。庶几般贩既多，米稍停蓄，其价自平。今来温州已幕上户借与钱本，见行措置，唯是台州财赋窘迫，无以为计。臣欲支钱五七万贯给与台州，令劝募上户般贩米斛，以济饥民。""诏令两浙转运司差拨人船，于近便州军户部桩管米及常平义仓米内取拨三万硕，前去台州，委官于被水去处减价出粜，其粜到钱，令本司拘收，拨还元取米去处。"③

除了富民、商贾外，有力之家还应包括闲居乡里的待阙士人。乾道七年九月二十二日，"敷文阁待制、提举江州太平兴国宫张运言：居闲躬耕储粟二千余石，适逢合岁旱歉，敢助赈济。诏令学士院，降诏奖谕。"④ 淳熙元年三月，"进呈浙西帅、宪司保明进士施浦等，各出米五

---

① 《宋会要辑稿》食货六八之七〇，第 6288 页。
② 《宋会要辑稿》食货六八之七一，第 6289 页。
③ 《宋会要辑稿》食货六八之六六至六七，第 6286—6287 页。
④ 《宋会要辑稿》食货六八之七〇，第 6288 页。

千石赈济，欲遵格补官。上（孝宗）曰：朕不鬻爵，以清入仕之源。今以赈济补官，却是为百姓。"①

三、宋官府对劝分救荒的管理

宋官府对劝分救荒的管理有两种形式，一是对地方官吏劝诱有力之家进行赏罚；二是各级管理负有督察劝分实施的责任。先说前一种。

为了激励地方官员积极劝诱富民赈灾，天禧元年（1017 年）二十五日，诏诸州官吏，如能劝诱蓄积之民，以廪粟赈恤饥乏，许书历为课。② 天禧四年夏四月壬辰，京西转运使言，知襄州夏竦劝部民出粟八万余石，赈济饥民。诏奖之。③ 从目前的记载来看，这一奖惩措施在北宋时期的类似记载并不多见，说明劝分救荒在北宋官府救荒之政中所占比重可能有限，南渡以后随着劝分救荒在官府救荒之政中所占比重日益增大，而得到广泛推行。

高宗绍兴元年（1131 年）五月十四日，并令州军保奏，通判、令、佐劝诱人户出粜数多，令本路监司保奏，等第推恩，务要实惠及民，即不得虚桩数目，陈乞推恩。仍令监司觉察，如违，按劾取旨，重作责罚。④

绍兴三年六月十二日，荆湖南路宣谕薛徽言，已檄州县劝诱上户借贷种，本月给考历，以多寡为殿最。其上三名与免公罪杖一次，稍多者又与免科役一次，优异者保明申本司。⑤

宋孝宗乾道元年（1165 年）四月十三日，尚书度支员外郎曾惇

---

① 《宋史全文》卷二六上。
② 《宋会要辑稿》食货六八之三五至三六，第 6271 页。
③ 《续资治通鉴长编》卷九五，第 2188 页。
④ 《宋会要辑稿》食货六八之五六，第 6281 页。
⑤ 《宋会要辑稿》食货六八之五七，第 6882 页。

言……欲乞将逐县劝谕到赈济米，谓如三千石者，知县与减一年磨勘，计其多寡，以为之等差……诏令有司第赏格行下，浙西提举常平保奏施行。①

"所谓赏捄荒之官者，如乾道江西之旱，赏小官者四人，如淳熙浙西之旱，并赏常平使者擢而登朝之类是也。"②

乾道七年八月八日，"平江府常熟知县赵善括劝诱上户米数倍于诸邑"，"诏赵善括特转一官。"③

《乔幼闻特转一官制》敕：具官某。民困于役久矣，江东常平使者以义劝分，政莫良于此，吏奉行类不虔，尔邑克成，尔惟克勤，乃事其增一秩，用风励字民者。④

此类酬奖对地方官吏是颇有激励作用的，这种激励作用的后果一方面无疑对推进救荒是积极的。另一方面，后来在饥荒之年出现地方官吏"但欲认米之足数，假劝分之美名，欺罔上司，以图观美，不知适以病民也"⑤ 的弊端恐怕与此也有一定的关系。

再看地方官吏对劝诱有力之家实施赈灾过程的督察。这又分作两种情况，其一，防止有力之家乘饥荒之机，坐拥囤粮"闭籴"。"豪右闭籴，盖其常态。况当饥岁，彼孰知恤，全在州责之守，县责之令，多方劝谕上户，估定中价，俾以所食之余，各行出籴，稍济贫乏，务在均平。"⑥ 为此宋廷于绍兴六年（1136 年）三月颁诏谕以管制，"诏：浙东州县守令，劝诱上户，广行出粜。如粜及三千石已上之家，依已降旨，等第补官。若有顽猾上户，依前闭籴之人，亦抑断遣，仍令提举官躬亲检察。尚书省奏，婺州积米之家，乘时射利，闭仓遏籴，缘此细

---

① 《宋会要辑稿》食货六八之六四至六五，第 6285—6286 页。
② 杨万里：《诚斋集》卷六二，《旱暵应诏上疏》，第 1160 册，第 586 页。
③ 《宋会要辑稿》食货六八之七〇，第 6288 页。
④ 袁甫：《蒙斋集》卷九，第 1175 册，第 437 页。
⑤ 董煟：《救荒活民书》卷二，第 964 册，第 30 页。
⑥ 《建炎以来系年要录》卷九八，绍兴六年二月乙巳，第 1863 页。

民，转致艰食，偷生为盗，故有是旨。"① 对富民坐拥厚资"闭籴"的行为予以严惩。乾道八年三月十五日，"潭州安化县上户进武校尉龚德兴，平时兼并，遂至巨富，以进纳补官，比至旱伤阙食，独拥厚资，略不体认国家赈恤之意。诏龚德新进武校尉一官勒停，送五百里州军编管。"②

其二，宋官府常平仓、义仓的赈灾活动往往是在州县城进行，而广大乡村的灾民则受惠很有限。"然自来官中赈济多在城郭，遂致乡村细民不能遍及。"官府劝诱富民出米谷救灾很大程度是希望能对此缺憾有所补救，但在实际实施过程中富民仍愿把米谷拿到城镇赈粜，因而宋官府就责成地方官吏督察监视富民在乡村置场赈粜。绍兴六年二月，有臣僚建言"愿以上户所认米数，纽计城郭、乡村之户多寡，分擘米数，县差丞簿，于在城及逐乡要闹处，监视出粜，计口给历照支。或支五日，或并十日，其交筹收钱，并令人户亲自掌管，官不得干预，既无所扰，人亦愿从此，惠而不费之道，损有余、补不足之术也。从之"③。

防止富民赈贷之时放高利贷，也是宋官府管理劝分的重要内容。乾道三年（1167年）八月二十五日，"诏：诸路州县约束人户，应今年生放借贷米谷，只备本色交还，取利不过五分，不得作米钱算息，以臣僚言：临安府诸县及浙西州军，旧来冬春之间，民户阙食，多诣富家借贷，每借一斗，限至秋成交还，加数升或至一倍。自近年岁歉艰食，富有之家放米人立约，每米一斗，计钱五百。细民但救目前，不惜倍称之息，及至秋收，一斗不过百二三十，则率用米四斗方粜得钱五百，以偿去年斗米之债。农民终岁勤动，止望有秋，旧逋宿欠，索者盈门，岂不重困，夫民之贫富有均，要是交相养之道，非贫民出力，则无以致富室之饶，非富民假贷，则无以济贫民之急，岂可借贷米斛，却要责令还

---

① 《建炎以来系年要录》卷九九，绍兴六年三月己巳，第1877—1878页。
② 《宋会要辑稿》食货六八之七二，第6289页。
③ 《建炎以来系年要录》卷九八，绍兴六年二月乙巳，第1864页。

钱。故有是命。"①

四、劝诱性质由自愿向官府强制的发展趋势

宋朝劝诱富民出粟赈灾，起初大致是能够遵奉自愿原则的。宋真宗天禧元年（1017年）四月，"濮州侯日成上言：本州富民储蓄斛斗不少，近来不住增其价直，乞差使臣与通判点检，逐户数目，量留一年之费外，依祥符八年秋时，每斛上收钱十五文省，尽令出粜，以济贫民。"这条材料表明宋真宗时，地方官吏已有强迫富民出粟的消息，所谓"逐户数目，量留一年之费外"已非自愿。只是当时宋真宗"诏只依前后勑旨，劝诱出粜，余不得行，虑扰民也"，未同意侯日成的请求。董煟对此感叹道："富民有米，本欲粜钱，官司迫之，愈见藏匿，须当有术以出之。""然则祖宗不从日成上言，真识大体。"② 其后官府强制性的劝诱至迟到宋神宗时已较明显。熙宁九年（1076年）十二月十三日，"诏淮西（南）东西、两浙路：应劝诱人户所出赈济斛斗免欠未纳数目，特与免放。其熙宁八年已后劝谕已纳斛斗人户，候向去合行劝诱，即拟数却与免放。"③ 这里虽说是减免劝诱人户应出而未出的"赈济斛斗"，但同时也说明宋真宗时富民"逐户数目，量留一年之费外"出粟赈灾的事实是存在的，且已见于官府的诏令。不过，在这一时期对于官吏以救荒名义擅自违法骚扰富民，是要受到惩罚的。"检详枢密院兵房文字、太子中允刘载，监杭州龙山税，坐前知司农寺丞京东体量赈济灾伤擅立关子式，牒诸州军付饥人，于积蓄之家假贷违

---

① 《宋会要辑稿》食货六八之六五，第6286页。
② 董煟：《救荒活民书》卷一，第964册，第16页。
③ 《宋会要辑稿》食货六八之三九，第6273页。

法也。"①

南宋初期百废待兴，劝诱民户赈粜在救荒中的作用日益重要。"今日赈救有二，一则发廪粟减价以济之，二则诱民户赈粜以给之。""诸路固尝许借常平义仓米，又常令州县赈粜，艰难之际，兵食方阙，州县往往遂急移用，无可赈给，唯劝诱赈粜尤为实惠。"② 官府一方面完善各种劝诱的"设法"，另一方面也在继续北宋以来的强制"劝诱"的做法。绍兴六年，"诏：浙东州县守令，劝诱上户，广行出粜，如粜及三千石以上之家，依已降旨等第补官。若有顽猾上户，依前闭粜之人，亦抑断遣，仍令提举官躬亲检察。尚书省奏，婺州积米之家，乘时射利，闭仓遏粜，缘此细民，转致艰食，偷生为盗，故有是旨。"这道诏令虽是针对富民"闭仓遏粜"所发，但是它赋予地方官吏强制即"断遣"的权力，因而这道诏令发布不久就有臣僚上疏指出可能出现的弊端，"臣但闻其劝分矣，未闻其迫之也。今止令州县劝诱，犹惧其抑勒，若更许之以断遣，则彼将何所不至？臣恐州县官吏，不复问民之有无，而专用刑威，逼使承认，奸贪之吏，因得济其私，而善良之民，或有被其害者矣。"于是要求"再降指挥，专委诸路提举官，遍诣所部，戒约守、令，多方劝诱，务令民户乐从，或因今来酌情断遣指挥，辄有分毫骚动，并令提举官奏劾"③。为此宋廷再下诏："依令诸路提举常平官躬亲遍诣所部州县巡按觉察，如有违戾去处，按劾闻奏，其提举官失觉察，令御史台纠劾。"④ 对地方官吏只是约束而已，其赋予"断遣"的权力并未减去。绍兴六年（1136 年）四月十二日，江南路安抚制置大使兼知洪州李纲言，"已尊睿训，劝诱出榜置历差官分诣诸州，委知、通、县官，召上户积米之家，许留若干食用，其余依市价量减，尽数出

---

① 《长编》卷二五七，熙宁七年冬十月戊辰，第 6270 页。
② 《宋会要辑稿》食货六八之五八，第 6282 页。
③ 《建炎以来系年要录》卷九九，绍兴六年三月己巳，第 1878 页。
④ 《宋会要辑稿》食货六八之五九，第 6283 页。

粜。从之。"① "当日又准尚书省札子，备奉圣旨指挥节文，停蓄之家尚敢不从劝诱，依前闭粜，量度轻重，一面断遣。除已备录全文印榜晓示外，今具遵依圣训，措置劝诱下项：本路逐州军使司各置印历一道，差官分诣，委自知、通行下诸县。每县州给印历一道，备录使司指挥，差官分诣，监督令、佐，分定乡分，躬亲就乡询究的实有米人户，使其自陈。截自指挥到日，见有积米之数，许乞存留若干食用外，其余尽数依市价量减，施行出粜，责令邻保对定着实有米人户，于历上亲书著字所委官，限五月周遍赴县攒数，令佐就历同书结罪名，次日缴纳本州……如敢吝惜不肯出粜，抗拒官司之人，审究见在着实盛顿米谷去处，盘量见数，具情节申取使司指挥，当议酌情断遣枷项号令。"② 至此，"劝诱"已完全名不副实，实乃成为强制出粜的别名。其后这种趋势得到不断加强，下面的这两条材料充分说明了这一点。

> 隆兴二年（1164年）闰十一月十九日，臣僚言，淮南流移百姓见在江、浙州军，无虑十数万众，虽欲赈济，缘官司米斛例有限。近降指挥，有田一万亩，出粜米三千硕，其余万亩以下，却有不曾经水灾收蓄米斛之家，粜价倍于常年。今相度，欲委逐州见不曾经水灾处，占田一万亩以下，八千亩以上，立定出粜米一千五百硕。如此，可以广有出粜之数，应接急阙支遣。从之。③

> 绍熙五年（1194年）十月十二日，中书门下省言：乞下帅臣、监司更切多方晓谕，令巨室富家约度岁计食用之外，交相劝勉，将所余米斛趁价出粜，或就在城自占地分置场，或自占某县，或自占某乡，或占几都几保，置立场铺，随时量减价直，接济细民，官为机察数目，大概但能使所占之地，百姓安业，无流离饥殍，候及食

---

① 《宋会要辑稿》食货六八之五九，第6283页。
② 李纲著，王瑞明点校：《李纲全集》卷八六，《画一措置赈济历并缴奏状》，第857页。
③ 《宋会要辑稿》食货六八之六三，第6283页。

新之日，许帅臣、监司、守臣保明审奏，次第推赏。其出米最多、济民最众，特与优加旌擢，风示天下。如豪右之家产业丰厚，委有藏积，不遵劝谕，故行闭籴者，并令核实奏闻，严行责罚，仍度其岁计之余，监勒出粜，其州县不恤邻境遏籴自便者，亦仰监司、帅臣按劾以闻，重寘典宪。从之。①

当然对于不经官府劝分而自愿出资救助乡里的行为，朝廷仍按劝分赏格给予奖励。淳祐六年（1246年），秋七月壬戌，泉州岁饥。其民谢应瑞非因有司劝分，自出私钞四十余万籴米以振乡井，所全活甚众，诏补进义校尉。② 这个材料从一个侧面说明南宋后期地方乡里不论是自愿还是不自愿的救助行为都被纳入劝分范围。也就是说即便有个别纯属自愿的救助行为也按劝分来对待。

南宋出现强制性劝诱的第二种表现，是扩大劝诱范围，中下等民户也被硬性科勒摊派。董煟说："只缘官司以户等高下一例科配。"此种做法在淳熙年间已较普遍，故有大臣指陈其弊："州县劝谕赈粜，乃有不问有无，只以户等高下，科定数目，俾之出备赈粜。于是吏乘为奸，多少任情，至有人户名系上等家，实贫窘，至鬻田籴米以应期限，而豪民得以计免者，其余乘中户之急，济其奸利，缘此多受其害。"③ 宋理宗以后更趋严重，在很大程度上已成为地方官府的一大弊政。受到士大夫们越来越多的尖锐批评：

"救荒无出劝分，米价翔踊，谁不爱惜，中产力薄何暇及，人所以皆不乐从，名劝而实强之。"④

---

① 《宋会要辑稿》食货六八之九六，第6301页。
② 《宋史》卷四三，第835页。
③ 《救荒活民书》卷二《劝分》，第964册，第30、31页。
④ 袁燮：《絜斋集》卷一三，《龙图阁学士通奉大夫尚书黄公行状》。

"予观郡县年饥劝粜之令，何尝不太息哉，积米之终归于粜，富而仁者亦不待劝。官于荒政，类亡具也。而劝粜为第一策。当其未讲行之先，贫者持钱告籴，犹有所也。富者视时增直，犹有渐也。令一出，立异矣。夫富非一概甚富之谓，劝之粜者，虽仅仅自给之家亦与焉。彼生理索薄计口而食之外，犹有余粮，未有不以易钱，虽欲待价，不能待也。官呼而谕之曰，尔粜数若干，以某月某日违吾令罪尔，归则相戒曰，吾虽有米，今不可自粜矣。自粜而一空，如其无以应官命，且奈何。昨者粜，今者闭，不得已也。又有名虽为富，而米实无余者，以情告而官不信也。纵信之，则谕之曰：尔不足于米而有余于钱，如之何可免？承命而退，趋而就积米之家，籴而为之备，不敢后他人也。转籴争先，而积米者执增直之权以要之，暮视旦不同矣。大率此令常在冬春之交，而行之于六七十日之后已，令未行之间，官与富者为扰扰，而贫者受闭籴之害，受增直之害，二害皆官趣之，及粜之日，直愈高而不可复下，虽强为裁抑，无救也。又有行之猝遽而立取办者，敷之贫弱而不堪命者，一切听于吏而奸欺百出矣，嗟乎，此得谓之荒政乎？"①

"吾邦自庚子之春讲行劝分，于今三年。一举而民犹乐从，再举而民力已竭，三举则元气必绝矣。是以讲行于吴侍郎之时，不劳趣办，上下欢然；讲行于赵都承之时，科扰程督，费力殊甚；讲行于今日，实无良策。盖富家巨室赤立以待新令，先有啼饥之忧，况弱户乎。是故劝分之令，难以复举。"②

"其次则有劝分一说，今郡之所见行累年劝分，其弊百出，不可不察也。劝分者，待官司行下开场日分者也。往时仓使徐侯守郡，冬月米贵，即尝禀知徐使君，请榜谕富家一面从便及时自粜，止要民间有处可籴，不必听候劝分。是时富家听信，米却自出。后

① 欧阳守道：《巽斋文集》卷一七，《吉州吉水县存济庄记》，第1183册，第649页。
② 王栢：《鲁斋集》卷九，《水灾后札子》，第1186册，第151页。

郡遇凶年，无不劝分，而行之未有善者，何以言之，盖城郭富家之有米多寡不一，未必人人有余也。岂惟城郭，乡都亦然，甚有余者所未谕，请论名为富家者，而其米未甚多者，一自劝分，久为定例，于是此等所谓富家者不复前期私粜，但谨闭蓄之，以待公家一旦之命。盖不俟命而先自私粜，不足以塞官司后日之责，私粜而米竭，后日无以应命，罪且随之，彼止有此数也。"①

另外，宋廷以爵位和官职赏格为号召，劝诱富民出粟赈灾，但实际上又很少兑现"推恩"，在某种程度上也可视作是变相的强制。客观地讲，官府的赏格有时也会得到兑现，如陈傅良所记"外制"就说明了这一点：《张宗况张宗愈转一官与干官差遣》《乡贡进士方权输米补迪功郎》《程需输米特补承信郎》。② 但多数情况下是难以兑现的，如朱熹在出任浙东提举常平茶盐公事前，劝谕商户张世亨出米五千石，刘师舆四千石，张邦献五千石，黄澄五千石，共一万九千石。按乾道七年朝廷发布的赏格应推赏补官，但朝廷一直未予推赏，后经朱熹反复上书力陈利害关系和数辞除授官职之后，③ 才补授张世亨承节郎，刘师舆承信郎，张邦献和黄澄皆迪功郎。④ 更有甚者，杨万里所记四川绵竹人李发从绍兴六年（1136 年）起，三十年间不懈救助乡里，"至是枚举其人，至二百七万一千三百有奇；斛计其粟，至一万四百六十有奇。"直到乾道五年才被新任守官上闻部使者，又经过四年，"转运使赵公公说亟以闻宣抚使，枢使王公炎又以闻，后宣抚使薛公良朋又以闻，后转运使王公璠、赵公不息又以闻，孝宗皇帝嘉之曰：尔以布衣居于下土，乃因年

①　欧阳守道：《巽斋文集》卷四，《与王吉州论郡政书》，第 1183 册，第 533 页。
②　陈傅良著，周梦江点校：《陈傅良先生文集》卷一八，第 260、261 页。
③　《宋史》卷四二九，《朱熹传》："乃除熹提举江西常平茶盐公事，旋录救荒之劳，除直秘阁，以前所奏纳粟人未推赏辞。会浙东大饥，宰相王淮奏改熹提举浙东常平茶盐公事，即日单车就道，复以纳粟人未推赏辞职名。纳粟赏行，遂受职名。"
④　朱熹：《朱文公文集》卷一六，《奏劝谕到赈济人户状》，第 237 页。

饥多所全活，仁心义概彻于听闻，乃锡赞书，官以九品，时乾道九年正月九日也。"虽然李发最终得以授官，且是极为优等，但历经三十余年，其应格者补官之难于此可略见一斑。① 王栐《燕翼诒谋录》："因记淳熙间，诏以旱故，募出粟拯民，二千石补初品官，而龙舒一郡，应格者数人，郡以姓名来上，孝宗皇帝疑而不与，仲父轩山先生力谏以为失信于人，恐自后歉岁无应募者，孝宗亟从之，已而应募者众。"② 王栐在文中提到的"仲父轩山先生"，经考证是在淳熙十六年曾任参知政事、知枢密院事的王蔺，宋孝宗于淳熙十六年正月退位，此前王蔺为礼部尚书。③ 可知经由这样地位的大臣"力谏"，孝宗才准予补官，其应格者补官之难于此又可略见一斑。所以应格者得到推赏与得不到推赏之间的比例差异是不言而喻的。

杨万里说："所谓信劝分之赏者，朝廷非无赏格也，常患于不信而已。如淳熙十一年（1184 年）吉州之旱，守臣赵师□设赏以募富民，有钟其姓者出粟万斛以输之官，州县闻之，朝廷至今无一级之爵。今江西又告旱矣，来岁富民之粟肯从官司之劝分乎？此可虑也。"④

朱熹在《上宰相书》中论"速行赏典激励富室"，更是痛斥朝廷言而无信：

> "盖此一策，本以诱民，事急则籍之，以为一时之用；事定则酬之，以为后日之劝。旋观今日，失信已多。别有缓急，何以使众。欲望明公察此事理，特与敷奏，照会元降，即与推恩。使已输者无怨恨、不满之意，未输者有歆艳、慕用之心。信令既行，愿应

① 杨万里：《诚斋集》卷七六，《广汉李氏义概堂记》，第 1161 册，第 46 页。
② 王栐著，诚刚点校：《燕翼诒谋录》卷二，第 12 页。
③ 王栐著，诚刚点校：《燕翼诒谋录》点校说明；徐自明著、王瑞来点校《宋宰辅编年录校补》，第 1277 页。
④ 杨万里：《诚斋集》卷六二，《旱暵应诏上疏（淳熙丁未七月十三日上）》，第 1160 册，第 585 页。

者众，则缓急之间，虽百万之粟可指挥而办。况是此策不关经费，揆时度事，最为利宜，而乃迁延岁月，沮抑百端，使去岁者至今未及沾赏，而今岁者方且反复却难，未见涯际，是失信天下，固足以为今日之所甚忧，而自坏其权宜济事之策者，亦今日之所可惜也。谋国之计，乖戾若此。"①

要之，尽管宋朝士大夫们对"劝分"救荒，有很多尖锐的批评，但是他们不是针对劝分本身而发，从上面列举的事实可以清楚地看出，他们批评的是不分户等的科配而殃及中下贫户，他们批评的是立了赏格又不认真兑现而失信于民的做法。对于劝分救荒本身他们持积极的支持态度，因为这与他们追求贫富相济、损有余而补不足的儒家仁政分不开。"摧豪强，惠小民，王者政教之美也。"②"天之所生，地之所养，以之足斯民之用有余也，特有偏而不均之患耳，富者庾满，则贫者甑空，势也。于是均平之政生焉，曰常平，曰劝分，曰由狭徙宽，凡所以使之有丰而无凶，损有余以补不足，皆王政之纲"；③"劝分以均贫富"；④"大抵劝分之政，为富而积粟者设，为愚而嗜利者设"，"故曰赈荒之要，损有余而补不足者此也"；⑤"劝分未遽害也，科于富厚之家，又复何说"；⑥"照对救荒之法，惟有劝分。劝分者，劝富室以惠小民，损有余而补不足，天道也，国法也。富者种德，贫者感恩，乡井盛事也。"⑦

像这一类议论在宋人的史乘中俯拾即是。所以南宋中后期，随着中央财政的日渐窘迫，随着土地兼并贫富分化日益加剧，劝分救荒的作用

---

① 朱熹：《朱文公文集》卷二六，第418页。
② 宋祁：《景文集》卷二八，《乞损豪强优力农札子》，第1086册，第242页。
③ 程珌：《洺水集》卷五，《弭盗救荒》，第1171—282页。
④ 曹彦约：《昌谷集》卷一九，《故利州路提点刑狱陈君墓志铭》，第1167册，第231页。
⑤ 王柏：《鲁斋集》卷七，《赈济利害书》，第1186册，第115、117页。
⑥ 徐经孙：《矩山存稿》卷一，《陈政事四条》，第1181册，第5页。
⑦ 黄震：《黄氏日抄》卷七八，《（咸淳七年）四月十三日到州请上户后再谕上户榜》，第708册，第790页。

也愈益重要，所谓"救荒之政，莫急于劝分"①。"今之守令为救荒之策者，不过曰劝分，曰通商而已。"②

五、赘　言

近些年来受美国唐宋变革论的影响，许多学者以为社会主导地位的阶层，在12世纪末的中国经济最发达的南方地区，开始形成一种自存性的地方精英集团，他们掌握着地方社会主要的经济政治资源，已不如前代的精英阶层那么关心在全国政治中建功立业，而是将注意力更多地转向了地方的安定与家族的进德延嗣。他们反对国家政权过多干涉地方事务，因此，从中可以看到明清时期缙绅阶层的雏形。由这种认识导引出对南宋时期士人阶层、富裕民户在公共领域诸如兴办教育、兴修水利、救荒赈济等活动的关注和研究，并给以很高的评价，似乎由士人阶层和富裕民户构成的"公心好义之士"在"公共领域"扮演着主角的角色。但是从以上对宋朝官府主导的"劝分"救荒的论述来看，至少在救荒赈济活动中，"公心好义之士"的作为不会有太大的空间和作用，因为主动出钱出粮赈荒与被强制出钱出粮赈荒本质上没有太大的区别，都是在官府的主导之下，"劝富室以惠小民，损有余而补不足，天道也，国法也。富者种德，贫者感恩，乡井盛事也。"③ 所以所谓在中央与地方基层之间存在一个"中间领域"与宋朝历史的实际存在较大的距离。

原刊于《中国经济史研究》2010年第1期

---

① 马端临：《文献通考》卷二六，《国用考四·赈恤》，第779页。
② 黄榦：《勉斋集》卷二四，《汉阳条奏便民五事·二广储蓄》，第1168册，第265页。
③ 黄震：《黄氏日抄》卷七八，《（咸淳七年）四月十三日到州请上户后再谕上户榜》，第708册，第790页。

南宋地方社会管窥

——以阳枋《广安旱代赵守榜文》为中心

宋代社会史是近二十多年来，国内学界谈论较多的领域。从社会阶级结构、城乡社会组织到"碎片式"的局部、个案都有丰富的成果。近期笔者读到阳枋《广安旱代赵守榜文》，似觉得所涉猎的内容对管窥南宋地方社会有一定裨益，而且此前似未曾有人论及，故不揣谫陋，试做解读。

一、阳枋撰写《广安旱代赵守榜文》的 背景及其他

阳枋，字宗骥，初名昌朝。生于宋孝宗淳熙十四年（1187），卒于宋度宗咸淳三年（1267），享年八十一。《宋史》无传。但其子在阳枋去世后，编有年谱和行状，对其生平有较为详细的记录。

阳枋的家族世居合州巴川县，阳枋即生于合州巴川县后觉里巴字溪小龙潭之上，后因以字溪为号。阳枋父亲阳景春虽好诗书，却未得科名，在家乡是个底层官吏，乾道时"官从政郎"，宁宗时"筮仕巴州难江县尉""再调南平军南川镇酒务""夔部使者毌丘公辟居士为义学理

曹"。阳枋自小得父宠爱，一直随父亲转任地方，应该说，阳枋自小接触和目睹社会下层。嘉泰四年（1204），阳枋十八岁时父亲故去。阳枋一心向学，不热衷功名，端平元年（1234），"女兄邓宜人闻而责之曰：'吾父龙潭居士，博学多闻，不得一第以报祖先。俯首就试，一再调官，书窗夜檠，笃于教子，期见成名，而又不幸赍志以没，弟其忍负之哉？'公泫然始应举"，遂冠乡选。端平三年（1236），蒙古进攻四川，阳枋举家南迁至夜郎、南川一带，靠教学为生。淳祐四年（1244）"以蜀难免入对，赐同进士出身。阃帅交辟于昌州监酒税，于大宁为理掾，于绍庆为学官。晚以子炎卯贵，加朝奉大夫致仕"。阳枋生前著述颇丰，死后由其子编成《字溪集》12卷。四库馆臣云："惟文渊阁书目载有阳字溪集之名，而不著卷数。黄虞稷千顷堂书目，则称其集为十二卷。久无传本，今检勘永乐大典所载，裒而集之，附以其子所作年谱、行状，仍析为十二卷。适符原目之数，虽已经断裂，未必无所残阙。然所佚似亦无多矣。"①

阳枋所撰《广安旱代赵守榜文》正是受新任四川安抚制置使的余玠邀请而任教广安的时期。淳祐三年（1243）余玠为四川安抚制置使，主持合州防务。余玠为治理四川，"大更敝政，遴选守宰，筑招贤之馆于府之左，供张一如帅所居，……士之至者，玠不厌礼接，咸得其欢心，言有可用，随其才而任之。苟不可用，亦厚遗谢之"。② 余玠闻知阳枋"学与德"，"檄赴司，尊礼请分教广安。"淳祐四年，广安"旱暵逾常，祈禳未应，稻苗已槁，岁事可忧"。阳枋遂写下《上广安赵守弨旱十事》进献，广安军赵守，名汝廪，字景贤，③ 接到阳枋的上书后，

---

① 永瑢：《四库全书总目》，中华书局 1965 年版，第 1406 页。

② 《宋史》卷四一六，《余玠传》，第 12469 页。

③ 阳枋：《字溪集》卷一一，《赞赵广安》："先生早矣袖熏弦，趁取南风入皛然。燕稳不妨辞阃幕，鱼枯应喜活民编。万家吟赏知微月，千里依栖刺史天。河汉定应思黼黻，大宗宁许久藩宣。"李贤等：《明一统志》卷六九，《名宦》："赵汝廪知涪州，劝农兴学，民为立生祠于学宫，以配程、黄、尹、谯四贤。"

"修己省愆自责，兴利除害外，尚虑曰官曰吏，若士若民，旧染入深，未知悔悟，是致天怒未解，雨泽愆期。"遂将阳枋所上十事以榜文的形式，"揭榜市曹，发下县镇，张挂晓谕。庶远近通知，上下改革，共回天意。"

这就是《广安旱代赵守榜文》的由来。为了便于后面的讨论，现将全文移录于下：

> 一、当使深自悔惧，思年谷不登，则无以措其治。凡从前苛政之害民者，已即扫去，善政之利民者，已即举行；讼狱淹滞者，已为疏决；冤抑无告者，已为伸理。求直言以达幽隐，平斗斛以便供输。又将思赈穷之策，求弭盗之方。徭役不兴，赋敛从薄，官则进贤能而退凡庸，吏则用循良而斥贪刻。当使加之廉谨俭约，教诲抚字，庶几可以感召和气而格天心。

> 一、士大夫当深自悔惧，思年谷不登，则无以振吾职。凡从前政事烦扰，务去以便民；号令峻迫，务弛以宽民。职教化者，悯三纲五常之尽斁，而念念修明；敛财贿者，念民膏民脂之已竭，而勤勤宽恤；居幕府者，慨然兴怀，而振起条章法制之坏；司犴狱者，恻然动心，而哀矜桎梏捶楚之伤。筦库之士，念一锱一粒出于民而毋欺；其出入民社之家，思一饮一食得之民，而深切其抚摩。自州而县，自县而镇，检身戢吏，惩忿窒欲，庶几可以感召和气而来天眷。

> 一、吏胥当深自悔惧：思年谷不登，则无以效吾役。凡从前欺公罔上之心，害民益己之习，贪惏黩货之念，宜一切洗濯。思巧法伤人，终遭凶祸，而发仁心；思害众成家，终非长久，而生畏心；思横取悖入，终必破败，而守常心；毋徇权势、毋害善良、毋欺困弱、毋党凶盗。自吏而胥，自胥而徒，相告相戒，相勉相率。庶几可以感召和气而免天殃。

一、为士者当深自悔惧，思年谷不登，则无以成吾道。凡从前言语动作，或不合于圣贤措置云为，或有负于名教，宜一切省察。入则实孝父母，出则实悌长上，兄弟实用其爱敬，朋友实用其诚信。实欲仁民，实欲爱物，毋盘游、毋逸乐，毋言尧舜而行市人，毋外衣冠而中木石。父以诏子，兄以诏弟，勤勤勉勉，俯仰无愧。庶几可以感召和气而致天麻。

一、为农者当深自悔惧，思年谷不登，则无以力吾耕。凡从前播种耕凿，或不本于神农；长养敛藏，或不尊于司啬。不昏作劳欤，不服田亩欤？布帛菽粟狼戾，而不知检欤；暑雨祈寒怨咨，而不悔欤？不则仰不知事父母，俯不知育妻子，疾病不相救，守望不相助，穷困不相赒。饱食暖衣，逸居无教，致此大戾。宜一切惩创，迁善远罪，庶几可以感召和气而回天意。

一、百工之事当深自悔惧，思年谷不登，则无以利吾器。凡从前侈美华丽之奇，苟简固陋之习，宜一切荡涤。冶者精镕冶而革去朽钝，陶者精埏埴而毋事苦窳。攻皮必坚，攻木必良，切磋必易，斫削必善。毋售粗以为精，毋饰恶以为良。毋卤莽而苟目前，毋灭裂以欺后日。陶冶砖埴，金木皮色，更相劝勉，更相表率。庶几可以感召和气而弭天灾。

一、行商坐贾当深自悔惧，思年谷不登，则无以为吾资。凡从前饰伪售假以为良图，机计巧算以为能事者，宜一切悔艾。毋事丰息、毋窥厚利、毋欺权衡、毋诈度量、毋变乱真假，毋移易白黑、毋乘人之急、毋要时之艰、毋聋瞽昏痴、毋笼罩拙讷。由城郭而郊野，由郊野而道途，务相劝告，务相禁止。庶几可以感召和气而消天变。

一、道释者流当深自悔惧，思年谷不登，则无以遂吾学。凡从前相愿诸佛而心不诸佛，冠衣老子而行不老子，宜一切动悟。毋懒惰睡眠而不勤礼诵，毋放纵畜养而不顾因缘，毋佛前偃蹇而恬不以为罪，毋寺观赌博而憎不知其非。毋薄人供施，毋强人庄严，毋贪货财，毋嗜酒肉。自禅而律，自观而龛，更加警省，更相启导。庶几可以感召和气而逭天谴。

一、军禁之士当深自悔惧，思年谷不登，则无以足尔之食。凡从前放肆暴横之习，钞掠扫荡之心，宜一切改图。思地无民则我宁独存？民无食则我宁独活？毋谓天高地厚、毋谓鬼远神幽，毋谓世道终不清、毋谓王法终不行，毋掠人货物、毋毁人屋室、毋伐人林木、毋驱人牛羊。使田野安居则尔之糇粮自丰，市井完聚则尔之饮食自足。老者语壮，智者诲愚，断自于今，循循率率。庶几可以感召和气而息天怒。

一、游手之徒当深自悔惧，思年谷不登，则无以营汝之生。凡从前不事产业而营营趋末之心，不勤农桑而断断射利之习，宜一切自觉。夙兴夜寐，以聚百谷；劳筋苦骨，以就百事。毋尚赌博，毋盟偷盗。毋嬉游以仰食，毋安坐而糜财。贩夫贩妇，发公平心。屠沽樵渔，生慈爱想。明者语暗，觉者训蒙，朝夕思惟，昼夜记忆。庶几可以感召和气而免天罚。①

这是一份非常珍贵的资料，它所蕴含的信息量非一般榜文所能涵盖，从一个侧面反映和折射出晚宋四川地方社会的一些变化。值得深入探究。

在进入正题讨论之前，有两个小问题需要澄清。第一，淳祐四年（1244），广安军"旱暵逾常"，这在《宋史·五行志》、《文献通考·物异考》均未见记载。说明这年广安军的旱情未能上达于朝廷，以至史官缺载。其所以未能上达，主要有两个原因，一是这个时候正处在蒙宋战争时期，科举考试都不能举行进京入对，上下政情自然难通；二是

---

① 阳枋：《字溪集》卷九《广安旱代赵守榜文》，第 1183 册，第 396 页。

因蜀道难，四川地区的民众大都没有按灾伤地区灾民可向朝廷诉灾以求减免租税的规定向朝廷诉灾。孝宗乾道三年（1167）八月十六日，起居舍人黄钧言："缘四川阻远，自来循例，不申灾伤，不行检放"①。这篇榜文可补官方记录自然灾情之缺。第二，榜文是古代官民信息沟通的一种告示，对榜文的作用，学界有三种意见，一是宋代地方官员和士大夫站在国家的角度，通过谕俗文向基层社会宣传封建伦理说教、法律制度，有助于礼教深入民间和国家加强对基层社会的控制，且对以后的社会发展起了相当的借鉴作用。② 二是宋代社会官府和民间沟通联系的途径。③ 三是分布各处、内容各异的榜促进了宋朝社会官方政令的畅通及与民间信息的交流，具有控制引导社会舆论、宣示封建权力等传播功能。较之仅在官员中传播的邸报，榜是宋代传播范围更广、信息辐射力更强的传播工具。④ 显然《广安旱代赵守榜文》的主旨和作用亦可从这三方面来理解。

二、"天谴论"向基层社会的下移

朱熹曾对他的弟子说过："自古救荒只是两说：第一感召和气，以致丰穰；其次只有储蓄之计。"⑤ 朱熹所说的感召和气，以致丰穰，在宋代又可分作两部分。一是禳弭救荒，即通过对某种超越自然力量的祈求，来减少、消除灾害，其祈求的方式则表现为各种祭祀天地、山林川泽、风雷云雨之神，乃至宇宙上宰者的活动来实现。这也就是宋人所说

---

① 《宋会要辑稿》食货一之一一，第4807页。
② 杨建宏：《论宋代官方谕俗文与基层社会控制》，《湖南社会科学》2006年第3期。
③ 高柯立：《宋代的粉壁与榜谕——以州县官府的政令传布为中心》，邓小南主编：《政绩考察与信息渠道》，北京大学出版社2008年版，第411页。
④ 杨军：《宋代榜的传播学解读》，《新闻与传播研究》2011年第3期。
⑤ 《朱子语类》卷一〇六，第2643页。

的："旱雩水祟，虽欲竭精尽诚，而本职常务，所分过半矣。故祈祷散在庶民，遍满天下，久以为常。"① "政之大端二，曰治民，曰事神。自天子达于郡邑，外此无大务。然肃于神，亦急于民而已，其事虽二，其本一也。"②

二是对人的行为，特别是对统治者行为的调整。自秦汉以降随着天人感应观念的发展，以及与阴阳五行说结合，那种认为人类社会的一切行为，皆可影响自然的秩序，导致天象的变化，而自然的一切变化也都对应着人世间的所有活动的思想愈益受到宋儒的高度重视。众所周知"天人之际，合而为一"是汉儒董仲舒特别强调的一个哲学命题。但至北宋理学形成时期，张载、程颢等人却不满意这个命题对天与人关系的解释，张载说："天人异用，不足以言诚；天人异知，不足以尽明。"③程颢则说"天人本无二，不必言合"。④ 朱熹集理学之大成，自然发扬张、程之说："天人一物，内外一理，流通贯彻，初无间隔。"⑤ 显然程朱理学在天人观上有了进一步的发展。李泽厚先生用简略的语言指出汉儒与宋儒之间关于"天人"关系的哲学分野："前者是宇宙论即自然本体论，后者是伦理学即道德形而上学。前者的'天人合一'是现实的行动世界，'生生不已'指的是这个感性世界的存在、变化和发展（循环）；后者的'天人合一'则是心灵的道德境界，即将伦理作为本体与宇宙自然相通而合一。它把'天人合一'提到了空前的哲学高度。"⑥ "宋儒所言的'以德配天'，思想资源正是早期儒家的天命观，且把道德的重要性提到了空前的高度，也是理学本事。沟口雄三曾提出'宋代是天谴事应说向天谴修德、继而向天理修德变化的这种模式'，由

① 陆九渊：《陆象山全集》卷二六《石湾祷雨文》，第 197 页。
② 陈造：《江湖长翁集》卷二一《高邮社坛记》，第 1166 册，第 261 页。
③ 《正蒙·诚明篇第六》，《张载集》，第 20 页。
④ 《河南程氏遗书》卷第六，《二程集》，第 81 页。
⑤ 《朱文公文集》卷三八，《答袁机仲别幅》，第 615 页。
⑥ 《中国古代思想史论》，人民出版社 1986 年版，第 320 页。

'应'向'修'转变，由被动变主动"。①

但是必须指出，在朱熹集理学大成之前，禳除灾害多指向帝王失德、苛政，以及宰执大臣的政治作为。董煟《救荒活民书》大致成书于宁宗嘉泰年间，他在救荒杂说中说："臣尝谓救荒之政，有人主所当行者，有宰执所当行者，有监司、太守、县令所当行者；监司守令所当行，人主、宰执之所不必行；人主、宰执之所行，又非监司太守县令之所宜行，今各条列于后。"② 对上自君主、宰执，下到路州府县官员，都开列了相应的救荒职责，其中君主的六项职责中的前三项是：1. 恐惧修省、2. 减膳撤乐、3. 降诏求直言；对宰执的八项职责中有两项是："以燮调为己责"、"启人主警畏之心"。这些都是天遣修德、天理修德的具体表现。而对路、州府、县，除了县令"闻旱则诚心祈祷"外，均没有修德以回应天遣的"所宜行"。由此可见，宁宗时期"天遣论"还主要针对的是君主、大臣。而在阳枋《广安旱代赵守榜文》却把朱熹感召和气以救荒的思想运用到广安救荒活动中，且以榜文的形式昭告社会各阶层：军使、士大夫、胥吏、士、农、工、商、军卒之士、道释者流、游手之徒，广安旱暵逾常是与社会每一个成员的日常行为息息有关："旧染入深，未知悔悟，是致天怒未解，雨泽愆期"。这在宋代文献中似不多见，也是非常有意义的历史现象，它昭示着朱熹的理学思想在理宗时代已深入基层社会，成为下层民众普遍接受的一种行为准则，或认识问题的方法原则。

这种现象的出现，从大背景上讲，朱熹生前虽集二程、张载以来洛学之大成，却未能使理学居于官学，死后到宋理宗时得到极大褒扬，取代王安石新学成为官方认可的主流思想。"淳祐元年春正月甲辰，诏：'朕惟孔子之道，自孟轲后不得其传，至我朝周惇颐、张载、程颢、程

---

① 参见刘复生《"天命"观在宋代的嬗变》，《邓广铭教授百年诞辰纪念论文集》，2008 年，第 292—306 页；[日] 小岛毅《宋代天遣论的政治理念》，《中国的思维世界》，中译本，江苏人民出版社 2006 年版，第 314 页。

② 董煟：《救荒活民书》卷三，第 964 册，第 49 页。

颐，真见实践，深探圣域，千载绝学，始有指归。中兴以来，又得朱熹精思明辨，表里混融，使《大学》、《论》、《孟》、《中庸》之书，本末洞彻，孔子之道，益以大明于世。朕每观五臣论著，启沃良多，今视学有日，其令学官列诸从祀，以示崇奖之意。'寻以王安石谓'天命不足畏，祖宗不足法，人言不足恤'，为万世罪人，岂宜从祀孔子庙庭，黜之"。① 理学上升为独尊的官学地位，对此后中国社会历史产生深远而重大影响。对于宋代四川地区思想文化的直接影响，便是兴盛二百年左右的宋代蜀学日渐式微，程朱理学成为四川地区思想文化的主流。这是阳枋上书广安军赵守的大背景。

从阳枋个人来讲，他一生不汲汲于功名，却对朱熹理学思想情有独钟，先后求学于朱熹的门人度正、暑渊、徐侨、李文子等人，与魏了翁及其门人严师夔、史绳祖、吴咏等相与交游，还与宗仰朱熹的罗东父、李性传等往来。他是朱熹嫡传，思想主要是理学成分，但又不拘门户，受蜀学传统和朱陆会同的趋向所濡染，因而其学术有一定的心学色彩，强调"心"的重要性，和继承二程"入德之方在于敬"的思想。② 特别是易学在宋代四川地区有深厚的基础和传统，阳枋的易学有较高的成就。元人王申子在辑历代易学著述时说："阳氏家传易学，盖自其五世祖得之莲荡，莲荡得之晦庵，渊源有自。故其家如字溪、如以斋，各有易说行于世。"③ 四库馆臣云："枋尝从朱子门人度正、暑渊游，故集中与人往复书简，大都讲学之语，所谓皆明白笃实，不涉元虚。其易象图说一篇，多参以卦气纳甲之法，乃不尽与朱子本义合。案：李性传朱子语录序，称诸书答问之际，多所异同，而易为甚。暑渊所录一编，与本义异者十之三四，枋殆述暑渊之所授，故持论不同钦。又有与税与权论启蒙小传一篇，乃暮年所作，尤见其孳孳力学，至老不衰于紫阳学派之

---

① 《宋史》卷四二，第 821 页。

② 详见胡昭曦、刘复生、粟品孝：《宋代蜀学研究》，巴蜀书社 1997 年版，第 185—192 页。

③ 王申子《大易缉说》卷一，第 24 册，第 24 页。

中，犹不离其宗者矣。"①

阳枋在易学上的态度，强调《易》是"天道"和"人事"的统一，他说："易固形而上之道，而实前民利用之书，吉凶悔吝，都切近日用常行。文公《本义》只于占筮上说大概，不使人求易道于高远"。②如果说阳枋《上广安赵守弭旱十事》的学术思想基础是继承了朱熹的感召和气的思想，那么将"天谴论"下推至社会各阶层是他重视易学在"日用常行"上的具体运用和体现。

当然，广安军军使赵汝𬍛能将阳枋的上书以榜文形式昭告百姓，本身说明赵守与阳枋在思想认识上具有相近或相同的认知，也就是说这个行为不是阳枋的特立独行，而是有一定的社会基础，同时也蕴含着借此教化一军官民的深意。

三、广安军的社会结构与社会问题

广安原本是春秋战国时期巴国之地，其后历代在这里建郡置县，入宋以后始建为广安军。宋代军的建制是与州平级的地方行政单位。常设于地势要冲、户口少不足以成州的地方。北宋末期，全国置军 55 个。广安军是宋朝较早置军中的一个。军一级长吏称为"军使"或"知军事"。

"广安军理渠江县，本合州依洄镇、渠州新明镇地，国朝乾德六年以合、果、渠三州相去路远，山川险僻，多聚寇攘，遂合二镇，置广安军，仍割渠州之渠江、合州之新明、果州之岳池三县以成之。从西川转运使刘仁燧之所请也。领县三：渠江、新明、岳池，军境东西二百四十里，南北二百二十里"。③"县三：渠江，（中。开宝二年，自渠州来隶。）岳池，

---

① 永瑢：《四库全书总目》，第 1407 页。
② 《字溪集》卷一二，行状，第 1183 册，第 453 页。
③ 乐史：《太平寰宇记》卷一三八，《山南西道六》，第 2696 册，第 2697 页。

（紧。开宝二年，自果州来隶。）新明。（中。开宝二年，自合州来属。六年，移治单溪镇。）南渡后，增县一：和溪。（开禧三年，升镇为县)"。①

据《太平寰宇记》、《元丰九域志》、《宋史·地理志》等书所载：宋太宗后期：管户，主六千二百五十三，客一万五千四百六十三；宋神宗元丰时期：户，主一万五百二十一，客一万四千七百五十一；② 宋徽宗崇宁时期：户四万七千五十七，口一十一万一千七百五十四。南宋以后，没有户口数据，开禧时广安新增一个县，人口按五口计算，正常年份应不少于 30 万，但淳祐时由于蒙古入侵杀戮蒙难，人口实际要少许多。

"广安虽小，赋入有度"。③ 其矿碳、茶叶、酿酒、食盐的生产都有一定规模，陆游笔下的广安乡村城镇别有一番情致："绿秧分时风日美，时平未有差科起。买花西舍喜成婚，持酒东邻贺生子。谁言农家不入时，小姑画得城中眉。一双素手无人识，空村相唤看缫丝。农家农家乐复乐，不比市朝争夺恶。"④ "桃花如烧酒如油，缓辔郊原当出游。" "记取晴明果州路，半天高柳小青楼。"⑤

广安军虽然地处偏远，社会发展程度可能比不上发达地区的州县，然从上面的描述不难看出，它的社会风貌和形态与南宋的绝大多数州县并无明显差异。因而阳枋在榜文中把广安军社会成员分成十个阶层在南宋后期应当具有一定代表性，或者说反映了当时地方社会构成的一般特点。⑥

---

① 《宋史》卷八九，《地理五》，第 2220 页。
② 《元丰九域志》卷七，《成都府路梓州路》，第 332 页。
③ 楼钥：《攻媿集》卷三四，《朝奉大夫新知昌州程仲虎为亏发官钱降一官与闲慢差遣》，第 1152 册，第 622 页。
④ 陆游：《剑南诗稿》卷三，《岳池农家》，第 1162 册，第 44 页。
⑤ 陆游：《剑南诗稿》卷三，《柳林酒家小楼》，第 1162 册，第 44 页。
⑥ 黄震在《词诉约束》中"照会当职已入州治，合受民词。今预期开列约束下项"：除去当职、吏人、为士而已贵与荫及子孙有官外，抚州的民众构成为：士、农、工、商、军人、僧道、杂人。黄震所言的"杂人"范围比阳枋所说的"游手之徒"更广，如伎术、师巫、游手、末作（末作谓非造有用之器者）、牙侩、舡梢、妓乐、岐路、干人、僮仆等，皆是杂人。（黄震：《黄氏日抄》卷七八。又见《名公书判清明集》附录 5，第 638 页。）黄震揭示的抚州地区的社会构成与阳枋揭示的广安军社会构成基本一致。

　　众所周知，自管仲以来，中国传统社会大致按四民分业即"士、农、工、商"来划分社会成员的分布。"古之治世，百姓各安其所。士农工商，各得其分。"① 随着历史的不断演进，至唐宋之际，虽然朝野议论社会分业仍常以"士农工商"说事，但事实却是不仅"士农工商"的四民分业结构界限已悄然发生一些变化，而且也远无法概括社会内部行业间或部门间的群体分工实况。② 所以，在讲到社会分工和社会群体阶层时，吏胥、僧道、游手、军士等阶层都已引起朝野不同程度的关注和议论，只是尚没有集中论列而已。阳枋划分的社会结构，其新意主要在于他似是首次将这些业已出现的社会阶层会集在一起加以揭示。通观阳枋的揭示，值得讨论的有四个方面：

　　其一，士的定义从战国以降很不确定，到唐宋之际，研究者一般认为士是指包括士大夫在内参加科举考试的人群，属统治阶级，但阳枋榜文中却明确将士与士大夫分开。士大夫是有明确官职的人，亦即地方官的统称，分成职教化、征税、幕府、刑狱、管库等官员。且是自州至县，自县至镇，说明国家权力直接达到镇一级。而士则被局限为业儒者，二程所言"今之学者，岐而为三，能文者谓之文士，谈经者泥为讲师，惟知道者乃儒学也"。大致阳枋所谓"士"人，就是"惟知道者乃儒学"的学者，其身份特征是专心成道，行为合于圣贤、不负名教、孝悌敬爱，践行仁义礼智信的卫道士。阳枋对士人的界定在当时有一定代表性。早在北宋中期一次南省试策中就说："士，讲学以居位。"③ 南宋中后期吴芾说"士农工商，古有四民。惟儒最贵，但患非真。诚能力学，进必有因"。④ 林之奇说："士农工商，各有定业之常以生。士之

① 蔡襄：《上英宗国论要》，赵汝愚编：《宋朝诸臣奏议》卷一四八，第1692页。
② 参见冻国栋《唐宋历史变迁中的"四民分业"问题》，《暨南史学》第3辑，暨南大学出版社2004年版，后收入氏著《中国中古经济与社会史论稿》。
③ 《欧阳修全集》居士外集卷二五《南省试策五道（并问目）》，第552页。
④ 吴芾：《湖山集》卷一《和陶劝农韵勉吾乡之学者》，第1138册，第448页。

常业，在守其礼法而已，岁时叙拜，以为子弟，劝礼法，孰有大于此者乎"？① 因而士人进可参加科举入仕为朝廷所用，退则可表率一方，增进理学理想的社会秩序。"士大夫之子弟，苟无世禄可守，无常产可依，而欲为仰事俯育之资，莫如为儒。其才质之美，能习进士业者，上可以取科第，致富贵，次可以开门教授，以受束脩之奉。其不能习进士业者，上可以事笔札，代笺简之役，次可以习点读，为童蒙之师"。② 这与中唐以前，"凡习学文武者为士"，③ 有很大不同。

其二，凸显了官府官、吏在社会结构中的统治或强势身份，军使（军守）、士大夫、吏胥排在前三名属于地方社会的上层，而士农工商是基本民众，在这里强调了官民之间的分野。且士则为一般民众中的业儒弘道者，而吏胥则上升为辅助士大夫（地方官员）的专门职业。并成为宋官府统治地方及乡村的代理人。④ 据残存的宋朝法典《庆元条法事类》卷 52《解试出职·名例敕》规定："诸称公人者，谓衙前、专副、库掬子、杖直、狱子、兵级之类"。"称吏人者，谓职级至贴司，行案不行案并同"。"称公吏者，谓公人吏人"。吏胥在宋代是一个人群庞大的群体，虽然北宋熙宁年间和南宋时多次裁减，但在总体上，每县额定的公吏多者一二百人，或在二百以上，少者数十人。孝宗淳熙年间，12 县不完整的统计，吏额外置吏往往数倍甚至十倍于定额，州吏更多，因此，南宋州县被称为"公人世界"是毫不夸张的。宋代州县胥吏在地方政治生活中的作用是非常突出的，尤其是北宋后期到南宋，出现了诸多"吏强官弱"的议论。⑤

其三，军禁、僧道和游手之徒可说是社会的另类或特殊群体。军禁

---

① 林之奇：《拙斋文集》卷一五《团拜记》，第 1140 册，第 489 页。
② 袁采：《袁氏世范》卷二《子弟当习儒业》，第 102 页。
③ 《唐六典》卷三《尚书户部》户部郎中员外郎条，第 74 页。
④ 参见黄宽重《政策、对策：宋代政治史探研》第一编第三章近民作县——基层社会的权力结构与运作，台北"中研院"、联经，2012 年 5 月，第 93—98 页。
⑤ 详见苗书梅：《宋代县级公吏制度初论》，《文史哲》2003 年第 1 期。

之士成为特殊职业是唐中叶社会变化的反映。唐中叶以前，大致实行寓兵于农的政策，是所谓征兵制。服兵役是成年男子必尽的义务。发生战争或戍边，农家子弟应诏为兵，战争结束或完成服役，又回乡务农。士兵尚不是一个专门的职业。中唐以后，府兵制瓦解，藩镇和朝廷渐行招募之制，士兵开始成为职业兵。入宋以后遂为定制。宋代地方驻军有隶属中央的禁军、地方厢军以及地方武装力量。北宋时从事警备任务的弓手、土兵占据重要地位，南宋与金爆发战争后，弓手、土兵的地位下降。正规军解体，由此民间自卫武力迅速壮大，与地方军构成地方的武装力量。绍定四年（1231）臣僚言："州郡有禁卒，有壮城，有厢军，有土兵，一州之财自足以给一州之兵"。[1]

僧道成为特殊的群体，社会的一个阶层，自魏晋以来已露端倪，中唐以后发放度牒对扩大僧道群体有直接影响。宋朝仁宗以后发放度牒成为国家应对财政的一项重要措施，僧道也成为专门的一项职业。[2] 有趣的是，自宋初以来，大多数儒士以排佛道为己任，把佛道视作异端，但是现实生活却给他们开了一个大玩笑，到头来，士者与道释者流的社会地位和生存环境，都有着极其相似的共同命运，只是对于精神追求各为其主而已。

游手之徒主要指那些没有固定产业，又不"劳筋苦骨，以就百事"的社会闲散人群或自谋职业的人群。除阳枋指出的盗窃、赌博、贩夫、贩妇、屠沽、樵渔外，还应包括巫医、僧道、伎术乞丐等。[3] 游手之徒群体成为一个被关注的阶层，表明社会经济发展扩大了分业或就业范

---

① 《宋史》卷一九三，兵七，第4821页。

② 度牒是度僧牒和道士度牒（紫衣师号）的简称，因其由礼部发放又称作"祠部牒"。度牒是由官府旨在掌控民众想要披剃出家为僧、道的一种许可证。出售度牒，唐代已有之，但并不常有。宋朝用出卖度牒筹集财政经费。（参见汪圣铎《两宋财政史》上册，中华书局1995年版，第348—349页。）

③ 袁采：《袁氏世范》卷二，第103页。"巫医僧道"，文渊阁四库全书影印本作"医卜星象"。

围，直接冲击了固守传统保守人士的分业理念。

其四，从榜文所列诸阶层悔惧失德、省愆自责，以求兴利除害诸项中，可以深刻透视广安军存在诸多社会问题的表征。根据榜文大致可以分成三个层面：一是官、吏和军士禁卒的胡作非为。军使和地方官员需要反省的是害民苛政：讼狱淹滞、冤抑无告、徭役屡兴、赋敛沉重、政事烦扰、号令峻迫、桎梏捶楚之伤、条章法制之坏等。

而对百姓生活环境、社会秩序影响最直接的是吏胥和军禁的"悔惧"：吏胥强势的舞弊行为主要是：欺公罔上，害民益己，贪惏黩货，巧法伤人，害众成家，横取悖入，徇权势，害善良，欺困弱，党凶盗，放肆暴横之习，钞掠扫荡之心。军士禁卒的暴力扰民行为主要是：掠人货物，毁人屋室；伐人林木，驱人牛羊。可谓是无恶不作，而吏胥和军禁之士的恶行实施对象是城乡基本民众士农工商，其中占绝大多数的是乡村、坊郭主户的下层和客户，这也是官民对立冲突的主要表现所在。

这些借自然灾害而被昭示出来悔惧的"失德"，必然是日常生活中所常见。贫民百姓生活在这样的社会环境中，其艰辛和困苦是可以想见的。阳枋的榜文名为教化社会诸阶层自省，实则是一道针砭时弊的檄文，而这些苛政和暴行仅靠"悔惧"自省，显然是治标不治本的，更是不可能消除的。

二是基本民众士农工商的"悔惧"，虽有诸多表现，但归根结底是社会的"诚信"问题。士的诚信问题是言行不一、表里不一，士人宣扬的仁义礼智信，可实际生活中却往往是口言尧舜而行市人；外表衣冠，而内心木石。即如鲁迅批评理学所说满口的仁义道德，满肚的男盗女娼。工商业的问题主要是赝品横流、以次充好，以假乱真、以粗为精、饰恶为良、机计巧算、欺行霸市、颠倒黑白、短斤少两等等。农者悔惧的社会问题是占人口绝大多数的群体能否兢兢业业地从事农业劳作，从而保障家庭和社会的正常运转。

士农工商作为社会基本民众悔惧所展现的社会问题，固然与各个阶层群体本身素质和作为有密切关系，但是深究起来，又与前揭有更大的关系。对于强势的官、吏、军禁来说，他们是弱势群体，社会风气的败坏，首先是因苛政、暴力、强势、欺上瞒下、朝令夕改等所致，其次才有上行下效。"制置司先访闻广安军渠江县界，有强盗结党肆行劫掠，巡捕官司往往与为表里，又有形势家为之囊橐者。"①

三是特殊群体的僧道和游手之徒"悔惧"的社会问题，对僧道来说，与读圣贤书的士人颇为相类，主要在于诚信、精神信仰与社会实践的内在冲突和矛盾。当然宋代的僧道特别是占相当大比例由度牒披度而来的僧道徒，他们多是因逃避犯罪处罚、逃避赋敛而加入僧道，僧道的社会问题很大程度是由世俗社会问题转化而来。

游手之徒"悔惧"的社会问题，主要是不安本分，大多数是因贫乏从士农工商四民中游离出来，官府不论是从伦理教化还是通过城乡户籍都难以约束和控制他们，所以也使官府最为头疼，不知如何措手。游手之徒从四民中游离出来，除了社会分工不断扩大和细致这一主因外，重要的原因还与贫乏无所生存有关，所以游手之徒造成的社会问题依然是与官府的刑狱、征税严酷密不可分。

四、结　语

南宋后期，士与士大夫的身份在地方社会有了明显的区分，士更多地被限定为业儒的学者。从以读圣贤书为业的角度来讲，大致是元代设置儒户的滥觞，在延祐二年（1315）恢复科举之前，儒户的来源虽然包括旧宋的"登科、发解、真才、硕学、名卿、士大夫"，但是儒户的权利与义务，大体上和僧、道、答失蛮（回教教士）、也里可温（基督

①　汪应辰：《文定集》卷四《御札再问蜀中旱歉》，第1138册，第619页。

教士）等宗教户计相同，它们对国家仅奉行精神上的工作，儒户的唯一义务是就学且具有世袭性。[1] 这与排列在士大夫、吏胥之后的士者颇有几分相似。明代生员、塾师职业身份特点的渊源亦可追溯到南宋后期的"士者"。[2]

官民之间的分野和对立，从一个侧面表明宋代国家统治权力逐渐向基层社会延伸的深度和力度。那种被冠以"自治"世外桃源式的地方基层社会是根本不存在的。

道释者流、军禁之士、游手之徒成为地方社会特殊的群体或阶层，是中唐社会发生巨大变化的直接反映和结果。

"诚信"成为日益凸显的社会问题，这大致也是宋以后诸朝难以治理的"顽疾"之一。

原刊于《西北师大学报》2013 年第 3 期

---

[1] 萧启庆：《元代的儒户：儒士地位演进史上的一章》，《内北国而外中国：蒙元史研究》，中华书局 2007 年版，第 371—414 页。

[2] 参见刘晓东《明代的塾师与基层社会》，商务印书馆 2010 年版，第 225—234 页。

论唐宋祭龙祈雨习俗的嬗变

龙是中国文化的重要象征，长期以来对龙的研究始终是一个古老而又常新的话题，有关研究成果也是层出不穷。① 本文不是对龙的全面研究，而是仅就唐宋时期祭（祀）龙祈雨习俗的嬗变做一些探讨。

一、从设土龙到画龙

甲古文中有"惟庚焌有（雨）""其乍（作）龙于凡田，又雨？"等记载，据此裘锡圭先生认为"作龙的目的在为凡田求雨，可和所谓'龙'就是求雨的土龙"。"看来，《淮南子·地形》注说商汤遭旱作土龙以致雨，可能是确有根据的。"② 汉儒董仲舒提倡"以龙致雨"③ 并在《春秋繁露·求雨》详尽描述作五龙以求雨的过程，"四时皆以水

---

① 刘志雄、杨静荣：《龙与中国文化》，人民出版社 1992 年版；《中华第一龙——95 濮阳"龙文化与中华民族"学术讨论会论文集》，中州古籍出版社 2000 年版；《2000 年濮阳龙文化与现代文明学术讨论会论文集》，中国经济文化出版社 2003 年版；吉成名：《中国崇龙习俗》，天津古籍出版社 2002 年版。

② 裘锡圭：《说卜辞的焚巫尪与作土龙》，《甲骨文与殷商史》，上海古籍出版社 1983 年版。

③ 董仲舒：《春秋繁露》卷一三，《同类相动第五十七》。

日，为龙，必取洁土为之，结盖，龙成而发之。"① 王充在批评董仲舒时亦指出"董仲舒申春秋之雩，设土龙以招雨，其意以云龙相致。《易》曰：云从龙，风从虎，以类求之，故设土龙，阴阳从类，云雨自至"②。其后，用设土龙参与求雨活动遂被载入国家的祀典。"左氏传，龙见而雩，经典尚矣。汉仪，自立春至立夏，尽立秋，郡国尚旱，郡县各扫除社稷。其旱也，公卿官长以次行雩礼求雨，闭诸阳，衣皂，兴土龙，立土人，舞僮二佾，七日一变，如故事。"③ 晋人郭璞注《山海经》："旱而为应龙之状，乃得大雨"时说"今之土龙本此，气应自然冥感，非人所能为也"④。因而用设土龙的方法参与求雨至隋唐时代已甚为普遍。"令人家造土龙。雨澍，则命有司报。"⑤ "天大旱，里巷为土龙，聚巫以祷"。⑥ 大历九年，"京师旱，京兆尹黎干作土龙祈雨，自与巫觋更舞。"⑦ 五代宋初仍延续这种祈雨法，"天福八年六月丙辰，遣供奉官卫延韬诣嵩山，投龙祈雨。"⑧ 宋真宗咸平二年闰三月，旱。工部侍郎、知扬州魏羽上唐李邕《雩祀五龙堂祈雨之法》，宋真宗以为"此法前代所传，不用巫觋，盖防亵慢。可令长吏清洁行之，郡内有名山、大川、宫观、寺庙，并以公钱致祷。"遂颁诏于诸路。"其法以甲乙日，择东方地作坛，取土造青龙。长吏斋三日，诣龙所汲流水，设香案、茗菓、餈饵，率群臣乡老，日再至，祝酹不得用音乐、巫觋，以致媟渎。雨足送龙水中，余四方皆如之，饰以方色。大凡旱及建坛，取土之里数，器之大小，龙之修广，皆取五行成数焉。"⑨ 景德元年三月戊

① 董仲舒：《春秋繁露》卷一六，《求雨第七十四》。
② 王充：《论衡》卷一六《乱龙篇》。
③ 《晋书》卷一九，《志第九·礼上》。
④ 袁珂：《山海经校注》卷一四，第413、415页。
⑤ 《隋书》卷七，志第二，礼仪二，第128页。
⑥ 《新唐书》卷一三八，《马璘传》，第4618页。
⑦ 《资治通鉴》卷二二五，唐纪四十一，代宗大历九年六月癸未，第7227页。
⑧ 《旧五代史》卷八一《晋书》第七，少帝纪一，第1078页。
⑨ 《宋会要辑稿》礼一八之五，第735页。

子，吴元扆"在定州凡五年，属久旱，州吏白召巫作土龙祈雨，元扆曰：'巫本妖民，龙止兽也'"①。

从文献上看，设土龙参与求雨活动至此似走向式微，其后用画龙取代土龙成为求雨方法的主要形式。② 不过需要指出的是，虽然用土龙祈雨，延续时间长达数千年，但是直到唐玄宗时期，受祭祀的祈雨神依然是周秦以来的岳镇、海渎和诸名山大川、宫观寺庙，而没有土龙。③ 唐朝开元时期"京都孟夏以后旱，则祈岳镇、海渎及诸山川能兴云雨者。于北郊，望而告之。（又祈社稷，又祈宗庙。每七日一祈，不雨，还从岳渎如初。旱甚，则修雩，秋分已后不雩，初祈后一旬不雨，即徙市、禁屠杀、断伞扇、造土龙。雨足则报祀。祈用酒脯醢，报用常祀，皆有司行事。已斋未祈而雨，及所经者，皆报祀。"）④

图绘龙形于器物的做法，不论是从传说还是考古发现，其时间都可上溯相当久远。唐朝人张彦远在《叙画之源流》中说："古先圣王受命应箓，则有龟字效灵，龙图呈宝，自巢燧以来，皆有此瑞，迹映乎瑶牒，事传乎金册。"⑤ 近二十年来的考古发现亦表明在六千多年前的文物上已刻画有龙的图像。⑥ 宋人郭若虚总结的画龙法："画龙者，析出三停（自首至膊，膊至腰，腰至尾也），分成九似（角似鹿、头似驼、眼似鬼、项似蛇、腹似蜃、鳞似鱼、爪似鹰、掌似虎、耳似牛也），穷游泳蜿蜒之妙，得回蟠升降之宜，仍要鬐鬣肘毛，笔画壮快，直自肉中

---

① 李焘：《长编》卷五六，第 1232 页。
② 造土龙祈雨之法在金朝得到沿袭。《金史》卷三五，《礼八祈崇》云："大定四年五月，不雨，命礼部尚书王竞祈雨……后十日不雨，乃徙市、禁屠杀、断伞扇、造土龙以祈。雨足则报祀，送龙水中"。《续文献通考》编纂者对此解释说："臣等谨按：祈雨仪，定于世宗大定四年，终金之世，并遵用之，不悉载。"又见《金史》卷一一，章宗泰和三年四月丁巳"勅有司祈雨，仍颁土龙法。"
③ 参见陈学霖《金宋史论丛》，香港中文大学出版社 2003 年版，第 36 页。
④ 杜佑：《通典》卷一〇八，第 2808 页。
⑤ 张彦远：《历代名画记》卷一，第 7 页。
⑥ 方酉生：《从考古发现的实物龙谈龙文化》，《2000 年濮阳龙文化与现代文明学术讨论会论文集》，第 103—104 页。

生出为佳也（凡画龙开口者易为巧，合口者难为功，画家称开口猫儿合口龙，言其两难也）"。① 大致是经晋唐以来至宋定型的一种画龙范式。但是为祈雨画龙大致与佛教绘画有密切关系。

唐释道世撰《法苑珠林》卷七十九对佛教画龙祈雨有详尽的描述，"如大云轮请雨经云：佛言若请大雨及止雨法，汝今谛听其请雨，……供养一切诸佛，复以净水置新瓶中，安置四维，随其财办作种种食供养诸龙，复以香华散道场中，及与四面法座，四面各用纯新净牛粪汁画作龙形耶，（舍法师传云：西国土俗，以牛能耕地出生万物，故以牛粪为净，梵王帝释及牛并立神庙以祠之，佛随俗情，故同为净）东面去座三肘已外，画作龙形，一身三头并龙眷属；南面去座五肘已外，画作龙形，一身五头并龙眷属；西面去座七肘已外，画作龙形，一身七头并龙眷属。北面去座九肘已外画作龙形，一身九头并龙眷属。……劝请一切诸佛菩萨怜愍加护回此功德分施诸龙，若时无雨，读诵此经，一日二日乃至七日，音声不断，亦如上法，必定降雨。"②

世俗用画龙祈雨大致始于唐玄宗时期。据唐人郑处诲《明皇杂录》记载："唐开元中，关辅大旱，京师阙雨尤甚，亟命大臣遍祷于山泽间，而无感应。上于龙池新创一殿，因召少府监冯绍正，令于四壁各画一龙。绍正乃先于四壁画素龙，奇状蜿蜒，如欲振跃。绘事未半，若风雨随笔而生。上及从官于壁下观之，鳞甲皆湿，设色未终，有白气若帘庀间出，入于池中，波涌涛汹，雷电随起，侍御数百人皆见。白龙自波际乘云气而上，俄顷阴雨四布，风雨暴作，不终日而甘霖遍于畿内。"③ 元人汤垕说："唐画龙图，在东浙钱氏家，绢十二幅作一帧，其高下称是。中心画一龙头，一左臂，云气腾涌，墨浪如臂大笔迹，圆劲沉着，如印一鳞，如二尺盘大，不知当时用何笔如此峻利，上有吴越钱王大书

---

① 郭若虚：《图画见闻志》卷一，《论制作楷模》，第 10 页。
② 释道世《法苑珠林》卷六三，《祈雨篇第七十一·祈祭部》，第 1870—1871 页。
③ 郑处诲：《明皇杂录》卷下，第 27 页。

曰:'感应祈雨神龙',并书事迹。旧题作吴道子。要知是唐人无疑也。"①

由于唐朝用造土龙求雨甚为流行,因而画龙祈雨尚不能与之相比。随着雕版印刷术的推广和佛教的日渐世俗化,画龙祈雨法至宋代得到极大的推广。宋真宗景德三年五月旱,以《画龙祈雨法》,付有司刊行。"其法:择潭洞或湫淉林木深邃之所,以庚、辛、壬、癸日,刺史、守令帅耆老斋洁,先以酒脯告社令讫,筑方坛三级,高二尺,阔一丈三尺,坛外二十步,界以白绳。坛上植竹枝,张画龙。其图以缣素,上画黑鱼左顾,环以元鼋十星,中为白龙,吐云黑色,下画水波,有龟左顾,吐黑气如线,和金银朱丹饰龙形。又设皂幡,刌鹅颈血置盘中,柳枝洒水龙上,俟雨足三日,祭以一豭,取画龙投水中。"② 此法或许与来自西州的僧人有关。据史载,景德元年七月六日,宋真宗对近臣说,"近颇亢旱,有西州入贡胡僧自言善咒龙祈雨,朕令于精舍中试其术,果有符应,虽不经,然为民救旱,亦无避也。"③ 将此语与景德三年在诏令中所云:"或云画龙以祠,其术甚着,屡因骄亢,尝事祷祈,灵感遄臻,嘉澍来应,宜颁寓县,以佑蒸黎"④ 相印证,似透露出受西州胡僧影响的一点消息。再把它与唐以来佛教祈雨法联系起来审视,也可以发现它们之间的相承因素。

其后,宋朝又有三次由官府颁行画龙祈雨法。

皇祐二年六月"颁祭龙祈雨雪诏"云:"凡因祠祷,务竭精诚,……遇愆雨雪,即严法依古法祈求。祭龙法:先令一道士于坛上敕水解秽,少绕坛壝,然后祭龙,或无道士处,但焚香可也。"⑤ 是年八

---

① 汤垕:《画鉴》。
② 《宋史》卷一〇二,《礼五》第2500页。
③ 《宋会要辑稿》礼一八之六,第735页。
④ 《宋大诏令集》卷一五一,《颁画龙祈雨法诏》,第563页。
⑤ 《宋大诏令集》卷一五三,《颁画龙祈雨雪诏》,第570页。

月十五日，"诏再颁先朝祈雨雪法，令所在置严洁处，遇愆旱即依法祈雨。"①

宋孝宗乾道四年大旱，八月六日，两浙安抚司以祭龙求雨法上报朝廷，"乞布之天下"。礼部为此向宋孝宗进言："皇祐颁降祈雨雪法，册无绘画龙等，②惟广德军元解发印造到内有绘画龙等样制"，宋孝宗批准了礼部的请求，"下临安府镂板，以黄纸印造成册"，"颁降诸路州府军监县等，严加收掌，遇愆雨雪，精洁祈求。"③

《宋会要辑稿》礼四之一五至一七记述乾道四年所颁祭龙求雨的方法、仪式，分置坛法、画龙法、祭龙法、验雨法、赛龙法，甚为详尽，其中"画龙法"：

> 取新净绢五尺，横界为二（三）节。于下节画水，水有波岸。水中画龟，左顾，口吐黑气，初如线形，引至二三寸，渐大，散作黑白云。又于中节画龙，龙色随日干，庚、辛日画作白龙，壬、癸日画作黑龙，若取张僧繇画盘龙样，尤佳也。龙口吐黑白气成云，黑色宜多。又于上节画天，用朱砂点十黑为天元龟星形，星中画黑鱼，亦左顾，勿令罄氄太分明，亦勿令与龙所吐云气相接。其龙以金、银、朱砂和黄丹作色饰之，极令鲜明。

淳熙十四年六月戊寅，又重申乾道四年所颁祭龙求雨的诏令："以久旱，班画龙祈雨法。"

这是迄今所见唐宋时期最为详细的"画龙祈雨法"资料。

唐宋之际由设土龙求雨向画龙祈雨嬗变的原因大致有三：其一，不

---

① 《宋会要辑稿》礼一八之一〇，第737页。
② 王应麟记述"再颁先朝祈雨雪法"时注曰："即绘龙之法书目一卷"，《玉海》卷一〇二，开宝雩祀，广陵书社2003年版，第1877页。
③ 《宋会要辑稿》礼一八之二一，第743页。

论是设土龙还是画龙，在"象龙致雨之义"上没有本质的区别，但土龙之作按晋人郭璞的解释是取象远古真龙——"应龙"之意，其龙的状貌似是而非较为模糊："楚王马希范修长沙城，开濠毕，忽有一物长十丈余，无头尾手足，状若土山，自北岸来，游泳水上，久之，入南岸而没，出入俱无踪迹，或谓之土龙，无几何而马氏亡。（出稽神录）""江陵赵姥以酤酒为业。义熙中，居室内忽地隆起，姥察为异，朝夕以酒酹之，尝见一物出，头似驴，而地初无孔穴。及姥死，邻人闻土下有声如哭，后人掘地，见一异物蠢然，不测大小，须臾失之，俗谓之土龙。（出渚宫旧事）"① 而画龙则取法汉晋以来集传说大成的"九似龙"（包括土龙），随着时间的推移，"九似龙"的象征符号意义明显地优于土龙形象。而且当画龙可以雕版印制后，其制作成本和难易程度，设土龙更无法与画龙相比。其二，自唐玄宗朝将祀龙纳入国家祀典，龙神的地位得以确立，龙不再仅仅是阴阳从类以致雨的巫术象征工具，而是成为司水、司雨的主神。即如韩愈在《贺雨表》中所言"龙神效职，雷雨应期"。② 甚至宋代还有人否认雨是"阴阳交感而成也"，袁文《瓮牖闲评》卷三云："夏间久旱，四方不免祈求而雨随至者，多是龙卷江河之水而上，非阴阳交感而成也，观徽宗政和七年夏大雨，有二鱼落殿中省厅屋上，其事见国史后补，雨中那得有鱼，此雨是江河之水为龙所卷而上，无疑矣。"因而龙与水的关系在唐宋时期被凸显出来。举凡江河湖海潭井池湫都被看作是龙的潜邸。朱熹说："龙，水物也。"③ "作土龙"很难展现龙与水的关系，而画龙则可以极大地表现这种关系。唐宋画龙高手无不是"善画龙水""工画龙水"④ "盖水为难画，故以龙表之，然所以画者，在水不在龙也"⑤。其三，说土龙往往与巫术联

① 《太平广记》卷三七三《马希范》、卷第四一八《江陵姥》，第2966、3402页。
② 韩愈：《昌黎先生文集》卷四〇，《贺雨表》。
③ 黎靖德编：《朱子语类》第1册，第23页。
④ 郭若虚：《图画见闻志》卷四，纪艺下，杂画门，董羽、任从一，第106、107页。
⑤ 罗愿：《尔雅翼》卷二〇，《蛟》，第222册，第426页。

系在一起，宋朝对巫术一般是采取排斥和禁止的政策，① 宋真宗咸平年间在"诏有司祠雷师雨师内出李邕祈雨法"中就明确规定"不得用音乐、巫觋"。此后宋廷不再颁行作土龙求雨，大致是受实施排巫禁巫政策的影响。

二、从五龙到龙王

周秦之际因五方、五行学说，五龙已出现在祈雨活动中。前揭西汉董仲舒作土龙求雨实际上就已是按五龙来制作的：

> 以甲乙日为大苍龙一，长八丈，居中央。为小龙七，各长四丈。于东方。皆东乡，其间相去八尺，小僮八人，皆斋三日，服青衣而舞之……以丙丁日为大赤龙一，长七丈，居中央。又为小龙六，长各三丈五尺，于南方。皆南乡，其间相去七尺。壮者七人，皆斋三日，服赤衣而舞之……以戊巳日为大黄龙一，长五丈，居中央。又为小龙四，各长二丈五尺，于南方。皆南乡，其间相去五尺，丈夫五人，皆斋三日，服黄衣而舞之……以庚辛日为大白龙一，长九丈，居中央。为小龙八，各长四丈五尺，于西方。皆西向，其间相去九尺，鳏者九人，皆斋三日，服白衣而舞之……以壬癸日为大黑龙一，长六丈，居中央，又为小龙［五］，各长三丈，于北方。皆北乡，其间相去六尺，老者六人，皆斋三日，衣黑衣而舞之。②

---

① 参见王章伟《在国家与社会之间——宋代巫觋信仰研究》，中华书局（香港）有限公司2005年版，第266—278页。
② 董仲舒：《春秋繁露》卷一六，《求雨第七十四》。

唐朝人欧阳询引《神农求雨书》亦云："春夏雨日而不雨，甲乙命为青龙，又为火龙东方，小童舞之。丙丁不雨，命为赤龙南方，壮者舞之。戊巳不雨，命为黄龙（中央），壮者舞之。庚辛不雨，命为白龙，又为火龙西方，老人舞之。壬癸不雨，命为黑龙北方，老人舞之。如此不雨，潜处，阖南门，置水其外，开北门，取人骨埋之。如此不雨，命巫祝而曝之。曝之不雨，神山积薪，击鼓而焚之。"欧阳询引《神农求雨书》没有说明其年代。但从宋人罗泌、祝穆在征引《神农求雨书》时分别置于董仲舒《春秋繁露》之后和《淮南子》之后，其成书年代大致不会早于汉代。①

由上可见汉代以五龙求雨已相当完备，但是祠祀五龙大致始于唐朝。"仲春兴庆宫祭五龙坛（五座，每座笾豆各八，簠簋俎各二也。）"②"司中、司命、风师、雨师、众星、山林、川泽、五龙祠等，及州县社稷、释奠为小祀。"③《实录》贞元六年六月己酉，复祭五龙坛。初，开元中，每岁以二月祭之，有司行事着于新礼，自上元中（元年闰四月己卯）罢中小祀，其祭遂废。及是宰臣请复之，帝始以是日亲祭。"④自此以后祭五龙堂似升为中祀礼，⑤《宝庆四明志》所记《五龙堂》即是沿袭唐代的做法："唐刺史李伉以天寿院天井岁旱祷雨必应，有金线蜥蜴出而赴感，乃即开元宫建五龙堂，俾郡人咸便香火且为记，以着灵异。……皇朝乾道四年，守张津以旧宇库隘，乃移创于报恩光孝观之申地，即开元宫也。"⑥《宋会要辑稿》亦有明确的记载：

---

① 《艺文类聚》卷一〇〇，第 1723 页。罗泌：《路史》卷三九、祝穆撰：《古今事文类聚》前集卷五，《祷雨（喜雨附）》。

② 杜佑：《通典》卷一〇六，《礼六十六开元礼纂类一，序例上》，第 2771 页；卷一一六，《礼七十六，开元礼纂类十一》，吉礼八，《兴庆宫祭五龙坛》，第 2975—2977 页。

③ 《旧唐书》卷四三，《职官志第二十三》，第 1831 页。

④ 王应麟：《玉海》卷一〇一，《唐五龙坛》，第 1846 页。

⑤ 参见日本学者金子修一《中国古代皇帝祭祀研究》，岩波书店 2006 年版。

⑥ 《宝庆四明志》卷一一，第 5128 页。

> 京城东春明坊五龙祠。太祖建隆三年自元武门徙于此。国朝缘唐祭五龙之制，春秋常行其祀，用中祀礼。真宗大中祥符元年四月，诏修饰神帐。哲宗元祐四年七月赐额。先是熙宁十年八月，信州有五龙庙，祷雨有应，赐额曰"会应"。自是五龙庙皆以此名额云。徽宗大观二年十月，诏天下五龙神皆封王爵：青龙神封广仁王，赤龙神封嘉泽王，黄龙神封孚应王，白龙神封义济王，黑龙神封灵泽王。①

五龙堂至北宋"缘唐祭五龙之制"仍为"中祀"，② 五龙神的地位更是日趋显要。"五龙之祠于祀典为最重。"③ "五龙血食于扬，肇自国初，而备严于今，屹然为一郡乞灵之地。"④

唐宋时期，"龙王"的祠祀取得了与五龙相侔的地位，这是中国祭龙习俗形成过程中一大变数。如果说五龙神是中国地道的本土神，那么龙王则是源自域外的"洋神"。"龙王"一词来源于印度，梵语作 Ng-ga，音译"那竭"。意思是蛇，所谓龙王者实际上就是蛇王。⑤ "传说中佛教创始人释迦牟尼诞生时，有难陀、跋难陀二龙王为其灌沐。龙王为龙中威德特胜者，系对其眷属而称为'王'。"⑥ 宋人朱胜非说："西门豹传说河伯，而楚辞亦有河伯词，则知古祭水神曰河伯。自什（释）氏书入中土，有龙王之说，而河伯无闻矣。"⑦ 众所周知，佛教于两汉之际传入中国，隋唐时期达到鼎盛。龙王成为司雨之神大致也在唐朝。

---

① 《宋会要辑稿》礼四之一九，第465页。

② 王应麟：《玉海》卷一〇二，《熙宁太常祠祭总要》，第1879页。

③ 真德秀：《西山文集》卷四九，《五龙堂祝文》，第1174册，第854页。

④ 陈造：《江湖长翁集》卷二一《维扬龙庙记》，第1166册，第26页。

⑤ 季羡林：《中印文化关系论文集》，三联书店1982年版，第172页。

⑥ 中国佛教文化研究所编：《佛语佛源》，上海人民出版社1997年版，第77页。

⑦ 朱胜非：《秀水闲居录》，引自元陶宗仪《说郛三种》，第1918页。又，赵彦卫《云麓漫抄》卷第一〇云："《史记》西门豹传说河伯，而《楚辞》亦有河伯祠，则知古祭水神曰河伯，自释氏书入中土，有龙王之说，而河伯无闻矣。"第178页。

初见于魏晋时文献记述的龙王尚是作为西域异事，[①] 至唐初佛教中的龙王已被广泛译介到中国。据不完全统计唐初僧人道世所撰《法苑珠林》提到龙王179次，释智升《开元释教录》收有41部有关龙王的经卷。《酉阳杂俎》《博异志》都载有海龙王在民间流传的故事。龙王传入中国，很快便与求雨活动联系在一起。前揭《法苑珠林》："又大云轮请雨经一卷，略要云：佛告诸大龙王，我今当说昔从大悲云生，如来所闻陁罗尼过去诸佛已说威神，我今亦当随顺而说利益一切诸众生，故怜愍与乐于未来世，若炎旱时能令净雨，若水涝时亦令止息。疫死险难皆得灭除，能集诸龙，能令诸天欢喜踊跃，能坏一切诸魔境界，能令众生具足安乐，而说咒曰……"[②] 《开元释教录》收录龙王司雨的经卷有："龙王咒水浴经一卷，十八龙王神咒经一卷，请雨咒经一卷，止雨咒经一卷，祈水经一卷，龙王结愿五龙神咒经。"[③] 由于"龙王"也有司雨的功能，在唐宋之际便与中国的本土龙混合在一起受到民间和官方祭祀。台州天台县"峇山庙在县西五十里，本龙王祠，吴赤乌二年建。"[④]

明州奉化县乌潭，宋大中祥符间，"会岁大旱，乡人合道、释、巫觋鸣铙槌鼓以迎之，俄有小鳗如线跃立于岩壁间，随取而归，未出山而雨大至，岁则大熟。于是乡之父老相率为建祠宇，立龙王像，自是台明之祷者，不远数百里骈集。"[⑤] 北宋中后期的泗州也有龙王祠，强至撰有"泗州龙王祝文"。[⑥] 虽然"龙王"在唐宋之际已广为流传，但是作为司雨之神还不能与五龙神相提并论。直到宋徽宗大观二年封五龙神王爵以后，本土龙与印度龙王进一步融和，龙王祠庙遂成为祠龙祈雨的重

---

① 周晓薇：《古代典籍中龙王及其文化意义》，《陕西师范大学学报》第34卷第3期，2005年。
② 《法苑珠林》卷六三，《祈雨篇第七十一》。
③ 释智升：《开元释教录》卷三，第1051册，第71、72页。
④ 陈耆卿：《嘉定赤城志》卷三一，第7524页。
⑤ 罗浚：《宝庆四明志》卷一四，第5188页。
⑥ 强至：《祠部集》卷三四，第1091册，第380页。

要场所。会稽县"的耳潭龙王庙在县东北一十里",山阴县"赞禹龙王庙在县南二里,铜井瑞泽龙王庙在县西七十里",萧山县"白龙王庙在县东四十里",上虞县"顺圣龙王庙,在县东八里";[1] "余姚县鬼啸潭,……傍有龙王祠,荣祷有应"。[2] 徽州休宁县龙王庙在县南,[3] 严州分水县紫龙王庙在县西南十五里,乃紫龙山之神。[4] 但必须指出,宋徽宗大观年间封五龙王爵后,"龙王"既可指被封爵的龙王,同时亦指唐以后被中国百姓普遍接受来自佛教并已本土化的"龙王"。后者要成为有封爵的龙王仍需申请和批准。详见下文。

在五龙神向龙王的嬗变过程中。对龙的祭祀也随之有了新的变化。官府首次祭龙出现在唐玄宗时期,对此《文献通考》载道:

> 玄宗开元二年,诏祠龙池。右拾遗蔡孚献《龙池篇》,公卿以下一百三十篇。诏太常寺考其词合音律者,为《龙池》乐章十首。又诏置坛及祠堂,每仲春将祭则奏之。
>
> 十八年,有龙见于兴庆池,因祀而见也。勅太常卿韦草祭仪。绍奏曰:"臣谨按《周礼》'以疈辜祭四方百物'。祭法曰:'能出云为风雨者皆曰神。'龙者,四灵之畜,亦百物能为云雨,亦曰神也。礼有'公食,大夫缩'之文,即生曰食,亦曰缩矣。其缩之日,合用仲春之月。《易》曰'震为龙','震者,东方。'春用事于二月也。缩之法,请用二月,有司筮日,池旁设坛,官致斋,设笾豆,如祭雨师之仪,以龙致雨也。其牲用少牢,乐用鼓钟,奏姑洗,歌南吕。郑玄云风师、雨师及小祀用此乐,'凡六乐者,三变而致鳞物'。今享龙亦请三变,舞用帗舞,罇用散酒,以一献。

---

① 施宿等:《嘉泰会稽志》卷六,第 6806、6810、6812 页。
② 施宿等:《嘉泰会稽志》卷一〇,第 6902 页。
③ 罗愿:《新安志》卷四,第 7650—7651 页。
④ 方仁荣、郑瑶同:《景定严州续志》卷九,第 4408 页。

《周礼》曰：凡祭群小祀用之也。"诏从之。①

由朝廷为各地各种祠庙封赐官爵和庙号，似也始于唐代。唐僖宗乾符三年为要册湫祠封侯似是现今看到的最早记录："要册湫，在宁州真宁县。按旧记，古有五池，今四竭，一在山之半，周一百六十步，潆注不益。凡岁旱，祈祷无不应，后人立祠其旁。乾符三年，封应圣侯。光化二年，进封普济王。"②

宋朝从建国之初即开始有系统地对祠庙进行封赐官爵和庙额的活动，"诸祠庙自开宝、皇祐以来，凡天下名在地志，功及生民，宫观陵庙、名山大川能兴云雨者，并加崇饰，增入祀典。"③ 神宗以后更是对封赐做制度化的整顿，元丰六年，太常寺言："博士王古请自今诸神祠加封无爵号者，赐庙额，已赐庙者，加封爵。初封侯，再封公，次封王，先有爵位者，从其本，妇人之神，封夫人，再封妃，其封号者，初二字，再加四字。神仙封号，初真人，次真君，如此则锡命驭神恩礼有序。"从之。（大观）四年封英灵顺济龙王为灵顺昭应安济王。

对祠庙封赐官爵和庙号，④ 一方面是为了打击非官方认可的所谓淫祠，另一方面则是"基于与为神祇塑像、建庙的信徒们同样的假设：神祇需要人类的承认，以便能够继续显灵"，"详定《九域图志》所言，'郡邑祠庙多出流俗一时建置，初非有功烈于民者。请申敕礼官，纂修《祀典》，颁之天下，以仿先王之命祀，与《图志》实相表里。'从之。寻令：'礼部、太常寺修《祀典》，已赐爵及曾封爵者为一等，功德显著无封额者为一等，若民俗所建祠无功德为一等，各系上尚书省参详可

---

① 马端临：《文献通考》卷九〇，《郊社考二十三·杂祠淫祠》，第2766页。
② 马端临：《文献通考》卷九〇，《郊社考二十三·杂祠淫祠》，第2768页。
③ 《宋史》卷一〇五，礼八，第2561页。
④ 有关宋朝对各类神祠赐封的状况、原因、过程以及对民间祠庙的压制、社会阶层与庙记碑文，可参见韩森著，包伟民译《变迁之神》，浙江人民出版社1999年版，第76—101页。

否。若两处庙号不同者，取一高爵为定。'从之"①。从以上的规定看出，赐封神祠的主要根据就是是否有"显著功德"，对于龙祠的封赐当然是看它能否及时"兴云雨"。

现存有大量宋朝地方官员上奏请封当地龙祠的文献，对此都有详尽陈述，为节省篇幅，现只举真德秀在知长沙时向朝廷"申请息山龙王封爵状"，予以说明：

> 窃惟潭之为郡，负岳濒河，山水秀异，神物之所窟宅。故南岳、大沩、道吾等山皆有龙湫，然相去数百里，致祷颇难。求其密迩城闉，灵迹彰灼者，莫息山潭若也。息山在郡城外之东南一里许，山下有潭，方可数亩，潭上旧有龙神祠。其水清澈，四时旱潦，未尝盈涸。按之图志，以为昔尝见龙浮水数十丈，后人铸铜筒泄水入城而汇于湘，筒水涌至则必雨，岁旱或坛而祷焉。五代晋时，有王真人锡者，以桂阳牙校至长沙，适值大疫，乃入息山，取潭水和药以施病者，全活甚众，则兹山之潭有龙居之久矣。乾道戊子，帅臣尚书沈公介因旱致祷，沉索测之，竟莫知其底止尔。尔后本州每遇雨旸稍愆，随祷辄应。今年仲夏，守臣真某尝走祠下，以分龙得雨为祷，且与神约，即雨则缮其祠屋以报。未几，果雨，则既如约矣。乃仲秋癸巳，又以旱祷于神，用皇祐法置坛歃血，复与神约，即雨，则请爵号于朝。甲午遂雨，丙申又大雨，槁苗复苏，迨成中熟，其影响之应，未有速于此者，如南岳、大沩等山龙潭，皆已蒙朝廷赐之封爵，独息山潭近在城隅，昭灼若此，而乃祠宇弗治，爵号未颁，倘不以事实有请于朝，岂惟无以彰神龙之灵，慰邦人之望，而昔之与神约者，亦自食其言矣。除已增葺祠屋，以答神休外，伏睹嘉定十五年正月，庆宝赦文：应诸路州县境内有岳渎神

---

① 马端临：《文献通考》卷九〇，《郊社考二十三·杂祠淫祠》，第2772页。

祠，并仰长吏致祭，其有因雨旸水旱祈祷感应，实有惠利及人灵迹显著者，保明奏闻须至申闻者。

右谨具申转运使衙，欲乞照前项敕条保明申奏，朝廷特赐封爵，或降庙额，庶几有以跻神之荣，而徼福于潭人。俾无旱干水溢之虞，诚非小补。①

另外《宋会要辑稿》礼二○之二一对宋初真宗到南宋宁宗历代皇室为龙祠的赐封号、赐额情况有较系统的记载。在地域分布上，大致由于南方多泉、潭、井、池和多雨，"世所传岁大旱，祀龙而雨者多在湫潭间。"② 故其封赐远远多于北方。而且所受封赐的龙祠的称谓有龙祠、龙神、五龙、龙王、龙女、龙母，说明至宋代本土龙文化与外来的佛教龙文化已融汇为一体。

三、"真龙"与拟人

不论是从土龙到画龙，还是由五龙神演变为龙王，龙的形象起初都是根据人们意念中的想象加以塑造和描绘。不过在祭龙祈雨嬗变过程中，值得注意的是出现了"真龙"替代物和龙王庙中的龙王塑像或画像具有拟人化倾向的两个新变化。先说"真龙"替代物。这个"真龙"就是蜥蜴。

对蜥蜴的解释，在先秦以降的文献中已多有歧义。宋人罗愿《尔雅翼》卷三十二《蜥蜴》概述云：

蜥蜴似蛇而四足，长五六寸，生草泽中。《尔雅》：蝾螈、蜥

---

① 真德秀：《西山文集》卷一七，第 1174 册，第 255、256 页。
② 毛滂：《东堂集》卷九，《湖州武康县渊应庙记》，第 1123 册，第 810 页。

蜴、蝘蜓、守宫四名。转相解至陶隐居以为其类有四种：形大纯黄色者，名蛇医；其次似蛇医而小形长尾，见人不动者，名龙子；小而五色尾青碧可爱者，名蜥蜴；形小而黑喜缘墙壁者，名蝘蜓，则与今所见似同。按《说文》及《字林》及《崔豹古今注》并以蝾螈为蛇医，而说文又云在壁曰蝘蜓，在草曰蜥易。蜥易守宫也。《方言》亦云：守宫。秦、晋、西夏谓之守宫。……

不仅对蜥蜴的解释颇存歧义，而且在汉晋时期人们已把蜥蜴与传说中想象的龙联系起来。《汉书》东方朔传已注意到"守宫（蜥蜴）"象龙无角，象蛇有足。[①] 抱朴子曰："谓蜥蜴为神龙者，非但不识神龙，亦不识蜥蜴。"[②] 但是把蜥蜴作为祈雨的象征龙，可能始见于唐代的文献。唐人段成式的《酉阳杂俎》云：

> 王彦威尚书在汴州之二年，夏旱，时袁王傅季玘过汴，因宴，王以旱为言。季醉曰："欲雨甚易耳，可求蛇医四头，十石瓮二枚，每瓮实以水，浮二蛇医，以木盖密泥之，分置于闹处，瓮前后设席烧香，选小儿十岁已下十余，令执小青竹，昼夜更击其瓮，不得少辍。"王如言试之，一日两夜雨大注。旧说龙与蛇师为亲家焉。[③]

此处所言的蛇医即是蜥蜴[④]，用蜥蜴祈雨的方法在唐代还主要是在民间流传，与此相应，蜥蜴也披上神的外衣，"蜥蜴有五色具者，亦云是龙，不可杀之，令人震死。"[⑤] 入宋以后则受到朝廷的重视。宋真宗

---

① 《汉书》卷六五，《东方朔传》，第 2843 页。
② 引自李昉等《太平御览》卷九四六，《虫豸部三》，第 4199 页。
③ 段成式：《酉阳杂俎》前集卷之十一，第 109—110 页。
④ 陈元靓：《岁时广记》卷二，《求蛇医》，蛇医即蜥蜴也，第 467 册，第 20 页。
⑤ 王焘：《外台秘要方》卷四〇，第 737 册，第 631 页。

咸平年间，杨亿曾向宋真宗上书推荐蜥蜴祈雨法：

> 臣忽记忆往年在院供职日，适值岁旱，学士承旨宋白为臣言，今御史中丞魏庠三十年前，尝薄游关辅，寓居佛舍，会天久不雨，村民数十辈诣寺祈祷，僧有善胡法者，捕蜥蜴十数枚置一瓮中，渍之以水，蒙之以杂树桑，取童男数人，衣青衣，青涂面及手足，人持柳枝，沾衣（水）散洒，且祝曰："蜥蜴、蜥蜴，兴云吐雾，雨今霶沱，汝今归去。"如是者无昼夜嬰绕而言，明日大雨，远近告足。臣潜疏于牍背，至是检阅得焉。……知蜥蜴者，亦龙之类也。臣既获嘉应，敢不上言，干冒宸严，伏增战越。①

宋真宗对杨亿的上书颇感兴趣，据载大中祥符三年"内侍任文庆奉诏于茅山设醮，祷郭真人池，取双龙以归。长二寸许，鳞极细，腹如玳瑁，置手中，仰覆无惧，中路风雨失一。五月，内出以示近臣，令文庆送还茅山。至华阳宫，投池中，俄于岸侧树上观二龙，一乃放还者，一乃所失者。六年五月，迎奉圣祖至谷熟县，于圣祖舟中幢节上得小龙二，如茅山池中，畜于禁中。己巳方午，忽失一，守者求之不获。是夜，闻雷声有光，如火照净阁。翼日，失者复至，即遣使送还茅山"②。宋真宗为此还特作《观龙歌》一首："四灵之长唯虬龙，虬龙变化故难同，三茅福地群仙宅，灵物潜形在此中。池内仙人驯扰得，至今隐现谁能测，乘云蠢动独标奇，行雨嘉生皆荷力。常人竞取暂从心，才出山楹兮无处寻，中使勤求深有意，欲献明庭兮陈上瑞。初献一龙朝魏阙，偶挹二龙离洞穴，人心龙心若符契，一去一住何神异，我睹真龙幸不惊，至诚祝龙龙好听，但祈风雨年年顺，庶使仓箱处处盈。"③ 显然这里所

---

① 杨亿：《武夷新集》卷一五，《奏雨状》，第1086册，第545、546页。
② 马端临：《文献通考》卷三一三，《龙蛇之异》，第8481页。
③ 周应合：《景定建康志》卷四，真宗皇帝御制御书《观龙歌》，第1366页。

言的"虬龙"或小龙即是"蜥蜴"。① 宋神宗熙宁十年四月壬寅，"内出蜥蜴祈雨法，试之果验"。② 其后蜥蜴祈雨法得到广泛传播。

从上面的引述可以看出蜥蜴成为祈雨象征龙的原因，表面上是"其状既如龙，故祷雨用之"，③ 前面所引段成式、杨亿的记载时都表达了这种意思："旧说龙与蛇师为亲家焉。""知蜥蜴者，亦龙之类也。""旧说蜥易呕雹，盖龙善变，蜥易善易。"④ 但是实际上是与佛教、道教的推衍有很大关系。不论是杨亿"奏雨状"明言蜥蜴祈雨法是来自关辅地区的僧人，还是宋真宗在道教圣地茅山取龙（蜥蜴）致意，都表明了这一点。

唐人欧阳询《艺文类聚》卷九十六引晋代葛洪《抱朴子》的记载："使者甘宗所奏西域事云，外国方士能神咒者，临川禹步吹气，龙即浮出，初出乃长十数丈，方士吹之，一吹则龙辄一缩，至长数寸，乃取着壶中，以少水养之。外国常患旱灾，于是方士闻有旱处，便赍龙往卖之，一龙直金数十斤，举国令敛以雇之直，毕乃发壶出龙着渊中，因复禹步吹之，长数十丈，须臾而雨四集矣。"这里所言西域"外国方士"当是指印度等地的佛教徒，当时人们既称其为方士，足见是把僧人视作巫觋。而且僧人玩弄的祈雨幻术，连动作（禹步）都与中原巫师的巫术类似。⑤ 但是佛教徒的祈雨幻术中可大可小的龙，若没有替代物也是无法表演和作法的，所以选择中国文化中貌状像龙的蜥蜴为替代物，应是合乎逻辑的推理。从祈雨幻术的"至长数寸，乃取着壶中，以少水养之"与唐代开始的蜥蜴祈雨法中"每瓮实以水，浮二蛇医，以木盖密泥之""捕蜥蜴十数枚置一瓮中，渍之以水"已透露出祈雨幻术向蜥

---

① 《宋史》卷四二七，《程颢传》："茅山有池，产龙如蜥蜴而五色。"第12714页。
② 李焘：《长编》卷二八一，第6894页；《宋史》卷一〇二，第2502页。
③ 罗愿：《尔雅翼》卷三二，《蜥蜴》，第222册，第512页。
④ 陆佃：《埤雅》卷一一，《释虫·易》，第222册，第156页。
⑤ 《龙与中国文化》，第256页。

蜥蜴祈雨法演变的痕迹。南北朝以降至唐代，道教附会陶弘景在茅山创池养龙（蜥蜴），更是"乃取著壶中，以少水养之"的翻版。佛道推衍的蜥蜴祈雨法以及对蜥蜴的神龙化，虽然在唐宋逐渐得到推广，但是也遭到部分士人的质疑和批判。唐人韦绚《戎幕闲谈》曰："茅山龙池中，其龙如蜥蜴而五色。自昔严奉，贞观（元）中，敕取龙子以观，御制歌送归，黄冠之徒，竞诧其神，李德裕恐其惑世，尝捕而脯之，龙亦竟不能神也"。① 宋代理学家程颢、张载和大文豪苏轼也持批评态度。"茅山有池，产龙如蜥蜴，而五色。祥符中，尝取二龙入都，半涂失其一，中使云飞空而逝，民俗严奉不懈，（程）颢捕而脯之。"② 张载质疑说："今以蜥蜴求雨，枉求他，他又何道致雨。"③ 苏轼在《次韵孔毅甫久旱已而甚雨》一诗中亦嘲讽了蜥蜴祈雨的虚枉，"今年旱势复如此，岁晚何以黔吾突。青天荡荡呼不闻，况欲稽首号泥佛。瓮中蜥蜴尤可笑，跂跂脉脉何等秩。阴阳有时雨有数，民是天民天自恤。"④ 但是大理学家朱熹对蜥蜴吐雹却颇有几分相信，他说："伊川说：'世间人说雹是蜥蜴做，初恐无是理。'看来亦有之。只谓之全是蜥蜴做，则不可耳。自有是上面结作成底，也有是蜥蜴做底，某少见十九伯说亲见如此。（记在别录）十九伯诚确人，语必不妄。""蜥蜴形状亦如龙，是阴属。是这气相感应，使作得他如此。正是阴阳交争之时，所以下雹时必寒。今雹之两头皆尖，有棱道。疑得初间圆，上面阴阳交争，打得如此碎了。'雹'字从'雨'，从'包'，是这气包住，所以为雹也。"⑤ 显然朱熹比他的前辈的认识有所退步。

其次再看龙王庙中的龙王塑像或画像出现拟人化的趋势。

---

① 引自《御定渊鉴类函》卷四三七，《鳞介部一·龙》，第993册，第642页。
② 《宋史》卷四二七，《程颢传》，第12714页。
③ 《张子全书》卷一四《性理拾遗》。
④ 苏轼：《苏东坡全集》前集卷一三，诗八十一首，第187页。
⑤ 黎靖德编：《朱子语类》第1册，第24—25页。又见第35页。

富阳县灵岩山，一名湖南山，在县南三十里，高八十丈，有仁惠龙王庙、宝山院（〔释昙超，姓张氏。建元末，栖钱塘之灵苑山，夏尝讲经，有一老人来听，问其姓名，曰：我非人，乃龙也，居富春鹿山之下，昆弟五人，余处其长。迩者，乡民耕山，逼我居室，群龙怒闭膏雨以害田稼，今累月矣。余不忍民之焦熬也，劝督群弟，执怒不从，闻师道行高妙，必能化伏。师曰：此庵亦要水，汝能为我致之乎？老人即于庵前抚掌，泉自涌出，今彼山有抚掌泉。师曰：汝发此心，佛何以加，今欲吾往，如何？龙曰：师能往彼，设坛戒众，然后浮舟观山之下，讲大云请雨经，则雨当降。……〕）①

"潼州白龙谷陶人梁氏，世世以陶冶为业，……谷中故有祠曰白龙庙，盖因谷得名，灵响寂寂，不为乡社所敬。梁梦龙翁化为人来见曰：'吾有九子，今皆长立，未有攸处，分寄身于汝家窑下。前此陶甄时，往往致力，阴助于汝。'梁曰：'九窑之建，初未尝得一好器物，常以为念，何助之云！'龙曰：'汝一何不悟，器劣而获厚利，岂非吾儿所致耶？'梁方竦然起拜谢，龙曰：'汝苟能与之创庙，异时又将大获福矣。'许之而觉。即日呼匠治材，立新祠于旧址，塑老龙像正中坐，东西列九位以奉其子。迨毕工，居民远近和会，瞻礼欢悦，其后以亢阳祷祈雨，不择日而降。梁之生理益富于昔云。"②

秀州陈山显济庙："绍熙二年，李直養建新龙君、龙母二大殿，装龙君像，塑侍卫八躯，塑龙母、四龙王像置供具，绘龙于壁，自庙门而下皆一新之。"③

"翟公逊大参汝文镇会稽，岁尝大旱，于便坐供张命典谒者，

---

① 潜说友：《咸淳临安志》卷二七，第3616页。
② 洪迈：《夷坚志》支甲卷第二，《九龙庙》，第725—726页。
③ 徐硕：《至元嘉禾志》卷第一二，第4496页。

迎释迦佛及龙王像与府丞同席，而自坐西向，盛具乞雨于二像，明日，大雨霶霈。"①

《新建州境龙王祠记》："凡龙君之神在境内者，悉合而祠之，堂皇言言，貌像严严。或公或王，圭冕蝉联。"②

《柳州五龙王庙》："出涌金门入柳州，上有龙王祠。开禧中，帅臣赵师择重塑五王像，旒冕珪服毕具。其中三像，一模韩侂胄像，二模陈自强像，三模师择（一作苏师旦）像。时韩、陈犹在，台臣攻师择（一作师旦）者，唯于疏中及师择（一作师旦）自貌其像，不敢斥韩、陈云。至今犹存，未有易之者。过此皆不识三人者，恐未必以予言为信而易之。然师择（一作师旦）论疏可考也。"③

上述第一条材料显系附会佛祖释迦牟尼降服诸龙王的故事，④但在附会中，龙王已被拟人化。第二条材料亦讲述的是一个拟人龙的故事，虽未言及龙王，但所塑老龙像大致与龙王像别无二致。第三至第五条材料与第六条材料联系起来考察，有理由可以确定龙王塑像或龙王画像与佛教寺庙和佛教画像中诸神像相似，这种拟人化的龙王特征显然直接是受佛教文化的影响。唐东都敬爱寺山亭院，"武静藏画龙王面上蜥蜴及怀中所抱鸡尤妙"，⑤传说唐朝吴道玄是画龙王像的高手，《宣和画谱》收录他的六幅龙王画像："天龙神将像一、摩那龙王像一、和修吉龙王像一、温钵罗龙王像一、跋难陀龙王像一、德义伽龙王像一。"⑥朱熹

① 郭彖：《睽车志》卷三，第1047册，第241页。
② 真德秀：《西山文集》卷二四，第1174册，第371页。
③ 叶绍翁：《四朝闻见录》卷一，第32页。
④ 参见《龙与中国文化》，第256—259页。又《至元嘉禾志》卷二〇，《白龙潭记》有较为详细的描述，第4563页。
⑤ 张彦远：《历代名画记》卷三，第139页。
⑥ 《宣和画谱》卷二，道释二，唐，吴道玄，第72—73页。另参见姜伯勤《莫高窟隋说法图中龙王与象王的图像学研究》，《敦煌艺术宗教与礼乐文明》，中国社会科学出版社1996年版，第125—152页；郑国《丁观朋和他所摹宋张胜温〈法界源流图卷〉》，《文物》1983年第5期。

说："如今祀天地山川神，塑貌像以祭，极无义理。"① 看来到南宋中后期以后寺庙中拟人化塑像已很普遍。

四、结　语

据以上所述，可得出三点认识：一是唐宋祭龙习俗嬗变的内在原因是与儒家天人感应学说的发展息息相关，而外在形式的变化则是随佛教文化与本土文化的不断交融而变化；二是唐宋祭龙习俗嬗变起始时间大致都发生在唐玄宗时期将祭龙纳入国家祀典之后，这与唐宋之际社会变革在时序上相吻合，它从一个侧面折射出唐宋之际社会变化的广度和深度；三是明清以来民间龙王庙的形制完成于唐宋的嬗变。

原刊于黄宽重主编《基调与变奏：七至二十世纪的中国》，（台北）正大历史学系等 2008 年版

---

① 黎靖德编：《朱子语类》第 6 册，第 2290 页。

第 六 辑

视野拾零

漆侠与 20 世纪中国马克思主义历史学

——先师漆侠先生逝世十周年祭

马克思主义唯物史观自 20 世纪初传入中国，经过三十年代的社会史大论战，至新中国马克思主义史学主导地位的确立，从而完成了 20 世纪中国史学主流由近代实证史学向马克思主义史学的转变。以往在总结 20 世纪中国马克思主义史学史时，一般都聚焦在李大钊、郭沫若、范文澜、翦伯赞、吕振羽、侯外庐等一批第一代马克思主义史学家身上，而对第二代或者说是新中国成立后培养的第一代马克思主义历史学家关注不多。实际上，新中国培养的马克思主义历史学家在 20 世纪下半叶是中国马克思主义历史学发展的主力军。在新中国培养的第一代马克思主义历史学家中，先师漆侠先生占有重要一席，是一位值得研究的马克思主义历史学家。

一、学术道路

漆侠（1923—2001），原名漆仕荣，字剑萍，笔名范今、季子涯、张戈扬等。山东巨野人。抗日战争前，在家乡读小学。少年时代的漆先生喜欢读历史故事、名人传记。上小学四年级时发生了"九·一八"

事变，全国掀起了爱国的高潮，历史上的民族英雄，岳飞、文天祥、史可法的故事对他的启发很大，在他的心灵中从小就埋下了长大报效祖国的思想。少年时代的理想，最终促成漆先生走上了学习历史的道路。抗战爆发，山东沦陷。1941 年，漆先生来到四川绵阳国立第六中学读高一，这年漆先生 18 岁。高中期间，漆先生读完了《史记》、《前汉书》、《后汉书》、《三国志》，还读了江藩的《汉学师承记》、皮锡瑞《经学历史》、赵翼的《廿二史札记》、梁启超的《历史研究法》等。高中毕业前夕，任课教师让他们写自传谈毕业后的志向，在孔子"各言尔志"的三项（太上立德，其次立功，再次立言）中，漆先生选择以"立言"作为终生的奋斗目标。由于漆先生读书勤奋，且志存高远，赢得了几位很有国学素养老师的嘉许，并且预言："汝文十年之内必见诸国内之大报。亦能做事。"

1944 年，漆先生高中毕业，经过艰苦努力，考入昆明国立西南联合大学历史系，从此开始踏上中国古代史研究的学术道路。20 世纪中国史学以 1949 年为分水岭，此前以实证史学为主流，此后马克思主义史学占主导地位。漆先生学术道路的起始正处在这两大史学转关之际，因而均给漆先生的学术道路打上了深深的烙印。

从 1944 年考入西南联大，到 1946 年秋后转入北京大学历史系学习，1948 年毕业后旋考入北京大学文科研究所史学部攻读研究生，师从邓广铭先生。是年北京大学文科研究所史学部文史哲三个专业只录取了 8 人。刘浦江先生在《邓广铭与二十世纪的宋代史学》一文中对建国以前邓广铭先生求学和任教时期北京大学历史系名师云集、学术环境和氛围有比较详细的介绍，对实证史学代表人物胡适、傅斯年以及陈寅恪等人对邓广铭先生"治学道路和涉世行己等方面"的影响也有很好的评述。2007 年，旅美学者张春树《从〈邓广铭全集〉论民初史学与"新宋学"》一文认为邓广铭先生读书、任职时期的"北大在当时居近代中国史学研究领导中心之崇高地位"。并概括了北大诸贤治史的基本信念和原则。①

在西南联大读二年级时，漆先生打算学习断代史，特别是唐宋史，通读了《旧唐书》和《宋史》，引起邓广铭先生的注意，开始与邓广铭先生有了初步接触。转到北京大学读三年级时选修了邓广铭先生开设的《宋史专题研究》课，1948 年成为入室弟子。作为邓广铭先生的第一个研究生，他很好地继承了北京大学历史学科的实证史学基本信念和原则。漆先生晚年对他在西南联大和北京大学读书时的老师总是念兹在兹，经常会提到汤用彤、冯友兰、郑天挺、向达、季羡林、周一良、张政烺等先生的名字，在《悼念恩师邓广铭恭三先生》一文中曾饱含深情追忆跟随邓广铭先生学宋史的经历，多次提到邓先生对学生的严格要求和一字不苟。据漆先生回忆，1947—1948 年他先后撰写的论文《摧兼并（王荆公新法精神之一）》《宋代对武人的防制》《北宋元祐旧党的贬逐》《尹洙、王安石论"校事"》《李觏与孟子》《李觏不喜孟子》（上下），都是经过邓广铭先生审读或亲笔修改后发表在《经世日报·读书周刊》《申报·文史》上。有一件小事给漆先生留下深刻印象，他在《申报·文史》副刊发表的《尹洙、王安石论"校事"》文章只有几百字，曾由主编胡适先生过目，胡适先生看完后将文中的简体字"达"给改正过来。"这件事使我受到教育，觉得老一代学者治学严谨，一丝一毫都不马虎。"② 宁可先生曾给笔者讲过当年他上北大一年级时，漆先生已在同学们中很有名气了，他们经常看到四年级的漆先生身着长

---

① 北大诸贤共识治史应有之基本信念与原则为：（一）治史应以直接之原始史料为本；（二）史料真伪之鉴定（订）为史家之首要工作；（三）史学研究必以逻辑推理原则进行；（四）历史解释与论点必本之于可信之确实证据；（五）历史研究必先考究方法。至于修史、写史大原则上诸家之共识，则为：（一）注重史事解释之系统化；（二）讲究推理逻辑；（三）特重贯通结构之专著（文、书皆然）；（四）行文注重文法、文体、征引注释、字句标点。《邓广铭教授百年诞辰（1907—2007）纪念论文集》，中华书局 2008 年版，第 105 页。

② 漆侠：《怀念恩师邓广铭恭三先生》，《漆侠全集》第 9 卷，河北大学出版社 2008 年版，第 263 页。

袍，腋下夹着书，从教室或宿舍楼前走过，同学们就会指着漆先生说，"看，那就是漆侠"，很佩服漆先生在王安石研究上已得到老师们的赞许。上研究生后，邓广铭先生对漆先生写作毕业论文提出了很严格的要求："每项新法都要进行校订，正其讹误，补其缺漏，以恢复新法原貌"，"每项新法引起的争论，变法派、反对派的意见，都加以研究，以评论其是非"，"每项新法制订及其在实际执行中具体情况，以说明每项新法的作用，""对王荆公新法的总评价"。[①] 由此不难看出邓广铭先生是按当时北大历史学科实证史学的基本信念和原则来指导漆先生的。

1999 年《中国经济史研究》编辑部请漆先生谈治学，他说："传统给我的教育，乾嘉学派传下来的校勘学、音韵学、训诂学等对我也有影响。还有就是来自西方的归纳、综合、逻辑等方法也有一些。"[②] 漆先生对近代实证史学继承和改造的考据方法或称为新的历史考证方法甚为推崇，"近代中国史学，我认为是受德国普鲁士历史语言学派的最为重要的影响。""普鲁士学派诸家与胡适相结合，实际上也是历史语言学派与乾嘉考据学派的结合，对近代中国史学影响之大，是其他学派无法比拟的。"综合这一系统的研究方法是"重视资料及资料的搜集"、"重视对（资料）史料的考订、辨析"、"极力强调史学的客观性"。"考据的基本方法：归纳法、演绎法、类推法、比较法，以反证解决史料中的岐说与冲突。"也就是傅斯年总结的"史料解释的方法"。[③] 受此影响，漆先生终其一生强调最大限度占有第一手资料和对材料分析、审查的重要性。[④] 但是必须指出，漆先生对考证方法推崇的同时，并不认同近代实证史学的史观，这是他接受马克思主义唯物史观之使然，而且就重视

① 漆侠：《悼念恩师邓广铭恭三先生》。
② 《漆侠教授谈宋代经济史研究》，《中国经济史研究》1999 年第 3 期。
③ 《论历史研究的方法》，《漆侠全集》第 12 卷，河北大学出版社 2008 年版，第 255—257 页。
④ 详见漆侠：《历史研究法》第四讲《论史料》，《漆侠全集》，第 30—52 页。

治史的考证方法而言，漆先生还特别强调并不能完全归于近代实证史学，马克思主义史学也是极为重视考据方法的，"马克思主义史学的考据方法，是继承了前此的考据方法的。真正认识到这一点，马克思主义史学更应当进一步汲取前此的考据方法，使自己的考据方法精益求精，成为考辩材料的更加锐利的工具；对前此的考据成就，则应当批判地继承，以丰富马克思主义史学的内容。"①

漆先生的大学同班同学戴逸、田余庆先生因参加学生运动，毕业时去了解放区，而漆先生"不是学生运动的积极参加者"②。但这并不妨碍他接受马克思主义信仰。漆先生在北京大学求学的时期正处在中国现代历史格局大变动的时代，而二三十年代开始崛起的马克思主义史学的影响也日益扩大。漆先生在本科、研究生学习期间已开始接触马克思主义史学，读过翦伯赞《历史哲学教程》、郭沫若《中国古代社会》，真正开始接受马克思主义是"从 1949 年开始的，那年我的好朋友殷新程（新华社离休干部）从解放区托人带信给我，说全国就要解放了，希望我学习马克思主义，并运用马克思主义理论指导历史研究，我听从了他的建议，开始学习马克思主义。我学的第一本有关马克思主义理论的书籍是普列汉诺夫的《论个人在历史上的作用》。解放后，马克思主义经典著作中译本陆续以单行本的形式出版，每出一本我都仔细阅读，并记有读书笔记"③。

漆先生在学习、接受马克思主义理论过程中，深受郭沫若和范文澜的影响。漆先生曾多次提到当年读研究生时，邓广铭先生说要请郭沫若主持答辩，并得到郭老的允诺，后来因建国后批判旧的教育体制，研究生教育被停止，未能按期举行答辩，对此漆先生深以为憾。漆先生曾

---

① 李华瑞：《漆侠先生访谈录》，《史学史研究》2001 年第 3 期。
② 张守常：《怀念漆侠学长》，《漆侠先生纪念文集》，河北大学出版社 2002 年版，第612 页。
③ 李华瑞：《漆侠先生访谈录》。

说："历史科学则是以丰富的实证探索社会历史发展规律的，郭沫若为中国史学的科学发展所作出的伟大业绩即在于此。论者以为，研治甲骨文的当推四'堂'，即罗雪堂（振玉）、王观堂（国维）、董彦堂（作宾）和郭鼎堂（沫若）。罗雪堂怎么能够与王观堂相比，而郭鼎堂则超过了王观堂。郭沫若之所以后来居上，凌驾前哲，从历史方法论上看，主要在于：郭沫若把传统的考据方法加以汲取，融化到马克思主义史学之中，并在马克思主义下造成的。"漆先生也非常感激范文澜先生，1951年漆先生毕业前夕，范文澜先生主动邀请漆先生加盟中国科学院近代史研究所。"范文澜先生经常让我们读点马列的书，并在业务研究中加以运用。他说，只有这样才能在历史研究上有大的突破。我起初将信将疑，抱着配合业务研究的目的确实下功夫读了不少马列原著。然而，当我坐下来，真正地读进去后，只觉得仿佛进入了另一个天地，真是'青冥浩荡不见底，日月照耀金银台'，眼前豁然开朗。想不到世界上竟有这样的好文章，缕析历史，解剖社会竟如此高明！我佩服得五体投地。"①"有些经典作家的书，都是从范老书架子上借走的。"1952年，《历史教学》开展评价史可法的讨论，范文澜先生鼓励漆先生撰写文章，漆先生初次运用辩证法的理论撰成《关于史可法的评价问题》，《历史教学》在刊发的同时，并加了编者按："关于史可法的评价问题自在本刊展开讨论后，很多读者都参加了讨论，但因本刊篇幅所限，很多稿件未能发表，现漆侠同志寄来关于史可法的评价问题一稿，本刊讨论结果，认为所提意见，均与本刊意见一致，兹特发表作为史可法评价问题在本刊讨论的结束。"

1953年，因为同事的住房问题打抱不平而被错误地打成反党小集团成员，并因此受到调离中国科学院近代史研究所的处分，再加上解放前的一些经历，从此使他背上了"历史问题"的沉重包袱。后调入天

---

① 《人生需要指路明灯——和大学生谈心》，《漆侠全集》第12卷，第665页。

津师范学院（河北大学前身）。因感念河北大学在他遭遇危难之际"收留"了他，从此以后漆先生一直再没有离开过河北大学。① 1954 年出版的《隋末农民起义》是漆先生学习马克思主义理论后写的第一部历史学著作，这一年，漆先生 31 岁。1955 年以万钧的笔名出版《唐太宗》。1959 年出版的《王安石变法》是漆先生学习马克思主义理论后对读研究生时期所写论文《王荆公新法研究》进行重大修订后的著作，强调"力图以马克思主义的阶级斗争理论为指导，从具体事实材料中说明：王安石变法是宋代封建专制统治极端虚弱下的一个政治改良运动，它是地主阶级的一个自救运动"②。1961 年，漆先生 38 岁晋升副教授。进入六十年代后，漆先生曾酝酿更大的写作计划，在当时史学界热烈研究农民战争史的流风影响、鼓舞下，"打算把中国农民战争史分卷写出，第一卷包括秦汉部分，第二卷为魏晋隋唐部分，第三卷为宋元明清（鸦片战争前）部分。"1962 年以漆先生主笔，与河北大学历史系的几位教师合作完成了《秦汉农民战争史》。这一时期，漆先生还发表了《关于李密问题的讨论》（1953 年，笔名张戈扬）、《赵匡胤与宋专制主义中央集权制的发展》（1954 年）、《论李密在历史上的作用》（1954 年）、《关于我国农民战争史的研究》（1956 年）、《宋代手工业简况》（1955年）、《女真建国及建国初期的社会状况》（1958 年）、《方腊的起义》（1958 年）、《关于曹操评价的根本问题》（执笔，1959 年）、《关于中国农民战争性质问题》（1960 年）、《中国封建社会历史分期问题》（执笔，1961 年）、《我国封建社会中农民的经济地位》（1961 年）、《关于皇权主义问题》（1962 年）、《正确认识历史上的封建统治阶级和封建王朝》（1963 年）、《农民是地主阶级的对立派，还是地主阶级的后备军?》（1964 年）、《农民战争与让步政策》（1966 年）等一系列在国内产生较大影响的论文。在当时一本书就可以成名的时代，由以上罗列的

---

① 1960 年夏天天津师范学院改名为河北大学，1970 年河北大学从天津迁至保定。
② 《王安石变法》（代绪论），《漆侠全集》第 2 册，第 12 页。

论著，不难看出漆先生的勤奋和创作的旺盛。

1966 年，"文化大革命"前，漆先生就被《光明日报》《天津日报》点名批判，后被打成"反动学术权威"，关进"牛棚"劳动改造。"不幸的是，史无前例的"文化大革命"这场灾难降临了。我因为让步政策问题，于是年 4 月 30 日在报纸上被公开点名批判。从此便成为反党反社会主义反毛泽东思想的三反分子了。同年 8 月我还被抄了家。自学生时代积累起来的卡片资料，包括宋代经济方面的资料在内，约 300 多万字，以及在研究生期间论文以外的一项副产品约十六七万字的《章惇年谱》和其他没有发表过的文稿，都被抄走。20 多年的心血，扫地已尽，悉付东流。"① 1966—1976 年十年间，漆先生没有发表一篇论文。

粉碎"四人帮"，改革开放以后，漆先生虽然以较大热情投入封建社会分期、农民战争性质、历史发展动力等问题的讨论，发表了《农民战争是推动中国封建社会历史发展的动力》（1979 年）、《关于社会历史发展的动力问题》（1982 年）、《读"李自成"——论农民的革命民主主义》（1978 年）、《论"等贵贱、均贫富"》（1982 年）、《中国封建地主阶级的形成和演变》（1983 年）、《建国以来中国农民战争史的研究》（1985 年）多篇论文。1979 年，《秦汉农民战争史》《王安石变法》再版；中国农民战争史研究会成立于 1978 年，1981 年、1983 年漆先生担任两届中国农民战争史研究会理事长。但是漆先生的研究重点已转向宋史。1981 年秋，为培养青年师资，教育部指定漆先生在河北大学举办全国宋辽金史师训班。1982 年出版的第一部论文集《求实集》，所收宋史方面的论文已占了多数篇幅。

1978 年发表《关于中国封建经济制度发展阶段问题》，提出了中国

---

① 《宋代经济史》后记，《漆侠全集》第四卷，第 1193 页。漆先生在"文革""牛棚"的生活岁月可参看刘敬忠《我与漆侠先生在"文革"中的交往》，郭东旭《漆侠先生的追求精神》，《漆侠先生纪念文集》，第 622—624、625 页。

封建时代三个阶段和两个高峰的总的理论体系。在这个总的理论体系之下，展开对宋代经济史系统而详细的论述。1987 年、1988 年，上海人民出版社出版了漆先生呕心沥血之作《宋代经济史》上下册。其所以称之为呕心沥血之作，是因为五十年代漆先生在研究农民战争爆发的根本原因、农民的历史地位和王安石变法代表的是哪个阶层的利益等不能不涉及经济史的问题，因而漆先生曾有一个宏大的写作设想，与几位志同道合的朋友撰写一部中国封建社会经济史，由他主撰宋元时期的经济史，因而有意识收集资料，可惜 1966 年抄家抄走了包括宋代经济史在内约 300 多万字的卡片资料，"扫地已尽，悉付东流。" 1973 年 2 月，漆先生从下放劳动返回河北大学，开始了重新收集资料的工作。漆先生说："我为自己规定了一个最起码最基本的要求，不看完 700 种书，决不动手。经过七、八年的努力，我终于达到了这个要求，积累了 140 万字的资料，开始了宋代经济史的撰写。又经过三年的努力，到 1981 年底完成了宋代经济史的初稿。"[①] 1984 年，全国哲学社会科学"七五"规划重点课题"中国古代经济史断代研究"立项，漆先生的《宋代经济史》是该项目第一部也是唯一一部独立完成的作品。此后陆续出版《两宋政治经济问题》（与邓广铭先生合著）、《知困集》、《探知集》以及与乔幼梅先生合作出版《辽夏金经济史》。此间，还发表《中国封建时代兵制的变革与封建经济制度推移的关系》（1992 年）、《中国古代史记编纂形式探源》（1993 年）、《从对〈辽史〉列传的分析看辽国家体制》（1995 年）、《唐宋之际社会经济关系的变革及其对文化思想领域所产生的影响》（2000 年）等重要论文。

漆先生生前曾说若天假以 10 年，他要完成三部著作的撰写：《宋学的发展和演变》、《宋辽夏金史》断代史和《历史研究法》。前两部著作是为完成邓广铭先生的嘱托和遗愿，后一部则是对自己运用马克思主义

---

① 《宋代经济史》后记，《漆侠全集》第 4 卷，第 1194 页。

理论研究历史的心得做最后的总结。可惜 2001 年 11 月 2 日，河北保定的庸医夺走了漆先生的生命，《宋学的发展和演变》22 章完成了近 19 章的篇幅，47 万余字；《历史研究法》也只是未竟的讲义遗稿，而鸿篇巨制《宋辽夏金史》的写作计划则随漆先生去了天国。

漆先生不仅是一位著作等身的创作者，更是一位学术领袖式的人物。1979 年漆先生晋升教授，1982 年在河北大学创建宋史研究室，成为独立研究机构。① 宋史研究室后来一度隶属社会科学研究所，漆先生任所长。1984 年，漆先生申报的中国古代史博士学位授权点得到批准，这是漆先生学术道路上的一个重要里程碑。这一年，漆先生 61 岁。改革开放以后，我国高等教育恢复学士、硕士、博上三级学位授予制度，河北省高校 1981 年第一批申报博士学位点铩羽而归，1983 年第二批申请只有河北大学漆先生申报成功，翌年得到批准，因而在河北省引起巨大反响，受到省委省政府的重视。漆先生不仅在河北省历史学界赫赫有名，在文化界、教育界甚至政府机关也颇享盛名。1987 年中国宋史研究会第四届年会在石家庄举行，河北省委书记邢崇智、副书记李文珊、省委宣传部长刘荣惠、副部长陈万全、省委科教部长陈玉洁出席开幕式，这在出席会议的一百多位代表中引起不小的轰动，虽然那个时候省领导出席学术研讨会是件平常的事，但是省级一把手和这样众多的省级领导同时出席还是极为罕见的。漆先生在河北的影响于此可见一斑。

1990 年，在河北大学宋史研究室的基础上组建历史研究所，仍然是独立研究机构。漆先生任所长。组建历史研究所是漆先生治史思想的一种实践，他在《关于宋史研究》一文中说过，处理通史与断代史这两者之间的关系，就必须是亦只能是：在专的基础上通，在通的基础上专。搞断代史必须以通史为基础，这是学习和研究包括宋史在内的所有断代史的一个前提条件。所以他组建历史研究所的最初设想是在以宋史

---

① 参见王菱菱《无尽的思念》，《漆侠先生纪念文集》，第 652 页。

研究为主的基础上，设立"秦汉史研究室"、"魏晋隋唐史研究室"、"明清史研究室"。但是限于河北大学在保定的办学条件，除了 1990 年从北京大学引进秦汉史专家王汉昌先生之外，一直未能引进到漆先生较为满意的学者。2000 年，为适应申报教育部人文社科研究基地的要求，又将历史研究所改为河北大学宋史研究中心。2001 年 3 月该中心被评定为本学科唯一的教育部省属高校人文社会科学重点研究基地。因年龄关系，漆先生任中心名誉主任和学术委员会主任。

漆先生除担任两届中国农民战争史研究会理事长外，长期担任河北省历史学会会长，从 1991 年至 2001 年逝世前担任中国宋史研究会会长。他积极组织国内外的学术交流和合作，主持和主办两次国际宋史研讨会、两次中国宋史研究会年会。主编 7 部重要的宋史论文集：1987 年第四届中国宋史研究会年会《宋史研究论文集》（与邓广铭先生共同主编）、1989 年《中日宋史研讨会中方论文选编》（与邓广铭先生共同主编）、1991 年《国际宋史研讨会论文选集》（与邓广铭先生共同主编）、1994 年第六届中国宋史研究会年会《宋史研究论文集》、1996 年第七届中国宋史研究会年会《宋史研究论文集》、1998 年第八届中国宋史研究会年会《宋史研究论文集》、2000 年国际宋史研讨会暨中国宋史研究会第九届年会《宋史研究论文集》。主编《宋史研究丛书》2 辑 15 册，主编《宋史研究论丛》1—4 辑。中国农民战争史研究会分别于 1979、1982、1983、1985 年编辑出版了《中国农民战争史研究集刊》第一至四集，有两集即是在漆先生任研究会理事长期间编辑的。这些活动对推动国内历史学科建设、学术研究和培养后继人才均做出了积极贡献。

漆先生的学术道路表明，20 世纪中国史学发展的两大主流都在他的身上打上了深深的烙印。可以说在他的同龄人和他的晚辈学者中很少有人像他那样既受过严格的实证史学的训练，又以极大的热情认真学习马克思主义理论并付诸实践的学者。材料与史观的统一在他的身上得到很好的体现。"一部有价值的、优秀的历史著作，象司马迁的《史记》，越是能够'于序事中寓论断'，即观点和材料密切结合，就越有感染性，产生巨大的影响。"①

如果说近代实证史学给漆先生的严格训练，使他一生治史始终强调史料的重要性，正如他教导学生所常说的："虽然人们对历史科学的种种问题存在明显的歧异，但是对于中外史学发展的进程中，真正够得上一部优秀的史学著作，真正能称得上优秀史学家的，则具有共同的看法和认识，亦即这部史学著作以极其丰富的资料来反映它所描述的那个时代的社会内容，而它所依据和使用的资料则是真实可靠经得住检验的。因此，作为一个优秀的历史学家，既要搜集丰富的文献资料，又要对这些资料进行考辨、鉴别，而后加以运用，由此完成一部优秀的著作。对文献资料的考辨、鉴别，也就是考据。一个优秀的历史学家，把史料的搜集与考订集于一身，所以他同时也是一个优秀的考据家。史学与考据是不可分割的。"

那么对马克思主义理论的学习则提升了他对历史的认知和分析复杂历史现象的能力，漆先生晚年说："现在看来，我在史学研究方面所以能有些建树，主要是得益于马克思主义理论的学习。因为，马克思主义理论作为人类认识史上最积极成果的结晶，为我进行史学研究提供了一个科学方法，使我的眼界跳出了以往史学研究只注重考据的圈子，上升到从生产力和生产关系、经济基础和上层建筑的关系的高度来研究历史。"② 正是基于此，漆先生从不以校勘文句和考订史实为研究工作之终极目的，而是以整理搜集材料考证得出的结论，进而论证更深刻的道理。乔幼梅先生在《辽夏金经济史》后记中写道："漆侠教授认为，历史学科是对史料（包括文献的和实物的）诠释和运用的一门学科。历史学科建立在客观历史实际的基础之上，因而包括文献和实物在内的各

---

① 《论观点与材料的统一》，《漆侠全集》第12卷，第178—183页。
② 《漆侠全集》第12卷，第665页。

种材料是第一位的；而对史料的诠释和运用则决定于史学工作者的主观认识，主观认识的正确与否又决定于史学工作者的观点和方法。"①

二、马克思主义历史学的建树

漆先生是一位勤奋而又创作旺盛的马克思主义历史学家，他的研究经历了半个多世纪，半个多世纪中，可以 1982 年《求实集》出版为线分作两个阶段，前一阶段研究以中国农民战争史为主，宋史研究为辅，后一阶段则全力以赴研究宋史。

（一）漆先生在中国农民战争史研究上的贡献②

一个时代有一个时代的学术。作为 20 世纪后半叶中国的历史学家，漆先生并不能超脱他的时代。但他却以自己的努力和独立思考，走在了时代的前列，并做出了创造性的成就。五十年代至八十年代初，中国农民战争史研究是当时所谓"五朵金花"中开得最艳丽的一朵。大多数新老学者都"预流"。漆先生是当时较早较快"预流"的年轻学者之一，也可以说他是五十年代以来中国农民战争史研究的主要开创者和推动者之一。漆先生的中国农民战争史研究有鲜明的特色：

1. 虽然中国农民战争史研究有为中国革命现实服务的一面，但是漆先生则把自己的研究始终作为一项崇高的学术事业来对待。为了深入考察农民战争史，20 世纪 70 年代以后，漆先生转向了中国古代经济史的研究，漆先生学术思想上的这种转向，也不是偶然发生的，这与他以

---

① 《漆侠全集》第 5 卷，第 463 页。
② 参见姜锡东、王晓薇《漆侠先生与中国农民战争史研究》，第十二届中国农民战争史研究会年会论文，2008 年，山东青岛。又见《河北大学学报》2011 年第 5 期，文字有压缩。

政治、经济为观察、认识、论述农民战争史问题的核心和基础有着密切关系。

漆先生之所以把中国农民战争史研究作为崇高的学术事业来对待，主要是基于他对新建立的马克思主义史学发自内心的拥护。逝世前他仍然强调："直到今天我仍然认为中国农民战争应当再研究。过去的问题是对农民战争过分拔高，不能批判，这不是实事求是的做法，但是轻易否定农民战争在历史上的作用，也不是实事求是的做法。很长时间，农民战争史受到非议，现在的青年学者，可能都不太清楚中国农民战争史这个学科是怎样兴起的，今天我顺便讲讲这个问题。1949年全国解放，为建设社会主义新中国，不仅对旧社会遗留下来的污泥浊水要涤荡干净，而且更加重要和艰巨的是，在意识形态领域里要树立以马克思主义为指导的新的人文社会科学，以适应社会主义的需要。长时期被地主资产阶级歪曲、颠倒了的历史，理所当然地要受到冲击、批判，并重新颠倒过来。在几千年的旧社会里，广大农民为获取物质生活资料从事了艰辛的劳动，他们创造了丰富多彩的文化、养活了贵族地主资产阶级，而他们自己则经常地在饥饿线上挣扎；为争取生存权，则又受到剥削阶级的残酷镇压和血腥屠杀。这种历史状况，经过50年代以来的探索、批判、争论，人们终于认识了它的本来面目：被鄙视为'群氓'的广大农民，以及所有劳动者，才是历史的创造者，才是推动封建社会前进的真正动力。中国农民战争史就是在这样的历史条件下建立起来的。尽管这门学科还存在种种问题，但还是值得肯定的。可是到了后来，学术界在重大历史理论面前出现了分歧。有的认为：人民群众是历史的创造者，这个理论'不科学'。也有的认为：农民起义、农民战争不仅不是推动封建社会前进的真正动力、甚至连动力都不是，而是封建社会的修理工，封建社会的绵延是农民起义造成的。这些说法经得住检验吗？'不畏浮云遮望眼，自缘身在最高层'。只要认真学习马克思主义的有关社会矛盾的学说，上面说的理论上的分歧是不难解决的。中国农民战争史也就能够从迷雾中找到前进的方向。"①

2. 漆先生研究中国农民战争史的发展系统而全面，对秦末、汉代、魏晋、隋末、唐末、宋代、元末、明末等都有专题性讨论，且始终把握中国农民战争史研究的发展方向和脉络，② 这在中国农民战争史研究学者群体中是极为突出的。漆先生对于全国性的农民战争史的深入研究，属于填补空白、贯通农民战争史研究的代表性成果，在国际上也产生了很大影响，2004 年 9 月在武汉大学举行纪念唐长孺先生逝世十周年的学术研讨会上，日本著名学者谷川道雄先生得知笔者是漆先生的学生时，竖起大拇指说，"你的老师有水平有见解，十年前他到日本我们有过很好的谈话，他的《隋末农民起义》，我在五十年代就读过，他对刘黑闼起兵问题讲得好。"对重大理论问题的探索，是他学习、运用马克思主义理论指导史学实践的成果。二者有机结合，自成一家，成就卓著，成为当时中国农民战争史研究中的领军人物之一。

3. 漆先生在促进学术发展、推动农民战争史学研究发展过程中也做出了突出贡献。自 20 世纪 50 年代起，漆先生在天津师范学院（河北大学前身）历史系从事中国古代史教学工作的同时，便与历史系同仁合作展开古史分期、农民战争史等问题的研究。其中《秦末农民战争》是与宝志强、段景轩先生共同完成；《秦汉农民战争史》是与宝志强、段景轩、李鼎芳先生合作完成，漆侠先生承担大部分章节的写作和全稿的校阅工作，是组织者和主持人。

自 1978 年中国农民战争史研究会在上海成立之后，1981 年到 1983 年，漆先生连续参加了此后的三届年会。因在农民战争史研究方面的卓越成就和领军人物的学术地位，于 1981 年当选为中国农民战争史学会第二届理事长。这一时期中国农民战争史研究会的成立与《中国农民

---

① 李华瑞：《漆侠先生访谈录》。

② 参见姜锡东、王晓薇《漆侠先生与中国农民战争史研究》附录《漆侠先生有关中国农民战争史的著作和论文》。

战争史研究集刊》的编辑出版，极大地推动了中国农民战争史的研究。漆先生能够当选理事长，负责农民战争史研究会的组织、协调工作，说明了他在农民战争史研究领域的成果和贡献，得到了学界同行们的高度认可和尊重。①

（二）漆先生与 20 世纪中国宋史研究

20 世纪中国宋史研究的第一代知名学者，或者说是用近代科学方法研究宋代历史的开创者，按照王曾瑜先生的意见，有张荫麟、蒙文通、陈乐素、全汉昇、聂崇岐、邓广铭六位，其中邓广铭贡献最多，成果最富，是公认的宋史界的泰斗，一代宗师。② 刘浦江先生《邓广铭与二十世纪宋代史学》则集诸家之说，以为是宋史第一人，是宋代史学的建立者，邓广铭之于宋史的地位，"如唐长孺之于魏晋南北朝史，韩儒林之于蒙元史，谭其骧之于历史地理。"③ 从建立宋代史学的角度而言，这个评价是很公允的。

漆先生是继邓广铭先生之后宋史研究的又一座高峰。宋史专家王曾瑜认为，漆先生"学识渊博，是同时代学者中的佼佼者"，是我国 20 世纪辽宋夏金史研究领域中，继邓广铭之后的又一卓有成就的史学名家，是"宋史学界的又一位泰斗"④。20 世纪 20 年代以来，特别是 80 年代以来，宋史研究取得了长足的进步，在宋代典章制度、政治史、经济史、军事史、法制史、文化史、文献整理等专门、专题、部门领域取得不俗成就的名家或佼佼者应当说不乏其人，但是若从研究水平之高、研究范围之广、研究内容之深的论著来衡量当属漆先生独步，迄今无人

---

① 姜锡东、王晓薇：《漆侠先生与中国农民战争史研究》。
② 王曾瑜：《中国近代宋史研究奠基者的六十六年治史丰碑》，《丝毫编》，河北大学出版社2009 年版，第 437 页。
③ 《历史研究》1999 年第 5 期。
④ 王曾瑜：《一位真诚的马克思主义史学家》，《漆侠先生纪念文集》，并参氏撰《二十世纪宋史研究的回顾与展望》，《历史研究》1997 年第 3 期。

企及。

王安石变法是宋代也是中国历史上的大事，自南宋初年被宋高宗等人否定以后，直到晚清近八百年间很少有人认真进行研究。即便是有三种王安石年谱，① 从近代史学的角度来衡量，还算不上严格的科学研究。进入 20 世纪，王安石变法自梁启超在 1909 年为王安石翻案之后，在 20 世纪前半叶，不仅得到占主流的近代实证史学派的肯定，也得到新崛起的马克思主义史学的肯定。虽然三四十年代王安石变法研究形成一个高潮，据不完全统计，这一时期发表有关论文一百余篇，出版王安石传记及其变法的单行本著作（不含诗文选注及介绍）近 10 种，但是大多数研究王安石及其变法的学者（包括梁启超），不专治宋史，因而虽然问题涉猎较广泛，但挖掘史料不够深广，因而论证甚嫌粗疏，主要表现在专门研究单项新法的文章不多，而大多数都是泛泛而谈之作，当然这与《宋会要辑稿》、《续资治通鉴长编》流传不广以及学者们常处于战争的颠沛流离中，无暇翻阅大量资料有很大关系，因而研究论文也是泥沙俱下，有深度的文章并不多见。② 对于王安石变法进行科学、系统、全面的研究大致首推漆先生。邓广铭先生在总结自南宋至 20 世纪的王安石变法的评议、研究时认为，八九百年来，大多数论著不是因为材料欠缺，就是因见识不高而未能真正客观地评价王安石变法，只有"在 50 年代后期，上海人民出版社印行了漆侠教授的《王安石变法》一书，对于熙宁新法进行了认真的探索，超越了前此所有的同类著作"③。这个评价是符合事实的。《王安石变法》出版后引起海外关注，产生了较大影响。日本学者梅原郁写过书评，苏联学者也写了书评。同门学兄陈峰九十年代到德国慕尼黑大学访问，该校一位老汉学家听说他

---

① 裴汝诚编：《王安石年谱三种》，中华书局 1994 年版。

② 详见李华瑞：《20 世纪王安石及其变法研究回顾与瞻望（1900—1949 年）》，［日］《中国史学》2002 年第 12 期。

③ 邓广铭：《北宋政治改革家王安石》，人民出版社 1997 年版，第 6 页。

是研究宋史的，立即将 1959 年第一次出版的《王安石变法》拿出来。《王安石变法》出版以来已有五十余年，虽然八十年代以来王安石变法研究有了很大进步，发表的论著大大超越 20 世纪前八十年的总和，但是《王安石变法》经受住时间的考验，迄今并没有出现足以超越它的同类作品。

如果说《王安石变法》是漆先生的成名作，那么《宋代经济史》则可以说是漆先生的代表作。《宋代经济史》洋洋近百万言，是我国经济史和宋史研究中的里程碑式著作，曾获首届全国高等学校人文社会科学研究优秀成果奖一等奖。近期作为史学类经典被中华书局《中国文库·新中国 60 年特辑》收录。亦被商务印书馆收入《中华现代学术名著丛书》。《宋代经济史》从人口、垦田、水利、经济作物、经营方式、土地所有制形式、赋税制度、工商业、专卖制度等方面，全面论述两宋 320 年间社会经济关系发展演变的全过程，重点研究了宋代农业生产、土地关系、手工业发展、国家专利制度、商业和城市经济、对外贸易、货币及经济思想等问题。王曾瑜先生治宋代经济史有年，并在多个方面发表数十篇很有建树的论文。《宋代经济史》出版后王曾瑜先生用力写了一篇书评，并认为这篇书评是他自己的代表作之一，他在书评中写道："人们喜欢用集大成一词形容某人的学术成就。我想，用此词形容《宋代经济史》一书，是当之无愧的。因为自近代开展宋代经济史研究以来，国内外尚无一部巨著，对宋代经济史作了如此系统而深入的论述。此书总结了过去，也开拓了未来，确是一部里程碑式的著作，不论从中国经济史研究的角度看，还是从宋史研究的角度看，都是如此。"①毋庸讳言，《宋代经济史》一书的出版，学界有"青出于蓝"之谓，1987 年，景戎华在《读书》上发表文章，称"漆侠先生的宋代经济史研究，近年来创获甚丰，特别是已经震动了素以治宋代经济史著称的日

---

① 王曾瑜：《中国经济史和宋史研究的重大成果》，《晋阳学刊》1989 年第 4 期。

本史坛。漆氏乃邓氏之高足，可谓'青出于蓝'"①。北京师范大学历史系教授张守常说漆先生"他是我同班同学中做学问的成绩最好的一个。他先就农民战争写了不少文章，后来主要是研究宋史，特别是宋代经济史，其成就是超过了邓广铭先生的"②。当然这样的评价并不一定准确，漆先生自己也认为他的老师是 20 世纪宋代史学的第一人，"真正能盱衡天水一朝史事的，只有先生"，"宋辽夏金断代史方面的通才，只有先生才称得上，40 多年以前，先生的老师陈寅恪先生，曾奖勉先生，'并世治宋史者，未能或之先也。'这个结论经历了几十年的检验，依然是极其正确的评论。"③ 所以"青出于蓝"之谓并不能否认邓广铭先生在 20 世纪宋代史学第一人的地位，而是说从宋史研究的某些方面超越了老师。从另一个层面讲，笔者以为这样的评论有三层意义：其一，表明《宋代经济史》的学术水平达到宋史研究的一个新高峰；其二，学生超过老师是学术发展之长江后浪推前浪的必然结果；其三，邓广铭先生培养学生有方，名师出高徒，是对宋代史学的又一大贡献。

漆先生与乔幼梅先生合作出版的《辽夏金经济史》是《宋代经济史》的姊妹篇，此前对于辽朝、西夏、金朝经济史研究，只有单行本著作问世，如陈述《契丹社会经济史稿》、张博泉《金代经济史》，西夏经济史主要是吴天墀《西夏史稿》中有所论述，因而《辽夏金经济史》是第一部系统、综合论述 10—13 世纪中国北方少数民族经济史的著作，这部著作不论是占有的资料还是内容的丰富都比此前研究有所补充、有所提高。也可以说这部著作既集过去研究之大成，又把辽夏金经济史的研究提升到一个崭新的阶段。

---

① 景戎华：《造极赵宋，堪称辉煌——读近年出版的几部宋史专著有感》，《读书》1987 年第 5 期。
② 张守常：《怀念漆侠学长》，《漆侠先生纪念文集》，河北大学出版社 2002 年版，第 611 页。
③ 《怀念恩师邓广铭恭三先生》，《漆侠全集》第 9 卷，第 266 页。

《宋学的演变和发展》是漆先生晚年最后未竟的遗著。宋代的学术思想在中国历史上占有极为重要的地位，但是在 20 世纪研究宋代学术思想的论著几乎全都是专门研究思想史的学者，宋史学者涉猎者甚少，即使在教科书和相关的论著提及也多是汲取思想史研究者的已有成说。思想史学者往往强调从思想到思想的内在理路，特别是明清之际编撰的《宋元学案》为大多数治宋代学术思想学者奉为圭臬，因而出现漆先生所说的："从过去的研究来看，大体上存在两个偏向。一个偏向，是把理学代替宋学。我的老师邓恭三先生在《略谈宋学》一文中，已经指出了这一问题，'应当把宋学和理学加以区分。'宋学和理学的关系是，宋学可以包容理学，而理学则仅仅是宋学的一个支派。在宋学的建立中，被称为宋初三先生的胡瑗等人，起着奠基者的作用。然而由于过去以理学代替宋学，一些研究者们仅仅把胡瑗等人的学术思想作为理学的一个来源加以论证，于是宋学的奠基者反倒成为理学的附庸而存在了，这显然是违背历史实际的。第二个偏向是，大多数的研究者贬低了荆公学派，《宋元学案》在末尾数卷中立有《荆公新学略》，明显地贬低了荆公学派；近代学者对荆公学派虽然作了较为广泛的研究，使荆公之学为世所知，从而与《宋元学案》有所不同，但也没有把荆公学派安置在当时学术界的主导地位上，甚至安置在二程理学派之下，这尤其是违背历史实际的。"对此，《宋学的演变和发展》有两个贡献，其一，是以宋学涵盖有宋一代学术，使此前被摈弃于宋代学术之外的如宋学形成阶段的范仲淹、欧阳修等思想家的思想，王安石及其代表的荆公新学派，苏蜀学派等都得到了充分的论述。由此摈弃了此前以理学为主体的旧的学术框架，形成了一个更富有内容，更切合宋代学术实际的新框架。在此新框架中，漆先生极其重视从整体上把握宋学形成、发展、演变的历史过程。特别是此书对北宋初年以来学风、文风、政风巨大变化的论述和指明以王安石为代表的荆公学派在宋学发展阶段居于主导地位，是不同于以往宋代思想史论著的主要亮点。其二，是第一部由宋史研究者从历史学所包含的政治、经济、文化更广阔的视角撰著的宋代学术思想论著，其编写体例、宗旨和风格与此前的同类著作颇多不同，这对从多角度观察宋代学术思想无疑是极具学术价值的。

纵观漆先生一生的学术成就，可以发现在他从事的三个领域：中国农民战争史、王安石变法、宋代经济史均取得一流高水平甚至独步史林的成绩，这在人才辈出、历久弥新的历史学科中的确是很不容易做到的，漆先生做到了，不能不令人叹服。

三、治史的特色和品格

漆先生治史的特色和品格可以从多方面加以总结，笔者觉得有两个方面最突出：

第一，对学术的执着追求和笃信马克思主义。

漆先生对学术执着追求的性格在中学时代已开始形成，晚年他曾回忆自己学生成长道路时说："1944 年高中毕业的那一年，赵新儒先生①在我的毕业纪念册上，用《金刚经》上'应无所住而生其心'这句话勉励我。在此前后，读梁启超的一本书，大约是他的历史研究法那本书，上面引用朱熹的一句话'主一无适谓之敬'，后来读《二程集》，才知道这句话是大程说的。这两句话的含义差不多，都是让人们执着、坚持自己已经抉择的方向和事业，而不要见异思迁，横生枝节，以至于一无所成。但是，这两句话也不是容易实践的。"而且一经形成，终生不悔，历久弥坚："'应无所住而生其心'，赵老先生赠我这句箴言，已是五十个年头了。每当这句箴言浮现心头之时，赵老先生那满头白发、在生活的皱纹中现出几丝笑容的形象，也一同浮在我的心头。"②

① 赵新儒是山东泰安人，参加了前清最后一次科举考试，山东省乡试第一名。
② 《中国社会科学家自述·漆侠自述》，《漆侠全集》第 12 卷，第 660 页。

　　漆先生对学术执着追求的理性主要来源于他对马克思主义的信仰。漆先生学习马克思主义是在他被打成反党小集团成员的逆境之时，他没有动摇过；在"文革"当中被打成"三反分子"，关进"牛棚"劳动改造之时，他没有动摇过；当马克思主义"过时论"一时甚嚣尘上之际，漆先生也没有动摇过。1989 年国家教委主持建国四十年教学成果奖评选活动，漆先生的教学成果《坚持以马列主义为指导治史、执教、育人》，获得国家级优秀教学成果特等奖。是年六月中旬国家教委组织专家对漆先生的教学成果进行鉴定，出席鉴定会的专家有邓广铭、张政烺、何兹全、胡如雷、王曾瑜、滕大春等史学界和教育界著名学者。专家们一致认为"漆侠教授教学成果的显著特色是他始终坚持以马列主义理论为指导。在教学内容的改革中，他把马克思主义基本原理同历史研究实际相结合，用深蕴的理论驾驭众多的史料，将宋代经济史领域中诸多烦难问题分析得精辟透彻。在教学方法上，引导学生掌握马克思主义的分析方法，而不是机械地引章摘句；在培养学生坚定的共产主义信仰方面，用身体力行的示范和有说服力的事来感召、引导"①。这个评语是对漆先生长期坚持用马克思主义理论方法治史的最大肯定。

　　20 世纪后半叶中国马克思主义史学取得了很大成绩，也存在打着"历史学科"的旗帜，借用"史学"的术语而篡改历史真相、践踏史学尊严的政治骗术，所以总结 20 世纪中国后半叶马克思主义历史学，需要严格区别两种状况，一是贴上马克思主义标签的假的学术研究；一是把马克思主义作为一种信仰去追求，作为一种科学的方法去实践，是严肃的学术研究，漆先生的马克思主义历史学研究显然是后一种。瞿林东先生在总结 20 世纪中国史学发展中最需要记取的教训时曾说："史学的最高品格是实事求是，忠于历史事实。维护史学的这个品格，就是维护史学的生命和权威。为此，一是不迎合、不随风、不超然、不媚俗，恪

① 漆侠：《坚持以马克思主义为指导，治史、执教、育人》，原载《中国高教研究》1989年第 4 期，收入《漆侠全集》第 10 卷，第 255—260 页。

守求真的宗旨和信史的原则……"① 漆先生正是这样一位"不迎合、不随风、不超然、不媚俗，恪守求真的宗旨和信史的原则"的学者，不仅一生孜孜不倦地用马克思主义治史，而且不因时局的变迁随意改变自己的观点和立场，如对王安石变法研究，直到去世前出版修订版，他仍然坚持自己的观点，他说："这本书是我三十四五岁时写成的，在语言的表达上不可避免地表露了青年时期的锐气和锋芒，以至不够周全妥当，其中《代绪论》部分表现得最为突出。不过，这次付印，依然照旧，未加改动。其所以如此，留下青年时期的痕迹，作为老年缺乏这种锐气锋芒的一个慰藉吧！"② 漆先生所说《代绪论》"不够周全妥当"指的是当时对胡适、钱穆及梁启超等人评议王安石提出比较激烈的批评意见，语气的确带有那个时代的痕迹，但漆先生在胡适、钱穆、陈寅恪已被推崇至超越学术范围高度的世纪之交，敢于不改一词地原文照发，表明在他心目中除了语气不妥之外，批评的内容并无不妥，还是要坚持，一种学术的自信跃然纸上。

又如对农民战争史的研究，漆先生对采访他的学生说："在农民战争史的研究方面，我认为自己还是做了一些工作，'二黄分期'、'让步政策'等论断的提出，虽然说在当时受到了批判，我还是没有放弃自己的观点。1966 年 5 月，（河北大学）历史系开批判会，批我的让步政策。我说，如果让步政策是政治问题，我就放弃；如果是学术问题，我就坚持。你知道，我也不想当历史反革命啊！学术上的是与非，对与错，恩格斯早就指出，往往需要几年甚至几十年才能加以判定。并且，就一个人而言，形成一个观点，固非一朝一夕之功；清理或抛弃一种观点，也绝对不会是一朝一夕的事儿。不认真考虑不同的、并且是正确的意见，一味固执己见，这自然不是追求真理应有的态度；相反，对不同

---

① 瞿林东：《20 世纪的中国史学》，《历史教学》2000 年第 5 期。
② 漆侠：《王安石变法》增订本序，《漆侠全集》第 2 卷，第 3 页。

意见，一遇到批评，就不加分析地接受下来，立即改变自己的见解，我看，也不见得就是实事求是的态度。"①

刘泽华先生在回忆文章中对漆先生坚持学术观点的评议是比较中肯的，"学界对先生的议论也有不同的声音……说他在学术上有点'教条'，也有点'固执'等。我以为这些议论都属正常现象，就是圣人也不能免。……教条之类的现象，其实就是我们通常说的'党性'的一种表现。我们不必把'教条'和'固执'看成贬义，有执着精神的人一定有'教条'和'固执'相伴。我们如果认真考察一下历史，凡是有功底、有实证、有创造、有主见的学者，哪位不和'教条'和'固执'相连？道理很简单，他们对自己的理论或信奉的'主义'都有执着的精神，甚至有一种近似宗教的情结。我看漆先生就是这样。……只要读读他的文章，就会感受到，所谓先生的'教条'和'固执'都具有极强的实证性，而不是说空话。因此我认为，先生在学术上的'教条'和'固执'精神很值得赞扬和敬重！学术上的理论、信仰、教条、固执、实证等等常常是交织在一起，而对漆先生说来，这些都是以实证为依据的。"②

20 世纪 90 年代国内史学界一度出现过分溢美近代实证史学而肆意贬低马克思主义史学的小热潮，对此漆先生根据自己的体会和方法很不赞成，认为有些过分或超越了学术范围。③ 他虽然始终强调观点与材料的统一，但是认为那种强调纯客观的历史研究是不存在的。"按照陈（寅恪）先生的见解，史学要客观，任何主义、思想等都会障蔽人们的头脑的，亦即学术上是不自由的。但是，人不能生活在社会的真空中，因为社会并没有真空。人生到现实世界，不是受这种主义就是受那种主义的影响和支配，不是受这种思想就是受那种思想的影响和支配。这一

---

① 刁培俊：《漆侠教授访谈录》，《历史教学问题》2000 年第 1 期。
② 刘泽华：《忆漆侠先生"文革"后期的二三事》，《漆侠先生纪念文集》，第 621 页。
③ 刘永佶：《自缘身在最高层——忆老友漆侠先生》，《漆侠先生纪念文集》，第 603 页。

点人们或者是自觉，或者是不自觉，但在社会现实中是无可避免的。陈先生讲，王国维取外来观念以论述《红楼梦》诸方面的问题。所谓'外来观念'，无非是一种思想、一种见解，与一种主义都同属于意识形态。如果主义和思想是一种先入为主的偏见，那么，外来观念又何尝不是这样？过去金岳霖先生在冯芝生（友兰）先生《中国哲学史》审查报告中，称胡适之的《中国哲学史大纲》的实验主义气味太浓，不如冯芝生的书。后来有人为胡适之先生鸣不平，以为胡先生固然是以外国的观念、方法来研究中国古代哲学，冯先生的《中国哲学史》又何尝不是以外国的观念、方法来研究中国古代哲学。即以陈寅恪先生自己来说，同样也受到外国观念的影响，具体地说，受文化史观的影响。以陈先生所坚持的'中学为体，西学为用'，也同样受一种思想、观念的影响。实际上，近代以来，我国到外国留学的学者，都是受到资本主义国家的各种思想观念方面的影响。从积极方面看，其中一些先进的、合乎科学的思维方法，远比中国封建时代的思维方法要高明一些，因而不论是在自然科学方面，还是在人文科学方面，都推动了中国学术的进步和发展。所以，问题的关键在于，接受的思想、观念是否先进、是否正确、是否对中国学术起到积极作用。这谈不上客观不客观的问题，客观主义是没有用的。不受某种思想的影响或支配的自由也是没有的。"[1]漆先生的见解可谓鞭辟入里，掷地有声，即使在今天看来也同样闪耀着智慧的光彩。

第二，独树一帜的马克思主义经济史研究方法[2]。

中国社会经济史研究是与唯物史观的运用和指导分不开，"自从所

[1] 《论历史研究的方法》，《漆侠全集》，第 256—257 页。

[2] 关于漆侠先生运用马克思主义方法治史，我的学长、学弟都有专文论述。乔幼梅《读〈宋代经济史〉》，《文史哲》1988 年第 2 期；刘秋根《中国马克思主义经济史学方法论的思考——以〈中国经济通史·宋代经济卷〉为中心》、毛曦、王善军《漆侠先生对马克思主义史学理论与方法的运用》。亦可参见拙稿《漆侠先生访谈录》，《史学史研究》2001 年第 3 期。

谓'唯物史观'输入以后，更使过去政治中心的历史变成经济社会中心的历史，虽然这方面的成绩还少，然也不能不说是一种进步。"①"1949 年前，中国经济史作为中国史学中的独立学科虽然已经形成，但就当时的整个史学而言，经济史研究仍然没有受到足够的重视，仍然处于当时主流史学之外。这种情况新中国建立之后得到了改变。马克思主义把经济视为人类社会发展的基础，因此，在以马克思主义为指导的新史学中，经济研究受到了重视，被纳入了史学的主流之中，这在中国经济史学科的发展中是一个意义深远的变化。"② 西方学者也深刻认识到经济史研究在马克思主义史学中的独特地位，"马克思主义史学明显地影响了非马克思主义史学，把他们的视线引到历史中的经济因素，引导他们研究被剥削者和被压迫者。但是马克思对现代史学最重要的贡献也许是强调了社会作为一个各种因素相互关系的整体而运动的思想以及力图找到历史现象在其中发生的结构要素，把这些同生产和再生产的过程联系起来，系统地阐述可以分析造成变革的各种因素的概念模式。马克思认为：历史的辩证运动，生产变革的力量以及从中产生的阶级冲突是最重要的。"③"马克思主义的历史观念与这种中国传统的历史观是根本不同的。它对于历史发展的动力只有在社会经济结构的内在力量的相互作用中才能揭示出来的假定，改变了历史研究的范围，展现出一种对于历史解释的复杂性的全新的意识。在此前的史学家按照政治的（无论是个人的、王朝的还是制度的）或是思想的变化划分时代之处，马克思主义史学家转向社会经济结构的变化，并将其作为确定具有重大意义的历史变革的标准。"④ 漆先生笃信马克思主义理论，深得马克思主义

---

① 顾颉刚：《当代中国史学·引论》，上海古籍出版社 2002 年版，第 2—3 页。
② 李根蟠：《二十世纪的中国古代经济史研究》，《历史研究》1999 年第 3 期。
③ ［美］伊格尔斯：《历史研究国际手册——当代史学研究和理论》，中译本，华夏出版社 1989 年版，第 15 页。
④ ［美］阿里夫·德里克：《革命与历史：中国马克思主义历史学的起源，1917—1937》，中译本，江苏人民出版社 2005 年版，第 6 页。

历史理论的精髓，因而他一生最主要、最重要的学术贡献都与他独树一帜的经济史研究方法分不开。

自 20 世纪初以来，对明清以来迄近代经济史的研究，有所谓"国民经济史学派""新经济史学派""新社会史学派"之说，其实就理论取舍而言，大致是以侧重"政治经济学"和"社会学"的不同而有所区分。漆先生的经济史方法很难归属这些学派，因为马克思主义既是对古典政治经济学的继承和发展，同时又是近代社会学的重要来源，所以漆先生的马克思主义经济史研究方法兼具政治经济学理论和社会学理论的色彩。注重社会经济关系变化对历史发展的制约作用和关注社会阶层地位的形成、变动以及阶层之间的矛盾对社会历史发展的影响，是漆先生马克思主义经济史研究方法的两个基本点。

漆先生学习马克思主义理论有一个发展过程，初期学习马克思主义理论受斯大林学说的影响较大，[①] 读毛泽东的《矛盾论》《实践论》不下百八十遍。[②] 到七十年代中期以后则把学习理论的重点转移到对《资本论》的学习。从八十年代中期开始，漆先生给硕士生、博士生开设《〈资本论〉专题讲座》必修课，系统讲述马克思主义经济史的研究方法。正是由于有这种学习理论的不同轨迹，漆先生对马克思主义经济史研究方法的理解和运用也是逐步深入的。如在研究农民战争史时，"运用马克思主义生产力决定生产关系、生产关系反作用于生产力的唯物史观的基本原理，提出农民起义和农民战争，是封建主义生产方式内生产关系过度落后于生产力而引起的两者冲突的表现；农民战争排除了扫荡了落后的经济关系以及封建生产关系的某些环节，或者说多少变动了生产关系，从而推动了社会生产力的发展。这一特点虽是当时时代烙印的

---

① 参见漆侠《学习斯大林学说，反对历史研究工作中的教条主义》，《关于新社会制度发生于旧社会制度中的问题——学习〈辩证唯物主义与历史唯物主义〉笔记》，分见《漆侠全集》第 12 册，河北大学出版社 2008 年版，第 16—19、26—37 页。

② 《漆侠全集》第 10 卷，第 29 页。

反映"，但漆先生坚决反对"不学习经典著作中分析问题的方法，而是把经典著作中的个别原理原则硬套在历史事件上"的做法。① 研究农民战争史使漆先生得出"生产力内在矛盾的发展，只能反映人与自然界关系的发展，无法反映人们社会关系的矛盾。因此，人类社会历史的发展，决不是单纯的生产力内在矛盾发展史；而且只强调生产力的动力作用，而不讲生产关系，也就无法解释社会历史的发展所表现的螺旋式上升这个特征。"② 对此，肖黎在评价历史发展动力问题讨论时对漆先生的观点有很好的表述："漆侠不同意把生产斗争与阶级斗争割裂并对立起来，片面强调生产斗争作用的看法。他认为，生产力或生产斗争的发展，不仅构成为人类社会的物质基础，而且为社会制度的变革创造了前提条件，社会制度的变革就取决于阶级斗争而不是生产斗争了。'在阶级社会中，生产斗争与阶级斗争不仅紧密地联系着，而且也相互促进着。所谓紧密的联系着，是因为劳动生产者既是生产力的体现者，又是阶级斗争的主力军，一身而二任焉。所谓相互促进，是因为生产斗争为阶级斗争的开展创造条件，而阶级斗争则为生产斗争的发展开拓了道路。决不能够把两者割裂并立起来，片面强调生产斗争的作用和贬低阶级斗争的作用。'"③ 虽然当年讨论历史发展动力、封建社会分期、农民战争性质及作用不可避免要受到极左政治的影响，但是漆先生的观点是他认真学习马克思主义原理独立思考得出的，实际上也是最符合马克思主义关于阶级斗争理论的原意。

70 年代后期，漆先生在专力研究宋代经济史的过程中，加之对《资本论》的学习，对马克思主义经济史研究方法有了更深入的理解。漆先生认为经济史是研究社会经济关系之发展史的一门学科，研究各个

---

① 姜锡东、王晓薇：《漆侠先生与中国农民战争史研究》。

② 漆侠：《农民战争是推动中国封建社会历史发展的动力》，《光明日报》1979 年 12 月 18 日。

③ 肖黎：《历史发展动力问题》，《20 世纪中国史学重大问题论争》，北京师范大学出版社 2007 年版，第 298 页。

历史时代的社会经济关系是在什么样的社会生产力水平制约下发展起来的，以及在其发展过程中对社会生产力的发展起什么样的反作用。并在其联系、制约和作用中观察它们之间的发展和变化，尤其是构成经济基础的生产关系，直接决定社会的性质和面貌。经济关系在阶级社会里，实则就是阶级关系。

五六十年代以来，受日本唐宋变革论的影响，日美欧学者曾把宋代经济发展水平提升到一个很高的水平，甚至用"煤铁革命"、"绿色革命"等字眼来形容，台湾及海外华人学者也称宋代农业居当时世界最高水平。① 这些论点大都是从技术创新、生产能力提升以及人口数量增加等指标来衡量的，而既注重社会生产力发展程度，又以社会经济关系变化为主把宋代经济发展水平提高到一个前所未有高度的代表作，是漆侠先生的《宋代经济史》。漆侠先生提出两个著名的观点：其一，"两个马鞍形"：从总的方面考察，我国封建时代的社会生产发展，大体上经历了两个马鞍形这样一个过程，自春秋战国之交进入封建制后，社会生产力由于基本上摆脱了奴隶制的桎梏，因而获得了显著的发展，到秦汉时期便发展到第一个高峰。魏晋以下，社会生产力低落下来，到隋唐有所恢复、回升，同时，从而形成为第一个马鞍形。在唐代经济发展的基础上，宋代社会生产力以前所未有的速度迅猛发展，从而达到了一个更高的高峰，元代生产急遽下降，直到明中叶才恢复到宋代的发展水平，这样便又形成了第二个马鞍形。

其二，把宋代经济发展不平衡的总体状况概括为北方不如南方、西部不如东部。大致以淮水为界，淮水以北的北方地区的生产不如淮水以

① 参见李华瑞《改革开放以来宋史研究若干热点问题述评》，《史学月刊》2010 年第 3 期。另外，漆先生不赞成日本学者内藤湖南先生的宋代近世说，认为"欧洲诸国自产业革命后社会面貌发生了显著的变化，从而自中世纪走上近代，有了近世说。如果同欧洲近代情况进行比较研究，宋代与之差距甚大，很难具有近世的涵义。因此，宋代近世之说之涵义难以说得清楚，当即在此"。《唐宋之际社会经济关系的变革及其对文化思想领域所产生的影响》，《漆侠全集》第 11 卷，第 280—281 页。

南的南方地区，即北不如南。宋代的经济重心已自北方转移到南方。即使在南方，若以峡州（湖北宜昌）为中心，北至商雒山秦岭，南至海南岛，划一南北直线，又表现为西不如东。北不如南，是量的差别；而西不如东，则不仅是量的差别，而且是表现了质的差别。①

这两个观点虽然也注重从冶铁技术和铁制生产工具的发展、人口的增长、垦田面积的扩大和单位面积产量的提高等四个方面证实宋代的社会生产力大大超过唐代，但更重要的是立足生产力发展促使社会经济关系发生变化的考察，漆先生在《宋代经济史》绪论中把中国封建经济制度划分为三个阶段，认为战国秦汉时期处于封建制度确立、封建依附关系发展的阶段，魏晋隋唐时期处于庄园农奴制阶段。宋元明清时期处于封建租佃制占主导地位的阶段，而宋代又处于租佃制发展的最高阶段。根据这个划分，不论是纵的方面宋代处在中国古代经济发展的最高峰，还是横的方面宋代境内西不如东，都是以租佃关系是封建社会阶段最适合生产力发展的先进生产关系立论的。同理，北不如南是量的差别，也是说淮水以北以南都建立了以租佃关系为主的先进制度，因而它们之间的差别没有质的区别，处在同等发展水平上。

用社会经济关系的变化重新考察王安石变法，对王安石变法在历史上的进步意义有了新的认识。漆先生在《王安石变法》（增订本）序中说："'文章千古事，得失寸心知。'依我来看，这本书的情况是，第一部分有关宋代立国规模和专制主义集权制度，来自于先师邓恭三先生多年的研究，是经得住时间的检验的。第二部分有关新法的制订和实施，是通过对大量事实材料的钩稽而写成的，但无任何出奇制胜之处，只要认真读书都可以达到或超过现有水平。第三部分有关变法过程中的斗争，是我用心思索致力之处，为前人从未道及的。不论怎样说，这本书不是依样葫芦，而是力图打破陈规，把王安石变法的研究纳入科学的研

① 邓广铭、漆侠：《两宋政治经济问题》，知识出版社 1988 年版，第 53—54 页。

究轨道。"漆先生所言打破陈规，即是从社会经济关系重新审察王安石变法的得失所在。漆先生以为变革不适应生产发展的陈旧制度是王安石变法具有历史进步意义的重要表现，但变革最根本最重要的是什么？漆先生认为他在《王安石变法》一书中并没有说得很清楚。尔后，经过对宋代经济史十多年的研探，漆先生有了新的认识。认为王安石变法过程中所碰到的最大问题是国家劳役制的问题，即：在农业中以募役制代替差役制，手工业中以招募制代替应役制，而在商业中则有纠行负役的问题。进而指出，在农业、手工业和商业中残余劳役制是社会生产发展的严重障碍，王安石变法对残余劳役制的变革是王安石经济变革意义最大的变革。① 众所周知，人身依附关系的逐步减轻或削弱是人类社会不断进步的主要特征，王安石变法对残余劳役制变革的进步性也由此得到彰显。《王安石变法》一书对王安石变法是维护和代表了中下层地主阶级的利益作了充分的论述，而对自耕农特别是其中上层农民的关系虽有涉猎，但尚不够清晰。到 20 世纪 90 年代，在为《汴京梦断》一书做的"序"中，漆先生对此有了新的全面的表述：变法的总方针、总政策是：以王安石为代表的变法派，站在地主阶级和专制主义统治的广泛利益的立场上，抑制豪强兼并势力（大官僚大地主大商人和大高利贷者组成），稳定中间阶级（中下层地主阶级和上层农民），缓和对广大劳动人民的剥削，以巩固宋封建统治。② 正是王安石变法时期对社会经济关系的调整，使得社会经济关系有利于生产力的发展，因此，"如果说，宋代的社会生产，在整个封建时代居于两个马鞍形的最高峰；那就应当说，王安石变法时期的社会生产则居于这个最高峰的最高点。"③

斯人虽去，斯文犹存。漆先生的学术道路、学术建树和治史特色及

---

① 漆侠：《再论王安石变法》，《河北大学学报》1986 年第 3 期。《漆侠全集》第 2 卷，第 269—291 页。
② 《漆侠全集》第 2 卷，第 319 页。
③ 《漆侠全集》第 12 卷，第 612—613 页。

品格在某种程度上折射出 20 世纪后半叶中国马克思主义历史学的发展历程，作为一位卓尔不群的马克思主义历史学家是值得后人永远纪念的。

感谢邓小南、程民生、姜锡东、刘秋根诸位先生提出的修正意见。

原刊于《漆侠与历史学——纪念漆侠先生逝世十周年文集》，河北大学出版社 2012 年版

唐宋史研究应当走出
"宋代近世说（唐宋变革论）"

　　进入 21 世纪以来，在唐宋史研究中，"宋代近世说（唐宋变革论）"是一个绕不开的话题。但是，起初大多数人对于学术界过去讨论唐宋变革的"由来与发展"知之甚少，不免对概念、问题、范式的理解和解释出现混乱状态。所以有必要从学术史的角度给以适当的梳理，以便作为今后深入研究的一个新的起点平台。因此 2007 年笔者邀请宋史学界 12 位师友撰写《唐宋变革论的由来与发展》，并于 2010 年出版。在此前后学界也有相当数量的介绍性论著问世。然而毋庸讳言，迄今我们的初衷并没有达到，"宋代近世说（唐宋变革论）"在很多人眼中依然是不证自明的"公理"，唐宋变革论仍旧像个什么都可以装的筐，其混乱状态不仅没有改变，而且愈加混乱。不特如此，由此衍生了一系列新的"变革论"，诸如唐中叶变革论、两宋之际变革论、宋元变革论等等。如果再从进入 21 世纪唐宋史学界欲通过打通唐宋断代界限来提高唐、宋史研究水平近 20 年的实践来衡量，"宋代近世说（唐宋变革论）"在其间所起的作用，不仅收效甚微，而且弊大于利。是故笔者大胆地提出唐宋史研究应当翻过纠缠于"宋代近世说（唐宋变革论）"这一叶，宋代近世说（唐宋变革论）已完成了它的历史使命。为此笔者提出以下五点理由：

第一，20世纪初期日本学者内藤湖南提出宋代是中国近世开端的假说，简称"宋代近世说"。二战以后经由内藤湖南的学生宫崎市定等人的发展，将"宋代近世说"概括为"唐宋变革论"。众所周知，1840年以后随着西学东渐，对中国历史发展脉络的分期则不能不打上西学的"历史分期"方法的烙印。西学的历史分期方法对清末民初史学产生较大影响，如1917年傅斯年先生所言："西洋历史之分期，所谓'上世'、'中世'、'近世'者，与夫三世者，所谓（Subdivisions）在今日已为定论。"内藤湖南的假说即是按欧洲分期法将中国历史，划分为"上古（或上世）"、"中古（中世）"、"近古（近世）"，又按欧洲的话语来诠释中国历史的文献资料，把中国的发展列入西方文明发展的大链条中，以为欧洲的近代化是人类世界共同的发展道路。内藤湖南的假说在上个世纪六十年代以前曾得到欧美宋史学界的赞同，自六十年代至七十年代开始受到美国学界的质疑，上世纪六十年代初美籍华裔学者刘子健先生就明确反对宋代近世说，"这是机械的借用或沿用西洋史的分期，上古、中古、近代、现代。这是机械的在时间上切成段落。而并不能够画龙点睛的，直接了当的指出每一个段落的主要特色。所以还应当另辟途径来讨论。"到上世纪七十年代，美国的宋史学界已基本否定日本学者的唐宋变革观，包弼德（Peter K. Bol）认为，"应当对内藤说的传统理解进行更新，即认同内藤的时代分期，但要抛弃内藤说以宋代与西方近世相比拟，以欧美式近代为趋归的目的论。"到了20世纪70年代后半期，日本学界在反思西方的历史分期法得失时，看到西方史学和社会学的"近代"是根据西欧社会发展经验总结出来的架构，将西欧的历史发展模式奉为世界历史发展的普遍规律，并以此作为研究中国历史分期的预设进行的东西比较一旦流于牵强，必然造成歪曲和混乱的后果。因此，对于"近世"的定性在日本学界有了不同于以前的解释。日本的中国史研究和东亚史研究提出的"传统社会"形成论＝"近世化"论是20世纪90年代中期以后日本学术界具有代表性的系统性认识之一。可以说"宋代近世说（唐宋变革论）"在上世纪70年代以后迄今只有日本京都学派一家的传人在坚持，国际学界（包括日本东京学派、马克思主义唯物史观派以及相当多的新生代）已普遍扬弃或被否定。为何我们中国人自己非要固守呢？换言之，国际学界早已在唐宋史研究中翻过了"宋代近世说（唐宋变革论）"这一叶，我们却仍然在炒几十年前的旧饭，吃别人嚼剩下的馍。

第二，"宋代近世说（唐宋变革论）"的实质是中国文明至宋代没有再进步，停滞论，更是为日本帝国主义侵华张目，这一点不能因为今天讨论学术问题就应当回避。有关中国封建社会长期延缓停滞早在上世纪二三十年代到七八十年代就是国内社会史大论战的主题之一，但是讨论的实质是"我们的整部世界史都是以西方至上论及其历史的进化特征以及其他文明相对的停滞性为基础的"（谢和耐语）。这与"宋代近世说（唐宋变革论）"的中国文明停滞论是大相径庭的，即有着鲜明的政治色彩：宋代近世说貌似一个赞美中国文化光辉灿烂、发达领先的历史理论，但它却是内藤湖南现实的中国观"国际共管说"的思想依据，是与一个明显具有殖民色彩的对华设想联系在一起。内藤湖南通过宋代近世说"向读者说明，中国文化在进入近世以后已是高度发达的文化。但是正是这个'早熟'的、高度发达的辉煌文明，导致了当前衰老的、政治经济困难重重，急待寻求出路的现实中国，对此内藤提出了所谓'国际共管'的理论"（钱婉约《内藤湖南研究》）。多种研究论著表明内藤湖南是日本军国主义的拥护者，他首先是政论家，其次才是汉学家。也就是说内藤湖南虽然尊重中国文化，但是当他站在当时的日本国家利益立场之时，他的宋代近世说在理论上为日本"温情"入侵中国张目也是不能回避的。

黑格尔说，什么是历史教训？历史教训的最大教训就是历史从来不汲取教训。明治维新以后确实有少数为学术而学术的日本学者，但是更多的日本学者为军国主义披上学术的外衣，则也是尽人皆知的事实。在战后日本历史学界曾将战前日本汉学的遗产定罪为日本政府的帝国主义政策的羽翼。在战后日本对战前汉学进行重新评估与反思时，内藤湖南经常被视为一位帝国主义者，有时甚至被指责为以其学术为日本帝国主义侵占亚洲大陆进行美化粉饰。现今距日本侵华战争结束已有七十余年，而日本政府和极右翼势力矢口否认侵华的历史，在学界也有重新认识内藤湖南的史观及汉学成就的呼声。为此，笔者想说对于内藤湖南的汉学成就应当加以总结，但是不要打着为学术而学术的旗号，不仅不反思，反而还要对其服务于政论的学术溢美。我们在抗议日本政府和极右翼势力否认侵华倒行逆施的同时，我们自己千万不要为日本侵华毁灭罪证。我们说不忘记历史，不是为了延续仇恨，是要从历史汲取真正的教训，而不要流于黑格尔所哀叹的从来不汲取历史教训的窠臼。

第三，众所周知，唐代以后的历史主线有三条：一是漠北主要是东北政治势力的崛起；二是五代十国、北宋的局部统一；三是西部党项势力崛起，整合吐蕃、回鹘等政治力量。辽金是游牧文明与汉文明的交融；西夏一方面是西域与中原的经济文化枢纽，另一方面自身交融了来自吐蕃、西域、中亚的文明。五代十国、两宋创造了不同于前代的"宋型文化"。但是"宋代近世说（唐宋变革说）"却只立足于"中国本土"，即中国历史只是汉族的历史而不包括辽金西夏。杉山正明就曾客观地指出"一般来说'中国'在日本的研究中大部分意味着所谓的'中国本土'。将事物限定在'中国本土'中来看宋代史研究和元代史研究的差异，这个众人皆知"。"本来'中国'历史上就没有单一的汉族社会。可是日本的研究人员中有一个共同的特点就是'纯中国世界'和'非中国世界'，'中国本土'和'边疆地域'等过分单纯的分割为两大图示化的倾向。有时'万里长城'（当然在蒙古时代不存在）以外是'荒野'和'沙漠'的异象也偶尔出现。"（《宋元史学的基本问题》）为了证明"宋代近世说"的发展脉络，大多数人就把讨论 11 至 14 世纪的中国历史的范围从北宋的 260 万平方公里转向到南宋 150 多万平方公里的地域，再转向元明的江南更狭小的地区，历史的空间一步步缩小，在这样日趋狭小的疆域空间内又被侧重于君主、士大夫和科举制，即"精英"文化、地域重心及其相关的议题所主宰。一言以蔽之，这种研究把中国多元的历史发展局限到狭小的江南一隅之地。这是极其典型的削足适履式地将自己的主观意志（所谓的研究）强加在丰富多彩的中国历史之上的一种表现。

第四，自新世纪以来，"宋代近世说（唐宋变革论）"成为热门话题，但是有一个奇怪的现象就是除了东北师大有两篇专门研究内藤假说的博士学位论文外，宋史学界直接与"宋代近世说（唐宋变革论）"对话的论著甚少。实际上，有关内藤湖南的两个主要命题：一是唐朝士族门阀是否仍占统治地位？隋唐尤其是唐前期，是否仍是贵族政治？二是唐宋间农民人身自由问题是否发生重大变化？部曲制到佃户制的转型发生于何时？在上个世纪国内魏晋隋唐史学界，均有相当多的讨论，内藤湖南的观点并不能得到中国大多数学者的支持，甚或动摇日本学者"宋代近世说（唐宋变革论）"立论依据，如田余庆先生说"从宏观考察东晋南朝近三百年总的政治体制，主流是皇权政治而非门阀政治"。唐长孺先生说"从南北朝后期以来旧门阀的衰弱是一种历史倾向，尽管有的已经衰弱，有的正在衰弱"。新近杨际平先生撰写长文论证内藤湖南所言魏晋隋唐"贵族"与历史上实际的"士族"有质的区别。但是国内的唐宋史研究者特别是宋史研究者在使用日本宋代近世说基本观点时很少会考虑中国学者的相反或反对意见。这是造成宋代近世说虽然被炒作得很热，但是对于唐宋史研究的实际推进却收效甚微的主要原因，这样的研究不值得提倡，应当扬弃。

第五，贴标签式的研究可以休矣。"宋代近世说（唐宋变革论）"不论是在遭到冷遇的 21 世纪之前近百年对国内唐宋史研究基本没有什么影响，如 2002 年出版的《二十世纪唐研究》在经济卷概论中单列"外国学界的唐代社会经济概观研究"一节，较全面地介绍了日本：

"唐宋变革"讨论和唐代经济概观研究。但未见国内学者接受日本唐宋变革说所作的讨论论著。而出版于 2006 年的《二十世纪宋史研究论著目录》未见大陆论著索引中有唐宋变革的条目。20 世纪 60 年代以后，台湾学者开始关注唐宋变革，见高明士《唐宋间历史变革之时代性质的论战》；还是在进入 21 世纪以后，虽然宋代近世说（唐宋变革论）一时成为热议的话题，但是对国内宋史研究的影响，如同对 21 世纪之前的影响一样极其有限。譬如从 2000 年开始，国内宋史学界每两年举行"邓广铭学术奖励基金"评审，评审对象主要是面向 50 周岁以下的中青年学者，迄今已评审九届，共评出 34 部获奖论著（不包括论文），其中一等奖 3 部，二等奖 12 部，三等奖及优秀奖 19 部，这 34 部作品在相当大的程度上是代表着 21 世纪以来国内中青年研究宋史的取向和水平，但是这 34 部论著无一部受内藤湖南假说的影响，即是最好的明证。所以进入 21 世纪以来，对宋代近世说（唐宋变革论）的炒作只是停留在贴标签式的研究上，下面梳理一下有关研究现状：

根据对中国知网的检索，21 世纪以来，有关唐宋之际的论文近千篇，其中有关"唐宋变革"关键词的论文有 80 余篇，有关"宋代近世"关键词的论文约 20 余篇，有关"内藤湖南"关键词的论文约 70 余篇，有关宫崎市定"关键词"的论文约 10 来篇。按照论文的主旨大致可分为五类：第一类是介绍性的，第二类是研究性的，第三类是按照日本唐宋变革论的基本范式对唐宋变革期的问题进行研究，这类论著寥寥无几。第四类是从打通唐宋史研究的角度，将讨论唐宋时期的政治、经济、军事、法律、文化、地理、交通等等历史发展和变化，归结在"唐宋变革"名义之下。第五类是被视作不证自明的"公理"。凡是论述到唐宋时期或之际的问题时，都是必言"社会变革"，笼统地使用"宋代近世说（唐宋变革论）"，其特点是概念宽泛而多元化。论著不一定直接关涉"唐宋变革"，但是在文章叙述中或结尾处往往使用唐宋社会由贵族向平民化、精英化转变的结论为自己的研究张目，这类文章最多。

就以上五种分类做一简略分析：其一，介绍性的论著持续不断发表，表明 21 世纪以来"宋代近世说（唐宋变革论）"一直受到关注，且热度不退；其二，由于唐宋变革论的热度不退，从而引发国内学界特别是宋代文学史学界、思想史学界、艺术史学界对唐宋之际社会变化的高度重视，并试图从这些社会变化中为宋以后的文化思想发展定位和寻找发展轨迹。其三，宋代文学界、思想史学界、艺术史学界倡导用"宋代近世说（唐宋变革论）"作为指导理论，但观察其对"宋代近世说（唐宋变革论）"的诠释尚处在高度礼赞和崇尚的阶段，缺乏历史的理性思考。故不加辨析而全盘接受。但实际上这种提倡并未对思想史、宋代文学史、艺术史的研究起过多少有益的作用，因为这与过去的研究最多是新瓶装旧酒。其四，第四类、第五类论著说明"宋代近世说（唐宋变革论）"实际上对于唐宋史的研究只起到了一个贴标签的意义，于实际研究并无所推进和补益。所以这样的研究应当扬弃。

要之，唐宋史研究应该走出"宋代近世说（唐宋变革论）"，是指内藤湖南提出的那个假说。十多年前，柳立言先生撰文《何谓"唐宋变革"?》就指出内藤的假说是有特定内涵的，包括贵族政治、平民社会、文艺复兴说等 8 个核心要义。如果中国学者研究这段历史，发现其中的变革，那应该重新界定，而不是直接套用日本学者的"宋代近世说（唐宋变革论）"——这样很容易产生误解，不利于学术进步。历史分期问题自上世纪二三十年代以来至七八十年代曾在中国史学界和西方汉学界一次又一次地推动了中国的史学研究并吸引西方学者加入了相应的讨论。其后分期问题不再成为热点甚或被遗忘，这是早已被国际学界否定或被扬弃的旧说却在 21 世纪的中国重新被炒作成为热点的深层原因，所以要走出"唐宋变革论"就需要中国学者对唐宋历史做出符合自己国家历史发展原貌的断代分期说。这个问题很大不是只言片语所能讲清，但有三点值得注意，其一，内藤湖南的假说夸大了唐宋之际变革在中国历史上的变革意义，正如许多中国学者所言唐宋变革相对于春秋战国之际发生的大变革使中国社会逐渐走上帝制时代，和 1840 年由帝国主义国家入侵中国使得中国社会发生剧变而言，充其量是一个中小型的变革；其二，何谓长时段？这是提醒研究者不囿于某一个朝代，注意打通唐宋、宋元、明清、宋元明清，而不是简单用像公元纪元、公元时段（所谓上古、中世、近世等）来表示历史变化。用公元时段并不能准确表示中国历史的丰富内容，中国的每一个朝代都有鲜明的不同于他时代的特点。举凡大的事件和人物都与朝代浑然一体不能分隔开，譬如说科举制度，起源于隋唐、发展于两宋、完善于明清，清清楚楚，若用公元时段反而不能反映中国历史发展的特点，因为被人为剥去时空概念。试想内藤湖南不用唐宋，而是径直用公元时段来讲他的近世，对于中国人来说恐怕是摸不着北的。所以王朝体系依旧是中国学者重新界定"唐宋变革"分期的时空依据。其三，重新界定"唐宋变革"，一定要有关怀辽宋西夏金史的全局意识，这样才能全面书写 11—13 世纪中华民族的社会发展及疆界形成的断代史。

原刊于《光明日报》2017 年 11 月 20 日第 14 版

西方学人眼中的宋代历史

——评迪特·库恩《儒家统治的时代：宋的转型》

20世纪初以来，欧美学界对中国宋代历史有较多研究，但是迄今还没有一部较为全面反映欧美学者研究宋代历史的著作被译介到中国来。剑桥中国史在很大程度上代表着西方学界对中国历史的认识，目前大多数断代史都已有中译本，与宋代历史同时期的《剑桥辽西夏金元史》中译本已出版近20年了。而剑桥五代宋朝史英文版2009年出版了上册，2015年又出版了下册，就是已出的上册英文版，据我所知，主要反映了上世纪90年代以前的研究成果，对此后20多年世界范围内新的研究成果反映有限。下册可能稍有改进。《儒家统治的时代：宋的转型》此时翻译出版，可以说是中国读者读到的第一部较为全面反映西方学界对宋代历史认识的著作（不包括专题研究著作）。即使将来出自众人之手的《剑桥五代宋朝史》中译本出版，也不能完全取代这部书的价值，因为本书已深深打上了作者长期研究中国科技史、艺术史和宋史的鲜明特色及个性的烙印。

读《儒家统治的时代：宋的转型》会发现一个有趣的现象，在国人从20世纪初以来就用西方的学术规范、问题意识、理论框架甚至叙述话语来研究、描述宋代历史的大背景下，这部出自西方学人的书却力图回到传统中国的认知上，亦即探究宋代历史是如何在儒家思想统领、影响下践行和发展的。这又使我想到近二十年来国内宋史学界常常引用前贤的议论借以说明宋代文化对宋以后中国历史文化特征的塑造，如明朝人陈邦瞻在《宋史纪事本末》序中说"今国家之制，民间之俗、官司之所行，儒者之所守，有一不与宋近乎？非慕宋而乐趋之，而势固然已"。又如近代思想家严复说"中国所以成为今日现象者，为善为恶，姑不具论，而为宋人之所造就，什八九可断言也"。但是迄今为止对此除了讲理学的思想及其对后世的影响有汗牛充栋的论著外，很少能在诸多历史环节上给以科学实证的回应和深入讨论。而迪特·库恩先生则从西方人的视角在宋朝历史中发现浓浓的"中国味"，以及这种浓浓"中国味"在后世的延续："在宋朝统治的三个世纪里，儒家意识形态在公共和私人生活领域形成一股强大力量，政府政策也深受这种古代哲学的伦理和教化观念的影响。由宋朝那些有创造力的统治者、士大夫和艺术家创造的思想范式，以及儒家价值的复兴和重建，为后世历朝历代的教育、政府制度和市民社会的发展建立了基础，并强化了汉人子孙头脑中的中国意识，这种意识在宋代之后持续了若干世纪。"作者不仅在序中是这样说的，而且在正文12章中的第2、3、4、5、6、7、8、12等八个章节都是围绕这个主题思想展开的。尤值得注意的是作者在第7章人生礼仪，对婚礼和丧礼的论述，在作者看来礼仪表现的具体形式是礼和俗，它们对中国的社会生活有着决定的影响，直至今日。同时作者认为"所谓'儒家社会'，在这里并不意指任何抽象的、理论的或不可能实现的东西，我们也不应该把它与儒家自古以来所一向倡导的理想社会结构相混淆。因此'儒家社会'这个概念，不如说是一种'与历史上占统治地位的知识分子有密切联系的官僚制度'"。最后作者总结说，与佛道思想相比，"对宋朝的道德观念起支配作用的还是儒家学说，这个自古流传下来的信仰是构筑教育、科举和公共及私人生活的基石。它是在现实中发挥作用的宋代国家意识形态。在促使社会转型、使宋代明显区别于先前的朝代的过程中，儒家的治国之道在其中发挥了重要作用。"我个人认为这是抓住了宋代历史最重要的特征。

美国学界新的"唐宋变革观"是贯穿本书的另一条主线。唐宋之际是中国古代社会发生重大变化的时期。早在20世纪初，日本学者内藤虎次郎（号湖南）就提出宋代是中国近世史的开端，后经他的学生发扬并总结成"唐宋变革论"。欧美学界长期受日本唐宋变革论的影响，但从20世纪70年代起，美国学界对日本唐宋变革论进行修正，"应当对内藤说的传统理解进行更新，即认同内藤的时代分期，但要抛弃内藤说以宋代与西方近世相比拟，以欧美式近代为趋归的目的论""在社会史方面，我们现在可以把唐宋的社会转型定义为士或士大夫（他们是政治和文化精英）之身份的重新界定。"（包弼德语）本书秉承了美国学界新的"唐宋变革观"，"宋的转型"从唐代后期宪宗朝开始至五代贵族政治走向没落——北方士族靠着谱牒的政治优势而形成的"旧世界"，在延续了几百年后，不得不放弃他们在政治和社会生活中曾经占有的统治地位，而让位给士大夫官僚阶层及其家族，贵族家族式的统治彻底走向了历史的终结。不过不同于日本学界的看法，贵族政治的没落至宋代不是走向君主独裁政治，而是由贵族政治向士大夫官僚阶层与统治者同治天下的方式转型："从前的朝代的统治依靠世家大族、贵族官僚、学者和军人。只有在宋代，思考和写作、政府和行政行为都降格为一种共有的特性，这是包弼德（Peter K. Bol）在把儒家术语'斯文'翻译为'我们的这种文化'时总结出来的。在宋代，认同自己为汉人后代的人们当中，一种新的自尊和自觉形成了。宋代形成的这套社会制度，成为20世纪中国和西方人所说的'传统中国'的典范。"这个传统典范的形成表明真正的儒家统治时代的到来，换言之，也就诠释了本书所言"宋的转型"的确切指向。顺着这个思路，本书的叙述从作为宋朝前期三位"模范的统治者"（太祖、太宗、真宗）对文治的倡导，到士大夫们努力用儒家思想重塑和改革整个社会（庆历新政、王安石变法）；从教育和科举培育一批批不同于唐代贵族官僚和同时代其他国家的精英明显不一样的士大夫"精英"，到汲取佛道精华催生新儒学思想（道学）的诞生；从士大夫精英通过诗词、绘画展现其内心修养和世俗生活，到格物致知对外部宇宙的探求和认知。作者就是这样一步步演绎着"宋的转型"。而在追随演绎步伐的同时又使读者悄悄感受以士大夫们的政治理念、生活情趣、审美观念等影响着宋代社会生活习俗发生的诸多相应变化，譬如这段叙述："在唐代，金银所制的盘、碟、杯、碗、箱、壶、香炉、风簪、香囊和珠宝，以及镀金的银器，制作极其精美。而在宋朝，上述金银制品不多见，一个原因是黄金制品是皇帝和皇室专享用品，只有皇帝赏赐时，官员们才能享用金杯金碗。但金银制品少见的另一个原因可能是有教养的儒家精英们的审美观发生了根本性转变。定窑、汝窑、钧窑、官窑、哥窑等宋代五大名窑出产的陶瓷应用了新的制作工艺，质量好，种类多，一般人买得起。这些瓷器代表了追求纯净、造型和材料的新品位。单色釉的瓷器反映了皇家对精美器物的偏好，也符合士大夫的欣赏品位。"以往看过不少欧美学人讨论"唐宋变革"的专题论著，但是像这部将"宋的转型"观点贯穿宋朝政治、经济、文化、社会各方面发展过程的书，此前未之读过。

宋代历史的另一个重要特征，正如作者所言："虽然和许多朝代一样，要面对北方游牧民族政权，但是宋朝从一开始就要和这些非汉族政权一起分享唐朝的疆土。""在宋朝 319 年的统治中，之前和其后没有一个'中国'像它这样，这个时期的中国被分为不同的国家、民族（每个国家的人民有各自的种族和文化认同，也有自己的中央集权的官僚制政府），他们中也没有一个国家是一国独大的。"因而本书的第三个特点是始终将宋朝历史、宋的转型置于 10 至 13 世纪整体中国历史发展中进行叙述。我个人认为作者汲取、综合"征服王朝论"和非汉族政权积极汉化论的观点，从 5 个方面较好地叙述了辽、西夏、金、蒙古政权自身特征以及与宋兴衰的关系：1. 这些民族政权，一方面具有军事侵略性，另一方面钦慕汉文化；2. 一方面努力汉化，包括学习模仿国家体制和统治方式、先进的城市生活方式以及中国传统建筑所体现的政治价值，还有教育、科举、服饰、文学、艺术、墓葬等。另一方面创造出属于其自身的民族认同感和文化认同感，如文字、民俗，并强调汉化中的民族特色及变异。3. 尽管从9世纪早期的韩愈一直到后来的儒学家们所留下的文献中，在今天看来都有不少排外的倾向，但他们的观点主要是从文化上，而不是从种族上进行论证的，故到今天有"非汉族的中国人"（"中华民族"）的认知。4. 宋辽订立"澶渊之盟"之后，宋与其他民族政权基本能够和平共处，整个宋代，共与北方异族政权签订过四次（1005、1123、1142和1208年）屈辱的和约，宋朝的地位也从王朝降低为地方诸侯，因此其"天无二日民无二主"的原则遭到了破坏，取而代之的是按现实政治原则与北方强邻订立和约。5. 宋朝弱势地位及灭亡的原因。重文轻武——儒学的基本理念——成为宋代历代帝王遵循的信条。"宋帝国在面对进攻时表现得比较软弱，儒家学说在原则上对战争是谴责的，和平之路被视为王道，战争被认为是霸道。""甚至当战争不可避免的时候，宋朝仍旧采取陈旧不堪的防御策略，他们的防御也没有任何起色。""宋朝的苟延残喘以致最后灭亡的原因绝不是单一的，但它对内政比对军事的重视可说是其国家衰弱、士气消沉、世风日下的重要原因。"

20世纪大部分时间国内学界对宋代历史地位的评价较低，甚至负面意义大于正面意义，而欧美学界对宋代历史的评价，特别是对宋代经济文化发展一直给以很高的评价。本书通过第9—11三章的论述，较为全面反映了欧美学界对宋代社会经济、文化发展水平的评价，尤其突出了宋代的多功能的大都市发展、纸币的创制和使用、手工业技术进步三个方面所取得的成就以及在当时世界范围的领先地位。下面两段话可以说代表了欧美学界对宋代社会发展水平及地位的评价：

"在建筑和城市规划上，两宋时期更为开放的城市设计导致了全天候的生活方式的出现。而这相应地促进了本地市场和全国商业的发展。

娱乐的新形式也在舞台上出现了。绘画艺术里也产生了精致的新手法。哲学家们在整个认识领域，对包括理性等概念方面扩展了他们的知性认识，并拓宽了对意识和人类成就进行的系统化分类。在法律领域，儒家训言的传播和应用使得死刑大大减少。在上述几乎所有领域，宋代都优于中国早期的模范朝代——唐朝。"

"宋代中国在商品化与消费，在财政金融的发展程度，特别是其强大的信用市场和纸币制度的创立，在交通（马车、客船和配备有尾舵和水密舱的驳船）的发达程度，在陶瓷生产、铜铁矿的开采、纸张的生产、高品质的印刷和出版，以及在机械标准化和技术术语（这是进行高效及有利可图的持续大规模生产的先决条件）等方面都走在了中世纪欧洲的前面。水车可以驱动杵锤，可以用来对水田进行灌溉，可以碾磨谷物以及对作工业用途的材料进行磨压。通过中亚一直连接到伊斯兰教世界的贸易路线和传播交流网络（在19世纪时被称为'丝绸之路'）使中国的技术传播到了欧洲，而欧洲则在数个世纪后的商业和工业革命期间，对东方的思想进行了仿制、吸收和改进。"

作者在高度评价宋代历史的同时并没有回避宋代社会存在的不平等问题，这一点对于现今国内盲目追捧宋朝福祉的现象有所警示："宋代是一个多阶层的社会，社会的最底层是贫穷的、毫无权势的、每天为生存而奋斗的人们；而社会的最上层的人们享受着无尽的荣华富贵，宽大的房屋里面居住着其家人和奴仆，人数超过百人。在这两个阶层中间的是低级官吏、商人和自耕农。农民的生活条件要比以前的朝代要好，但是大多数人要把他们的精力投入到解决日常生活的问题中去，虽然这些问题看似简单但是对他们来说很重要：如何为自己和家庭获取足够的食物而免受压迫、剥削和不幸。大量接近于社会金字塔底层的、默默无闻的自耕农承担了税赋和劳役。他们确保了经济的繁荣，也保障了其上的富裕阶层的生活安宁，并使新的城市生活方式的出现成为可能。"

本书篇幅不大，却包容了相当大的信息量，几乎涉及宋代历史的方方面面。叙述重点突出，言简意赅。作者擅长用宋代古墓的碑文、墓志铭、壁画和其他文字记载以及实物材料等来证实宋代改变了的社会环境。但是，一如西方中国历史研究者多长于研究文化、思想、艺术、宗教、技术进步乃至经济生活，而弱于梳理职官制度、财政关系、赋役制度，乃至宫廷内朝政治等典章制度的特点，在本书也有明显的表现。并且本书对材料的解读和史实的描述也存在一些可以商榷之处。本书虽然参考了中国大陆、台湾学者和日本学者的研究成果，但更多的还是吸收欧美学者的研究论著，因而是比较典型地反映了西方学者对宋代历史的看法。有些看法如"宋代既不是专制，也不是极权社会"、商品经济自由发展、市场自由竞争等观点都与中国台湾和日本宋史学界的观点不尽相同，更与中国大陆宋史学界的主流观点迥异。

但总体上看，瑕不掩瑜，不用求全责备。他山之石可以攻玉。单就域外学者努力解析中国文化密码，尽力还原一个真实的宋朝而言，《儒家统治的时代：宋的转型》是一部值得一读的好书。

原刊于《光明日报》2016 年 10 月 29 日 11 版《史学》

引用古籍书目

（以引用先后为序）

（宋）李焘：《续资治通鉴长编》，中华书局 2004 年点校本

（元）脱脱：《宋史》，中华书局 1977 年点校本

（宋）江少虞：《宋朝事实类苑》，上海古籍出版社 1981 年点校本

（宋）李攸：《宋朝事实》，中华书局 1955 年版

（宋）魏泰：《东轩笔录》，中华书局 1997 年版

（宋）程颢、程颐：《二程集》，中华书局 2004 年点校本

（宋）李心传：《建炎以来朝野杂记》，中华书局 2000 年版

（西汉）司马迁：《史记》，中华书局 1959 年版

（元）马端临：《文献通考》，中华书局 2011 年点校本

（宋）蔡襄：《端明集》，文渊阁四库全书影印本，台湾商务印书馆 1986 年版（以下同）

（宋）邵伯温：《邵氏闻见录》，中华书局 1983 年点校本

（宋）杨亿：《杨文公谈苑》，上海古籍出版社 1993 年版

（东汉）班固：《汉书》，中华书局 1962 年点校本

（宋）赵汝愚撰，北京大学中国古代史研究中心校点整理：《宋朝诸臣奏议》，上海古籍出版社 1999 年版

（清）徐松辑：《宋会要辑稿》，中华书局 1997 年影印本

（宋）田锡：《咸平集》，文渊阁四库全书影印本

（宋）欧阳修：《欧阳修全集》，中国书店 1994 年版

（宋）欧阳修：《归田录》，中华书局 1997 年版

（宋）吕祖谦：《丽泽论说集》，文渊阁四库全书影印本

（宋）柳开：《河东集》，文渊阁四库全书影印本

（宋）杨万里：《诚斋集》，文渊阁四库全书影印本

（宋）叶适：《叶适集》，中华书局 1961 年点校本

（宋）司马光：《涑水记闻》，中华书局 1989 年点校本

（宋）司马光：《司马光奏议》，山西人民出版社 1986 年点校本

（宋）王明清：《挥麈录余话》，《全宋笔记》第六编第 2 册，大象出版社 2013 年版

（宋）秦观：《淮海集》，文渊阁四库全书影印本

（宋）罗从彦：《遵尧录》，《全宋笔记》第二编第 9 册，大象出版社 2006 年版

（宋）程俱：《麟台故事》，《全宋笔记》第二编第 9 册

（宋）黎靖德编：《朱子语类》，中华书局 1999 年点校本

（宋）田况：《儒林公议》，《全宋笔记》第一编第 5 册，大象出版社 2003 年版

（宋）传曾巩撰，王瑞来校正：《隆平集校正》，中华书局 2012 年版

（元）念常撰：《历代佛祖通载》，中州古籍出版社 2015 年版

（宋）李纲撰，王瑞明点校：《李纲全集》，岳麓书社 2004 年点校本

（宋）王应麟：《困学纪闻》，上海古籍出版社 2013 年点校本

（宋）范祖禹：《范太史集》，文渊阁四库全书影印本

（宋）司马光：《资治通鉴》，中华书局 1982 年点校本

（宋）薛居正等：《旧五代史》，中华书局 1976 年点校本

（元）脱脱：《辽史》（修订本），中华书局 2016 年版

（宋）王辟之：《渑水燕谈录》，中华书局 1997 年点校本

（宋）王称：《东都事略》文渊阁四库全书影印本

（宋）张方平：《乐全先生文集》，《宋集珍本丛刊》第 5 册，线装书局 2004 年版（以下同）

（宋）彭百川：《太平治绩统类》，江苏广陵古籍刻印社 1990 年版

（明）黄淮、杨士奇等：《历代名臣奏议》，上海古籍出版社 1989 年版

（宋）许亢宗：《许亢宗行程录》，贾敬颜《五代宋金元人边疆行记十三种疏证稿》，中华书局 2004 年版

（宋）曾巩：《元丰类稿》，文渊阁四库全书影印本

（宋）蔡绦：《铁围山丛谈》，中华书局 1983 年点校本

（宋）洪迈：《容斋随笔》，中华书局 2005 年点校本

（宋）岳珂：《愧郯录》，四库笔记小说丛刊，上海古籍出版社 1993 年版

（宋）（不著撰人）《翰苑新书》后集，文渊阁四库全书影印本

（宋）陈郁：《藏一话腴》，四库笔记小说丛刊

（宋）王应麟：《玉海》，广陵书社 2003 年版

（宋）叶梦得：《石林燕语》，中华书局 1997 年点校本

（宋）（不著撰人）《宋大诏令集》，中华书局 1997 年点校本

（宋）袁文：《瓮牖闲评》，《全宋笔记》第四编第 7 册，大象出版社 2008 年版

（宋）朱翌新：《猗觉寮杂记》，《全宋笔记》第三编第 10 册，大象出版社 2008 年版

（宋）高晦叟：《席珍放谈》，《全宋笔记》第三编第 10 册

（清）钟渊映：《历代建元考》，文渊阁四库全书影印本

（宋）欧阳修：《欧阳修文忠公文集》，四部丛刊初编，上海书店出

版社 1989 年影印本

（宋）徐梦莘：《三朝北盟会编》，上海古籍出版社 1987 年版

（宋）熊克：《皇朝中兴纪事本末》，清雍正景抄宋本钞本

（宋）张端义：《贵耳集》，《全宋笔记》第六编第 10 册，大象出版社 2013 年版

（宋）杨亿：《杨文公谈苑》，《全宋笔记》第八编第 9 册，大象出版社 2017 年版

（宋）吕中撰，张其凡、白晓霞整理：《类编皇朝大事记讲义》，上海人民出版社 2014 年点校本

（宋）方凤：《存雅堂遗稿》，文渊阁四库全书影印本

（宋）林駉：《古今源流至论》，文渊阁四库全书影印本

（宋）（不著撰人）《群书会元截江网》，文渊阁四库全书影印本

（宋）王炎：《双溪类稿》，文渊阁四库全书影印本

（宋）魏了翁：《鹤山集》，文渊阁四库全书影印本

（宋）真德秀：《西山文集》，文渊阁四库全书影印本

（明）宋濂：《元史》，中华书局 1976 年点校本

（宋）文天祥：《文山集》，文渊阁四库全书影印本

（元）脱脱：《金史》，中华书局 1997 年版

（元）刘岳申：《申斋集》，文渊阁四库全书影印本

（明）陆深：《俨山外集》，文渊阁四库全书影印本

（明）唐顺之：《武编》前集，文渊阁四库全书影印本

（明）沈鲤：《亦玉堂稿》，文渊阁四库全书影印本

（清）王夫之：《宋论》，中华书局 1995 年点校本

（清）《钦定续文献通考》，文渊阁四库全书影印本

（清）永瑢等：《四库全书总目》，中华书局 1965 年版

（清）刘统勋等编：《御制评鉴阐要》，文渊阁四库全书影印本

（清）爱新觉罗·弘历：《御制诗二集》，文渊阁四库全书影印本

（明）陈邦瞻：《宋史纪事本末》，中华书局 1977 年版

（宋）欧阳修：《新五代史》，中华书局 1975 年版

（清）顾祖禹：《读史方舆纪要》，中华书局 2005 年版

（元）陶宗仪：《说郛三种》，上海古籍出版社 1988 年版

（宋）张方平：《乐全集》，文渊阁四库全书影印本

（宋）王明清：《挥麈录余话》，上海书店出版社 2009 年版

（宋）曾公亮等：《武经总要》前集，文渊阁四库全书影印本

（清）阮元等：《十三经注疏》，中华书局 1983 年版

（宋）苏轼：《苏轼文集》，中华书局 1986 年版

（宋）朱熹：《四书章句集注》，中华书局 2005 年点校本

（宋）黄震：《黄氏日抄》，文渊阁四库全书影印本

（明）宋濂：《文宪集》，文渊阁四库全书影印本

（明）彭韶：《彭惠安集》，文渊阁四库全书影印本

（清）张尚瑗：《三传折诸》，文渊阁四库全书影印本

（宋）胡太初：《昼帘绪论》，文渊阁四库全书影印本

（清）张廷玉等：《明史》，中华书局 1974 年版

（明）陈子龙等编辑：《明经世文编》，中华书局 1962 年版

（明）申时行等修：《明会典》，万历重修本，中华书局 1989 年版

（宋）李觏：《直讲李先生文集》，《宋集珍本丛刊》第 7 册

（宋）谢深甫监修，戴建国点校：《庆元条法事类》，《中国珍稀法律典籍续编》第 1 册，黑龙江人民出版社 2002 年版

（宋）方大琮：《铁庵方公文集》，文渊阁四库全书影印本

（宋）吴潜修，梅应发、刘锡纂：《开庆四明续志》，《宋元方志丛刊》第 6 册，中华书局 1990 年版（以下同）

（宋）王柏：《鲁斋集》，文渊阁四库全书影印本

（宋）宋祁：《景文集》，文渊阁四库全书影印本

（宋）程珌：《程端明公洺水集》，《宋集珍本丛刊》第 71 册

（宋）戴栩：《浣川集》，文渊阁四库全书影印本

（周）左丘明传，（晋）杜预注，（唐）孔颖达正义：《春秋左传正义》，《十三经注疏》，中华书局1983年版

（宋）董煟：《救荒活民书》，珠丛别录本，百部丛书集成，（台北）艺文印书馆1966年版

（宋）沈括：《梦溪笔谈》，杨渭生编《沈括全集》，浙江大学出版社2011年版

（明）黄宗羲：《明夷待访录》，中华书局1981年版

（清）顾炎武：《天下郡国利病书》，《顾炎武全集》，上海古籍出版社2011年版

（明）胡世宁：《胡端敏奏议》，文渊阁四库全书影印本

（宋）翟汝文：《忠惠集》，文渊阁四库全书影印本

（宋）徐自明著，王瑞来校补：《宋宰辅编年录校补》，中华书局1986年版

（宋）华镇：《云溪居士集》，《宋集珍本丛刊》第28册

（宋）李心传编撰，胡坤点校：《建炎以来系年要录》，中华书局2013年点校本

（近代）徐珂：《清稗类钞》，中华书局1984年版

（宋）王栐：《燕翼诒谋录》，中华书局1981年版

（宋）尹洙：《河南先生文集》，《宋集珍本丛刊》第3册

（宋）文莹：《续湘山野录》，中华书局1984年点校本

（宋）杨时：《龟山集》，文渊阁四库全书影印本

（宋）宋庠：《元宪集》，文渊阁四库全书影印本

（宋）欧阳修：《欧阳修全集》，中国书店1994年版

（宋）田况：《儒林公议》，《全宋笔记》第一编第5册，大象出版社2003年版

（宋）苏颂：《苏魏公文集》，《宋集珍本丛刊》第12册

（宋）晁补之：《鸡肋集》，文渊阁四库全书影印本

（宋）费衮：《梁溪漫志》，《全宋笔记》，第五编第 2 册，大象出版社 2012 年版

（宋）张耒：《柯山集》，文渊阁四库全书影印本

（宋）秦观：《淮海集》，《宋集珍本丛刊》第 27 册

（宋）李纲：《李纲全集》，岳麓书社 2004 年点校本

（宋）苏舜钦：《苏舜钦集》，上海古籍出版社 2011 年校点本

（宋）石介撰，陈植锷点校：《徂徕石先生文集》，中华书局 1984 年点校本

（宋）刘弇：《龙云集》，文渊阁四库全书影印本

（宋）石介：《徂徕文集》，《宋集珍本丛刊》第 4 册

（宋元）（不著撰人）《新刊宣和遗事》前集，江苏古籍出版社 1993 年版

（宋）刘敞：《公是集》，《宋集珍本丛刊》第 9 册

（宋）龚鼎臣：《东原录》，《全宋笔记》第八编第 9 册

（宋）苏辙：《栾城后集》，文渊阁四库全书影印本

（宋）范仲淹：《范文正公集》，四部丛刊初编

（宋）俞成：《萤雪丛说》，《全宋笔记》第七编第 5 册

（清）吴广成撰，龚世俊等校证：《西夏书事校证》，甘肃文化出版社 1995 年版

（宋）范成大：《范成大笔记六种》，中华书局 2002 年版

（宋）乐史：《太平寰宇记》，文渊阁四库全书影印本

（唐）慧立原本，彦悰撰定：《大唐大慈恩寺三藏法师传》，中华书局 1983 年点校本

（南朝宋）范晔等：《后汉书》，中华书局 1965 年版

（宋）王存等：《元丰九域志》，中华书局 1984 年版

（宋）宋祁、欧阳修：《新唐书》，中华书局 1975 年版

（宋）乐史：《太平寰宇记》，中华书局 2007 年版

（宋）章如愚：《群书考索》，文渊阁四库全书影印本

（宋）洪皓：《松漠纪闻》，《全宋笔记》第三编第 7 册

（宋）陈均：《皇朝编年纲目备要》，中华书局 2006 年点校本

（宋）孟元老撰，伊永文笺注：《东京梦华录笺注》，中华书局 2006 年版

（宋）陈旸：《乐书》，文渊阁四库全书影印本

（宋）杨仲良：《皇宋通鉴长编纪事本末》，黑龙江人民出版社 2006 年点校本

（宋）王明清：《挥麈录余话》，《全宋笔记》第六编第二册

（宋）林駉：《古今源流至论》，四库类书丛刊，上海古籍出版社 1992 年版

（宋）王安石：《临川先生文集》，四部丛刊初编

（宋）王安石：《王文公文集》，上海人民出版社 1974 年版

（宋）彭百川：《太平治迹统类》，江苏广陵古籍刻印社 1990 年影印本

（宋）朱熹：《三朝名臣言行录》，四部丛刊初编

（宋）马永卿编：《元城语录》，文渊阁四库全书影印本

（宋）司马光：《温国文正司马公文集》，四部丛刊初编

（宋）徐自明著，王瑞来校补：《宋宰辅编年录校补》，中华书局 1986 年版

（宋）陈瓘：《四明尊尧集》，四库全书存目丛书史部 279 册，齐鲁书社 1998 年版

（宋）晁公武撰，孙猛校证：《郡斋读书志校证》，上海古籍出版社 2005 年版

（宋）陆佃：《陶山集》，文渊阁四库全书影印本

（唐）韩愈：《昌黎先生集》，四部丛刊初编

（元）白珽：《湛渊静语》，文渊阁四库全书影印本

（宋）（不著撰人）《宋大诏令集》，中华书局 1962 年版

（宋）叶适：《叶适集》，中华书局 1983 年版

（宋）苏洵：《嘉祐新集》，《宋集珍本丛刊》7 册

（宋）王安礼：《王魏公集》，文渊阁四库全书影印本

（宋）陈师道：《后山集》，文渊阁四库全书影印本

（宋）邹浩：《道乡集》，文渊阁四库全书影印本

（清）陆心源撰，郑晓霞整理：《仪顾堂集》，广陵书社 2015 年版

（宋）孙觌：《鸿庆居士集》，文渊阁四库全书影印本

（宋）岳珂：《桯史》，中华书局 1981 年版

（清）黄以周辑注，顾吉辰点校：《续资治通鉴长编拾补》，上海古籍出版社 1986 年版

（宋）王明清：《玉照新志》，《全宋笔记》第六编第 2 册，大象出版社 2013 年版

（宋）陈振孙：《直斋书录解题》，上海古籍出版社 2005 年版

（宋）赵鼎：《忠正德文集》，文渊阁四库全书影印本

（宋）朱熹：《朱文公文集》，四部丛刊初编

（清）顾栋高：《王荆国文公年谱》，裴汝诚《王安石年谱三种》，中华书局 1994 年点校本

（明）冯梦龙：《警世通言》，岳麓书社 1992 年版

（明）于慎行：《读史漫录》，四库全书存目丛书史部 285 册

（清）钱大昕：《十驾斋养新录》，《嘉定钱大昕全集》，江苏古籍出版社 1997 年版

（明）柯维骐：《宋史新编》，续修四库全书史部 310，上海古籍出版社 2002 年版

（宋）陈渊：《默堂集》，文渊阁四库全书影印本

（宋）潜说友：《咸淳临安志》，《宋元方志丛刊》第 4 册

（宋）周密：《癸辛杂识》，《全宋笔记》第 8 编第 2 册，大象出版社 2017 年版

（元）丘濬：《大学衍义补》，文渊阁四库全书影印本

（清）顾炎武撰，黄汝成集校，秦克诚点校：《日知录集释》，岳麓书社 1996 年版

（明）余继登：《典故纪闻》，中华书局 1981 年版

（清）张彦士：《读史矕疑》，四库全书存目丛书史部 290 册

（明）魏显国：《历代相臣传》，四库全书存目丛书史部 96 册

（明）王琼：《西番事迹》一卷，四库存目丛书子部 31 册

（宋）陆九渊：《陆象山全集》，中国书店 1992 年版

（清）龚自珍：《龚自珍全集》，上海人民出版社 1975 年版

（宋）吕祖谦：《历代制度详说》，文渊阁四库全书影印本

（宋）庞元英：《文昌杂录》，《全宋笔记》第二编第 4 册，大象出版社 2006 年版

（元）朱德润：《存复斋文集》，四部丛刊续编本

（宋）唐慎微：《证类本草》，文渊阁四库全书影印本

（宋）罗浚：《宝庆四明志》，《宋元方志丛刊》第 5 册

（宋）周应合：《景定建康志》，《宋元方志丛刊》第 2 册

（宋）谈钥：《嘉泰吴兴志》，《宋元方志丛刊》第 5 册

（宋）楼钥：《攻媿集》，文渊阁四库全书影印本

（宋）张知甫：《可书》，《全宋笔记》第四编第 3 册

（宋）周密：《武林旧事》，《全宋笔记》第八编第 2 册，大象出版社 2017 年版

（宋）戴复古：《石屏诗集》，文渊阁四库全书影印本

（宋）米芾：《画史》，《全宋笔记》第二编第 4 册

（宋）王蓬编：《清江三孔集》，文渊阁四库全书影印本

（宋）吴自牧：《梦粱录》，《全宋笔记》第八编第 5 册

（宋）王楙：《野客丛书》，《全宋笔记》第六编第 6 册

（明）凌濛初：《二刻拍案惊奇》，古典文学出版社 1957 年点校本

（宋）周辉撰，刘永翔校注：《清波杂志校注》，中华书局 1994 年版

（宋）吴箕：《常谈》，《全宋笔记》第六编第 3 册，大象出版社 2013 年版

（宋）周紫芝：《太仓稊米集》，文渊阁四库全书影印本

（宋）黄榦：《勉斋集》，文渊阁四库全书影印本

（宋）陈耆卿：《嘉定赤城志》，《宋元方志丛刊》第 7 册

上海市文物管理委员会、上海博物馆编：《宋人佚简》第 5 册，上海古籍出版社 1990 年版

（宋）华镇：《云溪居士集》，《宋集珍本丛刊》第 28 册

（宋）罗愿纂，赵不悔修：《新安志》，肖建新、杨国宜：《〈新安志〉整理与研究》，黄山书社 2008 年版

（宋）陈公亮修，刘文富纂：《淳熙严州图经》，《宋元方志丛刊》第 5 册

（宋）沈作宾修、施宿等纂：《嘉泰会稽志》，《宋元方志丛刊》第 7 册

（宋）王十朋：《梅溪后集》，文渊阁四库全书影印本

（宋）袁采撰，刘云军校注：《袁氏世范》，商务印书馆 2017 年版

（宋）吕祖谦：《宋文鉴》，文渊阁四库全书影印本

（宋）郑獬：《郧溪集》，文渊阁四库全书影印本

（宋）王之道：《相山集》，《宋集珍本丛刊》第 40 册

（宋）曹彦约：《昌谷集》，文渊阁四库全书影印本

（宋）胡宏：《五峰集》，《宋集珍本丛刊》第 43 册

（宋）薛季宣：《艮斋先生薛常州浪语集》，《宋集珍本丛刊》第 61 册

（宋）洪迈：《夷坚志》，中华书局 1981 年版

（宋）朱继芳：《静佳龙寻稿》，《南宋群贤小集》第 12 册，（台北）艺文印书馆影印

（宋）徐集孙：《竹所吟稿》，《南宋群贤小集》第 21 册

（宋）王炎：《双溪类稿》，文渊阁四库全书影印本

（宋）吕陶：《净德集》，丛书集成初编本，中华书局 1985 年版

（宋）庄绰：《鸡肋编》，中华书局 1983 年版

（宋）文同：《丹渊集》，文渊阁四库全书影印本

（宋）郭若虚：《图画见闻志》，人民美术出版社 1983 年版

（宋）邓椿：《画继》，人民美术出版社 1983 年版

（宋）王辟之：《渑水燕谈录》，中华书局 1997 年点校本

（宋）谢逸：《溪堂集》，《宋集珍本丛刊》第 31 册

（宋）晁说之：《景迁生集》，文渊阁四库全书影印本

（宋）《宣和画谱》，丛书集成初编本，中华书局 1985 年版（以下同）

（宋）陈著：《本堂集》，文渊阁四库全书影印本

（宋）文莹：《玉壶清话》，中华书局 1984 年点校本

（元）方回：《桐江续集》，文渊阁四库全书影印本

（宋）邵博：《邵氏闻见后录》，中华书局 1983 年点校本

（宋）周密：《齐东野语》，中华书局 1983 年版

（唐）张彦远：《历代名画记》，丛书集成初编本，上海商务印书馆 1936 年版

（宋）苏轼：《商刻东坡志林》，《全宋笔记》第一编第 9 册，大象出版社 2003 年版

（宋）张邦基：《墨庄漫录》，中华书局 2002 年版

（金）元好问：《元遗山集》，四部丛刊初编

（宋）孙应时纂修，鲍廉增补，（元）卢镇续修：《琴川志》，《宋

元方志丛刊》第 2 册

（宋）西湖老人：《繁胜录》，《全宋笔记》第八编第 5 册，大象出版社 2017 年版

（宋）刘道醇：《宋朝名画评》，文渊阁四库全书影印本

（宋）释居简：《北磵集》，文渊阁四库全书影印本

（宋）张世南：《游宦纪闻》，中华书局 1997 年版

（宋）曾慥：《高斋漫录》，《全宋笔记》第四编第 5 册，大象出版社 2008 年版

（宋）赵希鹄：《洞天清禄集》，丛书集成初编本，中华书局 1983 年版

（宋）赵升：《朝野类要》，中华书局 2007 年版

（清）张廷玉：《明史》，中华书局 1974 年版

（宋）沈括：《梦溪笔谈》，《沈括全集》，浙江大学出版社 2011 年版

（明）《明实录》，（台北）台湾"中央研究院"历史语言研究所 1962 年校印本

（宋）曾巩：《元丰类稿》，《宋集珍本丛刊》第 10 册

（宋）谢维新：《古今合璧事类备要》，文渊阁四库全书影印本

（宋）杨时：《龟山先生文集》，《宋集珍本丛刊》第 29 册

（明）章潢：《图书编》，文渊阁四库全书影印本

（明）申时行：《明会典》，中华书局 1989 年影印本

（宋）陈舜俞：《都官集》，文渊阁四库全书影印本

（宋）朱熹：《晦庵先生文集》，《宋集珍本丛刊》第 5 册

（宋）蔡戡：《定斋集》，文渊阁四库全书影印本

（明）马文升：《端肃奏议》，文渊阁四库全书影印本

（明）叶春及：《石洞集》，文渊阁四库全书影印本

（明）王世贞：《弇山堂别集》，文渊阁四库全书影印本

（宋）刘安世：《尽言集》，中华书局 1986 年版

（宋）范镇：《东斋记事》，《全宋笔记》第一编第 6 册，大象出版社 2003 年版

（明）朱国祯：《涌幢小品》，中华书局 1959 年点校本

（明）沈榜：《宛署杂记》，北京古籍出版社 1990 年点校本

（明）侯方域：《壮悔堂遗稿》，《壮悔堂文集》，中华书局 1989 年影印《续修四库全书》本

（宋）高斯得：《耻堂存稿》，文渊阁四库全书影印本

（宋）汪藻：《浮溪集》，四部丛刊初编

（宋）苏辙：《栾城集》，上海古籍出版社 2009 年点校本

（清）赵翼：《廿二史札记》，中华书局 1984 年点校本

（宋）蔡襄：《端明殿学士蔡忠惠公集》，《宋集珍本丛刊》第 8 册

（清）《御览经史讲义》，文渊阁四库全书影印本

（宋）董煟：《救荒活民书》，丛书集成初编本

（宋）陈傅良著，周梦江点校：《陈傅良先生文集》，浙江大学出版社 1999 年版

（宋）阳枋：《字溪集》，文渊阁四库全书影印本

（宋）戴栩：《浣川集》，文渊阁四库全书影印本

（宋）方岳：《秋崖集》，文渊阁四库全书影印本

（宋）吴潜修，梅应发、刘锡纂：《开庆四明续志》，《宋元方志丛刊》第 6 册

（宋）孙逢吉：《职官分纪》，中华书局 1988 年版

（宋）任广：《书叙指南》，丛书集成初编本第 3 册，中华书局 1985 年版

（宋）陈造：《江湖长翁集》，文渊阁四库全书本

（宋）王柏：《鲁斋王文宪公文集》，续金华丛书本第 5 册，江苏广陵古籍刻印社 1983 年版

（宋）真德秀：《西山先生真文忠公文集》，《宋集珍本丛刊》第75 册

（宋）黄榦：《勉斋先生黄文肃公文集》，《宋集珍本丛刊》第 68 册

（宋）佚名：《州县提纲》丛书集成初编本

（宋）李元纲：《厚德录》，《全宋笔记》第六编第 2 册

（宋）黄庭坚著，刘琳、李勇先、王蓉贵点校：《黄庭坚全集》第 3 册，四川大学出版社 2001 年版

（宋）王珪：《华阳集》，文渊阁四库全书影印本

（宋）李之仪：《姑溪居士前集》，文渊阁四库全书影印本

（宋）周必大：《文忠集》，文渊阁四库全书影印本

（宋）袁燮：《絜斋集》，文渊阁四库全书影印本

（元）佚名：《宋史全文》，（台湾）文海出版社 1984 年版

（宋）袁甫：《蒙斋集》，文渊阁四库全书影印本

（宋）欧阳守道：《巽斋文集》，文渊阁四库全书影印本

（宋）徐经孙：《矩山存稿》，文渊阁四库全书影印本

（明）李贤等：《明一统志》，文渊阁四库全书影印本

（宋）张载：《张载集》，中华书局 1978 年版

（元）王申子：《大易缉说》，文渊阁四库全书影印本

（宋）陆游：《剑南诗稿》，文渊阁四库全书影印本

（宋）吴芾：《湖山集》，文渊阁四库全书影印本

（宋）林之奇：《拙斋文集》，文渊阁四库全书影印本

（唐）李林甫等撰，陈仲夫点校：《唐六典》，中华书局 1992 年点校本

（宋）汪应辰：《文定集》，文渊阁四库全书影印本

（西汉）董仲舒：《春秋繁露》，四部丛刊初编

（东汉）王充：《论衡》，四部丛刊初编

（唐）房玄龄：《晋书》，中华书局 2003 年版

袁珂校注：《山海经校注》，巴蜀书社 1996 年版

（唐）魏徵：《隋书》，中华书局 2002 年版

（唐）释道世撰，周叔迦、苏晋仁点校：《法苑珠林》，中华书局 2003 年版

（唐）郑处海：《明皇杂录》，中华书局 1997 年版

（元）汤垕：《画鉴》，人民美术出版社 1983 年版

（宋）李昉等：《太平广记》，中华书局 2003 年版

（宋）罗愿：《尔雅翼》，文渊阁四库全书影印本

（唐）欧阳询：《艺文类聚》，上海古籍出版社 1985 年版

（唐）杜佑撰，王文锦等点校：《通典》，中华书局 2003 年点校本

（宋）朱胜非：《秀水闲居录》，（元）陶宗仪《说郛三种》，上海古籍出版社 1988 年版

（唐）释智升：《开元释教录》，《大正新修大藏经》第 55 册《目录部》，（台湾）新文丰出版公司 1983 年版

（宋）强至：《祠部集》，文渊阁四库全书影印本

（宋）施宿等：《嘉泰会稽志》，《宋元方志丛刊》第 7 册

（宋）方仁荣、郑瑶同：《景定严州续志》，《宋元方志丛刊》第 5 册

（宋）毛滂：《东堂集》，文渊阁四库全书影印本

（宋）李昉等：《太平御览》，中华书局 1963 年版

（唐）段成式：《酉阳杂俎》，中华书局 1981 年版

（宋）陈元靓：《岁时广记》，文渊阁四库全书影印本

（唐）王焘：《外台秘要方》，文渊阁四库全书影印本

（宋）陆佃：《埤雅》，文渊阁四库全书影印本

（清康熙）《御定渊鉴类函》，文渊阁四库全书影印本

（元）单庆修，徐硕编纂：《至元嘉禾志》，《宋元方志丛刊》第 5 册

（宋）郭彖：《睽车志》，文渊阁四库全书影印本

（宋）叶绍翁：《四朝闻见录》，中华书局 1989 年版

责任编辑:宫　共
封面设计:源　源
责任校对:吕　飞

图书在版编目(CIP)数据

探寻宋型国家的历史:李华瑞学术论文集/李华瑞 著. —北京:
　人民出版社,2018.12(2022.1 重印)
ISBN 978-7-01-020154-2

Ⅰ.①探…　Ⅱ.①李…　Ⅲ.①中国历史-宋代-文集　Ⅳ.①K244.07-53

中国版本图书馆 CIP 数据核字(2018)第 276396 号

探寻宋型国家的历史

TANXUN SONGXING GUOJIA DE LISHI

——李华瑞学术论文集

李华瑞　著

人民出版社 出版发行
(100706　北京市东城区隆福寺街 99 号)

北京兴星伟业印刷有限公司印刷　新华书店经销

2018 年 12 月第 1 版　2022 年 1 月第 2 次印刷
开本:710 毫米×1000 毫米 1/16　印张:36　字数:496 千字

ISBN 978-7-01-020154-2　定价:97.00 元

邮购地址 100706　北京市东城区隆福寺街 99 号
人民东方图书销售中心　电话 (010)65250042　65289539